hänssler

PAUL L. MAIER

ROM IN FLAMMEN

Paul L. Maier ist Professor für Alte Geschichte an der Western Michigan University und Verfasser von mehreren Sachbüchern und historischen Romanen, die sich mit der Entstehung des Christentums und dem Römischen Reich befassen. Er ist Herausgeber der im Hänssler Verlag erschienenen Ausgabe der Hauptschriften des JOSEPHUS.

Hänssler-Taschenbuch
Bestell-Nr. 393.855
ISBN 3-7751-3855-2

© Copyright der amerikanischen Ausgabe 1981 by Paul L. Maier
Published by Kregel Publications, Grand Rapids, Michigan 49501, USA
Originaltitel: The Flames of Rome
Übersetzt von Meike Becker

© Copyright der deutschen Ausgabe 1996 und 2002
by Hänssler Verlag, D-71087 Holzgerlingen
Internet: www.haenssler.de
E-Mail: info@haenssler.de
(Das vorliegende Buch erschien bisher als Paperback
mit der Bestell-Nr. 392.466.)
Umschlaggestaltung: Mehrblick Grafik & Design
Titelbild: Carsten Hofer
Satz: AbSatz, Klein Nordende
Druck und Bindung: Ebner & Spiegel GmbH
Printed in Germany

Inhalt

Für Laura und Julie

VORWORT

Einige der außergewöhnlichsten, turbulentesten und tragischsten Ereignisse der Weltgeschichte erschütterten Rom in den Jahren nach Anno Domini 47. In dieser Zeit herrschten Claudius und Nero über das Römische Reich, das von Sinnlichkeit und Grausamkeit geprägt war. In dieser Zeit breitete sich der christliche Glaube aus, und ein erbitterter Kampf begann. Dieser dokumentarische Roman ist ein ernsthafter Versuch, jenen Konflikt durch die Geschichte einer römischen Familie, die in den besagten Zusammenprall zweier Welten verwickelt war, zu rekonstruieren.

Da die wahre Geschichte dieser Zeit so viel interessanter ist als die vielen fiktiven Erzählungen, habe ich weder die bekannten Fakten beim Erzählen verfälscht – im Gegensatz zu beinahe allen Autoren von historischen Romanen –, noch habe ich Charaktere, die niemals zu der Art Menschen passen könnten, die tatsächlich in dieser Ära lebten, erfunden. [Die geschichtlichen Hintergrundinformationen werden in den Anmerkungen dokumentiert, von denen einige neue historische Daten enthüllen.]

Aber wie überall in der Geschichte des Altertums verhindern fehlende Quellen und Lücken in den vorhandenen Zeugnissen aus dieser Zeit, daß die *vollständige* Geschichte erzählt werden kann. Ich habe versucht, diese Lücken zu füllen, indem ich ein Genre erfunden habe, das ich »dokumentarischer Roman« nennen möchte. Die Verbindungen zwischen den überlieferten Begebenheiten stelle ich durch fiktive Elemente, durch einen dramatischen Aufbau und Veranschaulichungen durch Dialoge und Nebenhandlungen her, um die Geschichte mit Leben zu füllen und die Charaktere zu neuem Leben zu erwecken.

Um höchstmögliche Genauigkeit zu garantieren, habe ich mich an folgende Regeln gehalten:

1) Alle Personen, die im Buch namentlich aufgeführt werden, sind historisch; kein Eigenname ist erfunden worden – bekannte historische Namen sind beibehalten worden.

2) Keine Darstellung irgendeiner Persönlichkeit, keine Beschreibung

irgendeines Ereignisses, irgendeiner Episode noch irgendeines Details widerspricht den historischen Tatsachen (außer, wenn ein Irrtum des Autors vorliegt).

3) Nur an den Stellen, an denen jegliche Klarheit fehlt, habe ich die Geschichte zu rekonstruieren versucht. [Solche kreierten Abschnitte sind in den Anmerkungen deutlich gekennzeichnet.]

Diese Regeln mindern die Dramatik jener bewegenden Zeiten keineswegs, die Leser sollten vielmehr zu der Gewißheit gelangen, daß sehr viel von dem, was sie gerade lesen, sich tatsächlich so zugetragen hat, während sich der übrige Teil ohne weiteres auf diese Weise hätte ereignen können.

Obwohl einige der Episoden auf den folgenden Seiten uns erschaudern lassen oder unser Feingefühl beleidigen mögen, sind alle historisch – keine ist erfunden; es wäre unaufrichtig gewesen, diese Stellen auszusparen.

P. L. M.
Western Michigan University
18. Juli, 1980, 1916ter Jahrestag des Großen Feuers

ERSTES BUCH

Der Unruheherd

1

Der Frühling bemalte ein graues und verschlafenes Italien mit Pinselstrichen von sattem Grün. Hoch in den Apenninen waren die letzten mit Schnee bedeckten Stellen den milden, wohlriechenden mediterranen Winden ausgeliefert; und die stiefelförmige Halbinsel schien bei ihrem Wiedererwachen zu beben, als wenn dieses Jahr – *Anno Domini* 47 – schließlich doch noch die Energie aufbringen würde, Sizilien jenen kräftigen Stoß zu geben, der sich schon seit langem drohend angekündigt hatte.

Die Stadt Rom stand schon in voller Blüte, zumindest, was die Stimmung betraf, weil nach römischer Zeitrechnung dieses Jahr der achthundertste Geburtstag *A. U. C.* war. Die lateinischen Initialen für *ab urbe condita,* »seit Gründung der Stadt«, verkündeten der ganzen damaligen Welt, daß die Stadt Rom schon seit acht stolzen Jahrhunderten existierte, in denen sie sich über ihre sieben Hügel ausgebreitet hatte und ganz Italien unterwarf. Dann war Rom dazu übergegangen, die gesamte mediterrane Welt zu erobern, als hätte sie auf irgendein Trompetensignal des Schicksals geantwortet.

Claudius Caesar, Roms O-beiniger, aber fähiger Kaiser, tat sein Bestes als Kaiser, um den Geburtstag mit Spielen, Festen und religiösen Feierlichkeiten zu feiern. Einmal kletterte er sogar die endlose Treppe zum Jupiter-Tempel, der auf dem Kapitol stand, auf seinen arthritischen Knien hinauf; ganz Rom litt bei jedem Schritt mit ihm und zuckte zusammen, um Jupiter über den Meilenstein der Stadt Rom zu informieren.

Nunmehr in seinem siebten Jahr als Kaiser – »und meinem sechsundfünfzigsten als Mensch«, pflegte er schnell als kleinen Scherz hinzuzufügen, der allerdings niemals ganz gelingen wollte – schien Claudius im wahrsten Sinne des Wortes vom »Leben über's Ohr gehauen« worden zu sein. Von einer Lähmung in der Kindheit hatte er einen wackelnden Kopf, einen Sprachfehler und einen hinkenden Gang zurückbehalten. Seine eigene Mutter übertrieb sicherlich seine motorischen Behinderungen, wenn sie ihn als »ein Monster von einem Mann; von Mutter Natur begonnen, aber nie vollendet«

bezeichnete. Einige Männer im Senat machten sich einen Spaß daraus, ihre Togen zu umklammern und den schlurfenden Gang des Claudius nachzuäffen, während sie zugleich die Götter anflehten, die stotternde Zunge von »Clau-Clau-Claudius« zu lösen. Seine Kritiker waren sicher, daß die drei neuen Buchstaben, die er dem Alphabet hinzugefügt hatte, nicht von großer Dauer sein würden (und sie hatten recht!); und selbst über sein Liebesleben wurde auf den Straßen Roms geklatscht.

Aber hoch über dem Gelächter in seinem Palast, der sich auf dem Palatinischen Hügel ausbreitete, genoß er seinen eigentlichen Triumph. Er wußte, daß ein heller Verstand unter seinem weißlichen Haarschopf verborgen lag. Selbst seine Widersacher mußten zugeben, daß er das Kaiserreich nach der Herrschaft des verrückten Caligula nicht nur stabilisiert, sondern auch drastisch vergrößert hatte. Immer wenn er merkte, daß er sich zu sehr von Kritik oder Klatsch und Tratsch beeinflussen ließ, schritt er gemächlich zu der riesigen Karte vom Kaiserreich hinüber, die eine ganze Wand in seiner Regierungssuite einnahm, und dann betrachtete er lächelnd die große Insel im Nordwesten, die jetzt in den Farben Roms schraffiert war: *Britannia!* Er, Claudius, der Clown, Meister im Schlurfen, Weltmeister im Kopfwackeln, hatte Britannia erobert!

Und genau wegen dieser Eroberung mußte T. Flavius Sabinus an einem Morgen Anfang Mai um eine Audienz bei dem Kaiser bitten. Sabinus, ein elegant gekleideter Militärtribun, der geradewegs von den römischen Streitkräften in Britannien kam, wurde in den Palast hineingewunken und schritt durch die Marmorgänge zum Empfangszimmer von Claudius. Ein griechisch aussehender schlanker Mann stand von seinem Schreibtisch auf und hielt ihm eine parfümierte Hand zur Begrüßung hin. »Ah... herzlich willkommen, Flavius Sabinus!« sagte der zweitmächtigste Mann des Römischen Kaiserreichs.

»Sei gegrüßt, werter Narcissus!« antwortete Sabinus, während er dachte: *In der Tat viel wert – sage und schreibe 400 Millionen Sesterzen als Kanzleiminister... nicht schlecht für einen ehemaligen Sklaven!*

Aber Sabinus wagte nur die naheliegende Frage zu äußern: »Erwartet der Kaiser mich?«

»In der Tat. Bitte folge mir.«

Der alternde Kaiser, gut geschützt in den Falten einer schlichten weißen Toga, saß an einem ausladenden Schreibtisch aus glatt geschliffenem Zypressenholz und warf einen Blick auf die Berichte aus Britannien. Als er aufschaute und Sabinus vor sich sah, starrte er ihn einen Moment lang an, als versuche er, sich zu erinnern, wer dieser große, gutgebaute Eindringling sein mochte. Dann hellte sich sein Gesicht auf: »Schön, schön, Sabinus, du scheinst überhaupt nicht gealtert zu sein, seit wir vor vier Jahren zusammen im Norden des Landes gekämpft haben. Keine Spur von Grau auf deinem schwarzen Haarschopf. Du bist natürlich so sch-schön wie immer.«

»Und du, Caesar, siehst bewundernswert gesund aus«, log Sabinus.

»So, d-du bist also gerade aus Britannia zurückgekommen. Erzähl doch mal: Wie geht's denn meinem Freund Aulus Plautius? Und w-wann kommt er genau nach Rom zurück?«

Das freudige Blitzen in Claudius' blaugrauen Augen ließ Sabinus über die etwas undeutliche Aussprache und das gelegentliche Stottern hinwegsehen, das die Sprache des Kaisers entstellte. Er wußte auch, daß das Stottern sich im Laufe der Unterhaltung verlieren würde.

»Der Feldherr sendet dir seine herzlichsten Grüße, Caesar«, antwortete Sabinus mit der Baritonstimme eines Offiziers, »ich wurde vorausgeschickt, um dir seine Ankunft anzukündigen. In diesem Augenblick sollten die Truppen gerade die Alpen überqueren, so daß sie Rom etwa an den Iden des Juni erreichen werden.«

»Hmmm. Also in einem Monat.« Claudius stützte das Kinn in die Hand, ganz in Gedanken, dann wandte er sich an seinen Ratgeber, den freigelassenen Sklaven: »Nun, Narcissus, wie sollen wir seine Rückkehr feiern?«

»Ach so, ja.« Der Ratgeber zog die Stirn leicht in Falten, denn er hatte noch keinen Gedanken daran verschwendet. »Nun, vielleicht ein ... vielleicht wäre ein Staatsbankett angemessen.«

Um Claudius' Lippen spielte ein Lächeln. »Und du, Sabinus? Glaubst du, das wäre genug der Ehre?«

Sabinus errötete ein wenig und antwortete: »Ich bin sicher, der Feldherr würde sich von einem solchen Festmahl geehrt fühlen, obwohl –« Er brach ab.

»Obwohl was?«

»Nichts, Prinzeps«, sagte Sabinus. Er benutzte den anderen Namen für Kaiser, der soviel bedeutete wie »Erster Mann im Staat«.

»Oh, du hattest aber etwas anderes im Kopf«, beharrte Claudius.

»Es ist nur – jetzt versteh' mich bitte richtig: Aulus Plautius hat so etwas nie erwähnt – aber ist es nicht normalerweise so, daß Rom seinen erobernden Feldherren einen *öffentlichen* Empfang bereitet?«

»Es war der *Kaiser,* der Britannia erobert hat«, bemerkte Narcissus kühl. »Und er hat schon seinen Triumph gefeiert. Sei nicht unverschämt, Tribun!«

Ein ehemaliger Sklave sprach zu ihm von Unverschämtheit? Sabinus wandte sich ärgerlich Narcissus zu und stieß die Silben heftig hervor: »*Natürlich* hat Caesar Britannia erobert! Aber hast du vergessen, wer die Eroberungsstrategie entworfen hat? Und wer den Kampf größtenteils geführt hat? Und wer unsere Streitkräfte an den Ufern der Themse verborgen hielt, bis Caesar dorthin kommen und das Kommando für den endgültigen Sieg übernehmen konnte? Einen Sieg, der eigentlich Aulus Plautius' Sieg gewesen wäre?«

»Unverschämtheit!« stieß Narcissus hervor und wurde so weiß wie seine gebleichte Tunika.

»*Unverschämtheit?*« Sabinus bemühte sich, seinen Zorn zu bändigen. »Vielleicht. Aber trotzdem die Wahrheit!«

Sofort bereute Sabinus seine letzten Behauptungen. Sie entsprachen zwar der Wahrheit – das konnten die Götter bezeugen –, aber sie waren nicht gerade diplomatisch. Und auf diese Art und Weise vor der Person zu reden, die mit einer Handbewegung über das Schicksal eines Menschen bestimmen konnte, war zumindest tollkühn. Er schaute hinüber zu Claudius und sah, wie sich sein blaßrosafarbenes Gesicht zornrot verfärbte. Seine Lippen waren geöffnet, und ein Speichelfaden hing von einer Ecke seines Mundes herab. Sein Kopf wackelte leicht von einer Seite zur anderen, ein nervöses Zucken, das ihn immer dann befiel, wenn er angespannt war.

»Es… es tut mir leid, Prinzeps«, entschuldigte sich Sabinus. »Unsere Truppen waren… *höchst* erfreut über deine Ankunft in Britannia. Verzeih mir.«

Claudius gab keine Antwort. In dem Raum herrschte Totenstille. Hatte er es wirklich geschafft, die beiden mächtigsten Männer in der Welt *dermaßen* schnell zu beleidigen, fragte sich Sabinus.

Warum hatte er es so eilig gehabt mit der Wahrheit? Zum Teufel mit seiner närrischen Zunge, die wieder einmal empfänglicher für eine momentane Stimmung gewesen war als für einen klaren Gedanken.

»Ha-ha-ha-ha.«

Sabinus schaute auf und sah, wie Claudius ihn angrinste und dann noch mehr mit seinem unnachahmlichen Gackern in sich hineinlachte. Narcissus schien auch überrascht zu sein.

»Ha-ha-ha«, wiederholte Claudius. »D-du hast natürlich recht, Sabinus. Ich war eben kein bißchen wütend auf dich, sondern auf Narcissus.«

»Auf *mich*, Prinzeps?«

»Ja, natürlich. Weil du es gewagt hast, Sabinus unverschämt zu nennen. Er ist nicht unverschämt... nein, nicht im geringsten. *Aufrichtig* ist er, nicht unverschämt.«

»Aber Caesar...«

»Schweig, Narcissus!«

Dann wandte Claudius sich Sabinus zu und lächelte. »Bei den Göttern, Tribun, das *ist* so gewesen, wie du sagst: Aulus Plautius hat Britannia für uns erobert. *Er* tat die Arbeit, aber *ich* erhielt die Lorbeeren. Nun gut, egal. Jetzt möchte ich ein Stück des Ruhmes mit ihm teilen, allein im Namen der Aufrichtigkeit.« Er torkelte hinüber zu Sabinus und Narcissus und kicherte: »Ja, Aufrichtigkeit... etwas, das wir hier im Palast mehr brauchen, was, Narcissus?«

»Was schlägst du vor, Caesar?« fragte Narcissus kühl. »Du weißt, man kann keinen Triumphzug wagen.«

»Oh, spiel mir doch nicht den Pedanten, Narcissus!« Claudius schnaubte vor Wut und fuhr sich mit seinen knochigen Fingern durch seine weißlichen Haarsträhnen, wobei er unruhig zwischen den Strähnen hin und her glitt. »Ja, ich weiß: Nur die römischen Kaiser zelebrieren heutzutage Triumphzüge. Auch gut. Dann laß es doch einfach eine Ovation sein.«

Sabinus strahlte über das ganze Gesicht, während Claudius ihm fröhlich zuzwinkerte. Die begehrte *ovatio* war eine aufwendige Feier, die beinahe so beeindruckend war wie ein groß angelegter Triumphzug.

»Aber Caesar«, meldete Sabinus Bedenken an, »wird der Senat seine Zustimmung dazu geben?«

Claudius wandte sich an seinen Ratgeber. »Hält der Senat nicht im Augenblick eine Sitzung ab, Narcissus?«

»Ja, Prinzeps.«

»Dann geh hinüber und triff die erforderlichen Vereinbarungen. Auf der Stelle! Sabinus und ich schauen in einer Stunde mal vorbei.«

Eine kleine Eskorte von einem Dutzend Prätorianern gab Claudius und Sabinus Geleitschutz, als sie vom Gipfel des Palatinischen Hügels hinabstiegen und das Forum überquerten, um zum Senatshaus zu gelangen. Der Kaiser führte Sabinus in einen Nebenraum, der Aussicht auf den Senatssaal gewährte. Von dort konnten sie unbeobachtet die Verhandlungen verfolgen und die unnötige Aufregung und Förmlichkeit eines offiziellen Empfangs vermeiden. Über sich sah Sabinus etwa dreihundert Senatoren, die alle in die voluminösen Falten ihrer Togen gewickelt waren und dem vorsitzenden Konsul lauschten, der bereits seine Überlegungen zu der Frage kundgetan hatte, ob eine Ovation für Aulus Plautius angemessen sei. In einem sonoren Latein, das die halbkreisförmigen Marmorbänke des Saales erzittern ließ, rief er die vorgeschriebenen Fragen aus.

»Iustum bellum?« (»Hat Plautius einen gerechten Krieg geführt?«)

»Certe! Certe!« antworteten die Senatoren. (»Sicher! Sicher!«)

Es gab keine Gegenstimme.

»Quinque milia occisi?« (»Wurden mindestens fünftausend Männer der feindlichen Truppen in einem einzigen Kampf getötet?«)

»Certe.« (»Sicher.«)

Nach weiteren rituellen Fragen hörte man die Rufe: *»Divid-e! Divid-e!«* – man verlangte die übliche Entscheidungswahl.

Der Konsul hob seine Hand und bat um Ruhe: »Alle, die für eine Ovation für Aulus Plautius sind, sammeln sich auf der rechten Seite des Saals«, ordnete er an, »diejenigen, die dagegen sind, sollen auf die linke Seite gehen.«

Mehrere hundert in Togen gekleidete Gestalten standen gemeinsam von ihren Plätzen auf; aber anstatt daß einer sich hinter dem anderen hindurchzwängte, um die gewünschte Seite zu erreichen – wie es bei diesen Wahlen normalerweise üblich war – stürmten alle auf die rechte Seite des Saales.

»Das war's dann«, flüsterte Claudius, »und ein einstimmiges

Ergebnis. Du siehst also, Sabinus, ich habe Plautius' Rolle in Britannia nicht ganz geheimgehalten.«

»Ich bin hocherfreut, Caesar. Im Namen unserer Legionen danke ich dir.«

»Noch eine letzte Angelegenheit muß ich mit dir besprechen. Was hast du nochmal gesagt: Wann beabsichtigt Aulus nach Rom zurückzukehren?«

»An den Iden des Juni.«

In Claudius' Augen lag ein verschmitztes Lächeln. »Ich habe eine Schwäche, Sabinus – na ja, vielleicht viele Schwächen, aber eine ganz besondere: Überraschungen. Ich bin ganz verrückt danach. Nun, wenn du zu dem Heerführer zurückgehst, darfst du ihm *nichts* von der Ovation erzählen. Nur von dem Bankett, verstehst du? Wenn ihr euer letztes Feldlager nördlich von Rom erreicht habt, läßt du mir eine Nachricht zukommen, und so können wir euch dann empfangen ...«

Als sie am 14. Juni bei Tagesanbruch das Lager abbrachen, ließ Aulus Plautius seine Truppen zu einer letzten Kontrolle antreten. Plautius war so groß wie ein zwei Meter hoher römischer Speer und beinahe so gerade. Sein mittleres Alter hatte sein Haar ergrauen lassen, und vier nordische Winter hatten seine Haut zu einer Lederhaut gegerbt, die seine beinahe quadratische Stirn, die wachsamen Augen, den entschlossenen Mund und das Kinn nur akzentuierte. Jetzt stieg er auf sein großes, kastanienbraunes Pferd – ein Souvenir aus Britannia – und rief zu seinem Tribun hinüber: »Die letzte Etappe unserer Reise, Sabinus, dank der gesegneten Schicksalsgöttin! Wir sollten kurz nach Mittag in Rom ankommen, oder?«

»Am frühen Nachmittag. Dann haben wir noch genug Zeit, um uns für Claudius' Festmahl noch ein bißchen frisch zu machen.«

»*Bah!* Konntest du ihm das nicht ausreden?«

»Du bist wohl kein Freund von Feierlichkeiten und viel Wirbel, was, mein Feldherr?« grinste Sabinus. »Bist du sicher, daß du nicht eine Parade bevorzugt hättest? Heute ist der ideale Tag dafür.«

»*Süßer Jupiter*, nein!« Er runzelte die Stirn. Dann gab er den Befehl zum Abmarsch.

Mit lautem Getrappel zogen sie in die Via Flaminia ein und dann weiter Richtung Süden. Eine lange Kolonne von Legionären folgte ihnen zu Pferde und zu Fuß; jede Truppe beschleunigte das Marschtempo in der Erwartung, Rom wiederzusehen. Gegen Nachmittag hatten sie sich der Brücke, die über den Fluß Tiber führte, genähert. Aulus Plautius ließ seine Streitkräfte am Nordufer halten und starrte hinunter auf das träge fließende, gelbgrüne Wasser, das um das nordwestliche Grenzgebiet Roms herumschwappte. Dann blickte er auf die kastanienbraunen Ziegelsteinmauern der Stadt Rom in der Ferne und zog die Stirn in Falten: »Irgend etwas stimmt da nicht, Sabinus. Ist dir das nicht aufgefallen?«

»Nein, mein Feldherr. Was denn?«

»Überhaupt keine Leute. Es sind überhaupt keine *Menschen* auf der Straße!«

»Natürlich sind dort Menschen.« Sabinus zeigte auf ein paar alte Männer, die spöttisch von dem oberen Stockwerk eines Wohnhauses auf sie herabblickten, und auf eine Frau, die ihr Baby hinter flatternden Vorhängen stillte.

»Sei doch nicht albern. Wir sind hier genau vor den Toren der größten Stadt der Welt – und keine Menschenseele weit und breit! Irgend etwas stimmt da nicht, Sabinus. Vielleicht eine Krankheit? Eine Seuche?«

»Ich ... Ich hab' keine Ahnung.« Sabinus versuchte, so gut wie er konnte, Aulus' Verwunderung zu teilen.

Sie marschierten über die Brücke und erreichten schließlich die massiven Stadtmauern, die nur von zwei kleinen Torbögen unterbrochen wurden, durch die Licht hereinkam: das sogenannte Flaminische Tor. Aulus übernahm die Führung und ritt als erster durch das Tor, gefolgt von seinem Reiteraufzug.

Ein überwältigendes Tosen prasselte auf sie nieder. Zehntausende hatten sich auf beiden Seiten der *Via Flaminia* innerhalb der Stadt versammelt und versuchten, eine doppelte Linie der Prätorianer-Garde zu durchbrechen, die entlang der Straße postiert war, so weit man blicken konnte. Aulus Plautius' Mund blieb offen beim Anblick des menschlichen Waldes von schwingenden Armen und den schrillen Schreien der Bürger.

»Es scheint, als hätten wir ein paar von den Leuten, über die du dir Sorgen gemacht hast, aufgespürt.« Sabinus gluckste vor Lachen, ungeheuer erleichtert, daß das Spielchen des Kaisers gelungen war.

»War das dein Werk?« fragte Aulus.

Sabinus schüttelte den Kopf und grinste. »Claudius'. Es ist eine formelle *Ovation*, Heerführer, und in hohem Maße gerechtfertigt, möchte ich hinzufügen. Hallo, Vespasian!« rief Sabinus seinem Bruder und Mitstreiter im Britanniafeldzug zu, der auf der anderen Seite von Aulus aufgetaucht war. »Hilf mir mit dieser Toga.«

Ohne Aulus' verwirrte Proteste zu beachten, zogen die Flavius-Brüder ihn beinahe von seinem Pferd herunter, nahmen ihm den Reiseumhang ab und wickelten ihn in die Falten einer Toga mit königlichem Pupursaum, der Standardkleidung für jemanden, der eine Ovation empfing. Dann drückten sie einen Myrtenkranz auf seine ergrauenden Locken und halfen ihm schließlich, wieder auf sein Pferd zu steigen. Sabinus hob einen Arm zur formellen Ehrenbezeigung und rief aus: »*Heil*, Aulus Plautius, Eroberer von Britannia! *Io triumphe!*«

»IO TRIUMPHE!« Die Truppen und die Menschenmenge brachen in starken einstimmigen Jubel aus, und der feierliche Umzug begann. Eine große Delegation von Senatoren und Magistraten schlossen sich dem Aufzug an, während ein Korps von Flötenspielern zu spielen anfing. Gerade wie ein Speer bahnte die *Via Flaminia* ihnen den Weg durch die jubelnden Massen zum wahren Herzen von Rom. Dreiviertel der einen Million Einwohner der Stadt schrien sich die Kehle aus dem Hals, um Aulus Plautius ihre Wertschätzung auszudrücken, weil er ihnen Britannia geschenkt hatte. Weihrauch stieg von jedem Altar auf, Blumenkränze sprossen aus den Reliquienschreinen – und überall winkende Arme und nicht enden wollende Hochrufe.

Auf je einer Seite von Aulus ritten Sabinus und Vespasian eine Pferdeslänge hinter ihm und grinsten einander voller Erleichterung an, weil sich die Stimmung des Tages schließlich doch noch auf den Feldherrn übertragen hatte; denn schließlich lächelte er, erkannte die Huldigungen dankbar an und winkte von Zeit zu Zeit mit seinem Myrtenkranz.

Jetzt hatten sie das Forum Romanum erreicht, wo eine große Menschenmenge zusammenströmte, in dem Applaus und Rufe widerhallten. Der Lärm war überwältigend, und Sabinus hatte Schwierigkeiten, sein scheues Pferd unter Kontrolle zu bringen, das die Ohren angelegt hatte und vergeblich versuchte, dem Lärm zu entkommen. Plötzlich stürmte ein Mann aus der Menge und brüllte:

»Denk' daran, Plautius, daß du *nur ein Mann bist!*« Dann steckte er eine Peitsche unter Aulus' Sattel. Vespasian lehnte sich hinüber und umklammerte wie ein Schraubstock mit aller Kraft den Arm des Mannes.

»Laß ihn los, Bruder! Das gehört doch dazu«, sagte Sabinus lachend, »immer wenn die Römer jemanden wie einen Gott behandeln, erinnern sie ihn auch daran, daß er nur ein Bruder von einem Sklaven ist – «

»Deshalb die Peitsche.« Vespasian nickte und lockerte beschämt seinen Griff.

Eine energische Fanfare versetzte das Forum plötzlich in spannungsgeladene Stille. Sabinus blinzelte, als er in die Sonne schaute, aber dann erhellte sich sein Gesicht zu einem breiten Lächeln. In der Mitte der *Via Sacra** stand der Kaiser selbst. Man hatte erwartet, daß Claudius sich erst am Ende der Prozession zu ihnen gesellen würde, aber hier stand er bereits, um ihnen sogar schon jetzt mit seiner Anwesenheit die Ehre zu erweisen.

»Heil, Caesar!« rief Aulus als formellen Gruß.

»Heil, Aulus Plautius!« antwortete Claudius. »Darf ich das Vorrecht genießen, dich zum Kapitol zu geleiten?«

»Das wäre die höchste Ehre, mein Waffengefährte!«

Genau die richtigen Worte, dachte Sabinus, denn sie unterstrichen die Rolle des Kaisers in Britannia. Claudius strahlte und schaute dann hinüber zu Sabinus, um zu sagen: »Gut gemacht, Flavius Sabinus! Eine gelungene Überraschung, nehme ich an?«

»Mein eigener Bruder hier wußte es nicht, Caesar!«

»Großartig. Einfach großartig!«

Sie stiegen alle vom Pferd, da die Prozession nun zu Fuß fortgeführt wurde. Aulus ging hinüber auf die linke Seite des Kaisers, um ihm den Ehrenplatz zukommen zu lassen. Claudius zog die Stirn in Falten und schob ihn hinüber auf die rechte Seite. »Nein, mein Freund. Heute ehren wir den Eroberer von Britannia!«

Die Via Sacra schlängelte sich hinter dem Senatshaus her und brachte sie zum Fuße der großen Treppe, die zum Jupiter-Tempel auf dem Kapitol führte, der erhabenen Zitadelle von Rom, die das

* Via Sacra (lateinisch) = Heiliger Weg

Ziel des Zuges war. Jetzt donnerte tosender Applaus von jeder Seite auf sie herunter.

»Umdrehen und lächeln, Ehrenmänner!« riet Claudius.

»Es gibt Momente, in denen man nicht bescheiden sein darf. Das ist gerade einer davon.«

Nach dreißig schwerfälligen Schritten die Treppe hinauf taumelte Claudius zur Seite und brach beinahe zusammen. »Nein, nein!« fuhr er Aulus an. »Versuch nicht, mir zu helfen. Ich schaffe ihn, diesen verfluchten Berg.« Er legte eine Verschnaufpause ein, und dann meinte er: »Es sieht so aus, als ob Vater Jupiter nicht sehr gut hört. Wir müssen den halben Weg bis zum Himmel hochklettern, bevor er unsere Gebete empfängt.«

Aulus kicherte und sagte dann: »Du hättest diese Strapaze nicht auf dich nehmen sollen, Caesar. Es wäre genug der Ehre gewesen, wenn du dich mit uns bei dem Tempel getroffen hättest.«

»Oh, ich möchte unseren Römern nur zeigen, daß sie einen wandernden Kaiser haben. Es grassieren Gerüchte, daß ich ein altes, seniles Wrack bin«, sagte er und verzog das Gesicht zu einem schiefen Grinsen, »und vielleicht bin ich das auch. Aber beim Hades, ich bin ein Wanderer.«

Schließlich erreichten sie mit einem schnaufenden und keuchenden Claudius den höchsten Gipfel von Rom, den Kamm des Kapitolshügels, auf dem sich die klassischen Säulen des Jupiter-Tempels emportürmten. Die Nachmittagssonne knallte unbarmherzig auf den vor Hitze glühenden, weißen Marmor und zwang Sabinus, die Augen zu schmalen Schlitzen zusammenzukneifen, als er seinen Blick über das atemberaubende Panorama der Stadt gleiten ließ, die sich von dort oben den Berg hinunter in alle Richtungen erstreckte – Ziegelstein und Marmor, Kampfbahnen und Tempel, Straßen, Parkanlagen und Bäder – das war Rom!

Zuletzt war der feierliche Zug zum freien Platz vor dem Tempel marschiert. Der Kaiser stand ihnen nun auf einem hochragenden Podium gegenüber und nickte dem Jupiter-Priester zu, der als Augur fungieren würde. Der Priester hob ein Lamm hoch und bettete dessen Kopf in seinen linken Arm. Dann hob er mit der rechten Hand einen Holzhammer hoch und schmetterte ihn auf den Schädel des Lamms. Das Lamm zuckte kurz und war auf der Stelle tot. Mehrere andere Priester schlitzten den Bauch des Lammes auf, während der

Augur vorsichtig ins Innere des Tieres eindrang, um die Leber zu finden. Einige Augenblicke lang schaute er sich die blutigen Eingeweide genau an, dann verkündete er: *»Exta bona!«* (»Die Eingeweide sind vorzüglich.«) Die Zeremonie konnte jetzt fortgeführt werden.

»Meine römischen Brüder«, begann Claudius mit überraschend fester Stimme, »laßt uns noch einmal die Eroberung von Britannia feiern und den Mann ehren, der unsere Legionen zum Sieg führte.« Der Kaiser eroberte in seiner Rede Britannia beinahe ein zweites Mal, indem er den Einmarsch vom Ärmelkanal bis nach Mittelengland in allen Einzelheiten beschrieb.

Sabinus, der aufmerksam zuhörte, durchlebte in Gedanken erneut den Feldzug, als sein Blick plötzlich auf die rechte Seite vom Podium fiel und er unter den offiziellen Gästen in ein lächelndes Augenpaar sah, das auf ihn gerichtet war. Während er seinen Blick wieder Claudius zuwandte, fügte er dem Bild in seiner Erinnerung noch ein paar letzte Pinselstriche hinzu, um das Porträt eines ungewöhnlich attraktiven Mädchens zu formen. Sein Verstand spielte wahrscheinlich ein bißchen verrückt. Er warf noch einen verstohlenen Blick auf sie und fand, daß das Mädchen nicht nur einfach hübsch war – sie war schön. Außergewöhnlich schön.

Wieder starrte er sie an – und es gab ihm einen Stich: Die Augen des Mädchens waren eigentlich nicht auf ihn gerichtet, sondern auf Aulus Plautius, der einen halben Schritt vor ihm stand. Aulus trat nun nach vorne, als Claudius eine offizielle Proklamation vorlas, die auf einer Bronzetafel eingraviert war:

Für außerordentliche Dienste, geleistet für den Senat und das römische Volk durch die Eroberung von Britannia, wurde

AULUS PLAUTIUS

im Auftrag des Konsulats von Lucius Vitellius und Claudius Caesar, DCCC A.U.C. eine Ovation bereitet.

Beifallsstürme brachen los, der Lärm stürzte kaskadenartig den Kapitolshügel hinunter; und es dauerte ganze fünf Minuten, bevor Aulus die Ovation von dem Podium aus mit einer kurzen Antwort dankbar anerkennen konnte.

Sabinus' Augen wanderten wieder umher. Das Mädchen strahlte Aulus immer noch an, und er bemerkte ihr Profil. *Zu vollkommen geformt*, grübelte er, *sogar die Nase.* Dann beging er einen Fehler, den er niemals vergessen würde. Er war nicht in der Lage, die letzte Überraschung des Kaisers mitzubekommen. »Es sind noch zwei Römer unter uns«, sagte Claudius, »die ebenfalls für ihre Weisheit während des Britanniafeldzuges gelobt werden müssen. Es handelt sich dabei um zwei Brüder: T. Flavius Vespasian und T. Flavius Sabinus. Ehrenmänner, tretet nach vorne!«

Vespasian trat nach vorne, stellte sich vor und salutierte. Aber Sabinus stand immer noch auf seinem Platz, offensichtlich völlig in Gedanken versunken.

Verblüfft herrschte Claudius ihn an: »Flavius Sabinus, *nach vorne treten!*«

Jäh aus seinen Träumen gerissen und in die Realität zurückgeholt, kam er sofort dem Befehl nach, und sein Gesicht bekam wieder eine gesunde Farbe: es wurde scharlachrot. Nun kam der Kaiser feierlich auf sie zu und hängte unter allgemeinem Applaus Siegesmedaillons um Vespasians und Sabinus' Hals.

Ein Paar weißer Bullen, dessen Hörner golden glänzten, wurden nun vor Aulus Plautius gelegt. Er nahm seinen Dolch, den Dolch eines Heerführers, und rammte ihn tief in die Kehlen des Bullenpaares und schlitzte sie auf. Während die Priester die Opferung vollendeten, ging Aulus in den Tempel hinein und legte seinen Myrtenkranz auf den Sockel der großen Statue von Jupiter. Mehrere Augenblicke lang starrte er in die riesigen Steinaugen von Zeus und versuchte, darin einen Funken von Anerkennung für seine Opfergabe zu entdecken. Er lächelte über die vergebliche Mühe, dann drehte er sich um und verließ den Tempel.

Mit der Schlußfanfare war die Ovation vorüber.

»Bei den Göttern, Sabinus, was war denn bloß mit *dir* eben los?« fragte Aulus nach den Zeremonien. »Waren meine Kommentare denn wirklich *so* langweilig?«

»Natürlich nicht. Ich war – «

»Große Götter! Da sind sie ja!« schrie Aulus auf. »Meine Familie!«

Er eilte hinüber zu einer Menschentraube, die sich rechts von dem Podium gesammelt hatte. Sabinus sah, wie er in die ausgebreiteten Arme einer mit einer Stola geschmückten, zu Tränen aufgelösten Frau rannte. »Pomponia, Pomponia«, rief er.

»Endlich haben wir dich wieder, mein Mann«, seufzte sie, »es waren … so *viele* Monate.«

Die aufkommende Freude des Augenblicks übermannte Aulus. Er hielt seine Frau eine Armeslänge von sich und streichelte jede sanfte Rundung in ihrem Gesicht, als wolle er sich mit altem und geliebtem Territorium wieder ganz neu vertraut machen.

»Aber wo ist die kleine Plautia?« erinnerte er sich plötzlich. »Und wer ist *diese* strahlende junge Frau?«

»Ja, wer *ist* das?« flüsterte Sabinus beinahe. Es war das Gesicht aus der Menschenmenge, das ihn gefesselt hatte. Keine Fata Morgana, die verschwand, wenn man sich ihr näherte, das Mädchen war – wenn überhaupt irgend etwas auf der Welt – aus der Nähe betrachtet sogar noch umwerfender.

»Oh, Vater, du weißt doch, daß ich es bin!« Plautia errötete. »Habe ich mich denn wirklich *so* verändert?«

»Eine völlige Verwandlung!« Er strahlte und gab seiner Tochter einen dicken Kuß. »Als ich Richtung Norden aufbrach, warst du ein molliges, kleines Pummelchen von einem Mädchen. Und schau dich jetzt mal an! Du bist ja beinahe so reizend wie deine Mutter.«

Endlich weiß ich, wer sie ist, dachte Sabinus, und er mußte der Familienneckerei zustimmen. Pomponias Gesichtszüge, umrahmt von ihren kastanienbraunen Locken als Krönung ihrer Schönheit, waren sanft und gleichmäßig und in keiner Weise verzerrt – eine Seltenheit unter den römischen Frauen, denen es so oft nur wegen einer krummen Nase oder eines schiefen Mundes an Schönheit fehlte. Pomponias klare Gesichtszüge hatten sich mit den markanten Gesichtszügen ihres Mannes vermischt und so die Schönheit Plautia geschaffen, dachte Sabinus: ein quirliges, überschwengliches Mädchen von etwa sechzehn Jahren – jünger, als er zuerst vermutet hatte –, das zweifellos einmal eine prachtvolle Frau werden würde.

»Ach, da bist du ja, Sabinus«, begrüßte ihn Aulus, »armer Junggeselle – er hat keine Familie, die ihn willkommen heißt. Nun, wir haben mehr als genug Familie für dich hier.«

Und schon begann er, Sabinus in seine zahlreiche Verwandtschaft einzuführen, denn alle Verwandten von beiden Seiten hatten sich zusammengefunden, um bei Aulus' großer Stunde dabei zu sein. Aulus schlang seinen Arm um einen breitschultrigen, jungen Senator und erklärte: »Sabinus, hier ist der Stolz der Sippe, mein Neffe.«

»Quintus Plautius Lateranus!« rief Sabinus aus. »Wie geht es dir, mein Freund?« Er faßte ihn an beiden Schultern.

»Hallo, Sabinus!« Quintus strahlte vor Freude. »Du siehst erstaunlich gesund aus.«

»Oh, das stimmt«, pflichtete Aulus ihm bei, »ihr kennt euch also.«

»Uns *kennen?«* rief Sabinus aus. »Kurz bevor du mich mit dir nach Britannia geschleppt hast, habe ich alle Sesterzen, die ich zusammenkratzen konnte, in Quintus Hände gelegt, damit er sie für mich anlegt. Also, wie ist es gelaufen, Senator?«

Lateranus' Lächeln verschwand. »Nicht so gut, wie ich gehofft hatte, Sabinus.« Er machte eine Pause, schien nach Ausflüchten zu suchen und setzte schließlich seinen Bericht fort. »Die Orangen-Plantagen in Apulia bekamen eine Pflanzenkrankheit. Dann ging unseren Töpferwerkstätten in Arretium der Ton aus ... und erinnerst du dich an das Kornschiff, von dem uns die Hälfte gehörte?«

»Ja?«

»Unsere Hälfte ist gesunken. Wir sind erledigt.«

Genau zwei Sekunden lang konnte Lateranus seinen todernsten Blick aufrechterhalten, dann krümmte er sich vor Lachen: »Genau das Gegenteil, Sabinus! Es ist alles besser gelaufen, als wir es uns in unseren kühnsten Träumen ausgemalt hatten.« Er lehnte sich hinüber, um zu flüstern: »Was würdest du sagen zu ... 150 Prozent auf deine Anteile in vier Jahren?«

Sabinus stieß einen Freudenschrei aus und hob den stämmigen Lateranus vom Boden hoch. »Oh, laß mich runter, bitte«, rief Quintus und ahmte eine weibliche Stimme nach, »sonst erraten sie vielleicht noch, warum keiner von uns beiden verheiratet ist.«

Sabinus ließ ihn fallen wie einen Stein. *»Idiot!«* lachte er.

»Sag mal, Quintus«, warf Aulus ein, »hat Sabinus mir die Wahrheit erzählt – über die Abstimmung des Senats wegen meiner Ovation? Gab es denn wirklich *keine einzige* Gegenstimme?«

»Nein, Onkel. Die Stadtväter eilten alle auf die rechte Seite – wie Schafe zur Fütterung.«

»Bist du sicher, daß du an diesen Tag im Senat *anwesend* warst und nicht irgendwo unterwegs, um deinem Vermögen noch weitere hunderttausend Sesterzen hinzuzufügen?«

»Onkel Aulus!« protestierte Quintus mit gespieltem Erstaunen. »Du weißt doch, daß der Reichtum immer an zweiter Stelle kommt – nach den...«

»Frauen!« kicherte Aulus. »Erzähl doch mal, hast du das Mädchen schon gefunden, das deine Frau werden wird? Oder suchst du immer noch auf der Rennbahn?«

»Letzteres«, gab Quintus grinsend zu, »obwohl ich mich eines schönen Tages der ›glücklichen Langweiligkeit der Ehe‹ unterwerfen muß, aber erzähl doch mal, Onkel, was denkst du über diese Scheinehrung heute?«

»Scheinehrung? Was meinst du damit?«

»Ich meine, du hättest einen *Triumphzug* verdient, nicht nur eine Ovation. Claudius verbringt gerade einmal sechzehn Tage dort in Britannia, heimst das Lob ein für deinen Sieg und zelebriert einen Triumphzug, während du vier Jahre für eine Ovation opferst. Er trägt den Lorbeerkranz, du kriegst nur Myrten. Er fährt in einem zweirädrigen Triumphwagen, du –«

»Du lebst wohl noch in dem Rom des vorherigen Jahrhunderts, was, Quintus? Immer noch der hartnäckige Republikaner? Du kennst doch die Regeln der heutigen Zeit. Triumphzüge gibt's nur noch für den Kaiser, nicht mehr für den Heerführer.«

»In der Republik war das aber anders.«

»Ach, Quintus. Wenn du damals schon gelebt hättest, dann hättest du auch Julius Caesar erdolcht, um die Republik zu retten, stimmt's?«

»Wahrscheinlich.«

»Aber Caesar *wurde* erdolcht, und die Republik starb trotzdem. Wir leben jetzt in einer anderen Zeit, Senator.« Er klopfte ihm auf den Rücken. »Aber jetzt macht euch alle fertig für das Bankett des Kaisers. Oh, Sabinus.« Er zwinkerte ihm zu. »Paß auf, daß Quintus keinen Dolch mitbringt.«

Die Sonne ging gerade wie ein glühender Feuerball über den Hügeln westlich des Tibers unter, als Sabinus mit den anderen Ehrengästen am Palast ankam. Wohlriechende Fontänen, die nach wildem Kraut dufteten, sprudelten in den polierten Marmorkorridoren, und eine Schar von Dienern schwebte zu ihnen herunter, um ihnen exotische Appetitanreger und eisgekühlte Weine auf großen Silbertabletts anzubieten. Sabinus wurde von allen Seiten von Freunden bestürmt, die er monatelang nicht gesehen hatte: ehemalige Kollegen aus dem Senat und andere Leute, die ihm wohlwollend gegenüberstanden. Schließlich gelang es ihm, den großen Speisesaal zu erreichen, in dem Claudius' Festmahl stattfand: ein aufwendiges Mahl, das als Hauptattraktion einen Leckerbissen besonderer Art vorzuweisen hatte: man hatte sich großzügigerweise erlaubt, die beiden Bullen, die an diesem Nachmittag geopfert worden waren, zu einem saftigen Braten zu verarbeiten.

Sabinus hatte kaum seinen Platz am Haupttisch eingenommen, als er die junge Plautia bemerkte: sie lehnte sich gerade auf ihrem Platz zurück, den man ihr zugewiesen hatte – gegenüber von Vespasian. Im gleichen Augenblick lag Sabinus' Hand auf Vespasians Schulter. »Tut mir leid, Bruderherz«, sagte er, »dein Platz ist dort oben neben Caesar.«

»Das denke ich nicht«, protestierte Vespasian, bis er den zunehmenden Druck an seinem Schlüsselbein spürte. Daraufhin stand er auf und entschuldigte sich, während Sabinus es sich auf Vespasians Platz bequem machte.

Plautia wurde nicht recht klug aus dem ganzen Hin und Her und starrte neugierig in Sabinus' große, braune Augen. Er hielt sich gern im Freien auf und sein Gesicht war von der Sonne gebräunt. Es paßte zu seinem schlanken, wohlproportionierten Körper. Doch seine schwarzen Ringellocken kamen Plautia irgendwie zu ordentlich gekämmt vor, ihrer Meinung nach müßten sie einmal richtig zerzaust werden.

»Wir haben uns heute nachmittag schon auf dem Kapitol getroffen«, begann Sabinus und fuhr wegen seines dummen Kommentars vor Schreck zusammen.

Plautia nickte nur. Dann beugte sie sich näher zu ihm hin, um das goldene Medaillon, das an einer Kette um seinen Hals hing, in die Hand zu nehmen.

»Ist das das Medaillon, das Caesar dir gegeben hat?« fragte sie. »Was um alles in der Welt bedeuten denn diese Tiere darauf?«

»Der römische Wolf beißt die Kehle des britischen Löwen durch. Raffiniert gemacht, meinst du nicht?«

»Was ist auf der anderen Seite?« Sie drehte das Medaillon um und sagte: »Oh, dein Name ist neben Claudius' Namen eingraviert. Wie hübsch!« Plötzlich blickte sie ihn an und fragte: »Ach, übrigens, was war denn heute bloß mit dir los, als Caesar dich bat, nach vorne zu treten?«

Ihre Nähe verstärkte nur den Eindruck, den sie auf ihn machte, und er konnte sich gerade noch bezwingen zu sagen: »Du warst der Grund... du verwirrst mich – zu jung für mich, um auch nur einen einzigen Gedanken an dich zu vergeuden.« Statt dessen sagte er: »Ach, ich war nur mit meinen Gedanken in Britannia.«

»Dein Bruder, Vespasian... er sieht dir kein bißchen ähnlich. Er ist so stämmig wie ein Ringkämpfer. Ist er verheiratet?«

»Oh, ja. Und hat tatsächlich schon zwei Söhne.«

»Und du bist nicht verheiratet? Warum nicht?«

»Das Problem ist, daß einem die richtige Frau über den Weg laufen muß. Aber erzähl doch mal, hübsche Plautia, was hast du in den langen vier Jahren gemacht, in denen dein Vater in Britannia war?«

Es schien beinahe, als hätte sie nur auf diese Frage gewartet, denn sie verbrachte die nächste Stunde damit, ihm die letzten vier Jahre in allen Einzelheiten zu schildern – weit über den letzten Hauptgang des Festmahls hinaus. Sabinus war allerdings mit seinen Gedanken ganz woanders. Ihre Gesprächigkeit gab ihm Gelegenheit, das Mädchen genau zu betrachten, ohne den Eindruck zu erwecken, er starre sie an. Kein Mädchen hatte ein Recht, derart... makellos zu sein, dachte er, beinahe aufgebracht darüber, daß die Natur wahrscheinlich andere ihrer Schönheit beraubt hatte, um dieses Meisterwerk zu kreieren. Glänzendes, hellbraunes Haar, ungebändigt wie ein Wasserfall, umspielte ihre seeblauen Augen, die wohlgeformte Nase und die Lippen, die...

»Könnte ich dich für einen Moment sprechen, Sabinus? Wenn meine schöne Cousine es erlaubt?«

Sabinus blickte zu Quintus Lateranus auf. »Natürlich, Senator. Übrigens, wo hast du dich denn den ganzen Abend versteckt?«

»Ich ... « stammelte er und zog die Stirn in Falten, »ich erklär' es dir gleich.«

Sabinus zwang sich aus der wunderbar trägen Liegestellung hoch und folgte Quintus aus dem Speisesaal hinaus zu einem Brückengeländer, von dem aus man einen großen Teil des römischen Zentrums überblicken konnte. Die Stadt dort unten war ein einziges Lichtermeer, und flackernde Dolche von orangefarbenem Licht drangen in den Abendhimmel. Aber Quintus schien zu aufgewühlt zu sein, um die Aussicht genießen zu können.

»Hat Claudius nach mir gefragt?« fragte er mit einem unruhigen Flackern in den Augen.

»Nein, aber ich denke, er sucht Messalina.«

Genau dieser Name schien Schweißtropfen auf Quintus' Stirn hervorzurufen, und er stieß einen leisen Fluch aus.

»Ja, Senator?« lachte Sabinus.

»Tut mir leid, mein Freund. Aber es ist einfach unglaublich, in was für ... für Angst und Schrecken ich bin wegen dieser –« Er schaute schnell umher, » – wegen dieser Messalina ... der Frau von Claudius Caesar ... der ›Kaiserin von Rom‹ ... der ›Inkarnation der Schönheit‹ – die aber eine ... sexbesessene Schlampe ist!«

»Aber wirklich, Quintus, du glaubst doch sicherlich nicht an diese wilden Geschichten.«

»*Sch!* Glauben? Du kannst dir nicht vorstellen, was passiert ist, seit du aus Rom fortgegangen bist, um nach Britannia zu gehen, Sabinus. Die Kaiserin Messalina ist ... einfach die unmöglichste Frau, die es in der ganzen römischen Geschichte je gegeben hat.« Er zog die Stirn noch tiefer in Falten. »Und jetzt hat sie sozusagen verlangt, daß ich – wie soll ich es nur würdevoll ausdrücken? Nun, sie hat verlangt, daß ich die Nacht mit ihr verbringe.«

Sabinus' Unterkiefer klappte nach unten. Dann brach er in Gelächter aus. »Die Kaiserin? Mit dir? Lächerlich!«

»Nein, das ist es nicht. Und ich bin bei weitem nicht der erste«, sagte er mit einem Seufzer, »in letzter Zeit hat sie sich mit mehreren Männern, äh, ›amüsiert‹, laß mich mal überlegen ... mit ihrem Arzt Valens ..., diesem Rufus, der die Gladiatorenschule leitet ..., Mnester, dem Schauspieler ... und vielen anderen von unseren Kollegen im Senat. Wahrscheinlich außerdem noch mit einem halben Dutzend anderen.«

»Aber das ist doch nicht möglich, Quintus! Claudius ... weiß er davon? Würde er sie nicht zum Tode verurteilen, wenn er es herausfinden würde?«

»Natürlich würde er das. Aber nein, er weiß nichts davon.«

»Das ist ja wirklich unglaublich! Warum ahnt er nichts?«

»Keiner wagt, es ihm zu sagen. Messalina würde es leugnen – Claudius liebt sie abgöttisch und würde ihr glauben –, und sie würden beide auf den Informanten losgehen. Ein oder zwei *haben* es sogar gewagt, die Drohung auszusprechen, Claudius zu informieren, aber ... sie weilen nicht mehr unter uns.«

»Was ist denn mit ihnen passiert?«

»Messalina hat sie wegen Verrats zum Tode verurteilt. Sie hat sich natürlich falscher Zeugenaussagen bedient.«

Sabinus' Gesichtszüge versteinerten sich. Schließlich fragte er: »Was hast du Messalina geantwortet, als sie ... ihre Einladung ausgesprochen hat?«

»Ich habe sie abgelehnt – mit der Begründung, daß ein Senator nicht nach dem kaiserlichen Stand schielen sollte, aber ich fürchte, *diese* Entschuldigung funktioniert kein zweites Mal. Doch ich konnte ihr gerade eben klarmachen, daß es jetzt während des Banketts für Aulus mit all den vielen Leuten zu gefährlich sei, so lange wegzubleiben.«

»Gerade eben?«

»Ich kam gerade von ihr«, klagte Quintus, »was im Namen aller römischen Götter soll ich nur tun, Sabinus?«

Sabinus ließ sich zu einem Scherz hinreißen: »Na ja, sie ist sehr schön ... «

Lateranus starrte ihn nur mit weit aufgerissenen Augen fassungslos an.

»Entschuldige, mein Freund! Ich sollte nicht scherzen, wenn du unter einem solchen Druck stehst. Aber ich gebe dir jetzt einen Ratschlag auf die Schnelle. Geh sofort wieder in den Saal hinein, oder es könnte passieren, daß Claudius zwischen deinem und Messalinas leerem Platz an der Tafel eine Verbindung herstellt. Wir reden später noch einmal darüber, wenn du mir die Abrechnung der Sesterzen präsentierst, die du mir schuldest, einverstanden?«

»Einverstanden. Und danke, mein Freund.«

Schließlich näherte sich das Festessen für Aulus Plautius dem Ende. Claudius war während des übermäßig langen Banketts schon zweimal eingenickt – und das war das unmißverständliche Zeichen für die Gäste zum Aufbruch. Nach dem ersten Nickerchen des Kaisers zu gehen, wäre ein Affront gewesen, nach dem zweiten noch zu bleiben, ebenso taktlos. Während Aulus seine Sippe sammelte, raffte Claudius sich auf und geleitete die Ehrengäste zur Vorhalle des Palastes. Ein großer Sturm des Beifalls erhob sich, als Aulus hinaustrat; die Menge, die immer noch draußen versammelt war, wartete nur darauf, Aulus Geleitschutz zu seiner Villa auf dem Esquilin zu geben, einem der Hügel Roms. Fackeln wurden angesteckt, und die Flötenspieler stimmten ein Lied an.

»Aha, mein lieber Aulus«, sprudelte es aus Claudius hervor, »mit diesen Führern wirst du dich auf deinem Heimweg nicht verirren. Aber nicht, daß du dann nachher der gleichen Täuschung erliegst wie Duilius, mein lieber Freund!« Erwartungsvoll schaute er Aulus an, weil er gerade eine typische Wendung des Claudius losgelassen hatte: eine obskure Anspielung auf etwas aus der uralten Vergangenheit Roms, die nur einen ebenso begeisterten Geschichtskundigen entzückt hätte.

Aulus kapitulierte: »Da hast du aber eine Wissenslücke bei mir erwischt, Caesar. Welcher Täuschung *unterlag* Duilius denn?«

Claudius strahlte über das ganze Gesicht, denn er war sehr stolz darauf, daß er sich in der Geschichte Roms prächtig auskannte. »Weiß denn wirklich *keiner* etwas über Duilius?« fragte er.

»Damals im Ersten Punischen Krieg, nicht wahr, Caesar?« gab Sabinus unaufgefordert von sich. »Duilius war so stolz auf seinen Sieg, daß er für den Rest seines Lebens – immer wenn er nachts nach Hause ging –«

»... Fackelträger und Flötenspieler vor sich her marschieren sah, die seinen Sieg feierten«, unterbrach Claudius und nickte enthusiastisch.

»Sehr gut, Sabinus!«

»Ach, *vanitas!*« (Prahlerei, Eitelkeit) Aulus lächelte. »Aber vielen Dank für heute, mein Freund. Dir auch, Sabinus. Was für ein Tag! Was habt ihr euch nicht alles für mich ausgedacht!«

»Gute Nacht, Heerführer.«

Dann sah Sabinus, wie Plautia sich bei ihrem Vater einhakte, und schaute ein letztes Mal in die Augen, die ihn verhext hatten, die aber – bedingt durch Zeit und Umstände – zu seinem Ärger aus seinem Blickfeld gerissen worden waren. »Gute Nacht, Plautia«, sagte er sanft.

Sie lächelte: »*Vale* (lebe wohl), Tribun.«

2

Valeria Messalina wälzte sich mit halb geöffneten Augen auf der weiten Fläche ihres Bettes hin und her. Sie konnte sich immer so schlecht damit anfreunden, daß der neue Tag schon hereinbrach. »Claudius?« rief sie mit schwacher Stimme. Es kam keine Antwort aus dem Nebenzimmer. Offensichtlich war ihr Gemahl schon aufgestanden und ging seinen kaiserlichen Pflichten nach. Sie dachte zurück an die vergangene Nacht und ihr kurzes Erscheinen auf dem Bankett für Aulus Plautius. Wie sie solche Repräsentationspflichten langweilten!

Aus diesem Grunde langweilte sie auch Claudius selbst. Als sie ihn vor acht Jahren heiratete, schien er natürlich eine sehr verlockende »Trophäe« zu sein. Damals war sie erst fünfzehn Jahre alt gewesen und hatte sich geschmeichelt gefühlt, daß Claudius, ein Mitglied des kaiserlichen Hauses, ihr den Hof machte: zwar war er der Idiot der Familie, sicher, aber doch ein Idiot der Caesaren! Dann hatte er sie auch noch zur Kaiserin gemacht, zum Gegenstand des Neides in aller Welt. Und mehrere Jahre lang hatte sie ernsthaft versucht, eine anständige Frau zu sein – die Götter wußten, wie sehr sie es versucht hatte – und waren nicht ihre gemeinsamen Kinder, Octavia und Britannicus, der lebende Beweis dafür?

Es gab keinen Zweifel daran, daß Claudius sie liebte. Und warum sollte er auch nicht – nach zwei ehelichen Fehlschlägen? Mit seiner ersten Frau hatte er wahrhaftig das große Los gezogen, grübelte Messalina. Urgalanilla! Diese mörderische Amazone war genauso häßlich wie ihr Name. Ha! Der arme Claudius mußte sich von ihr scheiden lassen – aus Gründen der eigenen Sicherheit! Und die zweite Frau war ein leicht durchschaubares, kleines Rehkitz – Paetina –, die Claudius niemals richtig geliebt hatte. Nein, er hatte nicht gewußt, was Liebe bedeutete, bis *sie* in sein Leben hineinspaziert war und ihn in höchstem Maße glücklich gemacht hatte.

Sie selbst war jedoch alles andere als glücklich. »Die Liebe ist der Mittelpunkt im Leben einer Frau«, erklärte sie ihren Vertrauten, »und ein Ehemann, der dreiunddreißig Jahre älter ist als ich, kann mich wohl kaum glücklich machen.«

Messalina stand auf, um sich anzuziehen und lächelte bei dem Gedanken an die Lösung ihrer mißlichen Situation. Sie war es sich schuldig, sich Geliebte zu nehmen, redete sie sich ein, denn die Liebe war der Nahrung sehr, sehr ähnlich: Ihr Geschmack und Genuß hing von der Frische ab und vor allem davon, ob die Kost abwechslungsreich war. Sollten die Moralisten nur dagegen wettern. Sollten die eifersüchtigen Frauen nur tratschen und die bestürzten alten Leute den Kopf schütteln. Sie war die Kaiserin und brauchte nicht die Fesseln der Sitten und Bräuche zu tragen, an die gewöhnliche Frauen gebunden waren. Sie würde leben – und lieben –, die Freuden des Lebens bis zur Neige auskosten.

Messalina zog ihr Nachthemd aus, das in einem Purpurkranz um ihre Füße fiel, und schaute an sich hinunter: auf ihre üppigen Brüste und die vorzüglich gewachsene Figur einer dreiundzwanzigjährigen Frau. War es fair, solch eine Augenweide nur dem schwächer werdenden Augenlicht eines Tattergreises von Mann zu gönnen, der fünfundsechzig Jahre alt war und weitaus älter wirkte? Claudius, dieser Lüstling, konnte sich mit verschiedenen Palastmädchen, die er für verschwiegen hielt, bei einem Stelldichein vergnügen, also warum sollte sie nicht dieselben Privilegien genießen? Sie besaß belastende Dokumente über alle möglichen Informanten im Palast, wie diese sehr wohl wußten, so daß ihre eigenen Liebschaften in ein verabredetes Stillschweigen gehüllt waren.

Sie klingelte mit einer Glocke. Mehrere Dienerinnen flatterten herein, um ihr beim Ankleiden zu helfen. Eine kämmte die Lockenfülle ihres kohlrabenschwarzen Haares, eine andere nahm eine mit Juwelen besetzte Schließe, um damit eine frische, weiße Tunika zusammenzuraffen, die sie ihr um den Körper geschlungen hatte, und drapierte dann die safrangelbe Stola, die Messalina für den heutigen Tag ausgewählt hatte. Messalina gab ihren Mädchen nur einsilbige Antworten, weil ihre Gedanken um die Ereignisse der letzten Nacht kreisten – und um die Person namens Quintus Plautius Lateranus, diesen verteufelt attraktiven Gauner, der ihre Liebe mit fadenscheinigen Entschuldigungen verschmähte. Aber warum diese Entschuldigungen? Sie wußte, daß er sie anziehend fand, und er hatte keine Frau, der er Rechenschaft schuldig gewesen wäre. Offensichtlich hatte der arme Liebling Angst vor Claudius. Ja, bestimmt. Das mußte der Grund sein. Nun, das war kein großes Problem.

Messalina trat aus ihrer Suite heraus, um ein kleines Frühstück mit ihrem Ehemann einzunehmen.

Erst als Claudius den letzten Bissen von seinem weingetränkten Brot mit Käse schmatzend verspeist hatte, sprach er sie endlich auf ihren nicht zu übersehenden Schmollmund an und fragte, was denn los sei. Messalinas beleidigte Miene verdüsterte sich zu einem finsteren Gesichtsausdruck. »Ich will nicht darüber reden«, meinte sie schnippisch.

»Na gut, dann eben nicht«, meinte Claudius achselzuckend.

»Sag mal, Claudius«, fragte sie plötzlich, »gehört es sich nicht für eine Kaiserin, sich für finanzielle Angelegenheiten zu interessieren? Für Investitionen und so was?«

Claudius sah verwundert aus, aber bevor er antworten konnte, fuhr Messalina fort: »Sagt dir der Name Quintus Lateranus irgend etwas?«

»Du meinst den jungen Senator? Aulus' Neffen?«

»Genau den. Na ja, ich habe Lateranus gestern abend auf dem Bankett getroffen, und da er gerade dabei ist, für sich selbst ein Vermögen zu erwerben, habe ich ihn nach Investitionsvorschlägen gefragt. Und weißt du, was er geantwortet hat?«

»Was denn?«

»›Die Ehefrau des Kaisers kann doch wohl nicht daran interessiert sein, wie ich meine paar Kröten zusammengekratzt habe.‹ Dann hat er sich umgedreht und ist gegangen.«

»Wie kann er nur, der unverschämte Flegel! Ich lasse nach ihm schicken und ihn auspeitschen.«

»Nein, das geht nicht. Du kannst einen römischen Bürger nicht auspeitschen lassen, geschweige denn einen Senator. Aber du solltest ihn irgendwie bestrafen.«

Claudius war schon dabei, einen Wächter kommen zu lassen, als Messalina Einwände machte: »Warte, mein Liebster. Laß uns etwas geschickter vorgehen. Warum verletzen wir ihn nicht einfach in seinem widerlichen Stolz? Das ist die beste Demütigung.«

Sie fuhr sich – ganz in Gedanken versunken – leicht mit ihrer fein manikürten Hand über den Mund und lächelte. »Ich hab's. Laß Lateranus zum Palast kommen und sag ihm, daß eine Kaiserin von einem Senator erwarten können sollte, daß er sie mit der üblichen Höflichkeit behandelt. Daß er mir in Zukunft bei *allen* meinen

Wünschen entgegenkommen muß oder andernfalls mit den schlimmsten Konsequenzen zu rechnen hat.«

»In Ordnung.« Claudius lächelte. »Ich hab' nichts dagegen, diesem Kerl eine Lektion zu erteilen. Warum geht bei diesen jungen Laffen immer der Erfolg mit der Eitelkeit einher?«

»Danke, Liebster.« Sie drehte sich um, um hinauszugehen, aber dann blieb sie stehen.

»Oh ... noch eins, Claudius. Halte Lateranus keine Strafpredigt und sag nichts über Investitionen. Sei ganz kurz angebunden bei der Unterredung mit diesem Mann. Sag einfach: ›Sei ihr zu Willen. Tu, *was auch immer* sie verlangt.‹ Und laß es dabei bewenden. Laß es vor allem nicht zu, daß er dir auch nur *eine einzige* Antwort gibt. Eine einminütige Unterredung wäre schon zu lang. Je kürzer die Audienz, desto effektiver die Demütigung.«

»Gut ausgeklügelt, *Liebste.* Wächter! Schick einen Boten herein.«

Die Vorladung vom Palast löste von neuem Angst tief in Quintus' Innerem aus. Sicher, er hatte Claudius keine Hörner aufgesetzt, aber was würde passieren, wenn er von Messalinas Interesse an ihm erführe? Oder, was wahrscheinlicher war, was würde passieren, wenn sie wieder die alte Strategie der verschmähten Frau anwenden und ihn vor Claudius beschuldigen würde, ihr unanständig begegnet zu sein? Der Kaiser würde ihm niemals glauben.

Furcht, aber auch Ärger, brodelte in seinem Inneren, als Narcissus die Tür zu Claudius' Arbeitssuite öffnete, in dem die Audienz stattfinden sollte. Merkwürdigerweise blieb der kaiserliche Ratgeber bei der Unterredung dabei. Als Zeuge?

»Ach ja, Lateranus«, sprach Claudius mit gurgelnder Stimme. Dann räusperte er sich und fuhr fort: »Die Kaiserin hat mich über die Vorgänge der letzten Nacht informiert. Ich ... ich hätte nicht gedacht, daß der Neffe meines Kameraden Aulus so ... indiskret sein würde.«

Quintus schienen die Augen aus dem Kopf zu springen: »Aber was denn für eine Indiskretion, werter Caesar?«

»D-du warst unverschämt, als du nicht dem Willen der Kaiserin Folge geleistet hast. Und jetzt, Senator, darf ich dir nur raten, daß du von jetzt an jedem Wunsch, den meine Messalina an dich richten wird, nachkommst, und ich brauche dir wohl nicht zu sagen, mit welchen K-konsequenzen du zu rechnen hast, wenn du ihr einen Wunsch verweigerst.«

Quintus verschlug es die Sprache. Er wechselte schnell die Stellung, um zu verhindern, daß seine Knie unter ihm nachgaben und fragte: *»Jeden Wunsch?«*

Claudius nickte.

»Du meinst«, Quintus schluckte, »sogar –«

»Ja, ja, ja, Mann!« brummte Claudius, ohne zu versuchen, Quintus zu verstehen.

»Aber, Prinzeps, du –«

»Genug, Senator!« unterbrach Narcissus mit finsterem Blick. »Caesar hat gesprochen. Die Angelegenheit ist entschieden.« Ungeduldig winkte er Quintus aus dem Raum.

Ein letztes Mal starrte Quintus einen Moment lang direkt in Claudius' Augen und versuchte, seine Absichten zu ergründen, aber er fand nichts in seinem Blick, das darauf hindeuten könnte, daß seine Anordnung nur ein bizarrer Scherz gewesen war. Dann drehte er sich mit einem Ruck um und verließ den Raum.

Auf dem Rückweg ostwärts zu seiner Villa auf dem Caelius, war Quintus verwirrt und völlig beunruhigt. Und er fand nur eine Lösung für dieses lächerliche Rätsel: Claudius' Worte mußten für bare Münze genommen werden. Er meinte nur zu gut, was er sagte. Als alter Mann erschöpft ließ Claudius bei seiner Frau die Zügel schleifen, wahrscheinlich als Teil eines Übereinkommens, bei dem seinen eigenen Privilegien ebenfalls keine Schranken gesetzt wurden. Messalina *hatte* in der Tat deutliche Andeutungen fallen lassen, daß eine solche Abmachung zwischen ihr und ihrem Mann bestand.

Er ließ seinen Blick nervös über die Stadt schweifen, die jetzt allmählich von den Schatten der hereinbrechenden Dämmerung eingehüllt wurde, und er schüttelte den Kopf. War Rom – nachdem die Republik zu Grabe getragen worden war – jetzt wirklich so weit gekommen? Sicherlich erklärte es Messalinas Benehmen. Warum sollte man sich den Kopf zerbrechen und versuchen zu ergründen, wie Claudius sich nur so von seiner Frau hinters Licht führen lassen konnte? Er wußte ja die ganze Zeit von ihren Liebschaften!

Quintus betrat sein Haus in der Stadt. Er hatte kaum den Staub von seiner Toga abgeschüttelt, als auch schon zwei mit Juwelen geschmückte Arme sich zärtlich um seine Taille schlangen. Messalinas Augen strahlten, und ihre Lippen glänzten, als sie ihn in die Dunkelheit des Vestibüls zog und flüsterte: »Quintus ... mein Quintus.«

Der Wechsel vom Kriegsleben zum Zivilleben war erfrischend für Flavius Sabinus. Er hatte den Senat im Grunde nur ungern verlassen, um seiner Pflicht in Britannia nachzukommen. Sabinus war kein Soldat aus Leidenschaft wie sein Bruder Vespasian, aber Kriegsdienst war für jeden, der eine politische Karriere machen wollte, verbindlich. Und so hatte er viel Zeit dafür geopfert. Aber jetzt, da er wieder in Rom war, war alles für ihn in schönster Ordnung. Das Biest, das allen Männern im Nacken sitzt – die finanzielle Unsicherheit –, war mit Leichtigkeit gezähmt worden durch Quintus' unglaubliche Fähigkeit, die Sesterzen so anzulegen, daß sie sich wie die Kaninchen vermehrten. Als freier Römer hatte man zwischen zwei Dingen die Wahl: Trägheit oder Politik. Keine Frage für Sabinus. Die Wahl hatte sich für ihn als ebenso unerbittlich erwiesen wie für Aulus Plautius.

Beide waren in der Tat an demselben Tag im römischen Senat formell wieder willkommen geheißen worden. Der designierte Konsul, Gaius Silius, bannte die Volksvertretung mit einer weiteren von seinen bravourösen Vorstellungen auf dem Podium. Man sagte, daß dieser »Silius mit der goldenen Zunge« alle Feinde Roms hätte abwehren können – allein durch Worte, nicht durch Waffen.

»Dich, Aulus Plautius«, rief er als Schlußwort aus, »und dich, Flavius Sabinus, werden wir nicht länger mit ›Heerführer‹ bzw. ›Tribun‹ anreden, sondern mit ›Römische Senatoren‹, Mitglieder dieser erhabenen Körperschaft. Wir vergeben euch eure Abwesenheit in den letzten Monaten: Wir verstehen, daß euch etwas im Norden aufgehalten hat.« Er legte eine Pause ein für das Gelächter, das er vorausgeahnt hatte, um dann mit den Worten zu schließen: »So prächtig ihr auch in eurer Rüstung am Tage eurer Ovation ausgesehen habt, die Volkstoga, die ihr jetzt tragt, beeindruckt uns als eine noch ruhmvollere Uniform. Euch wird natürlich jede politische Gruppierung in Rom den Hof machen – was würde man sonst erwarten bei zurückgekehrten Kriegshelden? –, aber wir setzen schon im voraus darauf, daß ihr eure eigenen unabhängigen Strategien verfolgen werdet. Herzlich willkommen, Ehrenmänner! Helft uns, Rom zu regieren!«

Aulus und Sabinus, die vorne und in der Mitte auf den Marmorbänken saßen, standen jetzt auf, um anhaltenden Applaus von dem Senat zu empfangen – und sogar ein paar überhaupt nicht senatorengemäße Hochrufe. Als die Sitzung vertagt worden war und die Senatoren in das Forum hinausmarschierten, fühlte Sabinus einen Arm um seine Schultern und hörte dieselbe Stimme wie vorhin, jetzt jedoch gedämpft. »Und wie geht es der lieben Polla? Immer noch da oben in der hügeligen Landschaft im Norden von Rom?«

»Meiner Mutter geht es gut, Gaius. Ich habe sie letzte Woche in Reate besucht. Und danke für den ... brillanten Empfang eben hier im Saal.«

Gaius Silius hob nur die Hand als Zeichen des Dankes. Dann fragte er: »Wie lange ist es eigentlich her, daß dein Vater gestorben ist?«

Sabinus zuckte innerlich zusammen, als er antwortete: »Sechs Jahre.«

Sein Vater war ein Steuereinnehmer in Kleinasien gewesen – und so außergewöhnlich rechtschaffen, daß die Bürger dort tatsächlich für ihn eine Statue errichtet hatten mit der Inschrift: *Für einen rechtschaffenen Steuereinnehmer.* (Man sagte, daß es nur eine einzige solche Statue gebe im Kaiserreich, weil ein solcher Fall nur einmal aufgetreten sei!) Sabinus' Vater war infolgedessen ohne einen Heller wieder nach Rom zurückgekehrt, aber Gaius Silius' Vater war ihm behilflich gewesen. Wenn also der junge Silius auf seinen Vater anspielte, dann – so vermutete Sabinus – geschah dies, um ihm das Gefühl der Verpflichtung ihm gegenüber einzuimpfen, auch wenn die finanziellen Schulden des Vaters längst zurückgezahlt worden waren.

Er hatte nicht unrecht damit. Als sie durch das Forum schlenderten, der späten Morgensonne entgegen, fragte Silius Sabinus vorsichtig nach seinen politischen Ansichten. Sabinus gab zurückhaltende Antworten und versuchte, die Absichten dieses jungenhaften, gutaussehenden Mannes neben ihm zu ergründen. »Gaius Silius ist der einzige Mann in Rom, der wirklich als schön bezeichnet werden kann«, darin waren sich die Frauen in Rom einig.

An einer abgeschiedenen Ecke des Forums hielt Silius an und schaute umher, um sicherzugehen, daß keiner in der Nähe war. Dann trat er Sabinus direkt gegenüber: »Du magst mit dem, was ich dir jetzt erzählen werde, übereinstimmen oder nicht, Senator, aber ich muß dich um dein Ehrenwort, nein, um deinen *Eid* der Verschwiegenheit – absoluter Verschwiegenheit – in dieser Angelegenheit bitten. Dein Vater sagte einmal zu meinem: ›Wenn wir dir irgendwann auch einmal einen Gefallen tun können, dann wende dich an uns.‹ Nun, Sabinus, der Augenblick ist gekommen. Das ist der einzige Gefallen, um den wir euch je bitten werden.«

Sabinus nickte: »Du hast meinen Eid der Verschwiegenheit, Gaius.«

Wieder schaute Silius umher und flüsterte dann: »Eine wachsende Zahl von Mitgliedern im Senat und auch anderswo haben das Kaiserreich *satt,* Sabinus, sie empfinden Ekel über Claudius' Narrenpossen. Und wir haben die Absicht, die Republik wiederherzustellen. Bevor du jetzt irgend etwas dazu sagst, hör mich an. Ja, Augustus war notwendig als ein starker Mann – er beendete die Bürgerkriege –, aber dieser geile Heuchler Tiberius entzog sich jeder Staatskunst in Rom, um sich seinen verworrenen sexuellen Spielen zu widmen, die er auf Capri zu pflegen beliebte. Aber er war ein Heiliger – verglichen mit Caligula – «

»Ein Verrückter, Gaius«, unterbrach Sabinus, »jeder weitere Kommentar erübrigt sich.«

»Und jetzt dieser träge Krüppel von Claudius, der auf den Mund gefallen ist – sowohl im wahrsten Sinne des Wortes als auch im übertragenen Sinn –, dieser stotternde Einfaltspinsel, der Rom zur Zielscheibe des Spottes in der ganzen Welt macht! Oh, was für eine *großartige* Rangfolge von Caesaren: ein Heuchler, gefolgt von einem Verrückten, und dann ein Hanswurst!«

Sabinus war kaum schockiert von Silius' Sprache. Das war an der Tagesordnung bei den Anhängern der Republik. Aber er fragte Silius, warum er gerade ihn auserwählt habe.

»Wegen deines Ansehens, Sabinus. Denn *wenn* du mit uns sympathisierst, dann möchten wir gerne, daß du auch Vespasian und vielleicht Aulus Plautius auf unsere Seite bringst – aber erst, wenn die Zeit gekommen ist. Die Nachtwache haben wir schon auf unserer Seite und einige der Prätorianer. Es *kann in Angriff genommen werden,* Sabinus! Wir können die Republik wiederherstellen und dem Senat die eigentliche Macht zurückgeben.«

Silius' Augen leuchteten und durchbohrten Sabinus' Augen in Erwartung einer Antwort.

Sabinus schaute vorsichtig über das Forum hinweg zum Palast auf dem Palatin. Dann antwortete er ruhig: »Claudius ist sicher kein Vorbild, Gaius. Da gebe ich dir recht. Aber er ist auch kein Hanswurst. Ich möchte nicht an seiner Ermordung teilhaben.«

»Er müßte nicht ermordet werden, Sabinus. Das Exil würde schon genügen. Er könnte den Rest seines Lebens mit seinen geliebten Schriftrollen in Spanien verbringen. Oder Ägypten. Überall.«

Sabinus nickte langsam. »Die Angelegenheit erfordert reifliche Überlegung, Gaius. Und daher möchte ich erst in Ruhe darüber nachdenken. Mittlerweile verstehe ich auch *voll und ganz*, daß dir an meiner Verschwiegenheit gelegen ist.«

Es war so eine bewußte Untertreibung des vehement geforderten Verschwiegenheitseids, daß beide lachen mußten.

»Ich will dir nur eins sagen«, fügte Sabinus hinzu, »es ist nicht so sehr der Kaiser, der Rom zum Gespött der Leute gemacht hat, sondern vielmehr die Kaiserin.«

»Messalina?« Silius' Augen flackerten unruhig, als er sich Sabinus zuwandte, dann wich er seinem Blick aus: »Ah, ja, die Kaiserin. Sie ... äh ... *ist* ein Problem.« Silius' jungenhafte Wangen färbten sich blutrot, und er fragte ein letztes Mal: »Absolute Verschwiegenheit? Auch, wenn du dich dafür entscheiden solltest, dich uns nicht anzuschließen?«

»Du hast mein Wort, Gaius.«

»Ich frage dich bei den Gebeinen unserer toten Väter, Sabinus.«

»Ich *habe* dir schon mein Wort gegeben, Gaius.«

Sie gingen auseinander, und Sabinus ging zurück zum Quirinal, um Vespasian und seine Familie zu besuchen. Bald würde er selbst in sein eigenes, neu erworbenes Haus in der Stadt auf dem Quirinal ziehen, das jetzt neu renoviert worden war. Er gab sich einen Augenblick lang dem Gedanken hin, mit seinem Bruder über Silius' Verschwörung zu diskutieren – man *erwartete* schließlich sogar von ihm, daß er ihn später irgendwann aufsuchte –, aber dann verwarf er die Idee wieder. Vespasian hielt dicht wie ein zerbrochener Krug Wasser. Außerdem wußte er schon jetzt die Antwort seines Bruders, ohne ihn gefragt zu haben. Durch und durch ein zäher, loyaler Soldat, würde Vespasian sofort zum Palatin gehen, um Claudius zu warnen. Silius hatte Glück, daß Vespasian nicht reich genug war, um im Senat zu sitzen; denn wenn er an der Unterhaltung mit Silius teilgenommen hätte, dann wäre Silius' Verschwörung schon überall von ihm ausposaunt worden.

Aber wie sah es mit seiner eigenen Haltung aus? Claudius zur Seite zu stoßen – wäre das ein Verbrechen, Verrat oder Liebe zum Vaterland? Eine reiche Republik, regiert von einem wirklich unabhängigen Senat statt der gegenwärtigen Senatsversammlung, die bei ihren Überlegungen immer mit einem Ohr auf den Palast hören mußte, wäre natürlich vorzuziehen. Aber er hatte noch so viel mehr Fragen zu stellen, er brauchte noch so viel mehr Sicherheiten, bevor er sich der Verschwörung verschreiben konnte.

Sabinus war auch betroffen von Silius' seltsamer Reaktion, seiner beinahe verräterischen Antwort auf das Wort: Messalina. Und warum hatte Quintus ihn nicht noch einmal auf seine verzwickte Lage wegen Messalina angesprochen?

3

In den nächsten Monaten wurde Senator T. Flavius Sabinus in der Tat von verschiedenen politischen Gruppierungen bedrängt, die vom römischen Staatskörper abdrifteten, ganz besonders von einer. Die hungrigen, flehenden Augen des designierten Konsuls, Gaius Silius, wandten sich ihm während der Beratungen so oft zu, daß Sabinus peinlich berührt war. Am Ende jeder Sitzung machte Silius ihn ausfindig, um rätselhafte Kommentare abzugeben: »Es werden von Tag zu Tag mehr.« »Bald ist's soweit.« »Hast du dich entschieden?«

Den Kopf mit Verschwörung und Verrat beladen, aber auf Verschwiegenheit vereidigt, fragte sich Sabinus, was nur mit seinem Seelenfrieden geschehen war.

Aulus Plautius holte ihn eines Tages nach einer Vertagung einer Sitzung ein und sagte: »Du wirst mich von jetzt an weniger im Senat zu sehen bekommen, Sabinus, weil ich ... aufgehört habe.«

»Schreibst du deine Memoiren von der Schlacht in Britannia?«

Aulus lächelte und nickte.

»*Großartig*, mein Feldherr! Seit dem Tag, an dem wir zurückgekehrt sind, liege ich dir schon damit in den Ohren, daß du mit dem Schreiben anfangen sollst.«

»Das ist beinahe so lang, wie wir schon versucht haben, dich zu uns nach Hause zum Abendessen einzuladen, Sabinus. Zweimal schon hast du höflich abgelehnt. Der ›Höflichkeit‹ ist nun Genüge getan. Aber falls keine Revolution oder Katastrophe ausbricht oder nicht der Tod persönlich an die Tür klopft, erwarten wir dich am kommenden Samstagabend. Kannst du das einrichten?«

»Mit dem größten Vergnügen«, willigte Sabinus mit einem verlegenen Grinsen ein.

Die Plautii lebten auf einem anderen der sieben Hügel Roms, dem Esquilin, der nordöstlich von dem Forum emporragte. Nahe des Bergkamms der mit Pinien bewachsenen Böschungen stand Plautius' Villa, ein Stein des Anstoßes und Zielscheibe von kontroversem Klatsch in der römischen Gesellschaft. Einer von Aulus'

Rivalen im Heer schritt einmal zwischen den dorischen Säulen entlang und bemerkte mürrisch: »Ein Palast? Für einen römischen Offizier?« Schon Caligula hatte damals die gleiche Besichtigungstour durch Haus und Garten unternommen und gemurrt: »Oh, es ist eine Schutzhütte, Aulus, aber warum kletterst du nicht 'raus aus dieser Bruchbude und baust dir ein *richtiges* Haus?« Aber Caligula war selbstverständlich verrückt gewesen.

Sabinus fand die zweiundzwanzig Räume des Aulus mindestens angemessen für eine dreiköpfige Familie. Alle führten hinaus auf jeweils einen von zwei großen, angrenzenden Höfen: das Atrium, das am nächsten an der Straße lag, und das reicher verzierte, innere Peristyl. Die Dienerschaft lebte in den oberen Räumen, die auch gegenüber der Innenhöfe lagen.

Pomponias Abendeinladung war sowohl im Hinblick auf das Essen als auch die Unterhaltung ein Leckerbissen. Was für eine Zurückhaltung Aulus' Gattin auch immer in der Öffentlichkeit an den Tag legte, sie schien in der Vertrautheit ihres eigenen Heims zu verschwinden. Und Tochter Plautia zeigte überhaupt keine Zurückhaltung. Sabinus fühlte sich wieder ganz merkwürdig schwach in Gegenwart dieses strahlenden, zierlichen Geschöpfes. Wie alt war sie überhaupt? Wie alt auch immer – sie war zu jung für ihn, und er verfluchte im stillen die Götter, die ihn eine halbe Generation von ihr entfernt plaziert hatten.

Zu allem Überfluß plauderte Plautia gerade über das Lieblingsthema aller jungen Mädchen – sich selbst – und die Jungen in ihrem Leben. »Römische Mädchen werden so schrecklich behütet, Senator«, beklagte sie sich, »ja, wirklich, ich kann nicht einmal hinunter zum Forum gehen – eigentlich nirgendwohin –, ohne daß Mutter oder Vater immer mit mir kommen.«

»Unsinn«, widersprach Aulus, »einer der Diener würde auch als Begleitung reichen.«

»Und eine Hochzeit wird das alles ändern, Plautia«, sagte Sabinus lachend, »du wirst irgendwann mit Begleitpersonen verschont werden, wenn dir der richtige Mann über den Weg läuft.«

»Irgendwann? Ich bin doch jetzt schon alt genug dafür.«

»Nein, das bist du nicht, meine Tochter«, meinte Pomponia lächelnd.

»Oh doch, das bin ich. Ich bin schon sechzehn, und drei von

meinen Freundinnen sind auch sechzehn und bereits verlobt. Eine ist sogar verheiratet.«

»Nun gut«, meinte Aulus herablassend, »wann sollen wir deine Verlobung bekanntgeben, Plautia? Und welcher römische Jüngling ist der Glückliche?«

»Glaubt nicht, daß ich keine Gelegenheit gehabt hätte«, sagte sie schmollend. Dann schob sie ihre hellbraunen Locken zur Seite, wandte sich Sabinus zu und sagte: »Du kannst dir nicht vorstellen, wie das bei uns immer läuft, Senator. Die Jünglinge, die meine Eltern gern an meiner Seite sehen würden – gute Familie und alles – na ja, die gehören alle in eine Kuriositäten-Sammlung.« Sie legte eine Pause ein, als die anderen lachten. »Aber die Männer, die ich mag, scheinen alle einen ›hoffnungslos falschen Hintergrund‹ zu haben, wie Mutter sich auszudrücken beliebt. Daher glaube ich, daß ich besser eine vestalische Jungfrau geworden wäre«, sagte sie mit einem Seufzen, »ich hätte es werden können, weißt du. Als ich zehn Jahre alt war, hat der Hohepriester mich eingeladen, eine Novizin zu werden. Das muß man sich mal vorstellen, ich hätte mein ganzes Leben in heiliger Altjüngferlichkeit verbringen können! Aber Vater war dagegen.«

»Den Göttern sei Dank«, dachte Sabinus.

»Ich hätte mich wirklich den Vestalinnen anschließen sollen, glaube ich«, beharrte sie auf ihrem Standpunkt, zog einen Schmollmund und schwatzte dann weiter über ihr behütetes Dasein und das Los der römischen Frauen im allgemeinen.

Plautias Kommentare und ihr Verhalten trugen dazu bei, daß Sabinus' leidenschaftliches Interesse an ihr abkühlte, denn sie zeigten, daß das Mädchen im Grunde ein kokettes, albernes Ding war und viel zu jung, um ernst genommen zu werden. Diese Erkenntnisse empfand er beinahe als einen bösen Trost, denn all ihre Schönheit war dann auch oberflächlich und unreif. Die Natur hatte sie im Grunde doch nicht mehr begünstigt als andere.

Pomponia hatte ihren Gast neugierig angestarrt. »Weißt du, Sabinus«, sagte sie, »ich finde, daß unser Neffe Quintus und du einander beinahe ähnelt *wie ein Ei dem anderen* – abgesehen vom Körperbau. Er ist stämmiger als du.«

»Aha!«, sagte Sabinus lächelnd. »Dann wirst du jetzt auch den Grund und Sinn des Namens verstehen, den wir für unser gemeinsames geschäftliches Unternehmen gewählt haben.«

»Welchen Namen denn?«

»*Gemini.* Die Zwillingsbrüder.«

»Wer ist denn Castor und wer ist Pollux?« fragte Aulus lachend.

»Wir haben uns noch nicht entschieden.«

Plautia, die seit einigen Minuten nichts mehr gesagt hatte, schien jetzt einen anderen Kurs einzuschlagen. »Nehmen wir für einen Augenblick lang mal an, Senator«, sagte sie in einem ernsteren Ton, »daß du denselben Verstand und dasselbe Talent besitzen würdest wie jetzt, aber daß du eine Frau wärst. Ist dir klar, wie drastisch anders dein Leben sein würde? Du hättest niemals Konsul oder Tribun werden können. Oder Senator. Du könntest noch nicht einmal an der Wahl eines Kandidaten für eines dieser Ämter teilnehmen. Du könntest niemals als Geschworener oder Richter deinen Dienst tun. Das Gesetz würde dich beinahe wie einen Untermenschen behandeln. Und jetzt frage ich dich: Ist das fair?«

Sabinus war überrascht. »Vielleicht nicht«, antwortete er, »aber die Frauen von Rom sind erstaunlich frei – verglichen mit den Frauen in Griechenland oder sonstwo.«

»Stimmt. Aber das ist so, als würde ein reicher Mann einem Kleinbauern sagen, er solle froh sein, kein Sklave zu sein«, entgegnete sie, »könnte es sein, daß ihr Männer Angst vor uns habt? War es nicht Cato, der sagte: ›An dem Tag, an dem die Frauen uns gleichgestellt sind, werden sie unsere Gebieterinnen sein‹?«

Sabinus verfluchte sich selbst wegen seiner vorschnellen Beurteilung von Plautia. Er hatte das Mädchen falsch eingeschätzt. Sie hatte sehr wohl einen Verstand. Und noch dazu einen sehr scharfen.

Ein Diener betrat den Eßsaal, entschuldigte sich und flüsterte Aulus dann etwas ins Ohr. Das Gesicht des Familienoberhauptes nahm einen ernsten Ausdruck an, und Aulus erhob sich vom Tisch.

»Es ist alles streng vertraulich«, sagte er, »aber Narcissus ist hier. Allein.«

»Keine Gehilfen?« fragte Sabinus, denn Claudius' Kanzleiminister wurde immer von einem Gefolge von Gehilfen begleitet.

»Sonst keiner. Er muß mich allein sprechen. Eine *sehr* dringende Angelegenheit, sagt er.«

»Zeit, zu gehen«, sagte Sabinus und erhob sich vom Tisch, um seinen Gastgebern seinen Dank auszusprechen: »Deine Familie paßt gut zu dir, Heerführer. Jetzt weiß ich, was für ein Opfer du gebracht hast, als du sie verlassen mußtest, um nach Britannia zu gehen.«

Aulus ging in sein Bibliothekszimmer hinüber und zog sorgenvoll die Stirn in Falten. Er zählte den Minister des Kaisers zu seinen Freunden, aber er hatte ihm gegenüber absichtlich eine respektvolle Distanz gewahrt. Narcissus war schließlich die zweitmächtigste Person in Rom; und jede engere Verbindung zu ihm bedeutete, in Gewässern nahe am heimtückischen Strudel der römischen Staatspolitik zu schwimmen.

Narcissus' Gruß und seine Entschuldigungen wegen seines unerwarteten Besuches deuteten auf eine ernste Situation hin. Dann begann der gutaussehende Grieche die Stirn zu runzeln, während er sich nervös durch die parfümierten Strähnen seines schwarzen Haares fuhr und an einem Ohrläppchen zog, in das man ihm in den Tagen der Sklaverei ein Loch gestochen hatte.

»Rom ist in äußerster Gefahr, Aulus«, sagte er und blickte Aulus mit todernster Miene an, »Claudius wird bedroht. Wir sind in einer Lage, die beinahe außer Kontrolle geraten ist. Aber ich hoffe, daß dein wacher Verstand, den du als Heerführer bewiesen hast, uns helfen kann, eine Strategie zu entwickeln, um uns zu retten.«

»Hört sich an wie ein parthisches Rätsel, Narcissus. Was meinst du denn bloß?«

»Du hast doch von den Geschichten über die Kaiserin Messalina gehört?«

»Ja, aber was hat dieser Tratsch mit deinem Problem zu tun?«

»Sehr viel. Aber zuallererst solltest du wissen, daß der ›Tratsch‹, wie du es nennst, nicht nur zutreffend ist, sondern das wahre Gesicht der Messalina wirklich noch viel zu nett darstellt. Bis jetzt konnte noch keiner eine vollständige Liste ihrer Geliebten zusammenstellen, aber ich bin gerade dabei, es zu versuchen. Wir kommen auf ungefähr neunzehn.«

»Die Frau eines römischen Prinzeps? Das ist unglaublich!«

»Aber wahr, Aulus.«

»Woher weißt du das, Narcissus? Ich vermute, du warst dabei und hast dir hinter einem Vorhang Notizen gemacht?« gluckste Aulus.

»Ich habe mehr als genug Beweise.« Er griff in seine Tunika und zog ein zusammengefaltetes Papyruspapier heraus. »Sieh es dir an. Hier sind nur einige wenige der prominenten Römer, die ... das Bett des Kaisers befleckt haben. In alphabetischer Reihenfolge. Ich habe schriftliche Beweisstücke für jeden von ihnen.« Er gab Aulus die Liste:

Suillius Caesoninus
Decrius Calpurnianus
Mnester, der Schauspieler
Traulus Montanus
→
Polybius
Titius Proculus
Sulpicius Rufus
Gaius Silius
Saufeius Trogus
Pompeius Urbicus
Vettius Valens
Juncus Vergilianus

Aulus las sorgfältig die Namen. »Donnerwetter!« brummte er. »Senatoren ... Richter ... Präfekten. Messalina hat zweifellos aristokratische Neigungen.«

»Nicht unbedingt. Denk daran, das sind nur die prominenten Namen. Es gibt noch viele andere.«

»Was soll der Pfeil dort?«

»Das erkläre ich dir gleich. Welcher Name ist nun deiner Meinung nach der gefährlichste auf der Liste?«

Aulus las sich noch einmal sorgfältig die Namen durch. »Wahrscheinlich dieser ›aufsteigende Stern‹ im Senat, Gaius Silius.«

»Ganz genau. Und dort liegt die Gefahr. Messalina geht es jetzt um mehr als Leidenschaft. Sie will auch Macht. Wir haben erfahren, daß sie völlig vernarrt ist in Silius. Sie will ihn sogar heiraten, ihn zum Kaiser machen und an die Stelle von Claudius setzen. Und Silius *ist* der designierte Konsul, verstehst du.«

»Kaiser?« Aulus' Gesicht verlor plötzlich alle Farbe. »Aber ich dachte, Silius hätte republikanische Interessen.«

»Oh, die hat er auch, die hat er – *immer wenn* er die Leute für sich zu gewinnen versucht. Und er mag auch eine Zeitlang ein ehrenhafter Republikaner gewesen sein, aber jetzt hat er seine Ziele höher gesteckt. Messalina mag ihn korrumpiert haben. Oder auch sein eigener Ehrgeiz. Das spielt keine Rolle. Jetzt verspricht er, die Republik wiederherzustellen, nur um anschließend ein neues Kaiserreich ins Leben zu rufen.«

Aulus runzelte die Stirn, so daß sich tiefe Falten bildeten. Was nur wie die verrückten Schamlosigkeiten einer Hure von Kaiserin ausgesehen hatte, schien jetzt die wahren Fundamente Roms zu erschüttern. Nicht daß Claudius so unentbehrlich war – er wußte, daß dem nicht so war –, aber ein Kaiserreich, regiert von einer Palasthure und diesem eingebildeten und beschränkten Gaius Silius, einem hübschen Jüngling, der zu viele und zu schwülstige Reden im Senat hielt, ein solches Kaiserreich würde am Rande des Abgrunds wandeln. Er schritt hinüber zu seinem Weinschrank, holte eine Flasche schweren, alten Falerner heraus, nahm zwei Weinbecher und füllte sie mit dem guten Tropfen.

»Messalina kann es nicht lassen, diesen Mann mit Geschenken zu überhäufen«, fuhr Narcissus fort, »sie hat Silius seine neue Villa bezahlt und anschließend seine Frau hinausgejagt. Und sie ist so gut wie bei ihm eingezogen. Tag und Nacht ist sie dort. Sie hat auch viele Möbel aus dem Palast dorthin geschafft. Ach, der arme Claudius! Er scheint es wohl nie zu bemerken, daß etwas fehlt.«

»Du meinst, er hat *immer noch* keine Ahnung davon? Warum hast du es ihm noch nicht gesagt?«

»Weil ich sehr egoistisch bin, wenn mein Leben in Gefahr ist, Aulus. Ich möchte es behalten, verstehst du? War es nicht Homer, der gesagt hat: ›Bemitleide den, der den Mächtigen schlechte Nachrichten bringt‹? Jeder im Palast stimmt mit mir darin überein, daß Claudius informiert werden muß, aber keiner will es ihm sagen.«

»Warum nicht Pallas?«

Pallas, auch ein freigelassener Sklave, war der zweite enge Vertraute und Minister des Claudius und verantwortlich für die Staatskasse, während ein dritter Exsklave, Callistus, alle Bittschriften, die an den Kaiser gerichtet wurden, bearbeitete.

»Ich weiß, was du fragen willst«, erwiderte Narcissus, »Claudius ... ist ein Wagenlenker, der von drei Pferden gezogen wird:

Pallas, Callistus und Narcissus. Warum dreht sich nicht eins von diesen Pferden um und wiehert laut, um seinen Herrn zu warnen? Und du hast natürlich recht. Aber die anderen beiden haben noch mehr Angst als ich, wenn das noch möglich ist. Messalina hat uns gedroht, daß sie, falls wir Claudius von ihren Liebschaften erzählen, ›beweisen wird, daß wir Lügner sind‹, und uns wegen Verrats töten läßt.«

»Könnte sie das?«

Narcissus überlegte einen Augenblick lang. Dann sagte er: »Ja, das könnte sie wahrscheinlich. Claudius ist immer noch hoffnungslos in sie verliebt, und er würde *viel lieber* glauben, daß sie unschuldig ist, als daß sie sich schuldig gemacht hat. Er liebt die Kinder, die sie ihm geschenkt hat. Bei diesem Vorteil auf ihrer Seite wäre eine Klage gegen sie purer Selbstmord. Und selbst wenn Claudius *uns* glauben würde, wäre er wütend, weil wir es ihm nicht früher gesagt hätten, daß Messalina ihn in den letzten fünf Jahren... betrogen hat.« Er warf die Arme in die Höhe. »Wir sind alle gefangen... gefangen in einer schrecklichen Falle.«

»So, du willst also den Mund halten und zusehen, wie Rom in die Hände dieses selbstgefälligen Esels namens Silius fällt?«

Narcissus schaute auf den Boden, griff nach seinem Becher und trank ihn leer. Dann sprach er abgehackt: »Nein, so geht's nicht mehr weiter. Deswegen bin ich hier. Ich brauche Ideen. Ich brauche Ratschläge. Ich brauche Unterstützung. Laß uns erst 'mal über Unterstützung reden. Wenn die Krise über uns hereinbricht, bitte ich dich, deinen Einfluß bei der Prätorianergarde geltend zu machen und dafür zu sorgen, daß sie Claudius die Treue hält. So muß Claudius schließlich den Sieg davontragen – *falls* er nicht vorher ermordet wird.«

»Du hast mein Wort, daß ich dir helfen werde, Narcissus.«

»Das ist eine Erleichterung.« Er lächelte. »Jetzt zu dem Ratschlag: Wenn du an meiner Stelle wärst, Aulus, wie würdest du vorgehen, um Claudius die Nachrichten beizubringen?«

Aulus drehte langsam den Becher in seinen Händen und starrte auf das Karminrot darin. Dann preßte er die Lippen zusammen und sagte schließlich: »Fertige eine detaillierte Dokumentation über Messalinas... Benehmen an. Mach Pallas und Callistus zu deinen Helfern, die dir mit bestätigenden, überzeugenden *Beweisen* von Messalinas Untreue zur Seite stehen. Sieh zu, daß du ein paar Zeugen im

Hintergrund hast. Claudius *muß* einem so offensichtlichen Tatbestand Glauben schenken.«

Narcissus dachte kurz darüber nach und nickte dann: »Ja, das ist wirklich der einzige Weg.«

»Aber du mußt deine Pläne um jeden Preis vor Messalina geheimhalten, sonst wird sie als erste zuschlagen. Ach übrigens – du wolltest mich doch noch über die Bedeutung des Pfeils hier auf der Liste aufklären.«

Narcissus zuckte zusammen: »Dir entgeht aber auch nicht das geringste Detail, was, Aulus?« Er holte tief Luft und sagte: »Der Name deines Neffen Quintus Plautius Lateranus gehört an diese Stelle in der Liste. Es... es tut mir leid, mein Freund.«

Aulus' Gesichtszüge erstarrten vor Unglauben, nur seine Augen spiegelten seinen Schmerz wider: »Bist du sicher?«

»Als es dazu kam, war ich Zeuge des eigentlichen Beginns der Verwicklung deines Neffen. Aber du wirst erfreut sein, zu hören, daß er überlistet wurde. Hat er dir nie erzählt, was passiert ist?«

»Nein. Niemals.«

Narcissus berichtete dann von der seltsamen Unterredung auf dem Palatin. Als er seinen Bericht beendet hatte, fuhr Aulus ihn an: »Warum hast du Quintus denn dann nicht gewarnt?«

»Zu der Zeit hatte ich noch keine Ahnung, was damit verbunden war. Als ich es dann später erfuhr, war es bereits zu spät. Aber jetzt muß ich dir eine Frage stellen: Ändert das etwas an deiner Meinung, daß Messalina bloßgestellt werden soll?«

Aulus' Fingerknöchel wurden weiß, so sehr krampften sie sich um den Stiel des Weinkelches.

»Nein«, brummte er, dann deutlicher: »Nein, *natürlich* nicht.«

»Worte eines Ehrenmannes. Ich kann nur versprechen, daß wir... versuchen werden, Lateranus' Namen aus der Sache 'rauszulassen. Aber falls das mißlingen sollte, hat er natürlich noch eine handfeste Rechtfertigung: Claudius befahl ihm – ohne es zu wissen – genau das, weswegen er dann auf der Anklagebank sitzen wird! Ich werde es bezeugen.«

»Hmmmm. Freundlich von dir, Narcissus.«

»Oh, noch ein letztes, Aulus. In dem Augenblick, in dem ich dich verlasse, wirst du deinem Neffen wahrscheinlich eine Warnung zukommen lassen, und ich kann dir deswegen keinen Vorwurf machen. Aber Lateranus hat Verbindungen zu den Republikanern, wie du weißt, daher würde ich *nichts* über Silius und seine Verschwörung sagen.«

»Daran habe ich auch schon gedacht, Narcissus.«

4

Etwa dreiundzwanzig Kilometer südwestlich von Rom fließt der Fluß Tiber in Ostia in das Mittelmeer. Das sollte der Hafen von Rom sein, aber der gelbe Schlamm, den der Fluß dort ausspie, hatte den Hafen seit Jahren verschlammt. Und daher mußten die Getreideschiffe aus Afrika und Ägypten, die Rom mit Nahrung versorgten, in einiger Entfernung von der Küste vor Anker gehen und ihr lebenswichtiges Frachtgut auf schwere, flache Flußboote laden, die das Getreide flußabwärts transportierten. Als die Stürme des Mittelmeeres solche Transporte im Chaos enden ließen, plagte die römische Bevölkerung der Hunger. Noch ein paar solcher Hungersnöte – und die Leute in Rom würden damit anfangen, nach einem neuen Kaiser zu verlangen. Das wußte Claudius, und so entwarf er seinen großen Plan, einen tiefen, neuen Hafen am nördlichen Teil des alten auszuheben.

Claudius' Ingenieure sagten ihm, daß das Projekt unmöglich sei. Er stimmte ihnen zwar zu, befahl ihnen aber, trotzdem weiterzumachen. Ingenieure dieser Art hatten jetzt schon seit ungefähr neunzig Jahren über das Projekt diskutiert – seit Julius Cäsar als erster davon geträumt hatte –, und nun war die Zeit zum Handeln gekommen. Ein Heer von Hilfsarbeitern strömte von überall her zu dem Baugebiet. Dort wurde ein riesiges Hafenbecken langsam ausgegraben, und Wellenbrecher, die über ein Fundament von gesunkenen Schiffen gebaut wurden, nahmen allmählich Form an.

Claudius beschloß, ein paar Wochen von Roms herrlichem Herbst in Ostia zu verbringen und die Fortschritte bei seinem geliebten Hafen zu begutachten. Er fragte Messalina, ob sie Lust hätte, ihn zu begleiten. Sie sagte, sie würde sehr gerne mitkommen, aber leider plage sie gerade eine Magenverstimmung. Der Kaiser küßte sie zärtlich und brach mit einem kleinen Gefolge in Richtung Küste auf. Narcissus sollte auf dem Palatin die Stellung halten.

Messalina beobachtete, wie das Gefolge ihres Gatten sich den Weg hinaus aus dem Hof des Palastes schlängelte und bat dann um eine Schreibtafel. Sie schrieb nur zwei Wörter darauf: »Jetzt, Liebling.« Während sie die Tafel mit einem Siegel versah, rief sie den Diener zu sich, dem sie am meisten vertraute, und sagte ihm: »Übergib das dem Senator Gaius Silius auf dem Esquilin. Sofort.«

In römischen Finanzkreisen begann man, die Aktivitäten der »Zwillingsbrüder« mit wachsendem Interesse zu beobachten. Sabinus und Quintus Lateranus wiesen nicht nur eine kuriose Ähnlichkeit in bezug auf ihr Aussehen auf, sondern auch ihre Charaktere glichen einander. Beide waren kontaktfreudige Abenteurer, die sich in ihrer gegenwärtigen Situation ein wenig langweilten; sie waren beide Junggesellen, Senatoren und seit kurzem erfolgreiche Jungunternehmer, die mit ihren geschäftlichen Gemeinschaftsunternehmungen ein Vermögen erwarben. Die Geschäftsmänner von Rom versuchten, ihren Stil zu kopieren, blieben aber immer einen Schritt hinter den beiden zurück – im Hinblick auf zeitliche Koordinierung und Profit. Bis jetzt hatte Narcissus, mit dem Beinamen »Kluger Sesterzenkopf«, als der pfiffigste Geschäftsmann in Rom gegolten, aber als dem mächtigen Narcissus die glänzende Idee in den Sinn kam, in der Nähe von Claudius' Hafenarbeiten ein Grundstück zu kaufen, fand er heraus, daß die Eigentumsrechte für das meiste Land auf beiden Seiten des neuen Hafenbeckens bereits den »Zwillingsbrüdern« übertragen worden waren.

In letzter Zeit jedoch schien Quintus mehr an politischen als an geschäftlichen Angelegenheiten interessiert zu sein. Und Sabinus bedauerte es beinahe, denn Quintus hatte in seiner republikanischen Begeisterung versucht, ihn in Silius' Verschwörung mit hineinzuziehen.

So pfiffig Quintus und Sabinus auch in finanziellen Angelegenheiten waren, so hatte doch keiner von beiden die leiseste Ahnung, daß Silius doch sehr seine eigenen Interessen in den Mittelpunkt stellte.

Da es mitten im Herbst war, würde Gaius Silius' großes Fest unter dem Zeichen der Ernte stehen. Quintus hatte sich die Mühe gemacht, Sabinus die Einladung persönlich auszuhändigen und fügte hinzu: »Das wird *das* gesellschaftliche Ereignis der Saison, Sabinus, und ich möchte die Betonung darauf legen, daß es ein soziales Ereignis sein soll und kein politisches. Also kannst du deine Zweifel in bezug auf unser politisches Vorhaben über Bord werfen, die Einladung annehmen und dich amüsieren.«

Sabinus war – wie vorherzusehen war – abgeneigt, aber Quintus konnte äußerst überzeugend sein.

An einem strahlenden, warmen Oktobertag kamen die »Zwillingsbrüder« gemeinsam am frühen Nachmittag dort an. Mit Motiven der Weinernte dekoriert und geschmückt, glich das Atrium von Silius' Villa einem ländlichen Weingarten – umrahmt von richtigen Weinreben, voll von süßen und saftigen Weintrauben. Im Peristyl standen riesige Holzfässer, in denen die Gäste fröhlich mit nackten Füßen auf den Weintrauben herumtrampelten, während sie Weine aller Art in sich hineinschütteten. Eine Schar von Dienern bahnte sich ihren Weg zwischen den Weinen und Fässern; sie trugen große, silberne Weinkrüge, die mit Zeichen verziert waren, welche den Inhalt der Krüge definierten: Setiner oder Falerner, heiß oder kalt, lieblich oder trocken, mit Wasser oder pur.

Ein paar lächelnde Sklaven standen um Sabinus und Quintus herum, zogen ihnen rasch ihre Togen aus und überreichten ihnen einfache Kostüme, die aus Tierhäuten angefertigt worden waren, denn dieses Fest sollte ein Fest für Bacchus sein, den Gott des Weins und der lärmenden Festlichkeiten, dessen Ernte- und Fruchtbarkeitsriten bis zum Beginn der antiken Kultur zurückreichten.

»Liebling Quintus!« flötete Messalina, als sie einem der beiden ländlich gekleideten Gestalten, die gerade den Atrium-Weingarten betraten, einen innigen Kuß auf den Mund drückte: »Du hast mir doch meine ... meine Freundschaft mit Gaius verziehen, oder?«

Quintus schüttelte den Kopf, lächelte aber und antwortete: »Verlang nicht das Unmögliche, meine Göttin.«

»Oh, du hast ihn mitgebracht, nicht wahr? Herzlich willkommen, Flavius Sabinus!« Sie streckte ihre Hand aus, die Sabinus mechanisch küßte. Er war zu verblüfft, um irgend etwas anderes zu tun.

»Bevor dieses Fest hier vorbei ist, solltest du das Küssen besser können, Senator.« Sie lächelte geziert.

Sabinus errötete, und sein Gesicht nahm eine noch dunklere Farbe an, als er Messalinas empörendes Kostüm bemerkte – oder vielmehr das fehlende Kostüm: ein schmales, gebleichtes Lederband bedeckte spärlich ihre Brüste und war mit einem anderen Band verknotet, das zwischen ihren Beinen hergezogen und um ihre Taille geschlungen war, um einen Gürtel zu bilden.

»Ich habe es selbst entworfen, Sabinus«, gluckste sie vor Vergnügen. »Entschuldigt mich jetzt, meine Herren. Amüsiert euch... soviel *ich weiß*, werdet ihr das auch!«

Als sie sich umdrehte, drückte Quintus Sabinus einen Becher kalten Setiner in die Hand und sagte: »Trink das, mein Freund. Und versuch *nicht*, die Frauen zu verstehen.«

Sie mischten sich unter die bunte Schar von Gästen, lachten leise vor sich hin und mokierten sich darüber, wie die Frauen sich an ihre knappen Kostüme zu gewöhnen versuchten, die auch von Messalina entworfen worden waren – und nicht viel mehr als lose sitzende Lendenschurze und Büstenhalter mit Nackenträgern aus gebleichten Häuten darstellten, passend zum Farbton der menschlichen Haut.

Der schrille Ton eines Horns erfüllte den Saal und brachte die Menge zum Schweigen. Gaius Silius stand auf und begrüßte seine Gäste. »Ein herzliches Willkommen, meine Freunde! Heute feiern wir Italiens überreiche Ernte!« Er hielt seinen Becher in die Höhe.

»Aber noch mehr!« schrie Messalina und lehnte sich an seiner Seite zurück.

»Wir feiern auch unsere Sache, die kurz vor ihrem Triumph steht!« rief Silius aus.

Sabinus lehnte sich hinüber, um Quintus zuzuflüstern: »So öffentlich? Ist er verrückt geworden?«

»Schhhh!«

»Aber noch mehr! Noch mehr!« Messalina quietschte vor Vergnügen.

Silius hielt inne, lehnte sich zurück, um einen leidenschaftlichen Kuß auf Messalinas Lippen zu drücken und fuhr dann fort: »Ach ja, in der Tat noch mehr! Heute, meine geliebten Freunde, feiern wir auch... meine Hochzeit... mit der Kaiserin Messalina!«

Eine Totenstille breitete sich nach diesen Worten aus. Sabinus rang nach Luft, die vor Schreck in seinen Lungen hängengeblieben zu sein schien, und er war unfähig zu jeder weiteren Reaktion. Quintus erhob sich aus seiner Liegehaltung und starrte Silius fassungslos an.

»Einige der Gäste hier waren Zeugen unserer Hochzeit vor ein paar Tagen«, fuhr Silius fort, »aber sie mußten schwören, nichts davon zu sagen, so daß wir euch alle überraschen konnten. Dieses Fest, meine Freunde, wird in die Annalen Roms eingehen, weil es eine kühne und öffentlich deklarierte Wende in der römischen Regierung markiert, nicht eine heimliche Ermordung. Ich nehme nur Claudius' Frau, nicht sein Leben! Also ein dreifaches Hoch auf das Hochzeitspaar!«

Alle um das Paar herum sprangen in einem Begeisterungstaumel von Applaus und wilden Hochrufen auf, während Sabinus und Quintus sich immer noch am Tisch gegenübersaßen. »Wahnsinn«, flüsterte Sabinus. *»Wahnsinn!«* schrie er jetzt deutlich.

»Bei allen Göttern«, murmelte Quintus, der Silius immer noch anstarrte.

»Nein, nein, nein, *nein!«* mischte sich eine schrille Stimme von hinten in das Gespräch ein. »Es ist keineswegs Wahnsinn.« Ein Schrank von einem Mann im mittleren Alter machte es sich neben ihnen bequem.

»Sabinus, das ist Vettius Valens«, sagte Quintus mit leiser Stimme, offensichtlich stand er immer noch unter Schock, »er ist Arzt.«

»Nicht notwendig, ich kenne den Senator«, sagte Valens, »nein, das Problem der Kaiserin ist keineswegs Wahnsinn, sondern *Kindunophilia.«*

»Das bedeutet?«

»Sucht nach Gefahr. Wenn die Gefahr das einzige ist, was einen noch reizen kann. Es ist die letzte Zuflucht für eine abgestumpfte Seele, die alle Vergnügungen, die das Leben bietet, ausgekostet hat und ihrer überdrüssig ist. Es war Messalina, die diese Heirat arrangiert hat – ja, verlangte – nicht Silius. Sie hatte es satt, Claudius so leicht betrügen zu können – Nacht für Nacht, Monat für Monat. Sie ist einfach ein... Kind der Ausschweifung.«

Als er keine Antwort bekam, fügte Valens hinzu: »Ihr glaubt mir nicht? Wißt ihr, ich bin Messalinas Arzt, und ich habe sie auch von oben bis unten untersucht. Viele Male.« Er lachte boshaft. »Nein, ihre einzige Zuflucht ist jetzt die Gefahr selbst. Sie braucht sie, um ihre Sinne anzustacheln und wieder zum Leben zu erwecken. Messalina braucht die Gefahr wie ein Fest den Wein.«

»Und Silius?« wollte Quintus wissen.

»Muß sich ihren Plänen fügen. *Muß.* Wahrscheinlich will er es auch mittlerweile. Der Ehemann von einer Kaiserin ist ein Kaiser, nicht wahr? Ha, ha.«

»Aber… *Bigamie?*« fragte Sabinus.

»Was sonst?« Valens zuckte mit den Achseln. »Nach Ehebruch, Diebstahl, Verschwörung, Verrat und vielleicht Mord… warum nicht auch Bigamie?«

Sabinus fühlte sich elend. Silius' prahlerisches »Zurück zur Republik« war nur ein hauchdünnes Lügennetz gewesen, dann ein Schutzschirm des Betrugs, um seine eigenen Interessen darunter zu verbergen.

»Laß uns gehen, Quintus«, sagte er.

»Warte. Nur noch ein bißchen. Ich kann es… wirklich nicht glauben…«

»*Laß uns gehen,* sage ich!«

»Nur noch ein paar Minuten. Ich… muß nachdenken.«

Ihr vom Wein benebelter Verstand war verantwortlich dafür, daß sie noch länger blieben. So argumentierten sie später. Und es stimmte, daß sie in einem nüchterneren Zustand solch einen Schauplatz des Verrats ohne Zweifel sofort verlassen hätten. Obwohl vielleicht auch der Wahnsinn des Augenblicks sie in seinen Bann geschlagen und mit einer seltsamen Gier infiziert hatte, die Gefahr aus erster Hand zu kosten. Tatsächlich verließ niemand den Saal.

Von einer Ecke des Raumes begann eine Gruppe von Trommlern einen trägen Rhythmus zu schlagen, der von der gegenüberliegenden Seite von anderen Trommeln beantwortet wurde. Ein Orchester mit Flöten und Leierspielern, alle als Fruchtbarkeitsdämon Satyr verkleidet, stimmten eine sinnliche Melodie an. Die erregenden Rhythmen nahmen an Lautstärke zu. »Der Tanz von Bacchus!« schrie ein Herold.

Eine Frau nach der anderen stand auf und begann, im Takt der Musik langsame Tänze mit Drehungen und Wendungen zu tanzen, die schon bald an Tempo und Intensität zunahmen.

Die Musik verzauberte die Gäste, verführte noch mehr Frauen dazu, in einen wilderen Tanz zu fallen und über die künstlichen Hügel und Täler zu wirbeln, die in dem großen Hof errichtet worden waren.

Messalina und Silius lagen auf einem Hochzeitssofa im Zentrum des Ganzen und sonnten sich in dem Erfolg ihres Festes. Außer Atem vom Tanzen, mit aufgelöstem Haar wie eine echte Bacchantin, schrie Messalina vor Vergnügen und schüttelte den mit wildem Wein umrankten Stab von Bacchus. Sie war sich kaum darüber im klaren, daß eine ihrer Brüste in dem entzweigerissenen Büstenhalter entblößt war. Silius verkörperte mit seiner Krone aus wildem Wein Bacchus selbst. Seine Beine, geschnürt mit den Schnürstiefeln des Gottes des Trinkens, zuckten im Takt der Musik, und von Zeit zu Zeit packte er seine Braut und hielt sie in einer ekstatischen Umarmung fest umklammert.

Die Musik wurde sogar noch lauter, löste Widerhall in der ganzen marmornen Villa aus und überwältigte auch die Zurückhaltung der letzten Gäste. Alle Frauen schlossen sich nun zu beinahe manischen Tanzgruppen zusammen, die wild und hektisch, in völliger Ekstase tanzten und wie wild gewordene Rehkitze umhersprangen.

Die Männer konnten es nicht mehr länger aushalten. Taumelnd standen sie von ihren Sofas auf, auf denen sie gelegen hatten, und begannen, den Frauen hinterherzujagen. Das beabsichtigte Delirium stellte sich ein, ein Lachen, Schreien, eine Riesenhetzjagd auf dem ganzen Grundstück. Die hautähnlichen Kostüme, die nur flüchtig zusammengenäht waren, begannen sich aufzutrennen – wie beabsichtigt. Paare fanden einander zwischen den Hecken der Weingärten, in dunklen Bergschluchten, die hinten im Garten errichtet worden waren, in jedem Winkel, der geeignet schien.

Sabinus beobachtete das alles mit einer exotischen Mischung aus Unglauben und seiner eigenen wachsenden Lust, die er nicht zu unterdrücken vermochte. Quintus hatte ihn verlassen, um sich in den Weingärten einem Liebesabenteuer hinzugeben, aber an Sabinus nagte noch ein Fünkchen seines Gewissens und sagte ihm, daß er lieber ein Beobachter des Bacchanals bleiben sollte, anstatt daran teilzunehmen. Aber dann ließ sich eine Frau neben ihm fallen. Sie starrte ihn an mit den kältesten grünen Augen, die er jemals gesehen hatte, Augen, die ihn gleichzeitig zu durchbohren, zu mustern und anzulächeln schienen. Ihre schmalen Lippen schoben sich zu einem entzückenden Lächeln auseinander, als sie sich aufsetzte, um ihre lockigen, braunen Haarsträhnen zu kämmen, die beim Tanzen zerzaust worden waren.

»Genießt du das alles hier, Flavius Sabinus?« fragte sie schließlich. Ihre Stimme liebkoste seine Ohren, für die bis jetzt die vielen Schreie eine Beleidigung gewesen waren.

»Woher kennste denn mein'n Nam'n?« nuschelte Sabinus, obwohl er versuchte, deutlich zu sprechen.

Sie streckte die Hand aus, um die Siegeskette zu betasten, die von seinem Hals herabhing. »Nur zwei Männer in Rom können das hier tragen«, sagte sie, »ich war bei der Ovation.«

»Du warst da? Oh, verzeih mir, aber wer bist'n du?«

»Das weißt du wirklich nicht?« Ihre grünen Augen näherten sich ihm plötzlich.

Sabinus betrachtete prüfend ihr ungewöhnlich hübsches Gesicht, aber dann zuckte er die Achseln. »Nein. Nein, ich hab' keine Ahnung. Müßte ich dich kennen?«

»Das ist jetzt nicht weiter wichtig«, lächelte sie und beugte sich zu ihm hinüber, um seine Wange mit ihren Lippen leicht zu berühren und sein Ohr zu küssen, »aber das hier ist wichtig.«

Ihre unerwartete Berührung entfesselte seine Leidenschaft, die sich in seinem Inneren aufgestaut hatte, und er drückte die Frau fest an seine Brust, als sie seine Wange und seinen Mund mit fordernden Küssen bedeckte.

»Komm, Sabinus«, flüsterte sie schließlich, »ins Olivenbaumwäldchen hinter dem Haus. Da ist keiner.«

Später versuchte Sabinus, sich genau in Erinnerung zu rufen, was danach passierte – so bizarr war die Szene –, aber es kam ihm vor wie ein weinumnebelter, frustrierender Traum.

Die Frau mit den grünen Augen – *falls* er sich richtig erinnerte – nahm seine Hand und führte ihn nach draußen. Dort nahm sie ihm unter Liebkosungen die Halskette ab, löste die Lederriemen seiner lose sitzenden Tunika und begann, mit ihren Händen über seine Brust zu gleiten. Was passierte als nächstes? War es die frische Luft draußen, die ihn abkühlte oder irgendein moralischer Impuls, der ihn warnte, sich einer Fremden hinzugeben? Was auch immer es war, er ergriff ihre sich vortastenden Hände und hielt diese fest.

Verwirrt verlangte sie eine Erklärung. Sabinus kramte in seinem Kopf nach irgendeiner Entschuldigung und brachte die heraus, die für eine Frau am schlimmsten ist und die sie am meisten verletzt: »Du... du reizt mich nicht... schon gar nicht auf *die* Art.«

Das hatte er nicht gemeint, aber offensichtlich hatte er es gesagt. Die Frau zischte wie eine wild gewordene Katze, schlug mit beiden Händen wild um sich und hinterließ zehn schmerzhafte, rote Kratzspuren auf seiner nackten Brust. Dann rannte sie zurück ins Haus, aber nicht, bevor sie einen vernichtenden Fluch ausgestoßen hatte: »Mögen die Gorgonen* *alles* an dir in Stein verwandeln, du alberner Eunuch!«

Zu einem früheren Zeitpunkt an diesem Tag war Pallas, der Schatzmeister des Kaisers, in Narcissus' Wohnung im Palast gestürmt. Pallas hatte seine schwarzen, parfümierten Locken lange genug wachsen lassen, damit sie seine Ohrläppchen bedeckten, in die man ihm ein Loch gestochen hatte, als er noch ein Sklavenjunge gewesen war. Jetzt zitterten sie vor Wut, als er sich an Narcissus wandte und brüllte: »Sie hat's gemacht! Unsere Palasthure ist auf und davon und hat's gemacht. Sie ist mit Gaius Silius *verheiratet!*«

Narcissus zuckte zusammen: »Sie ist *was?* Woher weißt du das?«

»Du kennst meine Quelle. Er war zu der Zeremonie eingeladen – er war Zeuge des Ganzen.«

»Wann ist das passiert?«

»Letzten Dienstag. Er hat versucht, es mir sofort zu erzählen, aber ich war unterwegs.«

»Eine offizielle *Hochzeit?* Ist sie *wahnsinnig* geworden? Bigamie?«

»Ja. Oder zwangsläufige Scheidung von Claudius, kommt darauf an, welches Gesetz man anwendet.«

Pallas ließ sich in einen Sessel fallen und fuhr fort. »Allem Anschein nach war es eine ganz normale Hochzeit – mit Trauzeugen, Treuegelöbnissen, Opferungen. Sie aßen Kuchen auf Lorbeerblättern. Sie haben sich die ganze Zeit geküßt und gegenseitig abgeschleckt. Oh, es war eine richtige Hochzeit, mit allem Drum und Dran, einschließlich der Hochzeitsnacht.«

»Wie kannst du das wissen?« fragte Narcissus mit tonloser Stimme, ohne die Neuigkeiten richtig zu begreifen.

* Gorgo: in griechischen Sagen vorkommendes weibliches Ungeheuer mit Schlangenhaaren und versteinerndem Blick

»Na ja, am Ende des Festes scheuchte Messalina die Gäste aus dem Haus, weil – wie drückte sie es noch aus? – ach ja: ›Wir müssen die Nacht in jener trauten Zweisamkeit verbringen, die eine Hochzeit uns erlaubt.‹«

»Unglaublich.«

»So sind die beiden also jetzt Mann und Frau«, meinte Pallas spöttisch, doch sein bissiger Humor konnte nur schwer über die Furcht hinwegtäuschen, die sie beide fühlten. »Tja, was sollen wir jetzt machen?«

»Wir haben keine Wahl mehr. Wir müssen es Claudius sagen. Auf der Stelle.«

Pallas schüttelte den Kopf. »Nein. Nicht jetzt. Es ist zu spät. Er würde uns den Kopf abreißen, weil wir es ihm nicht früher gesagt haben. Gute Götter, er könnte uns sogar anklagen, mit in die Verschwörung verwickelt zu sein.«

Narcissus starrte ihm kühl und fest in die Augen: »Na gut, willst du das? Silius zum Kaiser machen?«

Pallas war aufgebracht: »Willst du damit vorschlagen... versuchst du etwa, mich dazu zu bringen, Verrat zu begehen? Ist es das?«

»Beruhige dich. Ich zeige dir nur gerade, welche Konsequenzen es hat, wenn wir Claudius nichts sagen.«

Pallas dachte einen Moment lang nach. Dann sagte er: »In Ordnung, Narcissus. Man muß es ihm also sagen... Aber du bist das Oberhaupt der Dienerschaft – du trägst das Schwert des Kaisers, nicht ich –, also mußt du es ihm sagen. Und beim flammenden Herkules, laß mich aus der Sache 'raus.« Mit diesen Worten stolzierte er aus dem Zimmer.

»Feigling«, murmelte Narcissus, »einfältige, rückgratlose Memme!«

Nicht, daß Pallas' Haltung eine wirkliche Überraschung für ihn gewesen wäre. Die bleierne Gewißheit, daß er schließlich derjenige sein würde, der die schreckliche Wahrheit überbringen mußte, hatte schon lange wie ein Damoklesschwert über Narcissus geschwebt. Er sagte sich noch einmal seine Strategie auf, die er anwenden wollte, und rief sich Aulus' Ratschlag in Erinnerung, den dieser ihm vor ein paar Wochen erteilt hatte. *Ja,* dachte er, *das war's.*

Bevor er nach Ostia eilte, sandte Narcissus diese Nachricht an Aulus Plautius:

> Narcissus grüßt Aulus Plautius! Messalina hat gerade öffentlich Bigamie mit Gaius Silius begangen. Wir informieren Caesar. Dringend erforderlich, daß du – wie geplant – die Prätorianer unter Kontrolle hältst. Lebe wohl!

Es war nicht Narcissus' Besuch, der den Kaiser so sehr überraschte, als vielmehr der Besuch von Calpurnia und Cleopatra, Claudius' eigenen Konkubinen, die ebenfalls die Reise zu ihm gemacht hatten.

»Laßt uns jetzt so vorgehen, wie wir es geplant haben«, sagte Narcissus leise zu ihnen, »wir werden alles bestätigen.«

Mit einem ängstlichen, düsteren Ausdruck in ihrem Gesicht fragte Calpurnia: »Mein Herr und Gebieter, kann ich dich allein sprechen? In einer überaus ernsten, schwerwiegenden Angelegenheit?«

»Natürlich, meine Liebe.«

Während die anderen draußen warteten, warf sich Calpurnia auf Claudius' Knie und begann zu weinen.

»A-aber was ist denn los, mein Kind?«

»Ich … ich weiß, daß dich das schrecklich verletzen wird, mein Herr und Gebieter, aber –« Sie brach erneut in Tränen aus. »– *irgend jemand* muß es dir doch sagen. Man hätte es dir schon lange sagen sollen, aber wir wollten dich alle damit verschonen, glaube ich. Aber jetzt mußt du die schreckliche Wahrheit erfahren.«

»W-was ist denn passiert, Calpurnia?«

»Deine Gemahlin, Messalina … sie ist verheiratet.«

»Aha! Natürlich ist sie das. Ha-ha. Wie sonst könnte ich ihr Gemahl sein?«

»Nein, nein. Vor ein paar Tagen hat sie … sich verheiratet mit … Gaius Silius.«

Claudius starrte Calpurnia mit leerem Blick an. Sie ließ ihm Zeit, die giftigen Nachrichten zu verdauen, aber er schien nicht zu begreifen.

»W-was willst du denn damit sagen, Calpurnia?« krächzte er, dann räusperte er sich.

»Senator Gaius Silius, der gewählte Konsul, hat meine Herrin

Valeria Messalina geheiratet. Bei ihm zu Hause ... während du hier in Ostia warst. Es gab öffentliche Treugelöbnisse. Und Trauzeugen. Sie ... sie«, sie stockte, »sie haben auch die Ehe vollzogen.« Dann brach sie in Schluchzen aus.

Geistesabwesend begann Claudius, ihren Kopf zu streicheln, aber die tiefen Furchen auf seiner Stirn zeigten, daß die Nachrichten endlich eine Wirkung auf ihn hatten.

»Meine Messalina?« wunderte er sich laut. »Die Kaiserin?«

»Ja. Oh, mein Herr, wie haben wir versucht ... «

»Das glaube ich nicht.«

»Es ist öffentlich bekannt in Rom, mein Herr und Gebieter ... «

»Sie liebt mich zu sehr, als daß sie mir so etwas antun könnte.«

»Aber Caesar, es gibt keinen Zweifel daran – «

»Und ich liebe sie zu sehr«, brummte er eigensinnig, »es ist nicht möglich.«

»Cleopatra!« schrie sie. »Cleopatra, komm herein! Vielleicht glaubt er dir.«

Die Tür öffnete sich, und die andere Konkubine eilte herein, ihre Augen füllten sich schnell mit Tränen. Cleopatra nickte und sagte: »Es ist alles wahr, Caesar. Die Kaiserin und der Senator sind Mann und Frau. Sie hat jetzt zwei Ehemänner.«

Eine Zeitlang herrschte Totenstille. Schließlich rief Cleopatra: »Narcissus! Komm herein und hilf uns!«

Der Minister des Kaisers betrat den Raum, in gebückter Haltung und voller Angst, aber darauf vorbereitet, die am sorgfältigsten geprobte Rede seines Lebens zu halten.

»Narcissus«, krächzte Claudius, hustete und fuhr dann fort: »Erklär mir diese ... Lügen über die Kaiserin.«

»Wenn es doch nur Lügen *wären*, Caesar. Leider ist es die volle Wahrheit. Eine offizielle Hochzeit *fand statt:* eine Mitgift ... Prophezeiungen ... ein Festbankett ... alles.«

Claudius starrte die drei an und explodierte dann schließlich: »Donnerwetter nochmal! Beim olympischen Jupiter! Wollt ihr mir etwa erzählen, daß meine eigene Gemahlin irgendeinen *anderen* geheiratet hat? Ohne es mir vorher zu erzählen? Ohne sich von mir scheiden zu lassen? Bigamie ist schon seit sieben Jahrhunderten unter den Römern verboten!«

»Aber es ist passiert, Prinzeps«, sagte Narcissus, »du kannst dich selbst davon überzeugen: Der prätorianische Präfekt und die obersten Magistraten werden es dir bestätigen. Die Trägödie ist, daß soviel mehr noch damit zusammenhängt.«

»W-was denn noch? Was denn jetzt bloß noch?«

»Silius... ist nicht der erste. Eigentlich ist er der letzte in einer Serie von Geliebten. Die Kaiserin betrügt dich schon seit einigen Jahren, Caesar. Wir haben schriftliche Belege für zwanzig Männer. Es können auch noch mehr gewesen sein.«

Claudius' Gesicht verformte sich zu einer finsteren Maske von Wut und Skepsis. Die Frauen, die von dem scheußlichen Anblick entsetzt waren, begannen wieder zu weinen.

»Wer?« gurgelte Claudius hervor. »W-wer war noch daran beteiligt?« Ein Faden von Spucke hing von seiner Oberlippe herab, und das Zucken in seiner linken Wange löste ein Zwinkern bei ihm aus.

»Hier sind die Namen, Caesar«, antwortete Narcissus und händigte ihm die Liste aus, die er auch Aulus gezeigt hatte, allerdings mit einigen Ergänzungen.

Claudius' Hände zitterten, und er mußte zwinkern, um die Namen ausmachen zu können. Jeder Name setzte ein neues Spiel der Muskeln um seine Augen in Gang. Als er die Liste niederlegte, fragte er: »Was bedeutet der Pfeil?«

Narcissus blinzelte. Er hatte vergessen, den Pfeil auszuwischen! Er suchte krampfhaft nach irgendeiner anderen Erklärung als der Wahrheit, um Aulus zu verschonen, aber dann gab er den Versuch auf. »Der Name von Quintus Plautius Lateranus gehört hierher«, gab Narcissus zu, »und ich habe ein besonderes Zeichen an dieser Stelle eingetragen, um zu zeigen, daß einige auf der Liste gegen ihren Willen in die Sache verwickelt wurden. Erinnerst du dich an die Unterredung mit Lateranus, in der du sagtest: ›Befolge die Befehle der Kaiserin, was auch immer sie sagt?‹«

»J-ja, aber ich dachte, sie wollte irgendeinen... geschäftlichen Ratschlag.«

»Sie hat gelogen, wie wir später herausfanden. Der arme Lateranus dachte, du würdest ihm befehlen, Ehebruch zu begehen.«

Claudius' Gesicht färbte sich rot, seine blaugrauen Augen blitzten und hatten den schrecklichen Glanz eines verwundeten Tieres. Er sprang auf die Beine, packte Narcissus an den Armen und brüllte: »Wenn das alles wahr ist, warum hast du es mir nicht schon lange vorher erzählt?«

»Aus mehreren Gründen, Caesar«, antwortete Narcissus und versuchte, ruhig zu bleiben. »Am Anfang wußten wir auch noch nichts von den Verbrechen der Kaiserin. Und als wir davon erfuhren, mußten wir erst *sicher* sein, daß sie Liebesaffären hatte, bevor wir sie bloßstellen konnten. Es wäre noch schlimmer gewesen, wenn wir sie zu Unrecht angeklagt hätten.« Er machte eine Pause, um Claudius Zeit zu geben, die Logik zu erfassen, dann fuhr er fort: »Aber ich will zugeben, Caesar, daß wir auch versuchten, die Seitensprünge zu übersehen, denn wir hofften, daß sie sich bessern würde. Wir wußten, wie sehr du sie liebtest und wie sehr dich das verletzen würde. Dann waren da auch noch die Kinder.«

Der Hauptgrund für den Aufschub – die Furcht vor Messalina – konnte er nicht erwähnen, weil man von den Ratgebern des Kaisers erwartete, daß sie ihr eigenes Leben für den Kaiser aufs Spiel setzten.

»Aber ihre Affäre mit Senator Silius ist *weitaus* gefährlicher als die anderen vorher«, setzte Narcissus seine Rede fort, »ihre Bigamie deutet darauf hin, daß sie und Silius planen, dich zu entthronen und das Kaiserreich an sich zu reißen. Unsere Spitzel erzählen uns von Angeboten, die der Senator und die Kaiserin den Legionen, den Senatsmitgliedern und sogar den Prätorianern gemacht haben sollen.«

»Was?« Claudius' Miene verdüsterte sich. Er klatschte mit den Händen. *»Wächter!«* rief er. »Holt Geta hierher und meine gesamte Gefolgschaft. Bringt sie sofort hierher!«

Lucius Geta, der prätorianische Präfekt, der Claudius immer begleitete, kam eilig hereingestürzt, ebenso wie andere mächtige Freunde von Claudius, die ihn nach Ostia begleitet hatten. Mit gesenkten Köpfen und befremdeten Blicken bestätigten sie alle Narcissus' vernichtenden Bericht.

»N-nun gut, w-was machen wir denn jetzt?«

Narcissus schaute hinüber zu Geta und stellte die Fragen, von denen die Zukunft des Römischen Kaiserreiches abhing: »Nun, Präfekt, werden die Prätorianer dem Kaiser die Treue halten? Oder werden sie Silius unterstützen?« Der Präfekt der kaiserlichen Leibwache war ein wenig unzuverlässig. Narcissus wußte, daß er Claudius im Stich lassen *könnte,* falls er glaubte, daß Silius wahrscheinlich den

Sieg davontragen würde – oder wenn er genug Bestechungsgeld bekam.

Geta warf Narcissus einen verächtlichen Blick zu, dann wandte er sich an Claudius und antwortete: »Die kaiserliche Garde wird dir die Treue halten, Caesar. Aber nur, wenn du sofort zu den Castra Praetoria zurückkehrst und den Prätorianern *zeigst,* daß du immer noch die Führung des Kaiserreiches innehast.«

Für einen Augenblick zeigte Claudius keine Reaktion. Dann nickte er langsam und sagte: »Packt zusammen! Wir kehren sofort nach Rom zurück.«

Die Rückreise nach Rom bedeutete für Narcissus dreiundzwanzig Kilometer höchster Höllenqual. Zwischen dem Kaiser und ihm selbst saßen noch zwei andere in der ruckelnden kaiserlichen Sänfte, Claudius' Freunde Vitellius und Caecina. Beide waren rückgratlose Opportunisten, die sogar Messalinas Pantoffel zum Fetisch erhoben hatten, ihn in ihrer Tunika mit sich trugen und von Zeit zu Zeit küßten! Was wäre, wenn sie Claudius dazu bewegen würden, Messalina zu schonen? In diesem Fall würde er selbst sicherlich sterben, das wußte Narcissus. Alles hing jetzt davon ab, ob Aulus Plautius dafür sorgen konnte, daß die Prätorianer dem Kaiser treu blieben, denn auf Geta war kein Verlaß: sein Ratschlag, bei den Castra Praetoria zu erscheinen, konnte auch eine Falle sein.

Claudius brach plötzlich zusammen und wurde von Weinkrämpfen geschüttelt. Die abscheulichen Offenbarungen über die Frau, die er wirklich liebte, hatten ihm seinen Verstand genommen und verengten jetzt seine Gefühle. Als er sich von den Weinkrämpfen wieder ein wenig erholt hatte, waren seine Kommentare noch unkontrolliert und verwirrt. Es gab lange, kummervolle Sprechpausen. Dann plötzlich begann Claudius mit den Augen zu rollen und beinahe zusammenhangloses Zeug zu stammeln: »*Du* hättest das nicht tun *können,* meine Geliebte... mein Schatz.« Im nächsten Augenblick knurrte er wütend: »Oh, aber eine Hure muß bezahlt werden für ihre Dienste!« Danach murmelte er undeutlich etwas über diejenigen, die dem Kaiser die Information vorenthalten hatten, aus welchem Grund auch immer.

Vitellius fiel Narcissus auf die Nerven. Er wähnte sich sicher, wenn er die Stimmungen von Claudius nachäffte, und so weinte oder drohte er im Chor mit dem Kaiser und rang übertrieben verzweifelt die Hände. Caecina stimmte mit unterwürfigen Nachahmungen mit ein.

Später war Claudius dann wieder klar genug, um zu fragen: »A-also gut, meine Herren, was sollen wir mit... Messalina machen?« Bezeichnenderweise schaute er zuerst Narcissus fragend an.

»Wenn es nur um mehrfachen Ehebruch gehen würde, Prinzeps, könntest du sie auf eine Insel verbannen. Aber da die Kaiserin sich auch gegen dich verschworen hat, um dich zu stürzen, gibt es nur eine einzige Strafe für einen solchen Verrat.«

Narcissus wußte, daß Messalina sogar vom Exil aus ihre Agenten veranlassen würde, ihn wegen seiner Aufdeckung ihrer Verbrechen zu töten. Und was wäre, wenn sie begnadigt würde?

Es herrschte Schweigen in der Sänfte. Claudius liefen ein paar Tränen die geröteten, runzligen Wangen hinunter. »Und was würdest du machen, Vitellius?« stöhnte er. »W-was würdest du machen, wenn du das Pech hättest, über einen solchen Garten von Ehebruch wie Rom zu regieren?«

Vitellius' Hände rangen miteinander nach einer Antwort. Er hätte sich Narcissus anschließen können, indem er den Tod vorschlug, aber was wäre, wenn Claudius am Ende Messalina doch vergeben würde?

»Ach, Prinzeps«, jammerte er, »die Götter haben dich mehr als uns einer solchen Prüfung unterworfen, weil sie wissen, daß deine überlegene Weisheit unfehlbar den richtigen Weg einschlagen wird.«

Narcissus warf Vitellius einen Blick zu, der nur zu deutlich seinen Abscheu verriet. »Na los, komm schon, Vitellius«, forderte er ihn heraus, »drück dich mal etwas klarer aus. Erkläre uns diese Zweideutigkeiten, wie es sich für einen guten Ratgeber des Kaisers gehört.«

»Ich hasse es lediglich, jemandem das Leben zu nehmen. Ich versuche nur –«

»– möglichst vage Antworten zu geben«, unterbrach ihn Narcissus, »du bist wie ein Fähnlein im Wind, Vitellius. Ein richtiger Waschlappen! Du hattest früher mal mehr Rückgrat – in der Zeit, als du Pontius Pilatus als Statthalter von Judäa entlassen hast – aber jetzt –«

»Unverschämtheit!« schrie Vitellius.

»›Und das von einem Exsklaven!‹ willst du wohl als nächstes sagen«, äffte Narcissus ihn nach. »Aber wir haben jetzt wirklich keine Zeit für so etwas, meine Herren. Ich fürchte, Caesar, daß du die Gefahr für Rom und für dein Leben unterschätzt. Wenn dieser Verrat nicht sofort bestraft wird, wirst du das Kaiserreich verlieren.«

Der aufgewühlte Claudius begann tatsächlich schon wieder zu weinen und schrie: »Bin ich … bin ich denn noch Kaiser von Rom, Narcissus? Ist Silius immer noch mein Untertan?«

Bevor Narcissus antworten konnte, hörten sie das Geklapper von Pferdehufen. Narcissus schaute hinaus und sah, daß es einige von seinen Helfern waren, die geradewegs aus Rom kamen. Sie flüsterten Narcissus etwas ins Ohr. Seine Augen leuchteten triumphierend, und er sagte: »Sagt es Caesar. Sagt es allen.«

Die Männer berichteten von dem Bacchanal, das bei Silius' Villa im Gange war. Als die gräßlichen Einzelheiten dargelegt wurden, verwandelte sich Claudius' Selbstmitleid in schäumende Wut.

»Darf ich die Befehle in deinem Namen erteilen, Caesar?« erkundigte sich Narcissus.

Claudius nickte deutlich.

»Nimm dir eine Truppe von Männern, Tribun, und verhafte Senator Gaius Silius, die Kaiserin Messalina und alle, die bei seiner Villa auf dem Esquilin waren.«

»Die Kaiserin auch?« fragte er mit weit aufgerissenen Augen.

»Die Kaiserin auch. Bringt sie zu den Castra Praetoria und haltet sie dort fest!«

V

Sabinus knotete seine hautartige Tunika zusammen und kehrte zu Silius' Fest zurück, aber nur, um Quintus zu suchen und dann die Räumlichkeiten so schnell wie möglich zu verlassen. Die Fingernägel der fremden Frau und ihr vor Wut schäumender Fluch mußten die Wirkung des Weins bei ihm überwunden haben, denn an den Rest des Tages erinnerte er sich klarer. Drinnen ging es bei dem Bacchanal ein bißchen gemäßigter zu, und die Paare kehrten zu ihren Tischen zurück. Alle beobachteten den unbezähmbaren Dr. Vettius Valens, der oben auf einem großen Faß herumhüpfte. Er hielt einen Kristallkelch hoch und zitierte eine Reihe von Trinksprüchen auf den Verrat.

»Auf daß unsere großartige Messalina eine neue Dynastie von Kaisern gebäre!« schrie er.

»Io!Io!« riefen die Gäste.

»Und daß ihre Kinder *normale* Römer werden – und keine sabbernden, alten, lüsternen Satyrn aus dem Hades wie C-C-Cla-Cla- Claudi-Claudi-Claudius!«

»Io!Io!« Dieses Mal gab es auch Gelächter und wilde Beifallsrufe.

»Und daß unser junger neuer Kaiser Gaius für viele, viele Jahre regiere!«

»Io! Ave Imperator!« Viele von den Gästen standen auf und nahmen tiefe Schlucke aus irgendeinem Becher, der am nächsten stand.

»Silius, du heuchlerischer Verräter, dich will ich als ersten in der Hölle schmoren sehen!« fluchte Sabinus. Er suchte überall nach Quintus, konnte ihn aber nicht finden.

Jemand rief eine obszöne Bemerkung über Valens' berufliche Dienste aus, die er der Kaiserin erwiesen hatte; und einige weibliche Gäste kletterten auf das Faß hinauf und versuchten, den Arzt zu fassen zu bekommen. Valens sprang ausgelassen von seinem ›Thron‹, und die Mädchen jagten hinter ihm her. Sie rannten in den Garten hinaus, wo er ihnen entkam, indem er eine hohe Pinie hinaufkletterte – eine bemerkenswerte Leistung für jemanden in seinem Zustand. »Oho, was für eine Aussicht!« schrie er.

»Was siehst du?« riefen die Mädchen zu ihm hinauf.

»Einen schrecklichen Sturm, der von Ostia kommt!«

Jeder wußte, daß Claudius zur Zeit in Ostia war, und sie brüllten vor Lachen über die geistreiche Bemerkung. Sabinus hatte inzwischen Lateranus ausfindig gemacht, der unter einem der Tische schlief. Er zog ihn unter dem Tisch hervor, klatschte ihm ein bißchen kaltes Wasser ins Gesicht und sagte: »Laß uns gehen, mein Freund!« Quintus stimmte beruhigend zu, während Sabinus ihn auf die Füße stellte. Die beiden begannen hinauszutorkeln.

Plötzlich hörten sie ein lautes Schlagen an den Türen der Villa. Silius wurde in die Vorhalle gerufen. Kaum eine Minute später kam er mit aschfahlem Gesicht und zitternden Lippen zurück und hob die Arme, um die Gäste zum Schweigen zu bringen. »Dein Wetterbericht war richtig, Valens«, rief er in die peinliche Stille hinein, »ein Sturm kommt von Ostia! Claudius ist auf dem Weg nach Rom. Er weiß alles.«

Einen Moment lang passierte überhaupt nichts, und zu einigen betrunkenen Gästen gelangte die Nachricht niemals. Dann kam ein gedrücktes Jammern und Klagen auf, Gemurmel, chaotische Verwirrung. Leute, die zur Tür rannten, stießen Sabinus an, so daß er das Gleichgewicht verlor, und warfen Quintus auf den Terrazzo-Boden des Vestibüls. Sein Kopf schlug auf harten Marmor. Sabinus machte einen Satz nach vorne, um zu verhindern, daß sein Freund zertrampelt wurde. Es gelang ihm, ihn hinter eine Säule zu schleppen.

Ehemänner schnappten sich ihre Ehefrauen, falls sie diese finden konnten, und hasteten in ihren Festkostümen nach draußen. In der panischen Flucht wurden Tische umgeworfen, einer krachte gegen den Zapfhahn eines großen Fasses, so daß daraufhin Weinfontänen über den Marmorboden spritzten – keine große Hilfe für die Fliehenden, die auf der glitschigen Oberfläche rutschten und ausglitten.

Als alle, die dazu in der Lage waren, gegangen waren, wandte sich Sabinus an den Gastgeber und bat ihn, ihm mit Quintus zu helfen. Aber Silius nahm keine Notiz von ihm. Er hielt Messalina an den Schultern und sagte: »Fasse dich, *carissima.* Wir gehen jetzt nach dem anderen Plan vor. Ich gehe hinunter zum Forum, als wenn nichts geschehen wäre, und denk daran, du mußt bei ihm sein, *bevor* er Rom erreicht.«

»Hilf mir mit Quintus, Silius!« rief Sabinus noch einmal.

»Geh zum Hades!« schnauzte ihn Silius an und eilte davon.

»*Du* wirst mit Sicherheit dahin gehen, du ehebrecherische falsche Schlange!« rief Sabinus hinter ihm her. Eine Wut, die er bis in die Fingerspitzen in seinen Adern pulsieren fühlte, gab ihm die Kraft, Quintus' kräftigen Körper auf seine Schultern hochzuhieven und davonzueilen.

Kurze Zeit später strömte von überall her eine große Kompanie von Prätorianern auf Silius' Grundstück, gerade als die letzten Gäste in alle Himmelsrichtungen davonstoben. Aber es kostete wegen ihrer bizarren Kleider wenig Mühe, einige von ihnen zu jagen und zu verhaften. »Haltet einfach Ausschau nach mit Haut bedeckten Wilden, die nach Wein stinken!« befahl der Tribun seinen Männern. Als sie in das Haus einbrachen, fanden sie nur ein paar Betrunkene, die ihren Rausch ausschliefen. Der Gastgeber und die Gastgeberin glänzten mit Abwesenheit. »Macht das Territorium dicht, so wie es ist«, ordnete der Tribun an, »keiner kommt rein oder raus, bis Caesar hier ist.«

Messalina und drei von ihren weiblichen Begleiterinnen hasteten zu Fuß Richtung Süden zu dem Ostia-Tor. Dort suchten sie verzweifelt nach einem Transportmittel, das sie die *Via Ostiensis* hinunterbrachte, fanden aber keines. Schließlich entdeckte Messalina ein angebundenes Maultier, das in einem Park stand. Es war an einen Karren angespannt, aber im Augenblick schien niemand darauf achtzugeben. Sie huschten hinüber, banden das Tier los und kletterten auf den Wagen. Er war schmutzig und stank nach Gartenabfall. Egal. Messalina zog ruckartig an den Zügeln, und der Karren klapperte die *Via Ostiensis* entlang.

Sie mußten nicht weit fahren. Sie waren ungefähr fünf Kilometer gefahren, als sie sahen, wie Claudius' Gefolge sich ihnen näherte. Messalina zog an den Zügeln, aber das dahintrabende Maultier, das sich in seliger Unwissenheit darüber befand, daß der Herr der Welt sich ihm näherte, weigerte sich zu gehorchen. Die kaiserlichen Sänftenträger, die einen Zusammenstoß befürchteten, ließen die vergoldete Sänfte in einer Staubwolke herunter und flüchteten in die Straßengräben. Als alle vier Frauen an den Zügeln zerrten, kam das Maultier endlich zum Stehen, ein paar Zentimeter von der kaiserlichen Truppe entfernt.

Narcissus steckte seinen Kopf nach draußen und fuhr zusammen. Dort – völlig unglaublich – war Messalina, die mit Kompost besudelt zu sein schien. Sie kletterte von dem Karren herunter und rannte auf die Sänfte zu. Mit leuchtenden Augen, die aber voller Tränen waren, schrie sie: »Mein Gemahl! Hör auf mich!«

Claudius starrte sie an, dann blickte er verdrossen zur anderen Seite.

»Ich kann alles erklären, Liebster! Hör auf die Mutter von Octavia und Britannicus! Du hast nämlich auf Gerüchte gehört!

»Falsch?« wandte sich Narcissus ihr spöttisch zu. »Deine öffentliche Bigamie mit Senator Gaius Silius ... ist *das* etwa ein Gerücht?«

»Die Heirat war nur eine Scheinheirat!« beharrte Messalina. »Claudius, du erinnerst dich doch an die bösen Omen, die den Gemahl von Messalina bedrohten? Ich *täuschte nur vor,* Silius heiraten zu wollen, um die Gefahr von *dir* abzuwenden. Ich tat es, um dich zu retten.«

Claudius wandte sich um und schaute sie verständnislos an. Dann schwenkten seine Augen zu Narcissus hinüber.

»Hier, sieh dir das an«, sagte sie und schob ein Dokument in Claudius' Hände, »das ist deine Unterschrift, oder? Das ist der Vertrag für die Mitgift. Du hast es mit eigener Hand unterschrieben, so daß die Heirat legal *aussehen* würde.«

»Was *überhaupt nichts* beweist, Prinzeps«, hielt Narcissus entgegen. »Du unterschreibst jeden Tag Dutzende von Schriftstücken. Sie hat es dir einfach mit den anderen zugesteckt. Es ist alles eine Lüge, Caesar, eine unglaublich verwegene Lüge, die sie sich ausdachte, um ihre eigenen Verbrechen zu vertuschen.«

»Nein«, schrie Messalina, »mein Gemahl, du erinnerst dich doch an jene bedrohlichen Omen, oder?«

»J-ja ... ich erinnere mich, daß du etwas darüber gesagt hast.«

Narcissus' Augen weiteten sich: »Wenn es überhaupt böse Omen *gab,* Caesar, dann muß sie die Priester bestochen haben, damit sie welche fanden. Aber hast du ihr jemals die Erlaubnis gegeben, Senator Silius zu heiraten? Oder auch nur, eine Scheinehe einzugehen?«

Claudius' Hände zupften an seinen Silberlocken und an seiner runzligen Stirn: »Ich... glaube nicht. Würde ich mich dann nicht an... irgend etwas erinnern?«

»Natürlich würdest du das, Caesar«, beeilte Narcissus sich zu sagen, »und selbst wenn du einer vorgetäuschten Hochzeit zugestimmt hättest, dann hättest du sicher nicht beabsichtigt, daß sie auch *vollzogen* würde, nicht wahr? Wenn du Beweismaterial brauchst, beginn' mit diesem Haufen.« Er drückte einen Stapel Blätter in Claudius' Hände.

Mit schmerzvoller Miene begann Claudius, den Zeugenbericht zu lesen. Selbst das war ein Teil von Narcissus' Strategie: die Augen des Kaisers mußten von Messalina abgelenkt werden. Ihre ungepflegte, dennoch immer noch überreiche Schönheit durfte Claudius nicht weiter verzaubern. Die alten Gefühle durften nicht von neuem entflammt werden.

Messalina feuerte einen Blick voll tödlichen Hasses auf Narcissus, und ihre Unterlippe zitterte. Sie ließ ihren funkelnden Blick in die Runde gleiten, um den Wachen zu befehlen, den emporgekommenen Kanzleiminister zu verhaften, bis sie sich darüber klarwurde, daß nur ihre drei Begleiterinnen ihre Befehle befolgen würden.

Narcissus befahl den Sänftenträgern, den Weg in Richtung Rom fortzusetzen. Sie widmeten sich ihrer Aufgabe. Claudius unterbrach sein Lesen nicht. Messalina protestierte und schrie, aber Narcissus rief zurück, daß sie sich nicht noch mehr in Ungnade bringen solle. Die vier Frauen und ihr Maultier standen quer auf der *Via Ostiensis* und sahen zu, wie die Sänfte ihren Weg in Richtung Rom fortsetzte.

Silius' Villa war von blöde grinsenden Wachposten umstellt, die ihre Zeit damit verbrachten, die letzten Liebesaffären von Messalina aufzuwärmen. Aber als die kaiserliche Sänfte schwerfällig die Straße hinaufkam, legten sie schnell ein Gesicht auf, das ihr tiefstes Mitgefühl und höchste Anteilnahme zum Ausdruck brachte. Narcissus half Claudius aus der Sänfte heraus und meinte zu den anderen beiden, die noch in der Sänfte saßen: »Ihr kommt lieber mit uns, meine Herren. Wir brauchen Zeugen.«

In diesem Augenblick kam Aulus Plautius die Straße, die zu der kaiserlichen Truppe führte, hinaufgaloppiert, stieg vom Pferd und salutierte.

»Oh … Aulus«, sagte Claudius wehleidig, »ich bin so froh, daß du hier bist, mein Freund. Hast du auch schon von den schrecklichen Neuigkeiten gehört?«

»Ja, Prinzeps. Aber –«

»Wie steht's mit der kaiserlichen Leibgarde, Aulus?« unterbrach Narcissus.

»Was macht Geta?«

»Gute Nachrichten. Silius *schickte* Agenten, um die Prätorianer zu bestechen, aber als ich dorthin kam, hielt ich den Männern einen Vortrag über das Thema Verrat und seine Konsequenzen. Geta kam gegen Ende des Vortrags dazu. Ich bin zwar sicher, daß ich den Präfekten nicht beeinflußt habe«, sagte Aulus lächelnd, »aber er hat versprochen, loyal zu sein. Sie warten jetzt alle auf dich bei den Castra Praetoria.«

Narcissus strahlte, während Claudius seinen Arm um Aulus legte und ihn an sich drückte. »Du hast Rom für uns gerettet, Aulus«, jubelte er, »du hast Rom für uns gerettet. Aber jetzt gilt es erst noch, diesen … Tatort hier zu besichtigen. Komm mit uns, mein Freund!«

Die kaiserliche Truppe inspizierte die Stätte des Bacchanals: ein Schlachtfeld von weinverschmiertem Boden, verstreutem Essen, umgestürzten Dekorationen und zerbrochenen Möbelstücken. Der Harz- und Gärungsgeruch von getrocknetem Wein erfüllte den Ort, an dem die Luft viel gemeinsam hatte mit der im Inneren eines feuchten Fasses. Narcissus, dessen Agenten ihm genaue Anweisungen gegeben hatten, wonach er zu suchen hatte, ernannte sich selbst zum Führer der Besichtigung von Haus und Garten. Er identifizierte die Möbelstücke, die aus dem Palast gestohlen worden waren und diejenigen, die aus dem Nachlaß der Verstorbenen konfisziert worden waren, deren Tod Messalina bewirkt hatte. Claudius mußte einen schmerzvollen Kommentar nach dem anderen über sich ergehen lassen.

»Diese murrhinische Vase stand immer in deinem Atrium, Caesar …«

»Hast du dich mal gefragt, wo diese Amorette geblieben ist? Da drüben …«

»Oh, hier ist einer von deinen Sklavenjungen. Hallo, alter Junge!«

Claudius' Gefühle wurden völlig durcheinandergewirbelt und schwankten zwischen Kummer, Selbstmitleid, Wut und Rachsucht. Aber im Schlafzimmer des Hausherrn verlor er die Selbstbeherrschung. Dort, am Fuße des Bettes, stand ein prächtiger, mit Intarsien verzierter Tisch, den der Kaiser Messalina als Hochzeitsgeschenk überreicht hatte. Darauf stand eine aus Holz geschnitzte Karikatur von ihm selbst. Sein Gesicht färbte sich blutrot, und seine linke Wange zitterte, als er wetterte: »Dafür wird s-sie *sterben!* Bei der olympischen Heimat der Götter, s-sie wird sterben!«

»Aber zuerst mußt du das Kaiserreich retten, Caesar«, warnte Aulus.

»J-ja, natürlich! Auf zu den Castra Praetoria!«

Durch ein flinkes Zickzacklaufen – ein ständiges Wechseln von Landstraßen, Promenaden und schmalen Gassen – gelang es Sabinus, Claudius' Truppen nicht in die Quere zu kommen. Zum Glück für Sabinus' schmerzende Schulter hatte Quintus' Kopf nur eine leichte Erschütterung erlitten, und als Sabinus ihn brüllen hörte: »Laß mich runter. Ich bin kein plärrendes Baby mehr«, wußte er, daß alles in Ordnung war. Schließlich erreichten sie einen sicheren Ort, Lateranus' Stadthaus auf dem Caelius, wo ein kaltes Bad viel dazu beitrug, ihren Verstand neu zu beleben.

Sie erhielten die Nachricht, daß Claudius auf dem Weg zu den Castra Praetoria sei, um Silius und Messalina wegen Hochverrats vor Gericht zu stellen. Quintus' Gesicht hellte sich auf, und er sagte: »Nichts wie in die Kleider, Sabinus. Das können wir uns nicht entgehen lassen: Claudius, der gehörnte Gemahl, steigt zitternd auf das Podium und brüllt seinen Prätorianern zu: »Seltsam, daß ich niemals bemerkt habe, daß sich meine Gemahlin in den letzten Jahren wie eine Hure verhalten hat –«

»Viel zu gefährlich, Quintus. Was wäre, wenn –«

»Keiner von Claudius' Männern hat uns auf Silius' Grundstück gesehen. Und wir müssen ja nicht genau in der ersten Reihe stehen – da drüben bei den Castra...«

»Nein! Wir sollten uns eine Zeitlang gar nicht sehen lassen!«

Sabinus protestierte auf dem ganzen Weg zu den Castra Praetoria, denn natürlich konnte er weder seinen törichten Freund im Stich lassen – noch seine eigene nagende Neugier unterdrücken.

Als sie die Prätorianer-Kasernen erreichten, stand das gesamte Garderegiment aufmerksam vor einem errichteten Tribunal. Ihre Helme, aus denen jeweils ein gebogener, roter Federbusch sproß, funkelten silber-golden in der Nachmittagssonne. Claudius hatte offensichtlich gerade sein pathetisches Bekenntnis abgelegt, denn Narcissus rief den Prätorianern soeben zu: »Wollt ihr also weiterhin dem Kaiser die Treue halten?«

»Heil, Caesar! Ave Imperator! Heil, Caesar!« schrien sie alle.

Claudius wischte sich eine Träne aus dem Auge und wandte sich an das Gardekorps: »Vor sieben Jahren habt ihr Männer mich zuerst zum Kaiser erklärt, als ich auf demselben Rednerpodium stand. Ich werde euch eure Treue nicht vergessen!«

»Die Verhafteten sollen jetzt vor dieses Tribunal geführt werden«, kündigte Narcissus an. »Caesars Ratgeber – seine beratenden Richter – haben ihre Plätze eingenommen. Laßt uns mit den Gerichtsprozessen beginnen.«

Sabinus, der inmitten einer großen Menge von Zuschauern neben Quintus stand, flüsterte: »Da ist dein Onkel. Er sitzt auf der rechten Seite von Claudius.«

Lateranus pfiff leise durch die Zähne: »Ich schätze, er ist auch einer von den Ratgebern.«

»Denkst du immer noch, daß es richtig war, hierherzukommen?«

Quintus lachte nur leise vor sich hin. Es war vielleicht das letzte Mal an diesem Tag, daß er lächelte, denn für ihn und Sabinus waren die folgenden Gerichtsprozesse eine nervliche Zerreißprobe. Dieselben Gäste, mit denen sie vor wenigen Stunden gefeiert hatten, wurden jetzt zum Tode verurteilt. Gaius Silius selbst, weiß wie die Senatorentoga, die er trug, um über die Enthüllungen hinwegzutäuschen, blickte Claudius trotzig an und sagte: »Ich bin *schuldig*, Caesar, schuldig, weil ich einen besseren Kaiser für Rom wollte als einen Dummkopf wie dich. Ich bitte nur um einen schnellen Tod.«

»Und den sollst du haben«, antwortete Claudius ruhig. Er wandte sich an seine Ratgeber und registrierte kurz ihre Antwort, die einstimmig war. Dann verkündete er das Todesurteil. Silius wurde zu einem Richtblock abgeführt, der am gegenüberliegenden Ende des Kasernenhofes aufgestellt worden war. Silius beugte sich darüber und machte seinen Nacken für den gewaltigen Schwerthieb frei.

Silius' spät erblühter Mut wirkte ansteckend, und die anderen Angeklagten baten ebenfalls um eine schnelle Hinrichtung. Decrius, der Präfekt der Nachtwache, war ein echter Soldat und verstand sein Handwerk. Der auf Bäume kletternde Dr. Valens hatte sogar ein verschmitztes Zwinkern in den Augen, als er Claudius fragte: »Ich glaube, der Palast braucht... meine Dienste nicht länger?« Eine Lachsalve kam von den Prätorianern.

»Ruhe!« brüllte Narcissus, und die Gerichtsprozesse und Exekutionen schritten mühsam voran. Jedes Mal, wenn Sabinus und Quintus den dumpfen Aufschlag des Schwerts auf dem Körper hörten, zuckten sie zusammen. »Laß uns hier verschwinden, Quintus«, flüsterte Sabinus.

»Nein, warte. Sie sind gerade dabei, gegen Mnester, den Schauspieler, zu verhandeln.«

Mnester überraschte alle mit einer energischen Selbstverteidigung, wobei er mit dem Finger auf Claudius wies und ihm in sein kaiserliches Gesicht sagte: »Du hast mir doch selbst befohlen, Messalinas Befehlen Folge zu leisten, Caesar! Erinnere dich an deine eigenen Worte: ›Du sollst der Kaiserin auf *jede* Art und Weise dienen!‹ und sie drohte mir sogar mit dem Tod, falls ich mich ihr widersetzen würde.«

Quintus schüttelte ungläubig den Kopf. Offensichtlich hatte Messalina noch nicht einmal einen neuen Trick angewandt, um ihn zu verführen! Claudius schien mittlerweile von Mnesters Einspruch berührt zu sein, und Aulus signalisierte ihm das Daumen-hoch-Zeichen für Gnade. Aber dann kam Pallas daher und gab ihm zu bedenken: »Wenn du so viele berühmte Römer niederstreckst, Caesar, willst du dann etwa einen *Schauspieler* begnadigen?« Wie die anderen wurde Mnester zum Tode verurteilt. Quintus schaute Sabinus voller Entsetzen an.

Claudius beugte sich vor und fragte Narcissus: »Ach, übrigens... Wo ist denn eigentlich dieser Mann, auf den auf dem Papier nur mit einem Pfeil hingewiesen worden war?«

Narcissus versuchte, die Frage zu überhören, denn Quintus' Schicksal war von Mnesters gleicher Erfahrung schon vorgezeichnet.

»Den Namen, den du nicht auf der Liste hattest«, sagte Claudius hartnäckig, »Quintus Lateranus, hieß er nicht so?«

»Aber Caesar, ich glaube nicht –«

»Verhafte ihn! Bring ihn her! Er ist genauso ein Ehebrecher wie die übrigen Männer auf der Liste und muß ebenso bestraft werden. Bei dem wahrhaftigen Hades, er muß.«

Narcissus versuchte heldenhaft, Claudius zu überzeugen, aber der Kaiser verlor deutlich die Selbstbeherrschung. Die anhaltende Folge von Schocks schien seinen Verstand zu zerreißen, denn jetzt sprang er zitternd auf die Beine und brüllte in die Menge: »Einer von den Schuldigen ist noch auf freiem Fuße. Weiß jemand von euch, wo Senator Quintus Plautius Lateranus sein könnte?«

Oben auf dem Gerichtshof blieb Aulus der Mund offen. Unten in der Menge schien Sabinus, gelähmt von Unglauben, kaum wahrzunehmen, daß eine Gestalt zu seiner Rechten den Platz neben ihm verließ und sich den Weg nach oben zum Tribunal bahnte. Quintus blieb vor dem Kaiser stehen und sagte schlicht und einfach: »Hier bin ich, Caesar.«

Ein aufgeregtes Murmeln erhob sich von allen Seiten. *Was kann Quintus nur machen?* überlegte Sabinus verzweifelt und litt Höllenqualen. Seine Verteidigung war nicht nur mittlerweile abgenutzt, sondern ganz offensichtlich nicht überzeugend. Und dennoch berichtete Lateranus – so redegewandt wie er konnte – ganz einfach und ausführlich von seiner Unterredung mit dem Kaiser und forderte Narcissus auf, zu bezeugen, daß jedes Wort davon wahr sei. Narcissus nickte eindringlich. Dann schritt Aulus, der sich selbst des Richteramtes enthoben hatte, nach vorne, um zugunsten seines Neffen auszusagen. Er hatte kaum angefangen, als Claudius ihn auch schon unterbrach.

»Genug, mein Freund. Rom steht tief in der Schuld des Eroberers von Britannia, und wir brauchen kein weiteres Zeugnis als nur dein Wort. Es ist unsere Entscheidung, daß Quintus Lateranus *nicht* die Todesstrafe erleiden soll.«

Unter dem Garderegiment brach ein Tumult aus.

»Aha! Ihr behauptet also, daß Caesar nicht fair ist?« wandte Claudius sich an die Prätorianer. »Weil ich den einen begnadige und die Verteidigung anerkenne, die ich in einem anderen Fall nicht anerkannt habe? Ihr solltet dann aber auch wissen, daß der Ehebruch des Schauspielers mehrere Monate lang stattfand; in dieser Zeit sollte er wohl die Wahrheit erfahren haben! Der Ehebruch des Senators war kurz und beinahe unverschuldet. Dennoch wird er nicht ganz ungeschoren davonkommen. Oh nein, besonders deshalb nicht, weil er – darüber hat man mich informiert – dumm genug war, der widerlichen Orgie bei Silius' Villa beizuwohnen.«

Ein leises Raunen des Erstaunens ging durch die Menge. Sabinus fühlte, wie ihm das Blut in den Kopf stieg.

Claudius wandte sich an den Angeklagten: »Senator Lateranus, du bist hiermit vom römischen Senat ausgeschlossen und verlierst zugleich alle damit verbundenen Privilegien. Du darfst nicht länger den breiten Purpurstreifen des Senatorenranges tragen. Wache, schafft mir den *Ex*Senator aus den Augen!«

Als Quintus gewaltsam aus dem Kasernenhof herausbefördert wurde, rief Claudius aus: »Hat sonst noch irgend jemand die ... verräterischen ›Festlichkeiten‹ bei Gaius Silius' Villa besucht?«

Die lärmende Menge kam zum Schweigen, obwohl Flavius Sabinus die Ohren klangen. Claudius schaute nach hinten und nach vorne über die Menge hinweg. Mit einem Gefühl der Verzweiflung und Hoffnungslosigkeit sah Sabinus, wie er aufhörte, seinen Blick umhergleiten zu lassen und erwartungsvoll in seine Richtung blickte. Hatte er irgendeine Chance bei der Sache, oder war es nun für ihn aus und vorbei mit der römischen Staatskunst? Dann war da auch noch die Sache der Ehre: Sollte er nicht vortreten und das Schicksal seines Freundes teilen? Natürlich sollte er das.

Er begann, sich mit den Schultern einen Weg durch die Zuschauer zu bahnen und kam weiter nach vorne, aber dann hielt er an. Ihm wurde klar, daß er auch einfach so tun könnte, als wenn nichts gewesen wäre. Oh, wie Lateranus ihn nachher wegen seiner Dummheit, sich stellen zu wollen, schimpfen würde!

Aber nein, Claudius starrte ihm direkt in die Augen. Da stand er und wartete nur noch darauf, daß er, T. Flavius Sabinus, bekennen würde, wie es sich für einen ehrenhaften Römer gehörte. Der Kaiser wußte es irgendwie. Sabinus mußte sich offen zu seiner Schuld bekennen.

Er schlängelte sich bis ganz nach vorne durch die Menge und rief: »Hör mich an, Caesar!« Das war alles, was er über die Lippen brachte, bevor ein muskulöser Arm ihm in die Quere kam, und er den salzigen Geschmack eines Armes, der sich in seinen offenen Mund drückte, auf der Zunge schmeckte. Er wurde nach hinten gestoßen, sah den Horizont langsam aus seinem Blick verschwinden, und dann sah er nur noch das dunkler werdende Purpurrot der Dämmerung dort oben. Von zwei kräftigen Gestalten zu Boden gedrückt, schien Sabinus eine Stimme sagen zu hören: »Das ist ein Fall von Epilepsie, Prinzeps. Armer Kerl ... das tritt immer bei Aufregung auf.«

Sabinus versuchte, aufzustehen, aber sein Kopf wurde mit solcher Gewalt auf den Pflastersteinboden des Hofes geschlagen, daß er nur noch kleine, silbern glänzende Punkte in dem immer schwärzer werdenden Blickfeld vor seinen Augen sah. Und dann überhaupt nichts mehr.

Oben auf dem Palatin lehnte sich Claudius erschöpft beim Abendessen zurück – seine Kräfte waren aufgezehrt, aber er hatte sich beinahe wieder in der Gewalt. Seine Minister dinierten mit ihm, um ihren Erfolg in der Silius-Affäre zu feiern. Aber die quälende Spannung war für Narcissus noch lange nicht vorüber: Messalina war immer noch am Leben, und solange sie noch lebte, war das Schwert nur ein paar Zentimeter von seinem eigenen Nacken entfernt. Sie hatten gerade ihren Aufenthaltsort ausfindig gemacht. Sie hatte sich in ihr Lieblingswäldchen, die *Gärten von Lucullus,* zurückgezogen und verfaßte Liebes- und Appellbriefe an Claudius.

Der Kaiser hatte nur wenig gegessen und erlaubte sich mehr Wein als normalerweise. Ein Bote kam mit einer weiteren Nachricht von Messalina. Claudius las sie, faltete sie zusammen und steckte sie innen in seine Tunika. Jetzt lächelte er und bestellte noch mehr Wein. Von der Wirkung des Weins wurde er weich, und er begann, sich an glücklichere Zeiten mit der Kaiserin zu erinnern. Narcissus wurde nervös, denn er kannte Claudius besser als jeder andere von der Dienerschaft im Palast, und er erkannte unschwer das sinnliche Lächeln, das die Gesichtszüge des Kaisers weicher machte. Der Abend war hereingebrochen; die Nacht würde ihre Erinnerungen mit sich bringen. Und Claudius war offensichtlich damit beschäftigt, sich glücklichere Nächte mit Messalina in Erinnerung zu rufen.

»Möchte jemand etwas für mich erledigen?« fragte Claudius, wobei er nicht mehr nur andeutungsweise lächelte, sondern sich ein Grinsen auf seinem Gesicht breitmachte.

»Ja, Prinzeps?« meldete Narcissus sich freiwillig und warf Pallas einen besorgten Blick zu.

»Warum macht sich nicht jemand auf den Weg, um dieser armen Kreatur zu sagen, daß sie morgen zurückkommen und ihren Fall vor Gericht vorbringen darf?«

»Du ... du meinst Messalina, Caesar?« fragte Pallas, wobei sein Gesicht erbleichte.

»Ja. Die Kaiserin.«

Narcissus' Hände wurden feucht, und er bog sie, um sich wieder in der Gewalt zu haben. »Ich ... Prinzeps«, sagte er, »ich mache mich auf den Weg.« Mit diesen Worten verließ er den Speisesaal und rannte zum Vestibül des Palastes. Dort sagte er zu dem diensthabenden Offizier: »Anordnungen vom Kaiser, Tribun! Nimm die Zenturios, die gerade Dienst haben, mitsamt ihren Truppen und geht sofort zu den *Gärten von Lucullus.* Dort werdet ihr die Kaiserin Valeria Messalina finden. Vollstreckt das Todesurteil!«

Der Tribun schien nicht überrascht zu sein: »*Das* haben wir schon erwartet.« Er grinste, aber dann wurde er ernst: »Da es aber doch immer noch die Kaiserin *ist,* um die es geht, sollten wir nicht einen unterzeichneten Befehl von Caesar erhalten?«

Narcissus funkelte ihn wütend an. »Allmächtiger Jupiter, Tribun, ist Caesar denn noch nicht genug von dieser Hure gequält worden? Er würde sich nicht dazu herablassen, etwas so Formelles wie einen Befehl zu verfassen. Messalina hat einfach aufgehört, für ihn zu existieren; und wenn du noch länger zögerst, diese Befehle auszuführen, dann wirst du wegen Hochverrats verhaftet.«

»Schon gut, schon gut! Wird erledigt! – Wache!« Er klatschte mit den Händen.

»Oh, Tribun«, fügte Narcissus nachträglich noch hinzu: »Wenn sie ... sich lieber selbst das Leben nehmen will, als den Nakken gespalten zu bekommen, laß ihr die Zeit dazu.«

»Natürlich.« Er salutierte steif und führte seine Männer aus dem Palast hinaus.

»Evodus, geh mit und sorge dafür, daß es auch ordnungsgemäß ausgeführt wird«, sagte Narcissus zu dem jugendlichen Gehilfen an seiner Seite. »Besser noch, du gehst sofort als erster dorthin und paßt auf, daß Messalina nicht flieht. Töte sie selbst, wenn sie zu fliehen versucht.«

Evodus nickte, griff einen Dolch aus dem Arsenal des Palastes – und schon war er in der Nacht verschwunden.

Nach dem Fiasko auf der *Via Ostiensis* erkannte Messalina schließlich, daß sie in einer Traumwelt gelebt hatte. Als ihr kindlicher Verstand sich des drohenden Unheils endlich voll bewußt wurde, tat sie, was jedes Kind in einer solchen Situation tun würde: sie lief zu ihrer Mutter. Oder vielmehr bat sie ihre Mutter, sie zu den *Gärten von Lucullus* zu begleiten, einem Lieblingsplatz von ihr, an dem sie eine Reihe von Briefen an Claudius schrieb. Mutter Lepida hatte schon seit langem versucht, Messalina vor der Katastrophe zu warnen, die sie erwartete; aber der Rat war verächtlich zurückgewiesen worden, und die beiden waren einander fremd geworden. Lepida glaubte, daß es jetzt zu spät für sie sei, noch irgend etwas zu unternehmen – sie konnte ihrer Tochter nur noch helfen, sich auf den Tod vorzubereiten.

Doch Messalina kannte Claudius' Schwäche, und sie verfaßte Botschaften mit erotischen Anspielungen, von denen sie wußte, daß Claudius ihnen nicht widerstehen konnte. Aber immer noch war keine Antwort gekommen. Eine Stunde verstrich, dann noch ein paar weitere – und immer noch kein Anzeichen einer Antwort vom Palatin.

Lepida hörte es dann als erste – das Rasseln von Männern mit Waffen. »Es ist alles vorbei, Liebste«, sagte sie, »du hättest nicht auf Gnade hoffen können – nein, nicht nach alledem.« Sie brach in Tränen aus, dann richtete sie sich plötzlich auf: »Aber, Messalina, laß deine letze Handlung eine edle sein, und die Menschen werden sich immer daran erinnern: Nimm dir selbst das Leben. Warte nicht auf die Henker. Es ist besser so.« Weinend zog sie einen kleinen Dolch hervor und übergab ihn ihrer Tochter.

Messalina klagte und warf sich selbst auf den Boden, schrie und trat um sich wie ein Kind. In diesem Moment traf Evodus ein und war erleichtert, daß Messalina immer noch in dem Wäldchen war. Er hörte den pathetischen Dialog: Eine Mutter bestand auf einem ehrenvollen Tod, eine Tochter beklagte sich, daß der Boden kalt und feucht sei und schrie dann: »Zeig mir *nicht* diesen schrecklichen Dolch!«

Und jetzt traf der Tribun mit seinen Truppen ein. Sie sperrten das Gebiet ab und brachen dann durch das Tor in die Gärten ein. Evodus hielt eine flackernde Lampe über die beiden Frauen und sagte: »Es ist die auf dem Boden. Verschont die andere.«

Der Tribun warf sich auf Messalina. Sie blickte entsetzt auf und begann, hysterisch zu schluchzen. Der Tribun zog sein Schwert mit einem schrillen Klirren heraus.

»Nein!« kreischte Messalina. »Ich tu' es selbst.« Sie ergriff den Dolch und preßte die Spitze gegen ihre Kehle, vollbrachte aber nur einen kleinen Einschnitt. Dann versuchte sie, ihn in ihre Brust zu drücken, aber vergeblich.

Evodus spottete: »Du hast eine Menge anderer Menschen in den Tod geschickt, kleine Hure. Und dir selbst kannst du den Todesstoß nicht geben?«

»Sei still, Evodus!« schnauzte ihn der Tribun an. Dann legte er sein Schwert auf den Boden, beugte sich zu Messalina hinunter und sagte mit sanfter Stimme: »Hab' keine Angst, Kaiserin. Hier, laß mich mal den hübschen Griff an diesem Dolch sehen.«

Während Messalina ihre Hand öffnete, um ihm den Dolchgriff zu zeigen – die Spitze war immer noch auf ihre Brust gerichtet – stieß der Tribun das Ende des Griffes mit einem plötzlichen Hieb an und rammte die Klinge tief in ihr Inneres hinein. Mit wilden Augen rang sie nach Atem, versuchte, den Dolch zu umklammern und krümmte sich dann im Todesringen zusammen.

Lepida brach in krampfartiges Schluchzen aus und wiegte den Körper ihrer Tochter in ihren Armen, ohne darauf zu achten, daß deren Blut die Kleider von ihnen beiden durchtränkte.

»Ihr habt es alle gesehen«, gab der Tribun seinen Kommentar ab, »ihre Hand war an dem Dolch. Die Kaiserin starb einen ehrenvollen Tod.« Er marschierte mit dem Garderegiment hinaus aus dem Wäldchen.

Einige Minuten lang schaukelte Lepida Messalina in ihren Armen und vergoß bittere Tränen um ihre Tochter, die gerade gestorben war – und um die Messalina, die in vielerlei Hinsicht schon vor vielen Jahren gestorben war.

Claudius war gerade mit seinem Dessert fertig, als Narcissus in den Speisesaal zurückkehrte und sagte: »Ich war zu spät, Prinzeps. Die Kaiserin Messalina ist tot. Sie hat Selbstmord begangen.«

Claudius, der inzwischen schon sehr mit Wein gestärkt war, runzelte für einen Moment die Stirn. Dann zuckte er mit den Achseln, knallte seinen Becher auf den Tisch und schrie: »Noch mehr Wein!«

Die Minister schauten einander erstaunt und voller Erleichterung an. Hatte Claudius vorgehabt, Messalina auf jeden Fall zu verurteilen? fragten sie sich. Selbst nach einer Anhörung?

Um Mitternacht umging eine Gestalt den Ring von Wächtern um Silius' Villa und kletterte im hellen Mondlicht über die Gartenmauer. In der Nähe von ein paar Olivenbäumen ließ er sich auf dem Gras auf allen Vieren nieder und begann mit einer hektischen Suche nach einer verlorenen Medaillonhalskette.

Zu einem früheren Zeitpunkt an diesem Abend war Sabinus in einem Park in der Nähe der Castra Praetoria aufgewacht und hatte sich seine schmerzende Beule am Hinterkopf gerieben. Offensichtlich hatte jemand ihn davon abhalten wollen, daß er das Geständnis ablegte, bei dem Bacchanal dabeigewesen zu sein. Aber wer? Dieser Jemand hatte natürlich recht gehabt, denn hier lag er nun: ein freier Römer, wenn auch ein Römer mit starken Kopfschmerzen. Er massierte seine Kopfhaut. Der Schmerz war Sabinus beinahe willkommen, denn nun brauchte keiner jemals von seiner Anwesenheit bei Messalinas Bacchanal zu wissen.

Erst zu diesem Zeitpunkt faßte er sich plötzlich an den Hals, um nach seiner Siegeskette zu tasten. Sie war weg! Die Frau mit den grünen Augen in dem Wäldchen... er hatte vergessen, die Kette wieder anzuziehen! Es dauerte einige Minuten, bis er sich der Tragweite dieses Verlustes bewußt wurde und ihm kalte Schauer den Rücken herunterliefen. Claudius beabsichtigte, Silius' Grundstück nach jedem Beweisstück abzusuchen, und das große, goldene Medaillon, in das sein Name eingraviert war, der seine Teilnahme an dem kollektiven Verrat beinahe hinausschrie, lag nun irgendwo dort und wartete nur darauf, gefunden zu werden – es sei denn, es war schon gefunden worden.

Sabinus kämmte verzweifelt das Gras ab und suchte nach einem Gegenstand, der das Mondlicht widerspiegeln würde. Plötzlich tauchte ein Wächter auf, der von der Villa in Sabinus' Richtung kam und seinen gemächlichen Rundgang am Rand des Wäldchens begann. Sabinus stellte sich gegen einen knorrigen, alten Olivenbaum und mußte eine langsame, qualvolle ganze Runde um den Stamm des Baumes machen, um immer wieder dem Blickfeld des Wächters auszuweichen. Der Wächter schlenderte daher und schien offenbar das Mondlicht zu genießen. Aber schließlich ging er wieder zurück ins Haus. Während Sabinus sich hinter dem Baum versteckte, erkannte er, daß es tatsächlich genau dieser Baum gewesen war, unter dem er beinahe von der fremden Frau verführt worden wäre. Er ließ sich wieder auf den Boden gleiten und durchkämmte das gesamte Gebiet, aber er fand nichts.

Also mußte schon irgendein anderer die Kette gefunden haben. Irgend jemand in Rom konnte jetzt mit Leichtigkeit beweisen, daß er, Sabinus, an den verderblichen, verhängnisvollen Festlichkeiten teilgenommen hatte. War es die Frau, die ihn verflucht hatte? Wer war sie überhaupt? Und wer hatte ihn bei den Castra überwältigt? Und was war nur mit Rom geschehen, daß solche grotesken Schauspieler wie Messalina und Silius die Hauptbühne beherrschten? Und beinahe den Sieg davongetragen hätten?

6

Aulus Plautius versuchte ebenfalls, einen Sinn in den Ereignissen zu finden, aber es gelang ihm nicht. Wie Rom selbst, befand er sich in einem Wirrwarr der Gefühle und Stimmungen. Er konnte mit dem einfachen Volk jubeln, das Statuen von Messalina herunterriß und ihren Namen aus den Denkmälern herausmeißelte. Er war erleichtert, daß Claudius den Sieg davongetragen hatte und nicht mehr die häßliche Rolle des gehörnten Ehemanns spielte, die Rom beinahe zum Gespött der ganzen Welt gemacht hätte. Natürlich war er stolz zu hören, daß Narcissus und er als »Retter von Rom« bezeichnet wurden.

Aber er machte sich auch Sorgen um Rom, weil diese absurde Verschwörung beinahe gelungen wäre. Es war ihm peinlich, daß sein Neffe dabei eine Rolle gespielt hatte, auch wenn er unschuldig war. Er empfand Mitleid mit den eigentlichen Leidtragenden der familiären Tragödie auf dem Palatin, dem kleinen Britannicus und der kleinen Octavia, die jetzt Halbwaisen waren. Und vor allem machte er sich große Sorgen um Claudius. Zweifellos hatte die ganze Sache tiefe Wunden bei dem Kaiser hinterlassen. Es wurden Geschichten über ihn verbreitet, die besagten, daß er in völliger Verwirrung um den Palast wandern und fragen würde, wo Messalina sei. Narcissus berichtete, daß der Kaiser sich einem stumpfsinnigen Leben verschrieben hatte. Mit leerem Gesichtsausdruck saß er nur noch vor seinen Spielbrettern, würfelte einen Wurf nach dem anderen; und seine müden Augen machten sich nicht einmal die Mühe, die Augenzahl der Würfel zu registrieren.

Eines Tages stattete Aulus dem Kaiser auf dem Palatin einen kurzen Besuch ab – in der Hoffnung, Claudius ein bißchen aufzumuntern. Sein Besuch schien eine wahre Medizin für den Kaiser zu sein, der froh war, seinen alten Freund zu sehen, wenngleich er sich dafür entschuldigte, daß er Lateranus aus dem Senat hatte ausschließen müssen. »Aber du hast ja gesehen, in welcher Verfassung die Prätorianergarde war«, fügte er hinzu.

»Denk nicht mehr daran, Prinzeps«, Aulus lächelte, »ich danke dir, daß du ihn am Leben gelassen hast.«

Aber was Aulus beunruhigte, war die Blässe und die Müdigkeit, die er bei Claudius entdeckte: er schien in den letzten fünf Wochen um fünf Jahre gealtert zu sein. Nur als Aulus auf die Einladung des Kaisers hin an diesem Nachmittag mit ihm einen Besuch bei den Castra Praetoria machte, erlebte er, wie für einen kurzen Augenblick der alte Claudius noch einmal zum Leben erwachte. Denn nachdem er das Garderegiment gemustert hatte, schien Claudius wieder richtig aufzublühen. Mit einem Augenzwinkern verkündete er: »Ich-ich verstehe, es gibt wieder ein neues Klatschthema, das in dieser Gerüchteküche mit den sieben Hügeln die Runde macht. Es geht um die dumme Frage: ›Wird Claudius wieder heiraten?‹«

Die Prätorianer brachen in gedämpftes Gelächter aus.

»Oh ja«, fuhr er fort, »und die Antwort lautet wahrscheinlich: ›Ja, Caesar *wird* wieder heiraten.‹ Und ihr solltet nur die Kandidatinnen sehen, die vorgeschlagen werden ... ihr solltet nur ihre Namen hören.«

Die Männer lachten lauter.

»Es gibt keine patrizische Mutter in Rom, die nicht ›ein nettes, kleines Festchen für den Prinzeps‹ arrangieren möchte, so daß er ihre ›reizende‹ Tochter treffen kann«, sagte Claudius mit affektierter Stimme, so daß die Männer johlten.

»A-aber hört gut zu, meine Prätorianer! Wir beide – die Ehe und ich – sind einfach nicht füreinander geschaffen. Ich sollte es wissen – ich habe es dreimal versucht, aber jetzt habe ich die Nase voll! Von nun an werde ich das Junggesellenleben genießen!«

»Io Caesar!« brach die Garde in Jubel aus.

»Und falls ich meine Meinung ändern sollte – bei dem Schwert von Mars, dann könnt ihr Männer mich getrost umbringen!«

Auf dem ganzen Weg bis zu dem Tor wurde Claudius von Beifallsstürmen und Jubelrufen begleitet. Aulus dachte, daß es eine bemerkenswerte Vorstellung gewesen war, wobei Claudius ganz der alte gewesen war, der es spielend schaffte, das Verhältnis zu seinen Truppen zu stabilisieren. Der Kaiser würde überleben.

Es machte Aulus mehr zu schaffen, daß der großartige Familienname der Plautii jetzt durch die Schande, die sein Neffe über die Familie gebracht hatte, besudelt war. Er wußte auch, daß die Zeit den Makel verblassen lassen würde, aber die Nachwirkungen der Sache brachten ihn dazu, weniger Zeit im Senat zu verbringen und mehr Zeit auf seine Memoiren zu verwenden. Julius Cäsar hatte sich mit seinen *Commentarii de bello Gallico* einen Namen als Literat gemacht. Mußte er, Aulus Plautius, nicht ein Werk über den Britannischen Krieg verfassen?

Zuerst war ihm das Schreiben schwergefallen. Er saß stundenlang in seiner mit Voluten verzierten Bibliothek, ein verwittertes Tagebuch von der Schlacht in Reichweite auf dem breiten Arbeitstisch, auf dem Landkarten und unbeschriebene Papyrusrollen herumlagen. Immer noch war erst ein Viertel einer Rolle beschrieben. Aulus starrte auf das eingelassene Tintenfaß und sagte sich selbst, daß es nur darum ging, mit einer schwarzen Flüssigkeit auf Papyrus zu kritzeln – was sicherlich wesentlich einfacher war, als mit einem schweren Schwert den Sieg in Britannia herbeizuführen. Aber jedes Kapitel war ein besonderes Problemkind, das seine neun Monate brauchte, um auf die Welt zu kommen. Er empfand seine Bibliothek als stickig und einengend, und er strich einen Satz nach dem anderen durch, weil er nach eingehender Prüfung nicht seine Zustimmung finden konnte.

Es war ein herrlicher Tag im goldenen Herbst, strahlend, warm und schön, der eine Lösung seiner Schreibprobleme zu verheißen schien. Aulus stellte einen Tisch und einen Stuhl in dem Garten hinter dem Haus und trug seine Schreibutensilien nach draußen. Er betrachtete eingehend die Zedern und Zypressen, er füllte seine Lunge mit frischer Luft und setzte sich, um nach der Feder zu greifen. Schon bald war er mit all seinen Sinnen mitten im Britannienfeldzug, und die Worte flossen leicht und voller Würze aus seiner Feder.

Noch bevor der Nachmittag vorüber war, hatte Aulus ein ganzes Kapitel vollendet. Pomponia überflog den Teil beim Abendessen und fand, daß es sich gut lesen lasse. Am nächsten Tag versuchte er erneut den »Frischlufttrick«, und wieder schüttelte er die Zeilen nur so aus dem Ärmel. »Ich weiß, das klingt lächerlich«, sagte er zu Pomponia, »aber ich habe Britannia in der freien Natur erobert, und vermutlich kann ich daher das Werk über diesen Feldzug auch am besten draußen an der frischen Luft schreiben.«

Es gab allerdings einige Ablenkungen in seinem »Arbeitszimmer« im Garten. Gelegentlich kam ein Insekt seiner Feder in die

Quere, und die Sonne warf sich verschiebende weiße Lanzen von blendendem Licht auf seine Seiten. Ein vorbeifliegender Vogel ließ seine vorschnelle Kritik auf die Papyrusrolle fallen. Aber als ein plötzliches Gewitter ihn eines Morgens zwang, zurück ins Haus zu gehen, schien der alte Druck wieder auf ihm zu lasten, Haushaltsgeräusche kamen noch hinzu, und die Arbeit kam zum Stillstand.

»Auch gut. Ich muß sowieso weg von hier.« Er warf seine Feder hin. »Claudius will, daß ich mit ihm nach Ostia gehe.«

»Wie lange wirst du fort sein?« wollte Pomponia wissen.

»Etwa eine Woche. Er will, daß ich mir die neuen Hafenarbeiten ansehe.«

Gerade lange genug, dachte Pomponia.

Sobald Aulus das Haus verlassen hatte, um nach Ostia aufzubrechen, rief sie einen syrischen Zimmermann zu sich, der ein paar hübsch gearbeitete Schränkchen in ihrer Küche eingebaut hatte. Sie bat ihn, einen überdachten Vorbau mit Blick auf den Garten zu bauen, unter dem ihr Gatte vor Sonne und Regen geschützt war und trotzdem noch in der frischen Luft draußen schreiben konnte.

Der runzelige, kleine Syrer, dessen Name Hermes war, sah sich alles hinter dem Haus genau an. Schließlich sagte er:

»Ein herrliches Anwesen, meine Dame. Aber darf ich einen Vorschlag machen?«

»Ja, bitte?«

»Ich fürchte, ein Vorbau – wie groß oder klein er auch ist – würde die äußere Erscheinung des Hauses verunstalten. Aber wenn du nur einen Schutz für deinen Gatten haben möchtest, warum nicht eine Markise aus Segeltuch? Ich könnte einen Boden aus Schotter und Gips anfertigen – sagen wir 'mal, hier«, sagte er und deutete auf die gemeinte Stelle, »ungefähr dort bringe ich Stützseile an, und wenn dein Mann nicht arbeitet, kann die Markise zurückgerollt werden, um die Schönheit des Gartens zu erhalten.«

Pomponia strahlte: »Ein guter Plan, Hermes. In der Tat ausgezeichnet. Was würde es kosten?«

Der gerissene Syrer legte sein Kinn in die hohle Hand. »Oh … ich schätze, nicht mehr als – sagen wir mal sieben- oder achttausend Sesterzen.«

Pomponia sagte kein Wort, und für einige Minuten herrschte betretenes Schweigen. Es war einfach ihre Methode des Verhandelns.

Kein Gegenangebot. Keine Andeutung, daß die Summe zu hoch wäre. Nur ein patrizisches Schweigen, bis der Verkäufer unruhig wurde und aus lauter Angst, seine Ware nicht verkaufen zu können, sie zu einem niedrigeren Preis anbot.

»Ja, meine Dame. Wir werden auf achttausend Sesterzen kommen – *falls* wir die Markisen von den üblichen Quellen bekommen, die den Palatin beliefern. Aber ich kenne einen Händler auf dem Aventin, der seinen Stoff aus Kilikien importiert und ihn für weniger Geld verkauft. Wenn wir seinen Stoff nehmen würden, könnte ich die Arbeit für sagen wir sechstausend machen.«

»Ist die Qualität genauso gut?«

»Offen gesagt, ist der Stoff besser – dicker, wetterbeständiger – besser.«

»Also, abgemacht. Und nimm den kilikischen Stoff.«

Drei Tage später, als das Betonfundament hart genug geworden war, erschien Hermes mit einem rothaarigen, bärtigen Kerl, der einen ganzen Kopf größer war als er selbst.

»Das ist Aquila, erhabene Pomponia, der Mann, der mit kilikischem Stoff handelt.«

»Friede sei mit dir«, sagte Aquila und nickte Pomponia freundlich zu.

»Ja, dieser Aquila ist ein ganz zahmer Vogel«,[*] witzelte Hermes. »Er ist Jude, und du weißt ja, daß wir Syrer nicht sehr freundlich zu den Juden sind. Aber ich würde diesem da sogar meine eigene Tochter anvertrauen.«

In Aquilas Gesicht zeigte sich ein flüchtiges, nachsichtiges Lächeln, bevor er hinausging, um vier große Stoffrollen vom Rücken der beiden Esel herunterzuholen, die voller Ungeduld vor dem Haus standen und schrien. Er breitete den Stoff auf dem Boden aus und begann, Maß zu nehmen. Es war größtenteils Mohairstoff, den Pomponia in einem kräftigen, tyrischen Purpurrot bestellt hatte.

»Gut, meine Arbeit ist beendet, edle Herrin«, sagte Hermes, »ich komme morgen nochmal vorbei, um zu sehen, ob dieser Jude das verdorben hat, was ich gemacht habe.« Er klopfte Aquila auf die Schultern und verschwand.

[*] Aquila bedeutet im lateinischen »Adler«.

Den Rest des Morgens fand Pomponia Entschuldigungen, den Garten zu besichtigen und zuzuschauen, wie ihr Projekt schließlich Formen annahm. Aquila war ein geschickter Kunsthandwerker, der den Stoff so zusammennähte, daß keine Ausbuchtungen und Falten entstanden. Er zeigte ihr freundlich ein paar Stiche, die sie noch nie zuvor gesehen hatte. Irgendwie fand Pomponia Gefallen an diesem Zeltmacher, so daß sie ihn zum Mittagessen hereinbat.

Er war ein schlanker Mann, vielleicht Anfang vierzig, mit einem sehr gepflegten, rostbraunen Bart, der die Linien seines Kiefers umsäumte. Eine rötliche Gesichtsfarbe brachte den leicht semitischen Gesichtsschnitt zur Geltung. Mit der typisch römischen Voreingenommenheit war Pomponia zuerst ein wenig zurückgeschreckt, als Aquila ihr als ein Jude vorgestellt wurde. Juden galten als gerissene, unter sich zusammenhaltende Kaufmänner, die irgendeinen absurden Glauben an einen unsichtbaren Gott besaßen, der Statuen und Schweinefleisch verachtete und niemals mit der Welt zufrieden zu sein schien, die er angeblich geschaffen haben sollte.

Pomponia erkundigte sich nach Aquilas Hintergrund und seiner Familie – er kam aus Pontus in Kleinasien und war mit einer Frau namens Priscilla verheiratet; die beiden hatten keine Kinder. Schließlich wagte Pomponia es auch, Aquila mit weniger Taktgefühl, aber dafür mit um so mehr Offenheit nach seinem Judentum – wie sie es ausdrückte – zu fragen. Aber Aquila schien die Frage zu gefallen, und er gab eine lebhafte Erklärung des jüdischen Glaubens, setzte den erhabenen, einzigen Gott der Juden in krassen Kontrast zu den »vielen, unmoralischen Gottheiten, mit denen eure graeko-romanischen Mythen vollgestopft sind«, wie er es freimütig ausdrückte. Pomponia hätte gekränkt sein können, aber sie hatte ihren eigenen Glauben an die olympischen Götter schon seit ihrer Kindheit aufgegeben.

Dann sagte Aquila etwas, das sie verwirrte, denn es schien über den jüdischen Glauben hinauszugehen. Er erzählte ihr von einer kürzlich geschehenen besonderen Offenbarung der jüdischen Gottheit in Form irgendeines menschlichen Opfers, das in Jerusalem gekreuzigt worden war. Aber sie konnte sich keinen Reim darauf machen.

Aquila machte sich wieder an die Arbeit, und am späten Nachmittag war die Markise fertig. Mit dem Stolz eines Kunsthandwerkers zeigte er Pomponia, wie man die Plane herunter- und hochzog. Dann verbeugte er sich respektvoll und verabschiedete sich.

Als Aulus nach Hause zurückkehrte, noch voller Staub von der Reise, schob Pomponia ihn glücklich in den Garten und zog die Markise herunter – über sein neues Arbeitszimmer im Freien. Für einen Moment lang kratzte er sich verlegen den Kopf wegen Pomponias Überraschung, aber dann strahlte er. Er streckte die Hand nach der reizenden Frau aus, die neben ihm stand, zog sie in seine Arme und küßte sie.

Die unheilvolle Vorladung vom Palatin traf genau um die Zeit ein, als Flavius Sabinus sie erwartete: als Narcissus endlich die Nachforschungen wegen der Silius-Verschwörung abgeschlossen hatte. Die knappe Nachricht ließ darauf schließen, daß Claudius selbst ihn sprechen wollte. Sabinus quälte sich mit bösen Vorahnungen über die einleitende Bemerkung von Claudius: »Ich habe dir einst dieses Medaillon persönlich um deinen Hals gelegt, Senator. Warum wurde es beim Haus meines Verräters gefunden?«

Sabinus versuchte, nicht ängstlich auszusehen, während er den Palast betrat, zum Glück konnte keiner sein wild hämmerndes Herz sehen. Nicht einmal in seinen wildesten Phantasien stellte er sich vor, daß diese Unterredung nichts mit der verschwundenen Kette zu tun haben könnte, oder daß er eine Stunde später den Palast in einer Aura der Heiterkeit verlassen und zu seinem Freund Aulus Plautius eilen würde, um die frohen Neuigkeiten mit ihm zu teilen.

Er traf seinen ehemaligen Heerführer schreibend an seinem neuen Arbeitsplatz vor dem Haus an; und bevor Aulus ihn auch nur begrüßen konnte, erklärte Sabinus: »Claudius hat mich gerade zum Statthalter ernannt! In Moesia!«

»*Großartig*, Sabinus!« strahlte Aulus. »Herzlichen Glückwunsch! Oh, ich muß zugeben, daß diese Neuigkeit keine völlige Überraschung für mich ist: auf dem Palatin hat man sich nämlich bei mir nach dir erkundigt. Und was konnte ich anderes sagen, als daß deine Erfahrung in Britannia dich auf jeden Fall für einen Dienst an der Donau qualifiziert.«

»Ich fürchte, Moesia wird nicht so eine Herausforderung sein wie Britannia.«

»Unsinn. Eines Tages werden diese Daker bestimmt die Donau

überqueren und Rom eine schreckliche Schlacht liefern, also gib acht auf sie. Übrigens, was macht denn eigentlich dein Bruder Vespasian in letzter Zeit?«

»Er versucht sich schon eine Zeitlang im Zivilistenleben. Narcissus bereitet ihn auf eine politische Karriere vor.«

Sabinus' Gesicht errötete leicht: »Ich... ich werde schon bald nach Moesia fortgehen. Darf ich mich also verabschieden... von... äh... Plautia? Und Pomponia natürlich auch«, fügte er hastig hinzu.

Eine Spur von einem Lächeln spielte um Aulus' Mundwinkel, während er versuchte, die Gründe für Sabinus' Stottern zu erraten. »Ja, sicher, Statthalter!« Er grinste. »Pomponia ist nicht zu Hause, aber ich denke, daß Plautia da ist. Ich schicke sie ins Peristyl.«

Sabinus schlenderte in den hellen Innenhof und versuchte, eine gleichgültige Miene aufzusetzen. Mehrere Male preßte er die Hände nervös ineinander und suchte krampfhaft nach Themen, über die man mit einem Mädchen reden könnte, das man kaum kannte. Er bedauerte, daß er bei ihren wenigen Kontakten kaum einen Eindruck auf Plautia gemacht zu haben schien, und noch mehr bedauerte er den Altersunterschied.

»Oh, da bist du ja, Senator.« Plautia sprach in einem singendem Tonfall, was Sabinus entzückend fand.

»Plautia!« Er begrüßte sie und lächelte. »Ich wollte dir noch auf Wiedersehen sagen, bevor ich nach Moesia aufbreche.«

»Moesia?«

»Ja... unsere Provinz nördlich von Griechenland.«

»Flavius Sabinus, ich weiß ganz genau, wo Moesia liegt«, sagte sie etwas verstimmt. »Aber warum gehst du so weit fort?«

»Der Kaiser hat mich soeben zum Statthalter von Moesia ernannt.«

»Wirklich? Herzlichen Glückwunsch, Statthalter!« Sie strahlte. »Wie lange wirst du dort bleiben?«

»Das ist noch nicht klar. Wenn ich ein armer Verwalter bin, wird Claudius zusehen, daß ich so bald wie möglich nach Rom zurückkehre.«

»Mit anderen Worten: Du wirst jahrelang in Moesia bleiben.«

Er lächelte und suchte verzweifelt nach einer passenden Antwort, aber ihm fiel keine ein. Was diesem Mann die Zunge lähmte, was diesen Helden des Britanniafeldzuges in einen beinahe albern lächelnden Jugendlichen verwandelte, war das bezaubernde Mädchen, das vor ihm stand. Hier und jetzt hätte er ihr seine Gefühle gestehen wollen, aber es wurde ihm bewußt, daß es töricht gewesen wäre. Sein Verhalten schrie seine Verliebtheit doch bestimmt geradezu hinaus. Er hatte auch seinen männlichen Stolz, und ihm graute bei dem Gedanken, daß Plautia am Ende absolut kein Interesse an ihm haben könnte. Warum sollte sie auch eigentlich?

»Ich habe nicht gedacht, daß ich Rom so bald schon verlassen würde, kleine Plautia«, sagte er schließlich, »und ich bedaure es... weil ich dich vermissen werde.«

Sie starrte ihn mit weit aufgerissenen Augen an und sagte kein Wort.

Seine Augen, die unruhig umherblickten und vergeblich versuchten, ihren Augen auszuweichen, hörten nun mit ihrem Tanz auf und richteten sich mit neuer Intensität auf sie. »Ich werde wohl gelegentlich auch mal zwischendurch nach Rom kommen«, sagte er, »darf ich... dich bei diesen kurzen Aufenthalten hier dann mal besuchen?«

»Hm... natürlich, Statthalter.«

»Könntest du mich statt dessen Sabinus nennen?«

»Wenn du es möchtest... Sabinus.« Ihre Wangen wurden von einer leichten Röte überzogen.

Er studierte ihre Gesichtszüge, um sie sich in seinem Gedächtnis einzuprägen. Ja, dachte er, noch ein paar Jahre mehr der Natur freie Hand lassen, um an diesem Geschöpf die letzten Feinheiten zu vollenden – und sie würde eine atemberaubende Schönheit werden. Dann beugte er sich zu ihr hin und küßte sie auf die Stirn: »Auf Wiedersehen, hübsche Plautia«, sagte er, »das nächste Mal, wenn ich dich sehe... darf ich nicht so brüderlich zu dir sein.«

Plautia errötete und schaute ihn mit einem merkwürdigen Glitzern in ihren blauen Augen an. »*Vale,* Sabinus«, sagte sie und lächelte, »die Götter mögen dich beschützen.«

Als er gerade aufbrechen wollte, rief Aulus ihn in seine Bibliothek zurück und schloß die Tür: »Ich wollte dir das hier schon seit Wochen geben, Sabinus, aber ich habe nicht mehr daran gedacht. Hier, halt deine Hand auf.«

Aulus nahm den Deckel einer kleinen Schachtel ab und kippte ihren Inhalt in Sabinus' hohle Hand.

»Dein Medaillon, Statthalter«, sagte Aulus mit einem schiefen Grinsen.

»Wie – «

»Ich habe es an dem Tag gefunden, an dem ich mit Claudius Silius' Grundstück untersuchte. Niemand sonst hat es gesehen, den Göttern sei Dank!«

Sabinus wurde scharlachrot und versuchte, eine Erklärung zu stammeln, aber Aulus unterbrach ihn. »Mach dir keine Sorgen. Quintus hat mir von dieser, äh, Party erzählt. Natürlich nicht *alles!*« kicherte er. »Übrigens, hast du keine Kopfschmerzen gehabt von dem Schlag, den man dir bei den Castra versetzt hat?«

»Nein, aber ich habe mich gefragt, ob das *deine* Stimme war, die Claudius erzählt hat, daß ich die ›Fallsucht‹ hätte.«

Auf Aulus' Gesicht machte sich ein Grinsen breit. »Ja – *Epilepsie* – ich gestehe es. Weißt du, als Quintus damals auf der Anklagebank saß, gab es keinen Weg, ihn zu beschützen. Aber als ich dich dort auch noch stehen sah, wußte ich, daß du versuchen würdest, den edelmütigen Narren zu spielen, also schickte ich ein paar Männer los, um dich ... davon abzubringen. Es tat ihnen leid, daß sie es zu weit getrieben hatten, und sie blieben bei dir, bis du das Bewußtsein wiedererlangt hattest. Aber ich sah keinen Grund, warum du auch noch deine Karriere ruinieren solltest. Claudius wußte nicht einmal, daß du es warst: er ist kurzsichtig.«

»Ich danke dir, Aulus! – Ich habe Quintus vor kurzem gesehen, und er ist gar nicht böse wegen seiner Entlassung. Dieser Gauner behauptet auch noch, daß er seine Zeit jetzt besser darauf verwenden kann, sich um seine Sesterzen zu kümmern. Quintus *wird* doch wieder da rauskommen, oder?«

»Irgendwann bestimmt. Aber meinst du, daß ihr beiden jungen Kerle jemals erwachsen werdet?«

»Vielleicht.« Sabinus lächelte schüchtern. »Laß uns hoffen, daß meine Arbeit im Osten ... eine Erfahrung wird, die mich reifen läßt.«

7

Würde Claudius *doch* wieder heiraten?

Narcissus schauderte innerlich bei dieser Aussicht. Der Kaiser war beinahe sechzig Jahre alt, warum also sollte er wie irgendein junger Hengst über den ›Fluch der Ehelosigkeit‹ murren? Aber dennoch tat er es: Er trottete allein im Palast herum, hungerte nach der Gesellschaft einer Gemahlin, wurde sogar von dem beinahe perversen Wunsch ergriffen, von einer Frau geplagt und beherrscht zu werden.

»G-gib mir einen guten ehelichen Streit statt dieser Monotonie, Narcissus«, wimmerte er. »Ich würde mittlerweile auch die Schreie und Drohungen und Tränen von Messalina auf mich nehmen. Ich ... ich vermisse sogar ihre scharfe Zunge. Das tue ich wirklich!«

»Aber, Prinzeps, was ist mit Calpurnia und Cleopatra ... verrichten sie ihre ... Dienste nicht gut?«

»Sie sind so gefügig. Sie sind keine Herausforderung. Sie *müssen* ihre Dienste tun. Aber ich sehne mich nach einer ebenbürtigen Frau von meinem Stand. Einer Freundin. Einer Kameradin. Einem *alter ego*. Mit einem Wort: nach einer Ehefrau.«

»Aber, mein Herr, du hast doch vor der Prätorianergarde ein Gelübde abgelegt?«

Claudius' Lächeln verschwand nur für einen Augenblick: »Diese jungen Kerle sind bestimmt standhaft genug, um trotzdem zu mir zu halten und mich zu verstehen. Und mir zu vergeben.«

»Aber, Caesar –«

»Also bereite den Palast für ein paar Festlichkeiten vor, Narcissus. Du, Pallas und Callistus solltet euch eine Liste von Kandida – ich meine natürlich von Gästen – ausdenken! Ha-ha-ha.«

Narcissus wagte keine weiteren Einwände, auch wenn er sich innerlich gegen Claudius' Entschluß aufbäumte. Die Frauen waren ein wahrer Fluch seines Lebens gewesen, und drei Fehlschläge hätten eigentlich genug für ihn sein sollen. Die Maschinerie der römischen Regierung war endlich wieder stabilisiert – dank seiner eigenen Bemühungen, aber eine neue Kaiserin könnte erneut alles ins Wanken bringen. Verflucht sei Claudius' Zügellosigkeit!

Nun ja, er würde versuchen, das Beste daraus zu machen. Er würde sich mit den anderen Ministern zusammentun, und sie würden alle für eine harmlose Schönheit stimmen, sie zu Claudius schieben, die Zeremonien abhandeln und dann den alten Bullen sich mit einer gefügigen Färse, die sie gut anbinden würden, Befriedigung verschaffen lassen. Ja, entschied er, das mußte die Lösung sein.

Narcissus verbrachte die nächsten Tage damit, sich Kandidatinnen auszudenken, die er seinen Kollegen vorschlagen könnte. Das reizendste Mädchen in Rom war seiner Ansicht nach Aulus Plautius' Tochter, die mit siebzehn schon im heiratsfähigen Alter war. Sie kam auch aus einer gegenüber Claudius positiv eingestellten Familie. Aber als er versuchte, sich auszumalen, wie die runzlige, alte Gestalt von Claudius Plautias frische Schönheit umarmte, ließ er die Idee wieder fallen und schauderte bei dem Gedanken an die Art von Latein, die Aulus benutzen würde, um diese abscheuliche Aussicht für seine Tochter zurückzuweisen!

Er dachte weiter nach. Immer wieder verweilte er bei Paetinas Namen. Claudius' zweite Frau *war* so etwas wie ein »gefügiges Kalb«, und sie war nicht sehr an Politik interessiert. Paetina, ja. Er mußte seine Kollegen dazu bringen, sie als ihre gemeinsame Kandidatin zu akzeptieren, um dann bei Claudius die Glut einer früheren Liebe wieder entfachen zu lassen. Er eilte zu Pallas und Callistus, um diesen Plan mit ihnen zu diskutieren.

Zum Teufel mit ihren machthungrigen Ambitionen! Narcissus war schockiert, zu hören, daß sie alle ihre eigenen Kanditatinnen hatten, denn wer auch immer sich für die Frau aussprach, die Claudius wählte, würde einen enormen Einfluß auf die zukünftige Kaiserin haben – und damit auf den Kaiser. Claudius stachelte inzwischen schalkhaft den Wettbewerb an und genoß das kleine Spielchen als eine Art Kompensation für seine familiären Katastrophen, die er erlitten hatte. Claudius fühlte sich erst zu dem einen, dann zu einem anderen Mädchen hingezogen, je nach seiner momentanen Stimmung. Schließlich rief er seine drei Minister zur Beratung, spielte sich als Richter auf, der über einen Prozeß zu entscheiden hatte, und ließ sie tatsächlich nacheinander ihr Plädoyer für die jeweilige Kandidatin vorbringen.

»Du zuerst, Narcissus«, sagte Claudius grinsend, »wie gewöhnlich.«

»Wie du weißt, Prinzeps«, begann er sich ein bißchen zu verteidigen, »habe ich dich eindringlich gebeten, die reizende Aelia Paetina zu heiraten, deine zweite Frau, von der du dich hast scheiden lassen – «

»Gebrauchte Ware«, kommentierte Pallas und verzog verächtlich den Mund.

»Ruhe, Pallas! Um fortzufahren: du hast sie damals geliebt, Caesar. Vor allem warst du an sie gewöhnt. Da wird es keine unheilvollen Überraschungen geben.«

Callistus, ein fetter und schielender Asiate, unterbrach ihn: »Warum hat sich Caesar denn dann von ihr scheiden lassen, wenn sie eine solche Perle ist?«

»Du erinnerst dich, warum, Caesar. Es war nur ›wegen geringfügiger Vergehen‹.«

»Ha, ha!« gackerte Claudius. »Der wahre Grund war, daß Messalina mir zu der Zeit völlig den Kopf verdreht hatte.«

»Also«, faßte Narcissus zusammen, »es handelt sich nur darum, die Frau wieder willkommen zu heißen, die deine Gemahlin war. Was könnte leichter sein?«

»Nein!« widersprach Callistus mit seiner brummigen, schroffen Stimme, »in diesem Punkt liegst du falsch, Narcissus. Deine Paetina würde eine arrogante Göre werden. Ich kann sie schon jetzt hören: ›Ich bin die einzige Frau, die jemals einen Kaiser zweimal geheiratet hat.‹ Lollia Paulina hingegen, die Frau, die ich vorgeschlagen habe, würde eine großartige Kaiserin abgeben, Caesar. Sie ist noch recht jung und hat den wünschenswerten patrizischen Hintergrund. Und natürlich«, sagte er lächelnd, »ist sie auch sehr wohlhabend.«

»Seit wann braucht Caesar Geld?« fragte Pallas und zog die Augenbrauen hoch.

»Ich meine, sie würde nicht wie Messalina die kaiserliche Schatzkammer berauben. Denn ich habe gesehen, wie Lollia bei einer gewöhnlichen Abendgesellschaft Juwelen trug, die 40 Millionen Sesterzen wert waren.«

»Sie brauchte diese Klunker, um ihre Falten zu verstecken«, sagte Pallas naserümpfend, »wirklich, Caesar, Lollia ist älter, als unser werter Kollege behauptet. Ist es nicht langsam an der Zeit, daß wir mal über eine angemessene Kandidatin reden?«

»D-denkst du wirklich, ich sollte die jüngere Agrippina heiraten, Pallas?« fragte Claudius mit merklichem Interesse.

»Wen sonst, Prinzeps? Das Blut der Caesaren fließt schon in ihren Adern. Beide, sowohl das julianische als auch das claudianische Geschlecht vereinen sich in ihr.«

Narcissus erhob seine Stimme: »Aber sie ist Caesars – «

»Sie ist immer noch jung und sehr schön«, fuhr Pallas fort.

»Aber sie ist *deine eigene Nichte,* Caesar!« unterbrach ihn Narcissus, »ihr Vater Germanicus war *dein eigener Bruder!*«

»*Mußt* du Caesar erzählen, wer die Mitglieder seiner eigenen Familie sind?« fuhr Pallas ihn an. »Natürlich ist Agrippina mit dem Kaiser verwandt – «

»Verwandt? Sie ist – «

»Verschone uns mit Informationen, die wir schon kennen, Narcissus«, sagte Pallas gähnend.

»Aber ihr könnt doch nicht alle über das klare Ehehindernis für eine solche Heirat hinwegsehen! Zivilisierte Römer haben einen Namen für Vereinigungen zwischen Onkeln und Nichten – oder Brüdern und Schwestern, für diese Sache. Wir nennen es *Inzest!* Ein häßliches Wort. Und zufällig ist es mehr als illegal.«

»Eine bloße Einzelheit«, sagte Pallas und winkte die Bedenken mit einer Handbewegung fort.

»Aber es ist gegen unsere Sitten und Bräuche.«

»Die kann man ändern«, unterbrach er barsch, »aber, um fortzufahren, Caesar: Agrippina hat königliches Blut. Sie ist die Schwester von einem Kaiser – deinem Vorgänger Caligula –, und sie hat ihre Fruchtbarkeit unter Beweis gestellt: in Form von einem Sohn, der ein guter Spielgefährte für Britannicus sein könnte. Und da ihr Gatte gestorben ist, ist sie jetzt frei, um wieder zu heiraten. Mein Argument ist folgendes: Ihre Blutlinie allein macht sie zu einer sehr mächtigen Frau. Es wäre nicht gut, wenn man sie irgendeinen anderen heiraten ließe und den Ruhm der Caesaren auf eine andere Familie übertragen würde.«

Claudius war offensichtlich von diesem Argument beeindruckt. Obwohl die anderen beiden weiter ihre Kandidatinnen anpriesen, blieb Claudius' Blick auf Pallas geheftet, während er über dessen Kommentare nachdachte, die ihn aus dem Gleis gebracht hatten. Schließlich stand er auf und sagte: »Ich danke euch, meine

Herren, ich wünschte, ich könnte alle drei Mädchen heiraten, um euch glücklich zu machen«, kicherte er, »aber ich denke, Bigamie *ist* schlimmer als Inzest. Im Moment weiß ich noch nicht, wann ich mich für welches Mädchen entscheiden werde. Es kann sogar sein, daß ich mein Herz über die Sache entscheiden lasse.«

Aulus Plautius hatte allen Grund, mit seiner eigenen Heirat zufrieden zu sein. Pomponia Graecina war der volle Name dieser liebenswürdigen Frau, die er vor mehr als zwanzig Jahren geheiratet hatte, und sie war eine gute Ehefrau. Ihre Lebensgewohnheiten waren einander sehr ähnlich, und sie hatten kaum Streitereien. Außerdem konnte jemand, der Plautia, die er abgöttisch liebte, zur Welt gebracht hatte, nichts Böses tun. In einer Zeit, in der einige berühmte Frauen die Zeitrechnung nicht nach den Namen der Konsuln ausrichteten, sondern nach den Namen ihrer wechselnden Ehemänner, dachte Aulus, daß seine Ehe eine glückliche Ausnahme darstellte.

Pomponia hatte indes eine merkwürdige Eigenart. Eine enge Freundin von ihr war von Messalina in den Selbstmord getrieben worden, weil Messalina eifersüchtig auf ihre Schönheit gewesen war. Die Tatsache, daß Pomponia ihrer Freundin nicht hatte helfen können und zusätzlich die Abwesenheit von Aulus, der in Britannia weilte, hatte sie in dieser Zeit beinahe verzweifeln lassen. Die Ärzte waren nicht in der Lage gewesen, ihre Melancholie ganz zu zerstreuen, und sie sagten Aulus, daß seine Frau eine seelische Wunde erlitten hatte, ein *Trauma*, wie die griechischen Ärzte es nannten.

Dennoch schien Pomponia in der letzten Zeit im Kampf mit der Depression die Oberhand zu gewinnen, obwohl sie an Geburtstagen und religiösen Feiertagen immer noch Trauerkleider trug. Aulus hielt eine solche Hingabe an die Erinnerung der Freundin für übertrieben und unnatürlich – es waren seitdem mittlerweile sechs Jahre vergangen –, aber er paßte auf, daß er nichts sagte, was die Wunde wieder hätte aufbrechen lassen können.

Er wußte, daß seine Gattin eine hochsensible Frau war. In den Tagen ihrer jungen Liebe brauchte nur ein grobes oder unbedachtes Wort aus seinem Munde zu kommen – und schon »errötete sie in allen Farbtönen des Schmiedeofens von Vulkan*«, wie er seinen

* Vulkan (lateinisch): römischer Gott des Feuers

Freunden erzählte. Aber nirgends zeigte sich Pomponias Sensibilität so deutlich wie in ihrem Interesse an mystischen, mysteriösen und religiösen Dingen. »Wenn es um Geister geht, legt meine Gattin die Neugier einer Frau und die Leichtgläubigkeit eines Kindes an den Tag«, behauptete Aulus.

»Das stimmt nicht«, pflegte sie dagegenzuhalten, »ich will nur die Antwort auf diese Fragen für mich finden: wenn Jupiter, Apollo und die andern olympischen Götter nicht existieren, gibt es dann irgendeinen anderen Gott, der existiert? *Gibt* es tatsächlich Götter oder nicht? Gibt es viele? Oder gibt es nur einen?«

Es war ja schön und gut, solche Fragen zu stellen, dachte Aulus, aber eine Antwort darauf finden zu wollen, indem man sich mit dem jüdischen Glauben beschäftigte, das fand er schockierend. Und doch hatte Pomponia tatsächlich diesen rotbärtigen Juden, Aquila, zu ihnen nach Hause eingeladen: er sollte nicht die Segeltuchmarkise überprüfen, sondern Pomponia wollte – so unglaublich es auch war – mit ihm über Religion diskutieren! Er schätzte die Talente des Mannes mit Nadel, Faden und Mohairstoff, und zweifellos kam er mit seinen Memoiren in seinem Arbeitszimmer im Garten besser voran, jetzt, wo der Frühling zurückgekehrt war. Aber wenn dieser Kerl doch nur seine Zunge so gut unter Kontrolle hätte wie seine Finger. Wenn es ihm gelänge, Pomponia zum jüdischen Glauben zu bekehren, würde die plautische Familie schockiert sein. Pomponia hatte ihm gesagt, er solle sich nicht beunruhigen – sie würde nicht konvertieren –, aber der Gedanke nagte dennoch an ihm.

Eines Tages kehrte Aulus auf den Esquilin zurück und konnte sich kaum ein befriedigtes Lächeln verkneifen. »Tja, *carissima*«, sagte er zu seiner Frau, »du wirst deinen Freund Aquila wohl jetzt nicht mehr sehen können …«

»Was? Warum nicht?«

»Du hast doch von dem Aufruhr letzte Nacht in dem jüdischen Viertel auf der anderen Seite des Tibers gehört?«

»Ja.«

»Nun, es war ein religiöser Streit zwischen zwei verschiedenen jüdischen Gruppen. Es scheint, daß deine Freunde sich noch nicht einmal über ihren Glauben einig sind.« Er lächelte.

Pomponia blickte nachdenklich drein. »Wie, war Aquila darin verwickelt?«

»Er war der Führer von einer der beiden Gruppen. Claudius hat Nachforschungen über die Sache angestellt, um zu erfahren, wie der Streit entstanden ist, und der Hauptschuldige scheint ein Jude namens Chrestus gewesen zu sein.«

Pomponia schien bei dem Namen zusammenzuzucken, aber sie sagte nichts.

»Na ja«, faßte Aulus zusammen, »Aquila sprach sich deutlich für diesen Chrestus aus, und das muß den Aufruhr ausgelöst haben. Die meisten aus dem Gebiet XIV wurden in diesen fanatischen Aufruhr verwickelt. Wie auch immer, Claudius bereitet jetzt ein Edikt vor, das Aquila und die anderen Juden-Führer aus Italien verbannt. Zieh die Stirn nicht so in Falten, Pomponia. Es hätte noch viel schlimmer für sie ausgehen können. Zuerst war Claudius so wütend, daß er alle Juden aus Rom verbannen wollte.«

»Was hat seine Meinung geändert?«

»Nun, das wäre unmöglich gewesen wegen ihrer großen Zahl. Also werden nur die jüdischen Führer ins Exil geschickt. Der Rest kann hierbleiben, solange sie sich nicht in Gruppen mit mehr als zwanzig Leuten versammeln.«

»Aber was geschieht mit ihren Synagogen? Ihrem Gottesdienst?«

»Kein Gottesdienst mehr. Zumindest nicht im Moment.«

»So?« Pomponia versuchte, ihre Betroffenheit zu verbergen und sagte nichts mehr.

Aber in dem Augenblick, als Aulus zu seinen Memoiren zurückkehrte, sandte sie einen persönlichen Boten hinüber zum Aventin, um zu versuchen, mit Aquila Kontakt aufzunehmen. Eine Stunde später kehrte der Bote zurück, ohne eine Botschaft von Pomponia übermittelt zu haben. »Aquila und seine Frau Priscilla haben Rom verlassen«, berichtete der Diener, »sie segeln nach Griechenland. Ihre Nachbarn sagten, daß sie sich wahrscheinlich in Korinth niederlassen werden, solange Claudius' Bann gültig ist. Sie haben Freunde dort.«

Am nächsten Tag wurde Aulus zum Palatin gerufen. Claudius hatte eine besondere Zusammenkunft einberufen, um über fremde Kulte zu diskutieren und wie man mit ihnen verfahren sollte. Er war außer sich vor Wut, daß sie in einer Zeit gediehen, in der das Interesse an der römischen Staatsreligion erlahmte und die vielen Tempel beinahe leerstanden.

Aulus fürchtete, daß Claudius irgendwie von dem Interesse seiner Frau am Judentum erfahren hätte, aber dem war nicht so. Aulus war gerufen worden, weil der Kaiser beschlossen hatte, die Druiden in seinem Erlaß der Verbannung der jüdischen Führer mit einzuschließen, und Aulus war mit seiner Erfahrung in Britannia die geeignete Autorität in dieser Angelegenheit.

Die Konferenzteilnehmer führten fast den ganzen Morgen ausführliche Verhandlungen und legten Claudius schließlich ein Dokument vor, dem drei Listen vorangingen:

ABSOLUTES VERBOT
Druiden
Astrologen
Zauberer
Hexenmeister
Schädliche Kulte

EINSCHRÄNKUNGEN
Jüdischer Glaube
Die Neo-Pythagoreer
Cybele
Mithraismus

UNTERSTÜTZUNG
Römische Staatsreligion
Öffentliche Moral

Der Rest des Dokuments beschrieb detailliert, wie dieses Programm verwirklicht werden sollte.

Claudius studierte die Vorschläge und nickte. Dann wandte er sich an Narcissus und fragte: »Hast du noch mehr Informationen über diesen Kerl namens Chrestus bekommen, der den Aufruhr im Stadtteil jenseits des Tiber angezettelt hat? Hast du ihn schon gefangengenommen?«

Die parfümierten Wangen von Narcissus färbten sich rosarot,

als er sich langsam räusperte und sagte: »Es scheint, daß unsere erste Information darüber ... ein wenig falsch war, Prinzeps. Obwohl der Aufruhr wegen Chrestus stattfand, hat er ihn nicht selbst geführt. Er konnte ihn gar nicht geführt haben.«

»Oh?« Claudius sah finster aus, »warum nicht?«

»Weil er vor sechzehn Jahren gestorben ist.«

Für eine Weile herrschte Stille. Schließlich durchbrach Claudius zornig die Stille. »Dann löse doch dein eigenes dummes Rätsel, Narcissus. Wir wissen, daß dieser Chrestus irgendwie mit der Sache zu tun hat.«

»Einer von den Juden, die wir verhaftet haben, hat es uns erklärt. Chrestus war so etwas wie ein Prophet in Judäa, der die Leute aufhetzte. Aber unser Statthalter dort, Pontius Pilatus, ließ ihn in Jerusalem kreuzigen – oh, etwa drei Jahre, bevor du Pilatus abberufen hast, Vitellius.«

Vitellius, Claudius' wankelmütiger Begleiter in der Sänfte auf der schrecklichen Rückreise von Ostia nach Rom, saß bei der Sitzung neben Narcissus. Er erinnerte sich und nickte, denn er hatte in seinen jungen Jahren als Statthalter von Syrien unter der Regierung von Tiberius gedient.

»Jedenfalls«, fuhr Narcissus fort, »soll der Prophet ein paar Tage nach seiner Kreuzigung angeblich von den Toten auferstanden sein. Sie suchten ihn in seinem Grab, aber es war leer. Also mußte jemand seinen Körper gestohlen haben. Und jetzt glaubt eine Sekte der Juden, daß er ein Gott oder so etwas Ähnliches ist. Aber die anderen Juden streiten es ab. Darum ging es die ganze Zeit bei dem Aufruhr.«

Vitellius erhob sich und fragte: »Prinzeps, darf ich mal kurz zu den kaiserlichen Archiven gehen? Ich will etwas nachprüfen.« Claudius nickte, denn die Archive befanden sich direkt gegenüber dem Palatin.

Vitellius hatte kaum den Saal verlassen, als eine junge Frau mit einer hellbraunen Lockenmähne in Claudius' Arbeitszimmer hereinwirbelte und sich auf seinen Schoß pflanzte. Ohne Notiz von den Männern in der Konferenz zu nehmen, schmiegte sie ihr hübsches Gesicht an Claudius' Wange und küßte sie. »Hallo, Onkel Claudius«, säuselte sie kokett, »kommst du heute zum Mittagessen?«

Jetzt ließ sie sich dazu herab, die anderen Anwesenden wahrzunehmen. »Wer sind diese Leute?« fragte sie, wobei ihre klaren, grünen Augen in Aulus' Richtung blitzten.

»Das sind meine Ratgeber, Agrippina,« Claudius strahlte.

»Jetzt gehst du besser wieder und läßt uns allein, mein kleiner Liebling. Ich komme in einer halben Stunde zum Essen.«

»In Ordnung, Onkel«, sagte sie und tätschelte ihn, während sie ihm einen leidenschaftlichen Kuß auf die Lippen drückte.

Aulus warf Narcissus einen schockierten Blick zu, den dieser mit einem resignierten, müden Blick und einem traurigen Achselzucken beantwortete.

Der Kaiser drängte jetzt Narcissus, ihm noch mehr Informationen über die bizarre Chrestus-Geschichte zu geben. Er erzählte, was er wußte – und das war zugegebenermaßen sehr wenig, obwohl er ein bedeutendes Detail hinzufügte: das Grab hatte man auf Anordnung von Pilatus offiziell mit einem Rollstein verschlossen, aber der Stein war vom Eingang weggewälzt worden.

Bald kehrte Vitellius zurück und trug ein paar Papiere aus Pergament bei sich. »Hier ist es«, er lächelte, »ein Auszug aus Pilatus' *acta* von 786 A.U.C.«* Er händigte die Kopie Claudius aus, der sie laut vorlas:

> JESVS NAZARENVS, Alter: 36 Jahre
> Galiläischer Lehrer, »Prophet« und Pseudo-Messias oder »Christus«. Der Fall wurde zurückverwiesen an die Zuständigkeit des Tetrarchen Herodes Antipas, der auf seine Autorität verzichtete und den Angeklagten wieder vor das Römische Gericht schickte. Von dem Hohen Rat wurde er der höchsten Gotteslästerung für schuldig befunden; der Präfekt schloß sich dem Urteil an. Zudem wurde er wegen indirekten Verrats verurteilt, weil er behauptete, der »König der Juden« zu sein. Die Anklagebehörde: Joseph Kaiphas, Hoherpriester und der Hohe Rat. Vor Gericht gestellt, verurteilt, gekreuzigt und am 3. April 786 A.U.C. in Jerusalem gestorben.

* Anno Domini 33. Die *sacta* oder »Akten« waren offizielle, jährlich erscheinende Berichte, die von den Statthaltern nach Rom geschickt wurden.

Als der Kaiser diesen Bericht gelesen hatte, gab Vitellius den überflüssigen Kommentar ab: »Ihr seht also, meine Herren, der Name des Propheten war Christus, nicht Chrestus.«

»Hmmm«, überlegte Claudius, »ich-ich frage mich, warum Pilatus nichts von diesem Tumult erwähnt hat, der auf die Kreuzigung folgte. Und komm mir nicht damit, daß er inkompetent ist, Vitellius. Ich bin da anderer Meinung als du.«

»Sollen wir Pilatus vorladen und ihn fragen, Prinzeps?« wagte Pallas vorzuschlagen. »Er lebt doch da drüben in Antium, oder?«

»Meine Herren!« unterbrach Aulus. »Was erwartet ihr denn? Daß ein verantwortlicher römischer Statthalter seine offiziellen Berichte mit Einzelheiten über jeden religiösen Fanatiker, der in Palästina auftaucht, vollpackt? Sie haben doch jedes zweite Jahr einen neuen Pseudopropheten, der aus der Wüste herausgekrochen kommt. Ich hätte euch unendlich viele Papyrusrollen mit Berichten über die Druiden in Britannia schicken können, aber ich hatte Wichtigeres zu berichten.«

Claudius und die anderen lachten leise vor sich hin. »Deswegen haben wir immer gern einen Heerführer in unseren Sitzungen dabei, Aulus. Du holst uns auf den Boden der Tatsachen zurück.« Der Kaiser grinste: »N-nein, wir wollen Pilatus nicht in seinem Ruhestand stören. Aber es gibt etwas an dieser Geschichte von Chrestus oder Christus, das mich beunruhigt: der Grabraub ... die Tatsache, daß der Leichnam des Schuldigen gestohlen wurde. Sogar aus dem Grab. Das ist schlimm. Pietätlos.«

»Was ... schlägst du vor, was sollen wir tun, Caesar?« wollte Vitellius wissen.

»Vielleicht sollten wir ein Edikt für Palästina aufstellen, um vor jeder Form von Grabraub zu warnen.«

»Und wie soll die Strafe dafür aussehen?«

»Natürlich Todesstrafe!«

Aulus fand diese Maßnahme unnötig, wenn nicht sogar ein wenig lächerlich, aber da die anderen ihre Zustimmung ausdrückten und nickten, widersprach er nicht, weil er den Fall nicht für so wichtig hielt, um zu opponieren. Bald hatten sie das folgende Edikt aufgesetzt – in der umständlichen Ausführlichkeit, die den Regierungsverwaltungsbeamten so eigen ist:

VERFÜGUNG VON CAESAR:
Es ist mein Wille, daß Gräber und Grabmäler auf ewig für diejenigen, die sie für die Verehrung ihrer Ahnherren, Kinder oder Mitglieder des Hauses errichtet haben, ungestört bleiben. Falls jedoch irgend jemand im Besitz von Informationen ist, daß ein anderer entweder die Gräber zerstört oder in irgendeiner Art und Weise die Begrabenen herausgeholt oder sie mit böser Absicht zu einem Platz befördert hat, um sie zu schänden, oder den Rollstein oder andere Steine weggewälzt oder zerbrochen hat – dann müssen diese Informationen unverzüglich an mich weitergegeben werden; der Schuldige ist auszuliefern und es muß ein Gerichtsverfahren gegen ihn eingeleitet werden. Es ist für jeden absolut verboten, die Grabstätten zu stören. Es ist mein Wille, daß im Falle der Übertretung der Missetäter zur Höchststrafe verurteilt wird wegen Entweihung der Totenbestattung.*

»Ja«, sagte Claudius, als er es gelesen hatte, »das kann man so lassen. Narcissus, laß es in Stein einmeißeln und an mehreren Plätzen in Palästina aufstellen! In Jerusalem natürlich und, äh – wie war noch der Name des Propheten?«

»Chres- Christus?«

»Nein. Der volle Name. Der rechtliche Name.«

»Ach so. Jesus Nazarenus – Jesus von Nazareth.«

»Ja. Stell eine weitere Tafel in Nazareth auf. Wo auch immer dieser Ort liegen mag.«

»In Galiläa, Prinzeps«, teilte ihm Vitellius mit.

»Gut, gut. Also in Galiläa.«

Als die Konferenz vorbei war, gelang es Aulus, Narcissus in eine Ecke zu ziehen und zu fragen: »Also, was hatte die Vorstellung von diesem schamlosen, kleinen Biest eben zu bedeuten?«

Narcissus sah sich fortwährend um, um sicherzugehen, daß sie nicht belauscht wurden, während er antwortete: »Nur, daß sie die Auserwählte ist. Und Pallas – diese falsche Schlange – hat das Spiel gewonnen. Claudius hat die Absicht, das Mädchen zu heiraten.«

* Diese Verfügung ist authentisch und wurde in Nazareth in Galiläa gefunden.

Aulus war wie vom Donner gerührt: »Aber … was ist mit seinem Ehelosigkeitsgelübde vor dem Gardekorps?«

»Das hat keine Bedeutung mehr. Oh, es fing alles ganz harmlos an. Die kleine Agrippina machte ihr Recht als Nichte geltend, ihren ›Onkel Claudius‹ zu küssen, wann immer es ihr beliebte. Und natürlich küßte sie ihn bei jeder Gelegenheit, und wir konnten bei einem solchen Austausch von Zärtlichkeiten unter Verwandten im Grunde nicht einmal die Stirn runzeln. Wenn wir nicht zusahen, gab sie ihm natürlich mehr als nur einen Kuß. Sie teilen schon seit einigen Wochen … ihre Gemächer.«

»Aber … aber das ist Inzest! Agrippina ist seine *eigene Nichte!*«

»Das ist offensichtlich«, stimmte Narcissus zu, »aber schlimmer als all das ist ihr Sohn, der *kleine, süße Liebling,* den sie von der vorherigen Ehe mit in diese Ehe bringt. Ihr Domitius ist drei, vielleicht auch vier Jahre älter als Britannicus. Also fällt es nicht schwer, sich die Rivalitäten zwischen den beiden vorzustellen! Kannst du erkennen, wie der Palast auf dem besten Wege ist, in das nächste Schlachtfeld zu geraten?«

Aulus nickte mit finsterer Miene: »Wir müssen da einen Riegel vorschieben, Narcissus!«

»Wie?«

»Muß der Senat nicht eine solche Heirat billigen?«

»Ja, aber Vitellius ist dabei, die schriftliche Genehmigung des Senats einzuholen. Morgen früh wird darüber entschieden.«

»Vitellius? Dieser feige Speichellecker?«

»Oh, Vitellius redet nur doppelzüngig, wenn ihm ein starker politischer Gegenwind ins Gesicht bläst. Sobald der maßgebende Wind in eine Richtung weht, zeigt auch die menschliche Wetterfahne namens Vitellius sogleich nur noch diese Windrichtung an.«

»Ich war lange nicht mehr im Senat, weil ich mit meinen Memoiren angefangen habe. Aber morgen werde ich dort sein.«

Vitellius hatte sich gut vorbereitet. Der Kriecher von gestern war der Redner von heute, mußte Aulus zugeben. Mit goldener Zunge überzeugte Vitellius mit Leichtigkeit die Senatoren, daß Claudius, auf dem die ganzen Sorgen des Kaiserreiches lasten, natürlich wieder eine Frau brauchte und daß eine solche Frau idealerweise mit der kaiserlichen Blutlinie verwandt sein sollte. Seine Kollegen standen jetzt tatsächlich auf, um Lobeshymnen auf den Namen Agrippina zu singen, während Aulus voller Unbehagen auf der Marmorbank herumrutschte. Es war unglaublich, daß nicht eine einzige Stimme das offensichtliche Ehehindernis für eine solche Heirat zur Sprache gebracht hatte. Nun, er würde es tun.

Aulus erhob sich im Senatssaal, in dem vollkommene Ruhe herrschte, und eine Spur von Verstimmung mischte sich in seinen Ton: »Vergebt mir, römische Senatoren, daß ich es wage, einen heiklen Fall anzusprechen, aber einer muß es tun. Wenn Claudius Caesar seine eigene Nichte heiratet, warum sollte das nicht als das aufgefaßt werden, was es tatsächlich auch ist? Inzest! Und wenn es Inzest ist, dann dürfen der Senat und das römische Volk nicht etwas billigen, was in sich schon gottlos ist, in unseren Annalen noch nie dagewesen ist und den Kaiser und damit natürlich auch das gesamte Römische Kaiserreich zum Gespött in anderen Ländern machen würde!«

Aulus funkelte seine Kollegen noch eine Weile an, dann setzte er sich. Ein Mantel des Schweigens legte sich über den Saal, dann erhob sich plötzlich ein aufgeregtes Flüstern. Aulus blickte um sich und sah mehr nickende Köpfe als Kopfschütteln.

»Du hast recht, Senator«, Vitellius erhob sich, um zu antworten, »eine solche Heirat *würde* eine Neuheit unter den Römern sein. Aber es ist in anderen Ländern erlaubt. Auch hier waren Ehen zwischen Cousin und Cousine vor ein paar Jahrhunderten noch unbekannt, aber jetzt ist das völlig normal. Sitten und Bräuche gleichen sich den Veränderungen der Zeit an. Die Ehe zwischen Onkel und Nichte wird in dem Augenblick kein Inzest mehr sein, in dem der Senat es so beschließt.«

Pallas hatte inzwischen vor dem Palast eine riesige Demonstration inszeniert, wobei die Leute schrien: »CAESAR SOLL HEIRATEN!« »CLAUDIUS UND AGRIPPINA!« »IO CONUBIUM*!« Und bald danach konnte man die Gestalt des Kaisers selbst sehen, wie er sich gegen das Geländer des Palastes lehnte und den Leuten unten zuwinkte. Kurze Zeit später schlängelte sich Claudius durch gratulierende Menschenmengen in das Forum zum Senatssaal, wo er sich unterwürfig »dem Willen des Volkes« beugte. Der Senat hatte

* conubium (lateinisch): Eingehung einer (vollgültigen römischen) Ehe; Vermählung.

einfach Ehen zwischen Onkel und Nichte legalisiert, obwohl Aulus Plautius und eine hohe Anzahl anderer Senatoren dagegen gestimmt hatten.

Die Hochzeit von Claudius und Agrippina wurde als ein großes festliches Ereignis auf dem Palatin gefeiert, zu dem die ganze römische Aristokratie eingeladen war. Der Kaiser schien noch nie so glücklich gewesen zu sein. Als der Bräutigam einen Trinkspruch vorbringen sollte, sprudelte es aus ihm heraus: »Die wahren Götter, einschließlich des Heiligen Augustus, schulden mir eine glückliche Ehe.« Dann schenkte er seiner hübschen Braut, die jünger als vierunddreißig aussah, ein anbetungsvolles Lächeln und sagte: »Nach drei ... mißglückten Anfängen, laßt diesen gelingen!«

Er sagte es beinahe wie ein Gebet. Die mehreren hundert Gäste, die von Claudius ehelichen Mißerfolgen genug hatten, erhoben sich von ihren ruhenden Positionen, die sie während des Festessens eingenommen hatten, und riefen ein dreifaches Hoch auf das neue Brautpaar aus. Aber Aulus und Pomponia, welche die kaiserliche Einladung nicht hatten ausschlagen können, blieben an ihren Tischen sitzen. Die Braut bemerkte es mit ihrem wachsamen Blick. Sie flüsterte Claudius zu: »Ist das nicht der Mann, der uns im Senat inzestuös nannte?«

8

Plautia, die jetzt eine blühende Achtzehnjährige war, erregte immer mehr Aufmerksamkeit bei den jungen Patriziern in Rom. Einigen in Frage kommenden, aber allzu hartnäckigen Freiern entzog sie sich nur mit der angeborenen Schläue ihres Geschlechts. Die jüngeren Kollegen ihres Vaters in der Regierung machten regelmäßige Besuche; und es war offensichtlich, daß sie mehr als die Politik im Sinn hatten.

Aulus jedoch hatte seinen Spaß an diesen Besuchern. Pomponia mußte bei solchen Gelegenheiten die Gastgeberin spielen, und das lockte sie aus der Reserve. Oft entwickelten sich bei diesen Besuchen allerdings Freundschaften mit Plautia, die ganz unschuldig begannen, aber dann nach Plautias Geschmack viel zu schnell ernst wurden, so daß sie diese Freundschaften rasch wieder abbrach. Sie hatte ihre mädchenhafte Schwäche, sich sofort und heftig in jeden hübschen Römer, den sie traf, zu verlieben, abgelegt. Aber war sie jetzt bei der Wahl des besten Ehemanns zu kritisch geworden?

Oder hatte Flavius Sabinus etwas damit zu tun? fragte sie sich. Bis zu diesem Tag war er nicht viel mehr als eine angenehme Erscheinung in der Erinnerung, obwohl alle vier Monate ein Brief von ihm kam, der allerdings für gewöhnlich mit Neuigkeiten aus der Provinz angefüllt war. Einer seiner Briefe begann mit einer spielerischen Parodie auf die Art des Briefbeginns bei der offiziellen Korrespondenz von Kaisern:

> Titus Flavius Sabinus, niemals *pontifex maximus,** nur einmal Konsul, kein einziges Mal zum *imperator*** ausgerufen, Statthalter von Moesia (das will er gestehen!), richtet der schönen Plautia seine Grüße aus.
>
> Ich frage mich oft, wann ich wohl die Dienstzeit hier beenden werde, so daß ich in die einzige wirklich zivilisierte Stadt auf der Welt zurückkehren kann – oder so ähnlich hätte ich schrei-

* pontifex maximus: oberster Priester im antiken Rom.
** imperator: Oberbefehlshaber

> ben können, bevor mich die Nachrichten von dem Inzest des Kaisers erreichten. Ist es wahr, daß die Statue der Tugend im Forum an seinem Hochzeitstag über ihn fiel? Oder verwandelte sich ihr weißer Marmor in rosaroten Granit? Wir haben hier im Osten beide Geschichten gehört, aber Gerüchte aus Rom kommen zu uns wie die Gewässer der Donau: manchmal in einer Flut, aber immer mit Schmutz beladen.
> Ich mache mir Sorgen um Rom. Es beherrscht die Welt, aber ist es ihrer auch würdig? Ich bin alles andere als ein Moralist, Kleines, also müssen die Dinge wirklich schlimm stehen, wenn sogar ich beunruhigt bin. Doch ich erinnere mich immer wieder daran, daß die wahre römische Frau nicht Agrippina, sondern Plautia heißt und daß wirkliches römisches Leben nicht auf dem Palatin, sondern auf dem Esquilin gelebt wird…

Der Inhalt des Briefes schwenkte auf Ereignisse in Moesia über. Es war Plautia klar, daß es Sabinus gefiel, Statthalter in der Provinz zu sein, aber er war nicht allzu sehr beeindruckt von seiner eigenen Wichtigkeit. »Armer Ovid«, schrieb er, »wegen seiner entzückenden (obwohl pornographischen) Poesie wurde er in genau die Provinz geschickt, die ich jetzt regiere – was Bände spricht über die Wichtigkeit dieses Ortes!«

Plautia genoß die Zeilen und lächelte an allen Stellen, an denen Sabinus sie zum Schmunzeln bringen wollte, aber sie suchte vergeblich nach irgendwelchen Offenbarungen eines persönlichen oder vertrauten Gedankenganges. Und so antwortete sie für gewöhnlich in der gleichen Art und Weise – außer einmal, als sie sich zu fragen erlaubte, wann er nach Rom zurückkehren wolle. Alles, was sie von ihm als Antwort darauf erhielt, war:

> Wann ich zurückkehren werde? Ich habe nachgeschaut, wie lange einige meiner Vorgänger hier geblieben sind, und ich fand heraus, daß ein Statthalter von Moesia *vierundzwanzig* Jahre lang hier im Dienst war! Da es immer mein Grundsatz gewesen ist, alles noch zu übertreffen und zu übersteigen, darfst du erwarten, daß ich von jetzt an in einem Vierteljahrhundert als eine dreibeinige Antiquität nach Rom zurückhumpeln werde: mit zwei alten Beinen und einem Spazierstock.

Soviel zu den Versuchen von Plautia, Persönliches in Sabinus' Briefen aufspüren zu wollen. Sie hätte Flavius Sabinus besser vergessen sollen, sagte sie sich. Doch schon bald würde ein anderer Brief von Sabinus eintreffen, und sie würde davonstürmen, um ihn mit ihren Freundinnen zu teilen.

Sie traf sich in letzter Zeit sehr oft mit ihren Freundinnen – zu oft, wie Pomponia dachte –, aber das war alles ganz normal. Plautia und einige andere Töchter des Senatorenadels hatten das Alter erreicht, in dem es ihnen endlich erlaubt war, für einen längeren Zeitraum in die Stadt zu gehen – in Begleitung eines Mitglieds der Hausdienerschaft natürlich. Die Mädchen feierten ihre neuen Freiheiten, indem sie Gelegenheiten ersannen, um von zu Hause wegzugehen, wann immer es möglich war.

Heute waren es die Bäder. Plautia und ihre Begleiterinnen vergnügten sich in dem großen Schwimmbecken der Bäder von Agrippina. Da keiner der Geschlechter in den öffentlichen Bädern eine Bekleidung trug, badeten Frauen und Männer zu unterschiedlichen Zeiten: die Frauen in den Morgenstunden, die Männer am Nachmittag und am Abend. Die Mädchen spielten im Wasser Fangen und sprangen im und außerhalb des Beckens herum wie fröhliche Delphine.

Als Plautia gejagt wurde, flitzte sie hinter ein paar Plastiken, die in einem breiten Alkoven in der Nähe von der Mitte des Beckens aufgestellt worden waren. Zu ihrem Schrecken entdeckte sie ein paar junge Kerle, die sich hinter den Statuen versteckt hatten und sie und die anderen Mädchen lüstern angrinsten. Kreischend flüchteten die Mädchen in die Arme von ihren Dienerinnen, die sie mit Badetüchern bedeckten und die Jungen anbrüllten. Kein bißchen eingeschüchtert jagten die jungen Kerle hinter den Mädchen her und schrien vor Lachen, und ein pickeliger Halbstarker, der ihr Anführer zu sein schien, schrie Plautia etwas Unanständiges zu.

»Ich weiß, wer der da ist«, flüsterte eine ihrer Freundinnen, »es ist Domitius Ahenobarbus.«

Die in Tücher gewickelte Plautia war so wütend über seine Bemerkung, daß sie einen Hautkratzer aufhob und auf ihn schleuderte. Der Hautschürfer traf Domitius und schlitzte ihm die Wange auf.

Domitius wischte sich das Blut ab und zischte: »Ich kenne dich – dich, die du das geworfen hast. Du bist die Tochter von Senator Plautius, stimmt's?«

Plautia erschrak. Aber sein unverschämtes Benehmen erboste sie um so mehr, als er auch noch zu wissen schien, wer sie war: »Na, und wenn schon, was geht dich das an, du vulgärer Schuft?«

»Tja«, sagte Domitius mit einem blöden Grinsen, »du hast mich jetzt gezeichnet, kleine Venus. Und ich denke, daß es mir Spaß machen wird, mich irgendwann für dieses Kompliment zu revanchieren.«

Plautia, die jetzt vor Verlegenheit und Wut brannte, rief zurück: »Sie haben mir gesagt, daß dein Name Domitius ›Bronzebart‹ ist, du bartloses, ekelhaftes Balg! Jetzt hau ab hier und spiel deine Kinderspielchen woanders!«

Als Domitius sah, daß sich ein paar von den Badewächtern näherten, rannten er und seine Freunde davon.

»Weißt du wirklich nicht, wer das war, Plautia?« fragte eine Freundin sie.

»Nein. Und das ist mir auch egal. Ich hoffe, ich sehe dieses Pickelgesicht niemals wieder.«

Wie unangenehm es auch in diesem Augenblick war, so war es doch wirklich nur ein kleiner Vorfall, und Plautia erzählte es ihren Eltern erst, als beim Abendessen zu Hause gerade einmal eine Sprechpause eintrat. Aulus schaute Plautia an, und er verzog den Mund: »Hast du gesagt, daß der Name des Kerls Domitius ist? Du meinst doch nicht Domitius Ahenobarbus, oder?«

»Ja, die Mädchen haben gesagt, daß er so heißt. ›Bronzebart‹. Das bedeutet doch *Ahenobarbus,* oder?«

Aulus nickte und fragte: »Wie sieht er denn aus?«

»Oh, er war ungefähr zwölf oder dreizehn, mit einem dicken Hals. Dünnes, lockiges Haar. Und«, sagte sie und zuckte zusammen, »sein Gesicht war mit Pusteln übersät.«

Aulus nickte ein paarmal. Dann sagte er: »Denk jetzt mal nach, Plautia. Weißt du, wem du da eine Wunde im Gesicht verpaßt hast?«

»Einem ekelhaften Kümmerling von Jungen mit einer schmutzigen Klappe.«

Aulus seufzte. »Tja, meine Liebe, ich muß dir ein Kompliment machen, für dein zielsicheres Werfen mit diesem Hautkratzer, aber ich wünschte, du hättest eine andere Zielscheibe gewählt. Vielleicht wirst du das nächste Mal nicht auf einen ... Prinzen von Rom ... den Sohn der neuen Kaiserin zielen!«

Plautia stockte der Atem, während ihr Vater fortfuhr.

»Ja, Domitius ist Agrippinas Sohn aus ihrer ersten Ehe. Du warst nicht bei dem Empfang, als seine Verlobung gewürdigt wurde. Deswegen hast du ihn nicht erkannt.«

»*Dieser* verdorbene Kerl ist *verlobt?*«

»Ja. Mit Octavia, Claudius' Tochter.«

Plautia runzelte bei den Verwicklungen die Stirn. »Und jeder, der die Tochter des Kaisers heiratet, darf Hoffnungen auf den Thron haben? Sogar Domitius, der Picklige?«

»Genau. Und es wird immer deutlicher, daß der junge Domitius *der* Grund ist, warum Agrippina Claudius heiraten wollte.«

»Hat sie ihn nicht einfach geheiratet, um Kaiserin zu werden?«

»Offensichtlich mehr als das. Sie war die Schwester von einem Kaiser – Caligula – und sie wollte nicht nur außerdem noch die Gemahlin von einem Kaiser sein, sondern auch noch die *Mutter!* Sie hat bereits damit angefangen, ihren Domitius auf die Thronfolge vorzubereiten.«

»Aber er ist doch noch ein Kind«, protestierte Pomponia, die ruhig zugehört hatte.

»Immer noch deutet alles darauf hin. Du hast doch schon von dem Philosophen Seneca gehört, oder?«

»Ja.« Pomponia nickte. »Einer von den scharfsinnigsten Köpfen im Kaiserreich.«

»Nun, Agrippina hat ihn zum persönlichen Erzieher von Domitius ernannt.«

»Aber Claudius' *eigener Sohn* Britannicus ist doch der nächste in der Thronfolge«, warf Plautia ein.

»Normalerweise schon, ja. Ein Sohn würde einem Stiefsohn bzw. einem zukünftigen Schwiegersohn wie Domitius vorgezogen. Aber vergiß nicht den Altersunterschied. Domitius ist *älter* als Britannicus – nur etwa drei oder vier Jahre älter – aber doch älter. Wenn Claudius irgend etwas zustoßen sollte, wer würde eher sein Ziel erreichen?«

Langsam zog Plautia die Stirn in Falten und nickte.

»Armer Britannicus«, sagte Pomponia, »ich verstehe, die Kaiserin wird ihn sein Leben lang im Palast demütigen.«

Aulus zuckte die Achseln. »Laß uns hoffen, daß Claudius von jetzt an noch zehn Jahre lebt. Britannicus wird dann beinahe zwanzig sein – alt genug für die Thronfolge.« Dann legt er seinen Arm um Plautia und sagte mit einem Augenzwinkern: »Und laß uns hoffen, daß du Domitius mit diesem Hautkratzer nicht fürs ganze Leben gezeichnet hast.«

Ein ähnliches Gespräch wurde in beinahe jedem römischen Haus geführt, denn die Frage, wer der Nachfolger von Claudius sein würde, war der Hauptgesprächsstoff der Klatschmäuler; und es wurde überall darüber debatiert. Wieder einmal hatte Aulus eine böse Vorahnung und machte sich große Sorgen. Gerüchte fanden ihren Weg vom Palatin nach draußen, brachen über die Stadt herein und fügten sich zu einem düsteren Mosaik über ein und dasselbe Thema: Agrippina, die alle Hindernisse, die ihrem Sohn auf dem Weg zum Thron im Weg standen, zerschmetterte. Ihre ehemaligen Rivalinnen wurden gestürzt: die wohlhabende Lollia wurde angeklagt, Astrologen aufgesucht zu haben und daraufhin in den Selbstmord getrieben. Wenn Claudius' umherwandernde Augen zufällig an irgendeiner attraktiven patrizischen Frau hängenblieben, sorgte Agrippina für deren Untergang. Wenn irgendeine wohlhabende Römerin Gärten besaß, die sie begehrte, wurden diese von ihr konfisziert. Oder wenn irgend jemand ihre Macht außerhalb der Stadt Rom anzweifelte, stellte sie diese Macht einfach zur Schau – sie ging sogar so weit, die rheinische Stadt, in der sie geboren worden war, in »Colonia Agrippinensis«* umzutaufen.

Bisher war Aulus noch nicht ganz entmutigt: Claudius weigerte sich noch immer, Agrippinas Sohn Domitius offiziell als Sohn anzuerkennen, auch wenn Agrippina keine Gelegenheit ungenutzt verstreichen ließ, bei ihrem Gatten Gehör zu finden und darauf anzuspielen. Eines Tages jedoch kam Aulus mit einem Blick, der seine Verletzung verriet, aus dem Senat nach Hause und sagte: »Er hat eingewilligt, Pomponia. Claudius hat den Senat schließlich um die Erlaubnis gebeten, Domitius zu adoptieren.«

»Und haben die römischen Senatoren es bewilligt?«

»Natürlich!« Aulus warf die Hände in die Höhe. »Aber auf alle Fälle ohne meine Zustimmung.«

* Heute die Stadt Köln in Deutschland. Zum Glück hielt sich der Beiname nicht.

Pomponia schürzte die Lippen und schaute zu Boden. »Dann«, sagte sie mit einem Seufzer, »hat Caesar also jetzt zugleich einen Stiefsohn, einen zukünftigen Schwiegersohn und einen Sohn in dem Jungen namens Domitius.«

»Stimmt genau, mein Schatz – bis auf den Namen. Der Senat fand den Namen ›Domitius‹ zu gewöhnlich für einen jungen Prinzen, so daß sie ihm einen alten Namen der claudianischen *gens** verliehen haben: Nero.«

»Nero?«

»Ja. Die Bedeutung des Namens soll Stärke und Mut sein. Und natürlich hat der junge Domitius keines von beidem.« Er wandte sich mit einem Stirnrunzeln zu ihr um und sagte: »Ich habe jetzt große Angst um Britannicus. Wenn wir nur wüßten, was sich im Inneren des Palastes abgespielt hat.«

Pomponia machte einen Vorschlag: »Was ist mit Titus, Sabinus' Neffen?«

»Vespasians Sohn! Ja, er besucht doch zusammen mit Britannicus die Palastschule, nicht wahr?«

»Ja, und ich habe gehört, daß sie dicke Freunde sind. Sie essen sogar gemeinsam zu Mittag. Narcissus hat das arrangiert, weil er Vespasian einen Gefallen tun wollte.«

Aulus lud Vespasians Familie zum Abendessen ein, und es gab einen regen Austausch von Erinnerungen an den Britannienfeldzug. Nach dem Mahl jedoch verschwand Aulus mit Vespasian und dem jungen Titus in der Bibliothek, wo der Zehnjährige mit einem Schwall von Fragen bombardiert wurde. Titus, ein heiterer Junge mit braunem Wuschelhaar und einem für sein Alter recht kräftigen Körperbau, lieferte Aulus Antworten, die seine schlimmsten Befürchtungen bestätigten.

Das Bild nahm Konturen an. Agrippina behandelte Britannicus wie eine Stiefmutter der schlimmsten Sorte und weckte in dem Jungen einen Abscheu gegen sie selbst, der ihn zu häßlichen Bemerkungen anstachelte – die dann alle mit peinlicher Sorgfalt und Genauigkeit Claudius berichtet wurden. Britannicus war besonders wütend, daß er bei öffentlichen Anlässen nur in der Toga eines kleinen Jungen zu erscheinen hatte, während Nero neben ihm mit einer

* gens (lateinisch): Geschlecht, Sippe, Verwandtschaft.

Toga bekleidet war, die man im Mannesalter trug, obwohl er erst dreizehn Jahre alt war.

»Sag mal, Titus«, sagte Aulus, »was empfindet der *Kaiser* für Britannicus?«

»Na ja, er *scheint* ihn zu mögen. Auch wenn er die meiste Zeit damit verbringt, zu würfeln, weißt du.«

Aulus schenkte Vespasian ein gequältes Lächeln: »Claudius hat gerade eine *wissenschaftliche Abhandlung* über das Spielen veröffentlicht! Jetzt erzähl mir mal, meine Junge, wie Pallas sich Britannicus gegenüber verhält.«

Titus schüttelte den Kopf: »Pallas haßt ihn, glaube ich. Ist ja klar, weil er und die Kaiserin ... na ja, vielleicht sollte ich das nicht sagen.« Er errötete.

»Doch, bitte, mein Junge«, bedrängte ihn Aulus.

Titus, dessen Gesicht sich dunkelrot färbte, wünschte, er hätte sich nicht auf Terrain begeben, das neu für ihn war und ihn in Verlegenheit brachte. Er sagte mit gesenktem Kopf: »Britannicus hat mir erzählt, daß die Kaiserin ... die Kaiserin – nein, ich kann's nicht sagen.«

»Sprich doch, mein Sohn«, beharrte Vespasian.

»Nun ja«, sagte Titus gedehnt, »daß die Kaiserin ... unanständige Sachen mit Pallas gemacht hat.«

Aulus' weit aufgerissene Augen funkelten eine Weile die von Vespasian an. Dann sagte er: »Ich möchte gern wissen, ob Narcissus das alles weiß.«

Titus hatte alles ganz genau berichtet, und bald würde er eine neue Geschichte zu erzählen haben. Eines Morgens schlenderten er und Britannicus durch den Hauptgarten auf dem Palatin, als sie auf Nero stießen.

»Hallo, Britannicus«, sagte Nero mit einer gewissen gekünstelten Freundlichkeit, während er Titus völlig ignorierte.

»Hallo, Domitius«, antwortete Britannicus, wobei er absichtlich diesen Namen wählte.

Wutenbrannt wirbelte Nero herum und stieß die Worte heftig hervor: »Es gibt keinen Domitius Ahenobarbus mehr, du kleiner, mieser Bastard! Seit meiner Adoption gibt's keinen Domitius mehr!«

»Oh, Verzeihung, Tiberius Claudius Germanicus *Nero Caesar*«, antwortete Britannicus mit gespielter Ehrerbietigkeit, »war das so in Ordnung?«

Mit vor Zorn funkelnden Augen stolzierte Nero in den Palast, um seiner Mutter alles zu erzählen.

»Tschüß, Domitius!« rief Britannicus hinter ihm her, wobei ein spitzbübisches Grinsen seine Lippen umspielte.

Agrippina war im Nu oben in Claudius' Arbeitszimmer. »Eine dringende Angelegenheit, mein Liebster«, sagte sie außer Atem, »das erste schreckliche Zeichen von Zwietracht in unserer glücklichen Familie. Da draußen in den Gärten hat dein Britannicus sich soeben geweigert, unseren Nero bei seinem richtigen Namen zu nennen.«

»Wie hat er ihn genannt?«

»Domitius.«

Ein schwaches Lächeln huschte über Claudius' Gesicht, und er sagte nichts.

»Ja, sag mal, willst du denn nichts dagegen unternehmen? Dürfen Dekrete des Senats von einem ... zehnjährigen Balg unbeachtet bleiben?«

»Britannicus ist *kein* Balg, Agrippina!« Er starrte sie wütend an. »Und sein Kommentar war nur die Bemerkung eines Kindes.«

»Oh, nein. Die Sache ist viel ernster. Britannicus' Tutoren *sagten* ihm, daß er Nero so nennen sollte. Und wenn du diese Art von Gehorsamsverweigerung im Palast nicht bestrafst, dann wehe dem Kaiserreich!«

Agrippinas Behauptung über die Tutoren war eine Lüge, aber sie hatte den erwünschten Effekt. Claudius' Stimmungen schlugen ganz plötzlich um, und so schritt er wütend in die Palastschule und entließ den gesamten Lehrkörper von Britannicus. Später würde er sie durch weniger qualifizierte Lehrer ersetzen, die Agrippina treu ergeben waren. Inzwischen gab der Philosoph Seneca Nero die beste Erziehung, die man im Römischen Kaiserreich bekommen konnte, während Agrippina das Gerücht in Umlauf setzte, daß Britannicus ein Epileptiker sei und allmächlich wahnsinnig werde.

9

Aulus Plautius warf angewidert seine Feder hin. Er war bei seinen Memoiren über den Britannischen Krieg bis zu dem Fluß Themse gekommen, aber er schien nicht in der Lage zu sein, diesen zu überqueren. Die Gegenwart verdrängte hoffnungslos die Vergangenheit aus seinem Kopf. Das neue Ränkeschmieden auf dem Palatin störte allmählich seinen Seelenfrieden.

War Claudius am Schlafen – schon wieder einmal? Warum handelte Narcissus nicht? Warum warnte er den Kaiser nicht? Sicher, Narcissus war dankbar für die Information gewesen, die Aulus von Titus erhalten hatte, aber er hatte unheilvoll hinzugefügt: »Was kann ich denn schon machen, Aulus? Du weißt doch, daß ich... alle meine Kredite verspielt habe.«

Das hatte er in der Tat, grübelte Aulus, denn er hatte seine Zukunft auf diesen riesigen, stinkenden Sumpf achtzig Kilometer östlich von Rom gesetzt, den sogenannten Fuciner See. Narcissus hatte elf Jahre lang 30 000 Männer dort beschäftigt, die einen Tunnel durch den Kalkstein eines den See umgebenden Berges graben sollten, so daß der stehende Morast dräniert werden konnte, um dann unzählige Flächen von neuem Ackerland bewirtschaften zu können. Für den »Dränage-Tag« war ein großes Fest inszeniert worden, erinnerte sich Aulus und schnitt eine Grimasse: eine Pseudo-Seeschlacht vor der Hälfte der Bevölkerung Roms, die am Ufer ihr Lager aufgeschlagen hatte. Aber er konnte noch das gräßliche Gluckern des sich leerenden Tunnels hören, als weniger als die Hälfte des Sees abgeleitet worden war. Narcissus' Ingenieure hatten den Tunnel nicht tief genug gegraben. Es war notwendig, daß noch mehr Ausschachtungen vorgenommen und somit noch mehr Regierungsgelder ausgegeben wurden.

Dann brach der glorreiche »Tag der zweiten Dränage« herein, als Claudius alle zu einem großen Bankett in der Nähe der Schleusentore bei dem Ausfluß einlud. Aber als die Schleusentore nach oben gezogen wurden, brach Narcissus' beeindruckender Wasserfall durch das Fundament und wurde zu einer schrecklichen Flutwelle, die beinahe Claudius, Agrippina und den Rest der kaiserlichen Gesellschaft ertränkte – sie mußten um ihr Leben rennen. Aulus selbst hatte es nur mit knapper Not geschafft, Pomponia in Sicherheit zu bringen.

Wenn irgendein Zweifel bestanden hatte, dann war er jetzt aus dem Weg geräumt: Narcissus hatte in der Tat seine Kredite verspielt, dachte Aulus. Pallas und Agrippina würden also gewinnen. Und Domitius, der Picklige, Agrippinas Liebling Nero, würde der nächste Kaiser werden. Aulus schob seinen Schreibtisch von sich und stand auf. »*Nein,* bei allen Furien* der Hölle, er wird *nicht* der nächste Kaiser werden!« brüllte er und stapfte ins Haus. Als Pomponia den Tumult hörte, kam sie herbeigeeilt und fragte, was denn los sei.

»Ich werde jetzt Claudius einen Besuch abstatten. Ich werde ihm in seine blauen Augen starren und schreien: ›Wach auf, Caesar! Wirf deine verdammten Würfel weg und kümmere dich mal darum, was unter deiner roten Nase vor sich geht! Deine Ehefrauen sind der wahre Fluch des Kaiserreiches, und jede neue Frau ist noch schlimmer als die vorherige. Deine Agrippina ist ein skrupelloser, ehrgeiziger Aasgeier: sie wird vor nichts zurückschrecken, bis ihr Nero auf dem Thron sitzt, und du bist nur sicher vor ihr, wenn du den Styx** überquerst!‹«

»Nein, Aulus«, flehte Pomponia, »wenn du dich bei den Querelen im Palast einmischst, bringst du dein Leben in Gefahr! Halt dich fern vom Palatin, ich flehe dich an!«

»Irgend jemand *muß* es tun. Das ist nicht die Zeit, um Rom im Stich zu lassen!«

Narcissus legte die Audienz auf einen Abend, an dem Agrippina, Nero und Pallas sich bei einer Festlichkeit in der Stadt feiern ließen und der Kaiser allein zu Hause sein würde. »Ich danke dir, mein Freund«, begrüßte Narcissus Aulus, als dieser am Palast ankam, denn er wußte, daß Aulus' Stimme die einzige in Rom war, der Claudius noch ein wenig Beachtung schenken könnte. Sie fanden Claudius in seiner Suite: Er saß aufrecht im Bett und überprüfte ein paar Berichte aus den Provinzen.

* Furie: rasende, wütende, Furcht und Schrecken verbreitende Rachegöttin in der römischen Mythologie.

** Styx: Fluß der Unterwelt; den Styx überqueren: sterben.

»Sei gegrüßt, Aulus«, sagte Claudius und legte seine Lektüre beiseite, »entschuldige meinen Aufzug, aber mein Darm weigert sich, das zu tun, was man von ihm erwartet. Oh, die Krämpfe, die ich immer bekomme!« Er mühte sich ab, um an das Ende des Bettes zu kommen und aufzustehen.

»Nein, bitte bleib, wo du bist, Caesar. Und geh nicht weg, Narcissus. Das ist etwas, das uns alle angeht!« Aulus holte tief Luft und hoffte, daß er sich die richtigen Worte zurechtgelegt hatte, um Claudius die Scheuklappen vom Gesicht zu nehmen. Und dann hielt er eine lange, durch stichhaltige Argumente und logische Beweisführung überzeugende Warnrede über die Aktivitäten von Agrippina und Pallas. Die Sätze waren diplomatischer als diejenigen, die er zu Hause vom Stapel gelassen hatte, aber sie übermittelten dieselbe Botschaft.

Claudius hörte die ganze Zeit zu, ohne irgendwelche Gefühle zu zeigen. Er schob sich nur im Bett zurecht, um aufrechter zu sitzen. Als Aulus seine Rede beendet hatte, starrte ihn der Kaiser mit leerem Blick an; seine Lippen waren leicht geöffnet, aber er sagte keinen Ton.

Schließlich brach Narcissus die Stille: »Was Aulus gesagt hat, ist die reine Wahrheit, Caesar. Seit Monaten hat die Kaiserin –«

»Eine erstaunliche Übereinstimmung«, schnitt ihm Claudius das Wort ab, »d-du hast die Kaiserin eine skrupellose Intrigantin genannt, bevor ich sie geheiratet habe. Und ebenso jetzt, nach der Heirat. Ich sollte dafür deinen Kopf fordern.«

»Und du *sollst* ihn *haben,* Caesar, wenn es dein Wunsch ist«, antwortete Narcissus, »mein einziges Ziel ist dein Wohlbefinden und deine Sicherheit –«

»Oder ist es vielleicht eher dein Ziel, alle meine Ehen zu zerstören? Erst Messalina. Jetzt Agrippina.«

»Das ist nicht unsere Absicht, Caesar«, unterbrach Aulus.

»Wir machen uns nur Sorgen um deine Sicherheit – vielleicht auch um dein Leben – ebenso wie um das Leben des jungen Britannicus.«

»Britannicus?« Claudius' Blick verdüsterte sich.

»Ja. Wenn ich offen sein darf, Prinzeps, du scheinst dem jungen Prinzen sein Geburtsrecht abzusprechen und es stattdessen Nero zu übertragen.«

Claudius zog eine Zeitlang die Stirn in Falten. Dann fragte er: »Warum denkst du das?«

Geduldig und behutsam zählte Aulus alle politischen Vorteile auf, die in den letzten Monaten auf Nero übertragen worden waren und mit der letzten Handlung ihren Höhepunkt erreicht hatten: der Heirat von Nero und Claudius' Tochter Octavia.

»Alles deutet darauf hin, daß Nero dein Nachfolger wird, Caesar«, faßte er zusammen, »die Kaiserin hat bereits alles Notwendige arrangiert, sie hat sogar ihren größten Helfer und Bewunderer Afranius Burrus zum neuen Präfekten der Prätorianer gemacht. Der Senat scheint der Meinung zu sein, daß Nero der nächste Caesar wird. Das Volk ist auch dieser Ansicht. Und du?«

Claudius schob die Bettdecken beiseite und stieg aus dem Bett. Er trottete durch das Schlafgemach und goß sich einen Becher Wein ein. Er ließ die blutrote Flüssigkeit zwischen den Zähnen vorbeizischen, als wolle er sie reinwaschen; dann schaute er plötzlich zu den beiden anderen hoch und ließ ein Donnerwetter los: *»Nein!* Ich denke nicht, daß Nero der nächste Kaiser wird! Der nächste Kaiser wird *mein eigen Fleisch und Blut sein, Britannicus!*«

Aulus brach die Stille, als er flüsterte: »Dem Vater der Götter sei Dank!«

»Ich habe Nero alle diese Begünstigungen zukommen lassen, um Frieden im Palast zu haben«, schnaubte Claudius vor Wut, »und weil Britannicus noch nicht alt genug ist, um diese zu erhalten. In drei oder vier Jahren wird er alt genug dafür sein. Ich habe nur *Zeit* zu gewinnen versucht, meine Herren, und eben habe ich ein wenig Unwissenheit vorgetäuscht, damit ihr mir euer Herz ausschütten würdet. Ihr beide habt ja keine Ahnung, was es bedeutet, mit dieser herrschsüchtigen Frau zusammenzuleben. Sie hetzt mich von einem Ende des Palastes zum anderen. Bei den wahrhaftigen Göttern, ich hätte auf euren Rat hören und niemals diese Hure heiraten sollen.«

»Die ... Hure?« wagte Aulus zu fragen.

»Ja, die Hure. Ich fand heraus, daß sie mich mit Pallas betrügt. Ha-ha-ha. Schaut doch nicht so überrascht, meine Freunde: der alte Kaiser hat seine eigenen Informationsquellen.«

»Willst du denn dann nicht irgend etwas ... unternehmen, Caesar?« wollte Aulus wissen.

»Was schlägst du denn vor?«

»Na ja, auf jeden Fall mußt du Britannicus in den nächsten Monaten mit großer Sorgfalt bewachen lassen und beten, daß der Junge schnell älter wird.«

»Ich habe ihn schon dazu ermutigt«, sagte Narcissus mit einem schwachen Lächeln. Dann schritt er durch das Zimmer und enthüllte seinen Plan. »Mit deiner Erlaubnis, Caesar, werde ich meine Männer beauftragen, geheime Wachposten aufzustellen, die über Britannicus' und auch über dein Schlafzimmer wachen.«

Claudius nickte: »Und tagsüber?«

»Tagsüber werden alle, die um eine Audienz mit dir bitten, nach Dolchen durchsucht. Diese Vorsichtsmaßnahme haben wir vor einigen Jahren schon einmal praktiziert, so daß die Kaiserin keinen Verdacht schöpfen wird.«

»Genau«, schaltete sich Aulus ein, »sie und Pallas dürfen keinen Verdacht schöpfen, sonst ergreifen sie Gegenmaßnahmen. Mach gute Miene zum bösen Spiel. Versuche, Zeit zu gewinnen. Aber wenn du auf irgendein Komplott gegen Caesar stößt, Narcissus, müssen wir sofort handeln – mit oder ohne die Prätorianer.«

Wieder nickte Claudius: »Ausgezeichnet, Aulus. Ich habe immer den Göttern für deine Treue und Freundschaft gedankt.«

»Und mögen diese gesegneten Götter einen guten, langen Lebensfaden für deine Lebensspanne ausmessen, Caesar!«

»Oh, das werden sie, das werden sie«, kicherte Claudius, »ich bin schließlich erst zweiundsechzig. Und ich habe wirklich nicht vor, die Bühne vorzeitig zu verlassen. Schon deshalb, weil ich der Kaiserin natürlich noch eins auswischen möchte!«

Eines Abends hatten Claudius und Agrippina eine Auseinandersetzung wegen einer geringfügigen Haushaltsangelegenheit; und Claudius trank mehr Wein als gewöhnlich, um die keifende Stimme und die Gegenwart der Person, die neben ihm am Tisch saß, aus seinem Bewußtsein zu löschen. Ein Becher folgte dem anderen. Schließlich stützte Claudius sich halb betrunken auf einem Ellbogen ab, öffnete seinen Mund und gab einen laut schallenden kaiserlichen Rülpser von sich.

»Claudius!« wies Agrippina ihn zurecht. »Die Diener könnten dich hören.«

»Oh, sch-schweig, Frau!« nuschelte er. Claudius lag zurückgelehnt dort und starrte auf die reichverzierte Decke des Speisesaals im Palast. »Ach, ich armer Trottel«, seufzte er, »es ist mein Schicksal geworden, nur unzüchtige Ehefrauen zu haben. Aber keine *ungezüchtigten!*« Dann drehte er sich um und warf ihr einen langen, kalten Blick zu.

Agrippina entschuldigte sich und verließ den Saal. Der Ausdruck in Claudius' Augen war ihr durch Mark und Bein gegangen. In seinen Augen hatte sie einen furchterregenden, tödlichen Ernst gesehen. Unter anderen Umständen hätte sein Wortspiel nur ein kauziger Kommentar sein können, aber in Verbindung mit diesem Ausdruck in den Augen stellte es eine Todesdrohung dar. »Unzüchtig«, hatte er gesagt. War es möglich, daß er etwas davon wußte?

Am nächsten Tag war sie sicher, daß er es wußte. Pallas erzählte ihr von einer Szene, deren Zeuge er an diesem Morgen vor dem Frühstück gewesen war. Claudius hatte Britannicus gegrüßt, war dann – einer plötzlichen Regung folgend – zu dem Jungen hinübergegangen und hatte ihn an sich gedrückt. »Und dann, liebe Agrippina, merke dir gut, was er als nächstes sagte: ›Bald wirst du ein Mann sein, mein Sohn, und dann erkläre ich dir alles, was passiert ist. Ich habe dich vielleicht verletzt, Britannicus, aber ich werde diese Wunde heilen. Und weißt du was, mein Junge? Ich werde dir die Toga des Mannesalters ein Jahr früher geben: Ich will, daß das römische Volk einen *echten* Caesar nach mir hat.‹«

Agrippina zuckte zusammen und berichtete dann von Claudius' Bemerkungen am vorigen Abend: »So stehen die Dinge also jetzt. Klein Britannicus wird mit jedem Tag älter und älter. Mit jedem Monat. Mit jeder Stunde.«

»Und natürlich hat er bald einen rechtlichen Anspruch auf alle Privilegien, die Nero jetzt genießt«, sagte Pallas.

»Wenn Claudius *doch bloß ... den Weg alles Irdischen gehen* und sich seinen Vorfahren anschließen würde.«

Pallas nickte, aber den nächsten Gedanken, der ihm kam, wagte er noch nicht in Worte zu kleiden. Agrippina jedoch schreckte nicht davor zurück. Sie schaute ihren Geliebten an und sagte langsam: »So, mein lieber Pallas. Wir haben keine andere Alternative mehr. Verstehst du mich?«

Pallas runzelte die Stirn, strich ein paarmal über seinen linken Ohrring und nickte schließlich langsam.

»Aber was machen wir mit Narcissus?« Sie wußte, daß sie keinen Mordanschlag auf Claudius verüben konnten, wenn sein treuer Minister wie eine besorgte Glucke um den Palast herumflatterte, um den Leibwächter in Trab zu halten.

»Können wir ihn nicht einfach ausschalten?« dachte Pallas laut nach. »Nein, das würde Claudius nur auf unsere Pläne aufmerksam machen.« Dann strahlte er: »Ich hab's! Mein lieber Kollege beschwert sich doch immer, daß seine Gelenke so geschwollen sind – offensichtlich die Gicht. Er sollte doch jetzt wirklich mal fortgehen, um sich einer Ruhekur zu unterziehen, was meinst du dazu?«

Agrippina lächelte: »Lieber Pallas, wo wird denn eine solch furchtbare Krankheit geheilt?«

»Der Standardort dafür ist das sprudelnde Schwefelbad in Sinuessa.«

»Ja, und Sinuessa ist zufällig beinahe so weit im Süden wie Neapel.«

»Weit genug für unsere Zwecke.«

»Ja. Ja, tatsächlich. Ich werde veranlassen, daß einer der Palastärzte Narcissus den medizinischen Rat erteilt, nicht mehr so hart zu arbeiten und um seiner Gesundheit willen nach Sinuessa zu gehen.«

»Das ist es. Nur darfst du *auf keinen Fall* sagen, daß der Vorschlag von dir kam.«

Narcissus' Gesundheit war in der Tat geschwächt: Zum einen bedrückten ihn politische Sorgen, zum anderen machte ihm die Gicht zu schaffen, aber die Angelegenheiten auf dem Palatin schienen sich seiner Ansicht nach genug stabilisiert zu haben, um den Anordnungen des Palastarztes Folge leisten zu können. Anfang Oktober brach er in Begleitung seiner Hauptgehilfen nach Sinuessa auf, und er war froh über ein paar erholsame Tage an den heilsamen Quellen des Kurortes. Er sandte Aulus eine Nachricht, um ihm mitzuteilen, wo er erreicht werden könnte und wann er zurückkehren würde, aber unerklärlicherweise kam diese Nachricht niemals bei dem Adressaten an.

Agrippina wußte, daß es ein besonders gefährliches Wagnis war, das Leben eines römischen Kaisers zu verkürzen. Wenn er überall gehaßt würde, hätte die Hauptstreitmacht – ein Komitee von politischen Mördern, die gierig nach Dolchen und Schwertern griffen – diese

Arbeit erledigen können. Ihr lieber, verruckter Bruder Caligula hatte diesen Weg gehen müssen.

Aber Claudius stellte ein besonderes Problem dar. Er war weitaus beliebter als sein Vorgänger, und Rom würde niemals seine Ermordung dulden. Er müßte deshalb eines »natürlichen« Todes sterben, an einer sichtbaren Krankheit, die unweigerlich zu einem ganz normal aussehenden Tod führte. Agrippina und Pallas entschieden, daß nur eine Vergiftung diesen Anforderungen entsprechen konnte.

Eine Frau namens Locusta war die bekannteste Giftmischerin in Rom. Sie war kürzlich wegen Giftmord zum Tode verurteilt worden – ihre Künste waren in Rom ausgesprochen gefragt –, aber Agrippina hatte heimlich eingegriffen, um das Leben dieser Frau zu retten. Im Augenblick stand Locusta in ihrem Wohnhaus in der Nähe des Palastes unter Hausarrest und wurde von einem Tribun bewacht, welcher der Kaiserin direkt unterstellt war.

An demselben Abend, als Narcissus Rom verlassen hatte, verkleidete sich Agrippina und machte sich auf den Weg zu Locustas Haus. Auf ihr Klopfen öffnete ein junger Prätorianer die Tür gerade so weit, daß er einen fragenden Blick nach draußen werfen konnte.

»Ich bin's, Pollio«, sagte Agrippina und lüftete ihren Schleier.

»Komm herein, Kaiserin!«

»Warte hier und paß auf, daß niemand sonst hereinkommt.«

Agrippina stieg eine steile Treppenflucht hinunter, die in einen Raum führte, der wie die Küche einer riesigen Villa aussah und von ein paar flackernden Tonlampen nur schwach beleuchtet wurde. Sie mußte sich beinahe erbrechen wegen des strengen, beißenden Geruchs an diesem Ort, der den Rosen- und Balsamessenzen, die fortwährend am Palast versprüht wurden, so unähnlich war. Als ihre Augen sich an die Dunkelheit gewöhnt hatten, bemerkte sie Regale mit unzähligen Keramiktöpfen, von denen viele mit fremden, okkulten Symbolen beschriftet waren. Glasflaschen standen auf einem Tisch daneben, die mit Flüssigkeiten und Pudern in verschiedenen Farben gefüllt waren.

An dem Hauptarbeitstisch saß Locusta, eine dunkelhäutige, korpulente Frau, die in eine Stola gehüllt war, welche gelb schimmerte; ob sie mit der Zeit so gelb geworden war oder aber von dem brennenden Lampenlicht, konnte Agrippina nicht sagen.

Locusta schaute sie jetzt mißtrauisch mit feindseligen Augen an. »Was willst du?« fragte sie mit schnarrender Stimme.

»Weißt du, wer ich bin?« Agrippina lüftete ihren Schleier.

Locustas Augen blinzelten, dann weiteten sie sich beim Erkennen der Person.

»Du ... du bist die Kaiserin?«

»Ja, diejenige, die dein Leben gerettet hat. Jetzt ist die Zeit gekommen, daß du mir einen Gefallen erweist ... ohne irgendwelche Fragen zu stellen. Einverstanden?«

»Einverstanden. Natürlich. Einverstanden.«

»Ich muß ein besonderes Gift haben.«

»Für welchen Zweck?«

»Ich dachte, wir hätten uns darauf geeinigt, daß du keine Fragen stellen würdest.«

»Aber, Kaiserin, der Gifttrank muß dem Opfer *angepaßt* sein«, stieß die alte Hexe keuchend hervor, »deine mit Juwelen besetzten Sandalen, die du anhast, sind so angefertigt worden, daß sie dir passen und nicht deinem Mann. Und genauso ist es mit dem Gift: wenn es den erwünschten Effekt haben soll, muß es eigens auf das Opfer abgestimmt und in der richtigen Dosierung verabreicht werden.«

Agrippina schwieg und dachte nach.

»Kaiserin, ich verdanke dir mein Leben, daher schwöre ich bei allen Dämonen der Hölle, daß nichts von dieser Unterredung jemals über meine Lippen kommen wird. Was ist es denn? Willst du, daß die Pferde in der Zirkusarena langsamer laufen, damit eure Farben gewinnen? Hä? Ich habe eine hübsche Mischung dafür. Und es gibt keine Möglichkeit, es nachzuweisen.«

Sie grinste stolz. Agrippina bemerkte, daß ihr einige Zähne fehlten.

»Und die Pferde erholen sich innerhalb eines Tages oder so. Nein? Keine Pferde? Dann ist es also ... ernster. Du willst den Tod von jemandem? Beschreibe sie. Oder ihn.«

»Ein menschliches Wesen, ungefähr sechzig Jahre alt.«

»Männlich oder weiblich?« fragte Locusta weiter und tat jetzt sehr geschäftsmäßig.

Agrippina zögerte, dann antwortete sie: »Männlich.«

»Wie groß? Wie schwer?«

»Etwa ein Meter fünfundsiebzig. Ungefähr achtzig Kilo.«

Locusta warf ihr einen verblüfften Blick zu, aber sie unterbrach ihren Fragenkatalog nicht.

»Soll er schnell sterben oder an einer Krankheit dahinsiechen?«

»Ja, das ist wichtig. Er darf *auf keinen Fall* sofort sterben, denn dann würde man Gift dahinter vermuten. Aber er sollte das Bewußtsein verlieren und innerhalb weniger Stunden sterben.«

»Ich verstehe.«

Locusta dachte einen Moment lang nach, wobei sie mit ihren verdreckten Händen an ihrem runzligen Kinn herumspielte. Dann griff sie nach einem großen Topf mit hellgrünen Kristallen. »Hier ... vier, nein fünf Prisen davon in seinen Wein beim Abendessen. Das Grün wird den Wein nicht verfärben, auch wenn man das denken könnte. Selbst wenn er nur die Hälfte des Bechers trinkt, wird er einen Kollaps erleiden und am nächsten Morgen sterben.«

Agrippina schüttelte den Kopf: »Nein, das wird nicht gehen. Dieser Mann läßt seinen Wein immer erst vorkosten.«

»Aha, auch gut, dann nehmen wir eben einen anderen Krankheitsüberträger«, sagte Locusta achselzuckend.

»Wird sein Essen auch vorher probiert?«

»Ja.«

»Macht nichts. Man kann Essen in verschiedene Portionen aufteilen. Was sind seine Lieblingsgerichte?«

Agrippina preßte beim Nachdenken die Lippen zusammen. »Tja, Wildschweinbraten, Meeräschen, Austern – «

»Ißt er gern Pilze?«

»Oh ... ja, natürlich. Er liebt Pilze. Aber er kennt sie so gut, daß er die giftigen erkennen würde.«

»Ich meine keine giftigen Pilze ... *eßbare* Pilze als Wirte für das Gift. Wir brauchen nur einen Giftstoff zu finden, der den feinen Geschmack eines Pilzes nicht beeinträchtigt.« Locusta warf einen flüchtigen Blick in eine alte Schriftrolle, dann nahm sie eine amphora* von einem Regal.

»Ja«, sagte sie, zog den Korken heraus und roch daran: »Das wird gehen. Es ist eine sehr seltene Mischung: der Saft von palästinensischem wildem Kürbis, und er hat beinahe keinen Geschmack. Nimm ein oder zwei große Pilze – das sollte reichen –, koche sie

* amphora: bauchiges, enghalsiges Gefäß der Antike mit zwei Henkeln.

und laß sie dann über Nacht in dieser Flüssigkeit einweichen. Aber sorge dafür, daß er mindestens einen davon ganz ißt.«

»Was wird dann passieren?«

»Eine oder zwei Minuten danach wird er anfangen, nach Atem zu ringen und schließlich bewußtlos werden. Der Tod folgt in drei bis vier Stunden.«

»Wie kann ich wissen, daß es auch funktioniert?«

Locusta blickte Agrippina finster an, aber dann grinste sie. Sie tröpfelte einen einzigen Tropfen von dem Gift auf ein bißchen Weizen in einer Futterschale. Dann ging sie zu einer Wand, an der Käfige übereinander gestapelt waren, zog eine Taube heraus und stopfte ihr ein paar vergiftete Weizenkörner in die kreischende Kehle.

»Jetzt schau dir den Vogel an«, sagte sie.

Die Taube stolzierte ein paar Minuten lang umher. Dann gerieten ihre Flügel beim Flattern außer Kontrolle, und sie kippte mit einem Ruck tot um.

»Bei Clau- äh, bei dem Mann, um den es geht, wird es langsamer gehen«, sagte Locusta, wobei ihre gelbliche Haut sich vor Verlegenheit orange färbte.

»Mach dir keine Sorgen, Kaiserin«, fügte sie hastig hinzu, »wir haben beide einen Grund, um unsere Lippen fest verschlossen zu halten.«

»Danke, Locusta. Ich sorge dafür, daß du eine ... angemessene Belohnung erhältst.«

Agrippina kletterte die Treppenstufen hoch und umklammerte eine Flasche unter den Falten ihrer Stola. Beim Türeingang flüsterte sie dem Wächter zu: »Locusta darf in den nächsten beiden Tagen das Haus nicht verlassen. Sie darf keine Besucher empfangen. Wenn sie zu fliehen versucht, töte sie.«

»Wie du wünschst, Kaiserin.«

Der 12. Oktober Anno Domini 54 war ein guter Tag für Claudius gewesen. Seine Ingenieure in Ostia hatten ihm einen begeisterten Bericht über die Hafenarbeiten geliefert, und er dachte bereits darüber nach, welche außergewöhnlichen Schauspiele für die Eröffnung des Hafens geplant werden könnten.

Sogar Agrippina schien freundlicher als normalerweise zu sein. Sie erkundigte sich nach seiner Gesundheit, als wäre sie wirklich um ihn besorgt. Beim Mittagessen plauderte sie über Pläne für den kommenden Frühling und fragte, ob sie nicht eine Reise nach Griechenland unternehmen könnten. Könnte ihre Ehe am Ende doch noch glücklich werden? fragte sich Claudius.

An diesem Abend dinierte die kaiserliche Familie zusammen, einschließlich Nero und seiner Octavia – und Britannicus. Nero setzte Britannicus bei einem Streit ganz schön zu, aber Britannicus trug es mit Fassung: eines Tages würde er, nicht Nero, Kaiser sein. Der Dreizehnjährige schien die Aussicht, über ein Kaiserreich zu regieren, das die Welt beherrschte, weniger aufregend zu finden, als die Aussicht darauf, Domitius dann endlich von seinem hohen Roß herunterholen zu können. Er weigerte sich immer noch, ihn Nero zu nennen.

Der erste Gang, verführerische Austern und Krabben, wurde fortgesetzt mit grünen Bohnen und gedünsteten Pilzen auf einer silbernen Platte. Der Kaiser wurde immer zuerst bedient, und als der Deckel hochgehoben wurde und der Kaiser sein Lieblingsgericht erspähte, seufzte er vor Zufriedenheit.

An diesem besonderen Abend war der Eunuch Halotus Claudius' erster Diener und Vorkoster, denn Agrippina hatte ihn in das Komplott eingeweiht. Halotus' Finger suchten geschickt nach ein paar kleinen Pilzstücken, und er steckte sie in den Mund. Er nickte und hielt Claudius die Pilze hin.

Claudius wollte gerade ein paar von den großen, vergifteten Pilzen aufspießen, als er um den Tisch blickte und innehielt.

»Aha, ha!« gluckste er. »Ihr kennt doch alle Caesars Schwäche für Pilze, stimmt's? Und ihr wartet nur darauf, zu sehen, wie ein hungriger, alter Mann sie alle aufschleckt? Hä?«

Er blickte sich mit einem Augenzwinkern um: »Tja, ich kann mich beherrschen. Hier, Halotus, bediene erst die anderen.«

Halotus ging einen Schritt zurück und schaute Agrippina ratlos an. Sie hatte die vergifteten Pilze die ganze Zeit aus einem Augenwinkel fixiert und mußte jetzt ihre Hände vom Tisch nehmen, um das Zittern ihrer Hände zu verbergen. Nero wußte nichts von dem Komplott. Was wäre, wenn er – oder irgend jemand anderes – die falschen Pilze nehmen würde?

»Leg einfach ein paar auf seinen Teller, Halotus«, sagte sie, »wir wissen doch, wie gern er sie ißt.«

Claudius breitete seine Hände über seinen Teller: »Zuerst die anderen, habe ich gesagt.«

Agrippina hustete ein paarmal und sagte dann: »In Ordnung. Aber denkt alle daran, laßt die größten, besten Stücke für Caesar. Hier, Halotus, gib mir nur ein paar.« Sie hielt ihm den Teller hin und hoffte, die anderen würden ihrem Beispiel folgen und sich von Halotus bedienen lassen, anstatt selbst eine Auswahl an Pilzen zu treffen. Mit einer silbernen Gabel spießte Halotus ein paar kleine Pilze am Rand der Platte auf und legte sie auf Agrippinas Teller.

In Todesangst heftete Agrippina ihren Blick auf die Silberplatte, die am Tisch weitergereicht wurde. Nur vier der großen Pilze in der Mitte der Platte waren in Locustas Gebräu getaucht worden, und Agrippina ließ diese Pilze die ganze Zeit nicht aus den Augen. Sie lagen sicher dort, bis die Platte zu Nero kam. Mit einem schalkhaften Glänzen in den Augen öffnete Nero langsam seine Finger und grapschte sich den größten Pilz auf der Platte.

»Ha, ha, Papa!«

Der Pilz war mit Gift durchtränkt. Agrippina wurde schwindelig.

Dann legte Nero den Pilz mit einem schelmischen Grinsen wieder zurück auf die Platte, um ihn Claudius zu überlassen. Aber wenn er jetzt seine Finger ablecken würde? Agrippina winkte einen Sklavenjungen herbei, der mit einer Schüssel voll Wasser herbeigerannt kam und voller Sorgfalt Neros Hand abwusch. Das verwunderte niemanden, denn die Hände wurden bei den Römern regelmäßig zwischen den verschiedenen Gängen gewaschen, da man hauptsächlich mit den Fingern aß.

Als die Platte schließlich wieder bei Claudius ankam, ließ er eine scherzhafte Bemerkung über seine Selbstbeherrschung fallen, spießte dann zwei von den vier großen Pilzen auf und legte sie auf seinen Teller. Agrippina nahm sich noch einmal nach, wobei sie die beiden übriggebliebenen vergifteten Pilze aus dem Verkehr zog, damit kein anderer sie essen würde.

Endlose Minuten lang schien Claudius alles auf seinem Teller aufzuessen – außer den Pilzen. Agrippina war empört. Derselbe Daumen und Zeigefinger, die Claudius benutzt hatte, um die vergifteten Pilze zu nehmen, steckten nun die anderen Köstlichkeiten in seinen Mund. Wenn genug Gift seine Finger infiziert hatte, könnte er krank werden, bevor er zu den Pilzen gelangte, aber diese kleine Dosis würde ihn kaum töten.

»Hmmmmm«, sagte Claudius nachdenklich und dann meinte er kauend: »Diese Pilze sind nicht annähernd so gut wie sie aussehen.«

Agrippinas Blick fiel auf Claudius' Teller. Er kaute gerade einen der Pilze! Schließlich schluckte er ihn hinunter, griff nach dem zweiten und untersuchte ihn gründlich mit seinen Fingern.

»Hmm. Scheint in Ordnung zu sein, aber diese Pilze haben wirklich einen eigenartigen Geschmack. Ich frage mich, ob sie nicht verdorben sind.«

Agrippina fühlte ein schmerzhaftes Hämmern in ihren Schläfen, während ihr Puls wie wild raste. Claudius zeigte immer noch keine wie auch immer gearteten Anzeichen von Krankheit. Hatte er ein Gegengift genommen? Hatte Locusta oder der Tribun sie verraten?

»Halotus!« brüllte Claudius. »Was ist mit euch anderen? Findet ihr, daß alles ganz normal schmeckt?«

Die anderen schauten überrascht und nickten. Dann sahen sie, wie Claudius' rechter Arm schlaff vom Tisch fiel und seine Augen in die Augenhöhlen abrutschten. Sein Gesicht verzerrte sich. Er hustete einmal und sackte bewußtlos auf der Couch zusammen.

Die anderen am Tisch standen bestürzt auf: »Armer Liebling«, sagte Agrippina. »Er hat wahrscheinlich zuviel getrunken. Aber wir müssen sicher sein, daß es nichts anderes ist. Halotus, ruf Xenophon herbei!«

Xenophon war der griechische Palastarzt, der Narcissus eine Kur verschrieben hatte, und natürlich war er auch in die Verschwörung verwickelt. Er kam herbeigeeilt, um Claudius zu untersuchen. Aber innerhalb kürzester Zeit drehte er sich um und lächelte.

»Nichts, weswegen man sich Sorgen machen müßte. Caesar hat nur einen verdorbenen Magen, hinzu kommt natürlich die Wirkung des Weins. Laß uns ihn hinauf ins Bett tragen, Halotus.«

»Armer Liebling«, sagte Agrippina und strich über das silbergraue Haar ihres von Krankheit befallenen Gemahls.

»Und ihr anderen eßt nur zu Ende!«

Der Kaiser von Rom, der jetzt gräßliche rote Flecken im Gesicht hatte, stöhnte, als man ihn ins Bett legte. Agrippina gestattete außer Pallas, Xenophon und ihr selbst keinem anderen, das Schlafgemach zu betreten. Die übrigen Leute im Palast hatten die Geschichte des Arztes akzeptiert und sahen keinen Grund zur Aufregung.

Plötzlich erlangte Claudius wieder das Bewußtsein, schaute mit wilden Augen um sich und stieg taumelnd aus dem Bett, um ins Badezimmer zu gehen und sein Abendessen dort auszuspeien. Wortlos krabbelte er dann wieder ins Bett und atmete tief und regelmäßig.

Eine halbe Stunde verging. Dann eine weitere. Und eine weitere. Jetzt rülpste Claudius, stützte sich im Bett auf und sagte: »Die Pilze... verdorben. Aber ich fühle mich jetzt besser. Bring mir ein wenig kaltes Wasser, Agrippina.«

»Natürlich, Liebster.« Draußen vor dem Schlafgemach fragte sie Xenophon: »Er *kann* sich doch nicht wieder davon erholen, oder?«

»Ich fürchte, er hat sich schon wieder erholt. Er hat wahrscheinlich viel von dem Gift wieder ausgespuckt. Oder den Darm entleert.«

»Bei allen teuflischen Göttern«, schrie sie, »was sollen wir denn jetzt machen?« Sie schaute Pallas an, der stumm und mit aschfahlem Gesicht dort stand.

»Verflucht sei der Tag, an dem ich zu dieser Sache meine Zustimmung gegeben habe«, brummte Xenophon, »aber wir führen besser zu Ende, was wir angefangen haben. Ich habe ein anderes Gift hier.« Er steckte eine Feder in einen Krug mit einer schleimigen, blauen Substanz und rührte es um. Dann trug er es in das Schlafzimmer.

»Du fühlst dich jetzt schon viel besser, Prinzeps«, sagte er, »aber wir müssen sicher sein, daß das ganze verdorbene Essen aus deinem Körper heraus ist. Deshalb nehmen wir jetzt diese Feder, um den Brechreiz einzuleiten, wie man das in solchen Fällen immer macht.«

Claudius nickte. Es war ein gängiges Mittel.

Während Agrippina eine Schüssel hielt, betupfte Xenophon Claudius' Rachen mit dem unverdünnten Gift. Der Kaiser erbrach sich würgend und verlor das Bewußtsein.

»Das wäre geschafft!« flüsterte Agrippina.

Xenophon nickte: »Es ist ein Gift, das sehr schnell wirkt.«

Doch um Mitternacht lebte Claudius immer noch. Sein Puls, der beinahe zum Stillstand gekommen war, schlug jetzt wieder regelmäßig, und sein Atem schien fast normal zu sein. Er rührte sich und erlangte beinahe wieder das Bewußtsein.

»Wie macht er das bloß?« flüsterte der Arzt und ballte eine Faust, mit der er in seine linke Handfläche schlug.

»Ich bring die Hexe um, die mir dieses Gift gegeben hat.« Agrippina kochte vor Wut.

»Nein, ich kenne diese Kürbisessenz. Sie ist sehr wirksam. Es würde ihn umgebracht haben, wenn er sie bei sich behalten hätte. Und dann ist sein Körper auch sehr an alle Arten von Exzeß gewöhnt. Er kann wahrscheinlich alles resorbieren... sogar Gift.«

»Tja, was können wir noch tun? Ihn mit Kissen ersticken? Wir müssen dem Ganzen *jetzt* ein Ende setzen. Britannicus will nicht schlafengehen. Er fragt die ganze Zeit nach seinem Vater.«

»Wir können ihn nicht ersticken. Es besteht die Möglichkeit, daß er dann aufwacht und losschreit. Was hast du mit Locustas Gift gemacht, nachdem du die Pilze hineingetaucht hast?«

»Ich... ich habe das Gift wieder in die Flasche geschüttet.«

»Gut. Hol es. Schnell.«

Als sie mit der Flasche wiederkam, ordnete der Arzt an: »Dreh ihn um.« Xenophon öffnete seinen Koffer und nahm ein seltsam aussehendes Gefäß heraus, in das er die Flüssigkeit füllte, die noch in Locustas Flasche übriggeblieben war. Danach führte er es bei seinem Patienten ein.

Claudius Caesar, vierter Kaiser von Rom, starb fünfzehn Minuten später an einem Gifteinlauf.

ZWEITES BUCH

Zunder

10

»Das wäre geschafft, Pallas!« flüsterte Agrippina ihrem Geliebten zu.

»Und jetzt geh bitte. Sofort. Wir müssen genau nach Plan vorgehen, sonst geht doch noch alles schief!«

Pallas umarmte sie zärtlich und eilte aus dem Zimmer.

»Damit das klar ist«, sagte Pallas zu seinen Gehilfen, »der Kaiser ist *nicht* tot. Er ist ernstlich krank – ein plötzlicher Schlaganfall – und Rom muß die Götter jetzt um seine rasche Genesung bitten. Na schön, dann geht jetzt alle an die Arbeit!«

Die Nachricht von Claudius' Tod mußte solange geheimgehalten werden, bis die Übertragung der Macht besiegelt war. Während Gehilfen hinaus in die Nacht liefen, ging Pallas zu den Castra Praetoria, um den Präfekten Burrus zu alarmieren.

Bei Tagesanbruch kam der Senat zu einer außerordentlichen Sitzung zusammen: die Konsuln veranlaßten die Senatoren, Bittgebete an Jupiter zu richten. Im Forum hatten sich Römer versammelt, die Gelübde ablegten, um das Leben des Kaisers zu retten. Und inzwischen war der leblose Körper von Claudius in Decken gewikkelt worden, als solle er gewärmt werden. Die Menschentrauben draußen vor dem Palast sahen, wie eine Schauspielertruppe in Narrenkostümen hineinstürmte. Claudius habe sich wieder erholt, sagten Wächter, und er verlange nach Unterhaltung.

Agrippina rannte hinauf in das Gemach ihres persönlichen Astrologen, der sorgfältig die Diagramme von Claudius und Nero studierte und Schriftrollen zu Rate zog.

»Und, Balbillus? Wann soll es sein?«

Der Astrologe blickte von seinen Zeichnungen auf.

»Ist Caesar tot?«

Agrippina schaute ihn argwöhnisch an.

»Sagen dir deine Sterne das nicht? Ja. Seit sechs Stunden.«

Balbillus hustete leicht verlegen und tat sehr geschäftig, während er seine Berechnungen abstimmte, neue Linien zog und okkulte Zeichen und Sternbilder vor sich hinkritzelte. Dann runzelte er die Stirn und sagte: »Dein Sohn darf *auf keinen Fall* heute morgen zum Kaiser ernannt werden. Sonst wurde etwas Entsetzliches passieren.«

Agrippina erbleichte.

»Was denn?«

»Die Sterne sind nicht so deutlich. Aber es hätte verheerende Folgen.«

»Na schön, und wie ist es mit heute nachmittag?«

Der Astrologe wandte sich wieder seinen Diagrammen zu und starrte diese an, als wolle er sie hypnotisieren. Schließlich nickte er und sagte: »Ja. Mittags oder auch später stehen die Sterne günstig. Sehr günstig.«

Agrippina eilte hinaus, um Nero darauf vorzubereiten. Sie hatte ihn beim Morgengrauen mit der Neuigkeit geweckt, daß er jetzt Kaiser von Rom sei. Noch ganz verschlafen und verwirrt, hatte er gegähnt und nur geantwortet: »Wie du meinst, Mutter.«

Mittlerweile war Pallas mit Burrus zurückgekommen, und alle führenden Köpfe von Agrippinas Partei hielten eine letzte Sitzung zur Besprechung ihrer Strategie ab, nach der sie vorgehen wollten. Der Philosoph Seneca, Neros Erzieher, schrieb die Worte nieder, die sein Schützling bei seiner ersten öffentlichen Rede sprechen sollte. Doch Afranius Burrus, der Prätorianerpräfekt, war der entscheidende Schlüssel zum Kaiserreich, und man stellte ihm die bedeutsame Frage: »Werden deine Männer sich für Nero aussprechen?«

Burrus fuhr sich mit der Hand durch sein kastanienbraunes Haar, das – nach Soldartenart – kurz geschoren war. Dann massierte er seinen verstümmelten Arm – eine alte Kriegsverletzung – und nickte.

Kurz nach Mittag am 13. Oktober sprangen plötzlich die Tore des Palastes auf, und Nero, in kaiserlichen Purpur gehüllt, schritt mit Burrus an seiner Seite hinaus. Es fiel ein feiner Regen, und Nero versuchte, die Tropfen von seinem Umhang abzuwischen: er war sich voll und ganz der Bedeutung seines ersten Auftritts als Kaiser bewußt. Die Elitetruppe, die Erste Kohorte der Prätorianergarde, stand in Ausgangsstellung abwartend vor der Eingangstreppe des Palastes.

Nero und Burrus blieben in der Mitte des Treppenaufgangs stehen. Langsam und bedächtig verkündete der Präfekt: »Tiberius Claudius Caesar Augustus Germanicus ist tot!« Die rote Feder auf seinem Helm schien bei jeder Silbe des kaiserlichen Namens zu erzittern.

»Das Ende trat am heutigen Morgen ein. Ein Schlaganfall.«

Die Prätorianer brachten ihre Überraschung zum Ausdruck und beklagten den Tod ihres Kaisers.

»Ich bitte um Aufmerksamkeit!« brüllte Burrus. »Ich habe die höchste Ehre, euch den neuen Kaiser und Prinzeps des Senats und des römischen Volkes vorzustellen: Tiberius Claudius *Nero Caesar!*«

Einige der Prätorianer schauten verstört. Burrus trat zurück und salutierte: »Heil, Caesar!«

»Heil, Caesar!« stimmten viele der Männer mit ein, aber andere blickten immer noch bestürzt.

»Was ist mit Britannicus?« rief einer der Männer.

»Ja, was ist mit Britannicus?« schrie ein anderer. »Wen ernennt Claudius in seinem Testament zum Kaiser?«

»Ruhe!« rief Burrus aufgebracht. »Hört auf mit dieser unglaublichen Zurschaustellung! Schämt euch! Wer sich jetzt noch weigert, vor dem Kaiser zu salutieren, der wird auf der Stelle wegen Hochverrats festgenommen!«

Er schüchterte seine Männer noch eine Zeitlang mit finsteren Blicken ein, dann drehte er sich um, streckte langsam seinen rechten Arm aus und brüllte: »Heil, Caesar!«

»Ave imperator! Lang lebe Nero Caesar!« erschallte jetzt der einstimmige Refrain. Burrus ließ seinen prüfenden Blick durch die Reihen schweifen und sah, daß jeder Arm salutierte.

Nero stieg in eine Sänfte und wurde hinüber zu den Castra Praetoria getragen. Er verfluchte den Regen. Er hätte es bevorzugt, wenn er auf dem Pferderücken triumphierend zu den Castra geritten wäre, aber so konnte er sich kaum den Prätorianern zeigen: er war mit Schlamm beschmutzt und bis auf die Haut durchnäßt. Nero hielt eine kurze Rede an die versammelten Truppen, die vor allem zum Schluß die Ohren spitzten, als er sagte: »Als Belohnung für eure Ergebenheit schenke ich jedem von euch 15 000 Sesterzen.«

Das Jubelgeschrei von den Castra konnte man noch in der Ferne beim Forum hören. Als Nero und seine Leute die Castra Praetoria verließen, um zum Senat aufzubrechen, hörten sie die Männer noch brüllen: *»Ave Imperator!«*

Zu einem früheren Zeitpunkt an jenem Morgen hatte Aulus Plautius sich über die Einberufung des Senats gewundert. Aber als man verkündet hatte, daß Claudius möglicherweise an einer tödlichen Krankheit litt, war Aulus von seiner Bank aufgesprungen und hatte den Senatssaal verlassen. Draußen traf er einen von Pallas' jungen Dienern und fragte ihn, wo Narcissus sei.

»Ach, der ist doch da unten in Sinuessa«, antwortete dieser blöde grinsend.

»Bei den Heilbädern.«

Tausend verschiedene Gedanken schwirrten Aulus im Kopf herum. Warum war Narcissus nicht mit ihm in Kontakt geblieben? War noch Zeit genug, um ihn zu erreichen und für Britannicus alle Hebel in Bewegung zu setzen? Nein, wohl kaum – außer wenn Claudius nicht so ernstlich krank war, wie es behauptet wurde. Mit sorgenvoller Miene kehrte er zurück in den Senatssaal.

Kurz nach Mittag wurden die formellen Gebete von der offiziellen Bekanntmachung unterbrochen, daß der Kaiser tot sei. Aulus sank auf seine Bank zurück und bedeckte sein Gesicht mit beiden Händen. Sein Freund, sein Waffengefährte war nicht mehr; und plötzlich hatte Aulus sehr dunkle Gedanken, was die Umstände der Krankheit seines Freundes anbetraf. Im Moment erfuhr man keine weiteren, wie auch immer gearteten Details, aber die Senatoren begannen bereits, über Claudius' Nachfolger Mutmaßungen anzustellen.

Und dann wurde Nero persönlich dem Senat vorgestellt. Die Senatoren erhoben sich, um eine Lobeshymne nach der anderen auf den jungen Prinzen zu singen, und bald war es offiziell: der Senat erklärte feierlich diesen blondhaarigen Jüngling zum Kaiser von Rom. Einer von den Senatoren stand sogar auf und sagte schmeichlerisch: »Ich schlage vor, daß wir unserem geliebten, neuen Prinzen auch den Titel *pater patriae* verleihen!«

Plötzlich sprang Nero auf. »Vater des Vaterlandes?« protestierte er. »Nein, meine lieben Ältesten in der Regierung. Meine siebzehn Jahre rechtfertigen einen solchen Ehrentitel nicht. Daher muß ich diesen Vorschlag ablehnen.«

Der Senat brach in ohrenbetäubenden Applaus aus, und Seneca, der auf einer Seite von ihm saß, gab mit einem strahlenden Lächeln seine Zustimmung. Nero blinzelte und zwinkerte ein wenig, denn er war kurzsichtig, und hielt dann eine Lobrede auf Claudius; und der Senat erwies dem toten Kaiser formell die göttlichen Ehren.

Während Neros Ansprache hatte Pallas in einer Galerie hinter ihm gesessen, die Gesichter der Senatoren beobachtet und sich auf einem Stück Papyrusrolle Namen notiert. Er hielt die Namen derjenigen fest, die von der Thronfolge nicht allzu sehr erfreut zu sein schienen, und er unterstrich die Namen der beiden Senatoren, die als einzige mit überhaupt keinem äußeren Zeichen gezeigt hatten, daß sie Nero als Kaiser anerkannten. Es waren der Stoiker Thrasea Paetus und Aulus Plautius. Nicht ein einziges Mal an diesem Nachmittag hatte einer von den beiden Männern Beifall gespendet oder auch nur gelächelt.

Am Abend kehrte Nero in den Palast zurück – nach dem verrücktesten Tag in seinem Leben: im Morgengrauen hatte der schlaftrunkene Jugendliche von Claudius' Tod erfahren; bei Einbruch der Dämmerung hatte ihn ganz Rom zum Kaiser ausgerufen.

Agrippina empfing ihn am Eingangsportal, strahlend und triumphierend. Nero sah sie am oberen Absatz der Treppe, und er hielt inne, um die Frau, die das alles ermöglicht hatte, anbetungsvoll anzulächeln.

In diesem Augenblick trat ein Tribun der Palastwache an Nero heran, um zu fragen, was das Losungswort dieser Nacht sein solle.

»Mater optima!« sagte er. »Die allerbeste Mutter!«

Zur gleichen Zeit lag ein untröstlicher Britannicus allein in seinem Bett und vergoß bittere Tränen über den Verlust eines Vaters – und eines Kaiserreiches.

Als der Palast am nächsten Morgen erwachte, roch es nach Rauch. Er schien aus Claudius' Arbeitssuite zu kommen. Agrippina eilte mit ein paar Wächtern dorthin und entdeckte Narcissus, der alle geheimen Dokumente von Claudius in einem Kohlenbecken verbrannte. Erschöpft von der wilden Rückreise nach Rom, zeigte sich auf Narcissus' Gesicht nur ein müdes Lächeln, als er zusah, wie sich die letzten Papiere in Asche verwandelten. »Sieh nur«, seufzte er, »ich habe dir die Treue gehalten, Claudius. Bis zum Ende.«

»Das ist das Ende, kapiert«, Agrippina kochte vor Wut, »Wache! Werft diese ... widerliche Kreatur in den Kerker. In die tiefste und am ekelhaftesten stinkende Zelle, die ihr finden könnt!«

Weniger als eine Stunde später, nachdem Narcissus weggeschleppt worden war, besuchte Pallas ihn in dem unterirdischen Gefängnis auf dem Palatin.

»Du wußtest doch, daß es Selbstmord war, hierher zurückzukommen, Narcissus«, sagte er, »warum in aller Welt hast du das bloß gemacht?«

»Treue, Pallas. Aber das ist ja ein Fremdwort für dich.«

Pallas warf seinem Rivalen einen bitterbösen Blick zu und sagte: »Tja, deine Situation ist sowieso hoffnungslos, du arroganter Esel. Also könntest du genauso gut das hier benutzen.« Er warf ihm einen Dolch vor die Füße und ging hinaus.

»Ich borge ihn mir nur, Pallas«, rief er. »Du wirst ihn eines Tages wieder brauchen... um dich vor dem Thronräuber zu schützen, den du da herangezogen hast!«

Seit dem Begräbnis des Kaisers Augustus war Rom nicht mehr Zeuge einer solchen Trauerfeier gewesen. Aulus ging den Senatoren voran, die als Sargträger fungierten; sie trugen den leblosen Körper von Claudius in einer feierlichen Prozession hinunter zum Forum, das mit Römern bevölkert war.

Der junge Nero kletterte auf das Podium und hielt – wie sogar Aulus zugeben mußte – eine brillante Rede: er versprach, daß Weisheit, Mäßigung und Milde die Pfeiler seiner zukünftigen Regentschaft sein sollten. Seneca mußte wohl jedes einzelne Wort davon geschrieben haben, vermutete Aulus.

Der Leichenzug setzte seinen Weg Richtung Norden bis zum Campus Martius fort und hielt vor einer großen Pyramide aus übereinandergeschichteten Holzscheiten an, die mit Gewürzen getränkt und mit Weihrauch besprengt worden waren. Aulus und die Sargträger hievten die Bahre des Toten vorsichtig auf die Spitze des Scheiterhaufens. Dann wurde Nero eine Fackel gereicht. Er wandte das Gesicht ab und berührte das Anmachholz aus Zypressenzweigen, die zwischen den Holzscheiten hindurchgewunden worden waren. Schnell entzündete sich der Scheiterhaufen zu einer großen, lodernden Flamme.

Aulus und seine Kollegen warteten in respektvollem Schweigen, bis die Pyramide in einem sprühenden Funkenregen zusammenstürzte, aber sie verließen die Stätte, bevor man die letzten Funken mit

Wein löschte und Claudius' Asche für die Urne in dem Augusteischen Mausoleum sammelte.

Während der Trauerzug wieder zurück in die Stadt marschierte, gesellte sich zu Aulus' Überraschung Neros Erzieher und Ratgeber Seneca zu ihm und schritt an seiner Seite. Der Philosoph war ein Mann von kleiner Statur und schmächtiger Gestalt, aber seine tiefliegenden, bohrenden Augen und seine wohlgeformte Nase verliehen diesem eigentlich unattraktiven Gesicht eine Würde, die es zu etwas Besonderem machte.

Seneca wandte sich Aulus zu und fragte in einem freundlichen Ton: »Darf ich es wagen, den Eroberer von Britannien zu begleiten?«

»Gerne, Annaeus Seneca.«

»Sag mal, Senator. Wie haben dir die Bemerkungen des Prinzeps im Forum gefallen?«

Aulus zog die Stirn in Falten. »Mäßigung? Milde?« fragte er herausfordernd. »Warum mußte Narcissus denn dann sterben?«

Seneca errötete. »Glaube mir, wenn ich dir sage, daß Nero wütend war, als er die Nachricht erfuhr. Er hätte Narcissus verziehen. Es waren Agrippina und Pallas, die ihn in den Selbstmord getrieben haben.«

Aulus sagte nichts. Seine Stimmung schwelte vor sich hin wie die Glutasche, die er gerade verlassen hatte. Für einen Augenblick trug er sich mit dem Gedanken, Seneca nach den ausführlichen Einzelheiten über Claudius' Tod zu fragen; aber dann entschied er, daß es weder die richtige Zeit noch der richtige Ort für eine solche Diskussion war.

»Aber, um noch einmal darauf zurückzukommen, Senator, was hältst du von der Rede des neuen Caesaren?« beharrte Seneca.

»Sicherlich eine glänzende Vorstellung. Ich hoffe nur, daß er in der Lage sein wird, genau das zu tun, was er versprochen hat.«

»Ich auch. Aber warum lächelst du so, wenn ich fragen darf?«

»Ach, nur so. Ich dachte nur gerade zufällig daran, daß der neue Kaiser in der Tat frühreif sein muß, wenn er in seinem Alter schon eine solche Rede geschrieben hat.«

»Oh, das ist er, das ist er ... obwohl ich denke, es hat ihm *vielleicht* jemand ein wenig dabei geholfen.« Er lächelte. »Irgendwann, Aulus – wenn ich dich so nennen darf – sollten wir uns mal treffen, um unsere Ansichten über die Zukunft Roms auszutauschen. Bist du einverstanden?«

»Natürlich.«

Also, dachte Aulus, während er beobachtete, wie Seneca sich der kaiserlichen Gesellschaft anschloß, *verliert die neue Regierung keine Zeit bei dem Versuch, mögliche Oppositionen auszusöhnen.* Aber daß Senecas Wahl zuerst auf ihn gefallen war, bewies, daß das, was er schon vermutet hatte, tatsächlich der Fall war: in der neuen Regierung stand Aulus Plautius auf der schwarzen Liste.

Eines Nachmittags im Spätherbst erschien eine seltsame Gestalt an der Tür von Plautius' Villa und verlangte den Hausherrn zu sprechen. Als Aulus kam, sah er einen Kopf mit dunklem Haar, der sich in der Haltung eines Bettlers tief vor ihm niederbeugte und eine Hand ausstreckte, in der er folgende Nachricht hielt:

> Ich kann nicht sprechen. Meine Zunge wurde von Roms Feinden im Osten herausgeschnitten. Ich habe keine Arbeit, aber ich würde gerne im Dienste dieses edlen Haushaltes stehen und die Gönnerhaftigkeit, die ich verdiene, von einer so berühmten Familie wie den Plautii empfangen.

Aulus war bestürzt und fragte: »Wer bist du?«, bevor er sich daran erinnerte, daß der Mann nicht reden konnte. Die Gestalt grunzte nur in einem miserablen Bariton.

»Genug *obsequium**!« fuhr Aulus ihn an. »Heb deinen Kopf hoch, Mann!«

Der Fremde hob seinen Kopf, und ein breites Lächeln lief über sein Gesicht und entblößte die vollkommenen Zähne, auf welche die Flavii so stolz waren.

»Hallo, Feldherr!« sagte er in perfektem Latein.

»Flavius Sabinus, du *alter Halunke!*« brüllte Aulus. Dann rief er nach Pomponia und Plautia. Sabinus war geradewegs nach Rom zurückgekehrt, nachdem er sein Amt in Moesia niedergelegt hatte, denn wenn ein Kaiser gestorben war, reichten alle hohen Beamten ihr Rücktrittsgesuch ein. Er wirbelte jetzt wieder mit der Ausgelassen-

* obsequium (lateinisch): Unterwerfung.

heit eines mediterranen Sturmes in ihr Leben und verscheuchte die düstere Stimmung, welche die Plautii überschattet hatte.

Es war unumgänglich, daß Sabinus und Aulus einen langen Ausflug in das neue politische Klima in Rom unternahmen – bis Plautia es nicht mehr länger aushalten konnte und Sabinus beinahe von ihren entzückten Eltern wegzerrte und hinaus ins Peristyl zog.

Als sie nun endlich allein waren, strahlte Sabinus Plautia an und sagte: »Bin ich sehr gealtert, Plautia?«

»Ja, das bist du. Du siehst ungefähr eine Woche älter aus als an dem Tag, an dem du nach Moesia gegangen bist.«

»Vor fünf Jahren?« Sabinus lachte. »Das ist aber dann nicht fair. Ich bin derselbe geblieben, du hingegen – du hast dich erstaunlich verändert.«

»Wieviel Zentimeter bin ich größer geworden? Ungefähr soviel?«

Sabinus schüttelte den Kopf und grinste.

»Es ist keine Frage des Wachstums. Der richtige Ausdruck dafür lautet Verwandlung. Ach, das süße, kleine, zierliche Mädchen, das ich verließ, gibt es nicht mehr.« Er sagte es, als würde es ihm das Herz brechen.

»Enttäuscht, Sabinus?«

Er betrachtete Plautia eingehend. Sie war jetzt zu voller Schönheit erblüht und brachte ihn beinahe in Verlegenheit, denn die Natur hatte diesem Mädchen ein paar letzte weiche Pinselstriche verpaßt, die ihn zugleich überraschten und entzückten. Ihre vollkommene Nase war durch die Zeit nicht verdorben worden, ihre einst dünnen Lippen hatten sich zu einem hübschen patrizischen Mund ausgebildet, und ihre blauen Augen glänzten mehr, als er es jemals in Erinnerung hatte.

»Enttäuscht?« antwortete er schließlich. »Von einer Frau mit so… unglaublichem Liebreiz?«

»So etwas solltest du nicht zu mir sagen.« Ihre Wangen färbten sich rot. »Zumindest nicht so direkt. Und außerdem habe ich noch ein Hühnchen mit dir zu rupfen, und wie kann ich das, wenn du mir solche netten Dinge sagst?«

»Was hab ich denn Böses verbrochen?«

»Nun ja«, sie biß sich auf die Lippe, »formulieren wir es mal so: Warum hast du deine Frau nicht mit zu uns gebracht?«

»Meine Frau?«

»Ja, und natürlich auch deine Kinder?«

Sabinus blickte sie verständnislos an. »Aber ich bin doch gar nicht verheiratet.«

»Schade!« Plautia lächelte. »Aber ich.«

»Du? Verheiratet?«

»Ja, hat Vater es dir nicht erzählt? Ich bin heute nur zu Besuch hier.«

Er schaute sie verblüfft an. »Wer? Wann?«

»Im letzten Herbst. Ich war doch schließlich auf dem besten Wege, eine alte Jungfer zu werden. Ich war zu der Zeit einundzwanzig – jetzt bin ich zweiundzwanzig.«

»Wer? Warum hast du es in deinen Briefen nie erwähnt?«

»Ich... glaube, du kennst ihn. Was ist denn mit dir los, Sabinus? Du wirst doch wohl jetzt nicht enttäuscht sein, oder?«

Er packte sie bei den Schultern und hielt sie fest.

»Schluß damit! Wen hast du geheiratet?«

»Marcus Otho.«

Sabinus trat zurück: »Marcus Salvius Otho?«

Sie nickte und wich seinem Blick aus.

»Aber dieser wilde Herzensbrecher ist doch noch Junggeselle! Ich weiß es genau!«

Sie stampfte mit dem Fuß auf: »Dann hab ich mir wohl den falschen Namen rausgesucht!«

Sabinus schüttelte sich vor Lachen und umarmte sie innig.

»Du Xanthippe, du!« rief er.

»Aber das ist doch der springende Punkt, Sabinus«, sie zog einen Schmollmund, »ich *hätte* mich in den letzten fünf Jahren, in denen du fort warst, verlieben und heiraten können – da dir ja soviel an mir liegt...«

»Aber es *liegt* mir sehr viel an dir, Plautia...«

»Warum hast du mich dann bei deinen kurzen Aufenthalten in Rom nicht besucht?«

»Das habe ich doch.«

»Einmal. Ganz kurz.«

»Aber ich bin doch nur ein einziges Mal nach Rom gekommen. Ich habe gedacht, ich würde öfter zurückkommen, aber mein Amt in Moesia hat mich *ziemlich* in Anspruch genommen. Und meine Briefe zeigten sicherlich, daß ich... na ja, daß ich mich für dich interessiert habe.«

»Deine Briefe? Oh, es hat mir gefallen, von dir zu hören, Sabinus. Aber in deinen Zeilen stand niemals irgend etwas wirklich Persönliches. Und du warst so *lange* weg.«

»Ich fürchte, das ist die politische Seite in mir, Plautia. Ich hasse es, Gefühle in Worten auszudrücken. Aber du hast schon recht, weißt du. Ich habe es wirklich als selbstverständlich vorausgesetzt, dich hier zu finden – immer noch unverheiratet. Und es war eine lange Zeit.«

»Eine *sehr* lange Zeit.« Sie zog die Stirn in Falten, aber dann hellte sich ihr Gesicht plötzlich auf: »Ich denke, ich verstehe dich trotzdem. Die Männer in der Regierung haben ein ausgefülltes Leben. Die Zeit vergeht schnell. Aber wir Mäd- äh – Frauen denken an andere Dinge.«

»Vielleicht setze ich immer noch zuviel voraus, Plautia, aber ich habe dabei vergessen, dich zu fragen. Du hast in deinen Briefen nie etwas darüber geschrieben, aber *gibt* es da jemanden in deinem Leben? Oder haben deine Eltern irgend etwas arrangiert?«

»Ich würde dich gern noch ein bißchen aufziehen und dir eine ganze Liste von Namen präsentieren –«

»Aha! Dann fehlt es also nicht an Namen.«

»Du brauchst keinen Gedanken daran zu verschwenden, daß sich keine Bewerber eingefunden hätten!«

»Ich wette, es waren mehr, als um Penelope herumscharwenzelten, als sie auf Ulysses wartete!«

»Ach, hör auf, Sabinus, ich meine es ernst, und – wonach suchst du denn da?«

»Wo hältst du ihn versteckt?«

»Was?«

»Deinen Webstuhl, natürlich. Erinnere dich, Penelope versprach, zu heiraten, wenn sie das Leichentuch für ihren Schwiegervater fertiggewoben habe, aber jede Nacht trennte sie das am Tag Gewebte wieder auf!«

»Monster!« rief Plautia und trommelte mit ihren schmalen Fäusten ausgelassen gegen seine breite Brust. Dann brach sie in kindliches Gelächter aus. *Er hat sich im Grunde doch geändert,* dachte sie. Sabinus war viel selbstsicherer als zu der Zeit, als er nach Moesia

gegangen war. Die fünf Jahre, in denen er als Statthalter einer Provinz Befehle erteilen mußte, hatten aus diesem schüchternen, halbherzigen Verehrer, der anfangs mit verlegen zur Seite schauenden Augen und ins Fettnäpfchen tretenden Füßen auf dem Esquilin erschienen war, einen selbstbewußten Mann gemacht.

»Erzähl mir von Moesia, Sabinus«, sagte sie.

»Du mußt es dir einmal mit mir zusammen ansehen, Plautia, diese üppige, hügelige Landschaft, die an manchen Stellen stark bewaldet ist. Ein grünlicher Fluß, die Donau, umrandet Moesia nordwärts...« Die Beschreibung dauerte, bis es Zeit zum Abendessen war. Aulus und Pomponia zogen sich schon bald nach dem Essen zurück und ließen Sabinus und Plautia allein.

Im Bett hörte Pomponia das Plappern und das Gelächter ebenso gut wie die faszinierenden Schweigeminuten... Sie lächelte und erinnerte sich an die Tage, da Aulus ihr den Hof gemacht – und so leicht den Sieg davongetragen hatte. Würde dieser vornehm aussehende Sabinus versuchen, ihnen ihre einzige Tochter wegzunehmen? Um Plautias willen hoffte sie es. Doch sie selbst fürchtete diesen Tag.

Es war in den frühen Morgenstunden, als Plautia Sabinus endlich zur Türe brachte. Stunden vorher waren sie einander völlig schwerelos in die Arme gefallen und hatten sich mit einer Intensität umarmt und geküßt, die sie selbst erstaunte. Sabinus beugte sich über Plautia, um ihre Wange noch einmal mit seinen Lippen zu liebkosen. Ihre Haut – weich, glatt und leicht gerötet – brachte sein Blut jetzt genauso in Wallung wie bei ihrem ersten stürmischen Kuß am frühen Abend. Als seine Lippen die ihren ein letztes Mal trafen, schienen ihre wahren Seelen zusammenzufließen.

Die Sitten und Bräuche schrieben vor, daß es die falsche Zeit war, um sich zu verlieben. Gleich der Natur erblühten Romanzen normalerweise im Frühling. Doch der Wind und Regen dieses römischen Winters traf auf Sabinus und Plautia und sah, wie sie in tiefer Liebe zueinander brannten, welche mit leichter Hand das Leben der beiden beherrschte. Sie schienen alles mit neuer Intensität wahrzunehmen, weil die Freude ihrem Leben eine neue Dimension hinzugefügt hatte. Die Marmorsäulen von Roms öffentlichen Bauwerken schienen niemals so majestätisch gewesen zu sein, die Kunst in dem Forum nie so beeindruckend. Die Natur selbst schien, obwohl sie noch bis zum Frühling im Trauerkleid war, für die beiden Liebenden ihre Farbpracht zeigen zu wollen. Blaugraue Flecken am wolkenverhangenen Himmel droben wurden plötzlich leuchtend azurblau, und selbst die Pinien warfen ihr tristes Graubraun ab, um ein helles Wintergrün anzulegen.

Plautia erzählte ihren Eltern, die Liebe sei etwas Wunderbares. Aber sie war auch fordernd. Die Liebe ergriff Besitz von ihr. Das Bild von Sabinus war immer da, ob dieser Mann nun tatsächlich bei ihr war oder nicht. Alles in ihrem Leben – jeder Plan, jede Hoffnung, jede Kleinigkeit – schien mit ihm in Verbindung zu stehen. Ihr Leben hatte jetzt einen neuen Maßstab: Die Dinge waren nicht länger gut oder schlecht an sich; sie waren nur in dem Maße von Bedeutung, inwiefern sie Sabinus näher zu ihr brachten oder von ihr entfernten.

Sabinus hatte wieder sein Mandat im Senat übernommen, und dieses Amt nahm tagsüber viel Zeit in Anspruch und riß seine Gedanken vom Esquilin und Plautia fort. Aber er konnte sie nie wirklich aus seinem Kopf verbannen, und er fand immer irgendeine Entschuldigung, um sie so oft wie möglich besuchen zu können. Er war fasziniert – nein, verblüfft – über die Glücksüberraschung des Lebens, die man Liebe nennt, und er bedauerte, daß er so viele Jahre ohne Plautia zugebracht hatte.

Als Aulus und Pomponia sahen, wie die Beziehung der beiden heranreifte, konnten sie nur schwer ihre Begeisterung verhehlen, obwohl sie die feste Absicht hatten, ihre Zustimmung nicht zu deutlich zu zeigen. Pomponias Eltern hatten damals Aulus' Werbung zu eifrig gutgeheißen und die Beziehung dabei beinahe zerstört.

Sabinus lauschte aufmerksam den Worten, die Annaeus Seneca ihm in der Ungestörtheit seiner Suite im Palast zu sagen hatte. Der Philosoph teilte ihm schon seit ein paar Minuten vertraulich – im Flüsterton – die tragischen Umstände von Claudius' Tod mit, aber er schwor, nichts damit zu tun gehabt zu haben. Doch seine Stimmung hellte sich auf, als er Sabinus stolz und zuversichtlich die großen Hoffnungen präsentierte, die er für Neros Herrschaft hatte. Dann gab er der Unterhaltung plötzlich eine andere Wendung.

»Der Kaiser und ich haben deinen Bericht, den du in Moesia geschrieben hast, studiert, Sabinus. Offen gesagt, wir sind beeindruckt!« Während er mit den Fingerspitzen der einen Hand die der anderen berührte, fragte er: »Meinst du, du könntest dich für eine längere Zeit vom Senat losreißen, um eine Aufgabe für uns zu übernehmen?«

»Welche, Seneca?«

»Wir möchten dich gern zum *curator census Gallici* ernennen, der die Volkszählung in Gallien in die Hand nimmt. Diesmal brauchen wir eine exakte Zählung dort, Sabinus. Denn alles hängt davon ab: Besteuerung, Militär, Repräsentation im Senat. Du kannst natürlich einen Mitarbeiterstab mit dir dorthin nehmen.«

Sabinus war enttäuscht. Nach einer Statthalteramtszeit schien dieses Amt kaum eine Beförderung zu sein; aber der Gedanke, Plautia zu diesem Zeitpunkt verlassen zu müssen, war schmerzlich. »Wie lange würde ich fort sein?« antwortete er schließlich.

»Es würde nicht länger als ein Jahr dauern. Wahrscheinlich weniger. Aber laß mich noch das eine hinzufügen, Sabinus: Caesar und ich sind der Meinung, daß du sicherlich die Fähigkeiten zu *viel* Höherem in der römischen Regierung hast. Führe die Arbeit da oben in Gallien zu unserer Zufriedenheit für uns aus, und wir werden dich in die Verwaltung hier in Rom aufnehmen – falls du gewillt bist.«

Sabinus war zu diplomatisch, um Seneca zu drängen, ihm Einzelheiten über diesen letzten interessanten Punkt mitzuteilen, daher holte er tief Luft und fragte: »Darf ich ein oder zwei Tage darüber nachdenken?«

»Sicher. Übrigens, ich habe keine Ahnung, woher die Kaiserin wußte, daß du herkommen würdest, aber sie verlangt dich zu sehen, bevor du den Palast wieder verläßt.«

»Agrippina? Aber ich habe sie noch niemals getroffen – den Göttern sei Dank! Was könnte sie wohl von mir wollen?«

Seneca zuckte die Achseln.

»Hier ist die Nachricht: ›Schicke Flavius Sabinus sofort nach deiner Unterredung heute zu mir, Annaeus Seneca.‹ Also zeige ich dir jetzt am besten den Weg.«

Seneca führte Sabinus eine Treppe hinauf und durch eine Halle. Dann zeigte er auf einen Türeingang und entschuldigte sich.

Eine Dienerin ließ Sabinus in einen luxuriösen Empfangssaal hinein und zog sich dann zurück. Einige Minuten später erschien Agrippina: Sie trug ein Kleid aus gesponnenem Silber, und ein

Lächeln umspielte ihre Lippen. Sabinus betrachtete die kaskadenartige dunkle Lockenfülle und die funkelnden, grünen Augen. Erinnerungsfetzen begannen sich in seinem Gedächtnis zusammenzufügen. Dann schnappte er nach Luft. Es war ... ja, es war unverkennbar die Frau, die er bei Messalinas Bacchanal verschmäht hatte!

Einige Augenblicke lang ließ sie ihn leiden und sagte dann: »Du *erkennst* mich also, nicht wahr, Sabinus? Das ist das erste Kompliment, das du mir jemals gemacht hast – seit unserer letzten Begegnung *sind* ja auch ein paar Jahre vergangen...«

»Ich ... *du* bist die Kaiserin Agrippina?«

»Das ist aber ziemlich schwach, Senator. Aber schließlich hatte ich immer den Vorteil, daß ich wußte, wer *du* warst – und nicht umgekehrt.« Plötzlich zeigte sich ein boshaftes Lächeln auf ihrem Gesicht. »Tja, Sabinus, offenbar haben dich die Gorgos schließlich doch nicht in Stein verwandelt.« Sie brach in ein leises, böses Gelächter aus.

Sabinus rang um seine Fassung. Er dachte, er hätte diese zischende Stimme, die ihn einst einen albernen Eunuch genannt hatte, aus seinem Gedächtnis verbannt, aber hier war sie wieder: die Stimme der mächtigsten Frau auf der Welt, welche über die Leichen ihrer Opfer und sogar das vergiftete Fleisch ihres Gemahls gegangen war.

»Hast du nichts dazu zu sagen?«

Sabinus rang nach etwas so Einfachem wie einem zusammenhängendem Satz.

»Ich ... ich war wohl betrunken, Kaiserin«, brachte er schließlich heraus, »ebenso wie jeder andere dort.«

»Ich nicht«, sagte sie und ließ keine Entschuldigung gelten, »wie hast du es an dem Tag noch ausgedrückt? ›Du reizt mich nicht ... schon gar nicht auf *die* Art.‹« Jetzt wechselte ihre Stimme in eine gedämpftere Tonlage: »Niemand hat *jemals* so etwas zu mir gesagt, Sabinus. Weder vorher noch nachher.«

»Ich erdreiste mich nicht, das zu bezweifeln.« Verzweifelt versuchte Sabinus, die quälende Unterhaltung in eine andere Richtung zu lenken. »Man kann dich natürlich nur beglückwünschen, daß du es geschafft hast, die wahre ... «

»Du mußt dir keine Mühe geben, Sabinus. Keine Lorbeerkränze. Keine Diplomatie. Keine schönen Worte.«

Sie ging zu ihm hin, heftete ihre Augen auf die seinen, um ihm ihre Überlegenheit und seine Hilflosigkeit deutlich zu machen: vor Zorn funkelndes Grün gegen eingeschüchtertes Braun.

»Habe ich irgendwelche Narben hinterlassen?« fragte sie schließlich und strich ihm über die Vorderseite seiner Tunika.

»Nein, Kaiserin.«

»Zu schade. Ich wollte dich für dein Leben lang zeichnen, glaube ich.«

Jetzt streckte sie die Arme aus, um seinen Kopf an den ihren heranzuziehen und gab ihm einen Kuß, wobei ihre Zunge in ihn eindringen wollte. Dann tat sie etwas, das ihm noch nie zuvor passiert war. Keine Frau hatte jemals zuvor vor seinen Augen ihr Kleid ausgezogen. Römische Frauen taten so etwas nicht. Aber Agrippina ließ sich niemals von so etwas Albernem wie Sittenzwängen zurückhalten, erkannte Sabinus, während er versuchte, seine Augen von Agrippinas bemerkenswert geschmeidigem Körper abzuwenden, als sie in ein Milchbad eintauchte, das sich in der Nähe ihres Schlafzimmers befand.

»Ich glaube, ich gehe jetzt besser, Kais –«

»Komm hierher zu mir, Sabinus«, befahl sie, »keine Angst: Ich bleibe im Wasser, wenn du prüde bist.«

Sie streckte die Hände nach ihm aus, als er näher herankam, und während sie seine Arme berührte, sagte sie: »Du hast eine sehr rauhe Haut, Sabinus. Ein Bad würde dir auch gut tun. Willst du nicht mit mir baden?«

Sabinus zog seinen Arm aus der Umklammerung und ging außer Reichweite.

»Ich gehe jetzt, Kaiserin«, sagte er gezwungen, wandte sich um und wollte fortgehen.

Sie setzte ein finsteres Lächeln auf. »Ich werde schon noch mehr von dir sehen, Sabinus. *Viel* mehr.«

Auf dem Weg nach draußen – aus dem Palast hinaus – blieb er wieder vor Senecas Arbeitssuite stehen und sagte zu dem Philosophen: »Ich habe gerade meine Entscheidung getroffen, edler Seneca. Ich nehme das Amt des *curator census Gallici* an, aber unter einer Bedingung.«

»Und die ist?«

»Daß ich so schnell wie möglich nach Gallien aufbrechen darf.«

Der weise Seneca überlegte nur ein oder zwei Sekunden lang, bevor er antwortete: »Natürlich, Senator, natürlich. Je schneller, desto besser!« Er lächelte und schüttelte ihm die Hand.

Sabinus ging auf direktem Wege zu den Plautii. Er beschloß, kein Wort über Agrippina zu verlieren, aus Angst, die Familie zu beunruhigen. Aulus befürwortete seine Entscheidung für Gallien und war begeistert von Senecas weiteren Plänen für Sabinus, die dieser am Schluß des Gesprächs in Aussicht gestellt hatte.

Die Aufgabe, es Plautia beibringen zu müssen, bedeutete hingegen eine wahre Qual. Sie hatte sich inzwischen zu sehr daran gewöhnt, ihn in ihrer Nähe zu haben, als daß sie auch nur einen Gedanken daran verschwendete, er könne Rom wieder verlassen. Als sie dann die Neuigkeit erfuhr, sah sie sofort im Geiste eine weitere fünfjährige Trennungszeit auf sich zukommen und rannte hinaus in ihr Zimmer, um zu weinen. Vergebens stand er draußen vor der Tür und beteuerte, daß es sich lediglich um eine Angelegenheit von ein paar Monaten handeln würde. Schließlich versuchte er, die Tür zu öffnen. Sie war verriegelt.

»Sei vernünftig und laß mich doch erklären, Plautia«, flehte er.

»Geh weg«, schrie sie unter Schluchzen.

»Aber Plautia. Es wird nicht so lang –«

»Gut. Dann *geh schon!* Hau ab nach Gallien! Hau ab zum Mond, ist mir doch egal!«

»Bitte, Liebling ...«

»Und komm nicht zurück. *Niemals!*«

Am nächsten Tag kam Plautia zu der Erkenntnis, daß ihr Verhalten am gestrigen Tage eine recht kindische Vorstellung gewesen war, die man wohl von einem dreizehnjährigen Mädchen hätte erwarten können, aber nicht von einer erwachsenen Frau. Sie hätte Sabinus nicht eine solche Szene machen dürfen. Sie setzte sich über die römischen Sitten und Bräuche hinweg und ging hinüber zu Sabinus' Haus in der Stadt auf dem Quirinal, um sich persönlich zu entschuldigen.

Gleichzeitig würde sie jedoch ihrer Romanze ein Ende setzen. Seine Entscheidung zeigte nur zu deutlich, daß es ihm weitaus weniger ernst mit ihrer Beziehung war, als sie sich ausgemalt hatte. Sie setzte immer zuviel voraus. Es wäre doch wohl kein Problem gewesen, den Posten in Gallien auszuschlagen und weiter im Senat zu bleiben. Selbst wenn Seneca Druck auf Sabinus ausgeübt hatte, wäre es doch sicher möglich gewesen, als Grund dagegen anzuführen, daß er gerade erst fünf lange Jahre außerhalb von Rom verbracht hatte, oder er hätte Seneca sogar von ihr erzählen können. Nein, Sabinus war durch und durch der Typ von Junggeselle, der im Grunde Junggeselle bleiben wollte – wahrscheinlich für den Rest seines Lebens. Sie war nur ein kurzer Flirt für ihn gewesen, nichts weiter. Aber sie würde ihre Ehre wiederherstellen.

Als ein Diener von Sabinus an der Tür erschien, weigerte sie sich strikt, einzutreten, sondern bat den Diener nur, seinen Herrn an die Tür zu holen. Sabinus erschien, aber als er sie begrüßen wollte, schnitt sie ihm das Wort ab, indem sie sogleich eine knappe Entschuldigung für ihre Tränen am gestrigen Abend hervorbrachte.

»Mein süßer Liebling«, besänftigte er sie, »es gibt keinen Grund, daß du –«

»Ich bin noch nicht fertig, Sabinus.« Dann fuhr sie fort, alle ihre Gedanken abzuladen, die sie auf dem Weg zum Quirinal gequält hatten; und sie schmückte sie beim Erzählen noch aus, während der Zorn in ihr hochstieg und ihre Stimme lauter wurde.

Schließlich griff sie unter ihren Mantel, zog ein mit Juwelen besetztes Armband und eine Halskette heraus, die Sabinus ihr kürzlich geschenkt hatte, und drückte sie ihm in die Hand.

»Es ist am besten für uns, wenn wir uns nicht mehr sehen, Sabinus.«

Für einen Augenblick war er wie vom Donner gerührt. Dann nickte er bedächtig in trauriger Resignation.

»Ich denke, du hast recht, kleine Plautia. Unsere wundervolle Romanze ist... ist zu Ende, scheint mir.«

Er hielt gerade lange genug inne, um die erwünschte Wirkung zu erzielen, und fügte dann hinzu: »Aber unsere *Ehe* sollte doch genauso wundervoll werden, oder?«

Für einen kurzen Moment lächelte er.

»Ich gehe jetzt in zwei Wochen nach Gallien und komme in etwa zehn Monaten wieder. Wir können entweder vorher heiraten, und dann kommst du mit mir nach Gallien, oder wir verloben uns jetzt und heiraten, wenn ich wieder zurück bin. Was wäre dir lieber?«

Plautia stand völlig verdutzt da.

Sabinus' Augen strahlten sie voller Freude an.

»Du ...«, sie stockte, »du sagst das doch nur, weil ... du denkst dann später, ich hätte dich gezwungen –«

»Meine süße, goldige Plautia.« Er schlang seine Arme um sie und drückte sie an sich. Dann bedeckte er sie mit Küssen: ihre Stirn, ihre Wangen, ihre Lippen.

»*Weißt* du denn nicht, wie sehr ich dich liebe? Hast du denn nicht erkannt, daß ich dich fortgeschleppt hätte, wenn du nein gesagt hättest?«

Heiße Tränen kullerten über ihre Wangen, und sie vergrub ihr Gesicht in den Falten seiner Tunika.

Nachbarn, die den Streit vom Fenster aus auf beiden Straßenseiten beobachtet hatten, brachen jetzt in Applaus und Beifallsrufe aus. Sabinus und Plautia lösten sich aus ihrer Umarmung und lachten übermütig.

Sie eilten mit der Freudenbotschaft hinüber zu den Plautii. Mutter Pomponia weinte vor Freude, und Aulus konnte Sabinus endlich sagen, wie sehr er immer gehofft hatte, daß genau das eintreten würde. Dennoch waren sich alle einig – sogar Plautia –, daß eine richtige Patrizierhochzeit einige Monate an Vorbereitung bedurfte. Allerdings konnten sie – wenn sie schnell arbeiteten – es zumindest noch arrangieren, daß die offizielle Verlobung vor Sabinus' Abreise nach Gallien stattfand.

In stundenlanger Arbeit stellten sie eine lange Gästeliste auf und schickten Boten los, welche die versiegelten Einladungen aushändigen sollten. Zwei Wochen vor der Verlobungsfeier eine Einladung zu bekommen, war zwar etwas kurzfristig, aber noch im Rahmen des Annehmbaren.

Es gab Diskussionen darüber, ob der neue Kaiser eingeladen werden sollte, doch Aulus wollte es nicht; und Plautia hatte Angst, daß Nero sich daran erinnern könnte, daß er ihre Zielscheibe beim Hautkratzerwerfen gewesen war. Sabinus brüllte vor Lachen, als er die Geschichte hörte. Als eine Geste der Höflichkeit dem Palast gegenüber lud man Seneca ein.

Am Tage der Verlobung bevölkerte eine Invasion von Sänften die abgeschiedene Gasse auf dem Esquilin, und es wurden sehr viele Menschen bei Aulus' Villa abgeladen. Zu der festgesetzten Stunde spazierte Sabinus hinaus in die Mitte des Atriums – mit seinem stämmigen Bruder Vespasian an seiner Seite.

Die schnatternde Menschenmenge wurde mucksmäuschenstill, als Aulus die Halle betrat, mit seiner Tochter am Arm, gefolgt von einer heiteren und würdevollen Pomponia. Feierlich schritten sie in die Mitte des Atriums und grüßten die Flavius-Brüder.

Mit einem breiten, siegesgewissen Lächeln fragte Sabinus Aulus dann mit der gesetzlichen Formel: »*Spondesne Plautiam, tuam filiam mihi uxorem dari?* Versprichst du feierlich, mir deine Tochter Plautia zur Frau zu geben?«

Aulus zögerte die Antwort einen kurzen Moment hinaus, um den dramatischen Effekt des Augenblicks auszukosten, und antwortete dann: »*Di bene vortant! Spondeo.* Die Götter mögen Glück bringen! Ich verlobe sie mit dir.«

»*Di bene vortant!*« antwortete Sabinus.

Obwohl Plautia nicht einmal ein einziges Wort gesagt hatte, war ihre Verlobung jetzt rechtsgültig, und die Leute im Atrium brachen in Applaus und Beifallsrufe aus. Sabinus gab Plautia, seiner *sponsa* oder Verlobten, einen zärtlichen Kuß und überreichte ihr verschiedene traditionelle Geschenke: einen mit Juwelen besetzten Kamm und andere Utensilien für die Schönheitspflege – und einen goldenen Ring, den er ihr behutsam an den Mittelfinger der linken Hand steckte. Man glaubte, daß von diesem Finger ein Nerv oder eine Sehne direkt zu ihrem Herzen laufe. Plautia hingegen gab Sabinus ein goldenes Schreibset, der Sinn und Zweck dieses Geschenks war mehr als offensichtlich.

Die Formalitäten waren erledigt, und die Festlichkeiten konnten nun beginnen. Sie dauerten bis tief in die Nacht hinein. Jeder mußte zugeben: es war eine richtige Verlobung nach altrömischer Tradition.

Als alle ihre Freunde gegangen waren, beglückwünschte Aulus Pomponia, weil sie die Feier so gut organisiert hatte, und umarmte sie innig. Es war genau die Art von Tonikum, die sie gebraucht hatte, dachte er, um ihre Niedergeschlagenheit in der Aufregung der Vorbereitungen verschwinden zu lassen. Pomponia war während der Feier inmitten von Vertrauten in der Tat so überschwenglich wie selten gewesen und hatte sich recht freimütig über die Kaiserinmutter geäußert. »Diese Köstlichkeiten sind ›vertrauenswürdiger‹ als Agrippinas«, hatte sie gesagt, um die Gäste aufzufordern, von den vielen Delikatessen zu kosten.

Wie konnte sie auch wissen, daß eine der Senatoren-Frauen, die sie für eine Freundin hielt, nach Höherem strebte und eine enge Vertraute von Agrippina war?

Am nächsten Morgen erfuhr die Kaiserinmutter alles, was bei dem Empfang gesagt worden war, zu dem weder sie noch ihr Sohn eingeladen worden waren. Sie war mehr als interessiert an diesen Neuigkeiten.

Zur gleichen Zeit verabschiedete Sabinus sich sehr zärtlich auf dem Esquilin und nahm den Kopf seiner Verlobten in seine großen, starken Hände.

Plautia blickte zu ihm hoch und murmelte irgendein Gedicht:

Immer wenn ich dich sehe – verstummt jeder Laut und
meine Zunge gehorcht mir nicht mehr,
dann schleicht sich Feuer in meine Glieder;
ein inneres Brausen umhüllt meine Ohren;
und Dunkelheit meine Augen.

»Catullus*!« Er lächelte.

»Aber er hat Sappho** übersetzt. Das Gedicht beschreibt die Gefühle einer *Frau*...«

»*Meine* Gefühle«, widersprach Sabinus, »nur noch eine kurze Zeit, mein Schatz. Eine sehr kurze Zeit. Inzwischen bereite du die schönste Hochzeit vor, die es jemals gegeben hat!«

Er nahm ihre biegsame, geschmeidige Gestalt in seine Arme und zitterte bei der Berührung ihres Körpers und ihrer warmen, weichen Lippen.

»Bitte paß auf dich auf, *mea vita.**** Wenn dir irgend etwas passiert, ich... ich könnte nicht mehr weiterleben.«

* römischer Lyriker, lebte 87 oder 84 bis 54 v. Chr.
** bedeutendste griechische Lyrikerin der Antike, geb. 650 v. Chr.
*** mea vita (lateinisch): mein Leben

11

Annaeus Seneca hatte eine Villa im Süden von Rom, wohin er sich jeden Abend nach einem anstrengenden Tag im Palast zurückzog. Dorthin hatte er Aulus zum Abendessen und zu der schon lange versprochenen Plauderstunde eingeladen. Nach einem bekömmlichen Mahl führte der Gastgeber seinen Gast in die Bibliothek, die vom Boden bis zur Decke mit rautenförmigem Gitterwerk aus hölzernen Fächern ausgefüllt war, aus denen Tausende von Schriftrollen herausragten. Sie waren in die Hauptsektoren der Kultur der Mittelmeerwelt gruppiert, mit »Griechenland« als der bei weitem größten Kategorie. Drei Tische aus Zitronenbaumholz waren mit offenen Schriftrollen bedeckt, während auf dem vierten mit dem eingelassenen Tintenfaß Papyrusseiten lagen, an denen Seneca arbeitete.

»Das ist eine wissenschaftliche Abhandlung über Milde, die ich für Nero schreibe«, erklärte er Aulus. Dann zeigte er ihm einige von seinen seltenen Exemplaren an Schriftrollen, einschließlich einer autographischen Kopie von Aristoteles' *Metaphysik.*

»Du brauchst keine Scheu zu haben, diese Sammlung jederzeit zu benutzen, Aulus, auch wenn ich nicht zu Hause bin.«

»Das ist sehr nett von dir, Seneca.«

»Aber laß uns in die Gegenwart zurückkehren, mein Freund. Nun, sollen wir mit meiner Vermutung beginnen, daß du, da du dem göttlichen Claudius sehr nahe gestanden hast, na ja, daß du – sagen wir – nicht so sehr begeistert bist von dem neuen Regime?«

Alle Achtung vor der Aufrichtigkeit dieses Mannes, dachte Aulus und antwortete dann vorsichtig: »Es ist wirklich noch zu früh, um Urteile zu fällen, oder?«

»Nun gut, dann laß mich fragen, was du von den Umständen hältst, die zu Claudius' Tod geführt haben?«

»Ich halte sie für eine große Schande für den Staat. Für einen abscheulichen, vorsätzlichen Mord, der es war.«

Trotz aller Vorsichtsmaßnahmen waren die Einzelheiten der Vergiftung, die vom Palatin geheimgehalten werden sollten, bis zu Aulus durchgesickert.

»Gut, ich stimme dir zu. Du magst es vielleicht nicht glauben, aber ich habe nichts mit Claudius' Tod zu tun. Es stimmt, daß Pallas und Agrippina versuchten, mich in die Sache hineinzuziehen, aber ich weigerte mich strikt, auf irgendeine Art und Weise in die Verschwörung verwickelt zu werden.«

»Ich verstehe.« Aulus' Miene verdüsterte sich. »Warum hast du dann Claudius nicht gewarnt? Wie ein guter römischer Bürger?«

Seneca zog die Stirn in Falten.

»Versetz dich doch mal in meine Lage, Aulus. Claudius verbannt dich für acht Jahre von Rom – sechsundneunzig Monate auf diese schreckliche Insel Korsika ... «

»Aber war deine Verbannung denn nicht gerechtfertigt, Seneca? *Hast* du Ehebruch mit Caligulas Schwester Julia begangen oder nicht?« Die Frage war ihm so herausgerutscht, und er hätte sie nach reiflicher Überlegung nicht gestellt.

Senecas Gesicht verfärbte sich, und er antwortete: »Du weißt doch, daß es Messalina war, die ihre Hände dabei im Spiel hatte, Aulus. Muß ich noch mehr sagen?«

In der Tat, ja, dachte Aulus, aber er ließ die Gelegenheit zur Antwort verstreichen, während Seneca fortfuhr: »Es gibt Leute, die gern den Einsiedler spielen, aber ich nicht. Für jemanden, der den geistigen Austausch mit anderen *braucht* wie das tägliche Brot, der ist in Korsika lebendig begraben. Keiner meiner Briefe an Claudius bewirkte irgend etwas. Gute Götter, er hat mir nicht einmal nach Messalinas Tod verziehen! Es war Agrippina, die meine Zurückrufung erwirkte. Glaubst du denn wirklich, ich hätte sie dann verraten können, um Claudius einen Gefallen zu tun?«

»Wohl kaum«, mußte Aulus zustimmen, »aber mußtet ihr beide, du und dein Bruder, wirklich so laut loslachen, als Claudius gestorben war?«

Seneca schaute überrascht.

»Welchen Bruder meinst du?«

»Gallio.«

»Oh.« Seneca lächelte. »Du meinst seine Bemerkung, daß Claudius an einem Angelhaken in den Himmel hinaufgezogen worden sei?«

»Ja, einem Angelhaken – genau diesen benutzt man auch, um die Leichen von Verbrechern hinunter in den Tiber zu befördern.«

»Ach, das war doch nur ein bißchen gespöttelt. Auf jeden Fall gibt es wichtigere Dinge zu diskutieren. Ich weiß jetzt, daß du gute Gründe hast, um der neuen Regierung zu mißtrauen. Alles, worum wir dich bitten, ist doch nur, daß du uns eine Chance gibst.«

Aulus nickte. Er war jetzt ein wenig überrascht über seine eigene Offenheit Seneca gegenüber, der einer der mächtigsten Personen in Rom war. Aber er hätte kein Wort zurücknehmen wollen. Aulus Plautius haßte Heuchelei, verehrte Aufrichtigkeit und fürchtete nichts und niemanden.

»Nun, Aulus, erinnerst du dich noch daran, was Plato einst über die ideale Regierung sagte? ›Erst wenn die Philosophen Könige sind, oder die Könige und Prinzen den Geist der Philosophie in sich tragen ... erst dann wird der Staat in seinem vollen Glanz erstrahlen.‹ Tja, *vielleicht* haben wir die Gelegenheit, diese Theorie hier in Rom auszuprobieren. Möglicherweise ist Nero dieser Prinz.«

»Und du der Philosoph?« Aulus lächelte.

»Nun ja«, kicherte Seneca, »haben wir nicht die einzigartige Gelegenheit, eine verständige Regierung für Rom heranzubilden? Nero ist bis jetzt ein guter Schüler. Er ist jung und noch leicht zu beeinflussen. Er kann mit Leichtigkeit zum Guten hin geformt werden – wenn wir *bloß* über Agrippina und Pallas Herr werden könnten.«

»Was ... meinst du denn damit?« Aulus war offensichtlich überrascht.

»Das zeigt mein Vertrauen, das ich dir entgegenbringe, trotz deiner ... kritischen Bemerkungen, Aulus. Aber sag es niemandem weiter: im Palast tobt ein *heftiger* Machtkampf, in dem es darum geht, wer Nero unter seine Kontrolle bringen wird. Burrus und ich gegen Agrippina und ihren Lakaien Pallas.«

»Aber Agrippina hat dich aus dem Exil zurückgeholt ...«

»Ich weiß. Und ich denke, ich sollte mich ihr ein ganzes Leben lang verpflichtet fühlen. Aber ich setzte das Wohl von Rom über diese persönliche Verpflichtung. Verstehst du, Agrippina hat nicht die Absicht, Nero über Rom herrschen zu lassen – zumindest nicht ohne sie. Seit seiner Parole, die er an seinem ersten Tag als Kaiser losgelassen hat – ›die allerbeste Mutter‹ – benimmt sie sich so, als wäre sie die Kaiserin – nicht nur dem Titel nach, sondern auch mit allen Rechten einer Kaiserin. Vor einem Monat gab es im Palast eine Szene, die uns zum Gespött der ganzen Welt hätte machen können. Ein paar Gesandte von Armenien statteten dem Palast einen Staatsbesuch ab. Nero saß auf seinem Thron, als seine Mutter plötzlich auf der Bildfläche erschien und versuchte, auf das Podium hinaufzuklettern, um neben ihm auf dem Thron zu sitzen.«

»Als *Mitregentin?*«

»Was konnten wir also tun? Ich sagte Nero, er solle aufstehen und seine Mutter ›begrüßen‹. Er verstand sofort und tat, wie ihm geheißen war – er ist recht helle, weißt du –, und dann führte er sie hinaus aus dem Saal und kehrte allein zurück. Die Armenier sahen darin nur die Höflichkeit eines Sohnes.«

»Tja, ich hoffe, daß dein Feldzug gegen sie von Erfolg gekrönt sein wird, Seneca. Und du *mußt* Britannicus vor jeglichen üblen Intrigen schützen. Seine Position ist nämlich ziemlich gefährdet, verstehst du?«

»Ich weiß. Wir werden auf ihn achtgeben.«

Schließlich brach Aulus die Stille während einer Gesprächspause und fragte etwas verwirrt: »Warum bist du ... so nett, mir das alles zu erzählen, Seneca?«

»Mit anderen Worten: warum dieser Besuch?«

»Ja. Aulus Plautius kann doch sicherlich nicht so wichtig für dich sein.«

»Oh doch, das ist er. Du hast einen enormen Einfluß im Senat, Aulus, und die Öffentlichkeit hat deinen Sieg in Britannia nicht vergessen. Außerdem bist du der Schwiegervater von einem Mann, den wir bald in unserer Regierung brauchen werden. Tja, und wenn ich dich nicht über die Ziele und Absichten des neuen Regimes informiert hätte, dann hättest du annehmen können, daß Burrus und ich nur Agrippinas Marionetten sind, und du hättest deine Kollegen dahingehend beeinflußt, gegen uns zu arbeiten. Jetzt weißt du die Wahrheit. Wohlgemerkt: Burrus und ich bitten dich nicht darum, für unsere politische Linie im Senat *kämpfend zu Felde zu ziehen.* Überhaupt nicht. Wir bitten nur um ein wenig Zeit, damit wir versuchen können, Nero zum Guten hin zu lenken. Es *ist* doch einen Versuch wert, oder?«

Aulus wurde weich, lächelte und nickte. »In Ordnung, Seneca. Viel Glück bei deinem noblen Experiment. Und sag' Burrus, ich wußte, daß er schließlich doch noch die richtige Entscheidung treffen würde.«

»Oh... ich hätte fast vergessen, dir das hier zu geben, Aulus.« Seneca ging zu seinem Schreibtisch und zog ein Dokument aus der Schublade.

»Und ich möchte, daß du weißt, daß du das hier auch bekommen hättest, wenn du geschworen hättest, uns bis zum Tode zu bekämpfen.«

»Was ist das?«

»Ein weiterer Beweis von Neros Milde. Na los. Öffne es.«

Aulus nahm ein Messer, brach das kaiserliche Siegel auf dem Dokument auf, das Seneca ihm in die Hand gedrückt hatte, und las folgende Worte:

> Nero Caesar, Sohn des göttlichen Claudius, Großenkel von Tiberius, Urgroßenkel des göttlichen Augustus, *pontifex maximus**, Konsul, der die tribunizische Gewalt im ersten Jahr innehat, Imperator, grüßt den Senat und das römische Volk.
> Im Einverständnis mit dem Zensor und um unserer Politik der Milde Ausdruck zu geben, verleihen wir hiermit
>
> **Quintus Plautius Lateranus**
>
> wieder seine vollen Rechte und Privilegien als Senator im Römischen Senat. Erteilt an den Kalenden** des Februar, A.u.C. 808.

»Wirst du dafür sorgen, daß dein Neffe das bekommt?«

»Mit Vergnügen!« Aulus strahlte. »Und der Zeitpunkt könnte nicht besser gewählt sein: Quintus wird schließlich doch noch heiraten. Heute in drei Wochen. Ich danke dir, Seneca. Ich bin dir wirklich *sehr* dankbar!«

»Oho! Danke nicht mir«, sagte er mit einem Augenzwinkern, »danke Neros Milde, erinnerst du dich?«

»Ach ja, richtig. Und mögen die Götter dich bei deinen Bemühungen leiten... Rom zu ›platonisieren‹.«

* pontifex maximus: Oberster Priester.
** Kalenden: der erste Tag jedes Monats im altrömischen Mondkalender.

Später dachte Aulus über diesen offenen Gedankenaustausch nach und schüttelte den Kopf vor Staunen über dieses Wunderkind namens Annaeus Seneca. Als gebürtiger Spanier war er nach Rom gekommen und hatte sich schnell einen Namen als stoischer Philosoph gemacht, bis das Unheil über ihn hereingebrochen war und er gezwungen wurde, ins Exil zu gehen. Aber jetzt war er als Neros Erzieher und Ratgeber der eigentliche Regent des Kaiserreiches, denn sein Schüler war zu sehr damit beschäftigt, erwachsen zu werden, als daß er mit Regierungsangelegenheiten belästigt werden könnte; er unterzeichnete lediglich die Dokumente, die Seneca für ihn vorbereitete. Burrus war als Präfekt der Prätorianergarde ebenso mächtig, wie Aulus wußte, aber er repräsentierte mehr die Muskelkraft als den Kopf der neuen Regierung; und er war ganz zufrieden damit, Seneca Roms Kurs steuern zu lassen. Wenn er sich nicht gerade um Regierungsangelegenheiten kümmerte, verfaßte der vielseitig begabte Philosoph am laufenden Band Satiren, Tragödien und wissenschaftliche Abhandlungen, die vom Nil bis zum Rhein überall gelesen wurden.

Wie sehr Aulus auch den jungen Nero hatte verachten wollen, so mußte er doch zugeben, daß der junge Kerl immer die richtigen Entscheidungen traf, welche Seneca ihm ohne Zweifel souffliert hatte. Reiche Schmeichler baten Nero um die Erlaubnis, Statuen von ihm in Gold und Silber aufstellen zu dürfen, aber er lehnte es ab. Andere im Senat schlugen vor, das neue Jahr mit dem Monat Dezember statt Januar beginnen zu lassen, weil Nero im Dezember geboren war. Er legte sein Veto gegen diesen Vorschlag ein. Und als Burrus ihn einmal bat, den Befehl zur Exekution eines zum Tode verurteilten Verbrechers zu unterzeichnen, blickte der siebzehnjährige Caesar auf und sagte: »Ach, ich wünschte, ich hätte niemals das Schreiben gelernt!«

Völlige Meinungs- und Schreibfreiheit wurde wieder gewährt – Seneca hatte sich darum gekümmert –, und die römischen Provinzen blühten auf wie nie zuvor – als ein Ergebnis von Neros Friedensstrategie.

»Das Kaiserreich ist jetzt groß genug«, sagte er, »laßt uns das festigen, was wir haben. Das ist gerade schwer genug!«

Aulus sah Nero recht häufig im Senat: einen fügsamen, respektvollen jungen Mann, der sogar versuchte, die Senatoren alle mit Namen zu kennen. Als er hörte, daß einige würdige Senatoren wegen finanzieller Rückschläge zurückgetreten waren, ließ er ihnen eine finanzielle Unterstützung zukommen, damit Rom nicht auf ihre Ratschläge verzichten mußte. Aulus dachte, daß dies alles zu schön sei, um wahr zu sein. Er zog Seneca nach einer der Senatssitzungen beiseite und sagte zu ihm: »Der Palatin *ist* in der Tat zu Platos Akademie geworden. Bravo!«

Weiter Richtung Norden, in Gallia, wo Sabinus sich beeilte, mit der Volkszählung voranzukommen, empfing er eine Schriftrolle mit zwei unterschiedlichen Handschriften: der eine Brief war ein überschwenglicher Liebesbrief von dem Mädchen, das er mehr vermißte, als er es für möglich gehalten hätte; der andere war von seinem zukünftigen Schwiegervater, der seine politischen Ansichten geändert zu haben schien.

»Trotz ihres gewaltsamen Anfangs«, schrieb Aulus, »ist Neros Herrschaft jetzt vielleicht die beste seit der Regierung des großen Augustus selbst. Das ist Senecas Werk. Ich habe den Mann falsch eingeschätzt, denke ich. Ich hoffe nur, daß er weiter den Kaiser beeinflussen und formen kann ... «

Gerade als Pomponia Fortschritte zu machen schien, erlitt sie einen Rückschlag. Aulus zerbrach sich den Kopf darüber, was er tun sollte. Nicht, daß seine Frau wieder trübsinnig war – die Vorbereitungen für Plautias Hochzeit nahmen sie viel zu sehr in Anspruch, als daß sie Zeit für trübe Gedanken gehabt hätte. Es war wieder einmal die Religion. Nicht genug damit, daß dieser fanatische jüdische Zeltmacher Aquila wieder nach Rom zurückgekehrt war, er hatte es sogar gewagt, sein rotbackiges Gesicht auf dem Esquilin zu zeigen, angeblich, um zu sehen, ob das Garten-Vordach noch in gutem Zustand war.

Was für ein Vorwand! Der eigentliche Zweck seines Besuches wurde deutlich, als Pomponia aufgeregt davon sprach, was Aquila und seiner Priscilla in der Zwischenzeit passiert war. Während ihres vorübergehenden Exils in Korinth hatten sie einen anderen jüdischen Zeltmacher namens Paulus getroffen. Und dieser Kerl war offenbar der Anführer dieser jüdischen Sekte, der sogenannten Christen.

Aulus war entsetzt, als er hörte, wie Pomponia ihrer Tochter wilde Geschichten über diesen Chrestus oder Christus erzählte, der das Ganze ins Leben gerufen hatte, und von dem Zeltmacher, der die Geschichten verbreitete. Es schien, daß Paulus Aquila und seine Frau so beeindruckt hatte, daß sie ihn eingeladen hatten, bei ihnen zu wohnen, während sie in Korinth waren.

Aulus dachte über eine Lösung nach. Er würde seine Frau diesem fremden Kult entreißen, indem er irgendeine Unstimmigkeit oder Unwahrheit in Aquilas bizarren Geschichten nachweisen würde. Es war im Falle des Gründers selbst so leicht zu entkräften: die Auferstehung von den Toten war ein so offensichtliches Märchen, daß es eigentlich keines weiteren Gedankens mehr bedurfte.

»Ich weiß nicht, warum du den Christen gegenüber so feindselig eingestellt bist«, beklagte sich Pomponia, »sie lehren Moral. Sie helfen den Menschen. Sie glauben an einen höchsten Gott, der alles erschaffen hat. Und daß er einen ... einen Teil von sich in die Welt geschickt hat – Jesus Christus – der lebte und starb und wieder auferstanden ist, um die ganze Menschheit zu retten. Sie glauben, daß er ihnen ihre Fehler vergibt und ihnen hilft, nach dem Tode weiterzuleben. Sie erzählen anderen von der ›Frohen Botschaft‹, wie sie es nennen, und sie organisieren zu diesem Zweck Versammlungen. Sie bieten Hoffnung und Liebe –«

»Bah!« Aulus schnaubte verächtlich.

»Wenn sie hier Fuß fassen wie die anderen fremden Kulte, werden sie bald eine Bedrohung für Rom darstellen.«

»O nein.« Pomponia lachte. »Es gab tatsächlich schon einen ... einen ›Präzedenzfall‹, so nennt man das, glaube ich. Paulus wurde vor einen unserer Statthalter vor Gericht gestellt, und er wurde für *nicht* schuldig befunden.«

»Wann ist das passiert? Wo? Welcher Statthalter?«

»In Korinth ... hm ... vor ungefähr drei oder vier Jahren.«

»Wie hieß der Statthalter?« fragte Aulus.

»Reg dich doch nicht so auf, mein Schatz«, versuchte Pomponia ihn zu beruhigen, »du kannst Aquila alles über den Gerichtsprozeß fragen. Er war dabei.«

»Ich will nicht mit ihm reden. Oder ihn sehen. Sag du es mir. Wie hieß der Statthalter?«

»Ich bin nicht sicher. Ich denke, seine Name war Gallus ...«

»Gallus?«

»Oder Gallio ...«

»Nicht Junius Gallio, Senecas älterer Bruder? Der ›Witzbold‹ der gesagt hat, daß Claudius ›an einem Angelhaken in den Himmel gezogen wurde‹?«

»Das *könnte* er sein...«

»Gallio *war* zu der Zeit Statthalter in Griechenland.« Ein flüchtiges Lächeln erhellte Aulus' Gesicht. »Ich denke, wenn ich Gallio das nächste Mal im Senat treffe, werde ich ein Wörtchen mit ihm zu reden haben!«

Da war er schon, dieser günstige schwache Punkt, der Aquilas Geschichte als den Schwindel hinstellen würde, der sie war. Römische Statthalter waren viel zu sehr beschäftigt, als daß sie sich mit fanatischen Predigern abgaben. Dann runzelte Aulus die Stirn. Es war besorgniserregend, wie oft religiöse Fanatiker wie Aquila sich gleich einem Blutegel an reiche Frauen festklammerten. Er sollte vielleicht ein schützendes Gesetz dagegen einführen.

Aulus kannte L. Junius Gallio nur flüchtig. Ursprünglich teilte er mit seinem Bruder Seneca den Familiennamen »Annaeus«, aber er hatte den Nachnamen geändert, als er von der reichen Gallio-Familie adoptiert worden war. Da sein Bruder jetzt der eigentliche Regent Roms war, war auch Gallio so populär wie niemals zuvor, und es überraschte ihn überhaupt nicht, daß Aulus ihn eines Tages nach einer Senatssitzung aufhielt, wahrscheinlich um ihn um einen Gefallen zu bitten.

»Ich habe eine etwas merkwürdige Frage an dich, Senator«, begann Aulus, »ist vor einigen Jahren, als du Statthalter in Korinth warst, der Fall einens jüdischen Zeltmachers namens Paulus vor dein Tribunal gestellt worden?«

»Eines jüdischen *Zeltmachers,* sagst du?« Gallio lächelte. Dann schüttelte er den Kopf: »Nein, ich denke nicht. Der Prokonsul von Griechenland hat wichtigere Dinge zu tun, als für die Aufrichtigkeit der Segeltuchhändler zu sorgen.«

»Genau wie ich dachte«, sagte Aulus stirnrunzelnd. »Ich habe nur versucht, einer Geschichte nachzugehen, die ich gehört habe. Aber es ist nicht weiter von Bedeutung.«

»Was für einer Geschichte?«

»Oh... dieser Paulus soll der Anführer einer jüdischen Sekte gewesen sein, die man Christen nennt.«

»Ja, jetzt erinnere ich mich«, Gallio nickte, »tut mir leid, Aulus, aber ich habe das Klima in Griechenland nicht vertragen. Ich bekam dort Malaria, und ich habe versucht, das Jahr, das ich in Korinth verbrachte, zu vergessen. Es war ein Rabbi oder Lehrer namens Paulus. Ich wußte nicht, daß er auch Zeltmacher war. Von schlanker Gestalt? Mit einer großen Nase?«

»Das weiß ich nicht, Gallio. Ich habe ihn niemals gesehen.«

»Nun ja, es war keine großartige Sache. Einige der Juden in der Stadt brachten ihn vor mein Gericht und klagten ihn an – weswegen noch? –, weil er Lehren über ihren Gott verbreitete, die gegen das jüdische Gesetz verstoßen würden. So etwas Ähnliches.«

»Wie hat Paulus sich verteidigt?«

»Gar nicht. Ich lehnte es ab, vor Gericht über den Fall zu entscheiden. Den Klägern erklärte ich, daß ich nicht die Absicht hätte, über die Feinheiten ihres jüdischen Gesetzes zu entscheiden. Außerdem war Paulus ein römischer Bürger.«

»Ein römischer Bürger?«

»Ja. Und wie *konnte* ich da eine Entscheidung treffen, Aulus?« Die Juden selbst waren geteilter Meinung über Paulus' Lehre. Ja, jetzt erinnere ich mich. Einige in ihrer Synagoge hatten denselben Glauben wie Paulus. Andere nicht. Wie auch immer – was diesen Fall anging, wusch ich meine Hände in Unschuld.«

»Hmmm. Genau wie Pontius Pilatus. Sagt dir der Name irgend etwas?«

»Pilatus? Natürlich. Obwohl ich gestehen muß, daß ich aus den Augen verloren habe, was er jetzt macht.«

»Das ist auch nicht so wichtig. Und danke für die Einzelheiten, Gallio!«

»Ich glaube kaum, daß ich eine Hilfe war. *Vale*, Aulus!«

Es war ein Reinfall gewesen. Es widerlegte Aquilas Geschichte nicht, wie Aulus gehofft hatte, aber es war auch weit davon entfernt, ein »Präzedenzfall« zu sein, wie Pomponia behauptete. Offensichtlich hatte Paulus nicht einmal den Mund aufgemacht, um sich zu verteidigen. Die Geschichte in Korinth war wahrscheinlich kaum mehr gewesen als der Chrestus-Aufstand kürzlich in Rom.

Warum aber ließ sich seine Frau bloß in solche Sachen verwickeln?

12

Agrippina stand auf der Veranda, die von ihren Schlafgemächern nach draußen führte, und ließ ihren Blick über Rom schweifen. Das Gefühl der grenzenlosen Macht überkam sie. Ja, sie fühlte sich als Herrscherin über das Römische Kaiserreich. Es war bei den Römern schon zur festen, lächerlichen Gewohnheit geworden, als selbstverständlich hinzunehmen, daß ihre Regenten immer männlich waren, dachte sie. Hatshepsut und Cleopatra bewiesen sicherlich, daß die Ägypter weiser waren als die Römer. Einige der größten Herrscher im fernen Mesopotamien waren ebenfalls Königinnen gewesen. So schwor Agrippina sich nun, daß die nachfolgenden Jahrhunderte dereinst mit Ehrfurcht von der Agrippina von Rom sprechen würden: zum einen natürlich von der Schwester, der Gemahlin und der Mutter eines Kaisers, zum anderen aber auch von der rechtmäßigen Kaiserin mit der höchsten Macht, die sie als Mitregentin ihres Sohnes innehatte. Sie hatte dafür gesorgt, daß *zwei* Throne in dem Empfangssaal des Palastes standen, und ihr Bild war neben Neros auf der kaiserlichen Münze eingraviert.

Wer konnte ihr den Thron schon streitig machen? Dieser abscheuliche Narcissus war tot, Callistus war entlassen worden, und ihr lieber Pallas hatte wie zu allen Zeiten die Kontrolle über die Schatzkasse. Seneca und Burrus waren ihre Marionetten, und Nero würde den Rest seines Lebens in Dankbarkeit ihr gegenüber leben – fügsam, vertrauensvoll, gehorsam – als der Sohn, der seine Mutter abgöttisch liebte und ihr absolut alles verdankte. Agrippina von Rom – die erste Frau, die das größte Kaiserreich in der Geschichte regierte.

Tränen traten ihr in die Augen. Mit einem schwungvollen Hieb fegte sie das Frühstücksgeschirr aus Kristallglas vom Tisch. Es flog die Veranda hinunter und zerschmetterte unten auf dem Hof. Dann fletschte sie die Zähne und schrie: »*Warum* nur ist die ganze glückliche Zukunft in tausend Scherben zerbrochen?«

Sie wußte, daß ihre Autorität heimtückisch untergraben und die Macht ihr aus den Händen gerissen wurde. Der Tag der Schmach stand ihr noch vor Augen, als die armenischen Botschafter im Palast gewesen waren: sie sah, wie Seneca Nero etwas zuflüsterte und sie davon abhielt, den rechtmäßigen Platz an seiner Seite einzunehmen.

Burrus kränkte sie in letzter Zeit mit seinem Verhalten; und seit kurzem zeigte sogar Nero eine gewisse Kühle und Unabhängigkeit ihr gegenüber. Bei den Göttern, sogar ein so farbloser Spatz wie die Frau von Plautius konnte sie in der Öffentlichkeit lächerlich machen!

Pallas, der ihren Schrei gehört hatte, kam angerannt, um zu sehen, was passiert war. Mit vor Zorn nur so qualmenden Kraftausdrücken schüttete Agrippina ihm offen ihr Herz aus.

»Es ist alles das Werk von Seneca und Burrus«, vertraute Pallas ihr an, »von morgens bis abends sagen sie zu Nero: ›Sei dein eigener Herr.‹ ... ›Du bist alt genug, um deine Entscheidungen selbst zu treffen.‹ ... ›Caesar ist doch kein Muttersöhnchen, oder?‹ – lauter solche Sachen.«

»Diese undankbaren, heimtückischen Verräter!« Sie war außer sich vor Wut. »Ich habe beide Männer zu dem gemacht, was sie heute sind. Seneca ging in Korsika ein, und Burrus war ein verkrüppelter Niemand. Und das ist jetzt der Dank dafür!«

»Sie haben kein Benehmen!« Pallas strich sich seine langen Haarsträhnen nach hinten, um sich an einem seiner durchstochenen Ohrläppchen zu kratzen.

»Nur du bist mir noch treu geblieben, mein Liebling Pallas.« Sie küßte ihn auf die Wange. »Tja, wie sollen wir ihnen jetzt das Handwerk legen?« Ihre grünen Augen funkelten ihn flehend an.

»Ich habe schon darüber nachgedacht. Du mußt einen von zwei ganz unterschiedlichen Wegen wählen, um deine Kontrolle über Nero wiederzugewinnen; und ich kann dir beim besten Willen nicht sagen, welcher der beiden Wege der bessere ist«, meinte Pallas sorgenvoll. »Entweder du führst dich als eine strenge Mutter auf – zwingst den eigensinnigen Sohn zum Gehorsam – oder du machst genau das Gegenteil, d.h. du wirst mehr seine Partnerin und Vertraute als seine Mutter. In beiden Fällen wirst du ihn wieder für dich gewinnen. Dann werden Seneca und Burrus machtlos sein.«

»Du meinst also: entweder saure oder süße Kost.«

»Ich denke, alles wäre besser, als die Situation zu ignorieren ... alles zugrunde gehen zu lassen.«

»Ja, so kann es nicht weitergehen. In Ordnung, ich passe den richtigen Augenblick ab, und dann zeige ich ihm, daß er immer noch eine Mutter hat, mit der er sich auseinandersetzen muß. Keine Sorge, mein lieber Pallas, wir haben schon einmal gewonnen, und wir werden wieder gewinnen«, sagte sie und liebkoste seine Wange, »und wenn das geschafft ist, habe ich noch ein paar weitere Hühnchen zu rupfen!« Ihre Gedanken schweiften hinüber zum Esquilin...

Nero war nicht sehr glücklich mit seiner Gattin Octavia. Obgleich das sechzehnjährige Mädchen begann, die Schönheit ihrer Mutter Messalina zu zeigen, hatte Nero sich nie in sie verliebt und beschwerte sich über ihr Aussehen. Ihre Heirat war über ihre Köpfe hinweg geplant worden. Es war eine reine Vernunftehe aus politischen Gründen. Schlimmer als das war, daß ihre politischen Ansichten auseinanderliefen. Zwischen der Treue zu ihrem Bruder Britannicus und ihrem Gatten hin- und hergerissen, versuchte Octavia, es zu vermeiden, sich bei den unheilvollen Rivalitäten, die um sie herum für Wirbel sorgten, auf eine der beiden Seiten zu schlagen. Aber schon bald schliefen sie und Nero in getrennten Schlafgemächern und verbrachten so wenig Zeit wie möglich miteinander.

Eines Tages schlich Nero sich in ihre Gemächer und stieß dort auf ein dunkelhaariges Mädchen, welches die Oberaufsicht über das Dienstpersonal von Octavia hatte. Ihr Profil war klassisch geschnitten, und als sie sich zu Nero umwandte und ihn lächelnd grüßte, war er für einen Augenblick lang stumm wie ein Fisch. Sie hatte olivenfarbene Haut, und ihr offenes Haar fiel in Wellen über ihren Rücken hinab; sie war so ungeheuer umwerfend, daß Nero seine Fassung verlor.

»Wer... « Nero hatte plötzlich eine unnatürliche Piepsstimme. Er schluckte und versuchte es noch einmal. »Wer bist du?«

»Mein Name ist Acte, Caesar. Claudia Acte.«

»Bei den wahren Göttern! Irgendeine Verwandte, von der ich noch nichts gehört habe?«

»O nein«, sie lachte und zeigte ihre kleinen, vollkommenen Zähne.

»Eher das Gegenteil. Ich war eine Sklavin, bevor der Göttliche Claudius mich freigelassen hat. Ich nahm aus Dankbarkeit seinen Namen an.«

»Also eine freigelassene Sklavin, hä? Ich höre einen griechischen Akzent in deinem Latein. Woher kommst du?«

»Du hast ein gutes Ohr, Caesar. Ich bin in Ionien geboren.«

»Bedeutet *acte* nicht ›der Ort, wo die Wellen sich brechen‹?« Senecas Griechischunterricht war ihm von großem Nutzen.

»Der Strand, die Meeresküste. Das ist richtig.«

»Genau der passende Name für dich. Was ist schöner als die Küstenlandschaft?«

Acte errötete und antwortete: »Vergiß nicht, daß *acte* auch ›geschrotetes Korn‹ bedeutet.«

»Aha! Ein geistreicher Kopf hinter deinem Aphrodite-Gesicht. Aber warum habe ich dich noch nie zuvor hier gesehen?«

»Es gibt Hunderte wie mich im Palast, mein Herr. Ich habe in der Küche gearbeit, bis meine Herrin Octavia mich an die Spitze der Dienerschaft gestellt hat.«

»In der Küche? Haben wir etwa eine olympische Gottheit in der *Küche* versteckt?«

Sie lachte und verrichtete weiter ihre Arbeit, während Nero hinter ihr herlief und sie nach Einzelheiten ihres griechischen Erbes ausfragte. Senecas Erziehung hatte in ihm eine ungeheure Wertschätzung Griechenlands geweckt, in dessen Schuld Rom stand. Und Nero war nicht nur von der Schönheit Actes hingerissen, sondern auch von ihrem Hellenismus. Diese Kombination war für ihn überwältigend.

Ohne sich darum zu kümmern, ob Octavia oder sonst irgend jemand davon erfuhr, der es noch viel weniger gutgeheißen hätte, irrte Nero liebeskrank im Palast umher und vereinbarte Treffen mit seiner geliebten Acte. Acte war zuerst verwirrt gewesen, als sie von dem Interesse des Kaisers an ihr erfuhr; dann aber hatte sie sich geschmeichelt gefühlt und schon bald seine Liebe erwidert; doch sie war klug genug, das höchste Geschenk noch zurückzuhalten. Nero war anfangs zutiefst enttäuscht, dann verrückt vor Liebessehnsucht und schließlich so von ihr gefangengenommen, daß er beschloß, sich von Octavia scheiden zu lassen und Acte zu heiraten. Er meinte es völlig ernst. Voller Überraschung und vor Freude übersprudelnd gab ihm die freigelassene Sklavin ihr Jawort.

Nero war berauscht vor Glück. Er eilte hinüber zu Senecas Arbeitssuite, um die frohen Neuigkeiten mit seinem Tutor und

Burrus, der gerade zu einer Beratung bei Seneca war, zu teilen. Burrus' Miene verfinsterte sich, und er sagte barsch: »*Was* – bitte schön – hast du vor?!«

Seneca versuchte schnell, diesen Fehler zu vertuschen. »Ich denke, Neuigkeiten wie diese können nicht warten, Caesar. Beeil' dich und erzähl' es sofort deiner Mutter!«

Nero fuhr herum und rannte die Treppe hinauf. Burrus brauchte genau fünf Sekunden, um zu verstehen, was Seneca vorhatte. Jetzt wußte er, warum man Seneca ein Genie nannte.

Agrippina hatte anfangs Neros Vernarrtheit in Acte als eine vorübergehende Verrücktheit abgetan. Aber die »Krankheit« hielt an, und mit Neros Ankündigung war sie zum ausgeprägten Wahnsinn geworden. *Ja, jetzt ist die Zeit,* beschloß sie.

»Du sagst, du willst Acte *heiraten,* mein Sohn?« fragte sie und zitterte bei dem Versuch, die Selbstbeherrschung zu behalten.

»Ja, Mutter. Ich liebe sie innig. Von ganzem Herzen.«

»Mehr als du mich liebst, Nero?«

»Nun ja«, brummte er, »nicht mehr, liebe Mutter. Es ist ein ... eine andere Art von Liebe, nicht wahr?«

»Nun gut«, sagte sie verärgert und wurde rot vor Zorn, »ich werde keine *freigelassene Sklavin als Rivalin* haben!« schrie sie – nur ein paar Zentimeter von Neros Ohren entfernt. »Die Kaiserinmutter von Rom wird *keine freigelassene Sklavin* als Schwiegertochter haben!«

»Süßer Jupiter, wirst du wohl mal etwas leiser reden, Mutter! Ich bin schon beinahe taub!«

»Und du mußt auch *blind* sein, wenn du eine solche Heirat willst! Ich habe bisher deine zum Himmel schreiende Undankbarkeit hingenommen, Nero, daß du auf die Spanische Zunge und den Prätorianerkrüppel hörst – anstatt auf deine Mutter.«

»Auf wen?«

»Seneca und Burrus, du junger Narr, auf wen sonst? Jetzt vergeben Pallas und ich dir schon deine vielen Unhöflichkeiten ... vor allem die mangelnde Erkenntnis, daß du heute nicht Caesar wärst, *wenn ich nicht gewesen wäre!*« Sie spuckte ihm die Worte geradezu ins Gesicht, während Nero zusammenzuckte.

»Aber, Mutter, ich –«

»Laß mich ausreden! Weißt du, was du heute wärst, wenn ich nicht gewesen wäre! Ein wertloses Wrack... wie dein lächerlicher Vater, der erste Domitius Bronzebart. Er warf am Tage deiner Geburt einen Blick auf dein Horoskop und lachte wie eine Hyäne. Es war eine schreckliche Prophezeiung! Und warum sollte sie auch nicht stimmen? Das einzige, was er jemals für Rom getan hat, war, auf ein Kind auf der *Via Appia* zu zielen und es zu überfahren.«

»Wann ist das –«

»Oh, ja, er hat auch einem im Forum die Augen ausgestochen. Und er schlief mit seiner eigenen Schwester, deiner Tante Lepida.«

»*Das* hast du mir nie erzählt, Mutter.«

»Ich wollte es dir ersparen, mein Sohn.«

»Was... was hat das Horoskop vorausgesagt?«

Agrippina erbleichte.

»Ich... kann es dir nicht sagen, Nero. Nicht jetzt. Vielleicht eines Tages. Aber das ist doch der springende Punkt: Ich habe Tag und Nacht versucht, alles zu ändern, was die Sterne voraussagten. Dein Vater starb, als du erst drei Jahre alt warst, und dann kamen die Jahre der Verfolgung durch die Kaiserliche Hure.«

»Messalina?« Nero mußte sich immer Gewißheit über die Ausdrücke seiner Mutter verschaffen. Agrippina hatte für alle ihre eigenen Namen.

»Ja, ja, ja. Und als sie dann gestorben war, was glaubst du, mein Sohn, warum ich Claudius heiraten wollte?«

»Warum? Na ja, ich weiß, daß du ihn nicht wirklich liebtest, Mutter. Du wolltest einfach Kaiserin werden.«

»Nein!« schrie sie und tat empört. »Ich habe das alles für *dich* getan, mein Sohn. Damit *du* der Nachfolger von Claudius würdest! Damit *du* eines Tages Kaiser werden würdest.«

Jetzt war der richtige Zeitpunkt gekommen, um eine Kunstpause einzulegen und ein paar Tränen die Wangen herunterkullern zu lassen. Sogar Seneca hätte an dieser dramatischen Wendung Gefallen gefunden. Aber Nero war der Vorstellung seiner Mutter noch nicht ganz auf den Leim gegangen.

»Ja, liebe Mutter, ich schätze alles, was du für mich getan hast. Ich habe tausendmal meine Dankbarkeit zum Ausdruck gebracht – gegenüber dem Senat, Rom und dir. Aber was hat das alles mit meiner bevorstehenden Heirat mit... meiner süßen Acte zu tun?«

»Dummkopf!« kreischte sie und begann wieder, die Selbstbeherrschung zu verlieren. *»Ja, hast du denn keine Augen im Kopf?«*

Nero duckte sich und hielt sich die Ohren zu: »Götter! Leiser, Mutter!«

»Wenn du dich von Octavia scheiden läßt und Acte heiratest, ruinierst du alles! Der einzige Grund, warum du als Kaiser akzeptiert wurdest, war nicht dieser Kunstgriff von Claudius, dich als seinen Sohn zu adoptieren, sondern die Tatsache, daß du mit seiner Tochter Julio-Claudianisches Blut geheiratet hast. Die kaiserliche Linie läuft in Wahrheit nur durch *sie* weiter, nicht durch dich. Laß dich von ihr scheiden – und du mußt ihre Mitgift zurückgeben: das Kaiserreich. Heirate Acte – und Rom wird so schockiert von einem Caesar sein, der sich von einem Sklavenmädchen verführen läßt, daß – «

»Einer freigelassenen Sklavin.«

» – daß du damit eine Revolte anzetteln würdest. Denk mal darüber nach, mein Sohn. Und ist es nicht an der Zeit, daß du wieder auf deine Mutter hörst?«

Nero schmollte eine Weile. Dann warf er die Arme hoch und sagte: »Ich denke, ich werde alles aufgeben: Ich heirate Acte, und wir segeln nach Rhodos, um dort den Rest unseres Lebens zu verbringen.«

Einen Augenblick lang starrte Agrippina ihn wieder wütend an. Dann strich sie ihm über die Wangen und sagte: »Nein, das würdest du nicht tun, mein Sohn!«

Nero war völlig aufgewühlt. Er fand die Vorstellung seiner Mutter beleidigend, aber es war eine gewisse Logik in ihren Bemerkungen über eine Heirat mit Acte. Doch gerade in den Momenten, in denen es so aussah, als könne ihre Hochzeit tatsächlich niemals stattfinden, wurde Acte durch ihre wahre Unerreichbarkeit ein um so begehrenswerteres Objekt seiner Liebe. In seiner hoffnungslosen Verwirrung suchte er Seneca auf.

Im Gegensatz zu der Szene mit Agrippina, war seine Unterhaltung mit Seneca versöhnlich, gemäßigt, freundlich. Der Philosoph mußte zugeben, daß die Heirat mit Acte in der Tat »zum gegenwärtigen Zeitpunkt« ein falscher Schritt wäre. Aber dann fuhr er fort: »Sag mal ehrlich, Caesar. Wenn Acte nicht in deinem Leben aufgetaucht wäre, hättest du dann vielleicht deine Liebe wieder Octavia schenken können?«

»Ich habe sie nie geliebt. Niemals. In Wirklichkeit kann ich sie überhaupt nicht leiden. Sie haben uns zum Heiraten gezwungen, weißt du!«

»Ja, ja. Aber eine Scheidung würde im Moment aus Staatsgründen nicht günstig sein.«

»Das sagt mir jeder.«

»Aber trotzdem liebst du Acte wirklich?«

»Bei der Güte der Liebe selbst, ich bete sie an.«

»Also gut. Warum kann sie dann nicht deine Geliebte werden?«

Nero blickte ihn verdutzt an. »Wird ... wird sie das wollen?«

»Ja«, Seneca lächelte, »Burrus und ich hatten ein langes Gespräch mit ihr und haben ihr erklärt, warum eine Heirat im Moment nicht ratsam wäre. Aber daß du sie mehr als jede andere Frau liebst und sie ... äh ... mitmachen sollte ... Und ich weiß, daß sie es tun wird.«

Neros Augen strahlten vor Dankbarkeit, und er fiel seinem Lehrer um den Hals.

»Ihr beiden müßt aber natürlich sehr diskret sein«, warnte Seneca. »Und wir haben das auch arrangiert. Annaeus Serenus, mein Verwandter, wird öffentlich vorgeben, in Acte verliebt zu sein. Jede Nachricht, die du ihr schickst, jedes Geschenk, das du ihr machen willst, kommt ›von Serenus‹, verstehst du. Du kannst auch sein Haus für eure Rendezvous nutzen.«

Seneca wußte, daß seine Feinde ihn wegen dieser Hilfe als Kuppler bezeichnen würden; aber es war besser, einem kräftigen jungen Kaiser, dessen Leidenschaft nicht bezwungen werden konnte, eine Affäre mit einer harmlosen freigelassenen Sklavin nachzusehen, als schlimmere Skandale mit einer der mächtigen und ehrgeizigen Frauen von Rom zu riskieren.

Nero strahlte vor Freude.

»Im ganzen Kaiserreich gibt es nur zwei Menschen, denen meine Interessen wirklich am Herzen liegen, mein geliebter Lehrer: dich und Burrus. Ich werde euch das nicht vergessen!«

Seneca lächelte, dann kam ihm plötzlich ein Gedanke, und er antwortete: »Nein, Prinzeps. Es gibt allerwenigstens *drei!*«

»Wer ist denn der dritte?«

»Flavius Sabinus, der in Gallia die Volkszählung übernommen hat.«

»Sabinus? Ach ja. Ein großer Mann. Gut gebaut?«

Seneca nickte und sagte: »Ja, er ist dabei, da oben in Gallia ein Glanzstück zu vollbringen.«

»Wie denn?«

»Indem er den Tribut heruntersetzt.«

»Heruntersetzt?« Nero zog die Stirn in Falten.

»Und trotzdem werden sich die Steuereinnahmen verdoppeln!«

»Aber wie ist das möglich?«

»Tja, Sabinus ersetzte unsere ›Steuerexperten‹ dort oben durch einen Gallier, der in Rom studiert hat – Julius Vindex. Und Vindex überzeugte seine Landsmänner davon, daß Sabinus mit seinem Werbespruch: ›*Wenn jeder sich eintragen läßt, bezahlen alle weniger Tribut!*‹ recht hat.«

Seneca begann vor Lachen zu glucksen und fuhr dann fort: »Ah, Prinzeps, es hat tatsächlich funktioniert. Es gibt viel mehr Gallier da oben, als man in Rom je wußte!«

Nero lächelte: »Gute Arbeit von Sabinus! Wirklich ein Glanzstück!«

Dann kehrte er zu seinem Lieblingsthema zurück. »Und danke, daß du mir geholfen hast... mit meiner geliebten Acte!«

Pallas mußte Agrippina die Neuigkeiten beibringen, daß Seneca ihnen einen Strich durch die Rechnung gemacht hatte und jetzt höher in Neros Gunst stand als jemals zuvor.

»Ich denke, es ist jetzt an der Zeit, die entgegengesetzte Masche auszuprobieren«, sagte er, »ich wünschte nur, ich hätte den Weitblick gehabt, um es schon beim ersten Mal vorzuschlagen.«

»Wenn die Spanische Schlange nicht als Kuppler dazwischengeglitten wäre, hätte ich Erfolg gehabt. Aber du könntest recht haben, Pallas. Vielleicht *ist* jetzt die Zeit für Honig gekommen.«

Eines Abends, als die kaiserliche Gesellschaft den Abendtisch verlassen hatte, saß Agrippina ganz in Gedanken versunken noch dort und schaute ihren Sohn an, bis Nero fragte, was denn los sei.

»Mea maxima culpa«, seufzte sie. »*Mein größter Fehler* war, dich als meinen Sohn zu sehen und die Erziehungsmethode auf dich anzuwenden, die ich für die richtige Disziplin einer Mutter hielt. Du bist jung, aber du bist nicht länger der Sohn von jemandem. Du bist der Vater von einem großen Kaiserreich. Ich bin nicht länger deine

Mutter, sondern nur eine ergebene Untertanin, und ich sollte nicht so streng mit dir sein!«

»Du wirst immer meine Mutter bleiben, Mutter.« Er zuckte zusammen, denn er wußte, daß Seneca diese Ausdrucksweise wegen der Wiederholung nicht geschätzt hätte.

»Nein. Nero ist Kaiser. Nero muß von jetzt an selbst über sein Leben entscheiden. Und bitte vergiß meine unangebrachten Bemerkungen und harten Worte. Ich haben deswegen viele Tränen vergossen. Tränen der Reue. Aber wodurch wurde unser Streit ausgelöst, mein Liebling? War es wegen Acte? Nun gut, wenn du sie liebst, dann liebe ich sie auch.«

»Du … liebst sie?«

»Oh, ja. Sie *ist* doch ein großartiges, bezauberndes Mädchen, und es ist wirklich nicht nötig, daß du dich für deine Schäferstünd- äh – Zusammenkünfte mit der reizenden Acte davonschleichen mußt. Du könntest gesehen werden. Nein, wirklich. Warum trefft ihr euch nicht stattdessen einfach in meiner Suite?«

»W-wo?«

»In meinen Gemächern. Und zu jeder Zeit, Liebster. Laß einfach eine Andeutung fallen, und schon bin ich verschwunden. Schau mich nicht so überrascht an, mein Sohn. Warum sollten dir solche Genüsse nicht erlaubt werden? Die Flammen des Lebens lodern in dir, und du brauchst Acte. Und außerdem kann Caesar alles tun, was ihm gefällt!«

»Das ist sehr großzügig von dir, Mutter.«

Verwundert über die Wandlung, die sich bei seiner Mutter vollzogen hatte, ließ Nero sich in ihre luxuriösen Gemächer hinaufführen, wo sie ihm einen verdeckten Schnappriegel zeigte. Dann wandte sie sich zu ihm um und sagte: »Ich kenne dich, mein Sohn. Du denkst, daß deine Mutter nicht zu einer solchen völligen Wandlung des Herzens fähig ist. Aber das ist sie. Laß es mich beweisen!«

Agrippina schritt hinüber zu ihrem Schreibtisch und nahm eine Pergamenturkunde heraus.

»Hier, Liebster«, sagte sie, »in diesem Dokument sind meine persönlichen Besitztümer in der Schatzkammer des Palastes aufgeführt … und es wird dir Zugang zu allem gewährt!«

Nero schaute auf die Gesamtsumme und seine Augen sprangen ihm fast aus dem Kopf: »Beim Herkules, Mutter. Das ist beinahe alles, was wir in der kaiserlichen Schatzkammer haben!«

»Ich weiß. Ich habe viel geerbt. Und Claudius war recht verschwenderisch mit Geschenken für mich.«

»Na ja, das ist furchtbar großzügig von dir, liebe Mutter. Aber ich möchte deine Besitztümer nicht anrühren. Ich habe selbst wirklich genug.«

»Nein, mein Lieber. Was mein ist, ist auch dein.«

Als sie die Suite verließen, umarmte Agrippina ihn beinahe leidenschaftlich.

Den ganzen nächsten Tag über war Nero verstört. Die Wandlung bei seiner Mutter schien zu schön, um wahr zu sein. Er beschloß, das versprochene Arrangement hinsichtlich ihrer Gemächer zu nutzen; und seine Mutter war glücklich, ihm diesen Dienst erweisen zu können. Obgleich Acte beinahe vor Furcht zitterte, führte Nero sie triumphierend in Agrippinas Suite. Alle waren verschwunden. In der Suite war nur Kerzenlicht und Parfüm als Geschenk für Acte.

Nero berichtete Seneca von der Wandlung. Der Philosoph war vorsichtig damit, ihm seine Hoffnungen zu zerstören, aber er schärfte ihm ein, wachsam zu sein: »Aesop sagte es als erster«, fügte er hinzu, »der Schein kann trügen.«

Nero erkannte, daß Seneca natürlich einen Grund hatte, das zu sagen, denn er sah nur allzu deutlich, wie die Kampflinien im Palast gezogen waren. Aber was wäre, wenn sein Tutor unrecht hatte? Agrippina war schließlich seine eigene Mutter; und sie schien endlich doch noch ihre eigentliche Rolle im Palast erkannt zu haben. Ja, entschied er, er mußte das seine dazu beitragen, um die Beziehung in Ordnung zu bringen.

Eines Tages inspizierte er die kaiserliche Garderobe, wählte ein mit Juwelen besetztes, türkisfarbenen Kleid aus Indien aus und schickte es seiner Mutter als Geschenk. Er beauftragte einen seiner Diener, sich nahe bei ihren Gemächern aufzuhalten, um nachher von ihrer Reaktion berichten zu können, aber außer Sichtweite zu bleiben. Er wollte jede freudige Bemerkung, die sie machte, erfahren. Überraschungen waren immer solch ein Spaß.

Der Diener kehrte fünfzehn Minuten später mit einer kummervoll verzerrten Miene zurück.

»Pallas war zu der Zeit dort«, berichtete er, »und vielleicht hat die Herrin Agrippina nur... versucht, ihm zu imponieren.«

»Überlaß es mir, die Schlußfolgerungen zu ziehen. Was hat sie gesagt?«

»Es... es tut mir leid, daß ich das berichten muß, Caesar, aber... ich kann dir nur erzählen, was ich gehört habe. Sie sagte: ›Oho, schau dir *das* doch nur mal an, Pallas! Nero denkt wohl, er könnte meine Garderobe vergrößern – mit einem einzigen, lächerlichen Kleid! Was ist mit den anderen in seiner Kollektion? Sie sind wahrscheinlich für diese dumme Dirne Acte! Ein toller Sohn! Er teilt nur einen Fetzen mit mir von dem, was ich ihm zuerst schenkte.‹«

Nero war aschfahl geworden. Er begann zu zittern, und seine Lippen bewegten sich, um ein paar Worte hervorzubringen, aber vergebens. Schließlich stammelte er: »Va-Vater Zeus weiß, daß es in guter Absicht geschah! Und dann das! Was hat Pallas gesagt?«

»So etwas wie: ›Da siehst du, was Nero dir als Gegenleistung für ein Kaiserreich gibt: ein Kleid.‹«

»Das reicht. Hol Seneca.«

Einige Stunden später wurde Pallas aufgefordert, vor Nero zu erscheinen. Mit klopfendem Herzen, aber entschlossen, keine Spur von einer Gefühlsregung zu zeigen, schaute Nero seinen Schatzmeister an und sagte: »Antonius Pallas, ich danke dir für deine Dienste, die du für den Göttlichen Claudius und für mich getan hast. Denn dein Dienst ist mit diesem Augenblick zu Ende. Du hast zwei Tage Zeit, um dich und all dein Hab und Gut vom Palast zu entfernen.«

Pallas schien weniger überrascht zu sein, als Nero es erwartet hatte. »In Ordnung, Caesar«, antwortete er, wobei er sich verbeugte, »dein Wunsch ist mir Befehl.«

»Du hast nicht nach dem Grund für diese Entscheidung gefragt, aber ich werde ihn dir trotzdem nennen: Du hast mir die Treue gebrochen, indem du die schreckliche Arroganz meiner Mutter heute morgen geteilt hast. Verstehst du?«

Pallas nickte.

»Und verändere in den nächsten zwei Tagen keine Staatskassenbücher. Im Moment sind meine Agenten damit beschäftigt, alle deine Berichte zu versiegeln.«

»Vollkommen verständlich, Caesar. Aber du wirst sehen, daß

alle meine Berechnungen mit der Staatskasse in Einklang stehen.« Er verbeugte sich und verließ den Raum.

Nero saß da und wartete auf den Sturm, der im Anzug war. Er wußte, er würde in der nächsten halben Stunde über ihn hereinbrechen, und er wurde nicht enttäuscht. Agrippina kam mit der Heftigkeit eines mediterranen Unwetters hereingedonnert.

«*Warum?*« schrie sie. Ihr Mund zitterte, aus ihrem Gesicht war alle Farbe gewichen.

Nero wich nicht zurück.

»Leugnet ihr beide, du und Pallas, mein Geschenk mit widerlicher Arroganz empfangen zu haben? Lüge nicht. Du bist belauscht worden!«

»Du ... du würdest tatsächlich den Mann, der dich zum Kaiser gemacht hat, entlassen – nur wegen eines *Kleides?*«

»Das war nur ein winziger Hinweis auf seine Unverschämtheit und deine Heuchelei, Mutter. Ihr habt beide Masken des Betrugs getragen und ein Komplott gegen die besten Interessen der Regierung geschmiedet –«

»Nero!«

»Es ist wahr, und ich könnte außerdem noch so viel mehr sagen. Einige wenige Leute in dieser riesigen Staatseinrichtung halten ihrem Kaiser noch die Treue, und sie haben mir von deinem unglaublichen Benehmen berichtet, Mutter. Deine überschwengliche, neue Entfaltung der ›mütterlichen Liebe‹ ist unheimlich, und ich habe sie sofort durchschaut. Also, was hast du *wirklich* im Sinn, Mutter? Willst du mich auf dem gleichen Weg hinunterschicken wie Claudius?« Er schaute sie mit funkelnden Augen an. »Nun, ich esse nicht so gern Pilze.«

»Das *wird auch nicht nötig sein!*« schrie sie. »Wir schicken dich einfach in den Dreck zurück, wo du hingehörst. Dann wird Claudius endlich einen *rechtmäßigen* Nachfolger haben, der dich ersetzt!«

»Wen denn?«

»*Seinen eigenen Sohn,* du Dummkopf!« Sie spuckte die Worte nur so heraus.

»Britannicus?« Nero blickte finster.

»Ja, Britannicus! Er ist der *wahre* Erbe, nicht du. Er ist des Kaiserreiches *würdig*. Du bist es offensichtlich nicht!«

»Vorsichtig, Agrippina!«

»Aha! Du nennst mich nicht länger Mutter. Na schön, das ist gut«, sie kochte vor Wut, »weil ich es hassen würde, mich zu dir bekennen zu müssen. Du bist doch bloß eine Last für jeden.«

»Sei vorsichtig, habe ich gesagt!« Nero bebte vor Zorn.

»Was bist du denn eigentlich? Nur ein adoptierter Prinz, während Britannicus der echte ist. Das Blut der Caesaren pulsiert in seinen Venen. Und was fließt durch deine? Die Flüssigkeit der Bronzebärte. Daher kannst du diese Greueltaten gegen deine Mutter begehen... die Mutter, die dir das Kaiserreich schenkte.«

»Oh, verschone mich mit dieser Leier, Mutter. Bitte hör auf damit!«

»Du undankbare Kreatur!« kreischte sie. »Raus aus dem Palast mit dir! Du hast hier nichts mehr zu suchen!«

»Hast du deinen Verstand verloren?« Nero biß die Zähne zusammen.

»Es ist mir egal, was mit mir passiert: die ganze Welt soll von den dunklen Machenschaften in diesem schrecklichen Haus hören – der Vergiftung... von allem! Eine Sache werden sie mir zugute halten: Britannicus lebt. Ich werden ihn mit zu den Castra Praetoria nehmen und die Prätorianer entscheiden lassen. Dort können dein Krüppel Burrus und dein Verbannter Seneca deinen niederträchtigen Fall vorbringen..., indem sie einen verkrüppelten Arm und eine Pedantenzunge gebrauchen, um den Anspruch auf die Weltherrschaft zu erheben! Ha! Aber die Tochter des Helden Germanicus wird ihren Fall vorzubringen wissen. Und sie wird gehört werden.«

»Du träumst, Mutter.«

»Ich werd' dir zeigen, wer hier träumt!« tobte sie vor Wut und versuchte, Nero eine Ohrfeige zu verpassen, während er flink dem Schlag auswich. Dann richtete sie ihren Blick gen Himmel und schrie mit zitternder Stimme: »Höre mich, Göttlicher Claudius! Du wirst zu deinem Recht kommen, endlich zu deinem Recht kommen, wenn ich deinen eigenen Sohn auf den Thron setze. Bei den Schatten von allen meinen Opfern im Hades, ich *werde* es tun!« Ihre smaragdgrünen Augen funkelten mit furchterregender Intensität.

»Hinaus, Mutter! Und bleib mir aus den Augen!« fauchte Nero.

Sein erster Gedanke war, loszurennen und Seneca zu erzählen, was passiert war. Aber dann hielt er sich selbst zurück. Er mußte wirklich damit aufhören, ihn bei jedem Problem um Rat zu fragen und zu belästigen; er mußte damit anfangen, wie ein Caesar zu handeln. Er war erschüttert, angespannt und angsterfüllt, aber er war Caesar!

Britannicus an seiner Stelle? Die Drohung steckte immer noch tief in ihm. Er hatte seinen Stiefbruder immer verabscheut, aber in letzter Zeit war der vierzehn Jahre alte Balg unverschämt schnell gewachsen. In kürzester Zeit würde er die Toga des Mannesalters bekommen. Noch schlimmer jedoch war, daß der widerspenstige, kleine Ochse eine große Anhängerschaft von einfältigen Römern hatte, die ihn bei einem Kampf um den Thron unterstützen würden.

In den darauffolgenden Tagen krümmte sich Nero innerlich vor Schmerz, wenn er sah, wie seine Mutter viel Wirbel um Britannicus machte. Aber dann erfuhr er, daß sie auch regelmäßig Botschaften hinüber zu den Castra Praetoria schmuggelte und in der vergangenen Nacht ein paar Tribune der Leibgarde bei einem privaten Empfang in ihren Gemächern unterhalten hatte. Er donnerte mit der Faust auf seinen Schreibtisch und rief einen Diener herbei: »Julius Pollio soll sofort herkommen!«

Mußte er den Rest seiner Tage in den klammernden Klauen der Angst zubringen? Mußte er auf den ersten Schlag von seiner Mutter, von Britannicus oder den Prätorianern warten? Natürlich nicht, sagte er sich. Er war der Kaiser! Ein Kaiser mußte manchmal über das Gesetz hinaus Handlungen vornehmen. Ja, diese Krise mußte er selbst bewältigen, und wie stolz würde Seneca sein, daß er endlich gelernt hatte, die Dinge selbst in die Hand zu nehmen. Er griff nach einer Wachstafel und begann zu schreiben.

»Sei gegrüßt, Tribun«, sagte Nero, als Pollio eintrat, »eine der weisesten Entscheidungen, die ich beim Antritt meiner Regierungszeit als Kaiser getroffen habe, war, dich aus deinen Diensten bei der Kaiserinmutter zu entlassen. Nun, hast du immer noch eine Frau namens Locusta in deiner Obhut?«

»Ja, Prinzeps!«

»Bring ihr diese versiegelte Nachricht. Sag ihr, daß du sie aus der Hand von Caesar selbst empfangen hast. Und du darfst *nie-*

mandem von deiner Mission erzählen. Dein eigenes Leben hängt davon ab.«

»Natürlich, Caesar!« Er salutierte und verschwand.

Als das Fläschchen mit Gift ankam, gab Nero es einem von Britannicus' Erziehern und sagte zu ihm: »Schütte den ganzen Inhalt in den Wein des Prinzen. Natürlich abends, kurz vor dem Schlafengehen, wenn kein Vorkoster mehr dabei ist!«

Der Tutor, ein treu ergebener Diener des Kaisers, kam dem Befehl nach, ohne Fragen zu stellen. In dieser Nacht trank Britannicus seinen Wein und wurde sogleich krank. Aber er litt nur an harmlosem Durchfall, und so konnte das Gift ausgeschieden werden.

Nero beauftragte Pollio, Locusta zu ihm zu bringen. Als sie vor ihn trat, starrte er die schlampige, häßliche, alte Hexe ein paar Minuten lang an und brüllte dann: »Was habt ihr beide denn da ausgeheckt? Wolltet ihr einen Narren aus Caesar machen? Ich bestellte Gift, und du hast mir ein Abführmittel gegeben. Dein ›Opfer‹ hat eine Entschlackungskur hinter sich und ist gesünder als jemals zuvor!« Er gab ihr peitschende Ohrfeigen.

Locusta zuckte vor Schmerz zusammen und sagte: »Kupfervitriol ist *kein* Abführmittel, Caesar. Aber manchmal wirkt es erst nach einer gewissen Zeit. Ich wollte nur, daß der Mord wie eine Krankheit aussieht, damit man dich nicht eines Verbrechens anklagt.«

»Bah! Du glaubst wohl, ich würde das Julianische Gesetz gegen Giftmörder fürchten! Ich verurteile dich zum Tode, Locusta. Und du Pollio, wirst ihr folgen, wenn du nicht – «

»Vergib mir, Caesar!« Locusta war vor ihm auf die Knie gefallen. »Gib mir noch eine Chance! Das nächste Gemisch wird ein schnell wirkendes Gift sein, das nicht fehlschlagen kann. Es wird das Opfer umhauen wie ein Dolch.«

»Das sagst du. Aber ich glaube dir kein Wort mehr, Locusta!« Er legte sein von Pickeln gesprenkeltes Kinn in die hohle Hand und blickte dann auf: »Außer wenn du bereit bist, deine Zaubermittel herzubringen und das Gift hier im Palast zuzubereiten, damit wir es zuerst testen können.«

»Mit Vergnügen, mein Herr und Gebieter!«

»Also abgemacht. Aber du mußt einen Schleier tragen, und es darf dich keiner sehen. Pollio, hilf ihr mit ihrem Kram und bringt alles hinauf in das Zimmer neben meinen Gemächern. Hierher – ich zeige euch, wohin.«

Ein paar Stunden später kam Locusta mit ihrem Gepäck im Palast an. Nero half ihr, ihre Utensilien auszupacken und aufzustellen; und er sah ihr wie ein Zauberlehrling beim Kochen und Verrühren der Zutaten zu. Als Locusta sagte, daß der Gifttrank fertig sei, eilte Nero hinaus, um ein junges Zicklein zu holen, das er in seinem Schlafgemach angebunden hatte, und ließ das Tier herein. Mit dem unkritischen Appetit, für den diese Tierart berühmt ist, leckte die junge Ziege gehorsam das Gift auf und fiel auf die Seite. Aber der Todeskampf zog sich noch eine Stunde hin, bevor das Herz zu schlagen aufhörte.

»Wie ein Dolch, Locusta?« murrte Nero. »Es ist nicht stark genug.«

»Keine Sorge, Caesar. Wir destillieren es noch ein paarmal.«

Der Gestank, der von der brodelnden Mischung aufstieg, schnürte Nero die Kehle zu, und er stolperte hinaus aus dem Raum. Bald kam er mit einem Ferkel auf dem Arm zurück.

»Bist du fertig?«

Locusta nickte. Sie warf etwas Futter auf den Boden und tröpfelte das Gift darüber. Das Schwein schlenderte gemächlich hinüber, schnaubte beim schmatzenden Kauen, quiekste zweimal und fiel tot um.

»Gut«, sagte Nero, »das Gift ist auch farblos.« Er nahm den übrigen Gifttrank und trug ihn eigenhändig hinunter in die Palastküche. Dann bereitete er alles für das Abendessen vor.

Es war üblich, daß die jungen Prinzen mit ihren Freunden an separaten Tischen im Speisesaal saßen, während die Älteren es sich beim Essen am Haupttisch bequem machten. Britannicus' Platz war immer noch am Kindertisch; und an diesem Abend war er von anderen erlauchten Jugendlichen umgeben, einschließlich Sabinus' Neffen Titus, der zu seiner Rechten saß. Britannicus und Titus waren in der Palastschule dicke Freunde geblieben, und bei Sport-Wettkämpfen auf dem Palatin spielten sie immer in derselben Mannschaft.

Die Nacht war kühl, und schon zu Beginn des Mahls wurde heißer Wein gereicht. Ein Mundschenk goß einen Becher für Britannicus ein; einer seiner Diener kostete davon, und dann gab er ihn an den Prinzen weiter.

»Vorsichtig, mein Herr«, warnte er. »Der Wein ist gut, aber heiß.«

Britannicus nippte vorsichtig daran und spuckte den Wein dann auf den Mosaikboden. »Pfui Teufel! War das aus dem Hades abgefüllt? Da verbrennt man sich ja den Mund. *Wasser!*«

Ein anderer Diener eilte mit einem silbernen Krug herbei und goß kaltes Wasser hinzu, um den Wein zu kühlen. Nero beobachtete seinen Stiefbruder aus den Augenwinkeln, denn das Wasser war mit Locustas Gift getränkt. Britannicus stopfte sich eine Brotkruste in den Mund. Jetzt hielt er inne, um einen Schluck Wein zu nehmen. Ein paar Schlucke –, und schon begann er, von seinem Stuhl herunterzurutschen und stürzte dann auf den Boden, hustete und rang nach Luft.

Titus sprang auf den Boden, um seinem Freund zu helfen, und an beiden Tischen gab es eine große Aufregung. Nero kam an die Seite von Titus, um zu sehen, was los sei. »Oh ... das schon wieder«, wieherte er, »der arme Britannicus hat Epilepsie. Von Geburt an. Macht euch keine Sorgen, der junge Mann wird bald wieder zu sich kommen. Wache! Tragt den jungen Prinzen hinauf in sein Zimmer.«

Titus versuchte, den Pulsschlag des Britannicus zu fühlen. Er flatterte unregelmäßig. Dann hörte sein Herz plötzlich ganz zu schlagen auf, und seine Haut lief blau an. Seine Augen traten aus den Augenhöhlen und starrten leblos ins Leere, die Pupillen waren unnatürlich geweitet. Er war tot!

Titus stand auf und machte einen Satz, um Britannicus' Becher zu ergreifen, bevor der Diener, der das Wasser eingeschenkt hatte, ihn wegnehmen konnte. Er nahm schnell ein Schlückchen davon und behielt den vergifteten Wein für einen Augenblick in seinem Mund, bevor er ihn ausspuckte. Der mit Wasser vermischte Wein hatte einen unverkennbaren Nachgeschmack, und Titus spülte seinen Mund schnell mit einem Getränk aus einem anderen Becher aus.

Agrippina und Octavia hatten die Szene mit wachsendem Entsetzen beobachtet, wobei es ihnen dämmerte, daß Britannicus vergiftet worden war. Octavia flüchtete sich in die frostige Maske, hinter der sie schon seit Monaten ihre Gefühle verstecken mußte; aber Agrippina bereitete es große Schwierigkeiten, ihren Schrecken zu verbergen, und ihre Hände begannen unkontrolliert zu zittern. Sie zwang sich dazu, Nero anzuschauen. Er starrte sie mit einem dunklen Glanz in seinen schieferblauen Augen an, als wolle er sagen: »Tja, du kannst mir jetzt nicht mehr länger mit Britannicus drohen, nicht wahr, liebe Mutter? Was kommt als nächstes?« Es lag sogar eine Herausforderung in seiner Miene, die hinauszuschreien schien, was unausgesprochen blieb: »Und was den Mord angeht: wie die Mutter, so der Sohn!«

Nach einer kurzen, durch Schock ausgelösten Stille, verließen alle den Tisch, jeder mit einer anderen persönlichen Last. Octavia weinte sich in den Schlaf: Sie hatte noch nicht einmal eine letzte Umarmung von ihrem Bruder bekommen. Agrippina fragte sich voller Entsetzen, wie sie mit dem Sohn fertigwerden sollte, den sie auf die Welt gebracht hatte.

Seneca, tief schockiert über die Tat seines Schülers, hielt umgehend eine Beratung mit Burrus ab.

»Die erste Entscheidung, die er wirklich allein getroffen hat«, sagte er, »und sieh dir nur an, was er getan hat!«

Burrus schüttelte den Kopf und sagte: »Ich habe dir immer gesagt, daß Nero ein großes Potential in sich trägt, zum Guten – oder zum Schlechten!«

Und Seneca war überrascht, dennoch einen anderen Teil in seinem Kopf zu entdecken, der sich eifrig bemühte, irgendeine Rechtfertigung für Neros Verhalten zu finden. Da war schließlich seine erbärmliche Mutter und ihre Drohungen ... Brudermord kam oft in königlichen Häusern vor ... Britannicus' Bemerkungen *waren* wirklich unbedacht gewesen ... und eine gemeinsame Herrschaft war unmöglich: das Kaisertum kannte keine Partnerschaft!

Doch das war kaum eine ausreichende Rechtfertigung. – Würde er weiterhin Entschuldigungen für Nero finden müssen? Oder war es noch möglich, die guten Eigenschaften in dem jungen Prinzen zu retten und hervorzuholen?

Britannicus' Begräbnis wurde völlig überstürzt vorgenommen, so daß es schon pietätlos war. Der Palast verkündete den Tod um Mitternacht, und die Riten wurden schon bei Anbruch der darauffolgenden Morgendämmerung abgehalten. Gerade als die Prozession beginnen sollte, schaute Nero auf den toten Britannicus, und ihm stockte der Atem. Der Körper war von dem Gift widerlich blau angelaufen – ein offensichtlicher Beweis seines Mordes. Nero befahl, die Haut schnell mit weißem Gips einzureiben, um diesen Beweis zu kaschieren, und die Prozession konnte beginnen. Doch als sie sich den Weg durch die trauernden Menschenmengen bahnten, ging plötzlich ein Wolkenbruch nieder und durchnäßte das leblose Gesicht von Britannicus. Die Römer erstarrten vor Schreck bei dem Anblick: Ein Flüßchen aus Kreidewasser tropfte von der Totenbahre, und das gespenstisch weiße Gesicht und die Arme von Britannicus verwandelten sich in ein aufgedunsenes, zum Himmel schreiendes Purpurrot. Die Gerüchte, die sich bereits in der Stadt ausgebreitet hatten, wurden nicht mehr länger geflüstert.

Aulus Plautius konnte nicht an dem Begräbnis teilnehmen, weil ein unerwartetes Ereignis ihn im Hause von Vespasian auf dem Quirinal aufhielt. Nach Britannicus' Vergiftung hatte Titus sich aus dem Palast weggeschlichen und war in einem zunehmenden Delirium durch Rom gelaufen und an jedem Springbrunnen stehengeblieben, um den vergeblichen Versuch zu unternehmen, diesen schrecklichen, anhaltenden Nachgeschmack aus seinem Mund zu spülen. Beim bloßen Nippen an dem Becher seines Freundes hatte er schon genug Gift geschluckt, um ernstlich krank davon zu werden, wenngleich es ihm gelang, hinauf bis zur Türschwelle zu taumeln, bevor er zusammensackte.

Als Aulus morgens bei Vespasian vorbeikam, traf er dort Ärzte an, die sich über den am Boden liegenden jungen Mann beugten, der nur mit Mühe atmen konnte und einen leichten Krampf in seinen Lippen zu haben schien. Dennoch spielte Titus den tapferen Soldaten, den nur ein vierzehnjähriger Junge zu spielen vermag, und sagte zu jedem, daß es ihm in ein paar Minuten sicher wieder besser gehen würde.

»Aber *warum* in aller Welt mußtest du das Zeug probieren?« fragte Vespasian seinen Sohn immer wieder, wobei sich auf seiner Stirn tiefe Sorgenfalten bildeten. »Das kann sich doch jeder an seinen zehn Fingern abzählen, daß Gift in dem Becher war.«

»Ich ... weiß nicht, Vater. Ich hatte so ein Gefühl ... daß ich es Britannicus schuldig war.«

»Wonach schmeckte es?« wollte Aulus wissen.

»Nicht so sehr nach Wein.« Titus verzog das Gesicht zu einem schiefen Grinsen. »Mehr nach ... nach Pfirsichblüten. Oder Mandeln ... bitteren Mandeln.«

Aulus tauschte einen düsteren, vielsagenden Blick mit Vespasian und den Ärzten, denn das Gift mit diesem Geschmack war das tödlichste Toxin, das man kannte.

»Keine Sorge, meine Junge.« Einer von den Ärzten griff ihm unter das Kinn. »Wenn es dich jetzt noch nicht erwischt hat, dann bist du außer Gefahr.«

Aber es sollte noch sechs Monate dauern, bis Titus endlich von den letzten hartnäckigen Symptomen von Locustas Gebräu kuriert war.

Aulus verließ das Haus und machte sich dunkle Gedanken über Nero. Sein erstes Vorurteil gegen den Prinzen schien sich schließlich doch bewahrheitet zu haben. Er fragte sich nun, warum er seine besten Jahre auf dieser kalten und nebligen Insel im Norden verbracht hatte. Nur um den Britanniern eine »höhere Kultur« aufzudrängen, die nahe daran war, von den Würmern, die Intrige und Mord heißen, völlig zerfressen zu werden? Die Römische Republik hatte nicht funktioniert, und jetzt schien auch das Kaiserreich in die Tiefe zu stürzen. Was blieb dann noch übrig?

Er hätte mit Freuden Jupiter oder die anderen Götter für das, was passiert war, verantwortlich gemacht, wenn er auch nur für einen Moment an ihre Existenz geglaubt hätte. Es gab Zeiten, in denen er ernsthaft an Emigration dachte, an ein glückliches, selbstgewähltes Exil mit Pomponia, vielleicht auf einer griechischen Insel, wo er sich nicht für seine Regierung zu schämen brauchte und in Frieden nachdenken und schreiben könnte.

13

In den letzten Monaten schien Plautia nur noch für zwei Dinge zu leben: zum einen, um zärtliche Liebesbriefe mit Sabinus in Gallien auszutauschen, zum anderen, um ihre Hochzeit vorzubereiten. Unter anderen Umständen hätten die schrecklichen Nachrichten vom Palatin sie genauso bedrückt wie ihren Vater, aber sie hatte jetzt so viele herrliche Zukunftspläne, daß ihre einzige Sorge war, daß Sabinus wohlbehalten nach Rom zurückkehrte.

Sabinus' Bruder Vespasian besuchte sie mit seinem kränklichen Titus, um ihnen einen ausführlicheren Bericht über die Ereignisse an Britannicus' Tisch zu liefern. Aber Plautia ignorierte die tragischen politischen Intrigen und umarmte Vespasian als »den engsten Verwandten von ihrem ›Liebling Sabinus‹«. Aulus zog bei diesem Gefühlsausbruch die Stirn in Falten; aber Vespasians angespannte Gesichtszüge lockerten sich für dieses eine Mal, und er brachte sogar ein warmes Lächeln zustande.

Selbst Pomponia schien ihre religiösen Probleme gelöst zu haben, und Aulus dankte den aufwendigen Hochzeitsvorbereitungen dafür. Den Plautii war nur dieses eine Mal die Gelegenheit vergönnt, eine Hochzeitsfeier auszurichten, und sie hatten die Absicht, die schönste Feier der Welt daraus zu machen. Die Gästeliste wurde diesmal länger als bei der Verlobungsfeier, und wieder stellte sich die nagende Frage: Sollten Nero und Agrippina eingeladen werden? Ja, rieten Aulus' engste Freunde, es wäre eine diplomatische Geste, die für Sabinus' Karriere von großer Bedeutung sein könnte, nicht zu reden von der Tatsache, daß Nero Quintus Lateranus wieder rehabilitiert hatte.

Aulus hörte sich in Ruhe sämtliche Argumente an, um sie dann alle vom Tisch zu fegen: »*Zwei* Giftmörder in unserem Haus? Ich würde mich auf der Hochzeit meiner eigenen Tochter nicht mehr sicher fühlen!«

Kein geduldiges Zureden von allen Seiten konnte ihn umstimmen, obgleich er das Zugeständnis machte, Seneca und Burrus als Repräsentanten des Palastes einzuladen. Falls Nero sich gekränkt und übergangen fühlen sollte, würde man einfach behaupten: Die Hochzeitsfeier sei zu bescheiden gewesen, als daß man von einem Caesar erwarten konnte, daran teilzunehmen, und die Einladung zu einer solchen Feier hätte den Anschein gehabt, als wolle man lediglich ein Geschenk erhalten.

Sabinus hatte versprochen, die Volkszählung in Gallien Anfang Oktober zu beenden, aber man befand sich bereits an den Iden des Monats, und immer noch hatte er Plautia nicht den genauen Tag seiner Ankunft genannt. Seit ein paar Wochen hatte sie nichts mehr von ihm gehört, und die Hochzeit war für Mitte Oktober angesetzt. Eine weitere Woche verging, ohne daß eine Nachricht von Sabinus eingetroffen war. Eine wachsende Unruhe nagte an Plautia, die sie in der Hektik der Hochzeitsvorbereitungen zu ersticken versuchte.

In dieser Nacht – sie konnte nicht sagen, wann es war – wurde sie von dem lauten Krachen eines zerbrochenen Dachziegels geweckt, auf das ein Donnern in dem Korridor vor ihrem Schlafzimmer folgte. Einige Fußbodenbretter knarrten. Als sie die Öllampe an der Seite ihres Bettes anzündete, erschreckte sie sehr, weil sich die Klinke an ihrer Schlafzimmertür bewegte. Sie versuchte zu schreien, aber die Angst ließ ihren Schrei zu einem gedämpften Keuchen werden.

Langsam öffnete sich die Tür, und in dem orangefarbenen Flackern des Lichts sah sie das Gesicht von Flavius Sabinus. Sie quietschte vor Freude, rannte in seine Arme, und die beiden Liebenden küßten sich sehnsüchtig, als versuchten sie, in den Augenblicken des Glücksrauschs die Monate der Trennung nachzuholen. Schließlich brachten sie kurze Dialoge zustande, die von weiteren Umarmungen und Küssen unterbrochen und versüßt wurden.

»Vergib mir, daß ich einfach so hier eingebrochen bin, mein Schatz ...«

»Ohhh. Ich bin froh, daß du es gemacht hast ...«

»Die letzte Strecke bin ich geritten, ohne ein einziges Mal anzuhalten. Ich hatte gehofft, früher anzukommen ...«

»Das macht doch nichts, mein Liebster. Aber wie um alles in der Welt bist du hier ’reingekommen?«

»Ich bin auf einen Baum geklettert ... habe mich an einem Ast entlanggehangelt, bin über die Mauer gesprungen ... und kam durch den Hof ins Haus ’rein. Ich wollte nicht das ganze Haus aufwecken.«

»Du bist hier. Du bist wirklich hier, mein Schatz!«

Sie schmiegten sich auf ihrem Bett aneinander, küßten und streichelten einander wieder von neuem. Zu der Liebe, der höchsten Verlockung von Geist und Seele, gesellte sich bald die Leidenschaft hinzu, welche die Körper mit ihrer brennenden Flamme verschmelzen will. Aber Plautia bestand selbst in einer Nacht wie dieser immer noch darauf, daß mit der völligen Hingabe in der Liebe bis zur Hochzeit gewartet werden sollte.

»Bald werden wir eins sein, lieber Sabinus. Laß es uns versuchen ... versuchen, geduldig zu sein. Aber halt mich fest.«

Er nahm sie in seine Arme. *Wie unsagbar sanft und verständnisvoll er ist,* dachte sie, und bei seiner innigen Umarmung spürte sie ein Prickeln am ganzen Körper.

Obwohl sie mit den Hochzeitsvorbereitungen schon sehr früh begonnen hatten, ging es trotzdem in der letzten Woche vor der Hochzeit im Hause der Plautii sehr hektisch zu. Während Pomponia sich darum kümmerte, daß die Unmengen der Lieferungen von Essen und Getränken ins Haus gebracht wurden, rannte Aulus um das Haus herum, entwickelte Strategien und erteilte Befehle, als befände er sich im Britannienfeldzug an der Themse und nicht am Tiber. Plaudernde Diener brachten ein letztes Mal die gesamte herrschaftliche Villa auf Hochglanz, aus der Blumen, Girlanden und Grünpflanzen geradezu wie Pilze aus dem Boden schossen. Irgendwie überstanden die Plautii ihre Vorbereitungen.

Im Morgengrauen hörte Plautia an ihrem Hochzeitstag, wie die Trompeten von den Castra Praetoria den Sonnenaufgang begrüßten. Normalerweise weckten sie Plautia immer, aber heute war sie schon wach. Das erste Morgengrauen hatte sie dazu bewegt, aus dem Bett zu springen, um mit der komplizierten Prozedur zu beginnen, ihre Haare im traditionellen »Sechs-Locken-Look« einer Braut zu frisieren. Bald danach kam Pomponia mit dem Frühstück und dem mütterlichen Übereifer, ihrer Tochter beim Ankleiden zu helfen.

Jetzt bebte das ganze Haus vor Geschäftigkeit. Aulus, der die letzte Falte seiner Toga vorsichtig zurechtzupfte, überprüfte die allerletzten Dekorationen in seinem Zuständigkeitsbereich. Pomponia rannte zwischen Plautias Zimmer und der Küche hin und her, in der es aussah wie in einer Verpflegungsausgabestelle einer römischen Legion. »Mindestens noch dreißig weitere Flaschen Setiner aus dem Weinkeller«, ordnete sie an, »und hol' noch mehr von dem eingelegten Kalmar!«

Aulus nutzte die Gelegenheit und huschte kurz nach draußen, um den Himmel zu betrachten. Nach einem alten Glauben sollte Regen ein gutes Omen an einem Hochzeitstag sein, aber Aulus zog einen wolkenlosen Himmel wie heute vor: das war sein persönliches gutes Omen. Ein kalter Morgendunst schlummerte noch dort oben, aber dieser Dunstschleier würde am Nachmittag, wenn man die Gäste erwartete, von der Sonne vertrieben werden.

Am späten Vormittag trafen allmählich die Sänften ein, großzügig vergoldete Transportmittel schwankten die Böschungen des Esquilins auf den Schultern von atemlosen Sklaven hinauf. Zu Fuß laufende Lakaien umgaben jede Sänfte und schirmten sie von der nächsten ab, wodurch eine farbenprächtige Prozession entstand. Die Senatoren und ihre Frauen, die aus den Sänften ausstiegen, protzten mit einer beinahe maßlosen Zurschaustellung von Purpur, Juwelen und Gold. Einige Kriegsveteranen des Britannienfeldzugs, die aus den niederen Rängen der römischen Gesellschaft kamen, waren auch eingeladen worden und kletterten jetzt in ihren besten Kleidern den Esquilin hinauf.

Der Bräutigam erschien und stellte sich neben seinen Begleiter Vespasian. Sabinus trug wie Aulus eine Toga aus weißem Stoff, den man mit Bleicherde behandelt hatte, um einen besonderen Glanz zu erzielen. Es war die Tracht von Gastgebern, Bräutigamen und Kandidaten für ein öffentliches Amt (den sogenannten *candidati* oder »Weißröcken«). Später würden sie festliche Abendkostüme anziehen. Einige hypermoderne Senatoren trugen Abendgewänder in verschiedenen Safran-, Azur- und Amethystfarbtönen – das war aber noch gar nichts im Vergleich zu den Frauen, welche die Männer an Farben und Glanz ihrer Kleider bei weitem übertrafen.

Plautia hingegen war beinahe schlicht gekleidet. Als Sabinus sah, wie sie das mit Menschen bevölkerte Atrium von der gegenüberliegenden Seite betrat, war sie mit einem Blumenkranz gekrönt und trug die traditionelle elfenbeinfarbige Tunika, Schuhe aus weißem Leder, die mit Perlen besetzt waren, und einen hauchdünnen, seidenen, feuerroten Schleier.

Der Geschäftspartner des Bräutigams, Quintus Lateranus, übernahm an diesem Tag die Rolle des Sehers und Orakeldeuters. Er zwinkerte dem Brautpaar zu und enthüllte mit einer großartigen Geste einen Hühnerstall mit Heiligen Hühnern, denen er etwas Futter gab – das war die Methode der Senatoren, das Orakel des Tages herauszufinden. Die Hühner waren natürlich mit viel Sorgfalt ausgehungert worden und pickten jetzt voller Begeisterung jedes Körnchen auf. Mit einem flüchtigen Lächeln auf dem Gesicht verkündete Lateranus: »*Omina ... bona!* Die Omen sind günstig!«

»*Bene! Bene!*«[*] riefen die Gäste, denn die Zeremonie konnte jetzt beginnen.

Plautias Brautführerin, die Gattin ihres Cousins Quintus, führte sie zu Sabinus hinauf, der ihnen bis zur Mitte des Atriums entgegengekommen war. Plautia streckte ihre rechte Hand unter dem feuerroten Schleier aus und legte sie in Sabinus' Hand. Sabinus strahlte über das ganze Gesicht, als er Plautia in die Augen schaute und mit seiner volltönenden Stimme fragte: »Willst du meine *materfamilias*[**] werden?«

»*Certe.*«[***]

Dann fragte Plautia ihn mit ihrer melodischen Stimme: »Willst du mein *paterfamilias*[****] werden?«

»*Certe.*«

Die Gäste waren begeistert. Das persönliche Hochzeits-Treuegelöbnis hatten Sabinus und Plautia selbst gewählt, denn das traditionelle »Wo bist du, Gaius? Hier bin ich, Gaia« hörte sich immer so gestelzt an.

Das Hochzeitspaar ging jetzt zusammen mit Aulus und Pomponia auf einen kleinen Altar in der Mitte der Halle zu. Die vier legten gemeinsam einen Kuchen aus grobkörnigem Brotteig auf den Altar und sagten kurze Gebete für Jupiter, Juno und andere heimische Götter – alle außer Pomponia, die zwar half, das Brot auf den Altar zu legen, dann aber ihren Kopf beugte, ohne etwas zu sagen.

»Die Götter mögen Glück bringen!« schrie Aulus.

* bene (lat.): gut
** materfamilias (lat.): Familienmutter
*** certe (lat.): ja, gewiß
**** paterfamilias (lat.): Familienvater

»Feliciter! Feliciter!«[*] antworteten die Gäste sogleich, denn die beiden waren nun Mann und Frau.

Eine Phalanx von Verwandten und Freunden stürmte auf das Hochzeitspaar zu und begleitete sie in das Peristyl, wo das Hochzeitsbankett serviert wurde. Polla, die drahtige, kleine Mutter von Sabinus und Vespasian, war von Plautia ganz entzückt. Sie hatte sie vorher noch nicht getroffen, weil Polla ihr geliebtes Reate in der malerischen Sabiner-Hügellandschaft nur ungern verließ und Rom von ganzem Herzen verabscheute. Jetzt schlang sie ihre knochigen Arme um Plautia und dankte ihr dafür, daß sie die Flavii von der jahrelangen Sorge um »meinen eigensinnigen Junggesellensohn, der die Ehe wie eine wahre Plage gemieden hat« befreit hatte. Dann fügte sie wehmütig hinzu: »Wenn doch nur mein Mann diesen Tag noch erleben könnte ... «

Vespasian machte voller Stolz alle Leute mit seiner Frau Flavia bekannt und stellte ihre gemeinsamen Kinder vor: Titus, der sich endlich wieder von Locustas Gift erholt hatte, sowie seine jüngeren Geschwister, seinen Bruder Domitian und seine Schwester Domitilla.

Alle Gäste hatten ihre Plätze an den Tischen eingenommen, welche an den Hochzeitstisch angrenzten, als eine Schar von Dienern die pikanten Vorspeisen hereinbrachte: frische Austern, Krabben, gefüllte Eier und grünes Gemüse – alles auf glänzenden Silberplatten serviert. Die Gäste griffen hungrig mit den Fingern nach den Köstlichkeiten. Acht Gänge folgten, denn dieses Festessen sollte mehr als ein Hochzeitsbankett werden. Es war zugleich ein Familienfestmahl, eine Gala und ein gastronomisches Vergnügen; und es würde den ganzen Tag lang dauern.

Seneca und Burrus kamen nicht nur, um ihren Repräsentationspflichten nachzukommen, sondern sie schienen sich auch großartig zu amüsieren. Ein paar Minuten vor den Zeremonien hatten sie eine kurze Unterredung mit Sabinus gehabt. Niemand konnte hören, was gesagt wurde, aber Sabinus hatte über das ganze Gesicht gestrahlt, und die drei hatten sich voller Begeisterung die Hände geschüttelt. Seneca und Burrus saßen nun zusammen mit den näch-

[*] feliciter! (lat.): viel Glück!

sten Verwandten und engsten Freunden des Hochzeitspaares an dem Hochzeitstisch, wie es sich für den kaiserlichen Rang geziemte.

Neben dem Brautpaar hatten das andere Mitglied des Zwillingsunternehmens und seine Frau ihre Plätze eingenommen. Die Braut verbat Sabinus und Quintus, über geschäftliche Angelegenheiten zu reden; und sie hielten sich für mindestens fünf Minuten an dieses Verbot. Dann aber gab es kein Halten mehr. Sie benutzten verschlüsselte Zeichen, als wollten sie vor den Gästen nicht mit ihren erzielten Beträgen protzen, und Quintus signalisierte die Goldgruben, die er in Sabinus' Abwesenheit aufgetan hatte. »Wir haben unser Kornschiff für ein viel größeres verkauft«, sagte er, »ungefähr 43 Meter lang – hab's für wenig Geld bekommen, praktisch geschenkt – und wir haben es in Alexandria eintragen lassen.«

»Ägypten? Warum kein Hafen in Italien?«

»Steuervorteile!«

»Die Frage konnte ich mir auch sparen!« Sabinus schnitt eine Grimasse.

»Wie heißt das Schiff?«

»Es hieß vorher *Isis.* Jetzt heißt es... *Zwillingsbrüder.*«

»Die Frage konnte ich mir auch sparen!« sagte Sabinus wieder und brach in Gelächter aus.

»Trotzdem haben wir einen Rückschlag erlitten. Wir mußten die Töpferei in Arretium verkaufen. Hatten einen kleinen Verlust dabei.«

»Verlust? Das hört sich gar nicht nach dir an, Quintus.«

»Bin froh, daß wir wieder gut da 'rausgekommen sind. Sie machen jetzt die gleichen Keramikarbeiten in Gallien und unterbieten den gesamten römischen Markt. Der Kerl, dem wir die Töpferei verkauft haben, muß seinen Laden jetzt dichtmachen; tut mir leid, das sagen zu müssen.«

»Quintus, du hast einen besseren Riecher als die Götter selbst. Was hast du mit dem Erlös gemacht?«

Lateranus hatte den ganzen Nachmittag darauf gewartet, daß Sabinus diese Frage stellen würde. Er strahlte über das ganze Gesicht, als er fragte: »Ich nehme an, daß dir das Zeug schmeckt, das du da trinkst?«

»Der Wein? Natürlich, das ist schließlich ein Falerner. Oh... du meinst –«

»Genau! Auch Weinberge: fünfhundert Morgen Land da unten in Campania.«

Quintus faßte einen Diener am Arm und zeigte Sabinus eine Weinflasche mit dem Etikett *Gemini*, mit einer Figur von Castor, der Pollux' Hand schüttelt. Die Zwillingsbrüder waren – so schien es – jetzt auch ins Weingeschäft eingestiegen. Sabinus schüttelte ungläubig den Kopf.

Nach dem letzten Gang des Festmahls, dem Mandelgebäck-Dessert, wurde eine turmhohe Hochzeitstorte aufgeschnitten und den Gästen nach traditioneller Art auf Lorbeerblättern serviert. Sabinus beugte sich zu seiner Braut hinüber und sagte mit sanfter Stimmer: »Ich habe eine *wirkliche* Überraschung für dich...«

»Was ist es denn diesmal, mein Lieber?«

»Es ist ziemlich... wichtig.«

»Dann erzähl es mir.«

Er beugte sich noch näher zu ihr, als wolle er es ihr ins Ohr flüstern, aber statt dessen knabberte er an ihrem Ohrläppchen.

»Hör auf damit. Sag mir lieber, was du mir erzählen wolltest, Sabinus.«

»Nein. Du wirst es schon gleich erfahren.«

Jetzt war die Zeit für Toasts und Reden gekommen; die erste Rede wurde von Aulus Plautius gehalten, der in bester Stimmung war. Dann stellte er Annaeus Seneca vor. Der Philosph, dessen Handwerkszeug das Wort war – gesprochen, geschrieben, geflüstert, angedeutet –, entzückte die Gäste mit einer geistreichen Vorstellung. Zum Schluß seiner Rede brach er die Siegel eines Dokumentes vom Palast auf. Einige hielten vor Spannung den Atem an, und das Lächeln verschwand auf Aulus' Gesicht.

Seneca las vor, daß Nero dem Hochzeitspaar seine besten Glückwünsche zukommen lasse und bedaure, daß dringende Geschäfte ihn im Palast zurückgehalten hätten – Aulus krümmte sich innerlich vor Unbehagen –, und er hatte ein besonderes Lob für die Schönheit der Braut:

> Wenn ich mich recht erinnere, sang ich einst zu wilde Lobgesänge auf ihren Liebreiz, aber ein kleines Mal auf meiner Wange hat mich belehrt, daß ich mehr auf mein Benehmen achten muß. Vergib mir meine wilde Jugend, hübsche Plautia!

Die Personen am Tisch des Hochzeitspaares brachen in brüllendes Gelächter aus, während die anderen Gäste nur lächeln konnten. Denn es wurde auf etwas Privates angespielt, was nur Eingeweihte verstanden. Dann las Seneca weiter vor:

> Das Schicksal ist dir hold, Flavius Sabinus, und so auch der Senat und das römische Volk. Du hast dir die Siegessporen verdient, indem du deinen Heldenmut in dem Britannischen Feldzug, der von deinem berühmten Schwiegervater angeführt wurde, unter Beweis gestellt hast. Du warst der großartigste Statthalter, den Moesia jemals hatte; und zum ersten Mal gab es in Gallien dank deiner Hilfe eine Volkszählung, die mit der tatsächlichen Bevölkerungszahl übereinstimmte. Wegen deiner ausgezeichneten Qualifikationen übertrage ich dir hiermit das hohe Amt des *praefectus urbi**, deine feierliche Amtseinsetzung wird im Januar des folgenden Jahres stattfinden.

Man konnte kaum ein Wort verstehen, als Seneca die letzten Worte von Neros Brief vorlas, denn bei dem Wort *praefectus urbi* waren alle Gäste auf die Füße gesprungen, um in tosenden Applaus und wilde Hochrufe auszubrechen. Als *praefectus urbi* oder »Stadtpräfekt« würde Sabinus der Oberbürgermeister von Rom sein und das höchste Amt innehaben, das ein Senator erreichen konnte. Das Amt verlieh ihm ein hohes Ansehen; und die neue Rangordnung bei der Machtverteilung im Römischen Kaiserreich würde lauten: Nero, Seneca/Burrus und Sabinus – in dieser Reihenfolge.

Plautia küßte ihn voller Stolz, und die anderen Plautii und Flavii klopften ihm anerkennend auf den Rücken und gratulierten ihm, während seiner kleinen Mutter die Tränen in den Augen standen. Vespasian schlug ihm brüderlich auf die Schulter und sagte: »Ich wußte ja immer, daß du der vom Schicksal auserwählte Mann in unserer Familie bist.«

»Nein, Vespasian«, neckte ihn Sabinus, »du wolltest nur zu früh nach oben.« Zwischen den Brüdern hatte eine lebhafte politische Rivalität geherrscht, und es hatte eine Zeit gegeben, als Vespasian

* praefectus urbi (lat.): Stadtpräfekt, Inhaber der Polizeigewalt und Vertreter der Gerichtsbarkeit in Rom.

Sabinus um eine ganze Länge voraus gewesen war – als sein Vorgesetzter in Britannia.

*»Pompa! Pompa!«** brüllte jemand. Die anderen Gäste nahmen den Ruf auf und riefen zu dem üblichen feierlichen Zug auf, der die Braut zu ihrem neuen Heim begleiten sollte. Inzwischen war es dunkel geworden, und eine Gruppe von Kriegskameraden, die als Fackelträger fungierten, zündeten Holzscheite an, bis das Vestibül von rötlichen Flammen hell erleuchtet war.

»Musik!« rief Aulus, und ein Dutzend Flötenspieler begann zu spielen.

Die Gäste bildeten eine Schlange hinter dem Hochzeitspaar und strömten aus dem Haus hinaus, um sich dem feierlichen Umzug anzuschließen, der sich seinen Weg in Richtung Norden durch die Stadtmitte bis zum Quirinal bahnte. Die durch die Straßen ziehenden Feiernden begannen traditionelle Hochzeitslieder zu singen, als sie unter dem flackernden Fackellicht marschierten, während die Zuschauer am Straßenrand ihnen Hochrufe zujohlten und den Gott der Ehe ehrten: »Talasse! *Io* Talasse!«

Sabinus' Haus in der Stadt war hell erleuchtet, als der Zug dort ankam, seine Hausdienerschaft stand vor dem Haus bereit, um die neue *domina*** zu begrüßen. Um jegliches Stolpern zu vermeiden – denn das wäre ein böses Omen gewesen – hob Sabinus Plautia vorsichtig hoch und trug sie über die Schwelle. Dann drückte er ihr einen Becher Wasser und ein glühendes Holzscheit in die Hände – die Symbole für ein gemeinsames Leben. Nun zog Plautia drei Silbermünzen hervor. Eine gab sie ihrem frischgebackenen Ehemann zum Zeichen ihrer Mitgift, die zweite legte sie für die Hausgeister ihres neuen Heims auf den Altar im Atrium und die dritte Münze warf sie zurück auf die Straße für die Geister der Fahrbahnen.

»Und jetzt die Vollziehung der Ehe«, flüsterte schließlich die Brautführerin Plautias mit einem schüchternen Lächeln. Sie führte das Hochzeitspaar in das Hochzeitsschlafgemach und schloß die Tür hinter ihnen. Die Gäste brachten dem Hochzeitspaar noch ein letztes Hochzeitsständchen, und dann gingen sie nach Hause. Die Hochzeitsfeier war zu Ende.

* pompa (lat.): feierlicher Umzug
** domina (lat.): Herrin

Es war ein anstrengender Tag gewesen – und einer, den sie niemals vergessen würden. Sabinus nahm seine Frau in den Arm, beugte sich zu ihren Lippen hinunter und küßte sie mit zärtlicher Leidenschaft.

»Plautia, *meine* Plautia«, flüsterte er, während er den Knoten an ihrer elfenbeinfarbenen Tunika löste.

»Ich liebe dich, *mea vita**!«

*»O summa voluptas!«***

Sie begann, schwer zu atmen und hörte ein fernes Brausen in ihren Ohren. Sie hielt ihn noch fester an sich gedrückt und hoffte, auf diese Weise die warmen und köstlichen Wellen des Verlangens aufhalten zu können, aber sie konnte nur mit der brausenden Flut ihrer Liebe forttreiben.

Sabinus wurde überschwemmt von einem süßen Strom der Verzückung. Er dachte, wenn er im nächsten Augenblick stürbe, hätte er ein erfülltes Leben gehabt. Das strahlende Geschöpf, das seine Sinne von dem Tag an gefangengenommen hatte, als er es zum ersten Mal auf dem Kapitol gesehen hatte, das aber für so lange Zeit nichts als ein unerreichbarer Traum für ihn gewesen war, dieses bezaubernde Geschöpf war jetzt ein Teil von ihm. Er schlüpfte aus dem Bett und ließ sich auf die Knie fallen, um seine wahre Liebesgöttin anzubeten, er preßte seine glühende Wange gegen ihre Hand und küßte ihren Ring, den er ihr an den Finger gesteckt hatte. Kein Mann auf der ganzen Welt, so glaubte er felsenfest, war in diesem Augenblick fröhlicher, glücklicher oder verliebter als er. Oder war es jemals zuvor gewesen. Oder würde es in Zukunft sein.

* Mein Leben
** »Oh höchste Wonne!«

14

Obwohl sie ihre Liebe nicht an die große Glocke gehängt hatten, wurde sie doch schon bald öffentlich bekannt. Ein populärer Senator – der bald schon Stadtpräfekt sein würde – heiratete die Tochter eines Kriegshelden: das war etwas, was die Phantasie der Leute anregte. Ganze Menschentrauben von Römern sammelten sich vor dem Haus dieses Paares, in der Hoffnung, die Braut oder den Bräutigam kommen oder gehen zu sehen. Wenn die beiden in der Stadt erschienen, wurde ihnen hofiert und applaudiert, und die restlichen Wochen des Jahres waren mit Abendgesellschaften und sozialen Verpflichtungen ausgefüllt, die man zu Ehren von Plautia und Sabinus ausrichtete.

Die Freude an ihrem gemeinsamen Leben war größer, als sie zu hoffen gewagt hatten. Ihre Liebe war reich und vielfältig, verschwenderisch und doch nie aufgebraucht, sondern jeden Morgen neu – und nun konnte sie sich auch voll entfalten: in der Einheit von Geist, Seele und Körper.

Um sich in sein neues Aufgabenfeld einzuarbeiten, mußte Sabinus beträchtlich viel Zeit in Roms städtischen Polizei- und Verwaltungspräsidien verbringen, die sich genau gegenüber vom Forum des Palatins befanden. Saturnus, der pensionierte Bürgermeister von Rom, erwies sich als recht hilfsbereit bei der Aufgabe, Sabinus in sein Aufgabengebiet einzuweisen, wenn er auch den Eindruck vermittelte, daß die Stadt Rom nach seiner Pensionierung nie wieder dieselbe wie vorher sein würde.

»Nach einem arbeitsreichen Tag wieder zurück zu dir zu kommen, das ist das gleiche Gefühl, das ein Frierender empfinden mag, wenn er in ein warmes, sprudelndes Bad springt«, murmelte Sabinus, als er Plautias kastanienbraune Haarsträhnen beiseite schob, um sie auf den Nacken zu küssen.

»Ich weiß, der Vergleich ist nicht gerade galant, aber er drückt das Gefühl der Geborgenheit aus.«

»Sabinus, es gibt da etwas, was ich dich über deine neue Stellung fragen möchte«, sagte sie und runzelte leicht die Stirn.

»Ich denke, ich weiß schon, was es ist.«

Sie zögerte: »Über Nero?«

Er nickte: »Ich denke, du willst wissen, ob ich eng mit ihm zusammenarbeiten werde?«

»Ja, das wollte ich fragen.«

Das war in der Tat die unausgesprochene Frage in den Köpfen aller Plautii und Flavii, die kleine Wolke, welche über ihrem Glückshimmel lag. Das war auch der Grund gewesen, warum Aulus, nachdem er seinem Schwiegersohn zu dem neuen Amt gratuliert hatte, nicht umhin konnte, mit einem bedeutsamen Blick hinzuzufügen: »Du mußt sehr vorsichtig sein!«

»Es ist eine berechtigte Frage, *carissima*[*]«, räumte Sabinus ein, »und die Antwort ist ja und nein. Ja, Nero kann jederzeit über mich verfügen, zumal ich nur durch das Forum von seinem Palast getrennt bin. Und wenn irgendwelche großen Entscheidungen über die Stadt getroffen werden müssen, werde ich sie mit Nero und Seneca zu besprechen haben. Aber nein, ich werde nicht jeden Tag in Kontakt mit ihm sein. Die Regierungszentren des Kaiserreiches und der Stadt sind vollkommen getrennt; und wenn in Rom die Angelegenheiten, um die ich mich zu kümmern habe, reibungslos verlaufen, hat er keinen Grund, mir auf die Finger zu schauen.«

»Oh, Sabinus«, sagte sie mit sorgenvoller Miene, »warum mußtest du nur... ein solches Risiko eingehen?«

»Warum entscheidet man sich für eine politische Karriere, Plautia? Bei hohen Spieleinsätzen nimmt man immer ein Risiko auf sich. Ich denke, ich sollte sagen: ›Ich mache es für Rom‹, und glaub' es oder glaub' es nicht, das ist ein großer Teil der Antwort. Seneca und Burrus versuchen, etwas sehr Edles für den Staat zu tun. Sie wollen sehen, ob Nero nicht doch noch zu einem idealen Regenten aufgebaut werden kann. Und ich möchte sie dabei unterstützen.«

»Ist das der wahre Grund?«

Er lächelte und schüttelte den Kopf: »Nein, ich gebe es zu. Ich mag auch... die Aufregung des öffentlichen Lebens...«

Am Neujahrstag Anno Domini 56 wurde Flavius Sabinus auf sein Amt vereidigt. Nero gab zu seinen Ehren ein prächtiges Festmahl im

[*] Liebste

Palast, zu dem viele aus der Senatorenaristokratie eingeladen waren. Der Speisesaal weckte sentimentale Erinnerungen bei den Frischvermählten – hier hatten ihre ersten Unterhaltungen stattgefunden – aber dieses Mal schmeckte Plautia jeden kleinen Bissen mißtrauisch ab, obwohl sie aus der Sicht der anderen einen wunderbaren Abend zu verleben schien – denn sie verstand es wie eine geübte Schauspielerin, ihre Unruhe glänzend zu überspielen.

Sabinus suchte in der Menge nach Gästen mit vertrauten Gesichtern, als er plötzlich fühlte, wie sich sein Magen zusammenzog. Agrippina hatte sich so postiert, daß sie eine ungehinderte Sicht auf den neuen Stadtpräfekten und seine Frau hatte. Sabinus hatte den Plautii niemals etwas von Agrippinas unheilvollem Interesse an ihm erzählt und darauf gehofft, daß die Kaiserin ihn während seines Aufenthalts in Gallien gänzlich vergessen habe.

Während des Festmahls war Sabinus darauf bedacht, Agrippina keines Blickes zu würdigen, außer daß er sie verstohlen von der Seite anblickte. Aber nun hatten sich seine schlimmsten Befürchtungen voll und ganz bestätigt. Agrippinas feurige, grüne Leuchtaugen waren nicht nur manchmal, sondern die *ganze* Zeit mit gewollter Intensität auf ihn gerichtet. Sie konnte nicht viel gegessen haben, denn ihre geschürzten Lippen schienen sich fortwährend zu einer spöttischen Grimasse zu verziehen. Sabinus hoffte, Plautia würde den Anblick nicht bemerken, aber dem war nicht so. Während einer Gesprächspause beugte sie sich zu ihm hinüber und flüsterte: »Diese Hyäne will dich in ihren Klauen haben, Sabinus. Sie verspeist *dich* anstatt ihr Essen!«

Im Laufe der Unterhaltungen nach dem Bankett, als sich mehrere der jungen Senatoren gerade um Plautia scharten, kam Agrippina auf Sabinus zu, lächelte und sagte energisch: »Herzlichen Glückwunsch, Präfekt! Ich muß dich für einen Augenblick unter vier Augen sprechen... in dem Alkoven dort.«

Sie drehte sich um und ging dorthin, in der Annahme, daß er ihr folgen würde, ob er nun Bürgermeister von Rom war oder nicht. Sabinus dachte ernsthaft daran, sie zu ignorieren. *Soll sie nur mit den Wänden reden statt mit mir*, dachte er. *Soll sie nur endlich einmal ihren eigenen herrischen Befehlston hören und ihn genauso widerlich finden wie alle anderen.*

Doch man löst an dem Tag seines eigenen Amtsantrittsbanketts keine Krise aus, beschloß Sabinus, während er ihr folgte. Wie vorherzusehen war, hatte Agrippina das erste Wort.

»Ich werde mich kurz fassen, Sabinus, aber du mußt meine Worte sorgfältig abwägen. Nein, schau nicht weg. Nach deiner kleinen ›Flucht‹ nach Gallien, hätte ich dein... plötzliches Dahinsiechen, wie wir es mal nennen wollen, arrangieren *können.* Ja, Sabinus, selbst in dem weit entfernten Gallien. Aber ich habe es nicht getan. Weißt du, warum?«

Sabinus fand allein schon den Gedanken, sie danach fragen zu müssen, widerwärtig.

»Weil ich damals nämlich wußte – und auch jetzt weiß –, daß du und ich noch unser Bett teilen werden, Sabinus. Wenn nicht jetzt, dann aber schon bald. Niemand hat mich *jemals* abgewiesen, und was –«

»Kaiserin«, schnitt Sabinus ihr das Wort ab, »ich bin *verheiratet,* und zwar *sehr* glücklich.«

»Und was beweist das?« Sie lachte. »Oh, deine Braut ist eine zarte, kleine Taube – das kann ich dir bescheinigen –, aber was ich dir zu bieten habe, ist eine ausgefüllte und *reife* Beziehung mit ungeahnten Möglichkeiten. Das *kannst* du gar nicht ablehnen.« Sie streichelte seine Wange mit ihrer kalten Hand. »Noch würdest du es wollen.«

Sie drehte sich um, um davonzugehen, aber er entschloß sich, es jetzt und hier zu sagen, was auch immer für Konsequenzen es haben mochte: »Kaiserin, das kann nicht – das *wird nicht* – passieren. Nicht jetzt. Niemals! Ich liebe meine Frau über alles und alle anderen.«

Ihr Blick erkaltete sogleich. Sie griff ihn so fest am Handgelenk, daß sich ihre Fingernägel in sein Fleisch bohrten, und sagte mit sehr leiser Stimme: »Was wäre, wenn es diese Frau nicht mehr gäbe, so daß du sie nicht mehr lieben könntest, Sabinus? Oder keinen Sabinus mehr, den sie lieben könnte?«

Für einen kurzen Augenblick lang stieg eine Welle der Angst in ihm hoch, aber dann wurde sie von Wut vertrieben.

»Ich kann es *überhaupt nicht* leiden, wenn mir gedroht wird, Kaiserin!« Er zog die Silben auseinander. »Und ich bin nicht ohne Mittel. Droh mir noch einmal, und ich lege den Fall dem Kaiser, Seneca und Burrus vor.«

»Ich werde dir nicht nochmal *drohen,* Sabinus«, sie kochte vor Wut, »ich werde *handeln.*«

Sabinus wandte sich um und ging von dannen.

»Bei den satanischen Mächten, Sabinus, ich werde dich *zerstören!* Erst die Menschen, die du liebst. Und dann dich!«

In den folgenden Wochen verlor Sabinus Plautia gegenüber kein Wort über die Szene mit Agrippina, da sie sich noch mehr als er immer um alles große Sorgen machte. In Wirklichkeit aber bezichtigte er sich der »Lüge aus gutem Grunde«, wenn sie ihn von Zeit zu Zeit nach Agrippina fragte. Er hatte indes eine vertrauliche Diskussion mit dem Zuständigen für Sicherheitsfragen, da Agrippina gewöhnlich ihre Opfer mit Gift abfüllte.

»Mach dir keine Sorgen, Präfekt«, beruhigte ihn der rundliche Sizilianer, »ich probiere das Essen immer persönlich, bevor es auf euren Tisch kommt.«

»Aber das würde dir auch nichts nützen, wenn Gift im Wasser *wäre*«, warf Sabinus ein.

»Bah!« spottete er der Gefahr und tätschelte seinen dicken Wanst. »Ich kann alles resorbieren. Was andere Leute töten würde, davon bekomme ich höchstens Durchfall!«

Sabinus hatte nicht viel Zeit, um sich Sorgen zu machen. Der anfängliche Glanz des Amtes bei seinem Antritt verblaßte allzu schnell, als er sich damit abfinden mußte, daß auch schreckliche Aufgabenbereiche zu seinem Amt dazugehörten. Als Stadtpräfekt war er für die allgemeine Ordnung in Rom zuständig, wobei er über vier Stadtkohorten mit unendlich vielen Truppen verfügen konnte, die ihm alle unterstanden. Diese Polizei war in den Castra Praetoria im Norden von Rom einquartiert. Aber als ein Zivilist beziehungsweise als kein offizieller Mann des Militärs ging Sabinus jeden Tag mit einer normalen Toga bekleidet zum Dienst und legte eine Tunika mit dem breiten Purpurband um, welches den Senatorenrang signalisierte. Seine geräumige Arbeitssuite bestand aus einem Sekretariat, einem Tribunal, wo er als Richter fungierte, und Stadtarchiven. Sein Rangtitel lautete Clarissimus, »der Erlauchteste«, und eine Ehrengarde von sechs Liktoren* ging ihm offiziell auf den Straßen Roms voran.

* Liktor: römischer Amtsdiener eines höheren Magistrats oder eines Priester.

Sabinus kam zu dem Schluß, daß sein Zuständigkeitsbereich beinahe zu groß war. In den ersten Monaten seiner Amtszeit hatte er sich mit den unterschiedlichsten Problemen auseinandersetzen müssen: mit Verkehrsproblemen, der Planung der öffentlichen Spiele, der Überprüfung von Handelsverbindungen, der Drosselung der steigenden Preise für Lebensmittel und tausend anderen Verwaltungsangelegenheiten. Außerdem war er der oberste Richter von Rom, und da man die unwichtigeren Fälle alle in kleineren Gerichten abhandelte, wurden Sabinus und seinen sachverständigen Beisitzern alle bedeutenden Gerichtsverfahren zugeschoben, die in der Stadt aufkamen – vor allem solche, bei denen das Vergehen die Todesstrafe nahelegte.

Glücklicherweise assistierten ihm der Präfekt der Kornversorgung und der Präfekt der *vigiles*[*], die aus siebentausend Truppen bestanden und in der Nacht als Polizisten und Feuerwehrmänner bereitstanden. Verschiedene Kommissionen halfen ihm, die Straßen, Aquädukte und Kloaken zu überwachen und die öffentlichen Bauwerke und Denkmäler instand zu halten.

Sabinus, der sich bemühte, alle seine Aufgaben schnell in den Griff zu bekommen, verbrachte viele Stunden in den Stadtverwaltungsgebäuden, und Plautia verlieh ihrem Unmut Ausdruck.

»Das ist doch nur in der Einarbeitungszeit so«, versicherte er ihr. »Wenn ich erst einmal alles im Griff habe, delegiere ich meine Aufgaben nur noch und verbringe meine Tage hier oben in der Liebesidylle mit dir.«

Es war nur ein Scherz gewesen, das wußte er, denn die Probleme in einer Metropole mit über einer Million Einwohnern würden auch weiterhin einen großen Teil seiner Zeit verschlingen. Sein ganzes Leben lang würde er spontane Entscheidungen treffen oder sofortige gerichtliche Urteile fällen müssen. Doch schließlich stieß er auf bürokratische Umständlichkeiten und die Pedanterie der kaiserlichen Geschöpfe namens Stadtmagistraten. Sein gesamtes Personal sollte sich darum kümmern, daß Wege gefunden wurden, die Stadtverwaltung effizienter zu gestalten.

Ein paar Monate später zeigten die Bemühungen erste Erfolge, und die Verbesserungen wurden sogar auf dem Palatin bemerkt.

[*] vigiles (lat.): Nachtwachen; vigilien: römischer Wachdienst.

Nero schrieb Sabinus einen Brief, in dem er ihm seine Hochachtung für seine neuen Schritte in der Stadtregierung ausdrückte. Aber abgesehen davon – und zwar glücklicherweise, wie Plautia meinte – hatte Sabinus kaum Kontakt mit dem Kaiser.

In diesem Frühsommer wurde Rom von einer Welle des Verbrechens heimgesucht. Eine große Verbrecherbande, die nur bei Nacht zuschlug, brach in Geschäfte ein und verursachte Krawalle in Wirtshäusern und Bordellen. Manchmal war es nur ein derber Spaß – die Leute wurden auf der Straße angehalten und mit einer Decke in die Höhe geschleudert –, aber es gab auch Fälle, bei denen die Menschen überfallen und ausgeraubt wurden. Jeder, der sich wehrte, wurde zusammengeschlagen oder sogar erdolcht und in die nächste Gosse geworfen. Nicht ein einziger der Schuldigen war bisher gefaßt worden.

Sabinus besprach das Problem mit Serenus, dem Mittelsmann bei Neros Romanze mit Acte, der jetzt Präfekt der Nachtwache war.

»Wenn deine *vigiles* offenbar nicht in der Lage sind, einen einzigen von diesen Kerlen in die Hände zu bekommen«, sagte Sabinus mit einem bissigen Unterton, »können sie die Verbrecher denn dann wenigstens beschreiben? Von den Berichten der Opfer?«

»Das versuchen wir gerade«, seufzte Serenus und kratzte sich an seinem schwarzgelockten Kopf, »die Opfer sagen, daß die Kerle wie Sklaven aussähen.«

»Sklaven? Das läßt nichts Gutes ahnen«, antwortete Sabinus, der als Römer den Spartacus-Aufstand im Hinterkopf hatte.

»Aber das bedeutet nicht, daß es Sklaven *sind.* Sie könnten auch verkleidet sein. Letzte Wochen haben wir eine Perücke gefunden, die nach einer der Schlägereien auf der Straße lag.«

»Gibt es sonst noch irgendwelche Hinweise?«

»Bisher noch nicht. Aber wir beauftragen die meisten unserer Männer, bei Nacht im Dienst zu sein.«

»Wir werden wohl auch die Städtischen Kohorten noch nachts einsetzen müssen. Viel Glück, Serenus!«

Mit einer Übelkeit erregenden Regelmäßigkeit mußte Sabinus in den nächsten Tagen Berichte von erneuten Überfällen auf seiner großen Karte von Rom anbringen. Einmal wurde ein Mädchen vergewaltigt, ein anderes Mal ein Junge belästigt, dann ein Pärchen zusammengeschlagen und ausgeraubt. Aber Serenus' letzter Bericht war alarmierend: Als seine Männer sich in der vergangenen Nacht an eine solche Bande von Rohlingen herangepirscht hatten, wurden sie – allem Anschein nach – plötzlich von einer nicht identifizierbaren Truppe des *Militärs* attackiert.

»Das reicht«, sagte Sabinus zu Serenus, »wir schalten jetzt auch noch die Städtischen Kohorten mit ein.«

In diesem Augenblick kam sein Sekretär herein und sagte: »Senator Julius Montanus ist hier, Clarissimus. Er bittet um eine sofortige Unterredung.«

»In Ordnung, schick' ihn herein. Von jetzt an werden wir jeden Tag zur Beratung zusammenkommen, Serenus. *Vale.*«

»Wie geht es dir, Montanus?« Sabinus lächelte. »In letzter Zeit ertappe ich mich immer wieder dabei, daß ich mir wünsche, ich hätte euch Männer im Senat niemals verlassen. Aber was ist das für eine tiefe Wunde über deinem Auge? Du hast dich doch wohl nicht mit deiner hübschen Frau geschlagen, oder?«

»Ich habe mich nicht *mit* ihr geschlagen, mein Freund – sondern *für* sie. Gute Götter, in was für einen *furchtbaren* Schlamassel bin ich da hineingeraten!«

»Setz dich und erzähl mir davon!«

»Vielleicht sollte ich sofort ins Exil gehen«, murmelte er müde, als er sich auf die angebotene Couch fallen ließ, »der Vater der Götter weiß, daß mein Leben jetzt nichts mehr wert ist.«

»Was ist passiert? Erzähl mal die ganze Geschichte von Anfang an.«

»Es war letzte Nacht. Meine Frau und ich kamen mit einigen Freunden von einem Bankett, als wir auf der *Via Lata* von einer Bande von Straßenräubern angegriffen wurden. Nun, wir wehrten uns mit vereinten Kräften, und es ... war kein schlechter Kampf. Aber während wir uns schlugen, hörte ich meine Frau schreien. Einer der Schlägertypen – er hatte einen dicken Hals und spindeldürre Beine – schleppte meine Frau weg. Ich holte sie ein und schlug auf ihn ein, so daß sein häßliches Gesicht blutete. Ich ... ich habe ihn wirklich übel zugerichtet, glaube ich. Na ja, auf jeden Fall schien sein Haar bei einem meiner Schläge zu verrutschen. Es war eine Perücke! Und in dem Fackellicht sah ich sein echtes Haar. Es war blond, und ... oh, liebe Mutter der Götter ... weißt du, wer es war?«

»Nein, keine Ahnung. Wer war es denn?«

»Nero.«

Sabinus warf bestürzt den Kopf zurück: »Woher weißt du, daß es Nero war, Montanus?«

Der Senator schaute überrascht auf: »Ich weiß doch, wie Nero aussieht.«

»Es war nicht sehr hell dort. Es gibt eine Million Menschen in Rom – einige davon sehen sicher so ähnlich aus wie Nero.«

»Denkst du, ich hätte noch nicht daran gedacht? Aber wieviele von solchen Doppelgängern reden auch so wie Nero? Und haben seinen Kugelbauch? Sein pockennarbiges Gesicht? Seinen Stiernakken? Oh, es gibt keinen Zweifel daran, daß es Nero war. Ich habe auch einige von seinen Freunden erkannt... Otho auf jeden Fall.«

Sabinus fühlte, wie sein Puls zu rasen begann und fragte: »Was ist dann passiert?«

»Sobald ich ihn erkannte, ließ ich ihn natürlich los. Und dann rannten alle johlend, schreiend und lachend davon.«

»Nehmen wir für einen Moment mal an, daß es Nero *war* – was gedenkst du in dem Falle jetzt zu tun?«

»Deswegen bin ich hier. Ich habe mir gedacht, nur der ›Oberbürgermeister von Rom‹ weiß die Antwort auf dieses Rätsel«, sagte der Senator mit einem grimmigen Grinsen.

»Kennt Nero dich? Und sah es so aus, als würde er wissen, daß du es warst?«

»Zweifellos. Ich habe einen von den Leuten ›Montanus‹ murmeln hören, als sie abzogen.«

»In Ordnung, und jetzt ist nur noch die große Frage: *Weiß* Nero, daß *du weißt,* daß er es war? Denk gut darüber nach.«

»Ich bin nicht sicher. Ich... ich glaube nicht. Ich habe seinen Namen nicht genannt. Ich habe nur zu schlagen aufgehört, als seine Perücke herunterfiel und ich sein Gesicht im Schein der Fackeln sah. Danach waren sie alle auf und davon.«

»Gut. Dann ist der Fall gelöst.«

»Was soll ich denn tun?«

»Nichts.«

»Nichts?«

»Absolut gar nichts. Wenn Nero tatsächlich da draußen bei diesem bösen Streich dabei *war,* dann sollte er genug Verstand haben, um sich darüber im klaren zu sein, daß jeder Römer seine Frau verteidigen würde. Das müßte dann ein Teil ihres grausamen Spiels sein, daß sie mit Gegenangriffen zu rechnen haben.«

»Sollte ich mich nicht entschuldigen? Was ist, wenn er denkt, daß ich ihn erkannt habe?«

»Das ist doch gerade der springende Punkt, mein Freund: Wenn du dich nicht entschuldigst, ist das ein Beweis dafür, daß du nicht weißt, daß es Nero war. Wenn du dich entschuldigst, gibst du doch zu, daß du den Herrn der Welt zusammengeschlagen hast, und *das* könnte er nicht vertragen. Und wenn Nero *nicht* dein Angreifer war, dann würdest du dich mit einer Entschuldigung nur in neue Schwierigkeiten bringen.«

Montanus dachte eine Weile darüber nach.

»Vielleicht hast du recht, Sabinus«, sagte er langsam, »ich… ich bin dir sehr dankbar für deine Hilfe, mein Freund.«

Wie benebelt verließ Montanus das Amtszimmer, aber in demselben Moment war er wieder zurück: »Du hast die ganze Zeit gesagt: ›wenn es wirklich Nero wäre‹. Zweifelst du immer noch daran?«

»Ich fürchte, ja, Montanus. Es ist wirklich ziemlich absurd, oder? Der reichste Mann der Welt stiehlt? Die mächtigste Person läßt sich schlagen und verletzen?«

»Er ist jung, Sabinus. Er macht es zu seinem Vergnügen – um sein Blut in Wallung zu bringen. Und wenn du mir nicht glaubst, dann schlage ich vor, du versuchst heute oder morgen einmal, ihn zu Gesicht zu bekommen. Wenn sein Gesicht nicht schlimmer aussieht als meines, dann kannst du dich bei den Palastärzten dafür bedanken.«

»Das *wäre* ein Beweis.« Sabinus lächelte. »Aber entspann' dich, Senator. *Vale!*«

Sabinus versuchte, wieder an die Arbeit zu gehen, aber er war zu sehr mit dem Besuch von Montanus beschäftigt. Wenn Nero und seine Kameraden tatsächlich hinter der Kette von Unruhen in der Stadt steckten, wäre es nicht schwer zu erklären, warum sie von nicht identifizierbaren Wächtern gerettet wurden. Er stand von seinem Schreibtisch auf, überquerte im Eilschritt das Forum und kletterte einige mit Säulen umrahmte Treppen hinauf zu Burrus' Amtszimmer im Erdgeschoß des Palastes, wo er den Prätorianerpräfekten an seinem Schreibtisch vorfand.

»Hallo, Kollege«, sagte Sabinus eilig, »tut mir leid, dich stören zu müssen, aber hast du Caesar heute schon gesehen?«

»Nein, Sabinus. Es hat ihn heute bisher noch keiner gesehen. Er sagt, er fühle sich nicht gut, soweit ich verstanden habe.«

»Ich habe einen wichtigen Auftrag für dich. Kannst du dir irgendeine Entschuldigung ausdenken, daß du ihn sehen willst – sei es auch nur für einen kurzen Augenblick. Ich will nur, daß du mir erzählst, wie sein Gesicht heute aussieht.«

Burrus kippte den Kopf zur Seite. »Wie sein *Gesicht* aussieht?«

»Vertrau' mir, mein Freund. Ich warte hier und erkläre dir alles, sobald du wieder hier bist.«

»Gut... in Ordnung. Ich muß ihn noch ein paar von diesen Dokumenten für Ägypten unterschreiben lassen.«

Burrus verließ sein Amtszimmer und kam etwa eine Viertelstunde später wieder zurück.

»Sag mal, woher wußtest *du* denn, daß irgend etwas mit ihm nicht in Ordnung war? Bei Neptuns durchnäßtem Bart, er sieht gräßlich aus, er ist... seine Augen ganz purpurrot und schwarz, Striemen auf seiner Stirn... aufgedunsene Wangen.«

Es wich alle Farbe aus Sabinus' Gesicht.

»Hat Nero irgendeine Erklärung dafür abgegeben?«

»Murmelte irgend etwas von einem Unfall beim Reiten...«

»Ist er geritten? *Ist* er gestern mit den Pferden ausgeritten?«

Burrus schüttelte langsam den Kopf: »Ich glaube nicht.«

»Und wie hat Caesar in letzter Zeit seine Abende verbracht?«

Als Sabinus darauf keine Antwort bekam, fuhr er Burrus an: »Gut, dann sage ich es dir.« Und er hielt einen wütenden Vortrag über die Ursache von Roms Verbrechenswelle in der letzten Zeit.

Burrus unterbrach ihn mehrmals und riet ihm, seine Stimme zu senken, aber schließlich nickte er zustimmend: »In Ordnung... ja, wir wissen alles darüber, Sabinus. Er versucht sogar, die Diebesbeute unserem Dienstpersonal im Palast zu verkaufen! Seneca und ich haben versucht, ihn zu stoppen, aber er hat seinen eigenen festen Kreis von Nachtschwärmern. In Ordnung, ich treffe mich mit Seneca, und wir *müssen* uns irgend etwas ausdenken, um dem Ganzen ein Ende zu setzen.«

»*Sofort,* kann ich mich darauf verlassen?«

»Ja, Sabinus!« Dann fügte er hinzu: »Und das alles streng vertraulich, Präfekt?«

»Wie denn sonst?« sagte Sabinus achselzuckend.

Es gingen Gerüchte in Rom um, daß Nero und seine Radau machenden Gefährten tatsächlich hinter den Unruhen in der Stadt steckten, zu denen es in letzter Zeit gekommen war, und die Tatsache, daß man sie nicht verhaften konnte, brachte andere kriminelle Gruppen auf eine raffinierte Idee. Sie ließen ihre eigenen Gangsterbanden auf die Stadt los und gaben den Warnruf »Caesar, Caesar!« von sich, wenn irgendeine Nachtwache versuchte, sie zu verhaften; die Polizisten waren dann so verwirrt, daß sie nicht wußten, ob sie die Kerle laufen lassen oder ihnen hinterherjagen sollten.

Aber Sabinus' Geduldsfaden riß endgültig, als er von einer sehr tragischen Nachricht hörte: Julius Montanus, der unfähig gewesen war, die Ungewißheit auszuhalten, hatte trotz der Warnung von Sabinus einen Brief an den Palast abgeschickt, um sich für den »Unfall« zu entschuldigen und inständig um die Vergebung des Kaisers zu bitten. Nero, der Montanus' Schläge in der gegebenen Situation für völlig normal gehalten hatte, war ganz überrascht über den Brief und bemerkte: »So! Dann hat er also *gewußt*, daß er Nero geschlagen hat, wie?« Nero gab sofort seine Befehle. Montanus beging Selbstmord.

Als Sabinus den Bericht von seinem Selbstmord erhielt, ließ er sich in einen Sessel fallen und preßte seine Finger fest um ein Tintenfaß, bis seine Knöchel weiß wurden.

»*Warum* hat der arme Montanus nicht seinen Kopf aus der Schlinge gezogen?« murmelte er vor sich hin. Aber die viel angemessenere Frage, die sich von selbst ergab, war doch: Was war nur aus Rom geworden, wenn ein Senator sich bei einem Verbrecher dafür entschuldigen mußte, daß er seine eigene Frau verteidigt hatte? Und sich dann das Leben nehmen mußte, weil er mit der Situation nicht fertig wurde?

Sabinus schickte sofort seine Städtischen Kohorten auf die Straßen; und bald wimmelte es in Rom nur so von Truppen, so daß es aussah, als wäre die Stadt erobert worden. Obwohl Seneca und Burrus im Rang höher standen als Sabinus, bestellte er sie zu einer Konferenz in den Stadtgebäuden. Sie fühlten sich nicht gekränkt, denn hier konnten sie in der Vertrautheit reden, die ihnen auf dem Palatin nicht vergönnt war.

In großer Verlegenheit und beinahe verzweifelt, warf Seneca die Arme hoch und gab zu: »Das ist alles, was wir *versuchen* können: ihn zu kontrollieren, Sabinus. Er weiß jetzt leider, daß er der Herr der Welt ist. Und alle seine jungen Freunde liegen ihm mit Sprüchen in den Ohren wie ›Ist Nero etwa der Sklave von Burrus und Seneca? Zeig ihnen, wer der Herr von Rom ist!‹ – so in der Art; und im Moment hört er auf ihren Rat. Aber glaub nicht, daß wir ihn verloren haben! Er macht eine Phase seines Lebens durch, in der es ihn nach Abenteuer und Gefahr verlangt.«

»Zugegeben«, sagte Sabinus, »aber in der Zwischenzeit fallen Straßenräuber über Rom her. Wir sind in der schlimmsten Krise seit der ›Bürgerkriege‹ zur Zeit Ciceros.«

»Ich weiß. Wir müssen jetzt handeln. Ich werde Nero erzählen, daß kriminelle Banden seine nächtlichen Abenteuer nachahmen, und daß es damit ein Ende haben *muß*. Ich denke, er wird auf mich hören!«

»In Ordnung«, antwortete Sabinus, »aber wenn er deinen Rat nicht annimmt, will ich, daß du, Burrus, Neros Gefolge nachspionieren läßt und nachts einen Spitzel hinter ihnen herschickst und uns alarmierst, wo sie hingeführt worden sind. Die Polizei wird in Bereitschaft sein und warten!«

»Gut«, sagte Seneca, »und wenn diese nächtlichen Mutproben weniger lohnend sind, wird er ihrer bald überdrüssig werden. Inzwischen werde ich versuchen, sein Interesse an Literatur und Kunst zu vertiefen. Falls dieser Versuch fehlschlagen sollte, gibt es immer noch Sport, Pferderennen – *irgend etwas,* um ihn von... diesen Raubzügen abzubringen.«

Die Strategie war schließlich erfolgreich. Nach mehreren Zusammenstößen mit Sabinus' Polizei verlor Nero seine verrückte Lust an den nächtlichen Abenteuern und gab die Eskapaden auf. In der Zwischenzeit hatte Sabinus die Ordnung in der Stadt wiederhergestellt. Rom war noch einmal zivilisiert worden.

15

Aulus' Memoiren über seinen Britannienfeldzug in Britannien – das Projekt, das ständig wegen Roms politischen Turbulenzen unterbrochen werden mußte – waren endlich fertiggestellt. Es war nicht schwer, einen Verleger dafür zu finden. Es waren sogar einige auf Aulus zugekommen, obwohl jeder wußte, daß das Manuskript am Ende doch zum Atticus-Verlag gebracht werden würde. Dieser Verlag war von T. Pomponius Atticus, Ciceros engstem Freund, gegründet worden, der auch zufällig Pomponias Urgroßvater war; und der Betrieb wurde immer noch von ihren Verwandten geführt.

Die Verleger luden die Plautii ein, ihnen an dem großen Tage, wenn die Produktion des Buches begann, einen Besuch abzustatten. Der Autor und seine Gattin waren gekommmen, ebenso Sabinus und Plautia.

»Sie sind nicht über deine Einleitung hinausgekommen«, erzählte ihnen der Direktor, »und ich habe auch noch eine gute Überraschung für dich, Senator. Der Atticus-Verlag wird *einhundert* Abschriften von der ersten Ausgabe veröffentlichen.«

»So viele?« Aulus schien von den Neuigkeiten ganz überwältigt zu sein.

»Wie wollt ihr denn die ganzen Exemplare verkaufen?« wollte Pomponia wissen, bis sie sah, wie ihr Gatte sie anstarrte.

»Oh, darüber machen wir uns keine Sorgen.« Der Direktor lächelte. »Natürlich ist der Britannische Krieg schon vor vierzehn Jahren gewesen; und wir wünschten, wir hätten das Manuskript früher bekommen. Aber der Name Aulus Plautius wird in Rom immer noch sehr verehrt. Hier sind wir. Tretet doch bitte ein!«

Einhundert Schreiber saßen hintereinander an länglichen Tischen und schrieben auf Papyrusrollen, die sich an beiden Seiten zusammenrollten. Vorne im Saal saß auf einem erhöhten Podium ein Vorleser mit Aulus' Manuskript. Aulus hörte seine eigenen Worte, die laut und deutlich mit einer monotonen, aber klaren Stimme vorgetragen wurden, während die Schar der Kopisten alles eifrig Wort für Wort aufschrieb. Gelegentlich hob ein Schreiber die Hand, wenn er wissen wollte, wie ein schwieriger britannischer Name oder Ausdruck geschrieben wurde.

Der Direktor schritt hinüber zu dem Sekretär, der am nächsten saß, und zeigte Aulus die Qualität des Papyruspapiers, das er ausgewählt hatte.

»Es ist *hieratica,* Senator, Äyptens allerbestes.«

Einige Wochen später lieferte der Verleger persönlich vier Exemplare der Buch-Schriftrollen bei der Plautius-Villa ab. Jedes Buch enthielt drei Schriftrollen, die in einen Pergamentumschlag eingewickelt waren, auf dem in großen Lettern der Name des Autors und der Titel *De bello Britannico (Über den Britannischen Krieg)* geschrieben stand.

Aulus lächelte, und mit dem unbeschreiblichen Stolz eines frischgebackenen Autors rollte er vorsichtig die erste Schriftrolle aus und zeigte seiner Frau die Widmung:

Für meine großartige
Pomponia Graecina,
*sine qua non**

Pomponia hatte nichts davon gewußt. Ein paar große Tränen standen in ihren Augen, und sie zog Aulus' wettergegerbte Wange hinunter an ihre Lippen.

In den nächsten Wochen wurde Aulus immer wieder von Kollegen im Senat aufgehalten, die Kommentare über Passagen seines Werkes machten, um ihm zu versichern, daß seine Zeilen auch wirklich gelesen wurden. Und es war an einem dieser frohen Tage, daß ein schwerer Schlag die Plautii traf.

Aulus würde die bittere, quälende Erinnerung an diesen Morgen nie wieder aus seinem Gedächtnis löschen können. Der Konsul hatte gerade dazu aufgerufen, eine neue Angelegenheit vorzubringen, über die entschieden werden sollte, als der dickliche, kleine Cossutianus Capito aufstand, um eine vorbereitete Klage vorzubringen. Capito war ein unbedeutender Senator, der für unlautere Machen-

* sine qua non (lateinisch): ohne die es nicht möglich gewesen wäre, dieses Werk zu schreiben.

schaften bekannt war; er war einer der gefürchtesten Denunzianten in Rom.

Er streckte seinen rechten Arm aus und begann, mit seiner schrillen Fistelstimme seine Klage vorzubringen: »Ich bedaure, daß ich euch, Senatoren, mit der Anklage gegen die Familie eines Kollegen aufhalten muß; aber die Angelegenheit muß an die Öffentlichkeit gebracht werden, wenn wir die Heiligkeit von Rom und ihren Göttern aufrechterhalten wollen. Ich klage hiermit Frau Pomponia Graecina, die Gattin von unserem berühmten Aulus Plautius an, einen gefährlichen und fremden Aberglauben zu praktizieren!«

Ein Stimmengewirr brach in dem erlauchten Senatssaal aus. Aulus, der bei Pomponias Namen aufgeschreckt war und sich kerzengerade hinsetzte, klammerte sich an die kalte Marmorplatte, auf der er saß, und starrte den Kläger an. Capito fuhr in seinem gellenden, schroffen Ton fort.

»Die Frau Pomponia ist eine begeisterte Anhängerin von einem unheimlichen und verderblichen Kult geworden, der irgendwie mit dem Judaismus zusammenhängt, aber sich davon erheblich unterscheidet. Der Kult gilt in Rom schon als illegal, seit der Göttliche Claudius dessen Mitglieder vor acht Jahren nach dem Trans-Tiber-Aufruhr verbannte.«

Sogleich sprang Thrasea Paetus auf, um zu unterbrechen.

»Der *Senat* entscheidet, ob der Kult legal oder illegal in Rom ist, und ich weiß von keinen derartigen Beschlüssen in dieser Angelegenheit!«

Der grauhaarige Mittsechziger Thrasea war das unabhängigste, furchtloseste und aufrichtigste Mitglied des Senats, der Mann mit Rückgrat unter den Kollegen, von denen viele nur arme Kriecher waren. Er fuhr in einem kühlen, sachlichen Ton fort: »Wie heißt dieser Kult, Senator Capito?«

»Wenn ich das nur wüßte! Wie bei Herkules' Kampf mit der Hydra, der immer neue Köpfe wuchsen, so geht es auch mit diesem Kult: Er tritt in immer mehr Orten auf – mit unterschiedlichen, neuen Namen. Zuerst wurden seine Anhänger ›Nachfolger‹ genannt, dann ›Nazarener‹ und jetzt taucht, soviel ich weiß, immer der Name ›Christiani‹ auf.«

Aulus' Handflächen waren feucht, und seine Stimmung schwankte zwischen Wut und Verlegenheit. Der halbe Senat schaute in seine Richtung. Aber sein Neffe Quintus Lateranus stand treu zu ihm, lief zu ihm hin und setzte sich neben ihn.

»Die verehrte Pomponia«, begann Capito wieder, »macht nachts heimliche Besuche im Haus eines jüdischen Christianus namens Aquila auf dem Aventin, um diesen Kult zu praktizieren – und wer weiß, ob dabei nicht vielleicht noch andere unerlaubte Absichten mit im Spiele sind, und-«

»Du *wagst* es, die Ehre der Gattin von Senator Plautius anzugreifen?« rief Lateranus wütend und erhob sich.

Es entstand ein großer Tumult, und der Konsul bat energisch um Ruhe. Dann erteilte er Thrasea das Wort. Thrasea warf dem ziemlich kleinen Kläger einen eisigen Blick zu und beurteilte dessen Worte: »Es ist nicht genug, daß unser unwürdiger Kollege es für passend hielt, Edikte des Senats zu erfinden, die es niemals gab – welche geschmacklosen Absichten der Selbstdarstellung sich auch immer dahinter verbergen mögen. Er muß auch noch versuchen, eine der berühmtesten Familien Roms in den Schmutz zu ziehen, insbesondere die Gattin des Mannes, dem das Kaiserreich zu großem Dank verpflichtet ist. Da es hier um ihren guten Namen und die Familienehre geht, beantrage ich, daß wir nach alter Sitte diesen Fall ihrem eigenen Familientribunal übergeben. Auf diese Weise brauchen unsere Ohren nicht mit dem beleidigt zu werden, was sich zweifellos als eine bedeutungslose und nur Capitos eigenen Zwecken dienende Beschuldigung erweisen wird!«

»Euge! Euge!« erschallten zahlreiche Rufe. »Gut gesprochen! So soll es sein!«

Capito versuchte zu antworten. »Aber das ist eine Angelegenheit von schwerwiegender – «

»Ruhe« schrie der Konsul, »Senator Paetus' Vorschlag scheint im Senat Zustimmung zu finden, und wir sollten darüber abstimmen!« Er blitzte den Kläger an. Dann verkündete er: »Alle, die dafür sind, daß wir diesen Fall dem Familientribunal von Senator Aulus Plautius übertragen, sollen auf die rechte Seite gehen. Diejenigen, die dagegen sind, auf die linke.«

Die Wahl war ein großartiger Beweis dafür, wieviele Senatoren hinter Aulus standen: 320 Stimmen dafür, 24 dagegen. Sogleich bat Aulus um das Wort. Für jemanden, dessen Gefühle völlig durcheinander waren, sprach er mit einer bemerkenswert sicheren Stimme:

»Ich danke euch, meine Kollegen. Aber ich muß euch versichern, daß ich bei der Führung dieses Gerichtsprozesses nach dem Beispiel des Brutus dem Ersten vorgehen werde, der seine eigenen Söhne verurteilte und verdammte, als er sie für schuldig befand. Ich werde auch veranlassen, daß einer der Schriftführer des Senats den gesamten Prozeß mitzeichnet und ihn euch zugänglich macht. Und ihr seid bei der Anhörung alle herzlich willkommen, die ich für morgen früh anberaumen werde.«

»Euge! Euge!«

Als Aulus und Quintus den Senatssaal verließen, gingen sie direkt in Richtung Stadtverwaltungsgebäude. Fünf Minuten später sah man, wie drei Männer das Forum überquerten und den vertrauten Weg hinauf zum Palatin kletterten.

Seneca und Burrus schienen genauso verstört zu sein wie Aulus. »Zuerst einmal solltest du wissen, daß Nero nichts damit zu tun hat«, teilte Seneca mit, »und wir haben gerade herausgefunden, wer dahinter steckt. Kannst du es erraten?«

»Nein«, sagte Aulus kurz.

»Die Kaiserinmutter.«

»Agrippina?«

»Ja, sie nennt es eine ›patriotische Geste‹, jemanden auszuliefern, der den Staat mit einer neuen Religion korrumpieren könnte. Wahrscheinlich hat sie auch etwas gegen Pomponia – das wissen wir nicht. Auf jeden Fall hat sie das erreicht, was sie wollte.«

Sabinus schien eine Stimme sagen zu hören: »Zuerst die Menschen, die du liebst – und dann dich!« Er unterbrach den Dialog: »Meine Herren, ich wollte keinen von euch mit meinen Problemen behelligen, aber es ist an der Zeit.« Er sprach weiter und erzählte ihnen von den Drohungen Agrippinas auf seiner Amtseinführungsfeier. Alle vier schauten ihn erstaunt an.

»Aber das Wichtigste ist doch«, bemerkte Seneca, »daß Nero offenbar nicht an der Sache interessiert ist. Also sollten wir ihn auch nicht darauf aufmerksam machen. Das ›Familientribunal‹ ist doch eine geniale Idee.«

»Thrasea ist ein kluger Kopf«, meinte Burrus, »Pomponia einfach so zu entlasten und die Sache damit vom Tisch zu räumen, mein Freund!«

»Nicht so schnell«, antwortete Aulus, »wenn Pomponia schuldig *ist*, werde ich den Fall nicht so einfach fallenlassen.«

Seneca schaute ihn prüfend an und lächelte dann: »Weißt du, Aulus, du *bist* aber auch wirklich einer von den letzten, alten Römern... du und Thrasea. Ich glaube wirklich, ihr *würdet* sie verurteilen.«

»Aber wer sind diese Christiani überhaupt?« wollte Sabinus wissen.

Burrus und Seneca zuckten die Achseln. Aulus berichtete, was er über die Christen wußte; und da Aquila in Aulus' Bericht eine so große Rolle spielte, sagte Quintus: »Ich werd' mal hinüber zum Aventin gehen und ihm ein paar Fragen stellen. Das wird mir bei der Vorbereitung auf die Verteidigung eine Hilfe sein.«

»*Du* willst sie verteidigen?« fragte Aulus.

»Das ist doch das Wenigste, was ich für meine Lieblingstante tun kann.«

Aulus verbrachte den Rest des Tages damit, alle Verwandten und Zeugen vorzuladen und das Gerichtsverfahren vorzubereiten. Am Abend hatte er eine lange Unterredung mit Pomponia. Einiges von der Anklage entsprach im wesentlichen der Wahrheit, und das wußten beide. In den letzten Monaten *war* Pomponia regelmäßig in Aquilas Haus gewesen, um eine Versammlung der Christen zu besuchen, die sich dort jeden Sonntagabend zusammenfanden. Nein, sie war noch kein richtiges Mitglied der Christen geworden. Dazu mußte sie an einem bestimmten Waschritus teilnehmen, den man Taufe nannte – aber sie hatte immer noch ein großes Interesse an diesen Leuten und ihrer Religion. Das hatte sie Aulus nicht verschwiegen. Er für seinen Teil hatte versucht, sie mit allen Mitteln davon abzubringen und hätte sie am liebsten unter Hausarrest gestellt, aber Pomponia war eine freie Frau und konnte kommen und gehen, wie es ihr gefiel.

Bevor sie in dieser Nacht einschliefen, legte Pomponia ihre Hand auf den Arm ihres Gatten und fragte: »Bedauerst du, mich geheiratet zu haben, Aulus?«

Eine Zeitlang herrschte Schweigen – länger, als Pomponia befürchtet hatte –, bevor Aulus es gelang, ein ruhiges »Nein« hervorzubringen.

»Das ist nicht sehr überzeugend«, sagte sie mit einem Seufzen. »Obwohl ich es dir natürlich nicht verdenken kann. Ich ... ich habe nie gewollt, daß etwas Derartiges passiert. *Warum* kann ich nicht den Glauben wählen, der mir gefällt? In Ruhe meinen Glauben leben? Auf meine Art glauben?«

»Das hättest du gekonnt, denke ich, wenn es nicht öffentlich bekannt gemacht worden wäre.«

»In Rom gibt es ein Dutzend verschiedener Religionen, Hunderte von Philosophien. Warum sollten sie wegen der Christen plötzlich beunruhigt sein?«

»Das ist es gar nicht so sehr, Pomponia. Es ist vielmehr Agrippina und ihre Fehde gegen uns, die dahintersteckt. Sabinus hat sie abgewiesen, und außerdem erfuhr sie noch von deiner Bemerkung bei der Verlobungsfeier: ›Diese Köstlichkeiten sind vertrauenswürdiger als Agrippinas.‹ Irgendwie ist es bis zu ihr durchgesickert.«

»Warum kann man das dann nicht einfach dem Senat erklären?«

»Ha!« Aulus schnaubte verächtlich. »Die Kaiserinmutter in aller Öffentlichkeit angreifen? Abgesehen davon ist dein ... Glauben jetzt eine Angelegenheit, über die vor Gericht entschieden werden muß, ganz egal, welche Motive hinter der Anklage stecken mögen!«

Sie schwieg eine Zeitlang. Dann sagte sie ruhig: »Ich kenne dich, mein Liebling. Du *könntest* mich für schuldig befinden, nicht wahr?«

»Wenn es aufgrund des Beweismaterials gerechtfertigt ist.«

»Wie würde die Strafe aussehen?«

»Es gäbe wahrscheinlich gar keine, *wenn* du deinen Aberglauben sofort aufgeben würdest.« Er sagte es mit deutlicher Absicht.

»Ich glaube nicht, daß ich das könnte.«

»Dann müßte ich mich wahrscheinlich an Claudius' Präjudiz halten, die er im Falle von illegalen Religionen getroffen hat.«

»Und das heißt?«

»Exil.«

Wieder herrschte Stille.

»So? Du würdest also deine eigene Frau ins Exil schicken?« fragte sie schließlich.

»Ich *müßte* es tun, Pomponia. Es gäbe keinen anderen Weg. Keinen anderen ehrenhaften Weg. Kannst du denn nicht begreifen, daß *ich* morgen auch auf dem Prüfstand bin? Als Richter!«

Pomponia wandte sich im Bett von ihm ab, und in dieser schrecklichen Sackgasse ließ sie schließlich ihren Gefühlen freien Lauf. Sie begann, ganz leise vor sich hin zu weinen und hoffte, er würde es nicht bemerken.

Aulus beugte sich zu ihr hinüber, um über ihr Haar zu streichen. »Mach dir keine Sorgen, *carissima*«, sagte er, »ich würde mit dir gehen … egal, wohin ich dich schicken müßte. Es könnte sogar eine gute Entschuldigung sein, um aus Neros Pfuhl herauszukommen.«

Bevor Aulus einschlief, wurde ihm plötzlich die extreme Ironie des Ganzen deutlich: die Christen *würden* jedenfalls ihren Präzedenzfall bekommen, und zwar genau unter seiner eigenen römischen Nase! Dreimal verflucht war der Tag, an dem dieser abscheuliche Zeltmacher seinen Fuß in ihr Haus gesetzt hatte!

Gegen Vormittag war das Atrium mit feierlich ernstblickenden Verwandten und Freunden gefüllt, die nervös herumliefen oder sich in gedämpftem Ton unterhielten. Thrasea und eine Anzahl weiterer Kollegen des Senats waren erschienen, ebenso die ganze Sippe der Plautii, die noch rechtzeitig informiert werden konnte, denn die Ehre des Familiennamens stand auf dem Spiel. Sabinus und Plautia waren schon früher gekommen, während die Anklage, die von Cossutianus Capito und einigen seiner Gehilfen vertreten wurde, sich von den anderen entfernt hielt und in einer Ecke unter sich war.

Capito war wütend, daß das Gerichtsverfahren an das Familientribunal zurückverwiesen worden war – was einem gesetzlichen Rückfall in das Republikanische Rom gleichkam –, und er würde sich nicht die Mühe gemacht haben, den Fall weiter zu verfolgen, wenn die Kaiserinmutter nicht darauf bestanden hätte. Aulus' natürliche Voreingenommenheit zugunsten seiner Frau würde wenigstens durch das Interesse des Senats an seiner Unparteilichkeit gemindert werden – wie Capito wußte –, denn der Sekretär des Senats war dort, um das Gerichtsverfahren Wort für Wort mitzuschreiben.

Pomponia erschien jetzt. Ganz nach römischer Sitte trug sie als Angeklagte, die vor Gericht erscheinen mußte, dunkle Trauerkleider. Das aufgeregte Schnattern verstummte zu mitfühlender Stille, als sie durch das Atrium in das Peristyl schritt, gefolgt von der ganzen Gesellschaft.

In der Mitte der Halle setzte sich Aulus auf einen elfenbeinfarbenen Amtssessel oder Richterstuhl, eine Erinnerung an seine eigene Konsulzeit. Seine Gattin nahm ihren Platz direkt vor ihm ein. Zu ihrer Rechten saß Quintus Lateranus als ihr Verteidiger. Zu ihrer Linken setzte sich ein mißtrauisch blickender Capito mit seinen Gehilfen, während sich die übrigen Versammelten um diese Personen herum verteilten.

Aulus schaute auf und sagte: »Auf die Bitte des Verteidigers hin wird dieses Gericht diesmal von der Vorwegnahme von Omen absehen.«

Ein plötzliches Murmeln klang durch die Halle. »Als Richter habe ich schon am frühen Morgen das Schicksal befragt, und ich kann euch versichern, daß die Vorzeichen hervorragend waren.«

Sabinus meinte, ein flüchtiges Lächeln auf Aulus' Gesicht entdeckt zu haben.

Dann wandte Aulus sich an die Anklage und sagte: »Gestern im Senat hast du zwei Beschuldigungen gegen die Angeklagte vorgebracht. Im wesentlichen waren es folgende: Erstens, daß sie eine Anhängerin des christlichen Kultes ist, der angeblich in Rom illegal ist; und zum zweiten, daß sie noch andere, unmoralische Gründe gehabt haben könnte, um Besuche im Haus von Aquila abzustatten.«

Capito erhob sich sogleich: »Wenn es dem Gericht recht ist, möchte ich die zweite Anklage gerne vollkommen zurückziehen. Es war … völlig unberechtigt.«

»Ich werde dir nur gestatten, sie zurückzuziehen, wenn du dich für eine unnötige und boshafte Verleumdung entschuldigst, für die ich dich persönlich haftbar machen könnte.«

Capito senkte den Blick und brachte, wie er hoffte, eine angemessene Entschuldigung hervor: er habe nur gemeint, daß einige der christlichen Praktiken unmoralisch seien.

»Darüber wird im Laufe der Anhörung entschieden werden«, sagte Aulus, »kommen wir jetzt zu deiner Anklage!«

Capito begann vorsichtig: »Ich werde versuchen, mittels verschiedener Augenzeugenberichte zu beweisen, daß die Angeklagte in der Tat des öfteren im Haus von Aquila auf dem Aventin war, um einem religiösen Kult zu huldigen, und daß diese Sekte der sogenannten Christen illegal, staatsgefährdend und ein fremder Aberglaube der schlimmsten Sorte ist.«

Lateranus erhob sich. »Wenn der verehrte Richter erlaubt, würde die Verteidigung gern diese Anhörung vereinfachen, indem sie einer der Beschuldigungen zustimmt: Pomponia Graecina *ist* tatsächlich im Hause des Ehepaares namens Aquila und Priscilla auf dem Aventin gewesen, um an den Gottesdiensten der Christen teilzunehmen.«

Es lief ein erstauntes Raunen durch das Peristyl.

»Ruhe!« rief Aulus. Dann blickte er seine Frau an und fragte: »Pomponia Graecina, *bist* du häufig im Hause des Aquila gewesen, wie man es dir zur Last legt?«

»Ja, das bin ich«, antwortete sie; ihre Augen waren auf den mit Mosaiksteinchen ausgelegten Boden geheftet, über den sie so oft gelaufen war.

»Wurden in diesem Haus Gottesdienste der Christen gefeiert, während du dort warst?«

»Ja ...«

»Bist du ein Mitglied dieses religiösen Kultes?«

»Nun ja ... nein. Nein, das bin ich nicht.«

»Aber du teilst ihren Glauben? Ihre Glaubenspraktiken?« warf Capito dazwischen.

Es folgte eine Totenstille, während alle die Ohren spitzten, um Pomponias Antwort mitzubekommen. Pomponia sagte eine Zeitlang gar nichts. Dann gab sie zu: »Ja, das tue ich!«

Wieder lief eine Welle des Erstaunens durch den Saal, während Verwandte andere Verwandte anstießen und verstohlene Blicke auf den Stadtpräfekten und seine Gattin warfen, die hinter der Angeklagten saßen.

»Das wäre also geklärt«, sagte Aulus, »dann bleibt bei dieser Anhörung nur noch zu entscheiden, ob die Christen eine *religio licita* – eine gesetzlich erlaubte Religion – praktizieren oder nicht. Wenn es sich um eine *religio licita* handelt, dann ist die Angeklagte nicht schuldig. Wenn nicht, dann hat sie sich eines Verbrechens schuldig gemacht. Bist du mit dieser verbleibenden Fragestellung zur Urteilsfindung bei dieser Anhörung einverstanden, Senator Capito?«

»Ja. Ja, natürlich.«

»Und du, Senator Lateranus?«

»Tja, nicht ganz, verehrter Richter. Was würde zum Beispiel passieren, wenn bewiesen werden könnte, daß die Christen, obwohl sie im Moment noch nicht den Status einer *religio licita* haben, dennoch an harmlosen Überzeugungen und Glaubenspraktiken festhalten, die überhaupt nicht staatsgefährdend sind, so daß ihnen in Zukunft der legale Status gewährt werden könnte? In diesem Fall wäre es moralisch falsch, die Angeklagte zu verurteilen.«

Aulus dachte einen Augenblick nach, bevor er antwortete: »Darüber müßte dann später bei einer Anhörung im Senat entschieden werden. Aber auf jeden Fall würde die Angeklagte für schuldig befunden werden, eine momentan illegale Religion zu praktizieren.«

Die jungenhaften, hübschen Gesichtszüge von Lateranus nahmen einen Ausdruck des Erstaunens an. Sabinus wandte sich an Plautia und flüsterte: »Er trifft die erste gerichtliche Entscheidung gegen seine eigene Frau!«

Pomponia schaute ihrem Mann in die Augen, um sie zu erforschen.

Aulus wandte sich wieder an den Kläger und fragte: »Welche Beweise hast du, um deine Anklage zu unterstützen?«

Capito stand auf, um die Beweise für seine Anklage vorzubringen, und es war klar, daß er diesmal viel besser vorbereitet war als tags zuvor im Senat. Er begann mit dem »Chrestus«-Aufruhr im Trans-Tiber, um zu zeigen, wie Claudius die führenden Köpfe der Christen verbannt hatte, dann führte er Claudius' Erlaß gegen Grabraub an und schließlich den Schwindel der Auferstehung, auf den die neue Religion selbst sich gründete. Die Tatsache, daß die Christen in der Zwischenzeit zurückgekommen waren, sei nur einem großen Versehen der neuen Regierung zu verdanken, aber solch eine Nachlässigkeit dürfe nicht weiter betrieben werden.

»Das ist eine sehr gefährliche Religion«, argumentierte Capito, und seine hohe Stimme piepste nur noch so vor Aufregung, »ihre geheimen Treffen zeugen von einem widerlichen Ritual, bei dem sie den Leib ihres Gottes essen und sein Blut trinken – nicht wirklich, natürlich. Wie die Druiden bekommen sie wahrscheinlich die Zutaten dafür von Leuten, die sie entführen und dann opfern.«

Er hielt inne und bemerkte mit Befriedigung die schreckerfüllten Gesichtsausdrücke um sich herum.

»Aber ich habe noch einen anderen, noch schlimmeren Bericht gehört: Sie legen einen großen, länglichen Weizenfladen vor ihre Neuaufgenommenen und fordern sie auf, ihn zu zerschneiden. Das wird dann gemacht, aber der Fladen schreit! Denn es ist ein kleines, schlafendes Baby darin ... das dann ermordet wird ... und verzehrt ... gegessen.«

»Das ist alles *gelogen!*« rief Pomponia und erhob sich von ihrem Stuhl. »Eine entsetzliche Verleumdung!«

»Du wirst später Gelegenheit haben, auszusagen«, ermahnte Aulus sie, »der Kläger möge fortfahren.«

»Einige ihrer Rituale sind vergnüglicher, wie ich höre«, sagte Capito mit einem anzüglichen Grinsen, »die Männer und Frauen treffen sich zu einer besonderen Art von Gottesdienst. Sie betreten einen Raum, in dem nur eine Lampe brennt ... auf dem Boden in der Mitte des Zimmers. Dann finden sich die Paare bei schummrigem Licht zusammen, manchmal sogar Bruder und Schwester. Am Ende wird ein kleiner Hund in das Zimmer gelassen, und er stürzt sich auf den Knochen, der an die Lampe gebunden ist, welche daraufhin umstürzt. Der Raum ist in Dunkelheit gehüllt. Aha! Und dann –«

»Widerliche *Lügenprodukte!*« schrie Pomponia gegen ein erstauntes Flüstern im Hintergrund an.

»Schon gut, schon gut. Ihre anderen schauderhaften Rituale möchte ich euch ersparen. Ihre Glaubensgrundsätze sind abstoßend für zivilisierte Römer, denn sie hassen die Welt und die Leute in der Welt. Es ist ihnen nichts gut genug, und sie warten auf das Paradies am Ende ihres Lebens. Ihr Glaube gründet sich auf einen verurteilten Kriminellen, den einer unserer Statthalter kreuzigen ließ. Sie sind darauf aus, den Staat zu stürzen. Sie verachten den Kaiser. Sie praktizieren Zauberei. Sie lehnen die Götter des Senats und des römischen Volkes ab. Aus diesem Grund und vielen anderen ist es ein äußerst gefährlicher religiöser Kult, der Rom zerstören wird, wenn er jetzt nicht eingedämmt wird ... heute ... bei genau diesem Gerichtsprozeß.«

Dann schaute er Aulus an und beendete seine Rede mit den Worten: »Einige haben mich einen Narr genannt, weil ich als Kläger diesen Fall, verehrter Richter, vor einen Richter bringe, der so nah mit der Angeklagten verwandt ist. Ich antwortete: ›Ihr kennt Aulus Plautius nicht. Das ist ein Mann, der Rom an die erste Stelle in seinem Kopf, in seinem Herzen und bei seinem Urteil setzt.‹ Ich vertraue auf deinen Patriotismus und deine Urteilskraft und schließe damit meinen Beweisvortrag ab.«

Aulus fand die Schmeichelei am Ende besonders ärgerlich, denn damit wies er ihn vorsichtig darauf hin, welches Urteil er als unparteilicher Richter zu fällen hatte.

»Die Anklage«, verkündete er, »hat viele Anklagepunkte zur Last gelegt, einige davon sind neu. Aber ich muß noch einmal fragen: Welche *Beweismittel*, abgesehen vom Hörensagen und Gerüchten, hast du vorzulegen, um zu beweisen, daß die Christen alle diese Sachen praktizieren?«

»Oh, das ist sehr einfach!«

Capito wandte sich an die Angeklagte und fragte: »Verehrte Pomponia ... *glaubst* du an diesen Christus, den unser Statthalter als Verbrecher kreuzigen ließ?«

»Ja, aber –«

»Und du glaubst *nicht* an Vater Jupiter, Mutter Juno, Minerva, die göttliche Venus und die anderen Olympischen Götter und Gottheiten, oder?«

»Nein...«

»Und behauptest du nicht, bei euren feierlichen Ritualen den Leib eures Gründers zu essen und sein Blut zu trinken?«

»Doch, ja, aber das ist –«

»Und sind nicht auch Kinder bei eurem Gottesdienst dabei?«

»Natürlich, aber nicht, um –«

»Sie hat also selbst zugegeben, daß die Christen im wesentlichen das glauben, was ich angedeutet habe, auch wenn ich nicht den Anspruch auf peinlich genaue Korrektheit aller Einzelheiten erhebe. Und hier sind die übrigen Beweismittel: zu Protokoll gegebene eidliche Aussagen von meinen Informant- äh- Helfern, welche die Anwesenheit der Angeklagten im Hause von Aquila bezeugen.«

Aulus nahm die Zeugenberichte in die Hand und blätterte sie durch.

»Bevor diese Anhörung weitergehen kann«, kündigte er an, »muß ich die Gelegenheit haben, die eidlichen Aussagen zu lesen. Die Sitzung wird auf zwei Uhr vertagt.«

Als die Anhörung fortgesetzt wurde, überreichte Aulus die eidlichen Aussagen dem Sekretär des Senats und sagte: »Laß diese Aussagen mit in den Bericht über diese Anhörung einfließen. Aber ich muß die Anklage davon in Kenntnis setzen, daß ein großer Teil, der in diesen

Zeilen steht, nur auf Gerüchten basiert, nicht auf bloßen Tatsachen. Sie beweisen nicht viel mehr als die Anwesenheit der Angeklagten bei den Treffen, bei denen Lesungen, Gebete und Lobgesänge stattfanden. Und der Verzehr von ein wenig Brot und Wein.«

»Aber es ist doch noch eine ganz *neue* Sekte«, protestierte Capito, »es ist schwer, richtige Informationen darüber zu bekommen.«

»Das ist aber genau das, was wir brauchen. Vielleicht kann die Verteidigung diese Informationen liefern. Senator Lateranus?«

Quintus erhob sich und begann mit einer blumigen Einführung, die eigentlich nur dazu diente, seine Zunge zu lösen. Aber als er auf die Anklagepunkte zu sprechen kam, wurde er deutlicher. Daß Claudius die Führer von *beiden* Gruppen bei den »Chrestus«-Streitereien fortgeschickt hatte, würde gar nichts beweisen, argumentierte er, weil damit nämlich auch die führenden Köpfe der Juden ausgewiesen worden seien, und der Judaismus sei doch ganz eindeutig eine legale Religion. Die Behauptungen Capitos über die Menschenopferungen bezeichnete Lateranus als »ein absurdes Mißverständnis« und tat sein Bestes, um die Rituale, welche die Christen »Abendmahl« und »Taufe« nannten, zu entwirren, indem er die Bedeutung zu erklären versuchte.

»Kinder nehmen auch bisweilen an Gottesdiensten teil«, sagte er, »aber nur um – wie auch Erwachsene – eine heilige Waschung zu bekommen, *nicht* um ihr Blut zu vergießen! Und diese lächerlichen Gerüchte über Unanständigkeiten in dunklen Räumen wurden wahrscheinlich aus der Tatsache gesponnen, daß sie einander immer mit einem einfachen Kuß und mit ›Bruder‹ und ›Schwester‹ im Glauben begrüßen. Das ist doch nun wirklich ziemlich harmlos, oder, Senator Capito? Nur jemand mit einer schmutzigen Phantasie würde daraus die schlimmsten Schlußfolgerungen ziehen.«

Capito warf ihm einen bitterbösen, düsteren Blick zu. Sabinus flüsterte Plautia zu: »Mach dir keine Sorgen, Liebes. Mein Zwillingsbruder scheint doch ein paar gute Trümpfe in der Hand zu haben.«

»Es stimmt, daß die Christen die Götter des Staates ablehnen«, räumte Quintus ein, »aber noch einmal: das beweist doch nicht ihre Schuld, eine illegale Religion zu praktizieren. Die Juden lehnen die Olympischen Götter ebenfalls ab, aber dennoch erlaubt Rom in seiner Toleranz und Reife eine solche Verschiedenartigkeit in religiösen

Dingen. Das ist in der Tat eine der Zierden des Kaiserreiches, auf die Rom stolz sein kann.«

»Aber viel schlimmer sind die Beschuldigungen, daß die Christen den Staat angeblich hassen und danach trachten, ihn zu stürzen, und daß sie den Kaiser verachten. Ich rufe das Ehepaar Aquila und Priscilla in den Zeugenstand.«

Sogleich reckten sich alle Hälse, um einen Blick auf das Paar zu erhaschen, welches eigentlich verantwortlich dafür war, daß ihre Sippe mit dem Gesetz in Konflikt gekommen war. Was sie sahen, enttäuschte sie: ein einfach gekleidetes Paar, das vor Aulus' Tribunal trat und sich überhaupt nicht von der möglichen Feindseligkeit ihnen gegenüber einschüchtern zu lassen schien. Priscilla war eine ruhige, dunkelhaarige Frau im mittleren Alter mit weicher, cremefarbener Haut und haselnußbraunen Augen. Sie hatte eine Schriftrolle unter den Arm geklemmt.

Aulus warf den beiden einen Blick voll unverhohlener Verachtung zu. Das war das Paar, das für die momentane Familienmarter verantwortlich war.

»Seid ihr beide Christen?« fragte Lateranus die beiden.

»Ja«, antwortete jeder von beiden.

»Aber seid ihr nicht auch Juden?«

»Ja«, antwortete Aquila, »das eine schließt das andere nicht aus.«

»Das ist ein Punkt, auf den wir noch zurückkommen müssen. Aber jetzt gebt uns erst einmal eine kurze Zusammenfassung von dem, was die Christen glauben. Vielleicht könnte deine Frau das tun, da die Angeklagte auch eine Frau ist.«

Priscilla erklärte ihren Glauben in einfacher, klarer Sprache, aber die Erwähnung der Verheißung einer Auferstehung nach dem Tode war für die Zuhörer schwer zu verstehen. Dann befragte Quintus Aquila über die Haltung der Christen zum römischen Staat. Seine Antwort stand in solch einem scharfen Kontrast zu Capitos Beschuldigungen, daß der Kläger auf die Füße sprang und einwarf: »Woher wissen wir denn, daß er die Wahrheit spricht? Plötzlich scheinen diese Sektenmitglieder Patrioten geworden zu sein!«

Lateranus runzelte die Stirn: »Wenn du ihre Glaubwürdigkeit in Frage stellst, würde ich gerne wissen, ob dir der Name Paulus von Tarsus etwas sagt?«

»Ja, er war offenbar der Hauptunruhestifter dieser Sekte. Er zog von Ort zu Ort in Griechenland und Asien, um zu versuchen, die ganze griechische Welt zu Christus zu bekehren.«

»Dann würdest du also Paulus von Tarsus eine gewisse Autorität zugestehen, wenn er für diese Sekte spricht?«

»Ja. Warum fragst du?«

»Aquila, bitte lies ein paar Auszüge aus dem Brief vor, den unsere Leute in Rom gerade von demselben Paulus von Tarsus bekommen haben.«

»Aber er ist in Griechisch geschrieben, Senator«, antwortete er.

»Das sollte kein Problem sein. Die meisten von uns hier sind gebildet genug, um Griechisch zu verstehen. Für die übrigen werde ich übersetzen.«

Priscilla übergab Aquila die Schriftrolle. Er öffnete sie und begann, einen markierten Abschnitt daraus vorzulesen:

> Jedermann sei untertan der Obrigkeit, die Gewalt über ihn hat... So gebet nun jedermann, was ihr schuldig seid: Steuer, dem die Steuer gebührt; Zoll, dem der Zoll gebührt; Furcht, dem die Furcht gebührt; Ehre, dem die Ehre gebührt.
> Seid niemandem etwas schuldig, außer daß ihr euch untereinander liebet; denn wer den anderen liebt, der hat das Gesetz erfüllt. Denn was da gesagt ist: »Du sollst nicht ehebrechen, du sollst nicht stehlen; dich soll nichts gelüsten«, und was noch mehr geboten ist, das wird in diesem Wort zusammengefaßt: »Du sollst deinen Nächsten lieben wie dich selbst.«*

»Ich danke dir, Aquila«, sagte Quintus. Dann lieferte er von dem vorgelesenen Abschnitt eine freie Übersetzung in Latein und kommentierte: »Es sieht wohl jetzt so aus, Senator Capito, daß die offiziellen Lehren dieser Sekte genau das Gegenteil von dem sind, was du vermutet hast.«

»Das macht sie noch nicht zu einer legalen Religion«, entgegnete Capito und verwies damit auf die gerichtliche Entscheidung des Aulus.

* Römer 13, 1a und 13,7-9.

»Wir werden uns jetzt mit diesem wesentlichen Punkt beschäftigen. Dein Freund Paulus bezog sich in seinem Brief auf verschiedene ›Gebote‹. Sind das nicht dieselben wie die berühmten ›Zehn Gebote‹ der Juden?«

»Ja. Natürlich.«

»Würdest du dich selbst als einen Juden bezeichnen? Ich meine, nicht nur, weil du von Juden abstammst, sondern auch deinem Glauben nach?«

»Ja... aber es gibt natürlich verschiedene Arten von Juden.«

»Richtig. Und dein Freund, Paulus von Tarsus, ist er ein Jude?«

»Ja.«

»Und Jesus, der Gründer eurer Religion, war er ein Jude?«

»Ja.«

»Und waren seine Nachfolger in Judäa Juden?«

»Ja, die meisten.«

»Aber Nichtjuden können auch Christen werden?«

»Oh, ja. Der Glaube ist offen für alle.«

»Sind momentan unter euch Christen mehr Nichtjuden oder Juden?«

»Juden.«

»Ich danke dir, Aquila. Du kannst wieder Platz nehmen.«

Quintus wandte sich nun an die Angeklagte und sagte: »Werte Pomponia, die Fragen, die ich dir jetzt stellen werde, sind sehr wichtig. Bitte denk erst gut darüber nach, bevor du antwortest. Die erste Frage lautet: Glaubst du an den einen Gott, den Gott der Juden?«

»Ja.«

»Glaubst du, daß in der Heiligen Schrift der Juden Offenbarungen Gottes stehen?«

»Ja.«

»Gut, dann, berühmter Richter, Senator Capito, verehrte Freunde und Verwandte, müssen wir zu der ganz offenkundigen Schlußfolgerung gelangen, welche die ganze Zeit verdeckt wurde: Die Christiani sind nur eine Glaubensgemeinschaft *innerhalb des Judentums* – nicht mehr und nicht weniger –, und als solche sind sie in der Tat Mitglieder der *religio licita*, die von unserem Gesetz über religiöse Gruppen geschützt ist.«

Aufgeregtes Murmeln breitete sich aus. Capito sprang auf und hielt dagegen: »Wenn sie alle Juden sind, wie kommt es dann, daß sie sich im Trans-Tiber gegenseitig bekämpft haben?«

»Jeder weiß doch, daß die Juden unterschiedliche Gruppierungen haben. Wie ich höre, gibt es Pharisäer, die an eine Auferstehung glauben, und Sadduzäer, die nicht daran glauben. Trotzdem sind sie beide gute Juden. Es gibt Essener und Christen. Es gibt griechische Juden, ägyptische Juden, römische Juden. Ihre Sitten und Bräuche sind unterschiedlich, aber sie glauben alle an den einen Gott und seine Gebote. Das ist es doch, was sie zu Juden macht.«

Capito widersprach und beharrte darauf, daß der Glaube der Christen so sehr von dem der Juden abweichen würde, daß es eine völlig andere Religion sei. Quintus hielt dagegen, daß es wohl kaum einen grundlegenderen Unterschied gäbe als bei den Pharisäern und Sadduzäern, die in einer so wichtigen Frage, ob es ein Leben nach dem Tode gibt oder nicht, unterschiedlicher Meinung seien, aber dennoch würde doch keiner bezweifeln, daß Pharisäer und Sadduzäer gleichermaßen Juden seien. Es war nicht zu übersehen, daß Quintus von Aquila gut geschult worden war.

Beide, Anklage und Verteidigung, gaben ihre Schlußplädoyers ab. Schließlich zog Lateranus folgendes Resümee: »Da die Angeklagte alles zu glauben scheint, was auch die Juden glauben – also, was macht es schon, wenn sie im Falle des Propheten Jesu ein wenig *mehr* als die Juden glaubten – und da der Gründer, die ersten Nachfolger, der gegenwärtige Führer und die meisten Mitlieder ihrer Gruppe Juden waren oder sind, *ist* es schlicht und ergreifend eine jüdische Gruppierung. Deshalb befinde ich die werte Pomponia *nicht* für schuldig, einen fremden Aberglauben zu praktizieren, wie es ihr zur Last gelegt wird, sondern eine legale Religion, die von Rom anerkannt und geschützt ist durch unser Gesetz über religiöse Gruppen. Wir schließen den Beweisvortrag hiermit ab.«

Aulus vertagte die Anhörung, um seine Entscheidung bedenken zu können. Sabinus wollte dringend mit Aulus reden, als dieser für einige Minuten allein hinaus in seinen Garten ging, aber dann besann er sich eines besseren. Er empfand tiefes Mitgefühl mit ihm und konnte sich gut vorstellen, was für ein Aufruhr in Aulus' Innerem toben mußte. Wie auch immer seine Entscheidung ausfallen mochte, Quintus hatte hervorragende Arbeit geleistet, dachte Sabinus, und er sagte es ihm.

Jetzt kam Aulus herein. Nach einer letzten Überprüfung der eidlichen Aussageprotokolle und einer kurzen Unterredung mit dem Senatssekretär stieg er wieder auf sein Tribunal. Eine Weile schaute er mit einem traurigen Gesichtsausdruck auf seine Frau herunter, einem tatsächlich so traurigen Ausdruck, daß es die Plautii mit der Angst zu tun bekamen. Schließlich verkündete er: »Ich muß diese gerichtliche Entscheidung in tiefer persönlicher Enttäuschung darüber fällen, daß *irgendein* Mitglied unseres Senatorenranges – die Tatsache, daß es sich dabei um meine Frau handelt, ist dabei nebensächlich – zu irgendeiner Form des Judaismus übergetreten ist. Aber durch ihre Teilnahme an den Ritualen der christlichen Sekte des Judaismus hat die Angeklagte die Grenzen des Legalen nicht überschritten. Aus diesem Grunde erkläre ich die Angeklagte, Pomponia Graecina, für nicht schuldig.«

Plautia rannte hinüber zu ihrer Mutter, schlang die Arme um ihren Hals und weinte vor Erleichterung. Sabinus ging hinüber zu Quintus und klopfte ihm als Zeichen seiner ehrlichen Anerkennung auf die Schultern. Aulus würde Lateranus später zu seiner Verteidigungsstrategie gratulieren, aber im Augenblick mußte er weiter versuchen, eine neutrale Haltung zu bewahren. Er war dennoch bewegt, als Thrasea Paetus zu ihm hinüberkam und ihm mit einem strahlenden Lächeln die Hand schüttelte, ohne ein Wort zu sagen. Aulus fühlte sich nicht in der Stimmung, Glückwünsche entgegenzunehmen.

Capito war indes zu Aquila geeilt und hatte barsch die Frage hervorgestoßen: »Ist dein Gewissen absolut rein, *werter* Zeltmacher?«

»Ja. Warum fragst du?«

»Unter dem Deckmantel des Judaismus Zuflucht zu suchen! Seid ihr Christen *wirklich* Juden?«

»Ja, in genau dem Sinn, der im Gerichtsprozeß hervorgehoben wurde. In Wirklichkeit nennen wir uns ›das wahre Israel‹. Und wir hoffen und beten, daß alle Juden sich uns eines Tages anschließen werden.«

»Hmmm. Ich frage mich, was die jüdischen Führer im Trans-Tiber dazu sagen würden.«

Bevor Aquila antworten konnte, verabschiedeten sich Capito und seine Gehilfen ziemlich verärgert. Doch die Plautii waren nach diesem Ausgang natürlich gehalten, ihre riesengroße Sippe zum Abendessen einzuladen.

Als Aulus am nächsten Tag in den Senat zurückkehrte, begingen nur ein paar wenige den Fehler, ihm zu seiner Führung des Gerichtsprozesses zu gratulieren. Die meisten seiner Freunde behandelten ihn, als sei nichts passiert, denn ihrer Meinung nach war dem auch so.

Aulus hoffte, daß sie recht hatten, aber er war nicht vollkommen davon überzeugt. Er fühlte, daß er niemals die neuen religiösen Interessen seiner Frau würde teilen können, und die Tatsache, daß sie an etwas glaubte, das er nicht glauben konnte, bekümmerte ihn mehr, als er es sich einzugestehen erlaubte.

16

»Wir brauchen eine engere Verbindung zwischen der Stadt und dem Kaiserreich«, sagte Seneca während eines Plauschs in den städtischen Gebäuden zu Sabinus.

»Daher wollen Burrus und ich gerne, daß du an unseren Konferenzen mit Nero teilnimmst, die jeden Freitag im Palast stattfinden. Caesar bewundert dich, und deine Anwesenheit würde unserer Sache sehr dienlich sein.«

Sabinus zählte ein halbes Dutzend Gründe auf, warum er diese Idee nicht für so besonders günstig hielt, aber Seneca wischte sie alle im Namen der Pflicht beiseite. Die Pflicht war die Göttin in Rom. Der sicherste Weg, irgendeinen römischen Staatsmann für die eigene Sache zu gewinnen, bestand darin, den quasi magischen Ausdruck *Pflicht* ins Gespräch einfließen zu lassen.

Sabinus traf sich nun jeden Freitagmorgen mit dem Kaiser, Seneca und Burrus an einem schwarzen Marmortisch in Neros Amtssuite. Hier tagte der Staatsrat, der die Stadt und die Welt regierte – *urbem et orbem.* Sabinus nannte diese wöchentliche Zusammenkunft etwas salopper »Schicksalstreffen«, denn die Entscheidungen, die von diesem Quartett getroffen wurden, hatten Auswirkungen in der ganzen mediterranen Welt.

Als Sabinus Nero nun regelmäßig und aus nächster Nähe erlebte, war er erfreut, als er bei dem jungen Kaiser eine gewisse Reife und endlich eine Verbesserung seiner Ansichten und seines Verhaltens feststellte. Die Art, wie er zum Beispiel auf die Nachwirkungen von Pomponias Gerichtsprozeß reagierte, war beinahe ermutigend. An einem Freitag hatte Sabinus kaum den Sitzungssaal betreten, als Nero auch schon das Gesicht zu einem spöttischen Grinsen verzog und ihm mitteilte: »Der Oberbürgermeister von Rom wird sicher erfreut sein, zu hören, daß Cossutianus Capito, der die Schwiegermutter des Oberbürgermeisters angeklagt hat, gerade wegen Erpressung öffentlich angeklagt wurde; ich gebe ihm genau eine Woche Zeit, um Italien zu verlassen.«

Sabinus' Lächeln zeigte seine Begeisterung so sehr, daß die

anderen drei zu lachen begannen. Dann lieferte Seneca weitere Erklärungen: »Letztes Jahr war Capito doch Statthalter von Kilikia, erinnerst du dich noch?«

»Ja ...«

»Tja, und unser guter Freund Thrasea Paetus unterstützte eine Delegation von Kilikiern dabei, Capito wegen Erpressung öffentlich anzuklagen. Thrasea hat so hervorragende Arbeit dabei geleistet, daß Capito nicht einmal den Versuch unternahm, sich selbst zu verteidigen. Er warf einfach seine dicken Arme in die Höhe und watschelte aus dem Senatssaal hinaus.«

Nero schaute Sabinus an und runzelte die Stirn. »Eigentlich müßte mir das Ganze sehr unangenehm sein, wißt ihr, denn es war meine eigene Mutter, die Capito zu dieser Klage gegen die werte Pomponia anstachelte.«

»Oh?« antwortete Sabinus verwundert, als wäre diese Nachricht neu für ihn. Er schaute Seneca und Burrus besorgt an.

»Aber schließlich«, sagte Nero und räusperte sich, »ist es nicht das erste Mal, daß Mutter und ich bei einer Sache geteilter Meinung sind.«

Neros Lächeln löste die Spannung und befreite Sabinus in gewisser Hinsicht von seiner nagenden Unruhe wegen Agrippina und ihren Drohungen. Vielleicht würde dieser schwere Rückschlag die Hyäne in Schach halten.

Senecas Schule – sein schlaues Kalkül – zahlte sich vielleicht doch noch aus, überlegte Sabinus. Der zwanzigjährige Nero verstand es inzwischen, sich bei ihren Ratssitzungen gewählt auszudrücken, außerdem hatte die klassische Bildung ihn Mäßigung gelehrt. Als die vier ihre Zustimmung zu den Plänen für ein neues Amphitheater gaben, erließ Nero die humane Verordnung, daß es keine Wettkämpfe geben sollte, die zum Tode führten. Die griechischen Spiele, die aus unblutigen athletischen Wettkämpfen bestanden, hatten ihn inspiriert.

Als Sabinus an diesem Freitag nach Hause kam, erzählte er Plautia von den scheinbar positiven Entwicklungen bei Nero.

»Ist es möglich?« antwortete sie. »Können wir wirklich hoffen, daß das Blatt sich noch zum Guten wendet, Sabinus? Daß Gewalt und Mord im Palast von nun an der Vergangenheit angehören?«

An diesem Abend speiste Nero mit seinem besten Freund und Kameraden der »Nacht-und-Nebel-Aktionen«: Marcus Otho. Er war ein eleganter junger Mann, der zum *alter ego*[*] des Kaisers geworden war. Wie Nero war Otho mittelgroß, hatte O-Beine und Plattfüße, aber die Frauen umgarnten ihn wegen seiner sonstigen Erscheinung. Er enthaarte seinen Körper und balsamierte seine Füße mit einer wohlriechenden Salbe ein. Keiner, nicht einmal Nero, wußte, daß er ein Toupet trug, das ganz nach dem neuesten Modetrend frisiert war.

Als sie mit dem Abendessen fertig waren, schlug Nero einen ausschweifenden Abend vor, an dem sie noch einmal richtig über die Stränge schlagen konnten, aber Otho erteilte ihm eine Absage, indem er einfach sagte: »Ich muß nach Hause.«

»Was ist denn los, mein Freund?« Nero zog die Stirn in Falten. »Es steht doch nichts zwischen uns, oder?«

»Wo denkst du hin, nein, natürlich nicht«, entschuldigte sich Otho. »Es ist nur –«

»In letzter Zeit muß ich dir beinahe *befehlen*, mit uns einen Abend durch die Stadt zu ziehen. Und die Frauen, die wir dabei treffen – scheinen dich überhaupt nicht zu interessieren. Was ist denn nur mit dir los, Mann?«

»Der einfachste Grund in der Welt steckt dahinter«, kicherte Otho, »ich bin verliebt.«

»Schön für dich«, sagte Nero lächelnd, »wer ist denn die Glückliche?«

»Poppaea Sabina natürlich.«

»Aber das ist doch deine eigene Frau, Otho.«

»Es *ist* ein wenig ungewöhnlich, nicht wahr?« Er lächelte verschmitzt. »Aber dieses Mädchen macht mich … wahnsinnig glücklich. Sie stellt jede andere in den Schatten. Sie ist – hm, Poppaea ist eindeutig das schönste Geschöpf in ganz Rom. Nein, im ganzen Kaiserreich.«

»Ziemlich überspannte Behauptung, was? Natürlich habe ich das Mädchen nie ohne Schleier gesehen.«

»Sie trägt ihn immer noch, wenn sie sich in der Öffentlichkeit zeigt. Sie muß es auch tatsächlich.«

[*] alter ego (lat.): zweites Ich

»Warum?«

»Sie würde ein totales Chaos in der Stadt auslösen, wenn die Leute sie sähen. Sie ist zu umwerfend. Zu außergewöhnlich.«

»Genug davon, Otho!« Nero lachte. »Es ist ja ganz goldig und altmodisch, wenn ein Mann stolz auf seine Frau ist, aber treib' es nicht zu weit.«

»Nein, dieses Mädchen ist die Venus selbst. Und sie hat auch Verstand – genug Köpfchen, um einen Philosophen auf die Folter zu spannen. Nachdem wir... nach unseren Umarmungen macht es wirklich Spaß, einfach nur mit Poppaea zu *reden.*«

»Ich weiß. Genauso ist es mit Acte.«

Otho gab keinen Kommentar dazu ab, denn Vergleiche waren hier zweifellos nicht angebracht. Aber er sagte zu sich selbst: »Kein Streit.« Dann lächelte er und stand vom Tisch auf.

»Wohin gehst du? Nach Hause?«

»Natürlich. Und verzeih mir, guter Freund.«

Otho seufzte übertrieben: »Ich kehre jetzt zu diesem Kleinod zurück, das alle Männer anbeten... aber das ich besitze.«

»Na, komm schon, Otho! Du hörst dich an wie ein Auktionator, der Sklaven versteigern will. Oder wie ein Zuhälter.«

»Oder ein im höchsten Maße glücklicher Ehemann. Du würdest mir zustimmen, wenn du sie sehen würdest, Caesar.«

»Gut, dann laß sie mich sehen. Bring sie zum Abendessen mit hierher... als Wiedergutmachung dafür, daß ich nicht bei eurer Hochzeit dabei sein konnte.«

Otho dachte einen Augenblick lang nach, dann nickte er: »Warum eigentlich nicht?«

»Wann? Ist dir morgen abend recht?«

»Das sollte gehen.«

»Aber ich warne dich ganz offen: Ich werde dir meine aufrichtige Meinung sagen – vertraulich, natürlich –, und du darfst mir nichts übelnehmen. Wir werden trotzdem Freunde bleiben?«

»Für immer und ewig!«

Otho lächelte.

Am nächsten Tag ließ Nero nachmittags ein privates Abendessen für drei vorbereiten und wartete mit wachsender Ungeduld auf Otho und seine Gattin. Nero hatte ungewöhnlich viel Zeit darauf verwendet, sich anzukleiden und zurechtzumachen und duftete jetzt nach seinem arabischen Lieblingsparfüm. Er blickte in den Spiegel und versuchte zum ersten Mal, sich objektiv zu betrachten. Als Kaiser war er natürlich unumschränkter Herrscher. Aber als Mann? Seine Größe? Durchschnitt. Seine Erscheinung? Einige häßliche Flecken und Pikkel zierten immer noch seine Haut, aber sie waren an diesem Abend gut abgedeckt. Sein dunkler werdendes Blondhaar, das in Wellen gelegt war, seine tiefblauen Augen und seine hübschen Gesichtszüge waren mehr als eine Entschädigung für seine Hautprobleme, dachte er.

Nero war zufrieden. Und keiner hätte es wagen dürfen, seine Beschreibung von seinem Körper zu vervollständigen bzw. zu korrigieren, zumindest nicht, was sein Gesicht anbetraf. In Wirklichkeit hatte er eher weiche als hübsche Gesichtszüge. Seine Augenfarbe konnte als ein wäßriges Schieferblau bezeichnet werden – und kaum als das königliche Blau in seiner Phantasie. Und alle Parfüms dieser Welt konnten niemals ganz über seine Probleme mit Körpergeruch hinwegtäuschen. Ein dicker, gedrungener Hals, ein hervorstehender Bauch und spindeldürre Beine vervollständigten schließlich das physische Gesamtbild des Mannes hinter dem Kaiser.

Endlich wurde die Ankunft von Otho und Poppaea gemeldet, und Nero erhob sich, um die beiden zu begrüßen. Poppaea trug eine dünne marineblaue Stola, die mit vergoldeten Juwelen besetzt war und ihre Lockenfülle in dem gleichen goldenen Bernsteinton zur Geltung brachte. Ihr Haar, das blondeste, das Nero jemals gesehen hatte, war zurückgekämmt und hinten hochgesteckt. Aber alles unterhalb ihrer Augen war unter einem hauchdünnen Schleier verborgen. Lächerliche Eitelkeit!

Nero sagte: »Verzeih mir, liebe Poppaea, daß ich dich nicht früher in den Palast eingeladen habe.«

»Caesar braucht niemanden um Vergebung zu bitten«, sagte sie mit einem Lächeln, »einfach, weil er Caesar ist.«

Nero gab im stillen zu, daß das eitle Ding eine wunderschöne Haut und entzückende grünblaue Augen hatte. Und sie wußte es. Um so bedauerlicher.

Ein Diener brachte einen Krug mit Wein und drei mit Juwelen besetzte Weinkelche herein.

»Ein wenig Falerner als Aperitif?« fragte Nero und lachte

innerlich bei dem Gedanken daran, daß sie ihren kostbaren Schleier entfernen mußte, um Wein zu trinken.

Poppaea schüttelte den Kopf.

»Ich würde meinen lieber zum Abendessen trinken. Ich möchte jeden Augenblick des Abends genießen, Caesar, und ich fürchte, dein Falerner würde mich ein bißchen benebeln.«

Nero schaute sie verdutzt an und versuchte, seinen Impuls, hinüberzulangen und ihren kostbaren Schleier in Fetzen zu zerreißen, unter Konrolle zu bringen. Poppaea war sich offensichtlich darüber im klaren, welchen Eindruck sie auf ihn machte, sofern diese lachenden Augen ein Indiz dafür waren. Schließlich nahmen die drei ihre Plätze beim Abendessen ein.

Nero hatte überhaupt nicht mitbekommen, wie Poppaea ihren Schleier abnahm, aber als er sie das nächste Mal anschaute, hatte sie ihn weggenommen und lächelte ihn mit halb geöffnetem Mund an, wobei tadellose, weiße Zähne zum Vorschein kamen. Der übrige Teil ihres Gesichts war die Erfüllung dessen, was Stirn und Augen versprochen hatten. Poppaea *war* umwerfend. Sie war in der Tat ein Meisterwerk, dachte Nero, als er ihre vorzüglich geschnittenen Gesichtszüge in sich aufnahm. Kein Wunder, daß Otho so von ihrer Schönheit geblendet war, der Glücksjunge. Und sie erwies sich beim Abendessen auch als eine außergewöhnlich gute Unterhalterin.

Später am Abend, als sie sich fertig machten, um nach Hause zu gehen, zog Otho Nero beiseite, um seine Meinung zu hören. »Und – was meinst du?« drang er in ihn.

»Sie *ist* ein prächtiges Mädchen. Und was viel schlimmer ist: du verdienst sie nicht, du alter Halunke«, antwortete Nero grinsend.

»Ich weiß«, seufzte Otho, »aber ich werde versuchen, das Beste daraus zu machen.«

Poppaeas Dank für den Abend kam Nero herzlich und aufrichtig vor, und wieder schienen ihre faszinierenden Augen in seine Seele einzudringen. Bildete er sich das nur ein oder hatte sie beim Abschied seine Hand besonders gedrückt?

Er durfte sich *nicht* zum Narren machen – beschloß Nero feierlich, nachdem sie gegangen waren – und sich wie ein Schuljunge einer flüchtigen Vernarrtheit hingeben ... peinlich ... nicht fair Acte gegenüber ... oder schließlich Otho gegenüber. ... Er durfte sich doch nicht in das Mädchen *verlieben,* denn was wäre, wenn sie wirklich nur darauf aus war, an die Macht zu kommen!... Oder vielleicht wollte sie bloß die Genugtuung haben, einem Kaiser den Kopf zu verdrehen... Oder vielleicht war sie nicht im mindestens an ihm interessiert. Aber *was* für ein prachtvolles Geschöpf!

Am nächsten Morgen überbrachte ein Bote Nero eine Nachricht in einer kleinen, schrägen Schrift:

> Poppaea Sabina an Nero Caesar, sei gegrüßt! Der gestrige Abend war entzückend – herzlichen Dank – obwohl ich mich für meine alberne Vorstellung mit dem Schleier entschuldigen muß. (Werde ich jemals erwachsen werden?) Dennoch bin ich alt genug, um einen Tisch schön zu decken, und Otho und ich würden dich gerne für heute in einer Woche zum Abendessen einladen, falls Caesar einen Besuch bei uns nicht für unter seiner Würde hält. Lebe wohl.

»Ich muß eine ganze *Woche* warten?« stöhnte Nero, bis ihm bewußt wurde, daß der Bote immer noch dort stand und auf eine Antwort wartete.

»Sag deiner Herrin, daß ich mit Vergnügen kommen werde.«

Nach einer Woche, in der Nero zerstreut durch den Palast irrte, erschien er dann endlich am vereinbarten Abend bei Othos Haus. Poppaea begrüßte ihn herzlich, und ihre hypnotisierenden Augen gruben sich wieder in ihn hinein. Sie trug eine durchsichtige, safrangelbe Tunika, die ihre Figur viel vorteilhafter zur Geltung brachte als die alles bedeckenden Falten einer Stola.

»Wo ist Otho?« wollte Nero wissen und starrte einen Moment lang das faszinierende Geschöpf in gelber Gaze an, das vor ihm stand.

»Ich muß schon wieder entschuldigen«, sagte sie mit einem schüchternen, kleinen Lächeln, »ich hätte dir eine Nachricht schikken sollen, aber es ergab sich erst kurz vor dem Abendessen. Otho muß leider noch dringende Geschäfte erledigen und wird heute abend erst spät zurückkommen. Aber ich hoffe, du möchtest immer noch mit mir zu Abend speisen?«

Während eines leichten, köstlichen Abendessens mit fünf Gängen nahm Nero kaum wahr, was er aß, denn der lebendige Dialog mit Poppaea erstreckte sich über viele Themen und verriet ihren scharfen Intellekt und ihre vielseitige Bildung. Wie er selbst war sie eine ruhelose Seele, die versuchte, aus dem Gewöhnlichen, dem Erwarteten und dem Herkömmlichen auszubrechen. Sie war von Kunst und Theater begeistert. Sie liebäugelte mit der Astrologie. Sie war fasziniert von den östlichen Kulten und gab sogar eine gewisse Bewunderung für den Judaismus zu. Der Gedanke, an eine höchste Gottheit zu glauben, schien ihr zu gefallen.

Nero pflichtete ihr bei, aber er war schließlich so von dem reizenden Mädchen gefangengenommen, daß er allem zugestimmt hätte. Jetzt, wo die ganze Zeit ein sinnlicher Reiz von ihr ausging, erschien Poppaea ihm noch schöner als bei ihrem Besuch auf dem Palatin, wahrscheinlich, weil ihre honigfarbenen Strähnen nicht hinten zusammengebunden waren, sondern wasserfallartig über den Rand der Couch fielen und in dem sanften Bernsteinschimmer glänzten, den der einsame Armleuchter auf ihr Haar warf.

Sie waren mit dem Abendessen fertig, und die Dienerschaft hatte sich zurückgezogen. Doch sie saßen immer noch am Tisch. Nero rückte mit pochendem Herzen näher an Poppaea heran und streifte ihre Wange mit seinen Lippen. Sie drehte ihren Kopf ein oder zwei Augenblicke lang zur anderen Seite. Aber dann streckte sie beide Arme nach ihm aus und drückte ihre Lippen langsam auf seine Stirn, seine Wangen und den Mund, bis er voller Vorfreude aufstöhnte. Der detaillierte Bericht des Boten über Neros Reaktion auf ihre Einladung hatte sie zu diesem Annäherungsversuch ermutigt.

»Nein, Nero«, sagte sie plötzlich und hielt ihn von sich weg, »erst mußt du die ganze Wahrheit über mich erfahren.«

»Das kann warten«, sagte er mit heiserer Stimme.

»Nein. Sonst denkst du nachher das Schlimmste von mir – hältst mich für ein schamloses Mädchen, das sich so einfach verschenkt.«

»Das werde ich nicht. Ich verspreche es.«

»Was ich zu sagen versuche, ist dies: Meine Liebe für dich kommt nicht so plötzlich. Ich habe dich bei vielen öffentlichen Anlässen gesehen und – ich weiß, es klingt unglaublich – aber ich ... ich glaube, ich habe mich sogar aus der Entfernung in dich verliebt. Ich sagte zu mir, daß es verrückt sei, und ich versuchte, dich zu vergessen. Aber jetzt, Nero, mußt du dieses Geständnis anhören: Weißt du, warum ich Otho geheiratet habe?«

»Nun, er ist ein großartiger, sehr gutaussehender Kerl ... vermutlich mein bester Freund.«

»Ja – aus dem zweiten Grund.«

»Was?«

»Einfach, *weil* er dein bester Freund war, wußte ich, daß ich dich durch ihn irgendwann treffen würde. Es ist verrückt, nicht wahr? Manchmal hasse ich mich selbst dafür, daß ich Otho so benutzt habe. Aber ... was hat eine Frau für eine Wahl, wenn sie so ... *bis über beide Ohren* verliebt ist?«

Nero verzog das Gesicht zu einem begeisterten Lächeln.

»Liebling, Liebling Poppaea«, flüsterte er und bedeckte ihre Wangen mit heißen Küssen, »ich hatte doch keine Ahnung. Das sind ... die schönsten Worte, die ich je gehört habe.«

»Du denkst nicht schlecht von mir?«

Er schüttelte entschieden den Kopf.

Sie öffnete die Lippen und ließ sich von ihm leidenschaftlich küssen.

»Das hier ist dann wirklich ein ... ein Höhepunkt einer langen Romanze, nicht wahr?« flüsterte sie.

»Süße Venus, wie ich dich liebe«, säuselte Nero schmachtend. Dann drückte er sie noch fester an sich und küßte und streichelte sie, bis die Flammen der Begierde in beiden entbrannten.

Nero hatte niemals eine solche Freude gekannt. Sex hatte er beinahe bis zum Überdruß ausprobiert. Liebe hatte er mit Acte erlebt. Aber Poppaea brachte ihm die konzentrierteste Mischung von beidem, die er je erfahren hatte. Von diesem Augenblick an würde sie ein Teil seines Lebens sein, gelobte Nero feierlich.

Das Problem Otho stellte sich natürlich sofort. Nero schämte sich dafür, daß er seinem Freund die Frau ausgespannt und zu seiner Geliebten gemacht hatte, aber alles war seiner Liebe zu Poppaea untergeordnet.

Otho bebte inzwischen vor Wut und verfluchte den Tag, an dem er so dumm gewesen war, sich mit Poppaea vor dem Mann zu brüsten, den er für seinen Freund gehalten hatte. Doch er konnte nichts anderes tun als die bittere Rolle des gehörnten Ehemanns zu spielen. Vielleicht würde Nero ihrer überdrüssig werden. Oder sie seiner.

Es sollte nicht sein. Nero geriet immer mehr in Poppaeas Bann, aber sie beklagte sich, daß ihre Liebe kaum auf einem ehrenhaften Niveau ausgelebt werde. »Es ... kann einfach nicht mehr so weitergehen, Nero«, sagte sie eines Nachts zu ihm, »ich komme aus einer zu vornehmen Familie, als daß ich nur die Geliebte von jemandem sein könnte, nicht einmal die von Caesar. Otho kann es natürlich nicht mehr länger dulden. Und manchmal denke ich, wir leben besser als du hier auf dem Palatin.«

»Wie meinst du das?« sagte er mit einem finsteren Gesichtsausdruck.

»Ich meine, Otho und ich leben als Mann und Frau. Das *ist* recht normal, nicht wahr? Aber du hältst deine eigene Ehefrau in einer Kammer, während du der Sklave einer Sklavin bist – oder einer Ex-Sklavin auf jeden Fall. Ja, ich weiß, daß du dich nach wie vor mit Acte triffst. Ich denke, ich bin eifersüchtig auf jede Sekunde, die du in ihren Armen verbringst, Nero.«

»Ich verachte Octavia. Und ich liebe dich *viel* mehr als Acte, *carissima optima.*«

»Nun, wie ich schon sagte, es kann einfach ... nicht mehr so weitergehen. So sehr ich dich auch liebe, ich bin lieber die Frau von Otho als die Geliebte von Nero.«

Nero verlor die Selbstbeherrschung. Er knallte seine Faust auf einen verzierten Elfenbeintisch, so daß dieser genau in der Mitte durchbrach. Dann feuerte er eine Salve von Schimpfwörtern auf Poppaea ab und vergoß kurz danach reuevolle Tränen. Er ließ seinem Strudel der Gefühle freien Lauf, und sie ließ ihn gewähren, ohne ein Wort zu sagen. Dann machte sie sich zum Aufbruch fertig, drückte einen Abschiedskuß auf den bloßen kaiserlichen Nacken und sank vor Niedergeschlagenheit zusammen. Nero schaute plötzlich auf und stellte die Frage, auf die sie so lange gewartet hatte: »Du hast gesagt, du bist lieber Othos Ehefrau als Neros Geliebte, Poppaea. Und wenn du nun ... Neros *Ehefrau* wärst?«

Sie stieß einen Freudenschrei aus und küßte ihn ausgelassen. Es würde alles ein langer Prozeß werden, gestand er, und er könne kein Datum oder einen Zeitplan nennen, aber er würde keine Ruhe geben, bis sie Kaiserin wäre. Inzwischen sollte sie in Rom bei ihm bleiben, auch wenn ihr Mann an einen anderen Ort versetzt würde. Glücklich willigte sie ein.

Nero bestellte Otho zu dem hohen Amt des Statthalters von Lusitania.* Sinn und Ziel des Ganzen war, daß es weit weg war. Traurig packte Otho seine Sachen zusammen, schloß das Kapitel mit der Überschrift »Poppaea« in seinem Leben ab und segelte weit in den Westen. In der nächsten Dekade fanden die Lusitanier einen erstaunlich fähigen und ehrenhaften Statthalter. Offenbar hatte Otho alle seine Charakterschwächen in Rom zurückgelassen.

Kurz nachdem Nero nach der Beendigung einer ihrer Freitagssitzungen den Raum verlassen hatte, steckten Sabinus, Seneca und Burrus die Köpfe zusammen, um über eine Strategie zu beraten. Poppaea war eine starke neue Macht, die beim Abwiegen und Abwägen der römischen Staatskraft mit in die Waagschale gelegt werden mußte. Alle drei fragten sich besorgt, inwieweit Ehrgeiz ihre Flammen der Liebe für Nero schürte. Seneca hatte mehr Informationen über ihren Hintergrund, und er teilte ihnen folgendes vertraulich mit: »Poppaea ist ein weniger politisch engagiertes Mädchen als Agrippina, aber wenn Nero entschlossen ist, sie zu heiraten, könnte es gefährlich werden.«

»*Könnte* sie Kaiserin werden?« fragte Sabinus. »Ich meine, gibt es eine gesetzliche Präjudiz?«

»Das ist das Problem, das sich mit Acte *nicht* stellte«, antwortete Seneca, »als eine freigelassene Sklavin hätte Acte niemals so weit aufsteigen können. Aber Poppaea ist eine Tochter aus dem Adel. Wenn Nero sich von Octavia scheiden ließe, könnte er natürlich Poppaea auf den Thron bringen.«

Burrus schüttelte den Kopf: »Aber wenn er sich von der Tochter von Claudius scheiden läßt, verliert er seinen Anspruch auf das Kaiserreich«, warnte der Kommandant der Prätorianer, »die Leute würden das nicht dulden. Zumindest nicht meine Prätorianer.«

Eine Dienerin betrat den Raum, flüsterte eine lange Botschaft in Senecas Ohr und entfernte sich dann wieder. Auf der Stirn des Philosophen bildete sich eine tiefe Sorgenfalte. »Wir haben ein *größeres* Problem. Ihr wißt sicher, daß Caesar seine Mutter vor einigen Monaten aus dem Palast hinausgetrieben und in ihr eigenes Haus in der Stadt gebracht hat, aber in letzter Zeit scheinen sie sich wieder

* Gemeint ist das heutige Portugal.

versöhnt zu haben. Agrippina verbrachte die letzte Nacht im Palast, und heute mittag wird sie zum privaten Mittagessen bei Nero sein.«

»So?«

»Ihr wißt auch, daß sie vor Wut *kocht* wegen Neros Affäre mit Poppaea – sie ist immer eifersüchtig auf jeden gewesen, der sich zwischen sie und Nero stellte. Nun, das Palastdienstmädchen, das sie heute morgen bediente, berichtete, daß Agrippina, während sie sich vor dem Spiegel zurechtmachte, mit ihrem Spiegelbild sprach und sagte: ›Ich werde es niemals zulassen, daß diese blonde Hure dich in die Finger bekommt. *Ich* werde dich zuerst in die Finger kriegen.‹«

»Was um alles in der Welt soll *das* nun wieder heißen?« fragte sich Sabinus.

»Ich habe keine Ahnung. Aber für mich klingt es bedrohlich. Sehr bedrohlich.«

Burrus, der für die Sicherheit im Palast zuständig war, kam plötzlich in Schwung. »Gut. Ich werde dafür sorgen, daß der übliche Vorkoster im Dienst ist, falls sie wieder mal einen Gift-Mordversuch starten sollte. Und ich werde mich auch in der Überwachungskabine im Speisesaal verstecken.«

»Was ist das?« fragte Sabinus.

»Claudius hat sie während einer seiner paranoiden Perioden installiert«, erklärte Seneca, »seitdem ist sie nicht mehr benutzt worden. Nero weiß nicht einmal, daß sie existiert.«

»Und denkt daran«, fügte Burrus hinzu, »wenn eine Schandtat versucht wird, brauche ich Zeugen. Also kommt ihr beide besser mit mir.«

Es war mit Sicherheit die langweiligste Stunde, die Sabinus je verbracht hatte. Er, Seneca und Burrus hatten sich in einer kleinen Geheimkammer versteckt und spähten durch einen länglichen Schlitz in der Wand in den Speisesaal des Palastes. Es ereignete sich nichts Ungewöhnliches beim mittäglichen Mahl, außer daß Nero mehr trank als üblicherweise. In der Tat war er schon jetzt halb betrunken und winkte den Vorkoster aus dem Saal hinaus. Burrus wurde zu diesem Zeitpunkt starr vor Nervosität. Da Agrippina kaum etwas getrunken hatte, war ihr benebelter Sohn jetzt verwundbarer als jemals zuvor.

Drei Augenpaare sahen zu, als Agrippina sich Nero näherte.

Burrus atmete schwer, seine Hand umklammerte den Dolch neben ihm. Agrippina entfernte ihre Stola, bis nichts als eine knappe Tunika die immer noch üppigen Konturen ihres Körpers umhüllte. Nero wandte sich zu ihr um. Einen Augenblick lang riß er voller Überraschung die Augen auf, aber dann schürzte er seine dicken, mit Wein besudelten Lippen zu einem Grinsen. Sie schmiegte sich an ihn, als sie es sich beide am Tisch bequem machten, und nahm ihn auf mütterliche Art in die Arme. Aber ihre mütterlichen Zärtlichkeiten wurden plötzlich wilder, als sie seine Ohren mit Küssen bedeckte und ihre Hände begannen, sich in verbotene Regionen vorzutasten. Der betrunkene Nero begann schwer zu atmen und ihre Zärtlichkeiten zu erwidern.

»Bei allen olympischen *Göttern!*« flüsterte Sabinus. »*Das* ist also das Mittel, mit dem sie ihn ›in die Finger kriegen‹ will!« Er fühlte sich körperlich krank, und ihm wurde übel bei dem Schauspiel.

Seneca war bereits in verhohlener Panik aus der Geheimkammer hinausgerannt. Einige Minuten später schob er Acte in den Speisesaal; sie stürmte hinüber zu Nero und fiel dicht vor seine Füße, weinte und umklammerte seine Knie. »*Nein,* Herr!« schrie sie. »Nicht *diese* Schandtat … nicht Inzest! Es sind bereits Gerüchte über dich und deine Mutter im Umlauf.«

»Was'n für Gerüchte?« Nero setzte sich auf.

»Darüber, was deine Mutter gerade zu tun versucht hat. Ich will dir nur das eine sagen: die Prätorianer werden *niemals* einem Caesar folgen, der sich einer … einer solchen Freveltat schuldig gemacht hat!« Dann bebte sie vor Schluchzen.

Agrippina band ihre Tunika schnell wieder zusammen und blickte Acte haßerfüllt an. Dann wälzte sie sich von der Couch und flüchtete voller Wut aus dem Saal.

Nero streichelte Acte tröstend und versuchte aufzustehen. Aber er war beschwipst und taumelte auf die andere Seite. Sie mußte ihm aus dem Speisesaal hinaushelfen.

Als sie die Geheimkammer verließen, rang Sabinus mit sich, ob er Plautia von der widerlichen Szene erzählen sollte oder nicht. War sie alt genug dafür, oder würde sie überhaupt die niederträchtige Geschichte begreifen können? Bevor er den Palast verließ, fragte er Seneca, was passieren würde, wenn Poppaea davon erführe, aber der Philosoph zuckte nur traurig und geistesabwesend die Achseln.

Die Antwort kam später an diesem Tag. Poppaea stürmte in Neros Suite und wetterte: »Und wie geht es unserem lieben Ödipus denn heute abend?«

»Ich war betrunken, Poppaea«, brummte Nero.

»Erzähl mir doch mal von meinen Rivalinnen«, zischte sie, »ich dachte immer, ein Sklavenmädchen sei gerade schlimm genug. Aber nein, bei allen Göttern, es muß auch noch die eigene *Mutter* sein! Selbstverständlich ist Inzest eine alte Gewohnheit von ihr, und der liebe Onkel Claudius war nicht der erste. Wie alt war sie denn, als sie ihren Bruder Caligula zum ersten Mal verführte? Zwölf?«

»Ich habe dir doch gesagt, daß ich nicht wußte, was ich tat. Und wenn es dich tröstet: *Das*... das werde ich meiner Mutter niemals verzeihen.«

»O doch, das wirst du! Wie all die vielen anderen Male. Sie bedroht dich, und du vergibst ihr. Sie verschwört sich gegen dich, und du vergibst ihr. Sie verleumdet dich hinter deinem Rücken, bestiehlt dich, intrigiert gegen dich. Und als Krönung des Ganzen versucht sie jetzt, dich auch noch zu verführen.«

Poppaea tobte weiter, denn sie mußte die Macht von Agrippina ein für allemal brechen, wenn sie Nero heiraten wollte. Niemals würde sich wieder eine solche Gelegenheit bieten.

»Vertrau mir, Liebling«, sagte Nero sanft, »laß mich nur machen.«

Nero verbannte seine Mutter vom Palatin. Dann begann er, seine Freunde auf sie zu hetzen, die sie ständig wegen irgendwelcher Bagatelldelikte vor Gericht brachten und damit schikanierten, um sie in die Defensive zu drängen. Als sie eine Reise hinunter zu ihrem Landsitz unternahm, lobte er ihren Entschluß, eine Gerichtspause einzulegen und gab ihr zu verstehen, daß sie gut daran tun würde, wenn sie sich für immer von Rom fernhalten würde.

Aber diese unerschütterliche Frau hatte Nerven aus Stahl und genauso großen tollkühnen Mut wie eine Armee des anderen Geschlechts, genauso viel Widerstandskraft und Ausdauer wie eine Truppe von Gladiatoren. Sie kehrte nach Rom zurück und versuchte, ihr Machtfundament wieder durch geheime Unterredungen mit den Schlüsselfiguren des Adels und des Militärs aufzubauen. Sie sammelte eine Regierung zusammen, an dessen Spitze sie eine tüchtige Front stellte; und dann erzählte sie Nero mit geradezu beißendem Spott, was sie von ihm und seinen Gerichtsprozessen hielt. Es kursierten auch Gerüchte, daß sie die Prätorianergarde umleitete und in direkter Verbindung mit den Legionen stand.

So kam es, daß Nero sich über eine endgültige Lösung der Probleme mit seiner Mutter Gedanken machte. Er wägte zunächst verschiedene Alternativen ab. Verbannung aus Rom und Italien? Vielleicht. Aber wie er seine Mutter kannte, würde sie von jeder Mittelmeerinsel aus, auf die man sie verbannte, weiter eifrig die Fäden eines Komplotts spinnen. Gefängnis? Niemals. Es würde sich nicht für eine Kaiserinmutter ziemen, und sie würde hinter den Gitterstäben das Mitleid der Öffentlichkeit gewinnen. Also gab es keine andere Alternative, entschied Nero.

Er schrieb an Locusta, die sich an der toxikologischen Akademie befand, die er für sie gegründet hatte, und erhielt mehrere Proben ihrer neuesten Errungenschaften. Aber schließlich entschied er sich doch gegen den Einsatz von Gift. Seine Mutter wußte inzwischen beinahe genauso viel wie Locusta darüber und mischte ihren Speisen schon seit Monaten Gegenmittel bei. Gab es andere Wege, um den notwendigen Tod durch einen »unglücklichen Zufall« herbeizuführen? Sollte er mit seinem Staatsrat darüber diskutieren? Nein, das war Caesars Sache.

Als der Frühling gerade begonnen hatte, kam Sabinus eines Abends von einem vergnüglichen Spaziergang mit Plautia über den Quirinal zurück, als eine Gestalt aus dem Gebüsch in der Nähe der Haustür an ihn herantrat.

»Warum alles in der –« sagte Sabinus erschrocken, »oh, du bist es, Hermes.«

»Schhh! Verzeih mir, Clarissimus«, flüsterte das Gesicht in der Abenddämmerung, »aber ich muß dich wegen einer *sehr* dringenden Angelegenheit sprechen. Unter vier Augen.«

»Dann komm mit ins Haus. In die Bibliothek.«

Plautia erkannte in ihm den syrischen Unternehmer, der bei dem Bau des Arbeitszimmers im Garten mitgeholfen hatte. Sabinus war von dem kleinen Syrer beeindruckt gewesen und hatte ihm Arbeit bei den Ingenieuren in der Stadt verschafft.

»Warum so geheim?« fragte Sabinus den Levantiner mit kohlrabenschwarzem Haar, als sie dann allein waren. »Wirst du verfolgt?«

»Ich hoffe nicht, aber ich will nicht, daß es Zeugen von meinem Besuch hier gibt. Nun, Clarissimus, kannst du dich noch daran erinnern, daß Caesar ein paar Zimmermänner von unserem Betrieb benötigte und du mich hinüber zum Palatin geschickt hast, um weitere Einzelheiten zu erfahren?«

»Ja...«

»Nun, wir blieben nicht im Palast. Wir wurden statt dessen zu Agrippinas Haus geschickt. Sie war zu einem ihrer Landsitze gereist, und während sie fort war, erhielten wir den Befehl – oh, wie soll ich es dir nur sagen?«

»Sprich weiter, Hermes.«

»Wir erhielten den Befehl, eine... eine einstürzbare Decke in ihrem Schlafzimmer anzubringen.«

»Eine *was*?«

»Eine einstürzbare Decke. Wenn man an einem Hebel zieht, lösen sich riesige Betonplatten und fallen auf ihr Bett herunter –«

»Lieber Jupiter! Schwer genug, um sie zu töten?«

»Ja. Ja, natürlich.«

»Habt ihr die Decke tatsächlich schon eingebaut?«

Er nickte langsam: »Wir mußten es. Nero persönlich hat uns die Befehle erteilt.«

»Ist die Decke jetzt... in Betrieb?«

»Wir sind heute nachmittag mit dem Einbau fertig geworden. Bevor wir gingen, kam Nero persönlich herüber, um den Mechanismus auszuprobieren. Wir stützten nur die Betonplatten, damit sie nicht herunterfielen und ein Chaos anrichteten. Es wird funktionieren, keine Frage. Dann blickte er uns vieren in die Augen und drohte uns mit dem Tod, wenn wir irgend jemandem ein Sterbenswort davon verraten würden. Außerdem versprach er eine große Belohnung, wenn es wie geplant funktionieren würde.«

Sabinus sank in einen Sessel und stützte sein starkes, kantiges Kinn mit einer Faust. Eine Zeitlang sagte er gar nichts. Dann fragte er: »Warum bist du hergekommen und hast *mir* das alles erzählt, Hermes?«

»Ich... ich wußte nicht, was ich machen sollte. Ich verachte die Kaiserinmutter wirklich, weißt du, aber ich konnte sie einfach nicht... auf die Art sterben lassen. Oh, ich sollte dir vielleicht noch etwas gestehen, Präfekt: Ich denke, ich bin Christ geworden – dieser

Aquila ist *wirklich* überzeugend, weißt du – und wir sollen unsere Feinde lieben.«

»Du bist auch Christ geworden?« Sabinus lächelte. »Ich dachte, diese Sekte sei nur für Schwiegermütter.«

Dann zog er die Stirn in Falten. »Tja, vielen Dank, Hermes«, sagte er bissig, »jetzt hast du die Sache unmittelbar in meine Hände gelegt, während du selbst nun frei bist. Übrigens, wann soll Agrippina denn zurückkommen?«

»Morgen nachmittag.«

»Oh, ausgezeichnet.«

Sabinus schüttelte den Kopf. Dann führte er Hermes zur Tür und riet ihm: »Sag nichts. Tu nichts. Wir haben uns heute abend nicht gesehen, alles klar?«

»Vollkommen.«

Hermes schlich sich verstohlen hinaus.

Soll Agrippina doch sterben, dachte Sabinus, *und ihre ganzen gemeinen Drohungen mit ihr. Sie ist doch nur darauf aus, uns zu vernichten ... Eine falsche Decke würde uns endlich alle von ihr befreien. Sie hat versucht, Aulus und Pomponia zugrunde zu richten. Soll sie doch ins Gras beißen. Sie ist ein Geschwür am Staatskörper. Außerdem würde jeder, der sie warnt, sein Leben auf's Spiel setzen. Ja, die hyperehrgeizige, mörderische, inzestuöse Hyäne soll nur verrecken!*

Er ging zu Bett. Plautia schlief zum Glück schon, so daß er keinen Schwall von Fragen beantworten mußte. Aber der Schlaf wollte nicht über ihn kommen, und er wälzte sich einige Stunden unruhig im Bett hin und her. Schließlich stand er auf und ging ins Bad. Dort kam ihm ein Gedanke in den Sinn. »Ja«, sagte er zu sich selbst, »sie muß das Badezimmer nutzen.«

Bevor er sich wieder ins Bett legte, schrieb er in kleinen Blockbuchstaben eine Nachricht, die er aber absichtlich nicht unterschrieb.

Die Rückreise nach Rom in der Sänfte hatte Agrippina erschöpft, und so schickte sie sich an, sich schon früh in ihr Schlafgemach zurückzuziehen. Auf dem Tisch neben ihrem Bett lag ein Stapel Post, der sich in ihrer Abwesenheit angesammelt hatte. Sie würde sie morgen durchsehen.

Sie schloß die Augen und war nahe daran, einzuschlafen, als ihr im Nachhinein bewußt wurde, daß etwas Ungewöhnliches bei der Post dabei gewesen war. Sie setzte sich im Bett auf und starrte darauf: auf eine kleine Schriftrolle, die mit einem purpurroten Siegel verschlossen war. Sie brach das Siegel auf, das seltsamerweise ohne Monogramm war, und las die Nachricht. Sie zuckte ungläubig zusammen, sprang aus ihrem Bett und kletterte auf einen Stuhl, um einen näheren Blick auf die Decke zu werfen. Sie bemerkte die verräterischen Veränderungen – eine Reihe von parallelen Rissen zwischen frischverputzten Platten – und war entsetzt. Offensichtlich kam die unsignierte Warnung nicht von einem Verrückten. Beinahe hilflos – als ihre Nerven in Hitze gerieten – tat sie genau das, was ihr in der Botschaft vorgeschlagen wurde. Sie bereitete sich ein Lager auf dem Boden ihres angrenzenden Badezimmers und versuchte, dort zu schlafen.

Mitten in der Nacht erschütterte ein Donnern und Poltern das Haus. Beim Licht des Halbmondes, der durch die Fenster in ihr Schlafgemach hineinstrahlte, sah Agrippina das zerklüftete Bild der Verwüstung, das einmal ihr Schlafzimmer gewesen war. Ihr Bett war bis zur Unkenntlichkeit zertrümmert, und eine pudrige Substanz hatte alles bedeckt. Von dem Mörtelstaub hustend, kletterte sie über den Trümmerhaufen und eilte in die Eingangshalle, um zu sehen, ob sie nicht noch jemanden erwischte, der den Mechanismus in Gang gesetzt hatte. Aber sie sah niemanden, bis ihr gesamtes Dienstpersonal angerannt kam, um ihr beizustehen. Sie wollte gerade verkündigen, daß einer von ihren Dienern gerade versucht habe, sie zu ermorden, aber dann bremste sie sich klugerweise. Sonst hätte Nero gewußt, daß sie es wußte, und ihr Leben wäre ausgehaucht.

»Ein schrecklicher Unfall!« schrie sie. »Zum Glück war ich zu der Zeit gerade im Bad.«

Was sollte sie jetzt machen? Von abgrundtiefem Haß auf ihren Sohn erfüllt, verbrachte Agrippina die nächsten Tage damit, zu entscheiden, ob sie versuchen sollte, Nero zu vergiften oder sich der Gnade des Senats auszuliefern und die Senatoren um Asyl anzuflehen. Oder sollte sie nach Norden zu den Legionen fliehen?

Sabinus staunte in der Öffentlichkeit mit ganz Rom über Agrippinas Glück, mit knapper Not der Katastrophe entronnen zu sein. Im stillen hoffte er, daß Nero einen zweiten Versuch unternehmen würde, seine eigene Mutter umzubringen. Sollte er Seneca und Burrus von seiner Rolle in der Sache erzählen? Unter anderen

Umständen, ja. Aber es war gut möglich, daß einer von beiden den Muttermord stillschweigend billigte.

Nero war außer sich vor Zorn und auch Schrecken, weil der versuchte Mord durch die eingestürzte Decke fehlgeschlagen war. Er war nicht sicher, ob er seiner Mutter die Erklärung von ihrem glücklichen Entkommen glauben sollte. Wenn sie ihn verdächtigte, war sein eigenes Leben in Gefahr, und er mußte auf jeden Fall sofort handeln – und zwar erfolgreich. Jeder Bissen von seinem Essen sollte nun zweimal vorgekostet werden – das vereinbarte Nero mit dem Mann, der seine Mutter ebenso haßte wie er: Anicetus, dem Befehlshaber der römischen Flotte. Anicetus war in seiner Kindheit Neros Erzieher gewesen, und seine heftigen Streitereien mit Agrippina hatten bei ihm Wunden hinterlassen, die mit zunehmendem Alter nur noch mehr an ihm nagten.

»Was ist einfacher als ein Unfall auf der See, Prinzeps?« schlug Anicetus vor. »Bei einem Theaterstück, das ich neulich gesehen habe, war ein Schiff auf der Bühne, dessen Schiffskörper sich öffnete, um ein paar wilde Tiere herauszulassen, und sich dann wieder schloß. Wir könnten die Idee aufgreifen ... «

Nero dachte eine Weile über den Plan nach, dann lächelte er: »Warum nicht, Anicetus? Aber nicht in Ostia – das ist zu nahe an Rom.«

»Ich hab' da schon so eine Idee. Ihr geht doch zum Fest der Minerva hinunter nach Baiae, oder?«

»Ja, wir verbringen eine Woche da unten.« Dann grinste er. »Natürlich ... intriganter Sohn von Satyr.«

»Na, also. Jetzt mußt du natürlich alles versuchen, um eine ›Versöhnung‹ mit deiner Mutter zu inszenieren und sie nach Baiae einzuladen.«

»Und keiner wird mich nach dem Unfall im Vergießen von Sohnestränen übertreffen können.« Nero breitete feierlich die Arme aus: »Es wird Tempel und Reliquienschreine ihr zu Ehren geben.«

Während Anicetus hinunter an die Küste von Neapel reiste und ein leicht versenkbares Schiff konstruierte, fuhr Nero vorsichtig einen anderen Kurs und begann, seine Mutter für die dunklen Gedanken, die sich in seinem Kopf zusammengebraut hatten, um Vergebung zu bitten. Zuerst war Agrippina äußerst mißtrauisch, aber in ein paar Zeilen seiner beinahe pathetischen Briefe steckte ein Körnchen Wahrheit:

> ... Natürlich hast du auch viel dazu beigetragen, Mama, indem du unsere Streitereien geschürt hast. Du kannst ein ganz schön starker Gegner sein! Aber Kinder sollten Nachsicht mit der Reizbarkeit ihrer Eltern üben und die ersten sein, die den Geist der Vergebung zeigen...

Ein Heuchler würde sich nur entschuldigt haben, dachte sie. Außerdem sickerten Gerüchte vom Palast durch, daß Nero wirklich eine Versöhnung mit ihr wolle. Und dann traf seine herzliche Einladung ein, die Feiertage mit ihr unten in Baiae zu verbringen. »Die Familie sollte am Fest von Minerva zusammensein«, fügte er in frommem Ton hinzu. Es *mußte* also wahr sein, dachte sie. Versöhnung!

Die Bucht von Baiae, der nordwestlichste Meeresarm in den großen, ausgebreiteten Armen des Golfs von Neapel, war ein Lieblingserholungsort des Kaisers und ein vornehmes Seebad für den römischen Adel. Agrippina und ihr Gefolge segelten Mitte März Anno Domini 59 die Mittelmeerküste hinunter nach Baiae. Nero empfing sie strahlend und voller Herzlichkeit, als er sie am Hafen abholte und zu ihrem Landhaus begleitete, wo sie mit ihrer Dienerschaft wohnen würde. Die Villa lag an einem Küstenstrich nördlich von Baiae, und dazwischen war mehrere Kilometer lang nichts als Wasser.

Am darauffolgenden Abend segelten Agrippina und ihre Diener über das Wasser, das sie von Baiae trennte, um zu dem großen Versöhnungsfest bei Neros Villa zu gelangen. Wieder stand Nero mit weit ausgebreiteten Armen am Kai und half ihr den steilen Pfad hinauf, der zu seiner Villa führte, als sie ein lautes Krachen von unten hörten. Als sie sich umdrehten, sahen sie, daß ein Schiff beim Anlegen Agrippinas Galeere gerammt und das Heck zerstört hatte. Nero war wütend. »War das dein Werk, Anicetus?« rief er.

»Ich fürchte, ja, Caesar. Verzeih uns unsere Ungeschicktheit!« jammerte er. »Wir fangen sofort mit der Reparatur an.«

»Das solltest du besser tun, du tölpelhafter Idiot! Es sei denn, du willst einen neuen Befehlshaber der Flotte hier sehen! Komm, Mutter.«

Neros Bankett vertrieb den letzten Zweifel. Nur die Mitglieder der kaiserlichen Gesellschaft, die Agrippina wohlwollend gesonnen waren, hatten eine Einladung bekommen, und ihr selbst wurde der Ehrenplatz zugewiesen. Nero war in guter Stimmung und plapperte munter drauflos: »Das heißt nur, daß du im Palast wieder in besonderer Gunst stehst, Mutter. Und ich habe noch ein paar frohe Neuigkeiten für dich: dein schönes Profil wird bald wieder neben dem meinen auf unserer Münze sein.«

Agrippina war ausgelassen. Sie wurde ausgelassener. Aber sie hatte Nero niemals zuvor in solch schwankenden Stimmungen erlebt. In der einen Minute scherzte er vergnügt und machte sich wie ein Junge über alles und jeden lustig, in der nächsten schien er von Zurückhaltung übermannt zu werden, als wenn seine Gedanken meilenweit entfernt wären. Die meiste Zeit aber wollte er über die Vergangenheit reden.

Als das Fest in vollem Gange war, schien er sich an etwas zu erinnern, denn er beugte sich zu Agrippina hinüber und flüsterte: »Eine Sache haben wir nie geklärt, liebe Mutter. Du hast mir einmal erzählt, daß die Astrologen bei meiner Geburt eine schreckliche Prophezeiung über mich aussprachen. Was war das?«

Agrippina war überrascht von dieser Frage und schüttelte den Kopf. »Nein, mein lieber Sohn. Es ist jetzt nicht die richtige Zeit, um über so etwas zu reden!«

»Oh, doch, Mutter, das ist es.« Es war in der Tat an der Zeit, hinter alle Geheimnisse zu kommen. »Bei einer wirklichen Versöhnung darf nichts geheimgehalten werden.«

Sie runzelte die Stirn und zögerte. »Tja, wenn du darauf bestehst«, gab sie nach, »ja vielleicht *ist* jetzt ein guter Zeitpunkt. Betrachte es als ein Zeichen meiner großen Liebe für dich. Es war Balbillus, der dein Horoskop stellte und sagte: ›Dein Sohn wird eines Tages Kaiser werden, aber er wird auch ... seine Mutter umbringen.‹«

Nero, der gerade eine Olive hinunterschluckte, verschluckte sich vor Schreck und bekam einen heftigen Hustenanfall. Dann räusperte er sich und fragte: »War das alles? Oder sonst noch 'was?«

»Ja ... meine Antwort an ihn. Ich sagte: ›Dann soll er mich ruhig umbringen, *wenn er nur Kaiser wird!*‹«

Nero wurde rot: »So eine ... große Liebe, liebe Mutter. Aber was für ein lächerliches Horoskop. Die Astrologen *sind* doch alle ein Pack von Betrügern und Gaunern!« Er griff hastig nach einem Becher Wein und leerte ihn, in der Hoffnung, daß Agrippina seine Schweißausbrüche und seine innere Aufgewühltheit nicht bemerken würde.

Gegen Mitternacht war das Fest zu Ende, und Nero geleitete Agrippina hinunter zum Dock. Es war eine herrliche, warme Nacht zu Beginn des Frühlings, mit Tausenden von Sternen am Himmel. Die See war ruhig, sie wurde kaum in Bewegung gebracht von einer angenehmen, nach Pinien duftenden Brise, die von Capri hinaufzuwehen schien.

Am Kai begrüßte sie ein reumütiger Anicetus: »Es tut mir leid, Caesar. Ich brauche noch einen weiteren Tag für die Reparatur der Galeere.«

»Dummkopf! Wann wirst du endlich das Segeln lernen?« Dann mäßigte er seinen Ton. »Na ja, das ist ja kein großes Problem. Hier, Mutter, nimm einfach eins von meinen Schiffen. Meinst du, daß du das hier segeln kannst, ohne es zu rammen, Anicetus?«

Der Flottenkommandeur antwortete nicht, sondern ließ nur voller Scham seinen Kopf hängen. Nero verabschiedete sich dann mit einer langen Umarmung von seiner Mutter, wobei er sie an seine Brust drückte und ihre Augen und Hände küßte. »Viel Kraft und gute Gesundheit wünsche ich dir, Mutter«, sagte er, »denn für dich lebe ich, und dir habe ich es zu verdanken, daß ich regiere.«

»Auf Wiederseh'n, mein lieber Sohn«, sagte sie, wobei sie ein bißchen lallte, denn sie hatte eine beachtliche Menge Wein konsumiert. Ein Diener half ihr, auf das Schiff zu kommen, während ihr ein Dienstmädchen namens Acerronia folgte. Anicetus und seine Schiffsmannschaft legten jetzt ab, während Mutter und Sohn einander noch über eine weite Wasserstrecke hinweg zuwinkten.

Agrippina stieg hinunter, um sich auf einer Couch in der Kajüte auszustrecken, während Acerronia fröhlich über die Freuden einer Versöhnung plauderte. Zehn Minuten später kam Gallus, der männliche Gehilfe in die Kabine, um zu kontrollieren, ob die Kaiserinmutter es auch bequem hatte. Man hörte jemanden auf Deck schreien: *»Jetzt!«* Schwere Bleiblöcke krachten von der Kabinendecke auf sie herunter. Gallus' Kopf und Schultern wurden zerschmettert, und er war auf der Stelle tot. Aber die Frauen wurden durch die hohen Eichenlehnen der Couch geschützt, die zu robust waren, um nachzugeben und ihren Anteil der Bleiblöcke abhielten.

»Zieh den *anderen Hebel!*« brüllte Anicetus. Der Schiffsrumpf sollte geöffnet werden.

»Der läßt sich nicht bewegen!« rief ein anderer und fluchte dann. Die Verkleidung des Schiffsrumpfs, die sich im Trockenen gut hatte öffnen lassen, wurde jetzt vom Unterwasserdruck verschlossen gehalten.

»Bringt das verdammte Schiff doch endlich zum Kentern, Mann!« schrie der Flottenkapitän. »Alle hinüber zur Steuerbord-Reling! Dann nach Backbord! Bringt den Kahn zum Schaukeln!«

Aber jetzt bezahlte Anicetus den Preis für seine Verschwiegenheit. Nur die Offiziere waren von dem wahren Zweck der Reise in Kenntnis gesetzt worden. Die Schiffsmannschaft, welche glaubte, ihr Kapitän sei plötzlich verrückt geworden, versuchte mit aller Kraft, das Schiff vor dem Kentern zu retten. Als die Offiziere zu der einen Reling liefen, stürmte die Mannschaft auf die andere Seite, um das Schlingern auszugleichen.

»Nein, ihr Idioten! Ihr sollt uns beim *Kentern* helfen!« rief Anicetus, als er und die Offiziere hinüber zur Mannschaft stürzten, die sich so schnell wie möglich zwischen den Offizieren hindurchschlängelte, um zur anderen Seite zu gelangen. Verwirrte Rufe und Flüche erfüllten die Nachtluft.

Agrippina gelang es inzwischen, ihren trägen Verstand so zusammenzureißen, daß sie zu einer geplanten Handlung fähig war. Sie kroch aus der Kabine und glitt leise an einer Seite des Schiffes ins Wasser. Zur selben Zeit stolperte Acerronia auf Deck und schrie: »Helft mir! Helft der Kaiserinmutter!« Während Agrippina vom Schiff fortschwamm, sah sie voller Entsetzen, wie die Offiziere ihre Dienerin mit Rudern zu Tode schlugen ... ihre zerknitterte Tunika schimmerte gelb-orange im Fahrlicht des Schiffes.

Hatte Acerronia versucht, sie zu retten oder ihre Flucht zu vertuschen? fragte sich Agrippina, als sie sich immer mehr vom Schiff entfernte und den Lichtern der Küste näherte. Sie fühlte einen stechenden Schmerz in ihrer rechten Schulter – irgendwo in dem Handgemenge war sie offensichtlich schließlich doch verwundet worden. Sie zählte hundert Brustschwimmzüge und begann, schwächer zu werden, als eine Flotille von kleinen Austernbooten, die zur Küste zurückkehrten, neben ihr herglitten. Sie schrie um Hilfe. Als die verdutzten Austernfischer erfuhren, daß sie die Kaiserinmutter von Rom gerettet hatten, brachten sie diese ehrfurchtsvoll zu ihrer Villa an der Küste – eine klägliche, aufgebrachte, erschöpfte, aber immer noch lebende Agrippina.

Zuerst mußte sie ihre Wunde verbinden und schlafen, dachte Agrippina. Dann würde sie entscheiden, wie sie das mörderische Biest überlisten könnte, das sie auf die Welt gebracht hatte, und sie würde ihr Leben retten.

Zwei Männer hatten das Schiff in Seenot draußen im Golf von Neapel beobachtet. Einer von beiden, Nero, stand auf einem Hügel in der Nähe seiner Villa, bis er die Rufe und Schrei hörte. Dann ging er lächelnd ins Haus.

Der andere war ein Schiffspassagier, der die Szene von den Backbord-Schandecks eines großen Handelsschiffes mit dem Namen *Zwillingsbrüder* aus beobachtete, dessen geschnitzte Galionsfiguren Castor und Pollux eine unverkennbare Ähnlichkeit mit Sabinus und Quintus Lateranus aufwiesen. Das Schiff näherte sich dem großen Hafen von Puteoli, nachdem es den Winter in Malta verbracht hatte. Der Passagier, ein kleiner, schmächtiger Jude, war wach geblieben, um zu sehen, wie das Schiff in den Golf von Neapel glitt, und er hörte nun das Rufen und Schreien, das offenbar von dem kleinen Schiff mit Fahrlicht kam, das etwa zwei Kilometer weiter westlich lag. Er starrte in die Nacht hinaus, wobei seine schütter werdenden grauen Locken und sein Spitzbart leicht im Wind wehten, und alamierte dann einen römischen Zenturio an Bord. Als der Soldat aber hinaus auf die See starrte, um zu sehen, was los sei, waren die Schreie bereits verstummt, und alles schien im Lot zu sein. Der Zenturio war offenbar ein Freund des Juden. In Wirklichkeit gehörte er jedoch zur kaiserlichen Leibgarde und sollte den Juden nach Rom führen, wo dieser vor das Gericht des Kaisers gebracht werden sollte. Und der Jude hieß Paulus von Tarsus.*

* Damit der Leser das nicht für einen zu großen und daher unglaubwürdigen Zufall hält, möge er in den Anmerkungen mehr darüber lesen.

17

Agrippina konnte und konnte nicht einschlafen. Ihr Verstand war hellwach und suchte fieberhaft nach einem Ausweg aus der tödlichen Gefahr. Zuerst mußte sie vor der drohenden Ermordung fliehen. Später würde sie sich zum Senat in Rom flüchten und Nero öffentlich als den Unmenschen anprangern, der er war. Nero würde natürlich nun erfahren, daß sie wahrscheinlich überlebt hatte. Wenn er um ihr Wissen, daß es versuchter Mord war, wußte, würde er gezwungen sein, sie zu töten. Deshalb *mußte* sie ihn glauben machen, daß sie alles für einen Unfall hielt – wie schon beim letzten Mal.

»Agermus!« rief sie ihren freigelassenen Sklaven, »geh zu Caesar – sofort – und überbringe ihm wortwörtlich die Nachricht, die ich dir jetzt mitteile. Sag' zu ihm: ›Bei der Gunst des Himmels, oh Caesar, die Kaiserinmutter – nein, *deine* Mutter – ist bei einem schrecklichen Unfall noch einmal mit dem Leben davongekommen. Sie weiß, daß du zu ihr hinüberkommen wirst, um dich nach ihrer Gesundheit zu erkundigen, aber sie bittet dich, davon abzusehen, denn es geht ihr gut, und sie braucht im Moment nichts so sehr wie ein wenig Schlaf.‹ ... Ja, das ist alles. Kannst du dir das behalten?«

»Natürlich, meine Herrin.«

Nero hatte bis tief in die Nacht auf Anicetus' Rückkehr gewartet. Als er erschien, war der Flottenbefehlshaber ein wenig kleinlaut. »Wir glauben, daß sie tot ist, Caesar«, sagte er. »Ihre Diener sind auf jeden Fall tot – wir haben dafür gesorgt, und sie hat auch ganz schön etwas abbekommen und muß danach ertrunken sein. Es war sicher ein *großes* Schwimmvergnügen!«

»Beim lieben Neptun!« jammerte Nero. »Du kennst meine Mutter nicht! Was ist da draußen passiert?«

Anicetus gab einen ausführlichen Bericht ab, als ein Wächter vom Strand hereingerannt kam und rief: »Caesar! Ein paar Austernfischer haben die Kaiserinmutter draußen im Golf gefunden, als sie um ihr Leben schwamm. Sie haben sie gerettet. Du wirst erfreut sein, zu hören, daß sie sich wieder in ihrer Villa befindet und nur eine leichte Wunde hat, aber nichts Ernstes.«

Nero bedeckte sein Gesicht mit beiden Händen und schrie: »Oh... Götter!«, während er langsam auf die Couch sank. Der Wächter hielt es für einen ergreifenden Ausdruck von Sohnesliebe und zog sich zurück.

»Sie ist... sie ist unsterblich, scheint mir«, wimmerte er, »diese Frau... ist einfach nicht totzukriegen! Bei allen Höllenflammen... wie *können* wir ihr denn nur über den Styx helfen?* *Wie*, Anicetus?«

Der Flottenkapitän sagte kein Wort.

»Oh, aber wir sind tote Männer, ja, das sind wir. Sie wird gleich hier sein und Feuer speien. Sie wird mich umbringen. Sie wird die Regierung Roms übernehmen.«

»Das bezweifle ich, Caesar«, sagte Anicetus, »warum bestellst du nicht Seneca und Burrus hierher, damit sie dir einen... äh... Rat erteilen –«

»Ja, ja, *ja!* Hol sie. Hol sie sofort!«

Seneca und Burrus waren mit dem kaiserlichen Gefolge mitgekommen, um die Feiertage in Baiae zu verbringen, aber sie hatten die Versöhnungsfeier nicht besucht und waren nicht über das sinkbare Schiff informiert worden. Nero mußte ihnen ein paar peinliche Minuten lang erklären, warum er den Tod seiner Mutter geplant hatte, und warum der Mordversuch fehlgeschlagen war.

»Weiß sie, daß es kein Unfall war?« fragte Seneca mit einem besorgten Stirnrunzeln, das Burrus teilte.

»Sie konnte nicht *umhin*, es zu erfahren«, murmelte er und starrte auf seine Sandalen, um den Blicken der anderen auszuweichen.

»Oh, ja. Mutter hat eine gute Nase für Verschwörungen... besonders, wenn es dabei um ihr Leben geht«, stöhnte Nero, »aber ich habe euch beide herbestellt, damit ihr mir sagt, wie ich mein Leben retten kann, weil –« er stockte und hatte den Blick eines in die Enge gedrängten, rasend gemachten Tieres, » – weil wir sonst alle in ihre Klauen geraten. Sie hat wahrscheinlich schon Boten beauftragt, die in diesem Moment zum Senat gehen. Sie wird alles versuchen.

* Styx: Fluß der Unterwelt. Jemandem über den Styx helfen: jemanden zum Tode verhelfen, jemanden töten.

Sie wird den Sklaven Waffen in die Hand drücken. Sie wird die Leibgarde dazu bringen, abtrünnig zu werden. Oh, unsterbliche Götter!« Er brach ab und schrie dann: »Was sollen wir tun?«

Seneca schaute hinunter auf den Mosaikboden und schwieg.

Burrus trat nervös von einem Fuß auf den anderen und rieb seinen verstümmelten Arm, sagte aber nichts, obwohl er versuchte, Senecas Blick aufzufangen.

»Helft mir!« brüllte Nero schließlich. »Ihr seid doch meine Ratgeber, oder etwa nicht?«

»Gib uns einen Augenblick Zeit, Prinzeps«, sagte Seneca barsch, »das kommt alles sehr plötzlich für uns.«

Dann lief er im Zimmer hin und her, hielt nachdenklich das Kinn in der Hand und spielte in Gedanken alle möglichen Alternativen durch. Sein Stoikergewissen sagte ihm, daß er versuchen mußte, Agrippina zu retten, auch wenn sie eine Feindin war.

»Wie wäre es, wenn wir deine Mutter verhaften und sie ins Exil schicken würden?« fragte er.

»Unmöglich!« schrie Nero. »Danach würde sie nicht eher Ruhe geben, bis sie mich getötet hat. Und euch auch. Das gesamte Kaiserreich ist nicht groß genug für uns beide. Das solltet ihr mittlerweile wissen.«

Es gibt noch eine andere Alternative, dachte Seneca im stillen. Wenn Agrippina nicht vernichtet würde, könnte Nero in der Tat umgebracht werden. Rom würde seinen ungestümen, unberechenbaren, jungen Kaiser los sein. Doch diese Alternative war genauso schlimm oder sogar schlimmer: eine triumphierende Agrippina, die als Kaiserin regierte? Sein eigenes Leben würde kurz nach Neros ausgelöscht werden. Nein, beim gegenwärtigen, unglaublich verzwickten Stand der Dinge – und allen philosophischen Prinzipien zum Trotz – würde Agrippina gehen müssen... natürlich nur, wenn man ihrer noch habhaft werden konnte. Seneca schaute Burrus an und fragte: »Nun, ... wer erhält denn dann den schicksalhaften Befehl? Die Prätorianergarde?«

Burrus schüttelte den Kopf: »Nicht die Prätorianer. Sie haben ihr Wort gegeben, die ganze Familie der Caesaren zu schützen.«

Dann schaute er hinüber zum Kapitän der Flotte und sagte: »Nein, lassen wir doch Anicetus zu Ende führen, was er begonnen hat. Die Armee verzichtet zugunsten der Kriegsmarine.«

Nero blickte auf und nickte. Anicetus verbeugte sich und verließ den Raum. Sein guter Ruf stand auf dem Spiel.

Ein Wächter kam mit den Neuigkeiten herein, daß Agermus mit einer Botschaft von seiner Mutter eingetroffen sei. Neros Augen huschten zu Seneca und baten um Rat, aber dann wandten sie sich schnell wieder ab. Er war Caesar. Nach seiner sentimentalen und kindischen Vorstellung mußte er – und zwar er allein – entscheiden, was als nächstes zu tun war.

»Bring ihn herein«, befahl Nero.

Agermus wurde hereingeführt, und er überbrachte beinahe wortwörtlich Agrippinas Botschaft. Einen Augenblick lang fragte sich Nero, ob seine Mutter vielleicht *wirklich* glaubte, daß alles ein Unfall gewesen war. Er konnte immer noch Anicetus zurückrufen und ihre Ermordung aufhalten. Er würde nicht des Muttermordes angeklagt werden. Aber was wäre, wenn es nur eine ihrer Listen war, um ihr Leben jetzt zu retten, damit sie sich später an ihm rächen konnte? Er mußte eine sofortige Entscheidung treffen. Selbsterhaltung. Ja, für einen Kaiser kam Selbsterhaltung immer an erster Stelle. Seine Mutter mußte sterben. Um seine Handlung in Rom zu rechtfertigen, mußte er ihr nun einen Anschlag auf sein Leben anhängen.

Im gleichen Moment zog Nero einen Dolch heraus und warf ihn Agermus vor die Füße. Dann rief er: *»Wache! Wache!«*, bis ein paar Prätorianer herbeigeeilt kamen. »Verhaftet diesen Mann wegen Hochverrats! Agrippina hat ihn geschickt, damit er mich tötet! Seht ihr den Dolch? Legt den Mann in Eisen!«

Inzwischen hatten sich die Neuigkeiten von der Verletzung der Kaiserinmutter, die sie sich bei dem Schiffsunglück zugezogen hatte, herumgesprochen, und der Strand um ihre Villa herum war jetzt hell erleuchtet von den flackernden Lichtern der Fackeln des Küstenvolkes: unter Klagen flehten sie die Götter um die Genesung von Agrippina an. Doch plötzlich zwängte sich eine bewaffnete Kompanie der Marine durch die Menschenmengen, trabte hinauf zur Villa und umstellte sie. Anicetus zog die militärische Postenkette ein wenig enger, dann brach er die Tür ein und marschierte ins Schlafgemach der Hausherrin. Er trat die Tür auf und sah Agrippina im Bett liegen, die von einem entsetzten Sklavenmädchen gepflegt wurde.

Agrippina starrte Anicetus und seine Marineoffiziere in Todesangst an. Aber sie behielt ihre Fassung und sagte ruhig: »Wenn ihr gekommen seid, um eine kranke Frau zu besuchen, dann überbringt die Nachricht, daß ich auf dem Wege der Besserung bin.«

Anicetus sagte nichts. Er starrte sie nur voller Verachtung an.

»Aber wenn ihr hier seid, um ... ein Verbrechen zu begehen, werdet ihr *eure* Hände mit Blut beflecken. Mein Sohn hat euch doch bestimmt nicht den Befehl erteilt, seine eigene Mutter zu ermorden.«

Die bewaffneten Marineoffiziere umzingelten ihr Bett.

»Nun?« fragte der Kapitän.

Anicetus nickte.

Der Kapitän holte aus und schlug mit einem Knüppel auf Agrippinas Kopf.

Von einer heftigen Schmerzwelle überwältigt, sah Agrippina, wie ein anderer Marineoffizier ein Schwert herauszog. Sie öffnete den Mund, aber es kam kein Wort heraus. Ein letztes Mal setzte sie ihren starken Willen durch und schrie schließlich: »Schlag mich hierhin!« und entblößte ihren Unterleib, »schlag mich in den Schoß, weil er Nero geboren hat!«

Das Schwert sank nieder. Das Grün ihrer Augen zeigte ein letztes, angsterfülltes Leuchten, bis es im Tod verblaßte.

Nero mußte es mit eigenen Augen sehen, daß seine Mutter wirklich tot war. Er ging zu ihrer Villa und ließ dann ihren Körper auf einer Couch hinaustragen und bei einem überstürzten Begräbnis einäschern.

Als er nach Baiae zurückkehrte, wurde ihm allmählich die Abscheulichkeit seiner Tat in seiner ganzen Tragweite bewußt. Von den Ereignissen wie betäubt, schreckte er bei jedem Geräusch und jedem Schatten auf. Er wanderte um die Villa herum, fürchtete den Tagesanbruch und sehnte ihn zugleich ungeduldig herbei. Von der Szene des Verbrechens verfolgt, verließ er Baiae einige Tage später, um nach Neapel zu reisen.

Als er dann wieder einen klaren Kopf hatte, diktierte er einen Brief an den Senat, in dem er erzählte, wie Agrippinas fortwährende Verschwörungen schließlich zu ihrem Selbstmord geführt hätten, als der von ihr geplante Mordanschlag auf ihn gescheitert sei. Seneca redigierte den Brief und fügte eine Liste von Agrippinas Verbrechen seit Claudius' Zeit hinzu.

Aber die wahre Geschichte über Agrippinas Tod folgte sogleich in mündlicher Form der offiziellen Geschichte. Den Römern fiel die Entscheidung, welcher Geschichte sie Glauben schenken sollten, nicht schwer, und eine Flut von Wandschmierereien zum Thema Muttermord wurde auf Roms Mauern gekritzelt.

Sabinus war nicht besonders schockiert über die Neuigkeiten vom Golf von Neapel, da er geahnt hatte, daß es nur eine Frage der Zeit wäre, bis Nero wieder zuschlagen würde. Aber es war traurig, dachte Sabinus, daß der Tod eines anderen Menschen Neros eigene Entlastung bedeuten sollte; doch zugleich war Sabinus über Agrippinas Tod sehr erleichtert. Er fragte sich, wie Aulus die Neuigkeiten aufnehmen würde.

Auf der anderen Seite des Forums wurde Neros erklärender Brief im Senat laut vorgelesen. Die Senatoren brachten ihren Abscheu gegenüber Seneca zum Ausdruck, weil er selbst eine solche Nachricht noch mit seinen rhetorischen Verzierungen geschmückt hatte. Keiner glaubte die Geschichte mit dem Dolch – aber sie waren sich bewußt, daß ihre Reaktionen Nero in allen Einzelheiten berichtet würden.

So gingen sie den leichten, gefügigen, unterwürfigen Weg des geringsten Widerstandes und überschlugen sich vor Eifer, Dekrete zu erlassen, in denen sie Agrippinas Geburtstag für einen Unglückstag im Kalender erklärten und Nero ihren Dank für die Befreiung aussprachen.

Aulus Plautius hatte unmittelbar unter Agrippinas Händen gelitten, aber die Heuchelei, die in dem Marmorsaal an den Tag gelegt wurde, ekelte ihn an. Er stand auf und verließ den Senatssaal, gefolgt von seinem Freund Thrasea Paetus, der es ebenso machte. Aulus fragte ihn mit einem verächtlichen Grinsen: »Warum hast du dich denn dort im Senatssaal nicht zu Neros Brief geäußert?«

»Ich könnte nicht sagen, was ich sagen wollte. Ich würde nicht sagen, was ich sagen könnte.«

Aulus nickte: »Meinst du, daß wir Ärger bekommen?«

»Nero kann mich töten, Aulus. Aber er kann mich nicht verderben.«

Aulus lächelte und sagte: »Wenn Seneca das gleiche hätte sagen wollen, wäre wieder eine wissenschaftliche Abhandlung über den Stoizismus daraus geworden. Ich muß bald mal mit meinem Schwiegersohn reden. Ich frage mich wirklich, ob Sabinus noch ... unter dieser Regierung arbeiten will.«

In dieser schicksalhaften Nacht im Golf von Neapel war Paulus von Tarsus in Puteoli von Bord gegangen, wo ihm eine kleine Gruppe von Christen begegnete. Sie bedrängten den großen Missionar, ein wenig Zeit bei ihnen in der Hafenstadt zu verbringen. Paulus wandte sich an seinen Wächter und fragte: »Würde es dir etwas ausmachen, Julius, wenn wir unsere Reise nach Rom um ein paar Tage verzögern würden?« Seine Stimme war unerwartet tief und volltönend für jemanden, der von solch schlanker Gestalt war.

Der ebenholzschwarzhaarige Zenturio, der die schmucke Uniform der Augusteischen Kohorte trug, schüttelte den Kopf.

»Tut mir leid, Paulus. Das ist einfach unmöglich. Dienstvorschriften!«

Aber dann brach er in Gelächter aus.

»Andererseits sind wir ja erst fünf Monate zu spät dran, also was macht da schon eine weitere Woche aus? Ja, sagen wir eine Woche. Lange genug?«

»Natürlich. Und vielen Dank, Julius.«

»Außerdem wird auf der Straße nach Rom jetzt – so kurz nach dem Tod der Kaiserinmutter – viel Verkehr sein. Das ersparen wir uns doch lieber.«

Als sie eine Woche später aufbrachen, war der Frühling in der ganzen Landschaft Italiens zu seiner vollen Blüte gelangt. Die Hügel waren saftig grün, und der Duft von der großen Zahl von wilden Blumen, die am Wegrand Wache standen, lag in der Luft. Nun fiel es Paulus und seinem Reisegefährten, einem Heidenchristen und Arzt namens Lukanus, nicht schwer, die Schrecken ihrer Reise von Palästina nach Rom zu vergessen, die im Winter zunächst mit einem Schiffbruch an der Küste von Malta geendet hatte, bevor sie das Schiff der »Zwillingsbrüder« nach Puteoli gebracht hatte.

Sie reisten in Richtung Via Appia hinauf zu einem Treffpunkt, der »Drei-Schenken-Ecke am dreiunddreißigsten Meilenstein von Rom« genannt wurde. Eine große Menschentraube schien sich hier an den dörflichen Querstraßen versammelt zu haben. Plötzlich rief jemand: »Da sind sie ja!«, und ein Paar eilte die Straße entlang und in

Paulus' Arme. Die Augen des Apostels füllten sich mit Tränen, als er schrie: »Priscilla! Aquila!«

»Sieben Jahre, Paulus«, sagte Aquila, »es ist sieben *Jahre* her, seit wir in Griechenland zusammen waren!« Mit freudestrahlendem Gesicht stellte Aquila der Begrüßungsdelegation von römischen Christen stolz Paulus und Lukanus vor – oder vielmehr Lukas, wie die bevorzugte Koseform seines Freundes lautete.

»Meine lieben Schwestern und Brüder«, sagte Paulus strahlend, »von vielen von euch kenne ich nur die Namen – die ich an den Schluß meines Briefes an die Gemeinde von Rom gesetzt habe. Aber es gibt mir Kraft und Mut, euch zu sehen, denn – wie ihr ja alle wißt – muß ich vor Caesar treten.«

Dann stellte Paulus ihnen seinen Bewacher vor: »Und mein Fall hat in der Tat sehr gut begonnen, denn ich bin in der Obhut eines hervorragenden Zenturios. Julius, darf ich dir die Christen von Rom vorstellen?«

»Oh, aber es gibt doch noch viel mehr«, sagte Aquila.

»Das möchte ich doch meinen«, Paulus lächelte, »ich hatte gehofft, daß ihr inzwischen Caesar selbst bekehrt hättet!«

Sie lachten alle und waren erleichtert, daß Paulus sich ganz normal verhielt und kein heldenhafter Heiliger Gottes war, der das Ansehen der Gemeinde über Jesus und seine Botschaft stellte. Lukas imponierte ihnen ebenfalls, allerdings auf andere Art und Weise. Er war um einen Kopf größer als Paulus, und seine dunkelbraunen Haare und der gepflegte Bart, der so gestutzt worden war, daß er nicht über das Kinn hinausreichte, betonten das typisch hellenistische Gesicht, das im Kontrast zu dem semitischen Profil von Paulus stand, welches von seinem grauen Spitzbart umrahmt wurde.

Zusammen marschierten sie die letzte Wegstrecke ihrer Reise, und die schwarzen Steine der *Via Appia* schienen schließlich ein Ende zu nehmen. In der Ferne lag Rom, die roten Ziegelsteinmauern wurden von allen Richtungen von anmutig gewölbten Aquädukten und einem riesigen, mit Leben gefüllten Dreh- und Angelpunkt des Straßennetzes durchbrochen, das voller Verkehr war. Es war die größte und auch bei weitem verkehrsreichste Stadt, die Paulus je gesehen hatte; und wie jeder Fremde erblickte er mit staunenden, weit aufgerissenen Augen die Wunder Roms.

Julius führte sie durch die Stadt zu den Castra Praetoria, wo er

Paulus und ein paar andere Gefangene dem obersten Hauptmann überantwortete.

»Hier sind die Dokumente über diese Männer«, sagte Julius zu dem Hauptmann, »sie sollen in Eisen gelegt werden, bis über ihre Bestrafung entschieden ist. Aber dieser hier – sein Name ist Paulus von Tarsus – kommt in freie Obhut.«

»Freie Obhut?« fragte der Hauptmann und zog die Augenbrauen hoch.

»Er ist ein römischer Bürger. Er wartet darauf, daß Nero seinen Fall anhört.«

»Hat er sich auf Caesar berufen?«

»Das habe ich getan«, unterbrach Paulus.

Der Hauptmann zuckte die Achseln: »Muß wohl wichtig sein. Du mußt trotzdem eine Wache haben, Paulus von Tarsus, weil du nicht von Rom bist.«

»Ich verstehe.«

»Ah, Hauptmann.« Julius zog ihn beiseite. »Wenn es möglich ist, hätte ich gern, daß diesem Gefangenen jede Gefälligkeit erwiesen wird. Wir haben gerade eine Reise hinter uns, die ... die reinste Hölle war. Und bei allen Furien, wenn Paulus nicht gewesen wäre, dann säßen wir jetzt noch am untersten Zipfel des Mittelmeeres. Übrigens glaube ich, daß er unschuldig ist.«

»Darüber hat Caesar zu entscheiden ..., *falls* er den Fall anhört.«

Dann wandte sich der Hauptmann an Paulus und sagte: »Wenn du es schaffst, eine Unterkunft in der Nähe zu finden, schikken wir jeden Tag einen Prätorianer 'rüber, damit er dir ... äh ... Gesellschaft leistet. Rom bezahlt für die Wache, aber du mußt das Haus mieten. Hast du soviel Geld?«

»Ja. Aber werden meine Freunde mich besuchen können?«

»Warum nicht? Und du kannst auch ausgehen, wenn es deinem Wachposten nichts ausmacht. Aber er muß immer bei dir sein, und du kannst die Stadt nicht verlassen.«

Aquila und Priscilla fanden auf dem Viminal-Hügel in der Nähe der Castra Praetoria ein Haus für Paulus. Aquilas Gemeinde half Paulus und Lukas, sich einzurichten: sie brachten ihnen Mobiliar und überhäuften sie mit Essensvorräten, die für mehrere Monate reichen würden.

Bald hatten Paulus und Lukas es gemütlicher, als sie zu hoffen gewagt hatten – trotz der ständigen Gegenwart eines Wächters.

Aquila lieferte ihnen einen ausführlichen Bericht über die Entwicklung der Gemeinde, einschließlich der wortwörtlichen Wiedergabe des Gerichtsprozesses von Pomponia Graecina. Paulus bemühte sich, jede einzelne Silbe aufzunehmen.

»Aber jetzt frage ich mich, ob das, was wir gemacht haben, auch richtig war«, machte Aquila sich Sorgen, »einfach unsere Verteidigung auf den Judaismus aufzubauen. War es aufrichtig? Daß wir uns hinter unseren Freunden, den Juden, versteckt haben?«

»Du bist doch ein Jude«, antwortete Paulus, »ich bin ein Jude. Und wenn unser Glaube nicht die Erfüllung des Judaismus ist, dann ist er nichts.« Er hielt ein paar Minuten inne, dann schloß er: »Weißt du, an welches Muster ich mich auf all meinen Missionsreisen hielt? ›Erst die Juden, dann aber die Heiden.‹ Das gleiche gilt für Rom.«

Ein paar Tage später lud Paulus alle Leiter der römischen Synagogen zu einem Empfang in sein Haus ein, wo sie eine ungezwungene und lebhafte Unterhaltung über alle möglichen Themen führten, die ihnen in den Sinn kamen. Dabei sprachen sie abwechselnd Hebräisch und Aramäisch, während der gelangweilte Wächter, mit dem Paulus mittels einer langen Kette verbunden war, nur Latein konnte.

»Brüder«, sagte Paulus, »ich habe nicht gegen die Sitten und Bräuche unserer Väter verstoßen, und dennoch bin ich in römischen Gewahrsam genommen worden. Zwei Statthalter von Judäa prüften mich und wollten mich freilassen. Aber einige unserer Brüder legten Einspruch ein; und ich war gezwungen, mich auf Caesar zu berufen, um mein Leben zu retten. Daher meine Reise hierher. Ich wollte euch sehen und mit euch reden, denn es ist um der Hoffnung von Israel willen, daß ich an diese Kette gebunden bin.«

Als Paulus seine Ansicht über die »Hoffnung Israels« erklärt hatte, stand einer von den Rabbis auf und sagte: »Ich habe keine Briefe von Judäa über dich erhalten, Paulus. Irgendeiner von euch?« Keiner meldete sich. »Aber du bist ein interessanter Mann, Paulus von Tarsus. Bist du ein Pharisäer?«

Paulus nickte: »Ja, vom Stamme Benjamins. Ich habe unter Gamaliel studiert.«

»Und doch bist du eindeutig einer von den Nazarenern. Man hört natürlich überall viel Nachteiliges über diese Sekte. Aber wir werden dennoch unsere Brüder ermutigen, dich anzuhören. Sollen wir einen Tag festsetzen?«

Die Rabbis hielten ihr Wort und erschienen zwei Wochen später mit einer großen Anzahl von Mitgliedern ihrer Synagogen.

»Jetzt verstehe ich, warum du auf einem Haus mit Atrium und Peristyl bestanden hast«, sagte Aquila zu Paulus.

Das Treffen dauerte einen ganzen Tag lang. Am Morgen legte Paulus seinen Standpunkt dar, daß der Glaube an Christus die Erfüllung des Judaismus sei, daß Jesus der in der Heiligen Schrift verheißene Messias sei. Nachmittags wurde viel über diese Behauptung diskutiert. Einige wurden überzeugt und schlossen sich tatsächlich später den Christen an. Aber die Mehrheit nicht.

»Es ist das große *Shema*, Paulus«, sagte einer von den Rabbis, »eure Erhöhung von Jesus stellt dieses Wort in Frage: *Shema yisroel, adonai elohainu adonai echad.*«

»So heißt es«, pflichtete Paulus ihm bei, »höre, Israel: Der Herr ist unser Gott, der Herr *allein!*«[*]

»Und kein anderer.«

Paulus versuchte dann, deutlich zu machen, warum der christliche Glaube keinen Widerspruch zu diesem Wort aus der Heiligen Schrift darstelle.

Später wandte sich Paulus auch an die Heiden in Rom, um ihnen das Evangelium zu bringen.

Flavius Sabinus war in den Monaten nach Agrippinas Ermordung der eigentliche Regent von Rom, denn Seneca und Burrus blieben in der Nähe von Neapel und leisteten Nero Gesellschaft, der Angst hatte, sein Gesicht in Rom zu zeigen. Die Stadt genoß unter der Regierung von Sabinus einen ruhigen und angenehmen Sommer, weil Nero, nach wie vor der Haupt-Unruhestifter in der Stadt, mit Abwesenheit glänzte.

Sabinus' Prozeßliste war mit den üblichen Gerichtsverfahren angefüllt, bei denen es sich teils um Bagatelldelikte, teils um ernstere Fälle handelte. Es gab einen Fall von erheblichem Interesse, welcher

* 5. Mose 6,4

der Familie nahcging, aber Sabinus konnte nicht über diesen Fall entscheiden, weil sein Gericht nicht für solche Fälle zuständig war. Es handelte sich um den kürzlich angekommenen Juden, Paulus von Tarsus. Sabinus erinnerte sich an den Namen, der in Pomponias Gerichtsprozeß gefallen war, und Pomponia war es auch, die ihm den Fall des Paulus unterbreitete.

Um ihr einen Gefallen zu tun, hatte Sabinus Paulus zu den Stadtverwaltungsgebäuden herunterkommen lassen, um zu sehen, ob er bei seiner Verteidigung behilflich sein könne. Aber die zehnminütige Unterredung mit dem Mann überzeugte ihn, daß es sich hier um einen religiösen Fall handelte, so daß er ein gemeinsames Treffen für Paulus bei Aulus Plautius' Villa arrangierte. »Denn der Senator ist in solchen Angelegenheiten ein besserer Richter als ich«, sagte er mit einem schiefen Grinsen.

Aulus zuckte zusammen, als er von Sabinus' Kommentar hörte. Aber Pomponia schien so begeistert von der Aussicht zu sein, Paulus zu treffen, daß er es ihr nicht abschlagen konnte. Auch Plautia war an dem Tag bei ihren Eltern zu Besuch, als der an eine Handschelle gekettete Apostel mit seinem Wächter auf dem Esquilin ankam.

Sabinus wandte sich an den Wächter und fragte: »Hast du den Schlüssel für seine Kette bei dir?«

»Ja ...«

»Dann mach ihn los. Ich bürge für ihn.«

»Aber ... das ist nicht erlaubt.«

»Wenn der Stadtpräfekt etwas anordnet«, knurrte Sabinus, »dann *tu* es gefälligst! Auf der Stelle!«

»Ja, Präfekt.« Er nahm die Kette von Paulus' Handgelenk.

»Ausgezeichnet. Jetzt laß uns allein und hol dir in der Küche was zu trinken.«

Sie gingen hinüber ins Peristyl und setzten sich.

Sabinus begann: »Paulus, du solltest wissen, daß wir uns nur aus Liebe zu Pomponia um deinen Fall kümmern. Sie möchte gerne, daß wir alle Hebel in Bewegung setzen, um dir zu helfen. Daher solltest du uns jetzt ... nun ja, deine ganze Geschichte erzählen.«

Diese erwies sich als eine außergewöhnliche Erzählung, die den ganzen Nachmittag ausfüllte. Paulus erzählte zunächst, daß er in jungen Jahren ein eifriger Christenverfolger in Jerusalem gewesen war, dann berichtete er von seiner Bekehrung auf der Straße von Damaskus, seinen verschiedenen Missionsreisen, den Umständen seiner Verhaftung in Jerusalem, seiner Berufung auf Caesar und schließlich seiner Reise nach Rom.

Als sie erfuhren, daß Paulus die letzte Strecke seiner Reise von Malta aus auf dem Schiff *Die Zwillingsbrüder* gesegelt war, bekundeten alle – besonders aber Sabinus – ihre Verwunderung über diesen phantastischen Zufall. Der Apostel war verwirrt, bis Sabinus ihn darüber aufklärte, wer hinter den Zwillingsbrüder-Unternehmungen steckte.

Paulus lächelte vor sich hin und fragte sich, ob hinter diesem »Zufall« nicht eine höhere Absicht stand. Während seiner Schilderung reagierten seine Gastgeber völlig unterschiedlich auf seine Geschichte.

Die Frauen hörten gebannt zu. Aulus hielt die Geschichte auch für eine bemerkenswerte Erzählung – die aufrichtig erzählt wurde –, aber er fragte sich dennoch, wie dieser schmächtige, O-beinige Jude mit schütterem Haar einen solchen Einfluß unter den Mitgliedern der neuen Sekte haben konnte. Sabinus machte sich nur ab und zu Notizen und versuchte, Paulus' Hinweise für einen Gerichtsprozeß auszuwerten.

Als Paulus seine Geschichte zu Ende erzählt hatte, fügte er noch hinzu: »Eine Bemerkung bei den Castra Praetoria habe ich nicht verstanden. Der Kommandant sagte so etwas wie ›*falls* der Kaiser seinen Fall anhört‹. Das wird er doch, oder?«

»Das ist gerade der springende Punkt«, antwortete Sabinus, »es ist überhaupt nicht klar, *wo* deine Anhörung stattfinden wird. Nicht viele berufen sich direkt auf Caesar. Claudius hörte sich solche Fälle natürlich immer persönlich an –«

»Und auch voller Eifer«, unterbrach Aulus, »armer Mann! Er hatte so viele Fälle, daß die Rechtsgelehrten manchmal bemerkten, daß er während der Gerichtsverhandlung einnickte. Dann schrien sie plötzlich: ›*Wenn Caesar seine Zustimmung gibt...*‹ So wurde er jäh aus dem Schlaf gerissen und hörte weiter zu.«

»Aber da Nero noch so jung war, als er den Thron bestieg«, erklärte Sabinus, »übertrug er die Fälle, über die er persönlich entscheiden sollte, seinen Freunden im Senat und bekräftigte das Urteil nachher. Im großen und ganzen hält er es immer noch so.«

»Was ist mit dem Präfekten der Prätorianergarde?« wollte Paulus wissen.

»Burrus? Manchmal übernimmt er einen Fall für Nero, aber normalerweise fungiert er nur als einer der sachverständigen Beisitzer oder Ratgeber am kaiserlichen Gerichtshof.«

Dann lächelte Sabinus.

»Und wenn du natürlich dein ›Verbrechen‹ hier in Rom begangen hättest, Paulus, rat' mal, wer dann über deinen Fall entschieden hätte?«

»Du?«

»Ja, in der Tat. Und du wärst jetzt schon ein freier Mann.« Doch dann schüttelte er den Kopf. »Aber du bist in den Akten als einer aufgeführt, der sich auf Caesar berufen hat, also wird er – oder Seneca und Burrus – entscheiden, ob er oder jemand anderes deinen Fall anhört.«

»Wann werden sie darüber entscheiden?« fragte Paulus.

»Wenn die Kläger ihre formelle Anklage einreichen.«

»Die Kläger? Von Jerusalem?«

»Oh, ja. Nach römischem Gesetz kann kein Gerichtsprozeß stattfinden, bis ein Zivilkläger seine Beschwerde einreicht.«

»Aber sind denn die *literae dimissoriae* nicht genug?«

»Nein. Die Anklagedokumente schaffen nur dic Grundlage für eine Freiheitsstrafe, während man auf den Gerichtsprozeß wartet.«

»Aber wenn die Kläger beschließen, die lange Reise hierher nicht zu machen?«

»Das ist ein heikler Punkt. Und ich muß gestehen, daß unser Gesetzbuch eine solche Situation nicht wirklich berücksichtigt. Es passiert auch so gut wie nie, weißt du. Das Gesetz schreibt vor, daß ein Kläger *gezwungen* werden muß, seine Anklagepunkte in einem öffentlichen Gerichtsprozeß vorzubringen und daß er bestraft werden soll, wenn er sich weigert. Aber es gibt keine Bestimmung, daß ein Angeklagter in der Zwischenzeit freigelassen werden darf.«

»Aber das ist doch ... unfair.« Paulus runzelte die Stirn.

»Natürlich ist es das«, warf Pomponia ein.

Paulus hatte bittere Erfahrungen bei seinem zweijährigen Gefängnisaufenthalt in Caesarea gemacht, und er hatte gehofft, sein Fall würde in Rom schnell gelöst werden. Er fürchtete auch, daß seine Ankläger, da sie keine Verurteilung in Palästina erwirkt hatten, es nicht für notwendig hielten, die lange Reise nach Rom zu unternehmen.

»Wenn deine Ankläger nicht erscheinen, werden wir natürlich alles tun, was wir können, um irgendeine Art von Anhörung zu erzwingen«, sagte Sabinus, »aber sag mal, Paulus: *Warum um alles in der Welt* hast du dich auf Caesar berufen? Dadurch hast du dich unentwirrbar in unseren römischen Gesetzesapparat verstrickt.«

»Ich *mußte* mich auf Caesar berufen. Nachdem euer Statthalter, Felix, meinen Fall in Caesarea angehört hatte, wollte er mich dazu bringen, daß ich ihm für meine Freiheit Bestechungsgeld zahle, aber das würde ich nicht tun.«

»Felix, der Bruder von Pallas?« erkundigte sich Aulus.

»Ja.«

»Natürlich!« sagte Aulus mit einem gequälten Grinsen. »Jeder Bruder von unserem pensionierten Pallas würde Geld haben wollen.«

»Dann versuchte Festus, der nächste Statthalter, die Kläger versöhnlich zu stimmen, und so schlug er vor, mich wieder in Jerusalem vor Gericht zu bringen. Da das aber den sicheren Tod bedeutet hätte, berief ich mich auf Caesar. Und ich erkannte später, daß Gott mich bei meinem Tun geführt hatte, damit ich den Glauben auch hier in Rom predigen könnte.«

»Ja, ja. Aber – nun ja, aus Gründen, die wohl auf der Hand liegen, behandle bitte unsere nächsten Bemerkungen streng vertraulich. Warum warst du – allem Anschein nach – so erpicht darauf, daß der ... der momentane Caesar deinen Fall anhört? Er ist immer noch ziemlich jung. Er wird kaum die religiösen Tiefen und Bedeutungen verstehen. Er ist unberechenbar, und – wir hassen es alle, das zugeben zu müssen – er ist auch ziemlich gefährlich.«

»Es ist nicht so, daß ich darauf *erpicht* bin, vor Caesar zu treten, Präfekt. Es ist nur so, daß ich *weiß*, daß ich ihm gegenüberstehen werde, ungeachtet-«

»Woher weißt du das?« fragte Sabinus.

»Während unserer schrecklichen Reise, als alle Männer die Hoffnung aufgegeben hatten, hatte ich in der Nacht, als der Sturm am schlimmsten wütete, eine Vision. Ein Bote Gottes sprach zu mir und sagte: ›Fürchte dich nicht, Paulus. Du mußt vor den Kaiser gestellt werden; und siehe, Gott hat dir geschenkt alle, die mit dir fahren.‹[*] Und wie ihr wißt, hat keiner von den 276 Leuten, die mit mir auf dem Schiff waren, sein Leben verloren.«

Sabinus lächelte: »Glaubst du *wirklich,* daß du eine Botschaft... von deinem Gott erhalten hast, Paulus?«

»Ja, das tue ich. Es war so eine Vision wie damals auf der Straße nach Damaskus, die mein Leben vor einem Vierteljahrhundert verändert hat.«

Sabinus schaute in Paulus' intensiv strahlende, blaugraue Augen und schüttelte vor Verwunderung den Kopf.

[*] Apostelgeschichte 27,24

18

Im September kehrte Nero zaudernd nach Rom zurück. Aber seine Schmeichler hatten recht: er hätte nicht aus Furcht vor den Leuten wegzubleiben brauchen. Insgeheim mochten sie ihn »Muttermörder« und jetzt auch »Feigling« nennen, aber eine tote Agrippina war kein Grund zur Revolution. Seine Rückkkehr in die Stadt wurde in der Tat mit mehr Enthusiasmus begrüßt, als selbst seine Anhänger versprochen hatten.

Zum ersten Mal in seinem Leben fühlte sich der einundzwanzigjährige Kaiser wirklich frei.

»Endlich kann ich tun und lassen, was ich will«, sagte er zu sich selbst, »großer Jupiter, ich kann sogar meine Mutter ermorden, und immer noch jubeln sie mir zu!«

Jetzt konnte er in Poppaeas Arme fliegen, ohne sich darum sorgen zu müssen, ob Agrippina ihn von irgendeinem Palastbalkon aus beobachtete.

Als volljähriger, erwachsener Mann konnte er jetzt auch mehr und mehr ohne den Rat von Seneca und Burrus auskommen.

»Es ziemt sich nicht für den Kaiser von Rom, beim Pferderennen gesehen zu werden«, hatten Seneca und Burrus zu ihm gesagt. Doch Nero sehnte sich nach dem prickelnden Gefühl, in einem schwankenden zweirädrigen Streitwagen zu stehen, die Zügel von vier schnaubenden Streitrossen in der Hand zu halten und auf einem Rad durch die Kurven des Amphitheaters zu rasen. Jetzt würde er es einfach machen. Seneca und Burrus gaben jede Hoffnung auf, ihn davon abhalten zu können, aber Seneca rettete den Tag mit seinem Vorschlag: Nero könne doch seine Pferde – ohne daß die Öffentlichkeit davon etwas mitbekomme – über den Tiber in das Vatikan-Tal führen, wo ein Hippodrom stand, das Caligula zu bauen begonnen, aber nie vollendet hatte. Nero gefiel die Idee, und er verbrachte jeden Tag viele Stunden damit, seine Pferde dort rennen zu lassen.

So eifrig er auch anderen Beschäftigungen nachging, begann Nero allmählich von den Staatskonferenzen freitags fernzubleiben, was den anderen dreien bei den Sitzungen eine ungewöhnliche Vertrautheit erlaubte. Senecas Kampfgeist begann zu bröckeln: »Alles, was ich noch tun kann, ist zu versuchen, die schlimmsten Erschütterungen Roms zu dämpfen«, sagte er zu Sabinus und Burrus, »letzte Woche mischte der idiotische Palastastrologe seine Planeten und erzählte Nero, daß sich ein paar abscheuliche böse Omen auf seinem Weg befänden. Der Scharlatan wollte ihm außerdem weismachen, er könnte ihnen entfliehen, wenn er das drohende Übel auf andere abwälzen würde. Also bereitete Nero tatsächlich eine lange Liste von Opfern vor, bis ich ihm über die Schulter schaute und sagte: ›Vergiß die Astrologen, Caesar – das sind betrügerische Narren – und ganz egal, wieviele Menschen du niederschlägst, du könntest doch niemals deinen Nachfolger töten!‹«

»Bravo, Seneca!« sagte Sabinus lächelnd. »Was hat er darauf geantwortet?«

»Er stimmte mir zu – den Göttern sei Dank – und zerknüllte seine Liste.«

»Warum werfen wir diesen sternguckenden Schwindler nicht einfach aus dem Palast hinaus?«

»Das würde ich liebend gerne tun, aber Poppaea würde es nicht wollen. Leider, meine Freunde, ist das Verbrechen in manchen Fällen schon begangen, *bevor* ich einschreiten kann. Ihr erinnert euch doch noch an Neros Tante, Lepida, die wegen Verstopfung krank im Bett lag, bevor sie starb? Als Nero sie besuchte, streichelte sie den Flaum auf seinen Wangen und sagte: ›Sobald ich deine ersten Rasierstoppel erhalte, werde ich mit Freuden sterben.‹ Nero drehte sich um und sagte den Ärzten, daß sie ihr so viele Abführmittel verabreichen sollten, daß sie nie mehr welche brauchen würde.«

»Aber warum?« fragte Sabinus aufgebracht.

»Damit er ihr Vermögen früher an sich reißen konnte. Lepida war nämlich *stein*reich. Nein, Nero hat andere Pläne für diesen ›goldenen Knorpel‹ auf seinem Gesicht. Er möchte ihn bei einem großen öffentlichen Spektakel – den *Juvenalia*,* die er selbst inszeniert – abrasieren. Jeder soll dabei helfen, Neros Eintritt ins Mannesalter in einer riesigen Zeremonie zu feiern. Es scheint, daß wir alle auf die Bühne gehen müssen.«

»Du machst *Witze*, Seneca«, entgegnete Sabinus.

* theatralische Spiele

»Ich wünschte, es wäre so. Hier. Diese Einladungen werden gerade an alle Patrizierfamilien Roms geschickt.«

Sabinus las die auf Pergament geschriebene Einladung und spürte, wie seine Haut vor Zorn brannte. Die letzten beiden Sätze las er laut vor: »Theater spielen, singen, tanzen, Possenspiel – alles ist erlaubt, was deine Fähigkeiten am besten zur Geltung bringt. Aber du *mußt* daran teilnehmen, selbst wenn du nur in dem Chor mitsingst.« Er hielt inne und blickte auf. »Das ist lächerlich! Nein, es ist widerlich! Unser Adel wird doch nicht auf der Bühne herumspazieren. Die Plebs wird uns mit ihrem Gejohle und Pfeifen aus dem Theater vertreiben.«

»Das wissen wir«, sagte Burrus mit müder Stimme, die eine lange Schweigepause brach, »aber was können wir tun?«

Hoch oben auf dem Esquilin las Aulus Plautius die kaiserliche Einladung, zerknüllte sie voller Abscheu und warf sie fort.

»Es liegt auf der Hand, was Nero vorhat«, sagte er zu Pomponia, »er will verzweifelt sich selbst auf die Bühne bringen. Aber Seneca sagt ihm – und zwar zu Recht – daß er so etwas als Kaiser schlicht und einfach nicht machen kann.«

»Wenn also Miglieder des Adels zuerst auf die Bühne springen«, kommentierte Pomponia, »wird der Präzedenzfall geschaffen sein. Was sollen wir nur tun, Aulus?«

»Nichts.«

»Könnten wir nicht eine Reise in den Süden unternehmen und sagen, daß wir die Einladung nicht rechtzeitig bekommen haben?«

»Wir werden gar nichts tun.«

Sabinus und Plautia wünschten, sie hätten den gleichen Kurs einschlagen können, aber Nero bestand darauf, daß sie ihn bei den Festspielen in die kaiserliche Loge begleiteten. Sabinus stimmte zu, aber nur unter der Bedingung, daß sie nicht auf die Bühne mußten. Nero erklärte sich einverstanden, obwohl er nicht sonderlich erfreut darüber war, daß sein Stadtpräfekt eine solche Scheu an den Tag legte.

Das Naumachie-Theater* des Augustus, das sich auf der anderen Seite des Tibers befand, war bis auf den letzten Platz mit

* Naumachie (griech. »Seekampf«): Gladiatorenkampf, der in Form einer Seeschlacht in einem speziell zu diesem Zweck angelegten riesigen Bassin oder in der überfluteten Arena eines Amphitheaters stattfand.

Zuschauern gefüllt, die zu der von Nero angeordneten Theatervorstellung erschienen waren. Sabinus und Plautia saßen mit der kaiserlichen Gesellschaft in der Mitte der Orchestra. Um zwölf Uhr mittags bliesen die Hörner die Eröffnungsfanfare. Dramatisch feierlich stand Nero auf und wandte sich der wartenden Menge zu.

Ein Sklave beschmierte feierlich Neros Kinn und seine Wangen mit Öl. Dann griff Nero nach seinem Rasiermesser. Der Griff war aus Gold und mit kostbaren Juwelen verziert. Nero hielt das Messer hoch, damit alle es sehen konnten. Er schaute in einen kleinen Handspiegel und löste zimperlich die rotgoldenen Bartstoppeln, die sich an den Rändern seines Kiefers und seines Kinns gebildet hatten. Ein anderer Sklave hielt behutsam ein Handtuch unter den Kaiser, um die abgetrennten Haare aufzufangen und Neros kostbare Stoppeln beim Abwischen der Messerklinge zu erhalten. Als Neros Wangen glatt genug waren, sammelte Nero die abgetrennten Stoppel zusammen und legte sie in eine kleine, goldene Kugel hinein, die er nun triumphierend hochhielt. »Für Jupiter auf dem Kapitol!« rief er. Beifallsstürme fegten über die Ränge des Theaters, und die Juvenalia konnten jetzt beginnen.

Ein Herold trat hinaus auf die Hauptbühne.

»Schau nur, wer das ist!« Sabinus stupste Plautia an.

»Das ist Gallio, Senecas Bruder, der Paulus in Korinth freigelassen hat.«

Sabinus blinzelte Seneca zu. Der Philosoph erwiderte sein Zeichen mit einem matten Lächeln und einem langsamen Kopfnicken.

Gallio verkündete nun würdevoll: »Nur Unterhaltung von höchster Qualität wird dieses festliche Ereignis schmücken. Deshalb werden unsere Vorstellungen heute ausschließlich von Familien des römischen Adels präsentiert.«

Er fuhr fort und kündigte jede Familie an, die etwas vortrug: die berühmten Namen von Roms Vergangenheit hallten im Theater wider, doch es folgten Amateurvorstellungen. Einige spielten Flöte oder sangen zur Leier. Andere versuchten sich im Pantomimetanz, was ihnen sichtlich peinlich war, oder sie stellten ihren Heldenmut beim Jagen zur Schau. Doch es gab auch Vortragende, die ein verborgenes Talent zeigten, und ihr Auftritt schien ihnen sogar Vergnügen zu bereiten.

»Siehst du, Sabinus.« Nero lehnte sich zu ihm hinüber und grinste affektiert. »In jedem von uns steckt ein bißchen von einem Mimen, und mir war die Aufgabe zugefallen, dies ans Tageslicht zu bringen. Also wirst du vielleicht beim nächsten Mal nicht so ... herablassend auf meine Arrangements reagieren.«

Sabinus sah und fühlte sogar, wie Neros Lächeln zu einem kalten Blick erstarrte.

Plautia ergriff die Hand ihres Gatten.

Nach weiteren Vorstellungen schaute Sabinus hinüber, um zu sehen, ob Nero sein Spektakel immer noch mit Behagen genoß, aber sein Platz war leer. Dann stand Gallio auf und erklärte: »Caesar hat oft zu uns gesagt: ›Versteckte Talente nutzen keinem etwas.‹ Und von seinem eigenen Ratschlag schließt er sich selbst nicht aus. Obwohl Rom 812 Jahre alt ist und niemals zuvor in der Geschichte ein Staatsoberhaupt es gewagt hat, eine öffentliche Vorstellung zu geben, liebt Caesar euch viel zu sehr, als daß er sich von veralteten Traditionen fesseln ließe.«

Ein aufgeregtes, murmelndes Stimmengewirr in der Menge übertönte beinahe Gallios Ankündigung des Höhepunkts: »Meine lieben Römer, unsere letzte Vorstellung am heutigen Tage wird von keinem anderen ... als Nero Caesar selbst präsentiert, der seine eigenen Verse singt!«

Glücklich begrüßte Nero die Beifallsstürme, die von den Rängen auf ihn niederprasselten, und er stolzierte in der einfachen Tunika eines Leierspielers in die Mitte der Bühne. Dann hob er die Hände und bat um Ruhe. Nervös beugte er sich über sein Instrument und stimmte es gewissenhaft. Schließlich verabreichte er jeder Saite eine letzte, prüfende *Zupfeinheit* und blickte in Erwartung eines Zeichens von Terpnus, seinem Musiktutor und dem führenden Leierspieler in Rom, zur Seitenkulisse.

Als Terpnus seine Zustimmung gegeben hatte, lächelte Nero und rief aus: »Meine Herren, seid so freundlich und leiht mir euer Ohr.« Das war die traditionelle Eröffnung eines Vortragenden.

»Zuerst werde ich ein Gedicht singen, das ich über Cybeles Geliebten gedichtet habe, es trägt den Titel *Attis*, und dann singe ich ein ... ein schwungvolleres Stück von mir mit dem Titel *Die Bacchantinnen*.«

Tausende wurden schlagartig mucksmäuschenstill. Nero klimperte ein paar Töne und begann dann zu singen. Aber sein heiserer Baß war gedämpft, stockend, undeutlich.

»Lauter!« riet Terpnus ihm in lautem Flüsterton zu. »Mehr Resonanz!«

Die Anweisungen verwirrten Nero, und sein Spielen und Singen war nicht mehr synchron. Gelächter und sogar Gezische kam aus mehreren Ecken des Publikums. Sabinus blickte Plautia an, die sich vor Schreck eine Hand vor den offenen Mund gepreßt hatte. Seneca krümmte sich in einem heißen Bad der Verlegenheit. Nero hörte auf, begann von neuem und verband endlich Musik und Lyrik harmonisch miteinander.

Nachdem er sein gehauchtes *Attis* beendet hatte, stürzte er sich mit mehr Elan in *Die Bacchantinnen* und lieferte einen besseren Vortrag. Als er ihn beendet hatte, brachen die Augustiani*, Neros angeheuerte Claqueure, geschlossen in wilden Jubel und Beifallsrufe aus. Bald danach lernte das gesamte Publikum, wie man einen kaiserlichen Vortrag gebührend zu honorieren hatte, und stimmte in den Beifall mit ein.

In seiner Heiterkeit lud Nero die kaiserliche Gesellschaft und alle Augustiani zu einem abendlichen Festmahl ein, und es war Mitternacht, als Sabinus und Plautia zum Quirinal zurückkehrten.

»Nun, was hältst du von Neros Musik?« fragte Plautia, als sie sich fertigmachten, um ins Bett zu gehen, denn Sabinus hatte sich bisher darüber ausgeschwiegen.

»Ich denke, Neros Stimme würde sich um einiges verbessern, wenn er das Schicksal von Attis teilen würde, den er besungen hat.«

»Oh? Welches Schicksal war das?«

»Attis wurde kastriert.«

Am nächsten Morgen rief Nero Terpnus zu sich, weil er eine offene Kritik seines Vortrags von ihm hören wollte. Der Meisterleierspieler kam in die Kaisersuite und fand Nero auf dem Boden vor: er war beinahe am Ersticken unter der Last von zwei massiven Bleiplatten, die er sich über die Brust geschnallt hatte.

»Übertreib es nicht, Caesar!« warnte Terpnus. »Ich sagte doch,

* Augustiani: Bezeichnung einer von Nero ausgewählten Schar von jungen römischen Rittern.

daß *eine* Bleiplatte voll und ganz ausreichen würde, um deine Atmung aufzubauen.«

Nero schüttelte den Kopf. Dann blickte er hinauf zu Terpnus und fragte: »Huh – wie war ich gestern abend?«

»Recht großartig, Caesar, wenn man bedenkt...«

»Was?«

»... daß du eine ziemlich schwache und heisere Stimme hast, mein lieber Junge. Aber sie verbessert sich... verbessert sich beachtlich. Also laß uns die Vorstellung von gestern abend als so etwas wie eine Generalprobe betrachten. Mit ein wenig Geduld wirst du bald in der Lage sein, dein erstes Konzert zu geben. Oh, und du müßtest auch noch an deinen Gedichten arbeiten, wenn du deine eigenen Kompositionen darbieten möchtest.« Bei diesen Worten tätschelte Terpnus Neros Wangen und huschte hinaus.

Nero setzte verbissen sein mühsames Atemtraining für eine weitere halbe Stunde fort. Dann schnallte er die Bleiplatten ab und ließ Seneca rufen.

»Jetzt beschwer' dich nicht über gestern abend«, sagte Nero, sobald der Philosoph auf der Bildfläche erschien, »Terpnus hat gesagt, daß ich einfach hervorragend war.«

»Er ist... in solchen Dingen ein besserer Beurteiler als ich.«

»Ja, das ist er.« Nero zog die Stirn in Falten. »Aber ich habe gute Neuigkeiten für dich, Seneca. Ich denke, ich *werde* deinen Rat, daß ich mich weiterbilden soll, annehmen. Weißt du, ich will nicht nur als Leierspieler oder Schauspieler bekannt sein. Ich will auch mehr Gedichte schreiben. Ich will versuchen, zu malen und die Bildhauerei zu lernen. Und sogar Philosophie.«

Seneca wagte kaum seinen Ohren zu trauen, aber er organisierte schnell einen Arbeitskreis von Dichtern, die sich regelmäßig mit Nero auf dem Palatin trafen. Der Kaiser brütete viele Stunden lang über seinen Gedichten, und als Seneca die ausgefeilten Versionen las, war er beeindruckt. Er war sich allerdings auch sicher, daß Nero bei den Gedichten Unterstützung bekam, bis er eines Tages seine Arbeitsblätter sah. Zweifellos waren die Gedichte Neros eigene – so energisch waren die ersten Entwürfe mit Linien und Pfeilen durchzogen und Formulierungen ausgestrichen.

Nero ermutigte auch Philosophen, herzukommen, um nach den Palastbanketten mit Seneca zu debattieren, und er schien tatsächlich Gefallen an den heftigen Diskussionen zu finden, die stattfanden.

Sollte Nero schließlich doch noch den richtigen Weg einschlagen? fragte sich Seneca.

Gegen Ende des Frühlings erinnerte Pomponia ihren Schwiegersohn mit leicht gereizter Stimme daran, daß Paulus von Tarsus jetzt inzwischen ein Jahr lang in Rom war, ohne daß die Aussicht auf seinen Prozeß um einen Schritt näher gerückt war als zum Zeitpunkt seiner Ankunft. Aber Sabinus war nicht untätig gewesen. Schon vor Monaten hatte er Burrus das gesamte Informationsmaterial über Paulus geliefert und ihn gefragt, ob er nicht einen legalen Weg finden könne, um das Verfahren niederzuschlagen, da die Kläger immer noch nicht erschienen seien.

Um Sabinus einen Gefallen zu tun, hatte Burrus versprochen, alles zu tun, was in seiner Macht stand. Er hatte Nero den Fall vorgelegt, ohne jedoch das besondere Interesse der Plautii zu erwähnen. Burrus fragte sich, ob er den falschen Zeitpunkt gewählt hatte, oder ob der Kaiser plötzlich versuchte, den gesetzlichen Puristen zu spielen – auf jeden Fall antwortete Nero lediglich: »Wir werden auf die Kläger warten, bevor wir weitere Schritte in der Sache einleiten.«

Um Paulus' Enttäuschung zu mildern, teilte Sabinus ihm persönlich Neros Entscheidung mit. Während er sich Paulus' Wohnung auf dem Viminal näherte, hörte er die Stimme des Missionars durch die offenen Fenster, der offenbar einen Brief diktierte:

> Ich lasse euch aber wissen, liebe Brüder, wie es um mich steht, das ist nur mehr zur Förderung des Evangeliums geraten. Denn daß ich meine Fesseln für Christus trage, das ist in dem ganzen Richthause und bei den andern allen offenbar geworden ...*

Armer Mann, dachte Sabinus. *Als ob das Richthaus, die Prätorianer, sich wirklich um ihn scheren würden! Hier steht er und versucht, seine Haft in eine Art Erfolg umzuwandeln.*

Sabinus klopfte an die Tür. Als er eintrat, begrüßten ihn Paulus

* Philipper 1,12-13

und Lukas fröhlich und stellten einen jungen, schlanken Griechen mit weichen Gesichtszügen vor, der Timotheus hieß. Er saß an einem Schreibtisch und schrieb den von Paulus diktierten Text auf.

Als Sabinus von Neros Entscheidung berichtete, schien Paulus nicht im geringsten bestürzt zu sein.

»Ich hatte keine Ahnung, daß eine freie Haft so günstig sein würde«, gestand der Apostel, »ich kann ungehindert lehren. Jeder, der mich zu sehen wünscht, kann mich sehen. Und viele, viele kommen. Lukas und ich haben regen Briefkontakt mit unseren Gemeinden in Griechenland und Asien. Und die Gemeinde hier in Rom *wächst*, Präfekt, mehr als wir es uns in unseren kühnsten Träumen ausgemalt haben. Deine liebe Schwiegermutter hat endlich darum gebeten, getauft zu werden. Einige von meinen Wächtern haben sich jetzt bekehrt, und sie bringen die ›Frohe Botschaft‹, wie wir es nennen, zu ihren Kameraden bei den Castra Praetoria. Selbst im Hause Caesars gibt es genug Christen, die ihren eigenen Gottesdienst im Palast abhalten.«

»*Wirklich?*«

»Oh, ja, besonders unter der Schar von Dienern, die einst Narcissus gehörten.«

»Weiß ... Caesar davon? Ich glaube nicht, daß er erfreut wäre, zu hören, daß die Zahl der Christen in Rom zunimmt.«

»Warum?«

»Paulus ... du verstehst Caesar einfach nicht. Wenn du ihn begreifen würdest, dann würdest du hoffen, daß die Kläger niemals hier ankämen.«

»Ich wäre äußerst froh, wenn die Dinge noch auf unbestimmte Zeit so weiterliefen wie bisher.« Paulus lächelte. »Aber ich werde natürlich schließlich vor Caesar treten müssen.«

»Ich weiß nicht. Wir werden versuchen, deinen Fall irgendwie niederzuschlagen.«

»Nein, Präfekt«, protestierte Paulus, wobei die Kette bei seinen Bewegungen mitschwang, »das brauchst du *nicht* zu versuchen, so sehr ich auch deinen guten Willen schätze. Ich *muß* vor Caesar treten.«

»Warum? Oh, wegen deiner Vision?«

»Ja, und – «

»Ich beginne allmählich, dich zu begreifen, Paulus von Tarsus.

Du *willst,* daß Caesar deinen Fall anhört, so daß du ihn dazu überreden kannst, den christlichen Glauben zu einer legalen Religion zu erklären. Pomponias Anhörung war nicht genug, um die Streitfrage endgültig aus der Welt zu schaffen. Aber dein Gerichtsprozeß?«

»Ich weiß es nicht, mein Freund. Es *ist* etwas Wahres an dem, was du sagst. Aber ich schenke einfach nur den Worten Beachtung, die uns Christus sagte: ›Und man wird euch vor Fürsten und Könige führen um meinetwillen, ihnen und den Heiden zum Zeugnis.‹* «

Ein paar Tage später kam Sabinus zu Bewußtsein, daß er nicht länger in der Position sein würde, Paulus offizielle Hilfe zukommen zu lassen. Er las die knappe Nachricht, die gerade vom Palatin überbracht worden war, mehrmals, ohne sie wirklich glauben zu können. Sie trug Neros offizielles Siegel, aber der Rest der Botschaft schien in Eile geschrieben worden zu sein und klang recht informell. Er las:

> Nero Caesar, *Princeps et Imperator,* grüßt T. Flavius Sabinus! Ich hoffe, du bist bei guter Gesundheit. Mir geht es auch gut. Rom hat deine Dienste als Stadtpräfekt in den vergangenen fünf Jahren geschätzt. Aber ich habe beschlossen, deine Amtszeit am 1. Juli enden zu lassen. Dein Nachfolger wird L. Pedanius Secundus sein. Ich verlasse mich darauf, daß du ihm jede Höflichkeit zukommen läßt, wenn du ihm behilflich bist, die Aufgaben deines Amtes zu erlernen. Lebe wohl.

Später an diesem Tag statteten Seneca und Burrus einen Besuch in der Stadtverwaltung ab, um Sabinus Erklärungen zu seiner Entlassung abzugeben.

»Es ist klar, daß wir nichts damit zu tun hatten, Sabinus, aber wir kennen den Grund«, begann Burrus. »Oder besser gesagt, es gibt in Wirklichkeit zwei Gründe. Zum einen war Nero wütend über deine Haltung gegenüber den Juvenalia – die natürlich auch die unsere war, doch wir verbargen sie besser.« Er lächelte bitter. »Der andere Grund ist – nun, kennst du diesen Sizilianer, der Nero seine Rennpferde verkauft?«

* Matthäus 10,18

»Tigellinus?«

»Ja. Er und Nero haben sich *sehr* angefreundet, und er scheint dich nicht zu mögen.«

»Kein Wunder!« Sabinus lächelte verschmitzt. »Ich sah ihn einmal, wie er Nero mit... mit *Ebermist* einrieb! Er sagte, es sei ›ein Zaubermittel gegen Verletzungen‹; deshalb nannte ich ihn einen albernen, abergläubischen Narr. Das sagte ich ihm mitten ins Gesicht!«

Burrus und Seneca lachten kurz, dann kamen sie weiter ihrer Aufgabe nach, Sabinus über den Verlust seiner Position hinwegzutrösten. Doch Sabinus' Stimmung war nun abrupt umgeschlagen, und er lächelte.

»Genug, meine Herren!« sagte er. »Glaubt ihr mir, daß ich nahe an dem Punkt war, sowieso mein Amt niederzulegen? Und daß ich um so glücklicher werde, je länger ich über Neros Nachricht nachdenke?«

Seneca, der nur einen Augenblick lang überrascht war, nickte bedächtig und seufzte. »Wie oft habe ich schon fast die gleichen Worte ausgesprochen, Burrus?«

»Und ich auch. Nun, du bist der Glückliche, Sabinus: jetzt *kannst* du den Dienst quittieren. Aber wir werden dich vermissen... mehr als wir sagen können!«

Als Sabinus Plautia von seiner Entlassung erzählte, schaute sie ihn einige Augenblicke lang entgeistert an, bevor sie vor Freude aufschrie und ihre Arme um ihn schlang.

»Ich bin so *wahnsinnig* glücklich, Sabinus«, rief sie, so –«

»Das ist wohl kaum die Art, mit jemandem zu sprechen, der gerade seine Arbeit verloren hat!« scherzte Sabinus.

»Oh, *zum Glück* bist du dieses schreckliche Amt endlich los! Überleg doch mal, mein Schatz: jetzt können wir uns von *ihm* fernhalten. Sein furchterregendes, schwammiges Gesicht und diese schwülstigen Augen schielen uns nicht mehr von der Seite an.«

Sein Lächeln verschwand plötzlich.

»Aber was soll ich jetzt mit meinem Leben anfangen, Plautia?«

Sie wich zurück und schaute ihn prüfend an: »Dein Einkommen? Geld ist doch nicht das Problem, oder, Sabinus?«

»Kaum,« er lachte, »den Zwillingsbrüdern geht es *unverschämt* gut, dank deines Cousins Quintus, bei dem immer alles zu Gold wird, was er anfaßt!«

»Nun, du könntest doch jetzt eine aktivere Rolle in eurer Partnerschaft einnehmen.«

»Vielleicht. Aber ich denke, der Senat wäre eine größere Herausforderung...«

»Das bitte nicht, Sabinus. Fang nicht wieder beim Senat an.«

»Warum nicht?«

»Bitte, Liebling, kannst du nicht mal ganz von *aller* Politik fernbleiben? Ich... ich kann es dir auch ebensogut erzählen: schon seit Monaten frage ich mich jetzt, ob ich nicht lieber irgendeinen netten, anspruchslosen Mann hätte heiraten sollen als jemanden, der so sehr im Lichte der Öffentlichkeit steht. Ich habe es *satt*, immer in Angst und Sorge zu leben. Ja, Sabinus. Was diesen Punkt angeht, wäre ich lieber eine Melkerin irgendwo in Apulia, so weit von Rom entfernt, wie es nur ginge.«

Sie hielt inne und lächelte.

»Aber nur, wenn *du* dort unten der Kleinbauer an meiner Seite wärst.«

Dann zog sie sein Gesicht herunter zu ihrem und küßte es.

In den nächsten Wochen wies Sabinus Pedanius geduldig in die Aufgaben der Stadtverwaltung ein und hielt ihn für fähig genug, dieses Amt bekleiden zu können. Dem wohlhabenden Senator war seine Rolle als Nachfolger ziemlich peinlich, obwohl er schlecht verbergen konnte, daß es ihm auch gefiel, den Gipfel der Macht, den ein Senator erreichen konnte, erklommen zu haben.

Ohne Fanfaren zog Flavius Sabinus sich am ersten Juli ruhig vom Dienst zurück. Er lehnte sogar Neros Einladung zu einem Abschiedsdiner höflich ab, aus Furcht, daß er auch für Unterhaltung sorgen würde. Er war glücklich, seine Plautia jetzt öfter zu Gesicht zu bekommen. Und das genau zum richtigen Zeitpunkt, denn zu seiner großen Freude war sie schwanger.

»Ich beglückwünsche dich zu deiner hervorragenden zeitlichen Koordinierung, *carissima mea*«, sagte er schmunzelnd und strich ihr übers Haar, als er von der Neuigkeit erfuhr.

»Du hast uns fünf Jahre dauernde Flitterwochen geschenkt, bevor du mit der Familiengründung begonnen hast.«

»Enttäuscht, mein Schatz?«

»Ja... ich muß noch so viele Monate warten, bis ich unseren Sohn in den Armen halte.«

»Du bist dir ganz sicher, daß es ein Junge wird, was?«

»Natürlich.«

Einige Wochen vor der Geburt zog Pomponia in die Villa auf dem Quirinal ein. Aulus protestierte traditionsgemäß, weil er seine Frau für ein paar Wochen hergeben mußte, aber im Grunde kam der alternde, frischgebackene Strohwitwer ganz gut allein auf dem Esquilin zurecht, zumal ihm eine Schar von Sklaven zu Diensten stand.

Plautia suchte sich den heißesten Tag im Monat August aus, um ihr Kind zur Welt zu bringen. Bei den ersten Anzeichen rief Sabinus nervös den Arzt. Es war keine leichte Arbeit, in dieser stickigen, heißen Luft ein Kind zu gebären. Besorgt und ängstlich befahl Sabinus den Sklaven, daß sie Plautia beständig Luft zufächeln sollten, aber Pomponia, die spürte, daß die Zeit der Entbindung gekommen war, schickte alle aus dem Zimmer. Nicht lange danach hörte Sabinus Schreie, sprang ins Zimmer und starrte auf einen Säugling – ein rosarotes, mageres, plärrendes Bündel mit schwarzem Flaum.

»Es ist... es *ist* doch ein Junge, oder?«

»Ja, was denkst du denn?« Pomponia lachte.

Sabinus brüllte vor Freude und eilte dann zum Bett. Blaß und stark schwitzend konnte Plautia trotzdem noch ein ruhiges Lächeln zustandebringen, als Sabinus ihr Gesicht mit innigen Küssen bedeckte. Dann rannte er hinaus ins Atrium, nahm eine Handvoll Wasser aus dem Hauptbrunnen und ließ das Wasser auf den Boden platschen.

»Ich habe einen Sohn!« rief er.

Ein übergroßer Lorbeerkranz wurde an die Tür gehängt, um den Nachbarn die frohe Nachricht mitzuteilen.

Als Großvater Aulus ankam, nahm Pomponia ihm das Versprechen ab, dafür zu sorgen, daß der jubelnde, frischgebackene Vater nicht ins Schlafzimmer kam. Die Männer setzten sich, um eine Liste von denjenigen aufzustellen, die von der Geburt und der großen *lustratio*[*] neun Tage später benachrichtigt werden sollten.

[*] lustratio (lateinisch): »Reinigung durch Opfer«: sakraler Ritus der Römer, feierliche Begehung zur Abwehr von Unheil und zur Entsühnung.

Säuglinge erhielten in den ersten acht Tagen keinen Namen, weil man fürchtete, sie könnten sterben und einen wertvollen Namen mit ins Grab nehmen. Aber dann kam die *lustratio* oder der Namenstag, und in Sabinus' Haus wimmelte es nur so von fröhlichen Gästen. Gegen Mittag kam eine Amme in die Halle, wiegte das Kind in ihren Armen und verneigte sich vor allen Gästen. Dann näherte sie sich dem frischgebackenen Vater und legte das Baby behutsam vor seine Füße.

Feierlich beugte sich Sabinus über das Kind und hob seinen winzigen Sohn vom Boden hoch. Die Gäste brachen in Applaus und Jubel aus, denn durch den Akt des »Hochhebens« wurde der Säugling zu einem rechtmäßigen Miglied der Flavius-*gens* erklärt und hatte von da an das Recht auf den Schutz des römischen Gesetzes.

Sabinus verkündigte förmlich: »Laßt uns das Kind Titus Flavius Sabinus nennen!«

Solch einen Namen erwartete man schon von einem Erstgeborenen, obwohl man das Kind später mit Flavius anreden würde, um eine Verwechslung der zwei Sabinus' in ein und demselben Haus zu vermeiden.

Die Verwandten kamen nach vorne und hängten Kordeln um den Hals des Säuglings, an denen kleine Metallspielzeuge angebracht waren: kleine Puppen, Tiere und Werkzeuge, die alle dazu dienten, zu rasseln und das Kind zu erfreuen. Sabinus fügte ein goldenes Amulett hinzu, das der kleine Flavius bis zu dem Tage tragen würde, an dem er erwachsen war und die Toga des Mannesalters erhalten würde.

Der folgende Herbst, Winter und Frühling waren Monate, die für Sabinus und Plautia die reinste Entdeckungsreise darstellten. In der großartigen Wiederholung des Lebensprozesses, den man ›Großziehen eines Kindes‹ nennt, beobachteten sie, wie ihr Baby allmählich seine fleckigen Säuglingszüge verlor und immer mehr zu einer kleinen Persönlichkeit wurde. Ihre überschwengliche Liebe – ruhig, aber dennoch aufregend; gereift, aber dennoch frisch wie der Tau am Morgen – schien nun eine noch tiefere Basis für sich selbst gefunden zu haben. Vielleicht war Ruhm oder Reichtum oder Abenteuer nicht wirklich das *summum bonum** im Leben, sondern dieses:

* summum bonum (lateinisch): das höchste Gut

die Liebe zwischen einem Mann und einer Frau und die Zeugung eines Kindes.

Pedanius übte sein Amt als Stadtpräfekt zufriedenstellend aus, obwohl einige Mitglieder des Mitarbeiterstabs ein bißchen wehmütig wünschten, daß Sabinus wieder seinen Posten einnehmen würde.

»Pedanius hat nicht dein Feingefühl«, sagten sie zu ihm, »wir gehen die Probleme nicht gemeinsam, in der Gruppe, an, und wie wir gehört haben, hat Pedanius sogar Ärger in seiner eigenen Familie.«

Sabinus schätzte ihre Treue, aber er hütete sich, seinen Nachfolger zu kritisieren. Neue Magistrate hatten es schwer genug, wie er aus eigener Erfahrung sehr wohl wußte.

Nicht länger an die täglichen Pflichten eines Amtes gebunden, unternahm Sabinus eine Reise mit Plautia, um einmal aus Rom herauszukommen. Sie brauchten beide diese Luftveränderung, und außerdem suchten sie nach »dem schönsten Fleckchen Erde in Italien«, um sich dort ein Landhaus zu bauen, ein Refugium, um dem Lärm und Gedränge der Stadt Rom zu entfliehen. Sie sahen sich Capri an und den Golf von Neapel. Sie ließen sich luxuriöse Besitztümer entlang der westlichen Mittelmeerküste Italiens zeigen. Aber die Landschaft, die sie schließlich verführte, war das malerische, in Oliven schwelgende Vorgebirge der Apenninen in der Nähe von Tibur (dem späteren Tivoli), einem entzückenden Erholungsort etwa vierundzwanzig Kilometer östlich von Rom. Der Ort sprudelte nur so von heißen Quellen und kristallklaren Fontänen, während duftende Wäldchen voller exotischer Blumen und wildwachsender Pflanzen kühlen Schatten spendeten.

Die bezaubernde Landschaft schien Sabinus wieder zu einem kleinen Jungen werden zu lassen, und er raste die Hügel und Täler bei Tibur mit unermüdlicher Ausgelassenheit hinauf und hinunter, so wie er es vor Jahren dort oben im Sabinerland getan hatte. Er und Plautia kauften ein Stück Land und wählten die Lage für ihre Villa aus, die sich ganz in der Nähe von Horaz' sagenhaftem Sabiner-Landgut befand. Sabinus entwarf eigene Pläne und präsentierte sie dem Bauhandwerker – der kein anderer war als Hermes! Der Syrer behauptete später, jeglichen Gewinn verloren zu haben, weil er jeden Tag mit seinen Arbeitern zwischen Rom und Tibur hin- und herpendelte. Er gab außerdem zu, daß das Projekt, diese Villa zu bauen, das wunderbarste war, welches er je ausgeführt hatte. Das einzige technische Problem, auf das er gestoßen sei, wäre der übereifrige Ex-Oberbürgermeister von Rom gewesen, der sich ständig in der Nähe aufhielt, um jedes Einschlagen eines Nagels in den Bau zu überwachen.

Später im Herbst Anno Domini 61 war die Villa fertig. Sie stand am Rand eines Abhangs; das Peristyl gewährte auf der einen Seite den Blick auf ein Tal mit üppiger Vegetation bei Tibur, auf der anderen Seite sah man einen Spaliergarten, der einen schrägen Abhang verdeckte. Plautia wollte am liebsten für immer an diesem Ort wohnen. Sabinus und Plautia sollten die glücklichsten Stunden ihrer Ehe dort verleben. Sie konnten nicht wissen, daß anderen schon bald die traurigsten Ehetage bevorstanden.

19

»Es sind inzwischen zwei Jahre vergangen, Burrus«, sagte Sabinus zu dem Praefectus praetorio. »Ich denke, Paulus von Tarsus hat jetzt lange genug gewartet. Die Kläger sind immer noch nicht eingetroffen. Ich bezweifle, daß sie jemals eintreffen werden.«

»Warum nicht?« Burrus runzelte die Stirn. »Irgendeine Ahnung?«

»Paulus hat mir erzählt, daß es die Hohenpriester in Jerusalem waren, die ihn angeklagt haben – besonders der Hohepriester Ananias. Aber er ist seines Amtes enthoben worden. Also, warum sollte er oder irgend jemand anderes sich die Mühe machen, hierher zu reisen, nur um einen Mann anzuklagen, der keinen mehr stört?«

Burrus nickte.

»Auf jeden Fall gibt es keine Anklage gegen ihn. Aber was soll dann mit ihm passieren? Soll er unter Hausarrest alt werden und sterben?«

Burrus kratzte sich eine Weile an seinem rostbraunen Kopf. Dann sagte er: »Also gut. Ich werde Nero drängen, die Verhandlung zu eröffnen. Und ich werde ihm vorschlagen, nach Claudius' Präjudiz vorzugehen: wenn die Kläger nicht erschienen sind, hat Claudius das Verfahren eingestellt.«

»Danke, Burrus.« Sabinus drückte ihm vor Dankbarkeit die Schulter.

»Ah, Sabinus was hast du eigentlich für ein besonderes Interesse an diesem Fall? Du würdest doch … kein Christ werden, oder?«

»Wohl kaum!« Sabinus lachte. »Es ist meine Schwiegermutter. Die liebe Pomponia hat mich angetrieben. Obwohl ich auch zugeben möchte, daß dieser Paulus von der guten und harmlosen Sorte ist.«

Später an diesem Tag schickte Sabinus Paulus eine Nachricht mit den vielversprechenden Neuigkeiten. Der Apostel las sie mit einem strahlenden Lächeln.

»Endlich, meine Brüder!« rief er. »Mein Fall wird bald vor Caesar kommen. Und es sieht günstig aus!«

Sie jubelten und umarmten Paulus.

»Und Lukas«, sagte er, »dieser Teil betrifft dich auch. Flavius Sabinus schlägt vor, daß wir unsere Version von dem, was sich in Jerusalem zugetragen hat, schriftlich vorbereiten – für den Fall, daß es gebraucht wird. Eine ausgezeichnete Idee, denke ich. Aber warum lassen wir unsere Geschichte nicht einfach schon früher beginnen? Ja, vielleicht mit meinem Erscheinen vor Gallio in Korinth.«

»Als du zum ersten Mal einem römischen Richter gegenübergestanden hast?«

»Genau.« Paulus lächelte.

»Ich schreibe heute noch einen Abriß von den Ereignissen.«

Am nächsten Morgen stand Burrus vor Sabinus' Tür.

»Es tut mir leid, mein Freund«, sagte er, »aber Nero will das Verfahren nicht einstellen. Er besteht auf einer persönlichen Anhörung.«

»Aber wer wird als Kläger auftreten?«

»Ich weiß es nicht. Wahrscheinlich benutzt er einfach die Anklagedokumente von den beiden Statthaltern von Judäa: Felix und Festus.«

»Felix *ist* in Rom, nicht wahr? Vielleicht sollten wir ihn als Zeugen herbestellen.«

Burrus schüttelte entschieden den Kopf.

»Ich denke nicht, daß das ein kluger Schachzug wäre. Felix beendete seine Amtszeit in Ungnade. Nero überlegte tatsächlich schon, wohin er ihn verbannen sollte, als Pallas plötzlich aus seinem Ruhestand herauskroch und noch einmal seine magische Kraft spielen ließ. Er bat Nero inständig für seinen Bruder, und Nero gab nach.«

»Ha! Dann *wäre* es in der Tat ein Fehler, Felix als Zeugen heranzuziehen. Aber sag mal, Burrus: ist es für Paulus' Fall denn dann überhaupt von Vorteil, wenn *ich* seine Verteidigung übernehme? Schließlich hat Nero mich meines Amtes enthoben...«

»Hm... Nein, ich glaube, das hat nichts zu sagen. Nero ist nicht zufrieden mit Pedanius. Ich habe ihn kürzlich sagen hören, daß er in dir einen guten Mann verloren hat.«

»Dann hat er meine... Meinung über seinen Vortrag vergessen?«

»Wollen wir es hoffen!« Burrus lächelte.

Im November des Jahres 61 wurde Paulus von Tarsus zum Palatin gerufen. Sein enger Vertrauter und Sekretär Lukas begleitete ihn, ebenso natürlich der Wächter, an den er gekettet war. Lukas trug eine neue Schriftrolle bei sich, seinen Bericht vom Leben des Paulus seit den Tagen in Korinth.

Im Palast traf Sabinus die beiden. Er trug ebenfalls ein Bündel Schriftrollen. Seine Augen waren vor Sorge zusammengekniffen.

»Ich habe schlechte Nachrichten für dich, Paulus«, sagte er, »Caesar will das Verfahren trotzdem einleiten, und ein gewisser Ofonius Tigellinus wird als dein Ankläger fungieren. Hast du den Namen schon einmal gehört?«

»Nein.«

»Nun, er ist noch neu auf der politischen Bühne hier. Mit *keiner* sehr guten Vergangenheit. Er ist ein Sizilianer, der den ersten Schritt in die Politik machte, indem er ... in Agrippinas Bett sprang. Dann wurde er nach Griechenland verbannt, wo er als Fischhändler arbeitete, um am Leben zu bleiben. Claudius ließ ihn nur unter der Bedingung zurückkehren, daß er ihm aus den Augen blieb – also züchtete Tigellinus Rennpferde in Süditalien. Dadurch erregte er Caesars Aufmerksamkeit, und jetzt sind sie dicke Freunde.«

»Mach dir keine Sorgen, Senator«, beruhigte Paulus Sabinus, »mein Leben liegt nicht in Caesars Händen. Wenn ich noch weitere Aufgaben zu erledigen habe, dann wird Gott mich retten und ich werde mit Sicherheit freigesprochen. Wenn nicht – wenn meine Aufgabe beendet ist –, dann werde ich mit Freuden aus dem Leben scheiden, um bei Christus zu sein, was weitaus besser ist.«

Sabinus schüttelte den Kopf.

»Ich kann deine Gelassenheit nicht verstehen, Paulus. Aber es wäre besser, wenn du dich mit aller Macht verteidigen würdest. Wenn du es nicht tust – wenn du so passiv bleibst wie dieser Jesus von Nazareth –, dann wirst du mit Sicherheit verurteilt werden.«

»Er war dazu bestimmt, für uns zu sterben, als ein Teil von Gottes Plan. Aber natürlich werde ich in meinem Fall aussagen.«

Inzwischen hatten sie den Säulenwald erreicht, den kaiserlichen Gerichtssaal, der in den Strahlen der Morgensonne glänzte. Der Saal, der den Blick auf das Forum gewährte, war von kostbarem rotem Marmor aus Ägypten umsäumt; und oben wölbte sich eine Kuppel aus blauglänzenden Steinplatten, die mit goldenen

Sternen übersät waren und den Himmel darstellen sollten. Am anderen Ende befand sich das kaiserliche Tribunal, wo auf beiden Seiten des Kaiserpodiums mit Togen bekleidete Gestalten in die Bänke glitten.

»Die Männer, die hinter das Tribunal marschieren, werden als Caesars sachverständige Beisitzer – Richterassistenten – auftreten«, erklärte Sabinus Paulus.

»Schau, da ist Annaeus Seneca. Und Burrus. Und die anderen drei sind Senatoren.«

»Gibt es immer fünf Beisitzer?«

»O nein. Bei bedeutenden Fällen sind es manchmal sogar zwanzig Beisitzer. Ah, entschuldige mich, aber –«

»Ich verstehe.«

Paulus lächelte und nahm seinen Platz vor dem Podium ein, Sabinus den an seiner Seite.

Endlich kam Nero selbst in den Saal, gefolgt von einem großen Mann im mittleren Alter, mit breiten Schultern, braungebrannt und dunkelhäutig, den Sabinus als Tigellinus identifizierte. Aber Paulus starrte weitaus neugieriger auf den blonden jungen Mann in der amethystfarbenen Toga, der die Welt regierte. Alle standen zur Begrüßung des Kaisers auf, als er sich in einen Magistratensessel aus Elfenbein setzte, der auf dem Podium stand. Er gebot den Leuten im Gerichtssaal, Platz zu nehmen, und dann beugte er sich hinüber, um mit seinen Kollegen auf beiden Seiten von ihm ein paar Worte zu wechseln. Schließlich blickte Nero auf den Gefangenen, der in Ketten vor ihm saß, und er war deutlich alles andere als beeindruckt von dem, was er sah.

»Bist *du* Paulus von Tarsus?« fragte er mit deutlicher Emphase.

»Das bin ich, Caesar.«

»Und du behauptest, ein römischer Staatsbürger zu sein?«

»Ich *bin* ein römischer Staatsbürger, Caesar!«

»Kannst du das beweisen? Wie hast du die Staatsbürgerschaft bekommen, durch Erwerbung?«

»Nein. Ich wurde als ein römischer Bürger geboren. Meinem Vater wurde die Staatsbürgerschaft von dem Statthalter von Kilikien für seine Dienste zugesprochen, die er der Stadt Tarsus geleistet hatte. Mein Name steht auf der Zensorliste in Tarsus und kann von jedem deiner Agenten im Osten überprüft werden. Natürlich würde ich es nicht gewagt haben, mich auf dich zu berufen, wenn meine Staatsbürgerschaft nicht nachgewiesen werden könnte.«

»In Ordnung.« Nero nickte. »Dieses Gericht tagt nun anstelle von... äh –«

Er schnippte mit den Fingern, und ein Sekretär kam mit einer beschriebenen Tafel herbeigerannt.

» – anstelle von Ananias, dem ehemaligen Hohenpriester von Jerusalem, gegen Paulus von Tarsus. Ich habe gehört, daß Ofonius Tigellinus die Anklage vertreten wird, und daß T. Flavius Sabinus die Verteidigung führen wird. Ist das richtig?«

Kopfnicken war die Antwort. Und keine Augenbrauen wurden hochgezogen, weil zwei prominente Römer den Fall von einem unbekannten Juden erörterten; denn das war kein Einzelfall, sondern aus der Vergangenheit waren ähnliche Beispiele bekannt.

Nero begann: »Wenn dies hier ein Zivilprozeß wäre, den die Provinzen an mich verwiesen hätten, dann würde ich – wie meine göttlichen Vorgänger – den Fall einem Senator vom Rang eines Konsuls übergeben haben. Aber da die Anklage ein kriminelles Vergehen beinhaltet, habe ich beschlossen, den Fall persönlich anzuhören. Dennoch muß ich es bedauern, meine Kollegen«, sagte er und wandte sich dabei an die Assessoren, »daß kein regulärer Ankläger erschienen ist. Doch damit es nicht heißt, daß Caesar bei Nichterscheinen des Klägers über einen Fall entschied, hat Tigellinus freundlicherweise eingewilligt, die Anklage zu vertreten. Du hast das Wort.«

Nero nickte seinem großen Freund zu, der sich jetzt erhob.

»Erhabener Caesar, verehrte Beisitzer«, begann Tigellinus mit tiefer Stimme, »ich habe mich anhand verschiedener Quellen über diesen Fall kundig gemacht, einschließlich der Anklagedokumente, die von unseren Statthaltern in Judäa, Felix und Festus, zusammengestellt wurden.«

»Äh... verzeih mir, Tigellinus«, unterbrach Nero, »würdest du mir diese Schriftrollen für einen Augenblick zeigen?«

Tigellinus übergab die Dokumente Nero, der sie aufrollte und dann zornig wurde.

»Ich habe niemals in meinem Leben scheußlichere Schriftrollen gesehen! Das Papyruspapier ist beschmiert. Die Tinte ist verlaufen. Die Rollen sind verknickt und stinken auch noch so muffig wie einc Kloake! Was ist nur mit unseren Statthaltern los... daß sie so etwas Schändliches wie das hier einreichen?«

»Das ist wahr, Caesar.« Tigellinus lächelte. »Aber die Dokumente waren mit Meerwasser durchtränkt, wie ich höre, bei einem Schiffbruch vor Malta. Ist das richtig?«

Sabinus und Paulus nickten.

»Oh«, sagte Nero, »dann fahre fort.«

»Es war vor Felix in Caesarea, daß der jüdische Hohepriester und seine Kollegen dem Angeklagten drei Anklagepunkte zur Last legten. Hiermit wiederholen wir diese Punkte der Anklage als unsere eigene formelle Anklage: erstens, daß Paulus ein verderblicher Aufwiegler ist, der Unruhen unter den Juden im ganzen Kaiserreich verursacht; zweitens, daß er ein Rädelsführer der Sekte der Nazarener ist –«

»Was um alles in der Welt ist das?« Nero runzelte die Stirn.

»In Rom nennen wir sie Christiani, Caesar.«

»Oh... die. Ja, ich habe von ihnen gehört. Fahre fort!«

»Und drittens, daß Paulus versucht hat, den Tempel in Jerusalem zu entweihen. In der Tat wurde er bei genau dieser Tat festgenommen. Nun, was den –«

»*Waren* das die Anklagepunkte, Paulus von Tarsus?« unterbrach Nero erneut.

»Ja, das waren sie, Caesar.«

»Fahre fort!«

»Was den ersten Punkt der Anklage betrifft, gibt es keinen Zweifel, denn Aufruhr und Unruhe tauchen immer dort auf, wo der Hetzer sich gerade befindet. Er hat drei lange Reisen durch Asien und Griechenland unternommen, um Anhänger für die Christensekte zu gewinnen; und genauso wie die Krankheit unweigerlich folgen muß, wenn man der Pest ausgesetzt ist, so löst dieser Mann immer Gewalt aus. Er wurde aus Antiochien vertrieben, in Iconium attackiert und in Lystra mit Steinen beworfen. Dann brachte er die Krankheit nach Europa! Er versetzte die Kaufleute in Philippi in Wut, sorgte für Aufruhr in Thessalonich* und verursachte Streitereien unter den Juden in Korinth und den Silberschmieden in Ephesus. Den Göttern sei Dank verursachte er den *letzten* Aufruhr in Jerusalem, wo er festgenommen wurde.«

* Heute Saloniki

Nero starrte den Angeklagten mit weit aufgerissenen Augen an. »Dieser *eine* Mann hat alle diese Dinge getan?«

»Ja, und noch viel mehr, Prinzeps. Das Kaiserreich hat nicht mehr einen solchen Hochverräter und Unruhestifter gehabt seit Spartacus persönlich!«

»Was für einen Beweis hast du für diese Anklage?« fragte Nero in der Standardformel.

»Wenn es Caesar beliebt, dann würde ich gerne erst auf die anderen beiden Anklagepunkte eingehen, und dann die Beweise liefern.«

»Nein, nein, nein. Ich möchte jeden Anklagepunkt erst ausführlich besprechen und beide, Anklage und Verteidigung, für sich genommen dazu hören, bevor wir zum nächsten Punkt übergehen.«

»Eine exzellente Vorgehensweise, Caesar«, antwortete Tigellinus mit einer Verbeugung, »und unser Gericht tut gut daran, dieser zu folgen. Also schön. Ich habe hier zu Protokoll gegebene eidliche Aussagen aus Asien und Griechenland, welche diese Aufruhre bezeugen.« Er überreichte sie Nero.

Der Kaiser studierte die Dokumente einige Minuten lang. Dann gab er sie an seine Beisitzer weiter.

»Fahre fort!«

»Ich rufe Senator Lucius Junius Gallio, den Bruder von unserem geschätzten Annaeus Seneca, in den Zeugenstand.«

Gallio, dessen Anwesenheit von beiden Seiten, von Anklage und Verteidigung, gewünscht worden war, erhob sich, um seinen Platz vor dem Tribunal einzunehmen. Er schaute den Angeklagten ein wenig neugierig an, dann nickte er ihm zu. Paulus erwiderte den Gruß seines ehemaligen Richters mit einem Lächeln.

»Senator Gallio«, sagte Tigellinus, »du warst Prokonsul von Achaia in der Stadt Korinth?«

»Das war ich. Vor zehn Jahren.«

»Hast du den Angeklagten schon einmal gesehen?«

»Ja. Ein paar von den Juden in Korinth klagten ihn vor meinem Tribunal an.«

»Könntest du uns erzählen, was passierte?«

Gallio berichtete so gut, wie er sich noch erinnern konnte, von dem Fall und fügte hinzu, daß es zu einem Aufruhr gekommmen sei.

Aber er rechtfertigte sich für seine Entscheidung, die Klage abzuweisen: »Offensichtlich ging es um eine interne Sache, welche die jüdische Religion betraf.«

»Das war nicht so offensichtlich, Senator«, sagte Tigellinus, »aber wir werden diesen Punkt später weiter erörtern. Auf jeden Fall beweist diese Zeugenaussage, erhabener Caesar, daß der Angeklagte in der Tat ein Aufwiegler ist, der Aufruhr in Korinth entfachte. Und zahlreiche Zeugenberichte von unseren Magistraten anderswo bezeugen, daß das gleiche in anderen Städten passierte. Damit schließe ich meine Beweisführung ab.«

»Das kannst du auch«, bemerkte Nero, »dies ist ein ernster Fall. Wirklich *sehr* ernst! Ich hatte keine Ahnung, daß ein so kleiner Mann soviel Ärger anrichten könnte.«

Sabinus zuckte zusammen bei dieser offenen Zurschaustellung von Parteilichkeit, die gegen die römischen Prozeßvorschriften verstieß. Zweifellos hatte Nero noch nicht viel Erfahrung vor Gericht. Sabinus war jedoch froh, daß Tigellinus diesen Anklagepunkt zuerst vorgebracht hatte, denn in diesem Punkt war Paulus bei weitem am meisten angreifbar.

Nero beriet sich mit seinen sachverständigen Beisitzern. Dann schaute er Sabinus an und sagte: »Wir werden jetzt die Verteidigung zu dem ersten Punkt der Anklage hören.«

Sabinus stand auf und sagte: »Die Anklage hat vortrefflich die heftigen Auseinandersetzungen aufgeführt, die manchmal entstanden, wenn der Angeklagte die Glaubensüberzeugungen der Christiani lehrte, obwohl es zugleich albern und falsch war, ihn mit dem blutrünstigen Spartacus zu vergleichen. Mehr als alles andere, Caesar, müssen wir uns klarmachen, daß wir es hier mit dem östlichen Geist – und nicht mit dem römischen – zu tun haben. Wir im Westen sind ein tolerantes, praktisch denkendes Volk, das sich nicht so vehement in eine parteiische Haltung für oder gegen eine neue Philosophie oder Religion stürzt. Aber wie ihr alle wißt, können sich die Griechen stundenlang auf den Athener Marktplätzen streiten, und es kommt sogar wegen unbedeutender Haarspaltereien zu Schlägereien. Aber wenn sie über die Religion und die Götter diskutieren – nun, wir wissen alle, was mit Sokrates passierte.«

»Oh, ich weiß nicht so recht«, unterbrach Nero, »wir in Rom debattierten auch über Philosophie, und ich sah, wie einer von

Senecas Gegnern ihm einmal an die Gurgel wollte, nachdem Seneca seine Argumente in der Luft zerrissen hatte.« Nero kicherte. »Hm, Seneca?«

Der Philosoph lächelte und nickte.

Nero hatte angebissen, Sabinus grinste vor sich hin oder schien zumindest ein wenig lockerer zu werden. Er fuhr fort: »So verschieden der griechische Charakter von dem der Römer ist oder zu sein scheint, so ist der jüdische wieder *total* anders. Für den Juden ist die Staatskunst nicht wichtig. Noch militärische Kunst. Noch Philosophie, Kunst, Bildhauerei oder Wissenschaft. Nur *eines* ist von größter Bedeutung für den Juden, und das ist seine Religion, sein Glauben an den einen Gott. Er wird mit einer starken Hartnäckigkeit daran festhalten, die man nicht anzugreifen wagen darf.«

»Aber dein Angeklagter *hat* sie doch angegriffen«, rief Tigellinus aus, »und dadurch bewirkt – «

»Bitte unterbrich mich nicht.« Sabinus blickte ihn finster an und fuhr dann fort: »Nun hat der Jude noch einen anderen Charakterzug: Nennt es ›Individualität um jeden Preis‹, wenn ihr wollt. Er ist aufgeweckt und helle, und er hat seine eigenen Meinungen über alles – besonders über die Religion. Wir kennen alle den Ausspruch: ›Zwei Juden, drei Meinungen.‹ Also ist es nicht verwunderlich, daß bei einem sehr religiösen Volk, das auch noch sehr viele, unterschiedliche Meinungen vertritt, Unruhen geradezu *vorprogrammiert* sind. Der Angeklagte ist daher einfach der Lehrer, welcher in der letzten Zeit das verursacht hat, was unter den Juden beinahe an der Tagesordnung ist: eine Kontroverse innerhalb des Judaismus.«

»Aber unter Nichtjuden gab es auch Unruhen – «

»Nur, wenn Paulus' Lehren sich gegen irgendein persönliches Interesse richteten. In Ephesus waren es die Silberschmiede, die befürchteten, daß der Glaube an einen unsichtbaren Gott den Verkauf von ihren kleinen Silberstatuen von Diana beeinträchtigen könnte.«

Seneca begann an dieser Stelle zu kichern, aber er hörte auf, als Nero sich ihm mit hochgezogenen Augenbrauen zuwandte.

»Ich rufe nun den Angeklagten selbst zur Verteidigung in den Zeugenstand«, verkündete Sabinus.

Paulus, der dem Gerichtsprozeß mit regem Interesse gefolgt war, wobei es ihm beinahe so vorkam, als ginge es nicht um ihn selbst, sondern um irgendeinen anderen, stand nun auf.

»Möchtest du dem, was bisher gesagt wurde, gerne noch etwas hinzufügen?«

»Ja, das möchte ich. Zunächst dies. In jeder Stadt, die wir besuchten, machten wir es uns zur Gewohnheit, für *beide* zu predigen, für die Juden ebenso wie für die Nichtjuden, denn der Glaube an Christus ist nicht auf die einen oder die anderen beschränkt. Jeder ist willkommen.«

»Aha!« Tigellinus stand auf. »Das beweist also, daß der christliche Glaube *keine* Gruppierung des Judaismus ist: die Juden haben nicht den Wunsch, Nichtjuden zu bekehren. Christen hingegen schon.«

»Das beweist nichts dergleichen«, schaltete sich Sabinus wieder ein, »und du bist falsch informiert, Tigellinus, denn die Juden *bekehren* natürlich auch Griechen und Römer.«

»Ich fürchte, das tun sie«, Nero lächelte wehmütig.

»Selbst meine ... oder, äh ... die werte Pomponia ist an ihnen interessiert. Obwohl sie keine Proselytin* ist. Sie nennen sie eine ›Gottesfürchtige‹, was auch immer das bedeuten mag. Aber der Angeklagte möge fortfahren.«

»Ich würde auch gerne betonen, daß ich niemals irgend jemanden zum Aufruhr angestiftet habe. Und ich bin niemals irgendeines Verbrechens vor irgendeinem Tribunal für schuldig befunden worden – weder von Juden noch von Griechen oder Römern, und ich möchte das Gericht bitten, dieses Faktum zu berücksichtigen.«

»Gut gesprochen, Paulus«, bemerkte Sabinus, »würdest du den Zeugen gerne ins Kreuzverhör nehmen, Tigellinus?«

»Ja, das möchte ich. Im wesentlichen argumentiert die Verteidigung, daß die Juden zum Parteigeist neigen und daß es sich bei den Christen einfach um eine weitere Untergruppe des Judaismus handelt. Was gibt es denn für andere Splitterparteien unter den Juden?«

»Einige sind Sadduzäer, die nicht an die Auferstehung glauben«, antwortete Paulus, »andere sind wie ich Pharisäer, die daran glauben. Dann wieder –«

»Du bist auch ein Pharisäer?«

»Ja. Dann gibt es eine dritte jüdische Gruppe, die Essener, die in der Nähe des Asphaltsees in Judäa ein asketisches Leben führen.

* Prosslyt: ein zum Judentum übergetretener Heide

Eine vierte Partei sind die nationalistischen Zeloten. Eine fünfte ist – «
»Aber keine von diesen Gruppen streitet sich untereinander oder verursacht solchen Aufruhr, wie du ihn durch dein Predigen bewirkst.«

»Im Gegenteil. Manchmal ist es bei den Gruppen sogar schlimmer, auch mit Blutvergießen.« Paulus zog die Stirn in Falten und führte ein paar Beispiele aus der letzten Zeit an.

»Also, dann behauptest du wirklich, daß die Christen nur eine jüdische Gruppierung sind? Sag mal ehrlich, Paulus.« Tigellinus starrte direkt in die Augen des Apostels.

»Nein, nicht ›nur eine jüdische Gruppierung‹«, antwortete Paulus. »Der Glaube an sich ist die *Erfüllung* des Judaismus, weil er auf Christus oder den Messias gegründet ist, dessen Kommen in den Hebräischen Schriften prophezeit wurde.«

»Ich verstehe. Aber ist es nicht möglich, daß die Christen und die Juden sich in der Zukunft *trennen* werden, da sie sich so uneinig zu sein scheinen?«

»Doch«, Paulus seufzte, »ich bedaure, daß es möglich *ist*, obwohl es nicht das Ideal ist, das wir anstreben.«

»Wirklich nicht? Hat diese Trennung nicht schon stattgefunden?« Tigellinus durchbohrte ihn mit seinen blitzenden Augen.

»Ja. In manchen Orten schon. Einige von den Synagogen sind christlich geworden. Die meisten aber nicht.«

»So! Damit haben wir bewiesen, erhabener Caesar, daß die Christen eine von den Juden *getrennte* und *abgesonderte* Gruppe ist, so daß sie keine Legitimität beanspruchen können, indem sie sich hinter unseren großzügigen Gesetzen verstecken, die den Juden günstig gewogen sind! Ich habe keine weiteren Fragen an den Zeugen.«

»Dann kannst du fortfahren, Senator«, sagte Nero.

Sabinus war verärgert: »Die Anklage darf *nicht* zu ungerechtfertigten Schlußfolgerungen übergehen«, sagte er, »die Tatsache, daß Juden und Christen jetzt im Begriff stehen, sich zu trennen oder sich in der Zukunft trennen werden, beweist in Wirklichkeit doch, daß sie in der Vergangenheit *nicht* getrennt waren, als Paulus seine Predigten hielt! In der Tat war der Gründer Jude und ebenso seine zwölf engsten Gefährten. Außerdem viele Anhänger des christlichen Glaubens. Der Leiter der Christen hier in Rom – er heißt Aquila und sitzt dort drüben, mit dem roten Bart – « sagte Sabinus und zeigte auf ihn, »ist auch ein Jude. Der Angeklagte ist Jude. Also, wenn das kein

Streit unter den Juden ist, was ist es dann? Und solch eine religiöse Debatte *ist* den Juden nach dem Gesetz über religiöse Gruppen erlaubt. Die Verteidigung schließt den Beweisvortrag zu dem ersten Anklagepunkt ab.«

Nero beriet sich einige Minuten lang mit seinen Beisitzern. Dann schaute er Tigellinus an und sagte: »Wir sind bereit, den zweiten Anklagepunkt zu hören.«

»Die nächste Anklage gegen Paulus von Tarsus«, sagte Tigellinus, »besagt, daß er ein Führer der Nazarenersekte oder Christen ist. Nun ist dieser Anklagepunkt so unbestritten, daß –«

»Wenn es dem Gericht recht ist«, unterbrach Sabinus, »stimmt die Verteidigung damit überein, daß Paulus von Tarsus ein Führer der Christen *ist.* Aber wir fragen uns, warum das ein ›Anklagepunkt‹ genannt wird?«

»Weil die Sekte illegal ist: Christen sind nicht durch das Gesetz über religiöse Gruppen geschützt.«

»Die Sekte ist legal«, entgegnete Sabinus, »Christen *sind* ebenso wie Juden durch dieses Gesetz geschützt.«

»Ich sehe, wir sind wieder an dem gleichen Punkt angelangt. Aber laß mich fortfahren und ein paar von den Verbrechen andeuten, die von diesem Kult verübt wurden, langmütiger Caesar; und du wirst verstehen, warum die Christen nicht im Kaiserreich geduldet werden können.«

Dann öffnete Tigellinus seine Tasche mit boshaften Gerüchten über die Christen und holte die gräßlichen Inhalte heraus.

»Einspruch!« rief Sabinus. »Ich ließ die Anklage weitersprechen, um zu sehen, ob die lächerlichen Lügen über die Christen tatsächlich in diesem Gericht benutzt würden. Wir sind hier, um der Wahrheit nachzugehen, nicht der Phantasie. Das sind doch alles abgegriffene, alte Verleumdungen, Caesar, und in ihnen steckt wirklich nicht mehr Wahrheit als in dem angestaubten Märchen von Augustus' Frau, die Gift auf seine Feigen geschmiert haben soll, um sich selbst zur Witwe zu machen. Erinnerst du dich an den Prozeß von Pomponia Graecina vor vier Jahren?«

»Ja, aber nicht an die Einzelheiten«, antwortete Nero, »sie wurde auch angeklagt, eine Christin zu sein, oder?«

»Ja, und ihr Fall ist so relevant für die vorgebrachten Anklagepunkte, daß ich mir erlaubt habe, für dich und deine Beisitzer Kopien von der für den Senat angefertigten Abschrift der besagten Anhörung vorzubereiten.«

»Denkst du wirklich, es gäbe da einen Zusammenhang, Senator? Zu dem Prozeß einer Frau, der von ihrem eigenen Ehemann geführt wurde?«

»Ja, das gibt es, Caesar. Und es würde uns allen bei dem vorliegenden Fall viel Zeit ersparen.«

An dieser Stelle bemerkte Sabinus, daß Tigellinus ihm einen besonders gehässigen Blick zuwarf.

»Nun, auf jeden Fall haben wir heute morgen schon lange genug hier gesessen!« Nero gähnte.

»Wir vertagen das Gericht auf morgen früh um die gleiche Zeit. Inzwischen, meine Kollegen, können wir alles lesen, was der lieben Pomponia passierte«, fügte er mit einem sarkastischen Grinsen hinzu.

Bevor Sabinus den Palast verließ, sprach er noch einmal die Strategie mit Paulus und Lukas durch; und dann kehrte er zum Quirinal zurück, wo er Plautia alles erzählte. Sicher war der schwierigste Teil des Prozesses vorbei, und Nero hatte es gut gelaunt aufgenommen. Doch mit seinem neuen lustigen Kumpan als Kläger hatte das gar nichts zu bedeuten.

Dann erinnerte Sabinus sich an etwas. Es gab einen *Grund* für Tigellinus' Groll wegen der Abschriften von Pomponias Gerichtsprozeß. Ja, natürlich! Es war Tigellinus' *eigener Schwiegersohn,* Cossutianus Capito, der bei Pomponias Anhörung als stümperhafter Kläger aufgetreten war! Sabinus seufzte: Zweifellos hatten er und die Christen jetzt einen mächtigen Feind.

Am nächsten Morgen eröffnete Nero die Sitzung mit dem Kommentar: »Wir haben die Abschrift von Pomponia Graecinas Gerichtsprozeß gelesen. Und ich muß sagen, *einige* der Dinge, deren die Christen beschuldigt werden, würden sie tatsächlich zu einer recht interessanten Sekte machen.« Er hielt inne, um seine Beisitzer anzüglich anzugrinsen.

»Nun, wie ich es sehe«, fuhr Nero fort, »haben wir bei diesem Fall drei Alternativen. Entweder wir betrachten die Christen als eine Untergruppe des Judaismus, die daher vom Gesetz geschützt ist, oder wir sehen sie als eine vom Judaismus getrennte Religionsgemeinschaft an, die aber so harmlos ist, daß sie gleichermaßen vom Gesetz geschützt wird, oder wir betrachten die Christen als eine verderbliche Sekte, die beseitigt werden muß. Der Angeklagte würde in den ersten beiden Fällen für nicht schuldig erklärt; falls der dritte Fall sich als richtig erweisen sollte, würde der Angeklagte jedoch schuldig gesprochen. Ist das eine angemessene Zusammenfassung?«

Während Tigellinus zögerte, nickte Sabinus zustimmend und freute sich, daß Nero fair genug gewesen war, auch den Mittelweg, den zweiten Fall, mit in Betracht zu ziehen.

»Aber bevor darüber entschieden werden kann«, fuhr Nero fort, »müssen wir mehr Informationen über den Angeklagten haben.« Er starrte Paulus eine – wie es schien – lange Zeit an und fragte dann: »*Warum* hast du dich dafür entschieden, dein Leben der Verbreitung dieser neuen Botschaft zu widmen?«

»Es war ein direkter Auftrag, Caesar. Für mich war es so klar und eindeutig wie ein Auftrag von dir, wenn du einen Statthalter zu einer Provinz in Übersee schickst.«

»Wer hat dich beauftragt?«

»Ich bin froh, das erklären zu dürfen. Ursprünglich war ich den Christen gegenüber feindselig gesinnt. Ich reiste sogar nach Damaskus, um jeden Christen, den ich dort fand, festzunehmen und in Ketten zurück nach Jerusalem vor Gericht zu bringen. Aber als ich mich gerade Damaskus näherte, übermannte mich ein intensives Licht vom Himmel, und ich fiel zu Boden. Ich hörte eine Stimme, die sagte: ›*Saul*‹ – denn das war mein früherer Name – ›*Saul, Saul, was verfolgst du mich?*‹ Ich antwortete: ›Herr, wer bist du?‹ Und die Stimme sagte: ›*Ich bin Jesus, den du verfolgst. Stehe auf und gehe in die Stadt; da wird man dir sagen, was du tun sollst.*‹*

Die Männer, die mit mir reisten, standen sprachlos da; sie hörten die Stimme, sahen aber nichts. Dann stand ich auf und öffnete meine Augen, aber es war dunkelste Nacht um mich herum. Ich war blind. Ich mußte an der Hand nach Damaskus geführt werden. Drei Tage lang war ich in diesem Zustand, aber dann kam ein Leiter der Christen zu dem Ort, wo ich mich befand, und sagte zu mir: ›Bruder Saul, Jesus, der dir auf der Straße erschienen ist, hat mich gesandt, um dich wieder sehend zu machen.‹ Er legte seine Hände auf mich,

* Apostelgeschichte 9,4b-6

und ... ich konnte wieder *sehen*! Dann taufte er mich und sagte: ›Der Herr sagte mir, daß du sein auserwähltes Werkzeug bist, um seinen Namen vor die Juden und die Heiden und die Herrscher zu bringen.‹ Dann, nach Monaten des intensiven Studiums, wurde mir klar, daß Jesus wirklich der verheißene Messias ist und daß ich eines Tages sogar vor dir stehen würde, Caesar, um zu bezeugen, daß es nur einen Gott gibt, der die Welt erschaffen hat, und daß er sie durch Jesus Christus rettete und daß er eines Tages auch über sie richten wird.«

Nero rutschte unbehaglich in seinem Elfenbeinsessel hin und her, während Seneca, Burrus und die anderen Beisitzer Paulus verständnislos anstarrten. Alles, was mit dem Übernatürlichen zu tun hatte, empfanden die abergläubischen Römer als unheilvoll und beunruhigend.

Aber Tigellinus begann zu lachen: »Wirklich, Caesar, sollen wir solche unheimlichen Geschichten ernstnehmen? Dieser Paulus muß ein Fanatiker sein. Oder geistesgestört. Nur wirre Menschen schwören solche Visionen für sich selbst herauf.«

»Ich rufe Paulus' Gefährten Lucanus in den Zeugenstand«, sagte Sabinus.

Als Lukas' Identität festgestellt worden war, fragte Sabinus ihn: »Hast du außer deiner Tätigkeit als Sekretär des Angeklagten und als – wie ich aus deinem Bericht ersehe – Geschichtsschreiber noch einen anderen Beruf?«

»Ja. Ich bin Arzt.«

»Hat der Angeklagte jemals Symptome von einer geistigen Krankheit gezeigt?«

»Nein.«

»Oder der Fallsucht – *Epilepsie*?«

»Nein.«

»Wie ist denn dann seine Verfassung – vom ärztlichen Standpunkt aus gesehen?«

»Ausgezeichnet, außer einem gelegentlichen Zwinkern, wegen seiner Kurzsichtigkeit.«

»Bah!« sagte Tigellinus verärgert. »Jeder, der einen persönlichen Arzt mit auf die Reise nimmt, muß doch wirklich ziemlich krank sein.«

Lukas lächelte. »Ich habe Paulus nicht in meiner Eigenschaft als Arzt begleitet. Ich schwöre, daß er vollkommen gesund ist.«

Nero begann, seine Geduld zu verlieren.

»Genug! Laßt uns das hier beenden. Lieber Jupiter, warum sind religiöse Angelegenheiten immer so kompliziert und mysteriös? Das ist der Grund, warum ich selbst kein frommer Mann bin.«

Er wandte sich an Paulus: »Aber fahre fort! Was hast du nach dieser ... unheimlichen Vision gemacht, die du hattest?«

Paulus setzte seinen Bericht fort und erzählte von seinen Missionsreisen, wobei er seine Anhörung vor Gallio in Korinth besonders hervorhob. An dieser Stelle rief Sabinus Gallio als Zeugen auf, und er wiederholte sein Zeugnis, fügte jedoch hinzu, daß Paulus wohl keiner von der aufrührerischen Sorte zu sein gewesen schien und daß seine Gegener die Konfrontation gesucht hätten.

»In Ordnung«, sagte Nero, »wir sind bereit, den letzten Punkt der Anklage zu hören.«

Tigellinus stand auf und sagte: »Der dritte Punkt der Anklage ist, daß der Angeklagte den Heiligen Tempel in Jerusalem entweiht hat, indem er einen Nichtjuden mitbrachte und über die heiligen Grenzen schreiten ließ. Um den jüdischen Tempel herum stehen dreizehn Säulen, werter Caesar, und jede trägt folgende Inschrift:

> Laßt keinen Nichtjuden weiter als bis zum Geländer und der Umzäunung gehen, die das Allerheiligste umgibt. Wer dabei gefaßt wird, ist persönlich verantwortlich für die tödlichen Folgen, die für ihn daraus resultieren.

Wie ihr alle wißt, hat Rom den Juden das Privileg zugestanden, *allein in diesem einen Fall* die Todesstrafe zu vollziehen. Also verdient der Angeklagte den Tod.«

»Und der Beweis für diese Anklage?«

»Die Prozeßdokumente zeigen, daß er bei dem besagten Akt festgenommen wurde.«

»Die Verteidigung?«

Sabinus lächelte: »Ich bin froh, sagen zu dürfen, Caesar, daß dieser Punkt der Anklage am leichtesten von allen Anklagepunkten zu widerlegen ist, denn es war niemals ein Nichtjude darein verwikkelt. Ich rufe noch einmal den Angeklagten in den Zeugenstand. Bitte erzähl' uns, was an diesem Tag passierte, Paulus!«

»Ich ging mit vier anderen jüdischen Christen hinauf zum

Tempel, um ein Gelübde abzulegen. Aber einige meiner Gegner, die mich vorher mit einem Nichtjuden namens Trophimus *draußen* vor dem Tempel gesehen hatten, nahmen jetzt an, daß er einer der vier war, die mit mir hineingingen, aber das war falsch. Es war ein Mißverständnis, das zu meiner Verhaftung führte.«

»Und der Beweis für diese Verteidigung?« fragte Nero Sabinus.

»Zeugenberichte von den vier Juden und von Trophimus wurden Felix und Festus vorgelegt, wie aus ihren Dokumenten ersichtlich wird.«

Er gab Nero eine Kopie.

Nero prüfte die Berichte, gab sie an seine Beisitzer weiter und sagte: »Jetzt hört gut zu, meine Herren. Ich habe das Ganze hier allmählich *satt*... es ist viel zu wortklauberisch für meine Knochen. In Wahrheit *verachte* ich alle religiösen Kulte, weil sie normale Männer und Frauen vereinnahmen und sie zu Fanatikern machen. Ich glaube an keine *einzige* Religion! So, meine Herren, wir müssen das hier jetzt wirklich beenden. Bitte gebt eure Schlußplädoyers ab, und ich bitte euch: *Faßt euch kurz!*«

Tigellinus gab nun eine brillante Zusammenfassung der Anklagen gegen Paulus ab. Der Mann *konnte* doch mehr als Pferde züchten, mußte Sabinus sich eingestehen. Als eine Viertelstunde vorüber war, schloß er mit den unheilschwangeren Worten: »Wenn der Angeklagte nur ein- oder zweimal Unruhen entfacht hätte, dann könnten wir Nachsicht walten lassen. Aber wir haben hier eine lange und gräßliche Liste von staatszerrüttenden Taten! Und wenn es stimmt, daß ›in jeder Verleumdung ein Quentchen Wahrheit steckt‹, dann stellt euch nur einmal vor, was für ein übles Bauwerk durch seine Bestrebungen entsteht. Was dieser Mann predigt, ist *kein* Judaismus – laßt es euch gesagt sein, es wird zu einer Trennung vom Judaismus kommen –, und es darf *keine gesetzliche Basis* für diese neue Religion im Kaiserreich geschaffen werden. Ich frage dich, erhabener Caesar, und euch, berühmte Beisitzer, wollen wir denn wirklich einen neuen und verderblichen östlichen Kult in Rom? Brauchen wir eine weitere Isis und einen weiteren Osiris, eine neue Magna Mater, eine neue Cybele oder einen neuen Mithras, eine okkulte Astrologie, die ihren Anführern einen Sonnenstich verpaßt? Oder am Ende einen anderen Judaismus, der noch mehr Schaden anrichtet? Haben wir nicht genug Ärger mit diesen Religionen, die gegen die Staatsgötter kämpfen? Denn *falls* ihr diesen Mann freisprecht, dann werdet ihr für seine Religion einen Präzedenzfall in Rom schaffen. Im Namen der Götter, die Rom groß gemacht haben, bitte ich euch inständig, daß ihr den Mut unserer Vorfahren aufbringt, um diesen Mann zu *verurteilen!* Zum Tode! Hiermit beende ich mein Schlußplädoyer.«

»Bravo, Tigellinus!«

Nero stand auf und spendete seinem Freund Beifall.

»Gut gesprochen! Wirklich gut gesprochen!«

Die Vasallen und Freunde des Kaisers verstanden den Wink und begannen, ähnliche Beifallsäußerungen von allen Seiten des Saals zu bekunden.

Sabinus zuckte bei diesem Auftritt zusammen und versuchte, seine innere Ruhe angesichts Neros offenkundiger Parteilichkeit zu bewahren. Er bemerkte, daß Senecas Gesicht so rot war, wie er es noch niemals gesehen hatte.

Jetzt stand Sabinus auf, um sein Schlußplädoyer abzugeben. Zunächst widerlegte er Tigellinus' ›irreführende Suggestionen‹, daß die christliche Religion ein östlicher Kult sei, der mit dem blutrünstigen Kult der Cybele vergleichbar wäre. War Pomponia etwa eine tobende Fanatikerin? Dann schloß er mit den Worten:

»Es gibt keinen Zweifel daran, daß dieser Paulus von Tarsus unschuldig ist und keine der Anklagen, die gegen ihn vorgebracht wurden, zutrifft. Vielleicht war Senator Gallio noch der weiseste von allen: er sah, daß es sich lediglich um einen religiösen Disput handelte, und so wies er die Klage ab. Und seitdem wurde Paulus bei jedem römischen Gericht freigesprochen oder würde freigesprochen worden sein. In Philippi entschuldigten sich die Magistrate bei ihm. In Judäa wußte Felix, daß Paulus unschuldig war, aber er forderte als Gegenleistung für den Freispruch ein Bestechungsgeld. Auf Cypern war unser Prokonsul Sergius Paulus behilflich, und auf Malta heilte Paulus den Vater von Publius, unserem Statthalter dort, ebenso wie viele andere. Der Zenturio Julius, der ihn auf der Reise begleitete, bezeugte seine große Unterstützung bei dem Schiffbruch. Hier in Rom lebt er nun seit zwei Jahren und macht nicht mehr und nicht weniger als in den zehn vorherigen Jahren: er erzählt den Leuten von dem Evangelium, wie er es nennt. Und hier hat es *keinen einzigen* Aufruhr gegeben.«

»Zum Schluß möchte ich euch bitten, euch daran zu erinnern, daß die Größe Roms in seiner Toleranz der verschiedenen Meinungen liegt. Rom hat gelernt, was Athen bei dem Gerichtsprozeß von Sokrates vergaß: daß Gedanken *frei* sind und bleiben müssen! Ich bitte das Gericht, nicht das, was zu unserer ruhmreichen Tradition geworden ist, umzustürzen. Wenn der Angeklagte wirklich den Gedanken hegen würde, die römische Regierung zu stürzen, dann hätte ich als Senator und ehemaliger Magistrat niemals seine Verteidigung übernommen. Aber wie ihr ja wißt, hat Paulus von Tarsus seine Christen dazu aufgerufen, für dich, Caesar, zu beten und der kaiserlichen Regierung zu gehorchen. Damit schließt die Verteidigung ihr Plädoyer ab.«

Tosender Applaus brach los, als Sabinus auf seinen Platz zurückkehrte.

»Gut, gut«, sagte Nero und hielt die Hände hoch, um für Ruhe zu sorgen, »meine Beisitzer und ich werden uns zurückziehen, um unser Urteil zu fällen.«

Während sie sich entfernten, um in einem Vorraum des großen Gerichtssaales zu verschwinden, umringte eine Menge aufgeregter Leute Sabinus.

»Du warst einfach *wundervoll*, Liebling!« sagte Plautia bewundernd.

»Wann bist *du* denn hier aufgekreuzt? Ich dachte, du wärst – «

»Wieder zu Hause? Ich konnte nicht zu Hause bleiben. Mutter und Vater wären auch gekommen, aber Mutter bereitet für heute abend ein großes Fest für Paulus vor.«

»Ein *Fest?* Das nenne ich Vertrauen!«

»Ich hatte das Vergnügen, deine reizende Frau begleiten zu dürfen«, sagte Quintus Lateranus, »keine schlechte Arbeit, die du da geleistet hast, Sabinus. Du hättest Anwalt werden sollen!«

»Nun ... es gab ja diese bewährte Verteidigungsstrategie, die ein gewisser Amateurverteidiger bei Pomponias Gerichtsprozeß anwandte ...«

»Ich weiß, ich weiß«, lachte er.

Minuten vergingen, in denen sie alle auf das Urteil warteten. Dann eine weitere halbe Stunde. Eine leise Furcht beschlich Sabinus. Er hatte auf eine schnelle Entscheidung zugunsten des Angeklagten gehofft. Auf der anderen Seite sah er, daß Tigellinus sich überhaupt keine Sorgen zu machen schien. Und warum sollte er auch? Er hatte die Anklage vertreten, um Nero einen Gefallen zu tun, und es waren nicht einmal irgendwelche Kläger anwesend gewesen.

Sabinus versuchte, die Ratgeber einzuschätzen. Er *hoffte,* daß Seneca und Burrus auf seiner Seite standen, aber auch da konnte er sich nicht ganz sicher sein, besonders, wenn Seneca eine philosophisch begründete Abneigung gegen Paulus hegen sollte. Und die anderen drei waren kaum zu durchschauen. Zwei von den Senatoren verhießen nichts Gutes: als bekannte Parasiten von Nero und Tigellinus. Der dritte war aufrichtig, aber sein Republikanismus der alten Schule könnte wie der des barschen, alten Catos der Einführung von noch mehr »fremdem Aberglauben« ablehnend gegenüberstehen.

Beinahe eine Stunde war verstrichen, und jetzt war jeder beunruhigt. Die lebhaften Konversationen in dem Saal waren verstummt, und nur gezwungene und geflüsterte Kommentare waren noch zu hören. Sabinus hielt nach Paulus Ausschau und bemerkte, daß er und der Wächter sich in eine Ecke zurückgezogen hatten. Der Apostel schien völlig in Gedanken versunken zu sein – oder war es ein Gebet? –, wobei er mit geschlossenen Augen auf und ab ging und sein mit einer Handschelle gefesseltes Handgelenk gegen seine freie Hand rieb.

Nero und seine Beisitzer erschienen nun endlich, und feierlich nahmen sie wieder ihre Plätze ein. Als völlige Stille eingetreten war, erklärte Nero: »Ich brauche euch nicht zu sagen, daß es ein Fall war, der für uns *sehr* schwer zu entscheiden war. Und zunächst muß ich Ofonius Tigellinus dafür mein Lob aussprechen, wie er die Anklage vertreten hat. Angesichts der Umstände hat er seine Sache großartig gemacht. Und es war ebenfalls großzügig von dir, Flavius Sabinus, deine Zeit für die Verteidigung zu opfern. Wegen euer beider Bemühungen wünschte ich, es wäre diesem Gericht möglich gewesen, hier und heute eine Entscheidung über den legalen Status der Christen zu treffen. Wenn wir uns hier im Senat befänden, und wenn die Senatoren gewillt gewesen wären, sich mit solch kniffligen religiösen Fällen auseinanderzusetzen, und wenn alle Kläger anwesend gewesen wären – wenn, wenn, wenn ... es gibt zu viele wenns bei diesem Fall – aber *wenn* alle diese Bedingungen erfüllt gewesen wären, dann hätte wohl ein Senatsgericht die Entscheidung gefällt, die Religion der Christen zu legalisieren oder den Angeklagten zu verurteilen.«

»Dieses Gericht aber ist mit dem sehr begrenzt zur Verfügung stehenden Beweismaterial offenbar nicht in der Lage, eine solche Entscheidung zu treffen. Dennoch muß der Fall von Paulus von Tarsus natürlich gelöst werden, und wir werden ihn lösen. Aber seine Verurteilung oder Freisprechung darf angesichts der aufgeführten Schwierigkeiten in *keiner* Hinsicht als eine Schaffung eines Präzedenzfalles für andere Christen angesehen werden. Ist das verstanden worden?«

Tigellinus nickte, aber Sabinus schaute verstört. Paulus schien besonders geknickt zu sein und war im Begriff, sich dazu äußern zu wollen.

Nero kam ihm zuvor. »Ich möchte die Verteidigung darauf aufmerksam machen, daß das die ungeteilte Meinung der Beisitzer war und daß es für den gegenwärtigen Zeitpunkt das Beste ist, was ihr erwarten konntet. Es kann sogar von Vorteil für euch sein: wenn Paulus verurteilt wird, muß den anderen Christen nicht dasselbe Schicksal blühen.«

Sabinus blickte auf und sagte: »Natürlich, Caesar. Wir akzeptieren diese Entscheidung ... und selbstverständlich das Urteil, wie auch immer es ausfallen mag!«

»Sehr schön. Wir werden nach der Augusteischen Art und Weise entscheiden. Jeder Beisitzer bekommt die üblichen drei Wahltafeln, auf denen ein *A* für *absolvo,* ein C für *condemno* und *NL* für *non liquet* geschrieben steht.«*

Dann wandte sich Nero zu beiden Seiten neben ihm und sagte: »Ich werde meine Stimme erst abgeben, wenn eure Stimmen, meine Kollegen, zusammengerechnet wurden, denn ich beabsichtige, mich der Mehrheit anzuschließen. Laßt eure Tafel mit der Vorderseite nach unten vor euch liegen. Wenn eure Entscheidung getroffen ist, legt die entsprechende Tafel in die Wahlurne.«

Seneca war der erste, der sich erhob. Er schritt entschlossen zu der Urne vor Nero und ließ seine Tafel hineinfallen. Burrus folgte seinem Beispiel und nach ihm die drei Senatoren.

* absolvo (lateinisch): Ich spreche frei
condermo (lateinisch): Ich verurteile
non liquet (lateinisch): Es ist nicht klar, ich enthalte mich.

Nero holte nun behutsam jede Tafel wieder heraus. Er griff in die Urne, nahm eine Tafel und verkündete laut und deutlich für den Gerichtssekretär: *»Condemno.«*

Auf Sabinus' Stirn bildeten sich Schweißperlen.

Nero zog eine zweite Tafel heraus.

»Condemno«, verkündete er.

Sabinus verspürte Stiche der Angst in der Magengegend. Noch einmal *condemno,* und Paulus konnte wahrscheinlich nicht mehr freigesprochen werden. Er schaute hinüber zu Tigellinus und sah, wie sich ein triumphierendes Lächeln auf seinem Gesicht zeigte. Paulus schien merkwürdig passiv, obwohl seine durchdringenden Augen nicht von Nero wichen.

»Absolvo«, sagte Nero und hielt die dritte Tafel hoch.

Wieder langte er mit einer Hand in die Urne und nahm eine weitere Tafel heraus.

»Absolvo«, verkündigte er.

Der ganze Saal hielt nun den Atem an und bangte wegen der letzten, entscheidenden Tafel. Sogar Paulus reckte sich ein wenig und rutschte auf seinem Stuhl weiter nach vorne.

Nero zog die Tafel heraus, und seine Stirn zog sich vor Abscheu in Falten, als er die Worte hervorstieß: *»Non liquet!«*

»Also muß Caesar wie immer die letzte Entscheidung treffen«, wimmerte Nero beinahe, »und ich hatte gehofft, daß ich diese nicht zu treffen brauchte.«

Er blickte zu Tigellinus und sah ein Lächeln, das ihm geradezu zurief: »Ich weiß, wie du wählen wirst, *amicus meus.*« Dann schaute er Seneca an und sah Augen, die um Milde flehten. Es gab keinen Zweifel daran, wie Seneca gewählt hatte: ein Philosoph, ob nun freidenkerisch oder religiös, mußte immer für Meinungsfreiheit kämpfen.

Dann fiel Neros Blick auf Paulus, der aufgehört hatte zu zwinkern und ihn nun mit einer heiteren Gelassenheit forschend anblickte. Nero hörte sich selbst sagen: »Der Gefangene möge sich erheben, um das Urteil zu empfangen!«

Nero starrte ein paar weitere Sekunden auf die angekettete Gestalt vor ihm und begann, seinen Gaumen zusammenzupressen, um den harten K-Klang von *condemno* herauszubringen. Aber er hielt plötzlich inne und murmelte: *»Absolvo.«*

»Wie bitte?« fragte der Sekretär nach.

Nero räusperte sich und wiederholte mit einem seltsamen Klang in der Stimme: *»Absolvo«.*

Nach der vor Spannung knisternden Stille brach jetzt der Jubel los, als alle Freunde Sabinus und Paulus fröhlich umringten. Aber Paulus und Nero schauten einander immer noch hypnotisch an, bis das dankbare Lächeln des Apostels schließlich den Bann brach. Später fragte Tigellinus seinen Freund, was denn passiert sei und warum er sich so entschieden habe, aber er bekam keine klare Antwort.

Nero erwachte nun aus seinem Trancezustand und hob die Arme, um für Ruhe zu sorgen. »Wächter, nehmt dem Gefangenen die Ketten ab. Aber ich muß das Gericht nochmal daran erinnern, daß *kein Präzedenzfall irgendeiner Art* geschaffen worden ist, der die Duldung der Christen im Römischen Weltreich festlegen soll. Es ist ein Freispruch auf Bewährung ... bestenfalls.« Dann fiel sein Blick wieder auf Paulus und er stieß die Worte hervor: »Wir Römer wollen keine Christen werden, Paulus von Tarsus. Im Moment sieht es so aus, als wärst du kein Anführer einer aufrührerischen Bewegung, aber du würdest gut daran tun, unsere Stadt zu verlassen und dein Predigen hier einzustellen.«

»Ich beabsichtige in der Tat, Rom zu verlassen, Caesar.«

»Dann ist es ja gut. Der Prozeß ist damit abgeschlossen!«

Paulus' erstes Empfinden war ein linkes Handgelenk, das sich kalt und frei anfühlte – das Gelenk, das mehr als zwei Jahre lang von Eisen umschlossen, von Schweiß gewärmt worden war. Das nächste, was Paulus wahrnahm, waren die Stimmen, die ihm gratulierten. Gallio ergriff seine Hand und bemerkte mit einem Kichern: »Ich *sagte* denen doch, daß sie einfach meinem Beispiel in Korinth hätten folgen sollen!« Aber es war Gallios Bruder Seneca, der Paulus überraschte, als er vom Podium herunterging und auf ihn zukam, um ihn zu begrüßen.

»Ich bin irgendwie von deinem Glauben fasziniert«, sagte Seneca, »wie wenig ich auch bei dem Gerichtsprozeß darüber erfahren konnte. Vielleicht können wir einmal darüber diskutieren, bevor du Rom verläßt.«

»Natürlich. Und ich bin sehr beeindruckt von deinen wissenschaftlichen Abhandlungen, geschätzter Seneca. Von allen ›heidnischen Philosophien‹, wie wir sie nennen, kommt keine dem christlichen Glauben so nahe wie dein Stoizismus. Ihr glaubt an eine höchste Gottheit – und wir ebenso. Ihr betont die Gleichheit aller Menschen, egal ob Sklave oder Kaiser – und wir ebenso. Und euer berühmter Spruch: ›Behandle diejenigen, die unter dir stehen, so wie du von denen, die über dir stehen, behandelt werden möchtest‹ ist den Lehren Jesu ziemlich ähnlich.«

»Unglaublich«, Seneca schaute ihn erstaunt an, »und wohin wirst du jetzt reisen, wenn du Rom verläßt?«

»Ich werde unseren neuen Gemeinden in Griechenland schließlich noch einmal einen Besuch abstatten. Aber zuerst habe ich vor, noch eine Reise nach Spanien zu unternehmen. Es war immer mein Wunsch, so weit in den Westen zu reisen, denn unsere Lehre soll in aller Welt gehört werden – wie Christus gesagt hat.«

»Du mußt *unbedingt* nach Spanien. Iberia ist ein völlig anderes Land, aber sehr schön. Und bitte grüße die guten Leute in meiner Heimatstadt Corduba*.«

Pomponias Vertrauen war nicht unangebracht gewesen. An diesem Abend gab sie ein Siegesfest für Paulus. Ihre Haustür war mit Palmblättern geschmückt, um den Triumph der Gerichtsverhandlung zu feiern; und sogar Aulus freute sich mit, weil seine Frau wegen Paulus' Freisprechung vor Freude übersprudelte. Der Apostel dankte Gott – und Sabinus – in aller Öffentlichkeit für die Mühen, die sie für ihn auf sich genommen hatten. Er erzählte ihnen auch, daß Simon Petrus, der Leiter der Apostel, bald nach Rom kommen würde, und er hoffte, daß sie ihm auch einen so herzlichen Empfang bereiten würden, wie er ihn selbst genossen hatte.

»Aber jetzt«, sagte er ein wenig wehmütig, »ist meine Mission in Rom zu Ende, und der Herr hat offensichtlich andere Aufgaben für mich. Vielleicht werden wir uns nie wiedersehen. Vielleicht aber doch – ich hoffe es. Inzwischen sage ich Lebewohl und danke euch, meine geliebten Freunde.« Er erhob seine Hände und sprach den Segen: »Die Gnade unseres Herrn Jesus Christus, die Liebe Gottes, des Vaters und die Gemeinschaft des Heiligen Geistes sei mit euch allen!«

»Amen«, antworteten sie.

* Heute: Cordova

Spät in der Nacht, als sie wieder in ihrer Unterkunft auf dem Viminal waren, ging Paulus unruhig auf und ab. Lukas fragte ihn, was denn los sei.

»Wenn doch mein Fall nur ein ... was sie einen ›Präzedenzfall‹ nennen, gewesen *wäre*«, sagte Paulus, »ich war so sicher, daß meine Berufung auf Caesar eine Entscheidung zugunsten des Glaubens und nicht zugunsten des Paulus von Tarsus zur Folge haben würde. Es hätte alles so viel leichter für uns gemacht ... überall im Kaiserreich.«

»Vielleicht soll der Glaube nicht so leicht wachsen«, bemerkte Lukas, »hat Jesus nicht gesagt: ›Haben sie mich verfolgt, so werden sie euch auch verfolgen‹?* Vielleicht muß der Glaube erst durch Not und Herausforderung wachsen.«

»Und Schmerz. Und Blut. Und Verfolgung«, Paulus nickte, »und nicht nur – wie jetzt – durch Streitereien, Teilung und Spaltung. Immer wenn unsere mächtigen Freunde sich nach unseren Fortschritten erkundigen, lächeln wir und sagen, daß die Sache gewaltig wächst. Und das ist auch so. Aber oh, der Ärger *innerhalb* der Christenheit!« seufzte er. »Die verschiedenen Gruppierungen, die Zankereien darüber, wieviel von dem Hebräischen Gesetz noch Gültigkeit hat, der Parteigeist, der lieblose Streit. Es sollte unter uns Christen *nicht* passieren, aber es geschieht. Jüdische und nichtjüdische Christen hegen Mißtrauen gegeneinander, die Strenggläubigen gegen die freier Denkenden, die griechischen Gläubigen gegen die römischen Gläubigen – Eifersüchteleien, Streitereien, Groll, Mißtrauen!«

Er wandte sich Lukas lächelnd zu: »Es tut mir leid, daß dein Bericht von unseren Reisen nicht vor Gericht vorgetragen werden konnte. Er ist sehr gut geschrieben. Ich frage mich, ob das einen Unterschied gemacht hätte, wenn er vorgetragen worden wäre.«

»Das bezweifle ich. Nero wurde jedes Mal ungeduldig, wenn neue Berichte in den Prozeß eingebracht wurden, ganz egal, welche.«

»Aber deine Arbeit ist nicht umsonst. Die Gemeinde wird einen Bericht von den Anfängen brauchen. Warum nimmst du nicht dein Dokument und fügst noch einiges hinzu? Erzähl die ganze Geschichte – lange vor dem Prozeß vor Gallio. Beginn' mit der

* Johannes 15,20

Entstehung der Gemeinde. Berichte von Petrus. Erzähl, wie ich als Christenverfolger begann. Berichte über den armen Stephanus und führe die Geschichte fort. Vielleicht kannst du das Werk sogar die ›Geschichte‹ oder nein... die ›*Acta* der Apostel‹ nennen.«

»Wie weit soll ich sie erzählen?«

»Bis zur Gegenwart natürlich.«

»Aber ich habe mit dieser Bemerkung aufgehört.« Er griff nach der Schriftrolle: »Da, ich zeige es dir.« Er rollte das Dokument auf und zeigte Paulus die letzten Zeilen:

> Paulus aber blieb zwei volle Jahre in seiner eigenen Wohnung und nahm auf alle, die zu ihm kamen, predigte das Reich Gottes und lehrte von dem Herrn Jesus Christus mit allem Freimut ungehindert.*

»Ausgezeichnet. Damit beendest du deine Geschichte!«

»Aber dein Gerichtsprozeß? Deine Freisprechung?«

»Wenn Caesar den Glauben legitimiert hätte, wäre es ein prächtiges Ende für deinen Bericht gewesen. Aber er hat es nicht getan. Daß nur ich verschont wurde, ist enttäuschend, und ich möchte nicht, daß du mit einer persönlichen Bemerkung schließt. Christus ist entscheidend, nicht Paulus.«

»Was ist mit deinem Wirken in der Zukunft – der Arbeit in Spanien? Oder im Osten?«

»Vielleicht in einer zweiten Schriftrolle, Lukas, wenn Gott es erlaubt. Aber der wichtigste Teil der Geschichte wird schon erzählt worden sein.«

* Apostelgeschichte 28, 30-31

DRITTES BUCH

Die lodernde Flamme

20

Rom wurde an einem Morgen im Spätsommer von einer schrecklichen Nachricht geweckt. Sie riß Nero aus dem Bett und ließ die Senatoren ihre Togen umwerfen, um zu einer außerordentlichen Senatsversammlung zusammenzukommen. Pedanius Secundus, Sabinus' Nachfolger als Stadtpräfekt, war von einem seiner eigenen Sklaven ermordet worden. Der Sklave war kurz nach dem Attentat gefaßt worden und hatte sein Mordmotiv gestanden: Pedanius hatte mit ihm vereinbart, ihn gegen eine gewisse Geldsumme freizulassen, aber als ihm der Betrag ausgehändigt worden war, hatte er sich geweigert, sein Versprechen einzulösen. Das war zuviel für den Sklaven gewesen, dessen Verstand daraufhin aussetzte, und er erdolchte Pedanius in seinem Schlafzimmer.

Aber was diesen Mord zu einem so ungeheuerlichen Verbrechen machte, war das schreckliche Gesetz, das der Senat erlassen hatte, um das wachsende Heer von Sklaven einzuschüchtern und in angemessene Unterwerfung zu zwingen: wenn irgendein römischer Staatsbürger von einem seiner Sklaven ermordet worden war, verlangte das Gesetz, daß *alle* Sklaven in seinem Hause (»die unter demselben Dach lebten«) hingerichtet werden sollten. Man hatte gehofft, daß das Gesetz einzig und allein vorbeugenden Charakter haben würde: um ihr Leben und das ihrer Familie zu retten, würden die Sklaven sicherlich ihre Herren warnen, wenn in ihren Reihen irgendein Komplott gegen diese geschmiedet wurde.

Doch jetzt mußte das Gesetz auf grausame Art angewandt werden. Pedanius hatte über eine der größten Hausdienerschaften in Rom geherrscht, ebenso über das Heer der Sklaven, die in der Stadtverwaltung in seinem Dienste gestanden hatten. In den Augen des Gesetzes waren *beide* Gruppen von Sklaven betroffen – der Mörder hatte nämlich in der städtischen Verwaltung seine Dienste geleistet –, und sie zählten nicht weniger als vierhundert Männer, Frauen und Kinder.

Die Nachricht, daß vierhundert Menschen für das Verbrechen von einem einzigen sterben mußten, erfüllte die Leute von Rom mit

Entsetzen, darunter auch viele im Senat, wo es bei der Sitzung zu wilden und hitzigen Debatten kam. Meinungen, Kraftausdrücke und Drohungen konnte man innerhalb der Marmorwände hören.

»Es haben nicht vierhundert Pedanius ermordet! Sondern *einer!*« brüllte Quintus Lateranus. »Was ist mit den unschuldigen Frauen und Kindern? Denkt doch mal an eure eigenen Frauen und Kinder!«

»Hebt dieses barbarische Gesetz auf!« rief ein anderer. »Sind wir denn Unmenschen? *Vierhundert* für einen?«

Schließlich winkte der erste Konsul verzweifelt mit den Armen und entdeckte Senator Gaius Cassius, einen der angesehensten Rechtsgelehrten des Kaiserreichs. Die Senatoren schauten ihn erwartungsvoll an und hofften, er würde einen Ausweg aus dieser schrecklichen Sackgasse aufzeigen.

Langsam erhob sich der alternde Senator, wandte sich mit dem Gesicht den Senatoren zu und sagte: »Eure Entrüstung ist ein Tribut, den ihr eurer Menschlichkeit zollt, und ich stimme mit euch überein. Dennoch müssen wir der Realität ins Auge sehen. Ein ehemaliger Statthalter, ein Senator und Stadtpräfekt ist durch die Treulosigkeit seiner Sklaven in seinem eigenen Hause ermordet worden. Jeder dieser Sklaven kannte die Strafe, aber keiner hat seinen Herrn gewarnt. Ihr behauptet, daß es nicht gerecht ist, daß alle sterben sollen? Dann stimmt um jeden Preis für Straffreiheit! Aber glaubt ja nicht, daß euch künftig euer Rang oder eure Tuniken mit dem Purpurband vor ähnlichen Erdolchungen schützen. Nicht, wenn der Präfekt von Rom ums Leben gekommen ist! Nicht, wenn 399 nicht in der Lage waren, ihn zu schützen!

›Nur eine Hand hat den Dolch gestoßen‹, sagt ihr. Und das stimmt. Aber hat der Mörder beschlossen, seinen Herrn zu töten, ohne ein drohendes Wort oder eine Andeutung bei den anderen Sklaven fallen zu lassen? Konnte er an der Nachtwache vorbeikommen, die Türen vom Schlafzimmer öffnen, einen Dolch einschmuggeln und dann Pedanius erdolchen, ohne daß *irgend jemand* davon wußte? Ein Verbrechen kündigt sich vorher durch viele Anzeichen an. Wenn uns unsere Sklaven diese Anzeichen nicht mitteilen, sind wir alle bald tote Männer.«

Senator Cassius legte eine Kunstpause ein, um den Senatoren Zeit zu lassen, seine Worte zu überdenken. Dann schloß er: »Werden

Unschuldige ihr Leben verlieren? Natürlich wird das der Fall sein! Aber wenn eine unserer Kohorten auf dem Schlachtfeld Feigheit an den Tag legt, verkleinern wie sie dann etwa nicht? Ergreifen wir in solchen Fällen nicht jeden zehnten Mann aus den Reihen und schlagen ihn zu Tode, auch wenn einige unschuldige Tapfere darunter sind? Sollen wir etwa Sklaven verschonen, wenn wir freie Römer nicht verschonen? Bei jedem großen Präzedenzfall ist auch ein wenig Ungerechtigkeit im Spiel, die jedoch – obwohl sie einzelnen Personen schadet – für die Allgemeinheit von Vorteil ist. Deshalb, meine Kollegen, *müßt* ihr für die Todesstrafe stimmen ... für alle Sklaven!«

Tosender Applaus erschütterte den Senatssaal. Die Senatoren, die immer noch zur Milde aufriefen, schienen in der Menge unterzugehen. Einige, wie Quintus, waren zu starr vor Entsetzen wegen der verheerenden Folgen dieses Falls, um die richtige Sprache für eine überzeugende Widerlegung von Cassius' Argumenten zu finden. Nur dieser bornierte Paragraphenreiter hatte sich auf den Ernstfall vorbereitet.

Der Konsul rief zu einer Abstimmung auf. »Alle diejenigen, die dafür sind, daß die Sklaven aus der Haus- und Amtsdienerschaft des Pedanius Secundus – etwa vierhundert an der Zahl – zum Tode verurteilt werden, mögen auf die rechte Seite gehen. Diejenigen, die dagegen sind, auf die linke.«

Ein dramatische Umgruppierung fand statt, und es dauerte einige Minuten, bis die Zusammenstöße der Senatoren aufhörten und sie eine deutliche Richtung zur linken oder rechten Seite des Senatssaals einschlugen. Der Konsul musterte prüfend die Parteien auf beiden Seiten der Grenzlinie und verkündete: »Für mich sieht es so aus, als gäbe es eine Mehrheit für die Hinrichtung.«

»Abzählen! *Abzählen!*« rief die Partei der Milde aus.

Die nächste halbe Stunde lang rief der Senatsschreiber die Namen der Senatoren auf. Dann fügte er seine Berechnungen hinzu und überreichte das Ergebnis dem Konsul, der verkündete: »Es gab 188 Stimmen für die Hinrichtung, 158 dagegen. Der Antrag auf Todesstrafe wird aufrechterhalten.«

Die Jubelrufe der Mehrheit wurden plötzlich von einem Chor wütender Stimmen draußen vor dem Senatshaus übertönt. Die Wände des Senatssaales begannen zu scheppern, als würde Hagel auf sie niederprasseln, und der Konsul eilte nach draußen, um der Sache nachzugehen. Ein gewaltiger, bedrohlich wirkender Mob von Römern hatte das Gebäude umstellt und schrie: »*Clementia! Misericordia!**« Sie bewarfen das Senatsgebäude mit Steinen und schwenkten brennende Holzscheite, um ihre Drohung zu unterstreichen: Sie drohten, sie würden das Senatshaus niederbrennen, wenn nicht alle Sklaven – außer dem Mörder – freigesprochen würden.

Die Senatoren zitterten vor Furcht, denn sie wußten, daß das Senatshaus tatsächlich im letzten Jahrhundert einige Male von einer aufgewiegelten Volksmenge in Schutt und Asche gelegt worden war, um unter großem Aufwand und hohen Kosten wieder aufgebaut zu werden.

»*Clementia!*« Das Schreien wuchs zu einem Crescendo an. »*Quadringenti pro uno?*«**

Jetzt gab es sogar einen noch größeren Tumult, als Tausende von Prätorianern sich durch die Menschenmenge drängten, um Nero den Weg zum Senat freizumachen. Die Senatoren standen auf und jubelten dem Kaiser zu, als er den Senatssaal betrat. Zweifellos wäre er nicht hier hereingekommen, wenn nicht genug Prätorianer draußen gewesen wären, um ihm – und den Senatoren – Schutz zu gewähren.

Nero schritt auf den präsidierenden Konsul zu und fragte ihn, wie der Senat über Pedanius' Mordfall entschieden habe. Nero nickte, als er die Antwort erfuhr und wandte sich dann an den Senat.

»Ihr habt eine gute Entscheidung getroffen, meine Kollegen. Es handelt sich hier um einen Präzedenzfall, und solch ein feiges Verbrechen wird sich niemals wiederholen, wenn wir heute ein warnendes Beispiel geben. Ich werde der gesamten Prätorianergarde den Befehl erteilen, beide Seiten der Straße, auf der die Verurteilten zur Hinrichtung geführt werden, abzusperren. Das Volk wird sie nicht daran hindern können.«

Der Senat applaudierte, bis ein Schmeichler aufstand und sagte: »Ich gehe noch weiter, edler Caesar. Ich schlage vor, daß alle *freigelassenen* Sklaven des verstorbenen Pedanius auch verurteilt werden, zumindest zum Exil.«

* clementia (lateinisch): Milde
misericordia (lateinisch): Erbarmen

** quadringenti pro uno? (lateinisch): vierhundert für einen?

»Veto!« sagte Caesar. »Das ist übertrieben. Unser Gesetz, das durch Mitleid und Erbarmen nicht lockerer geworden ist, darf jetzt nicht durch unnötige Grausamkeit verschärft werden.«

Dem Kaiser wurde wegen seiner Milde zugejubelt. Die Volksmenge wurde gewaltsam auseinandergetrieben, und die Mehrheit der Senatoren ging nach Hause und setzte sich abends mit gutem Gewissen an den reich gedeckten Tisch.

Doch das aufgebrachte Volk trommelte auf die Prätorianer ein und wich nicht vom Rand der Straßen, auf denen Pedanius' Sklaven abgeführt wurden. Aber sie konnten die Reihen der Prätorianer nicht durchbrechen. Und die vierhundert, denen die Todesangst im Gesicht geschrieben stand, wurden schließlich in den Hof der Castra Prätoria getrieben. Nur die Wächter konnten nun das mitleiderregende Flehen der älteren Männer und Frauen und das Schreien der Mädchen und Jungen hören oder den wilden Haß in den Augen der jüngeren Sklaven sehen.

Der einzige Schuldige wurde an einem Platz gekreuzigt, wo er den Hackblock genau in seinem Blickfeld hatte. Während er voller Entsetzen hinunterschaute, wurden seine Sklavenbrüder und -schwestern dazu gezwungen, ihren Kopf über den Block zu beugen, einer nach dem anderen.

Römer mit Selbstachtung waren schockiert. Wo war denn im Senat – so fragten einige – die Stimme von Thrasea Paetus geblieben? Oder die von Aulus Plautius? Von Flavius Sabinus? Viele, Patrizier wie Plebejer, nannten es Roms dunkelste Stunde. Sie konnten nicht wissen, daß eine noch schwärzere Nacht auf sie zukommen würde.

Sabinus und Plautia hatten ihre Eltern in der neuen Villa in Tibur zu Gast. Die meisten von ihren Nachbarn waren Anfang Herbst nach Rom zurückgekehrt, aber Sabinus und Plautia waren so hingerissen von der Schönheit der Natur in diesem Teil des Landes, daß sie sich entschlossen, noch ein paar Wochen länger zu bleiben, und schließlich konnten sie Aulus und Pomponia dazu bewegen, ihnen einen Besuch abzustatten. Aulus brauchte den Tapetenwechsel. Er hatte viele Stunden damit zugebracht, Nero zu beraten, wie er die massive Revolte in Britannia, die von der Königin Boudicca angeführt wurde, niederschlagen könnte.

An jenem Morgen dann, den sie nicht so leicht wieder vergessen würden, kam ein Bote der Prätorianergarde mit einer dringenden Nachricht zu ihrer Villa hinaufgaloppiert. Sie war nur viereinhalb Zeilen lang:

> Afranius Burrus und Annaeus Seneca grüßen Flavius Sabinus. Dringend erforderlich, daß du sofort nach Rom zurückkehrst und zum Palast kommst. Der Bote wird dir die tragischen Nachrichten mitteilen. Lebewohl!

Die mündlichen Nachrichten waren eine schonungslose Aufeinanderfolge von Schocks. Sabinus mußte hören, daß sein Nachfolger ermordet worden war und zur Strafe vierhundert Leben geopfert worden waren. Aulus sank auf die Couch nieder und hielt sich den Kopf mit beiden Händen. Sabinus' Fingerknöchel wurden weiß, so sehr preßte er die Finger zusammen, als er den Boten mit wütenden Fragen bombardierte. Sein Zorn schäumte über, als ihm bewußt wurde, daß einige seiner ehemaligen treuen Sklaven in Roms Stadtverwaltung auch hingerichtet worden waren.

Ein schneller, etwa eine Stunde dauernder Ritt auf dem Pferderücken brachte Sabinus ins Vestibül des Palastes. Seneca und Burrus, die auf ihn warteten, winkten ihn in einen Vorraum und fragten ihn, ob er alles erfahren habe.

»Daß Rom mit dem Blut unschuldiger Sklaven durchtränkt ist? Ja«, brachte er vor Wut schäumend hervor, »daß einige meiner fähigsten Männer in der Stadtpräfektur geköpft worden sind? Ja... ja... auch das!«

»Eine *grauenvolle* Tat«, sagte Seneca, »ich habe immer gelehrt, daß Sklaven genauso viel wert sind wie wir. Das ist stoische Philosophie. Aber wir hatten nichts damit zu tun, Sabinus. Das müssen wir erst einmal klarstellen.«

»*Natürlich* nicht, Seneca!« fuhr Sabinus ihn an. »Jedes Mal, wenn etwas im Staat schiefläuft, seid ihr beide, du und Burrus, *nie* dafür verantwortlich!«

»Hör mal, Sabinus«, schoß Burrus zornig zurück, »du kannst dir deinen Sarkasmus sparen. Der *Senat* hat die Sklaven verurteilt und zwar, ohne den Palast um Rat zu fragen. Nero hat lediglich ihr Urteil bekräftigt. Ich bedaure, daß er das getan hat – er hat keinen von uns beiden um Rat gefragt. Was meine Männer anbelangt: für sie war es eine widerliche, abscheuliche Geschichte.«

»Um auf den Punkt zu kommen, Sabinus«, sagte Seneca. »Rom braucht dringend einen Stadtpräfekten. Sofort. Das Volk beginnt zu murren. Rebellion liegt in der Luft. Wir brauchen so schnell wie möglich eine feste Hand am Staatsruder. Nero hat uns heute morgen gefragt, wen wir für den Posten empfehlen könnten. Natürlich haben wir dich vorgeschlagen. Seine Miene hellte sich augenblicklich auf, und er fragte uns, ob wir dächten, daß du das Amt annehmen würdest, da er dich doch auf eine etwas ›unfeine Art‹ entlassen habe. Wir sagten ihm, wir würden dich fragen.«

»Ihr meint, er will mich *wirklich* wieder als Stadtpräfekten?«

»Ja. Liebend gerne.«

Sabinus dachte einen Moment lang nach.

Dann antwortete er: »Meine Antwort ist *Nein.* Ein entschiedenes Nein!«

Seneca starrte ihn fassungslos an. Die Ablehnung eines hohen öffentlichen Amtes war beinahe unerhört und in dem vorliegenden Fall zumindest unerwartet.

»Aber Sabinus ... «

Sabinus wollte sich keine Predigt von Seneca anhören.

»Habe ich dem Staat nicht genug Dienste geleistet? Im Magistrat hier in Rom? In Britannia? In Moesia? In Gallia? Im Senat? Fünf lange Jahre als Stadtpräfekt?«

»Ja. Das hast du. Das ist bewundernswert.«

»Und glaubt ihr mir, wenn ich euch sage, daß ich die letzten Monate *unheimlich* genossen habe?«

»Ja, das glaube ich«, antwortete Seneca, »aber welcher Grund steckt *wirklich* dahinter? Ich kenne dich besser, als daß ich glauben könnte, daß du aus einem dieser Gründe ein hohes Amt ausschlagen würdest. Die Politik liegt dir im Blut.«

Sabinus strich sich eine schwarze Haarsträhne aus der Stirn. Dann schaute er dem Philosophen in die Augen und sagte: »Du hast natürlich recht. Und die Antwort ist, daß ich *nicht* in den Diensten eines Amateurästheten stehen will, der sich als Kaiser verkleidet hat – er ist ein mangelhafter Rezitator, aber ein exzellenter Brudermörder, Muttermörder, Tyrann und vor allem anderen ein Lüstling sondergleichen. Und jetzt auch noch ein Massenmörder!«

»*Sch,* Sabinus!« warnte ihn Burrus. »Gütige Minerva … was ist, wenn er das hört? An manchen Tagen regiert Nero doch recht gut und trifft richtige Entscheidungen …«

»Erzähl mir nicht, daß du immer noch versuchst, einen ›Philosophenkönig‹ aus ihm zu machen, Seneca!«

Seneca schüttelte bedächtig und ein wenig wehmütig den Kopf.

»Gut, dann hast du wohl auch nichts mehr an meiner Argumentation auszusetzen, oder?«

Seneca ging zweimal im Zimmer auf und ab.

»Doch, Sabinus«, sagte er schließlich, »doch, ich habe etwas daran auszusetzen. Ich denke, wenn du Rom liebst, solltest du das Amt *gerade* wegen dem, was du über Caesar gesagt hast, annehmen. Wenn wir einen fähigen Kaiser hätten, könnte unser Stadtpräfekt ruhig mittelmäßig sein, ohne daß der Staat darunter leiden würde. Aber genau das Gegenteil ist der Fall. Burrus und ich kämpfen einen aussichtslosen Kampf, Sabinus, und wir brauchen Hilfe! Wir brauchen dringend Hilfe. Ich sage es dir ganz offen: Wenn du den Posten ablehnst, wird Nero wahrscheinlich wieder auf seinen unerfahrenen, pferdenärrischen Freund Tigellinus zurückkommen, der nichts von Verwaltung und Regierung versteht. Wenn er an deiner Stelle das Amt übernimmt, werden Burrus und ich einfach unseren Rücktritt nehmen und in den Ruhestand treten.«

»Nein«, sagte Sabinus, »das dürft ihr nicht. Das … das könnt ihr doch nicht machen.«

»Wir können. Und wir werden«, bekräftigte Burrus mit einer Heiserkeit in der Stimme, die Sabinus niemals zuvor bei ihm gehört hatte. »Meine Gesundheit ist nicht mehr die beste. Und warum sollte dir der Luxus, ein hohes Amt abzulehnen, vergönnt sein und uns nicht?«

Sie hatten die Debatte natürlich gewonnen. Sabinus brauchte noch ein paar ruhige Minuten der Überlegung, ehe er schließlich doch einwilligte. Seneca und Burrus ergriffen seine Hand und schüttelten sie dankbar. Dann ging das Trio hinauf zur kaiserlichen Suite.

Nero schien die Freundlichkeit selbst zu sein, obwohl er es vermied, Sabinus in die Augen zu schauen, während er eine recht unwahrscheinliche Entschuldigung zustandebrachte, weshalb er ihn vor einem Jahr entlassen habe. Dann bot er ihm seinen alten Posten wieder an.

Sabinus Antwort war knapp und deutlich: »Zunächst muß ich meinem Unwillen, meiner Empörung über die Exekution von vierhundert Sklaven Ausdruck verleihen, Caesar. Möchtest du angesichts meiner Haltung deine Meinung ändern, was das Angebot der Präfektur angeht?«

Nero schüttelte den Kopf und sagte ruhig: »Ich habe nur das gebilligt, was der Senat bereits beschlossen hatte.«

»Du hättest auch dein Veto einlegen können, Caesar.«

Seneca und Burrus waren beunruhigt wegen Sabinus' Barschheit, aber der Kaiser antwortete nur: »Vielleicht!«

»Wenn ich das Amt annehme«, ergriff Sabinus wieder das Wort, »habe ich dann künftig freie Hand bei der Verwaltung der Stadt?«

Wieder blieben Seneca und Burrus vor Schreck der Mund offenstehen, aber Nero nickte nur.

Sabinus nahm das Amt offiziell an. Dann rannte er hinunter in seine alten Amtsräume gegenüber vom Forum und übernahm noch einmal die Leitung Roms. Sein ehemaliger Mitarbeiterstab war entzückt, wieder unter seiner Führung arbeiten zu dürfen. Am nächsten Tag hielt er eine Ansprache an seine vier Polizeikohorten in den Castra Urbana im Norden von Rom. In Worten, die überall in der Stadt wiederholt werden würden, beklagte er bitter, daß die Mehrheit des Senats für die Verurteilung der vierhundert Sklaven gewesen war; und er versprach, sein Amt als Stadtpräfekt zu nutzen, um den Angehörigen der Opfer beizustehen. Er schenkte auch allen Sklaven die Freiheit, die noch in den Diensten der Stadtpräfektur standen, damit sie im Falle seiner Ermordung nicht bestraft würden.

Eine Woche mit Flavius Sabinus am Ruder – und Rom hatte seine Fassung wiedergewonnen. Das Volk zog sogar in einem langen Fackelzug durch die Stadt, um seine Rückkehr an die Macht zu begrüßen. Plautia stand an seiner Seite auf dem Quirinal und beobachtete eine ganze Stunde lang den Menschenzug, der seine Hochachtung lautstark bekundete. Sie war niemals stolzer auf ihren Mann gewesen. Und niemals besorgter...

Mit Beginn des neuen Jahres, Anno Domini 62, wurde Sabinus' natürlicher Optimismus dadurch getrübt, daß Afranius Burrus ernstlich krank wurde. Die Stimme des Prätorianerpräfekten war kaum mehr als ein Krächzen, und ein Geschwulst in seiner Kehle ließ ihn allmählich ersticken. Die Palastärzte erklärten den Krebs für unheilbar. Dennoch war Sabinus schockiert, als ein Bote vom Palast ihm berichtete, daß der rauhbeinige, alte Soldat bereits *in extremis** sei.

Als Sabinus hinüber zum Palatin lief, stieß er im Vestibül auf Seneca, der ihm zuflüsterte: »Caesar ist im Begriff, Tigellinus zu Burrus' Nachfolger zu ernennen.«

»*Götter,* nein!«

»Das war doch abzusehen. Der Schurke ist ja bereits Kommandant der Nachtwache.«

»Wir müssen ihn aufhalten.«

Als sie an Burrus' Krankenbett ankamen, fragte Nero Burrus besorgt: »Wie geht es dir, mein lieber Freund?«

Unter großer Anstrengung gelang es Burrus, mit heiserer Stimme zu flüstern: »*Mir* geht es auf jeden Fall gut.«

Dann wandte er sein Gesicht zur Wand. Eine köstlich humorvolle Beleidigung, dachte Sabinus, eine Unabhängigkeitserklärung noch auf dem Totenbett. Nero senkte nur den Kopf und ging hinüber in eine Ecke des Raumes.

Sabinus beugte sich über seinen Freund und empfing ein Siegeslächeln. Dann wurde Burrus von einem Hustenanfall geschüttelt. Der Tumor blockierte den Luftstrom, und Burrus begann blauviolett anzulaufen. Sabinus schrie nach den Ärzten. Sie versuchten, ihm eine Atmungsröhre in den Schlund zu drücken. Aber Afranius Burrus hatte seinen Todeskampf beendet.

Sabinus, Seneca und Nero erwiesen dem alten Präfekten die letzte Ehre und verließen den Raum. Es war Nero, der zuerst sprach. »Nun, meine Herren, wen schlagt ihr als Burrus' Nachfolger vor? Tut mir leid, daß ich dieses Thema so kurz nach seinem Tod anschneiden muß, aber ... «

Sie brachten zuerst kein Wort heraus, weil sie zu erschüttert über den Verlust ihres Freundes waren. Aber Sabinus schien Burrus' ärgerliche Stimme zu hören, die ihnen vorhielt: »Macht den Mund auf, ihr einfältigen Dummköpfe, und versperrt diesem intriganten Bastard Tigellinus den Weg.«

* in extremis (lateinisch): im Sterben

»Faenius Rufus ist dein Mann, Caesar«, riet Sabinus mit ruhiger Stimme.

»Hmmm. Der *praefektus annonae*[*]?«

»Das wäre eine ausgezeichnete Wahl«, antwortete Sabinus, »Rufus hat Rom zur Zufriedenheit aller mit Nahrung versorgt, und er hat seine Aufgabe ausgeführt, ohne sich daran zu bereichern – «

»Eine Leistung, die selten genug vorkommt«, fügte Seneca hinzu.

»Wie steht es mit dir selbst, Sabinus, würdest du nicht gerne selbst die Befehlsgewalt über die Prätorianer übernehmen?«

»Ich danke dir für dein Vertrauen, Caesar. Aber nein, ich möchte nicht zum Militär zurückkehren.«

Nero überlegte noch eine Zeitlang.

»Also gut«, sagte er schließlich, »dann wird Rufus unser Mann.« Er schenkte Sabinus ein seltsames Lächeln und fügte hinzu: »Siehst du, Präfekt ... ich bin doch gar nicht so unkooperativ, oder?«

Sabinus erwiderte verlegen sein Lächeln und verließ dann den Raum. An der Tür des Palastes sagte er zu Seneca: »Tja, diese Runde haben wir gewonnen, mein Freund. Wir sollten doch in der Lage sein, ein neues Triumvirat mit Rufus zu bilden, oder?«

»Ich ... hoffe es«, sagte Seneca ein wenig niedergeschlagen.

Seneca wünschte, er könnte Sabinus' Optimismus teilen, aber er konnte es nicht. Das empfand der Philosoph zum ersten Mal, während er auf dem Weg zu seiner Vorstadtvilla war. Dann sann er darüber nach und sprach schließlich folgendes Wort vor sich hin: *conversio*. Ja, dachte er, die *conversio* war wahrscheinlich gekommen, das markante lateinische Wort, welches »Wendepunkt« oder »Schicksalswende« bedeutete.

Die Vorsehung hatte ihn enorm begünstigt: Reichtum, Macht, Ruhm, Intelligenz – seine hübsche Frau Paulina – er war wunschlos glücklich. Wie herrlich, ein Stoiker zu sein und diese ganzen erfreulichen »Unvermeidlichkeiten« anzunehmen. Aber das stoische Kredo war ein zweischneidiges Schwert. Wäre er ein Sklave gewesen, der unter Qualen sterben mußte, dann wäre er verpflichtet gewesen, dasselbe überzeugte Ja zu dem Leben zu finden, welches das Schicksal

[*] praefektus annonae (lateinisch): Präfekt der Kornversorgung

für ihn vorgesehen hatte. Ja, die *conversio* in seinem Leben war gekommen. Selbst seine Knochen sagten ihm das. Er würde jetzt erfahren, ob er ein ernsthafter Stoiker war oder ein Scharlatan.

Senecas Voraussicht bestätigte sich voll und ganz in den nächsten Wochen, so daß es schon unheimlich war. Er sah, wie sein Einfluß auf Nero rasch untergraben wurde. Der Tod von Burrus brachte seine Position ins Wanken, und er beobachtete voller Abscheu, wie sich das Kriechtier aus Sizilien heimlich Neros Gunst erschlich. Tigellinus wurde Neros Kumpane, wenn er seinen Lastern frönte, er war der Agent, der seine intimsten Ausschweifungen förderte – und teilte. Dankbar setzte ihn Nero bald an die höchste Stelle. Nero mißtraute Rufus als alleinigem Präfekt und machte einen zweifach besetzten Posten aus dem Präfektenamt, indem er Tigellinus zum Kopräfekten der Prätorianergarde ernannte.

Tigellinus witterte den Sieg in seinem steilen Machtaufstieg, und er und sein Klüngel begannen, eine ausgeklügelte Kampagne zu starten, um Senecas schwindenden Einfluß allmählich ganz zu unterminieren. Zuerst ließen sie nur ein paar Nebenbemerkungen fallen. Wenn es bei einer Diskussion im Palast um das Thema Reichtum ging, fiel prompt die Bemerkung: »Seneca ist so reich, daß er schon beinahe ein eigenes Königreich besitzt.« Wenn Nero entzückt war von der neuen besonderen Note, die er seinen Palastgärten verliehen hatte, folgte der unvermeidbare Kommentar: »Beinahe so luxuriös wie die Parkanlagen Senecas.«

Einmal, als Nero eine neue Komposition auf der Leier vorgespielt hatte, antwortete Tigellinus: »Großartig, Caesar!« Dann schüttelte er traurig den Kopf und fügte hinzu: »Ich kann nicht verstehen, warum andere ... deine Stimme mit Geringschätzung betrachten.«

»Wer macht das?« fragte Nero schließlich.

»Seneca zum Beispiel. Aber natürlich nur insgeheim.« Tigellinus grinste verächtlich: »Ich sage dir nur das eine, Caesar. Ich bin diese ewige Kritik leid und habe es gründlich satt. *Er allein* erhebt den Anspruch, redegewandt zu sein. Er allein weiß, welche Unterhaltungen für seinen Kaiser gut oder schlecht sind. Nichts wird für brillant gehalten – außer dem, was *Seneca* kreiert hat. Dieser Pedant verführt unsere führenden Köpfe zu einer Art Kult, an dessen Spitze er sich selbst postiert.«

Neros Miene verfinsterte sich und er schürzte die Lippen.

»Vielleicht habe ich eine unpassende Bemerkung gemacht, Caesar, aber ich werde nur noch dies eine hinzufügen: Weißt du, was der Mann auf der Straße über dich sagt? ›Caesar ist doch zweifellos kein Kind mehr‹, sagen sie, ›kann er denn nicht ohne diesen alten, heuchlerischen Tutor zurechtkommen?‹«

»Das sagen sie?«

»Ja, und ich bin ihrer Meinung. Warum suchst du nicht bei deinen göttlichen Vorfahren nach weiteren Anweisungen? Anstatt bei diesem Spanier?«

Was Tigellinus erzählte, traf nur auf die vornehmen, jungen, wollüstigen Männer zu, mit denen Nero intime Beziehungen pflegte. Seneca hatte immer noch genug enge Freunde im Palast, die ihm alles berichteten, was hinter seinem Rücken gesagt wurde. Er hoffte, Nero würde die Quelle dieser Kommentare ausfindig machen und sie zu beurteilen wissen.

Aber leider schien Nero genau das nicht zu tun, denn er fragte ihn immer weniger um Rat und begann, ihren Kontakt zu beschränken, während er und Tigellinus unzertrennlich wurden. Das war dann wohl das Ende, erkannte Seneca traurig, denn es würde nun unmöglich sein, Neros Werdegang aufzuhalten. Außerdem war er selbst reife sechsundsechzig Jahre alt. Es gab keinen anderen Weg ... überhaupt keinen anderen Weg. Er würde sein Entlassungsgesuch einreichen.

Er arrangierte eine private Konferenz mit Nero und bat respektvoll um die Erlaubnis, in den Ruhestand treten zu dürfen. Als Gründe gab er seine schwache Gesundheit und den Wunsch an, sich den ganzen Tag dem Schreiben und der Philosophie widmen zu wollen. Nero sei jetzt wirklich alt genug, argumentierte er, und er selbst würde für den Rest seines Lebens dankbar für die vielen Gunstbezeugungen des Kaisers sein.

Nero bedrängte seinen Tutor, doch zu bleiben, aber seine Einwände klangen pflichtgemäß und hohl – wie die Worte eines Schülers, der sie aus Respekt seinem alten Lehrer gegenüber sagen *mußte*. Die beiden umarmten sich steif, und Seneca begann, seine Amtssuite und den Palast zu räumen. Sein Leben veränderte sich drastisch: er zog sich auf seine Landvilla zurück und erschien selten in Rom. Der Philosoph bedauerte nur eine Sache bei seinem Rückzug aus dem öffentlichen Leben. Da Rufus, der Kopräfekt der Prätorianer, rücksichtslos von Tigellinus in den Schatten gedrängt wurde, gab es nur noch *einen* Mann mit Grundsätzen, der an der Macht war. Flavius Sabinus mußte nun die ganze Last allein tragen.

Die unheilvolle Klimaänderung auf dem Palatin bedeckte Rom mit dunklen Wolken – diese waren die Vorboten eines schlimmen Unwetters. Oben auf dem Quirinal saß Plautia und spürte das herannahende Gewitter, denn sie bemerkte, daß sich jeden Tag weitere Furchen tief in die Stirn ihres Gatten gruben, wenn er aus der Stadtverwaltung kam und etwas Unerfreuliches über Tigellinus äußerte. Sabinus wußte, daß mit Senecas Rücktritt ein schicksalhafter Wendepunkt in der kaiserlichen Regierung gekommen war, aber er hatte keine Ahnung, daß politischer Mord schon bald wieder in Mode kommen würde.

Es war nach einer der Freitagssitzungen des Staatsrates, als Nero Tigellinus, Rufus und Sabinus in seine Amtssuite bat.

»Ich will euch mal zeigen, was gerade hier angekommen ist, meine Freunde«, sagte er mit einem Augenzwinkern.

»Bis heute habe ich nur zwei Menschen auf der Erde gefürchtet. Aber dank Tigellinus hat das nun ein Ende.«

Auf einem Tisch, der an Neros Schreibtisch angrenzte, standen zwei riesige Krüge aus cremefarbenem Alabaster. Nero griff in einen hinein und holte aus einer konservierenden Lake einen menschlichen Kopf heraus, den er an den Haaren hochhielt.

Sabinus bekam weiche Knie und fiel beinahe in Ohnmacht.

»Sulla wurde uns von Marseilles geschickt«, sagte Nero, »er stammte von dem großen Diktator mit demselben Namen ab, und vielleicht hätte er Gallien gegen uns aufgewiegelt. Aber das bezweifle ich allmählich. Schaut euch nur sein vorzeitig ergrautes Haar an.«

Er ließ den Kopf mit einem Platschen wieder in die Lake fallen.

Rufus war blaß geworden. Sabinus bemerkte, daß Tigellinus ihn hämisch angrinste, und allein aus diesem Grund schwor er sich, daß er seine Fassung behalten würde.

Nero griff in den anderen Krug hinein und zog einen weiteren Kopf heraus.

»Das ist natürlich Rubellius Plautus, frisch aus Ephesus. Vor kurzem floß noch ebenso viel julianisches Blut durch seinen Kopf wie durch meinen. Vielleicht hätte er Asia gegen uns aufgehetzt.

Aber warum in aller Welt habe ich mich vor einem Kerl mit einer solchen Nase gefürchtet?«

Nero löste die Ratssitzung auf und sandte einen Brief an den Senat, in dem er behauptete, diese beiden Männer hätten eine Gefahr für den Staat bedeutet. Die Senatoren, die um ihren eigenen Kopf bangten, setzten ein Dankesschreiben an Nero auf und schlossen etwas verspätet Sullus und Rubellius aus dem Senat aus.

Da nun alle seine kaiserlichen Rivalen tot waren, sah Nero keinen Grund mehr, seine Vernunftehe mit Octavia aufrechtzuhalten. Sie war nicht länger sein Schlüssel zum Kaiserreich. Die liebe Poppaea hatte so geduldig auf die hinausgeschobene Hochzeit gewartet. Sie hatte ihm zwar von Zeit zu Zeit mit der Heirat in den Ohren gelegen, aber in der Zwischenzeit hatte sie ihm dennoch ihre Gunst gewährt. Jetzt konnte Nero endlich seine Geliebte zur Kaiserin von Rom machen.

Aus welchem Grund konnte er sich von Octavia scheiden lassen? Tigellinus versuchte, Octavias Sklavenmädchen zu zwingen, Octavia des Ehebruchs zu bezichtigen, aber eine von ihnen spuckte ihm daraufhin sogar ins Gesicht.

Nero verzichtete lieber darauf, die Ehebruchsklage durchzuboxen, und gab stattdessen ihre Unfruchtbarkeit als Scheidungsgrund an – obwohl jeder in Rom wußte, warum die Kaiserin nicht schwanger geworden war. Zwölf Tage später heiratete Nero bei einer regulären Hochzeitsfeier offiziell und endlich seine Poppaea.

»Du wirst in die Geschichte eingehen, meine Kaiserin«, säuselte Nero, als er Poppaea in ihrer ersten gesetzlich legitimierten gemeinsamen Nacht umarmte.

»Die Leute werden Helena von Troja vergessen … wegen Poppaea von Rom.«

»Wie *lange* … habe ich auf diesen Abend gewartet«, flüsterte sie.

»Ja, mein Schatz«, sagte er sanft und spielte mit ihren golden schimmernden Haaren.

»Aber jetzt, meine Göttin, werde ich deinem Glück huldigen!«

Die entthronte Octavia blieb jedoch äußerst beliebt in Rom. Es stieg nun das Gerücht aus dem Verborgenen auf, daß Nero seine neue Heirat bedauern würde und vorhätte, Octavia wieder als Kaiserin einzusetzen. Eine aufgeregte, überglückliche Menschenmenge warf die Statuen von Poppaea im Forum um und dankte den Göttern dafür, daß Claudius' Tochter wieder auf den Thron erhoben wurde. Dann bahnte sich das Volk den Weg hinauf zu den Gartenanlagen des Palastes, um die Entscheidung des Kaisers mit Jubel zu begrüßen und ihm persönlich zu danken.

»Komm heraus, Caesar!« schrien sie.

Nero kam – vor Wut schäumend – heraus, nur um seinen Prätorianern den Befehl zu erteilen, alle hochverräterischen Demonstrationen zugunsten seiner geschiedenen Frau – ja, unwiderruflich geschiedenen Frau Octavia – niederzuschlagen.

Von den Demonstrationen in Angst und Schrecken versetzt und von der Sorge umgetrieben, Nero könne sich von dem Volk beeinflussen lassen, warf sich Poppaea auf seine Knie.

»Ich bin nicht irgendeine... irgendeine *Rivalin,* die darum kämpft, deine Gemahlin zu werden«, schluchzte sie, »ich dachte, wir wären schon verheiratet, Nero.«

»Das sind wir auch, meine Göttin.«

»Weißt du, was die Leute machen könnten, Nero? Sie könnten einen neuen Ehemann für Octavia finden. Und dann wäre er – und nicht du – Caesar.«

Ihre Äußerung entbehrte jeder Logik, aber man konnte auf sichere und erprobte Art Neros schlechteste Seiten zum Vorschein bringen, wenn man ihn beunruhigte. Das wußte Poppaea sehr wohl. Und Nero war sichtlich beunruhigt. Sie konnte es an der Art und Weise merken, wie er begann, mit seinem linken Daumen auf den Tisch zu trommeln – immer ein unverkennbares Zeichen für seine innere Unruhe –, während er überlegte, wie er nun vorzugehen habe.

»Diesmal müssen wir mit der Ehebruch-Anklage durchkommen«, sagte er schließlich, »und es muß ein Ehebruch sein, der zugleich *Hochverrat* bedeutet. Aber Ehebruch mit wem?«

Er dachte an verschiedene Freunde, die ihm einen Gefallen schuldeten, aber keiner von ihnen kam dafür wirklich in Frage. Die Angst schnürte ihm langsam die Kehle zu und erinnerte ihn an eine Zeit, als er sich genauso gefühlt hatte. Ja. Als er versucht hatte, einen Weg zu finden, wie er seine Mutter aus dem Verkehr ziehen könnte. Anicetus!

Nero ließ nach dem Kapitän der Flotte schicken. Als Anicetus vor ihn trat, schilderte Nero ausführlich die Gründe, warum Anicetus den Ehebruch mit Octavia »gestehen« sollte. Anicetus war verblüfft, und zugleich widerstrebte ihm die ihm zugedachte Rolle.

»Aber warum ich?« wollte er wissen.

»Der Ehebruch ist zugleich Verrat: Octavia hat dich in die Sache verwickelt, weil ihr beide geplant habt, eine Rebellion mit der Flotte gegen mich zu erheben.«

»Oh, *prima*«, murmelte Anicetus sarkastisch.

»Und was passiert mit *mir* wegen all dieser ›Verbrechen‹?«

»Zunächst einmal erhältst du von mir ein beträchtliches Vermögen, Anicetus. Und natürlich sorge ich dafür, daß die ›Strafe‹ nicht mehr bedeutet, als daß du zu irgendeinem entzückenden Refugium segelst. Obwohl wir es in der Öffentlichkeit natürlich als Verbannung bezeichnen werden.«

»Und wenn ich mich weigere?«

Nero war verblüfft und starrte Anicetus überrascht an.

»Ich meine, das *ist* schließlich ziemlich gefährlich, weißt du!«

»Nun, ich denke, das Kaiserreich steht hier auf dem Spiel«, sagte Nero von oben herab, »wenn du dich weigerst, dann werde ich... nun ja, sagen wir es einmal so: Dann hast du bei mir ausgedient.«

»Sonnenklar.« Anicetus grinste bitter.

»Wann soll ich meine Aussage machen?«

»Morgen. Heute habe ich soeben dieses schreckliche Komplott ›aufgedeckt‹. Und morgen früh werde ich eine Gerichtsverhandlung einberufen.«

Die Tragikomödie verlief ganz nach Plan. Nero und seine Beisitzer waren vorschriftsmäßig von Anicetus' »Geständnissen« angewidert, die noch gräßlicher waren, als Nero vorgeschlagen hatte. Der ehebrecherische Verrat wurde daraufhin der allgemeinen Öffentlichkeit bekanntgegeben. Der Flottenkapitän wurde nach Sardinien verbannt, wo er ein Leben im Wohlstand verbrachte: er aalte sich in der Mittelmeersonne und schwelgte nur so in jeder Art von Luxus.

Octavia wurde nach Pandateria verbannt: auf eine kleine Insel in der Nähe des Golfs von Neapel. Das bescheidene Mädchen war erst zwanzig Jahre alt – und doch war sie nun unwiderruflich dazu verurteilt, ihr weiteres Leben in einem erbärmlichen Gefängnis zu verbringen. Sie konnte in ihrer Erinnerung auf die Jahre mit einer ehebrecherischen Mutter zurückblicken, die getötet worden war, mit einem Vater und einem Bruder, die vergiftet worden waren, und mit einem Ehemann, der sie haßte und quälte.

Und der sie jetzt auch noch ermorden würde. Der Befehl kam nur wenige Tage nach ihrer Ankunft auf der Insel.

»Nein!« schrie sie. »Ich bin doch nicht mehr Caesars Ehefrau! Nur seine Schwester! Ich stelle für keinen eine Bedrohung dar!«

Nach einigen einleitenden Greueltaten wurde sie in ein heißes Bad geworfen und verbrannte bei lebendigem Leibe.

Die Römer, die einst ihre Stimme wegen Octavia erhoben hatten, verstummten nun vor Entsetzen. Die einzigen Stimmen, die man in Rom noch vernahm, waren die einiger Schmeichler, die den Göttern in den Tempeln von Rom öffentliche Dankgebete darbrachten.

21

Sabinus entschied, daß er nicht länger in den Diensten eines Mannes stehen konnte, der Frauen ermordete und mit abgetrennten Köpfen spielte. Er verfaßte sein Rücktrittsgesuch und suchte Aulus Plautius auf dem Esquilin auf, um es ihm zu zeigen.

»Es ist ausgezeichnet«, sagte sein alternder Schwiegervater in der Abgeschiedenheit seiner Bibliothek.

»Aber jetzt mußt du es zerknüllen und wegwerfen.«

»Warum? Zu gefährlich, um zurückzutreten?«

»Viel zu gefährlich. Nero würde es persönlich nehmen. Das ist aber nicht der einzige Grund. Da Seneca und Burrus jetzt nicht mehr da sind, muß jemand, der ein Gewissen hat, in der Regierung bleiben.«

Sabinus blickte um sich, um sicher zu sein, daß kein Diener sie belauschte. Dann beugte er sich hinüber, um zu flüstern: »Hast du schon von dem … äh … Gerede über … Mordpläne gehört?«

Aulus nickte: »Quintus hat ein paar Andeutungen fallenlassen, aber ich habe versucht, ihn davon abzuhalten, sich in so etwas verwickeln zu lassen. Zu übereilt. Zu katastrophal gefährlich.«

»Wer ist hauptsächlich in das Komplott verwickelt? Laut der Gerüchte, die du gehört hast?«

»Offensichtlich zwei Gruppen. Die Stoiker – hauptsächlich Thrasea, Seneca und ihre Freunde – sind jetzt von ihrer philosophischen Überzeugung her gegen Nero, obwohl ich nicht weiß, ob sie bis zum Mord gehen würden. Die andere Gruppe wahrscheinlich schon: Quintus und ein kleiner Kreis von republikanischen Senatoren und Reitern, aber ich weiß keine Einzelheiten.«

Sabinus runzelte die Stirn. »Es muß vielleicht dazu kommen – wenn die Lage noch schlimmer wird.«

Aulus' Hände rangen miteinander: »Vielleicht liegen unsere Probleme noch tiefer als nur bei Nero, Sabinus! Ich erinnere mich, daß es auch unter Claudius Momente der Verzweiflung gab, wenn er zu blind war, um zu sehen, was seine Ehefrauen und freigelassenen

Sklaven ihm antaten – und dem Kaiserreich. *Ergo*[*] ist vielleicht unser gesamtes Regierungssystem falsch. Vielleicht sollte keine Einzelperson jemals die Macht eines Caesars erhalten.«

»Willst du damit sagen, daß Quintus und seine Gruppe recht haben? Daß man den Staatskörper rettet, indem man das verfaulte Glied wegschneidet?«

»Vielleicht. Aber so einfach ist es wohl nicht. Was würde geschehen, wenn Nero ermordet und die Republik wiederhergestellt wäre – und Rom *dennoch nicht* zu seiner früheren Gesundheit zurückfinden würde? Ich meine, der Zustand des Staates war in der letzten Republik kaum besser. Vielleicht geht die Fäule bis ins *Mark* von Rom – in unser Rückgrat. Ich glaube nicht, daß wir noch viele echte Römer haben, Sabinus. Da bist du, da ist Thrasea, Lateranus und seine Gruppe, einige wenige im Senat, die den Mut haben, den Mund aufzumachen, wenn es nötig ist. Aber ansonsten ist unsere Regierung mit Opportunisten und Hofschranzen, Kriechern und Schmeichlern, Parasiten und Blutsaugern durchsetzt – die alle Neros ›Speichellecker‹ sind und ihn schmeichlerisch mit Lob überschütten, wenn sie ihm gegenüberstehen, während sie hinter seinem Rücken entsetzt ihre unterwürfigen Köpfe schütteln.«

Sabinus stand auf und ging hinüber ans Fenster, welches den Blick auf einen Baumbestand von Pinien gewährte. Dann wandte er sich um und sagte: »Es stimmt vieles von dem, was du sagst, Vater, aber – und das meine ich jetzt nicht respektlos – aber es scheint, daß ich so etwas schon einmal gehört habe. Hielt Scipio das Rom seiner Zeit nicht auch für sittlich verdorben? Und Cato? Und Augustus nach ihm? Waren sie nicht alle bemüht, die ›alten Tugenden‹ in ihrer Zeit wieder aufleben zu lassen? Ich frage mich, ob nicht jede neue Generation unvermeidbar beim Vergleich mit der alten schlechter wegkommt.«

Ohne auf letzeres einzugehen, bemerkte Aulus: »Augustus glaubte, unsere Staatsreligion könne die Moral in Rom wiederherstellen, aber damit lag er falsch. Kein intelligenter Römer kann wirklich an diese Menagerie von Göttern glauben, welche die Griechen zu uns hinüberverfrachteten.«

Dann nahm er eine andere Haltung ein und lächelte.

[*] ergo (lateinisch): daher, deshalb, also

»Du wirst lachen, Sabinus, aber es gibt Zeiten, in denen ich mir wünsche, daß jeder in Rom die ethischen Maßstäbe von den Glaubenslehren meiner Pomponia hätte. Weil diese Christen den Menschen einen *Grund* geben, um zu versuchen, ein gutes Leben zu führen. Und natürlich verzichten sie auf die Exzesse, die Rom in den Nasenlöchern der Welt stinken lassen. Aber meine Überlegung ist diese: ich frage mich, ob wir nicht ein paar von ihren Glaubensgrundsätzen *nutzen* könnten ... um die Moral der Bürger unseres Staates wieder aufzurichten. Ich denke, alles wäre besser als dieses Fest der Heuchelei, das wir unsere Staatsreligion nennen.«

»Nun, es ist klar, daß Rom *irgendeine* Quelle der Inspiration braucht, Vater, etwas, das die Bürger zum Guten motiviert – das gebe ich zu. *Echte* Führung vom Palatin würde eine große Hilfe sein. Aber wenn Nero nur ein Viertel der Hoffnungen erfüllt hätte, die Seneca auf ihn gesetzt hatte –«

»Wir hatten alle diese Hoffnungen.«

»Übrigens: Ich denke, *eines* von Neros Verbrechen wirst du ihm verzeihen können: Der alte Pallas ist soeben verstorben, und es ist klar, daß Nero der Natur die Hand reichte.«

»Gift?«

»Locustas bestes. Nero wollte seinen enormen Reichtum.«

Mit dem Anflug eines Lächelns bemerkte Aulus: »Ich hoffe nur, daß der Geist von Narcissus ordnungsgemäß informiert worden ist.«

Dann bildeten sich wieder Sorgenfalten auf seiner Stirn.

»Was hält Nero denn von *dir,* Sabinus?«

»Ich weiß es nicht. Manchmal kann er ganz freundlich sein.«

»Nun, das sollte er auch. Du paßt gut auf Rom auf. So hat er die Freiheit, sich um das Kaiserreich zu kümmern ... *oder* um seine Singkünste.«

»Ich glaube, daß er uns Flavii tatsächlich versöhnlich stimmen will. Ich wollte eigentlich, daß Vespasian es dir selbst sagt, aber ich bin sicher, daß er nichts dagegen hat, wenn ich es dir schon erzähle: Mein Bruder ist zum Statthalter von Afrika ernannt worden.«

»Wundervoll!« Aulus strahlte. »Also will Vespasian wirklich noch etwas aus seinem Leben machen?«

»Ich hoffe es«, seufzte Sabinus, »das Wasser stand ihm hier bis zum Hals. Er hat sich immer mehr in Schulden gestürzt. Aber manchmal habe ich richtig Mitleid mit ihm: die Krankheit seiner Frau und ihr Tod…«

Aulus nickte, dann aber hellte sich sein Gesicht auf. »Übrigens, wie geht es dem großartigen Mädchen, das du vor meinen Augen weggezaubert hast?«

»Plautia? Es kann jetzt jeden Tag soweit sein, Großvater!«

Das zweite Kind war ein Meisterstück der zeitlichen Planung. Als die große Jahresende-Feier gerade in vollem Gange war, überreichte Plautia ihrem Sabinus ein winziges, warmes Saturnalia-Geschenk*, das sie Flavius Clemens nannten.

Sabinus schaute hinunter in die Schildpatt-Wiege und blickte den zappelnden Säugling freudestrahlend an: ein rosarotes Knäuel aus Babyspeck, mit Pausbacken und lichtem Haar. Zwei *Jungen?* Konnte irgendein römischer Vater glücklicher sein? Er überschüttete Plautia mit Küssen der Bewunderung und Verehrung, als hätte sie und nur sie allein das alles möglich gemacht.

Plautia hatte dieses Mal eine viel leichtere Niederkunft gehabt und schien vor Freude zu glühen.

»Soviel zum Thema Jungen in dieser Familie«, sagte sie, »das nächste Mal ein Mädchen?«

»Das ließe sich vielleicht arrangieren«, antwortete er mit einem zuversichtlichen Grinsen.

Der Palast sah einer ähnlichen Freude entgegen. Nichts war für Nero wichtiger als ein Thronerbe, und er brachte die schwangere Poppaea vorsichtig zu seiner Villa an der Meeresküste in Antium. Er war dort geboren worden, und so sollte der zukünftige Kaiser von Rom ebenfalls dort geboren werden. Ende Januar des Jahres 63 brachte Poppaea – ein Mädchen zur Welt. Es war eines der wenigen Ereignisse im Kaiserreich, die selbst Caesar nicht unter Kontrolle hatte.

Aber seine anfängliche Enttäuschung reifte spielend zur Freude heran – einer Freude, die jedoch nur von kurzer Dauer war, weil der Säugling im Mai an einem Fieber erkrankte und starb. Nero versank in kummervoller Verzweiflung, die einige Monate lang andauerte. Er wollte sich nicht trösten lassen – selbst als der Senat den Säugling

* Saturnalia: bei den Römern das Fest des Saturnus; die Saturnalia trugen in ihrer Ausgelassenheit und Fröhlichkeit den Charakter des Karnevals, man schenkte sich Kerzen und Tonfiguren.

unverzüglich zum Gott erhob, einen Tempel errichtete und eine Priesterschaft bestimmte.

Es waren keine Staatssorgen, die ihn schließlich aus der Verzweiflung holten, sondern seine Künstlerkarriere. Er war sechsundzwanzig, die letzten Überbleibsel der Pubertät waren glücklich überwunden, und seine inzwischen sichere Baßstimme war schon bei mehreren Vorträgen im Theater von Neapel erprobt worden. Sollte er jetzt auch in Rom Konzerte geben? War die Stadt endlich bereit, gute Musik zu würdigen zu wissen? Vielleicht. Aber nur, wenn die Leute ihn auch wirklich hören wollten.

Tigellinus kümmerte sich darum. Eine Menschenmenge versammelte sich vor dem Palast und bat eindringlich darum, daß Caesars »himmlische Stimme« auf dem Neronia-Fest erklingen sollte.

Nero warf die Hände in süßer Kapitulation hoch, und an dem großen Festtag legte er ebenso wie alle anderen Teilnehmer die eigene Losnummer in die Urne. Es war Sabinus persönlich, der die Losnummern schütteln und Neros Nummer aufrufen mußte: »Nummer vier!«

Sabinus erfüllte es mit Abscheu, daß er als Stadtpräfekt zusammen mit Gallio und Gaius Petronius, Neros Ratgeber in Sachen Geschmack, dazu bestimmt worden war, ein Komitee von Richtern bei diesem Ereignis zu bilden.

Während der ersten drei Vorstellungen in dem überfüllten Theater spielte Sabinus mit dem Gedanken, Nero wegen des Lärms, den er verursachte, zu disqualifizieren: er stimmte sein Instrument, räusperte sich, jagte umher und spuckte sogar laut und deutlich. Als der Kaiser an die Reihe kam, marschierte quasi eine ganze Parade mit ihm auf die Bühne. Tigellinus und Rufus trugen gemeinsam Neros Leier, gefolgt von einer Kohorte von Freunden, die offenbar Caesar davor bewahren sollten, sich auf der riesigen Bühne einsam zu fühlen.

Als Nero seinen Platz eingenommen hatte, kündigte ein Herold an: »Unser geliebter Caesar wird uns mit einem Vortrag von… *Niobe* erfreuen.«

»Großer Herkules, nicht *Niobe!*« flüsterte Petronius Sabinus zu und fügte einen exquisiten Fluch hinzu, denn Niobe war eine endlos lange Oper über Apollo, der zwölf Kinder tötete, und Nero sang das gesamte Werk.

Insgeheim war Petronius auch der schärfste Kritiker des Kaisers, und Sabinus' einziges Vergnügen an diesem Nachmittag war, die Kommentare zu lesen, die Petronius von Zeit zu Zeit flüchtig zu Papier brachte:

> Zieht seine Kehle zusammen... quetscht die Töne zu einem heiseren Brummen... ein dumpfer Krächzlaut... einige wenige Töne sind leiser und daher annehmbar... Aber seine Atmung ist kurz, sein Atem niemals ausreichend... hoffnungslos.

Es war später Nachmittag, als Nero endlich die letzte Strophe von *Niobe* beendete. Während Neros Claqueure applaudierten, hielten die drei Richter »Kriegsrat«.

»Es ist zu spät, um noch irgend jemanden auftreten zu lassen«, sagte Gallio, »also laß uns einfach Nero den Preis verleihen – und damit gut.«

»Niemals!« schnaubte Sabinus wütend. »Was meinst du dazu, Petronius?«

»Ich gebe ihm den ersten Preis... dafür, daß er sich zum Esel gemacht hat!«

»Tja, was sollen wir nur tun?« fragte Gallio mit sorgenvoller Miene.

Sabinus stand auf und verkündete: »Da kaum noch Zeit für die Vorträge der anderen Bewerber ist, kann kein Preis verliehen werden. Lernt von der Art und Weise, wie Caesar dieses Urteil annimmt, das Maß seiner offensichtlichen Fairneß kennen! *Vale,* ihr Bürger Roms!«

Tigellinus starrte Sabinus an, wobei sein Mund Kraftausdrücke formte, die unausgesprochen blieben. Doch Nero schien zu lächeln. *Niobe* war in der Tat ein Teil von seiner Verteidigungsstrategie gewesen. Die lange Dauer seines Vortrags sollte jeden anderen aus dem Rennen werfen, der ihm den ersten Platz hätte wegschnappen können.

Später, auf dem Quirinal, nannte Plautia das Verhalten ihres Gatten »tollkühn«.

»Also wirklich, mein Schatz«, antwortete Sabinus, wobei ein schwaches Lächeln um seinen Mund spielte.

Roms Adel fand Neros schauspielerischen Versuche unter aller Kritik, besonders, weil er jetzt auch noch in dem Maße theaterbesessen war, daß er Masken aufsetzte und in tragischen Opern spielte. Seine Lieblingsrolle war *Canace bei der Niederkunft,* wobei sein Ächzen und Stöhnen, das eine schwere Geburt zum Ausdruck bringen sollte, einige Frauen in der Zuhörerschaft in Ohnmacht fallen ließ.

Thraseas Zirkel von Stoikern begann allmählich an Neros Zurechnungsfähigkeit zu zweifeln, während Aulus Plautius sich fragte, ob es bei Nero nicht einfach darum ginge, seine eigene wahre Berufung zu finden.

»Er kann nicht regieren«, bemerkte Aulus, »aber er kann Theater spielen.«

»Oder es versuchen«, stimmte Sabinus zu und fügte sarkastisch hinzu: »Kein Mensch ist ein völliger Versager. Er kann immer noch als abschreckendes Beispiel dienen!«

War es das Wort *Versager,* das Aulus zu sagen veranlaßte: »Übrigens, wie läuft's denn in letzter Zeit bei Vespasian?«

Sabinus mußte eine lange, traurige Antwort geben, denn sein Bruder war von seinem Amtsjahr als Statthalter der Provinz Afrika ohne einen Sesterz zurückgekommen. Er war sogar mit Kohlrüben beworfen worden, als er versucht hatte, einen Aufruhr in der Nähe von Karthago niederzuschlagen. Sicher, Vespasian war bei seiner Verwaltung aufrichtig gewesen – sein schlechter finanzieller Stand war der Beweis dafür –, aber jetzt war sein Kredit aufgebraucht, und die Kosten für eine erneute Haushaltsführung in Rom waren zu hoch für ihn.

»Ich brauche ein [illegible] ein stattliches Darlehen«, sagte Vespasian bald nach seiner Rückkehr zu Sabinus.

»Schon wieder?«

Vespasian nickte mit seinem breiten Kopf, auf dem die Haare sich lichteten: »Ein Darlehen in der Größenordnung von ... ein paar hunderttausend Sesterzen.«

Sabinus' Augen weiteten sich.

»Aber diesmal nehme ich eine Hypothek auf mein Eigentum auf, damit du eine Sicherheit hast.«

»Nicht nötig, Vespasian.«

»Ich *bestehe darauf,* Sabinus!« sagte er barsch. »Jupiter weiß, daß es peinlich genug ist, daß ich zum zweiten Mal so zu dir kommen muß. Laß mich noch ein *Fünkchen* meiner Selbstachtung retten.«

»In Ordnung. Wenn du darauf bestehst. Aber ich werde niemals aus der Hypothek die Zwangsvollstreckung betreiben. Jetzt erzähl mir mal, was du zu tun gedenkst, um dir deinen Lebensunterhalt zu verdienen?«

Vespasian senkte und schüttelte den Kopf: »Ich ... ich weiß es nicht, Sabinus. Erst einmal werde ich ... mit Mauleseln handeln. Das war das einzige, was noch übrig war... «

Sabinus war nahe daran, zu sagen: »*Große Götter!* Mein Bruder ein *Mauleselhändler?*«, aber er beherrschte sich noch rechtzeitig. Statt dessen legte er seinen Arm um Vespasian und sagte: »Bleib dran, alter Junge. Laß mich wissen, wenn ich dir irgendwie helfen kann.«

Später dachte Sabinus über Vespasians beständige Folge von Mißerfolgen nach. Seinen einzigen wirklichen Erfolg im Leben hatte er in Britannia gehabt. Selbst früher, als er als Amtsrat der Straßenreinigungsbehörde tätig gewesen war, hatte Caligula persönlich ihn mit Dreck aus der Gosse beworfen, um ihn daran zu erinnern, daß er die Straßen sauber zu halten hatte. *Warum wird alles, was Vespasian berührt, zu Staub und Asche?* fragte sich Sabinus. *Würde sein Schicksal sich jemals wenden?*

Hoch oben auf dem Esquilin war Pomponia glücklicherweise fern von jeglicher römischer Politik. Was auch immer Nero tat oder nicht tat, interessierte sie wenig oder gar nicht, es sei denn, es betraf Sabinus und Plautia, denn ihr Leben war nun auf die wachsende christliche Bewegung in Rom konzentriert. Für sie bedeutete ein glücklicher Tag ein Besuch von Aquila, besonders, wenn er einen von Paulus' neuesten Briefen mitbrachte. Der Apostel war aus Spanien zurückgekehrt und reiste durch den mediterranen Osten, um seelsorgerliche Besuche zu machen.

In diesem Frühling war Pomponia begeistert, als sie die Neuigkeit vernahm, daß Simon Petrus' in Rom eingetroffen war. Jesus' erster Jünger hatte soeben seine Wohnung im Hause von Johannes Markus auf dem Virinal bezogen. Markus hatte sich Paulus' Kreis in Rom angeschlossen und wohnte in einem Haus in der Nähe von Paulus' Unterkunft, als der Apostel und Lukas die Stadt verließen. Hier hatte er begonnen, das Evangelium zu schreiben, das eines

Tages seinen Namen tragen sollte. Was Lukas für Paulus war, das wurde Markus nun für Petrus – Kollege, Sekretär, Gefährte auf Missionsreisen und Chronist.

An dem ersten Sonntagnachmittag nach Petrus' Ankunft schloß Pomponia sich einer Menschentraube von römischen Christen an, die in Aquilas Haus auf dem Aventin strömten, um den Mann zu sehen, zu hören und sogar zu berühren, der mehr als drei Jahre lang Jesus' engster Vertrauter gewesen war. Pomponia wußte, daß sie mit Sicherheit von dieser menschlichen Brücke zu Christus beeindruckt sein würde. Aber die stämmige, wuchtige Gestalt des Simon Petrus wäre auf jeden Fall beeindruckend gewesen. Nach Aquilas fröhlicher Einführung stand Petrus auf, um das Wort an die Menge zu richten, die mucksmäuschenstill geworden war. Die Stille wurde nur noch von dem Knistern der Pinienfackeln gebrochen, die den Saal erhellten.

Der große, muskulöse Körperbau schien beinahe notwendig zu sein, um diesen runden und starken Kopf zu stützen, der mit kurzem, lockigem, grauem Haar und einem dazu passenden Bart in einer ähnlichen Farbe bedeckt war. Seine Haut war vom Wetter gegerbt und von der Sonne von siebzig Sommern gebräunt. Sie nannten ihn den »Fischer«, und seine muskulösen Arme und kräftigen Hände paßten zu diesem Beruf. Pomponia fand es interessant, daß es in der berühmten Geschichte von dem großen Fischfang die Netze waren, die schließlich nachgaben – und nicht Petrus' Arme, welche den Fang heraufzogen. Das also war der Mann, welcher sein Schwert zog und auf eigene Faust die Schar von Hohenpriestern, Schriftgelehrten und Ältesten, die Jesus festnehmen wollten, bekämpfen zu können glaubte! Nun, er sah aus wie Samson. Und dennoch war eine gewisse Milde in seinen Gesichtszügen, die stark mit der Statur des Mannes kontrastierte: ein warmer Glanz in seinen braunen Augen und ein sanft geschwungener Mund.

Mit tiefer, sonorer Stimme, die zu seiner äußeren Erscheinung paßte, gratulierte Petrus den römischen Gemeinden zu ihrem Wachstum und ihrer Lebendigkeit.

»Wie viele Mitglieder! Was für ein inbrünstiger Glaube! Und es gibt noch ein paar tausend mehr Christen in anderen Gemeinden auf der anderen Seite von Rom, wie ich höre. Wir sind besonders stolz auf die Gemeinde in Rom, weil sie nicht von uns Aposteln, sondern von Laien gegründet wurde, von euch Frauen und Männern, die ihr an diesem ersten Pfingsten der Christen von Jerusalem nach Rom zurückgekehrt seid. Ich erinnere mich, daß ich ein paar von euren Gesichtern vor einunddreißig Jahren schon einmal gesehen habe, denn ihr wart unter den ersten, die sich nach meiner Pfingstpredigt bekehrt hatten.

Ihr wart also dann der Same der Christenheit hier in Rom, und jetzt seid ihr zu einem robusten Baum des Glaubens herangewachsen. Einige von euch sind Juden, andere Nichtjuden, aber alle sind in Christus eins. Einige kommen aus dem Adel«, sagte er und blickte auf Pomponia in ihrer patrizischen Stola, »während andere Soldaten oder Diener oder Sklaven sind. Aber alle *sind* in Christus eins.«

Petrus erzählte ihnen dann von seinen Tagen mit Jesus, aber es war offensichtlich, daß die Leute nicht genug davon hören konnten. Sie bettelten, daß er weitererzählen sollte. Und so erzählte der Apostel jeden Sonntagabend in diesem Frühling ein weiteres Kapitel aus diesem glänzenden Leben, das – wie er prophezeite – eines Tages die ganze Geschichte verändern würde.

Der gesamte Juni Anno Domini 64 war mit sozialen Verpflichtungen für Sabinus und Plautia angefüllt. Bei der Kette von luxuriösen Feiern, die von den Patriziern in Rom gegeben wurden, hatte man jede Beschränkung in den Wind geschlagen. Es gab Diners mit achtzehn Gängen: mit lebenden Vögeln, die aus dem Röstofen hinausflogen, sobald das Tranchiermesser sie nur berührte, und ekelhafte, seltsame Speisen wie geschmorte Flamingozungen, Püree aus Fasanenhirn oder Schweinseuter. Plautia lernte schnell, niemals zu fragen, was sie gerade aß; und gewöhnlich pickte sie sich durch solche Delikatessen wie ein übersättigter Spatz.

Doch das Festmahl und die Gartenfeier, die Nero persönlich gab, würde mit Sicherheit alles übertreffen, was Rom jemals gesehen hatte. Plautia weigerte sich, diese Feier zu besuchen, bis Sabinus ihr klarmachte, daß die Ablehnung *dieser* besonderen Einladung undiplomatisch wäre, wenn nicht sogar gefährlich.

Das Bankett, das nachmittags beginnen sollte, fand in einem herrlichen, bewaldeten Park im Westen von Rom statt, den man *Agrippas See* nannte. Die Gäste wurden auf ein riesiges Vergnügungsboot geführt. Auf dem Elfenbeinboden mit goldenen Zierleisten standen lange Bankettische bereit. Tigellinus, der das Ausstattungsstück dirigierte, wies allen Gästen ihre Plätze zu. Je näher an Nero und Poppaea, desto größer natürlich die Ehre. Zu Plautias Entsetzen saßen sie und Sabinus nicht nur am Kopfende eines Tisches, sondern auch noch ziemlich nahe bei dem Kaiser.

Tigellinus klatschte nun dreimal in die Hände. Das Boot legte langsam ab und wurde von mehreren kleineren Booten gezogen, die von einer Schar von hübschen, jungen Knaben in vergoldeten Lendenschurzen gerudert wurden, welche wie römische Liebesgötter aussahen. Einige zupften an den Saiten von goldenen Kitharas*, welche wie Amors Bogen geformt waren, während andere die Gäste zwitschernd begrüßten.

Sabinus warf einen Blick auf sie und meinte mit einem finsteren Gesichtsausdruck: »Ich glaube, das sind Lustknaben«, flüsterte er Plautia zu.

»Was ist ein Lustknabe?« fragte sie.

Sabinus gab ein tiefes Lachen von sich: »Um so besser, wenn du es nicht weißt.«

Als sie die Mitte des Teiches erreichten, hörten die Liebesgötter auf zu rudern und zogen ihre Boote an das kaiserliche Schiff heran, wo nun die seltensten Delikatessen und dazu exquisite Weine serviert wurden. Das mit Gold verzierte Palastporzellangeschirr wurde beinahe von den kleinen Glaswaren aus phönikischem Kristall verdeckt, die jedes Gedeck umgaben. Plautia mußte die Kaiserin aus den Augenwinkeln beobachten, um zu sehen, welches Glas für welchen Zweck benutzt wurde, und sie stieß ihren Gatten jedes Mal an, damit er die exotischen weißen, bernsteinfarbenen und roten Weine und Weingeister für sie identifizierte.

Ein Horn ertönte, und eines der Wäldchen am Ufer des Teiches erwachte bei den Klängen von sinnlicher Musik und einer Gruppe von tanzenden Mädchen zitternd zum Leben. Die Waldnymphen trugen silberne Sandalen, ansonsten nichts. Sabinus zweifelte an Neros Geschmack. Kein Kaiser außer Caligula hatte einer Gesellschaft mit Frauen und Männern eine solche Vorführung geboten.

Die anderen Gäste jedoch begannen zu applaudieren, aber keiner so laut wie Nero.

* Kithara: dreieckige Leier

»Kommt näher!« schrie er den römischen Liebesgöttern zu. »Rudert näher heran!«

Poppaea stieß ihn unter dem Tisch mit einer mit Juwelen besetzen Sandale an, aber ohne Erfolg.

»Wo um alles in der Welt hast du die denn aufgegabelt?« jubelte Nero. »Sie sind wunderschön!«

»Das sind die großartigsten Prosti – äh – ›Gunstgewerblerinnen‹ in Rom.«

Dann fügte er mit einem Stolz in der Stimme hinzu, den man normalerweise in völlig anderen Situationen hegt: »Ich habe sie selbst ausgewählt.«

»*Aha!* Was für ein Geschmack!« Nero strahlte.

»Ein wirklich toller Geschmack«, murmelte Plautia vielleicht ein wenig zu laut, denn Tigellinus starrte sie nun mit einem immer breiteren Grinsen an.

Die unglaublich zügellos tanzenden Nymphen gaben sogar noch mehr von sich, als das kaiserliche Boot das Ufer von ihrem Wäldchen berührte. Die Mädchen strömten auf das Deck, umschmeichelten die Gäste jedes Mal mit gekünsteltem Lächeln und Kichern, wenn ein übersättigter patrizischer Finger versuchte, sie zu begrapschen. Als es dann so schien, als könnten ein paar der jungen Männer schon am Anfang der Feier zudringlich werden, gab Tigellinus den Nymphen das Zeichen zum Abmarsch, und sie hüpften zurück in ihr Wäldchen, um die Vorstellung fortzuführen.

»Oh, *müssen* wir denn schon mit dem allen aufhören?« beklagte sich Nero.

»Warte, Prinzeps. Es kommt noch mehr«, versprach Tigellinus.

Es gab noch mehr Essen und natürlich noch viel mehr zu trinken.

Im dunklen Dämmerlicht waren Sabinus und Plautia beinahe die einzigen noch nüchtern gebliebenen Gäste bei diesem Fest, das allem Anschein nach zu einem kaiserlichen Bacchanal ausarten sollte. Denn Tigellinus stand nun auf und verkündete: »Viele von euch fragen sich sicher: ›Wo bleiben die *Geschenke* bei diesem Bankett?‹«

Er blickte um sich, und es gab zustimmendes Kopfnicken.

»Nun, ich sage es euch. Von Caesar könnt ihr nur die allerbesten Geschenke erwarten – nicht Blumen oder Juwelen oder Turbane, sondern das hier«, sagte er, wobei er mit seinem Arm einen Kreis in der Luft zog. »Um diesen ganzen See herum gibt es etwas, das jeden Geschmack entzückt. Schaut dort hinten zum Ostufer, wo wir mit dem Boot abgelegt haben: Seht ihr diese ganzen Purpurlaternen brennen? Nun, Purpur ist das Kennzeichen des Adels, und diese Laternen werden euch zeigen, wo Frauen von hohem Rang ungeduldig darauf warten, euch in Zelten und Bäumen zu verwöhnen.«

Es folgten zahlreiche *Aaaaaahs* und *Oooooohs*, aber erstaunlicherweise bezweifelte keiner Tigellinus' Versprechungen. Es war nicht schwer gewesen, in dem übersättigten Adel von Rom begeisterte Teilnehmer zu finden.

»Dort an dem Südufer«, sagte er und zeigte mit dem Finger dorthin, »hinter den flackernden rosaroten Laternen werdet ihr Wäldchen für diejenigen finden, die eine Vorliebe für Jungfrauen haben – junge Jungfrauen natürlich.« Ein boshaftes Grinsen glitt über sein Gesicht.

»Ausgezeichnet, ausgezeichnet, Tigellinus!« gackerte Nero. »Besser als ich es für möglich gehalten hätte. Mein Präfekt denkt aber auch an alles«, prustete Nero. Dann sog er die Abendluft ein und rief aus: »Götter, das riecht wundervoll, Tigellinus! Was ist das? Weihrauch?«

»Weihrauch besonderer Art, Caesar. Es ist ein Aphrodisiakum[*]. Wir haben Arbeiter, die es um den ganzen Teich herum in Brand stekken, damit es seine Wirkung entfaltet.«

Die Gäste brüllten vor Entzücken, doch Plautia fühlte sich krank, als die unglaublichen Dimensionen von Tigellinus' Projekt ausgebreitet wurden.

»Nun schienen einige von euch sich zu unseren tanzenden Nymphen hingezogen zu fühlen, die sich am Ufer gegenüber befinden«, sagte Tigellinus mit bewußter Untertreibung und lachte, »nun, sie haben jetzt ausgetanzt und sie warten mit ... ihren Spezialitäten aller Art auf euch. Orientiert euch an den grünen Laternen. Und dieses Boot hier wird nun die ganze Nacht umherfahren, so daß ihr nach Belieben aus- oder einsteigen könnt. Und vergeßt nicht, es gibt noch *viel* mehr zu essen und zu trinken.«

»Prima!« fuhr Poppaea ihn an. »Du scheinst dir ja tolle Sachen für die *Männer* ausgedacht zu haben, Tigellinus! Aber was sollen wir *Frauen* in der Zwischenzeit machen?«

* Aphrodisiakum: Mittel zur Anregung und Steigerung des Geschlechtstriebs

»Alles, was euer Herz begehrt, Kaiserin!« antwortete er großartig. »Am Ufer warten auch Männer. Ich habe nur die hübschesten Prätorianer ausgesucht, die um den Teich herum warten. Oder wenn euch nach Amorknaben gelüstet, bedient euch nur.«

Bald verlief alles genau so, wie Tigellinus es angedeutet hatte. Während laszive Musik und obszöne Lieder die Nacht erfüllten – und genug zu trinken bereitstand, um jeden davon abzuhalten, mit vollem Bewußtsein zu erkennen, was sich eigentlich abspielte –, begann das Boot seine langsamen Runden um den Teich herum. Die Bankettgäste, Männer und Frauen, kicherten, als sie an Land hüpften, ihre Wahl trafen und dann mit ihren kichernden Geschenken in einer dunklen Schneise verschwanden. Vom Ostufer kamen ein paar Rufe der Verlegenheit und der freudigen Überraschung beim Erkennen von bekannten Gesichtern. Am Südufer hingegen gab es ein paar Probleme – Schreie von den Unwilligen und einige Flüche –, aber Tigellinus' Männer hatten die Situation fest im Griff. Und von den entlegeneren Wäldchen der Professionellen kamen Laute und Szenen, die sich nicht beschreiben ließen.

Nach Wein stinkend stolperte Nero Hand in Hand mit Pythagoras, dem hübschesten der Amor-Lustknaben, am Ufer entlang. Poppaea, die einen Schwips hatte, hob ihren goldfarbenen Kopf, als Nero verschwand und blickte verächtlich hinter ihm her. Aber dann verzog sie ihre blutroten Lippen zu einem bösen Lächeln und drehte sich zu Sabinus herum, schlang die Arme um ihn und flüsterte: »Mit mir, Liebling Sabinus! Ich glaube, ich bin schon seit Monaten in dich verliebt.«

Verdutzt versuchte Sabinus, sich aus der Umklammerung zu befreien und fuhr sie an: »*Nein,* Kaiserin!«

»Aber du *mußt,* mein Schatz«, murmelte sie, während sie ihn liebkoste, »deine Kaiserin *befiehlt* es.«

»Unmöglich!« zischte Sabinus. Dann brachte er irgendeine Entschuldigung hervor, die ihm gerade in den Sinn kam und sagte: »Niemals! Nicht mit meiner Frau hier!«

»Ooohhh«, gurrte sie träge, während sie sein Gesicht und seinen Nacken mit Küssen bedeckte, »aber kümmert sich nicht Tigellinus um sie?«

Sabinus blickte um sich. Zu seinem Entsetzen war Plautia verschwunden!

»*Wohin?*« fragte Sabinus. »Wohin sind sie gegangen?«

Poppaea verzog ihr hübsches Gesicht zu einem selbstgefälligen Schmollmund und sagte weinerlich: »Warum sollte ich dir das sagen... und alles verderben?«

Sabinus wollte ihr gerade an die Kehle springen, um die Wahrheit aus ihr herauszuwürgen, als er sich darin erinnerte, daß sie Kaiserin von Rom war. Statt dessen umklammerte er mit beiden Händen die weichen, kaiserlichen Schultern und begann sie fest zu drükken, bis Poppaea zusammenzuckte und schließlich vor Schmerz schrie: »Hör auf! In die Richtung!« sagte sie und zeigte Richtung Westen.

Es war ein dunkler Bereich am Seeufer, zwischen den rosaroten und den grünen Laternen. Sabinus' Augen durchkämmten die Dunkelheit. Als er die Augen zusammenkniff, meinte er, eine große, sich davonschleichende weiße Tunika zu sehen, die etwas trug, das sich mit Händen und Füßen wehrte. Er schlug den Weg zum Ufer ein und rannte hinter ihnen her. Es *war* Plautia, und sie schrie um Hilfe.

»Laß sie 'runter!« brüllte Sabinus.

»Wer gibt dem Prätorianerpräfekten Befehle?« knurrte Tigellinus und drehte sich um.

»Der Stadtpräfekt, du dreckiger Fischhändler!«

Er stürzte sich auf Tigellinus' Schultern und zog ihn nach hinten auf den Boden. Plautias Sturz war weich gepolstert: sie fiel auf Tigellinus' Brust und setzte ihn damit schachmatt. Während er dort lag und nach Atem rang, befreite sie sich aus seinem Griff und eilte schluchzend in Sabinus' Arme.

»Bist du in Ordnung, mein kleiner Liebling?«

Sie nickte und blickte ihn mit ihrem tränennassen Gesicht an. »Er... er hat mir die Hand auf den Mund gedrückt. Hast du mich nicht schreien hören?«

»Nein. Hat er dir noch etwas angetan? Ich werde ihn auf der Stelle umbringen, wenn er das gemacht hat. Hier und jetzt.«

Sie schüttelte den Kopf. »Nein, nein.«

»Gut. Laß uns hier verschwinden.«

Sie begannen, aus dem Wäldchen hinauszulaufen, aber als sie gerade das Ufer verlassen wollten, fühlte Sabinus, wie ihn eine sandige, nasse Hand am Genick packte. Eine Stimme brummte: »Wie ich schon deutlich machte, du Abschaum der Sabiner: Ich will deine Frau haben.«

Als Sabinus herumwirbelte, sah er in das boshaft grinsende Gesicht von Tigellinus.

Sabinus blieb keine Zeit, um Tigellinus' Schlag in den Magen abzuwehren. Er krümmte sich vor Schmerz. Ein rascher Aufwärtshaken folgte, aber Sabinus gelang es, zu einer Seite auszuweichen, so daß der Schlag ihn nur streifte. Tigellinus hatte so heftig ausgeholt, daß er die Balance verlor und über Sabinus' Hand stolperte, während Sabinus mühelos nach Tigellinus' Sandalen griff. Die beiden wälzten sich im Sand herum und trommelten mit den Fäusten aufeinander ein, während Plautia entsetzt auf sie herunterblickte. Sie wollte schon um Hilfe schreien, aber plötzlich wurde ihr klar, daß eine Hilfe wahrscheinlich Sabinus töten würde, da nur Prätorianer den Park bewachten. Zum Glück waren die Musik und der Lärm laut genug, um das Stöhnen der kämpfenden Männer zu übertönen.

Es war kein Wettkampf im eigentlichen Sinne. Sabinus war jünger und hatte zudem den Vorteil, um einiges nüchterner zu sein. Als Tigellinus sah, daß er den Kampf verlieren würde, schrie er wie ein Feigling um Hilfe, und in diesem Augenblick erkannte Sabinus die tödliche Gefahr, die ihm von den Prätorianern drohte. Er visierte Tigellinus' Kinn genau an und brachte ihn mit einem heftigen, schwungvollen Schlag von seiner rechten Faust zu Fall, wobei sich seine Fingerknöchel in Tigellinus' Unterkiefer gruben. Tigellinus fiel nach hinten auf den Boden und lag völlig regungslos im nassen Sand. Sabinus blickte umher, um sich zu vergewissern, daß kein Prätorianer sie gesehen hatte, aber offensichtlich waren sie zu beschäftigt mit anderen Dingen.

»Hast du ... hast du ihn *getötet?*« wimmerte Plautia.

»Das hoffe ich!«

»Sabinus!«

»Nein. Er atmet noch. Laß uns gehen.«

Nero brauchte ein oder zwei Tage, um die Nachwirkungen seines Gartenfestes auszukurieren, aber sicherlich sah er nach der Tortur noch besser aus als Tigellinus. Sein Gesicht war geschwollen und mit violetten Flecken übersät. Aber Tigellinus wollte keinem sagen, was ihm passiert war.

»Wenn es eine Frau war, mit der du zusammen warst, dann muß sie eine *echte* Amazone gewesen sein!« spottete Nero.

Ein paar Tage später lud Nero mehrere der Hauptlüstlinge – Sabinus nicht eingeschlossen – zu einer Art Nachfeier, seiner »Hochzeit mit Pythagoras« ein. Er war so von der hübschen Jugend gefangengenommen gewesen, daß er nun Braut spielte, einen flammendroten Schleier anzog und die Hochzeitsworte aufsagte. Seine Freunde waren die offiziellen Zeugen der Zeremonie, eine Mitgift wurde angekündigt, Hochzeitsfackeln wurden angezündet, und Pythagoras führte seine kaiserliche Braut zu dem Brautbett im Palast.

Als Poppaea von den grotesken Neuigkeiten erfuhr, schäumte sie vor Wut und betitelte Nero mit Namen, die er ihr niemals zugetraut hätte.

»Es war doch nur Spaß«, versuchte er schlecht zu schwindeln, »ich meine, wir haben doch nur *Theater gespielt.*«

Poppaea war nicht davon überzeugt. Ebenso wenig Rom. Nachdem die Stadt von den Berichten über die große Orgie bei *Agrippas See* erschüttert war – eines von den wenigen Ereignissen, das man niemals übertrieben darstellen könnte –, war die Grundlage dafür geschaffen, daß die Leute Nero alles zutrauten.

Am darauffolgenden Sonntag änderte Simon Petrus das Thema seiner Reihe von Ansprachen an die Christen. An diesem Abend redete er weniger über Palästina und mehr über Rom. Der gütige Ausdruck war aus seinem Gesicht verschwunden. Seine prägnanten Gesichtszüge hatten sich zu einem Ausdruck prophetischer Wut verhärtet, wobei seine Augen vor Zorn funkelten.

»Ist Rom das neue Babylon geworden?« wetterte er. »Ist die Hauptstadt der Welt zu einem neuen Sodom am Tiber geworden? Auf jeden Fall werden Sodoms Lasterhaftigkeiten hier praktiziert! Und was ist mit Sodom geschehen? Was ist Gomorra widerfahren? Das *Feuer des Herrn* regnete vom Himmel herab auf diese Städte, und seine Wut vernichtete sie mit Schwefel. Und es mag sein, daß auch Rom nur durch Flammen des Feuers gereinigt werden kann!«

Wie ein wütender Löwe fuchtelte seine rechte Hand in der Luft herum, als er die Laster der Stadt aufzählte.

Schließlich wurden seine Gesichtszüge milder, und die freundlichen Augen des Fischers glänzten wieder gütig, als er sagte: »Aber der Herr war bereit, Sodom und Gomorra zu verschonen, wenn nur ein paar rechtschaffene Leute dort gelebt hätten. Möge er Rom verschonen … um euretwillen, meine lieben Freunde.«

22

Das Wetter war in diesem Juli sehr heiß und sehr trocken. Es hatte schon seit Wochen nicht mehr geregnet, und Rom schien in der Trockenheit und Hitze zu flimmern. Die Farben der Stadt waren zu einem tristen Grau und Braun geworden. Die Wiesen in den Parks und Gärten waren strohgelb. Nur die spitz zulaufenden Zypressen und die Pinien mit ihren schirmartigen Kronen boten noch ein wenig Grün, aber selbst sie schienen krank, verwelkt und verdurstet zu sein.

Die Leute, die eine Villa auf dem Land besaßen, flüchteten aus der Stadt. Der Kaiser, dessen Fett die stickige Luft nicht länger ertragen konnte, war nach Antium zu seiner Villa an der Küste aufgebrochen. Sabinus beabsichtigte, seine Familie in Kürze nach Tibur zu bringen. Aber die Römer der unteren Klassen mußten in der Stadt bleiben und leiden: sie warteten auf frische Brisen, die niemals kamen, und suchten den tiefblauen Himmel nach dicken Regenwolken oder sogar einem dichten Nebelschleier ab, der die tyrannische Sonne filtern würde. Aber nichts dergleichen geschah: es gab nichts anderes als eine unglaubliche Folge von klaren, brennendheißen Tagen, welche die Pflastersteine auf den Straßen verzogen und das teerige Harz weich machten, das sie in einem klebrigen Durcheinander zusammenhielt.

Schließlich begann sich die Luft am 18. Juli zu rühren. Brisen sammelten sich und wurden zu einem Wind. Aber als der Wind kräftig zu blasen begann, stöhnte ganz Rom, denn es war ein heißer Windstoß, der von Südosten kam – ein Hochsommer-Schirokko*, der in der Wüste von Libyen geboren war und an Stärke gewonnen zu haben schien, als er die italienische Halbinsel hinaufschoß, um ein bereits glühendheißes Rom mit einer erstickenden Decke von warmer Luft einzuhüllen.

Die Nacht brachte auch keine Erleichterung. Ein aufgeblasener, rostroter Mond schwebte oben am östlichen Himmel. Es war

* Schirokko: Wind im Mittelmeergebiet

Vollmond, aber sein Leuchten schien der heißen Nacht nur wieder neue Wärme beizufügen.

Genau östlich vom Circus Maximus, in einem Wohngebiet zwischen dem Palatin und dem Caelius, stand eine baufällige Sammlung von verwahrlosten Baracken und Geschäften. Es war eines von den Ausländervierteln der Stadt: eine Kolonie von griechischen und syrischen Händlern lebte hier, die ihre Waren tagsüber verkauften und sich nachts in ihre Wohnräume im hinteren Teil der Läden zurückzogen.

Der Bauunternehmer Hermes lebte auch hier, obwohl Sabinus ihn oft genug bedrängt hatte, doch in ein besseres Stadtviertel zu ziehen. Doch es war bei Hermes eine Sache der Bequemlichkeit. Wenn er hier lebte, konnte er ein Auge auf seinen Holzplatz und sein Öldepot haben, denn vor kurzem war der gerissene, kleine Stadtingenieur auch ins Ölgeschäft eingestiegen. Die Römer brauchten Olivenöl für alles: von der Seife bis zum Lampenöl, und Hermes erzielte einen hohen und unerwarteten Gewinn mit dieser Ware.

In dieser glühendheißen Nacht jedoch wünschte er, er hätte Sabinus' Rat angenommen und würde jetzt hoch oben auf einem von Roms Hügeln leben, anstatt sich in diesem elenden Tal zu Tode zu schwitzen. Er stakste in die Küche und fand eine zusätzliche Hitzequelle – den Holzkohlenofen, auf dem seine Frau das Abendessen, Bohnen und Wildschwein, gekocht hatte. Hermes stieß einen Fluch auf aramäisch aus, riß die Tür des Ofens auf, schob die glühende Kohle auf eine kleine Schaufel und warf sie zum hinteren Fenster hinaus.

Unter anderen Umständen wäre die Kohle zu Asche niedergebrannt und verglüht. Aber diese Kohle fiel auf ein paar Holzspäne, die sich kräuselten, schwarz wurden und zu glühen begannen. Eine träge Rauchspirale schlängelte sich nach oben und sah aus wie ein Silberfaden ihm Mondlicht. Ein heftiger Windstoß des Schirokkos fegte plötzlich darüber, und die Hobelspäne gingen in Flammen auf. Doch eine weitere schnelle Windbö blies sie wieder aus.

Die Holzschnitzel begannen zu verglimmen, bis ein beständiger, immer heftiger werdender Wind sie wieder zu einer offenen Flamme anfachte. Nun waren die ganzen Holzspäne entflammt, und züngelnde Feuerflammen leckten an ein paar Brettern, die an der hinteren Wand des Hauses aufeinandergeschichtet waren. Bevor der

Bretterstapel bis zur Hälfte niedergebrannt war, hatte sich die lodernde Flamme schon an der Holzseite des Baus selbst zu schaffen gemacht, und bald war der hintere Teil des Hauses ein zitterndes Blatt im Feuer.

Hermes machte sich gerade zum Schlafengehen fertig, als er die abscheuliche orangefarbene Glut sah und seine schlafende Frau wachschrie. Er stürzte nach draußen und versuchte verzweifelt, die Flammen auszuschlagen. Aber mehrere hilflose Schläge mit einem Mantel sagten ihm, daß es zu spät dazu war. Er mußte jetzt retten, was noch zu retten war.

Er und seine Frau leerten ihre Kleider- und Schmuckschränke und warfen alles zur nördlichen Seite hinaus auf die Straße, wobei sie bei jedem Gang ans Fenster um Hilfe schrien. Als die Nachbarn endlich antworteten, schrie Hermes: »Die Fässer! Rollt die Ölfässer nach draußen!«

Sie stürmten in sein Depot und begannen, fieberhaft an den großen Tonbottichen zu zerren, die mit Olivenöl gefüllt waren. Sie rollten sie über ihren Bodenrand und trudelten mehrere davon in Sicherheit. Dann aber zogen zwei Männer von verschiedenen Seiten an demselben Bottich, so daß das riesige Gefäß krachte, Öl aus dem Riß strömte und sich wie ein Wasserfall über den Boden in Richtung Wohnräume ergoß, welche inzwischen durch die Trennwand hindurch in den Ladenraum Feuer spien.

Der Schirokko war der riesige Blasebalg, der die letzte Brise Luft lieferte, um das Öl plötzlich zu einer großen Stichflamme zu entzünden. Die Flammen stiegen zum nächtlichen Himmel empor und benutzten das gesamte Grundstück von Hermes als ihren Docht. Im Handumdrehen fingen auch die Häuser auf beiden Seiten von Hermes' Haus Feuer, und die schreienden und fluchenden Bewohner sahen zu, wie die Besitztümer ihres Lebens lichterloh brannten. Der Schirokko spielte mit dem Feuer wie mit einem glänzenden, neuen Spielzeug, das er in der Nacht entdeckt hatte, und schickte die Flammen Richtung Westen, dann nach Nordwesten, Norden und wieder zurück. Sie schlugen hoch und liefen von Haus zu Haus, und bald stand der ganze Häuserblock auf beiden Seiten der Straße in Flammen.

Als die *vigiles* (Feuerwehrmänner der Nachtwache) von der Region XII den größer werdenden orangefarbenen Flecken von ihrer Station auf dem Aventin aus sahen, bliesen sie das Feuersignal und eilten dann hinüber zu dem lodernden Feuer, wo sich schon bald Kollegen von dem angrenzenden Gebiet II zu ihnen gesellten. Mit einem Blick sahen die *vigiles* die Todesgefahr. Sie hatten keine Hoffnung, die Häuserblöcke in der unmittelbaren Umgebung retten zu können, aber sie würden versuchen, das Flammenmeer aufzuhalten, indem sie Feuerschneisen vor den Flammen schaffen würden, die vom Circus Maximus aus in einer Linie Richtung Norden verlaufen sollten, dann genau nach Osten bis zum Caelius.

Sie holten schlafende Familien aus den Betten und begannen, deren Zuhause vor ihren verschlafenen, dann verblüfften Augen zu zerstören. Von einem in der Nähe gelegenen Aquädukt wurde Wasser zu den Abhängen zwischen dem Palatin und dem Caelius umgeleitet, und mit ein bißchen Glück würden sie die Brandkatastrophe auf die »Barackenstadt« beschränken – kein großer Verlust, dachten die Feuerwehrleute, denn der Ort war sowieso ein stinkendes Elendsviertel. Der Wind schien schwächer zu werden, und die Feuerwehrmänner wagten auf Erfolg zu hoffen.

Aber der schlummernde Schirokko erwachte wieder zu neuem Leben. Geschäfte mit Lack und anderen leicht entzündlichen Stoffen zischten, spritzten und knisterten. Es gab dumpfe Explosionen und durchdringende, krachende Laute, die irgendeine still vor sich hin brennende Substanz plötzlich in die Luft schleuderten, die nach oben in die glühende Hitze wehte. Dann bekam der Südostwind die glühende Asche in die Finger und warf sie in großem Bogen nordwestwärts weit über die Feuerschneisen hinaus. Teile der Asche wurden ausgeblasen. Andere nicht. Und wo auch immer letztere hinfielen, erhielten sie von den zundertrockenen Bauten Schutz und Nahrung.

Der Circus Maximus war als nächster dran: nicht die unteren Sitzreihen aus Stein, die das riesige Hippodrom umgaben, sondern der wackelige Aufbau aus Holzbrettern, der rund um das Stadion schwebte, um die Sitzkapazität auf 100 000 zu erhöhen. Mehrere Kleckse glühender Asche landeten auf den Sitzreihen im nördlichen Teil, und bald war das Hippodrom ein rötlich-orangefarbener, knisternder Scheiterhaufen. Die Sitze waren perfekt angeordnet, um die Flammen mit der Luft zu versorgen, die sie verlangten. Da das große Hippodrom auf derselben Linie lag wie der Wind, schlugen die lodernden Flammen von Reihe zu Reihe, von Galerie zu Galerie höher und wurden immer unersättlicher.

Am nördlichen Rand des Circus lag der Palatin und Neros Palast. Mit wachsendem, beinahe hypnotischem Entsetzen sah das Palastpersonal zu, wie die *vigiles* versuchten, das Feuer am Fuße des Palatins aufzuhalten. Alle sieben Kohorten der Nachtwache waren nun alarmiert worden, umringten verzweifelt den kaiserlichen Hügel und versuchten, die glühende Asche, die auf den Palatin regnete, zu ersticken. Palastsklaven hasteten mit Krügen über die Gartenanlagen und schütteten Wasser über die orangefarbenen Flecken, welche die Bergseite erhellten, so daß sie in der Dunkelheit verdampften. Die Sklaven husteten und würgten in dem Rauchgestank und schwitzten in einer stickigen Nacht, die plötzlich drastisch wärmer wurde.

Nero hatte erst vor kurzem die letzten Feinheiten an seinem sogenannten *Domus Transitoria* vollendet: einem großen, neuen Flügel seines Palastes, der sich ostwärts erstreckte und den Palatin mit dem Esquilin verband. Nun verbündeten sich die Flammen, um sich der *Transitoria* zu nähern, als hätten sie den Befehl erhalten, genau dieses Bauwerk anzugreifen, denn es war die letzte Barriere zwischen ihnen und dem Tal, das zum Forum führte. Alle vier Stockwerke des neuen Flügels wurden zu einem donnernden, lodernden Flammeninferno, das Neros Kunstwerke verschlang: seine Bibliothek, seine Kleiderkammer, sein Museum, seine tausend verschiedenen Leiern und Kostüme – kurzum: alles, was den Mann zum Künstler gemacht hatte. Das Palastpersonal floh nun um sein Leben, denn der heiße Atem des Schirokkos fachte die Flammen zu einer höllischen Feuerrunde über den Caelius und den Palatin an und setzte den Rest von Neros Palast ebenfalls noch in Brand.

Neben dem Palatin lag das Forum, aber der Großbrand zollte seinem ehrwürdigen Alter wenig Respekt. Die *Via Sacra* – die zentrale Straße der Welt – wurde zu einem Feuerfluß, der zischend Roms älteste Denkmäler mit seinen Flammen überflutete, den Marmor versengte und den weißen Travertin* in Haufen von verkohlten Steinen verwandelte. Die vestalischen Jungfrauen rannten schreiend aus ihren Gemächern, denn der Tempel der Vesta, in dem Roms heiliges Feuer wütete, war nun seine eigene gewaltige Flamme. Zu

* Stein aus Tibur

diesem Zeitpunkt war es bereits die schlimmste Katastrophe, welche die Stadt Rom in fünf Jahrhunderten je erlitten hatte, und sie war weit davon entfernt, vorüber zu sein.

Zu einer früheren Stunde an diesem Abend auf dem Quirinal wollten Sabinus und Plautia gerade ins Bett gehen, als Plautia es als erste bemerkte. Sie stand am Fenster ihres Schlafzimmers, um noch ein bißchen frische Luft zu schnappen. Bevor sie sich wieder zurückzog, schaute sie Richtung Süden und sah, daß der Palatin mit einem apricotfarben schimmernden Heiligenschein überzogen war.

»Komm her und sieh dir das an, Sabinus!« sagte sie. »Guck dir den Palast an. Ist das nicht das seltsamste Licht, das du je gesehen hast? Es kann kein Feuer sein – es gibt keine Flammen...«

»Bei allen Göttern!« flüsterte Sabinus. »Da muß eine Flammenhölle auf der anderen Seite sein!«

Er sprang in seine Tunika und schickte einen von seinen Gehilfen Richtung Norden. »Verständige alle Städtischen Kohorten, daß sie sich bei der Stadtverwaltung versammeln sollen, um mich dort zu treffen.«

Dann rannte er hinunter zu seinen Amtsräumen, wo der Befehlshaber der Nachtwache ihn mit einem grimmigen Gesicht und den Worten empfing: »Östlich vom Circus Maximus fing's an. Die Hälfte der Regionen III, X und XI sind hinweggerafft. Der *Domus Transitoria* brennt gerade nieder. Deine Stadtverwaltung ist vielleicht als nächstes dran.«

»Wie hat es angefangen?«

»Wer weiß?«

»Sind alle *vigiles* im Dienst?«

»Ja. Inzwischen schon. Sie versuchen gerade, eine weitere Feuerschneise hinter dem Domus entlang dieser Linie zu bauen.« Er zeigte Sabinus die Linie auf der großen Stadtkarte, die in Sabinus' Amtszimmer hing.

»Zu nahe am Feuer. Man kann nicht alles rechtzeitig niederschlagen, wenn der Wind mit einer solchen Stärke weht wie jetzt. Laßt uns doch die Natur zu Hilfe nehmen: Warum nicht das Tal zwischen dem Caelius und dem Esquilin weiter nördlich? Hier.«

Der Befehlshaber der *vigiles* nickte. »Du hast wahrscheinlich recht. Aber wo sind deine Männer, Präfekt?«

»Sie sind auf dem Weg hierher. Sollen sie gegen das Feuer ankämpfen oder als Schutzpolizei eingesetzt werden?«

»Warum schickst du nicht einfach tausend Männer hinüber, damit sie uns helfen, deine Esquilin-Tal-Linie freizuräumen? Aber die anderen dreitausend behältst du besser hier im Polizeidienst. Es gibt schon Berichte von Plünderungen.«

»Hat schon jemand den Kaiser benachrichtigt?«

»Vor zehn Minuten haben wir einen Reiter nach Antium geschickt.«

»In Ordnung. Laß uns die andere Feuerschneise sofort nördlich vom Forum anbringen – hier.« Sabinus zeigte darauf. »Damit sollten wir den übrigen Teil vom Zentrum Roms retten können.«

»Gut. Aber liegen die Stadtgebäude nicht gefährlich nahe an dem Forum?«

»Ja, wir können vielleicht nicht alles davon retten. Aber ich hole die Dokumente nicht eher hervor, bis die Gefahr wirklich akut wird.«

Inzwischen waren die Städtischen Kohorten eingetroffen, und Sabinus ging hinaus, um ihnen die Befehle zu erteilen. Dann eilte er mit einer Truppe Richtung Osten, welche die Aufgabe hatte, die Feuerschneise am Fuße des Esquilins einzurichten. Wenn das lodernde Feuer die Schneise durchbrechen würde, wäre das Haus von Aulus und Pomponia in Todesgefahr.

Ein paar Stunden später, etwa gegen vier Uhr morgens, hatten Sabinus und seine Männer die meisten der Bauten umgestürzt, um die Flammen durch die entstandenen Schneisen hindurchzuleiten, als Nero und Tigellinus plötzlich erschienen; ihre Pferde hatten nach dem hektischen Ritt von Antium hierher Schaum vor dem Maul. Nero war gerade mitten in einer Vorführung gewesen, als ihn die Nachricht ereilte, und er hatte noch nicht einmal die Zeit gehabt, sich umzuziehen. Er trug immer noch das Kostüm eines Kitharaspielers. Sabinus lieferte ihnen einen ausführlichen Bericht über die Feuerkatastrophe.

Tigellinus grinste höhnisch, als er die Worte hervorstieß: »Bist du nicht dazu in der Lage, die Stadt unter Kontrolle zu halten, während wir weg sind, Präfekt? Dir sind die Dinge diesmal *wirklich* aus der Hand geglitten!«

»Das habe ich von dir erwartet, Tigellinus!« Sabinus glühte vor

Zorn. »Aber anstatt dumme Kommentare abzugeben, solltest du lieber deinen Prätorianern befehlen, uns zu helfen!«

»Ja, ja, ja, Tigellinus, *hol* deine Prätorianer!« jammerte Nero. »Aber zuerst kommt ihr beide mit, um euch das Ganze von *Maecenas Gärten* aus anzuschauen!«

Die Gärten lagen ein paar Meter weiter oben auf dem Esquilin, und eine Terrasse bot dort einen idealen Aussichtspunkt, von dem aus man ganz Rom überblicken und eine Strategie entwickeln konnte, um das Feuer aufzuhalten. Nach einem steilen Ritt den Berg hinauf brachten die drei ihre Pferde zum Stehen und stiegen ab, um die in Flammen stehende Stadt zu betrachten. Der östliche Himmel begann in dem zarten Korallenrot der Morgendämmerung zu erröten, aber die drei starrten nur auf das gespenstische Bild vor ihren Augen. Andere Römer waren ebenfalls zu dieser Stelle geströmt, erst aus Neugier, als sie Berichte über »irgendein Feuer im Süden Roms« hörten, dann aber schauderten sie vor Entsetzen bei dem Panorama, das sich ihnen tatsächlich darbot. Das große Tal des Circus Maximus lag in tausend Funken, während der Caelius und der Palatin gigantische, unruhig flackernde Flammenkegel von einem riesigen, knisternden Feuersee ausspien. Jedes Mal, wenn irgendein Gebäude zusammenstürzte, schoß für ein paar Augenblicke lang eine riesige Feuersäule hoch und bespritzte den Himmel mit Wolken voll leuchtendem Goldstaub.

Nero sank zusammen und weinte: »Süße Göttin Roma!« jammerte er. »Mein neuer Palast? Mein alter Palast?« Sein Gesicht war von Kummer und Schock verzerrt. »Schaut euch doch mal den Palatin an, meine Herren! Nur *mein* Besitz brennt! Augustus' Villa steht noch. Ebenso Tiberius' Palast. Aber meine *Transitoria* ist nur noch Glut und Asche! Alle meine Gemächer... dahin! Meine Schatztümer, meine griechischen Statuen... meine Trophäen... meine Bibliothek... meine Kleiderkammer. Sogar meine Tragödien!« Jeder einzelne Gegenstand, an den er sich erinnerte, schien neue Qualen in ihm auszulösen.

Sabinus versuchte, etwas zu sagen, aber Nero warf die Hände hoch und bat um Schweigen. Nun stellte er sich an die Balustrade der Terrasse und blickte auf das Schauspiel vor seinen Augen. Obwohl die Flammen seinen Ruin bedeuteten, war ihnen eine besondere Schönheit eigen. Der Künstler in ihm war tief bewegt von dem

Anblick, und er begann, ein trauriges Klagelied von seiner eigenen Komposition *Die Eroberung Trojas* zu singen. Nur Priamos'* große Stadt hatte eine solche Katastrophe erlitten, wie sie Rom jetzt durchmachte. Vers um Vers ergoß sich mit Neros bebender Stimme, als er über seiner Stadt in Tränen aufging.

Sabinus bezwang sich, um seine Ungeduld zu zügeln, obwohl er erkannte, daß Nero diese Augenblicke jetzt brauchte, denn ansonsten würden ihn die Gefühle später übermannen. Einige von den Umstehenden waren bewegt von der Vorstellung des Kaisers. Andere hielten sie für unwürdig und unnötig, und sie würden anderen erzählen, was sie gesehen hatten.

Sabinus würde seine Frau fünf Tage lang nicht sehen. Er schlief auf einem Notbett in den Stadtverwaltungsgebäuden, denn er war in dieser Krisenzeit Tag und Nacht im Dienst, so daß er kaum zum Schlafen kam. Plautia wurde von Sorgen gequält, wenn sie die Flammen von dem Quirinal aus beobachtete, aber sie erhielt die Nachricht, daß ihr Gatte ebenso wie ihre Eltern in Sicherheit seien. Tagsüber schien der Anblick am unheimlichsten zu sein: große, düstere, graue Rauchwolken stiegen auf und verpesteten die Luft. Sie kamen aus Gebieten, die niedergebrannt und häßlich schwarz waren. Nachts war die Szene verhängnisvoll schön, wenn die flackernden Konturen von tausend verschiedenen Feuerinseln in einem riesigen Bogen nordwärts zu ziehen schienen. Der kleine Flavius starrte mit kindlicher Faszination auf das Wunder. In seiner fröhlichen Unwissenheit war ihm nicht klar, daß dieses Flammenmeer mehrere tausend Greueltaten an Menschen begangen hatte.

Aber sein Vater bekam alles hautnah mit. Sabinus und seine Polizei arbeiteten mit den *vigiles* zusammen und versuchten, deren Techniken zu kopieren. Wie die Feuerwehrmänner teilte Sabinus seine Kohorten in Wassermänner, die bei den nächstliegenden Aquädukten Wasser abzapften; in Deckenmänner, welche die Flammen mit Decken, die mit Wasser und Essig vollgesaugt waren, erstickten, und Netzmänner, die mit ausgezogenen Matratzen und Netzen den Sturz der Leute, die aus dem Fenster springen mußten, weich abfedern sollten. Aber bei einer Katastrophe dieser Größenordnung hat-

* Priamos: mythischer König von Troja

ten sogar die disziplinierten Feuerwehrmänner wenig Erfolg mit ihren Aktionen.

Wenn das Feuer ein Haus in einem Armenviertel erwischt hatte, war der ganze Häuserblock verloren, denn die Reihenhäuser waren auf so engen, gewundenen Wegen gebaut, daß sich die Flammen schnell ausbreiten konnte. Noch schlimmer war das Schicksal derjenigen, die in den oberen Stockwerken der vielen leichtgebauten Mietshäuser in Rom vom Feuer ergriffen wurden.

Sabinus sah und roch und hörte alles: die Schreie der schreckerfüllten Männer und Frauen, wenn die fünf oder sechs Stockwerke eines Hochhauses in einem gewaltigen Schauer von goldenen Funken zusammenstürzten ... die flehenden Schreie der Menschen, die zu alt und klapprig waren, um den Flammen zu entfliehen ... verlorengegangene Kinder, die nach ihren Eltern schrien ... Männer, die ihre Haushaltsgüter unbeholfen vor sich hertrugen und einander anrempelten und schubsten ... andere, die in ihrem Schmerz darüber, daß sie ihre Familien nicht hatten retten können, sich selbst in die Flammen stürzten, um dem Ganzen ein Ende zu machen ... Mütter, die bei der verrückten Flucht vor dem krachenden, wirbelnden lodernden Feuer mit ihren Kindern von einem Platz zum anderen hasteten ... Horden von Heimatlosen, die jeden Flecken Grund und Boden, den sie in allen möglichen Parks und auf offenen Feldern finden konnten, belagerten und dann von denjenigen in die Flucht geschlagen wurden, die zuerst dort gewesen waren.

Wie bei allen Katastrophen, so kamen auch bei diesem Großbrand die schlechtesten und die besten Seiten in den Menschen zum Vorschein. Sabinus sah, wie einige zu raffgierigen Tieren wurden, die plünderten oder stahlen oder wahnsinnig herumwüteten, indem sie das Chaos mit brennenden Holzscheiten noch verschlimmerten. Gruppen von Gladiatoren, die sich mit Wein betrunken hatten, den sie in verbrannten Wirtshäusern geplündert hatten, durchstreiften die Stadt nach neuer Beute. Sklaven, welche die Katastrophe befreit hatte, schnatterten in griechischen, afrikanischen und asiatischen Dialekten, und einige nahmen Rache an ihren ehemaligen Herren, indem sie deren Häuser verwüsteten, in denen sie jahrelang gefangengehalten worden waren. Andere Bürger fanden heldenmutig die Kraft, hilflose Menschen zu retten, wobei sie den Berichten keine Beachtung schenkten, daß ihr eigenes Haus in Flammen stehe.

Manche wurden gar vom Feuer ergriffen, ohne es sofort zu merken, und schlugen dann auf die Flammen ein, bis sie einen Kollaps erlitten.

Merkwürdigerweise war es nicht die sengende Hitze, die Sabinus zu schaffen machte, sondern vor allem der Gestank – der beißende, ätzende Geruch von Rauch, Qualm, Rauchnebel ... – diese stinkende Rauchglocke, die über der Stadt hing und beinahe die Sonne dunkel färbte und den Tag zur Nacht werden ließ. Manchmal war der Geruch für einen Moment lang angenehm: wenn eine große, alte Pinie in Flammen aufging und der Wind in die entsprechende Richtung blies, konnten sich Sabinus' Riechorgane erholen. Aber einen Augenblick später erreichte ihn wieder der Gestank von brennendem Tier- und Menschenfleisch, und er würgte wieder. Von Zeit zu Zeit versuchte er, den Geschmack von Ruß und Asche in seinem Mund auszuspucken, aber in der nächsten Minute war er schon wieder da.

Sabinus traf sich zweimal am Tag mit Nero, Tigellinus und dem Befehlshaber der *vigiles*, um eine Strategie zu erörtern, und der Kaiser überraschte ihn damit, daß er sich kopfüber in effektive Hilfsprojekte stürzte. Er stieß die Türen der großen öffentlichen Gebäude, Tempel und Basiliken im Campus Martius auf, um den heimatlosen Menschenhorden Zuflucht zu gewähren. Er stellte Schutzhütten und Essensstationen in den Parkanlagen von Rom auf und verwandelte seine Gärten im Trans-Tiber-Gebiet in eine riesige Zeltstadt. Er orderte gewaltige Getreidevorräte aus den Getreidesilos in Ostia und den benachbarten Städten und setzte den Weizenpreis auf drei Sesterze pro neun Liter herab. Niemand – so schwor er sich – sollte verhungern.

Die Feuerschneise am Fuße des Esquilin hielt das Feuer auf. Nach der Zerstörung von allen Gebäuden trafen die gierigen Flammen nur auf ebenen Boden und freie Flächen. Sabinus wagte zu hoffen, daß das Schlimmste nun vorüber war. Am Morgen des sechsten Tages war ganz Rom schließlich außer Gefahr, und die *vigiles* fanden ausgebrannte Gebiete vor und löschten die letzte übriggebliebene Glutasche.

Sabinus torkelte völlig erschöpft nach Hause und fiel erleichtert in die Arme von Plautia. Volle sechzehn Stunden schlief er durch.

»Sabinus!«

Er fühlte, wie Plautia ihn an der Schulter rüttelte. Er zog die Augenlider hoch und sah, wie sie sich über ihn beugte. In ihren Augen stand die Furcht geschrieben.

»Einer von den *vigiles* ist hier«, sagte sie. »Es ist dringend. Offenbar ist das Feuer wieder ausgebrochen.«

Sofort war Sabinus hellwach: »Unmöglich! Schick ihn herein!«

Der Bote marschierte in Sabinus' Schlafzimmer und salutierte steif.

»Entschuldige den Überfall, Clarissimus«, sagte er, »aber das Feuer ist wieder ausgebrochen. Es wütet völlig außer Kontrolle im Campus Martius.«

»*Was?* Wann ist es ausgebrochen?« Mit eiskalter Hand packte Sabinus der Unglaube.

»Vor ... zwei Stunden, denken wir. Alle Denkmäler dort sind in Gefahr.«

»Wie ist *dieses* Feuer denn ausgebrochen?«

Ein Gefühl von Übelkeit erregendem Grauen durchströmte ihn.

»Wir haben keine Ahnung.«

Als Sabinus den letzten Riemen seiner Sandalen festgezogen hatte, faßte er Plautia um die Taille und gab ihr noch schnell einen Abschiedskuß.

»Dieses Feuer ist näher an unserem Haus, *carissima.* Es könnte gefährlich werden. Also mußt du das Haus verlassen, falls sich ein starker Westwind aufbaut. Nimm die Kinder und die Dienerschaft mit hinüber zu dem Haus deiner Eltern auf dem Esquilin. Dort seid ihr sicher.«

»In Ordnung. Aber sei *vorsichtig,* Sabinus!«

Während Sabinus hinaus zu dem lodernden Feuer eilte, stand sie in der Tür ihres Heims und drückte sich eine Hand auf den Mund, um nicht vor Angst und Sorge aufzuschreien.

Wieder waren die *vigiles* schwitzend an der Arbeit, als Sabinus und seine Polizei ankamen, aber Sabinus sah, daß er dieses Mal auch Probleme mit der Arbeitsmoral bekommen würde. Die Feuerwehrmänner verloren allmählich den Mut: sechs Tage Kampf gegen das geisterhafte Flammeninferno schienen nun vergeblich gewesen zu sein, und die Männer murmelten dunkle Gedanken über einen allgemeinen Fluch, der über der Stadt zu liegen schien – daß Rom unvermeidbar den Weg von Atlantis und Troja und Karthago zu gehen hatte.

»Wir können nicht gegen die Götter kämpfen, Präfekt«, beklagte sich einer von ihnen.

»Hat irgend jemand von euch gesehen, daß Vulkan* hier herumgehumpelt ist und Rom mit einer Fackel angezündet hat?« schnauzte Sabinus ihn an. »Er hätte doch schließlich in die Sache verwickelt sein müssen: er ist doch der Gott des Feuers!«

Das würde keiner zugeben.

Obwohl es nicht der richtige Zeitpunkt für Scherze zu sein schien, konnte Sabinus auf das leise Kichern der *vigiles* bauen.

»Nein, meine Männer, schiebt die Schuld nicht den Göttern zu. Bis jetzt sind sie doch die größten Verlierer in diesem lodernden Feuer: etwa vierzig von ihren Tempeln liegen bereits in Schutt und Asche! Aber diesmal sollte dieses Feuer leichter aufzuhalten sein. Los, nehmt eure Plätze bei den Aquädukten ein, *vigiles!* Meine Polizei wird die *Via Lata* benutzen, um eine Feuerschneise Richtung Osten einzurichten.«

Aber der perverse Schirokko, der abgeflaut war, erwachte plötzlich wieder zu neuem Leben und blies einen beträchtlichen Teil vom Nordwesten Roms in einen weiteren wütenden Schmelzofen. Diesmal wurden ein paar wertvolle Denkmäler, Theater und alte Tempel versengt und zerstört, und Vergnügungslaubengänge in den Gärten wurden zu einer schwarzes Wüste versengt.

Doch zum Glück gab es weniger Verseuchung bei dem erneuten Feuerausbruch, und weitaus weniger Menschen verloren ihr Leben, diese zweite Brandkatastrophe war nicht mit den aufwühlenden Szenen menschlichen Terrors zu vergleichen, die das erste Flammeninferno inszeniert hatte – Szenen, die niemals wieder aus Sabinus' Gedächtnis gelöscht werden könnten. Bald hauchte der Schirokko seinen letzten unheilvollen Atem aus. Die zweite Brandkatastrophe war innerhalb von drei Tagen eingedämmt worden.

Sabinus' Energiereserven waren vollkommen erschöpft, so daß er kaum noch klar sehen konnte, als er ein letztes Mal über Rom blickte, um nach irgendwelchen schleichenden Flammentaschen

* Vulkan: römischer Feuergott

Ausschau zu halten. Aber die Brandkatastrophe war endlich vorüber. Nur einige Rauchsäulen, die an irgendwelchen Stellen harmlos von schwarzen Flächen aufstiegen, verkündeten das Ende des neuntägigen Terrors. Verwirrt und benommen von der extremen Müdigkeit, konnte sich Sabinus später nicht mehr daran erinnern, daß ihn seine Gehilfen schließlich nach Hause zum Quirinal tragen mußten, wo er zusammenbrach und wie ein Toter schlief.

Plautia schaute auf die verrußte, tief atmende Gestalt ihres Gatten, und aus irgendeinem Grund dankte sie dem Gott ihrer Mutter für Sabinus' wohlbehaltene Heimkehr.

Es war eine Nachricht vom Kaiser, die Sabinus zwei Tage später wachrüttelte. Nero wollte eine schriftliche Schätzung des gesamten Schadens, den Rom erlitten hatte. Diese Information sollte ihm in seine provisorischen Gemächer in den Servilischen Gärten auf dem Aventin geliefert werden.

Nach einer fürchterlichen Woche, in der Sabinus mühsam durch Aschenhaufen und Trümmer gewandert war, um die Überlebenden zu befragen, rollten Sabinus und seine Mitarbeiter eine Karte der Stadt auf, auf der sie Nero die vom Feuer verwüsteten Gebiete zeigten und ihm dann eine Liste der Verluste präsentierten.

REGIONEN, DIE STARK ODER VÖLLIG ZERSTÖRT WURDEN
III Isis und Serapis
X Palatium
XI Circus Maximus

REGIONEN, DIE TEILWEISE ZERSTÖRT WURDEN
II Caelimontium
IV Templum Pacis
VII Via Lata
VIII Forum Romanum
IX Circus Flaminius
XII Piscina Publica
XIII Aventinus

REGIONEN, DIE UNBESCHADET BLIEBEN
I Porta Capena
V Esquiline
VI Alta Semita
XIV Trans Tiberim

ZERSTÖRTE PRIVATHÄUSER
132

ZERSTÖRTE HOCHHÄUSER
Etwa 4 000 Wohnungseinheiten

Verletzte: nicht schätzbar

Tote: nicht schätzbar

»Die letzten beiden Ziffern müssen in den nächsten Wochen noch bestimmt werden«, erklärte Sabinus Nero.

»Aber was diese Aufstellung *nicht* zeigt, sind die unersetzbaren Werte«, sinnierte Nero, »der Tempel des Romulus, Numas Palast, Vestas heilige Stätten ... «

»Ganz zu schweigen von den Archiven.«

»Und meinen Statuen – griechischen Originalen. Jetzt haben wir nur noch Kopien von diesen Meisterwerken.«

Dann hielt er inne, und seine Stirn glättete sich. »Aber wir müssen in die Zukunft blicken, meine Herren. Wir müssen Rom wieder aufbauen. Und wir werden es *nicht* Hals über Kopf aufbauen, wie unsere Vorfahren es machten, als die Gallier die Stadt niedergebrannt hatten. Nein, nein! Wir bauen breitere Straßen – «

»Und gerader, nehme ich an?« Sabinus lächelte.

»Ja, gerader. Wir verlangen freie Flächen zwischen den Gebäuden und reduzieren die Zahl von Stockwerken.«

»Was soll mit dem ganzen Schutt passieren, der durch das Feuer entstanden ist?« wollte Tigellinus wissen.

»Ich bezahle für die Säuberung der Stadt«, bot Nero freiwillig an, »aber wohin soll das alles gebracht werden?«

Sabinus überlegte einen Augenblick, dann schlug er vor: »Wir könnten doch einfach die Getreidelastkähne wieder den Tiber hinunterschicken und sie vorher mit Asche volladen, um sie in das Sumpfland um Ostia zu kippen. Dort will man doch sowieso versuchen, das Sumpfland aufzuschütten, oder?«

Nero lächelte: »Hervorragend, Sabinus. Hervorragend!«

»Und ich denke, Caesar, daß dein größtes Problem sein wird, die Stimmung der Leute in den verwüsteten Bezirken aufzuheitern. Sie sind geknickt wegen ihrer Verluste. Vielleicht haben sie nicht den Mut und die Kraft, wieder alles aufzubauen.«

»Was schlägst du denn vor?« fuhr Tigellinus ihn an. »Soll Caesar ihnen neue Häuser kaufen, während du ihre Seelen massierst?«

Sabinus ignorierte kühl Tigellinus' dumme Bemerkung und machte einen Vorschlag: »Warum sollte man den Besitzern von zerstörtem Eigentum nicht so etwas wie ein Startkapital geben? Wenn sie innerhalb einer bestimmten Zeit wieder ein Haus errichten, haben sie einen Anspruch auf eine Belohnung.«

»Hmmm«, überlegte Nero, »klingt vernünftig, vorausgesetzt, das Startkapital ist nicht zu hoch.«

»Verteile es doch je nach Verlust, den die Leute erlitten haben.«

»In Ordnung, Sabinus. Das sind gute Vorschläge. Alle. Wir nehmen sie in unserem Edikt auf.«

Nero tat, was er versprochen hatte. Außerdem hielt er Rom dazu an, die Götter öffentlich zu besänftigen, so daß die Katastrophe sich nicht wiederholte, und man richtete feierliche Gebete an Vulkan. Zur selben Zeit marschierte eine düstere Parade von römischen Matronen hinauf zum Kapitol, das die Flammen verschont hatten, und flehten Juno demütig an, ihre Wut abzukühlen; sie badeten ihre Statue mit Wasser aus dem Mittelmeer und hielten ihr zu Ehren die ganze Nacht Wache.

Als Ehefrau des Stadtpräfekten war es eigentlich Plautias Aufgabe, sich Poppaea anzuschließen und die Frauen von Rom zu dieser heiligen Pflicht anzuhalten, aber sie tat es nicht.

»Das ist doch alles Heuchelei«, sagte sie zu ihrem Mann, »nicht eine dieser Frauen glaubt ernsthaft daran, daß Juno ihren Gebeten Gehör schenkt oder überhaupt existiert, um hören zu können.«

Sabinus, der Plautia in dieser Angelegenheit freie Hand ließ, lächelte über ihre Entscheidung.

23

Als die religiösen Zeremonien vorüber waren, stürzte sich Nero kopfüber in die Planung eines neuen Palastes für sich. Aber wo? Die schwarzen Überreste des Palastes wurden von schlechten Erinnerungen verfolgt, und die Götter schienen auf diesem Berg die Stirn zu runzeln. Severus und Celer, die Meisterarchitekten des Kaisers, welche den Wiederaufbau Roms in die Hand nahmen, wiesen ihn auf das geeignete Stück Land für seinen Palast hin: das große Tal unterhalb des Esquilins, in dem alles verwüstet worden war, damit es als gewaltige Feuerschneise wirken konnte.

Nero und Tigellinus eilten mit Severus und Celer zu der Stelle hinüber, und bald waren sie von der Idee gefangengenommen, an diesem Schauplatz einen großen, neuen Palast zu errichten. Mit Augen, die in verträumten Visionen von künftiger Pracht und Herrlichkeit glänzten, machte Nero Vorschläge zu den Dimensionen des neuen Palastes. Den Männern stockte der Atem. Nero steckte ein Gebiet von etwa 530 000 m^2 Land ab, das größer war als beide Fora zusammen.

»Jetzt hört gut zu«, sagte Nero und strahlte: »Ich stelle mir das folgendermaßen vor: Wir vier schauen gerade auf die Eingangstore des neuen Palastes ... der etwa hier stehen wird.« Er zeigte auf die Stelle.* »Im Vestibül sollte irgendein Symbol für diesen Platz stehen. Aber welches?«

Tigellinus verstand den Wink. Er wußte, daß es Neros Traum war, eine gigantische Statue von sich selbst errichten zu lassen, also antwortete er schnell: »Dein Koloß muß dort stehen, Caesar. In wahrhaft heroischer Größe.«

»Meinst du wirklich, Tigellinus?« Nero grinste. »Hm, das könnte angemessen sein. Wie ... groß sollte die Statue sein – was schlägst du vor?«

* An dieser Stelle wurde später das Kolosseum errichtet, das nach Neros Koloß benannt wurde.

»Ich sagte ein *Koloß*, nicht eine Statue, Caesar. Laß ihn mindestens – sagen wir – zwanzigmal so groß sein wie du.«

Severus zog die Stirn in Falten: »Aber das wäre ja gut und gern über dreißig Meter hoch! Und der Vestibülbau müßte noch höher sein.«

»Seid ihr beide, du und Celer, etwa nicht dazu in der Lage, so etwas zu konstruieren?« sagte Tigellinus naserümpfend.

»Natürlich, aber wenn der Palast so hoch ist, dann muß er auch extrem lang sein, um die Proportionen im Gleichgewicht zu halten.«

»Oh, der Palast soll auch lang werden«, sagte Nero in nüchternem Ton, »ich hatte mir eine große Säulenhalle vorgestellt, die eine Achse des Bauwerks bildet, die von hier bis ... sagen wir zu der großen Eiche dort am Ende des Tales reicht.«

Severus' Augen fielen beinahe aus den Augenhöhlen.

»Aber das sind doch beinahe zwei Kilometer von hier!«

»Natürlich!« knurrte Tigellinus. »Wir beabsichtigen, einen echten Palast hier aufzustellen, nicht einen von den Schuppen auf dem Palatin.«

»Aber einen Palast, der sich von allen anderen unterscheidet«, fügte Nero hinzu, »jeder kann *riesige* Bauten aufstellen. Was ich will, ist jedoch ein *grandioses* Bauwerk. Caesar ist nicht nur Kaiser. Caesar ist auch ein Künstler, und seine Residenz soll diese Tatsache widerspiegeln. Nun hört gut zu. Ich habe folgendes im Sinn ... «

Er führte sie über sein neues Anwesen und fuchtelte wild mit den Armen umher, als er ihnen die künftigen Gärten, Seen und die sogar mit Spielen ausgestatteten Felder zeigte, welche den Palast umgeben würden. Sprudelnde Fontänen und Wäldchen mit Plastiken sollten sich von anderen Pools mit frischem Wasser, Seewasser und sogar Schwefelbädern abheben, die von den heißen Quellen in Tibur nach Rom gepumpt werden sollten.

Die Architekten dachten sich allmählich in Neros Gedanken hinein. Einige Wochen später präsentierten sie ihm vorläufige Baupläne, die genauso atemberaubend wie verschwenderisch waren. Sie hatten sogar ein paar Überraschungen für Nero, die seine Phantasie entzücken würden: einen großen Speisesaal, in dem sich eine kuppelartige Decke mit Sonne und Sternen drehen würde, um den Tag- und den Nachthimmel zu symbolisieren. Die Säle würden mit soviel Gold und Juwelenintarsien ausgelegt sein, daß die Architekten einen Namen für ihr Projekt vorschlugen: *Domus Aurea.*

»Goldenes Haus?« Nero sann darüber nach. »Ja. Ja, das gefällt mir sehr gut. Baut es, meine Herren.«

Severus und Celer legten ihre Pläne auf Sabinus' Schreibtisch in der Stadtverwaltung. Er studierte sie ein paar Minuten lang, wobei jeder Muskel in seinem Körper angespannt zu sein schien. Er ging hinüber zu der großen Wandkarte von Rom und schlug mit der linken Hand einen größeren Bogen im Westen und Norden von Rom.

»Hier, meine Herren«, sagte er mit einer Stimme, die vor Sarkasmus nur so sprühte, »hier sind noch ein paar Stadtteile, die ihr *nicht* für den neuen Palast reserviert habt. Den größten Teil von Rom nimmt der Palast ein!«

»Das ist uns auch klar«, sagte Severus verstimmt, »aber wir sind nicht hergekommen, um uns sarkastische Kommentare anzuhören, Präfekt. Wir befolgen schließlich nur die Befehle. Wir *sind* hier, um dich um Arbeitertruppen für den neuen Palast zu bitten.«

»Alle Städtischen Kohorten und privaten Unternehmer sind damit beschäftigt, Rom wieder aufzubauen.«

»Ja, aber Nero muß auch einen Platz haben, wo er leben kann«, bemerkte Celer, »wir haben die Vollmacht, deine Truppen zu übernehmen, falls du nicht kooperierst.«

Sabinus hatte Mühe, seinen Zorn zurückzuhalten. Er suchte nach theoretischen Möglichkeiten und Alternativen, aber – so sehr er auch überlegte – er fand keine.

»Ich will, daß ihr beide wißt«, sagte er schließlich, »daß die Leute in Rom den *wahren* Grund erfahren werden, warum die Arbeitstruppen zurückgezogen wurden.«

»Ausgezeichnet«, sagte Severus achselzuckend, »also, hier steht, was wir alles benötigen...«

Die vielen tausend Arbeiter, die sich abgeplagt hatten, um die Stadt wieder aufzubauen, waren plötzlich zu dem riesigen Projekt entlang des Esquilins geschickt worden. Die Römer runzelten die Stirn und begannen zu grollen. Das Murren wurde lauter, als sie die unglaublichen Ausmaße von Neros neuem Palast sahen und davon hörten, daß dieses Projekt von erzwungenen Geldbeiträgen »für den Wiederaufbau von Rom« aus dem ganzen Kaiserreich finanziert wurde. War es Zufall, daß sechs große Landeigentümer in Afrika plötzlich durch falsche Beschuldigungen exekutiert wurden und ihre beträchtlichen Besitztümer – praktisch die halbe Provinz – vom Kaiser konfisziert wurden?

Das *Goldene Haus* diente nur als Schlußstein eines häßlichen Gerüchtebogens, der seit dem großen Feuer Stein für Stein über Rom errichtet worden war. Die Leute flüsterten es ihren Nachbarn zu. Wandschmierereien riefen es von den Wänden. Tausende von Heimatlosen ballten ihre Fäuste und schrien es heraus. Und Neros Feinde versuchten, es zu beweisen: Als Höhepunkt all seiner Verbrechen hatte *Nero selbst* Rom in Brand gesteckt!

Aber warum? Die Leute meinten, daß der Grund dafür doch schließlich auf der Hand liege: um die Elendsviertel auf ein Minimum zu reduzieren; um den Ruhm für die Gründung einer neuen Stadt zu ernten, die wahrscheinlich in *Neropolis* umgetauft würde; und vor allem, um sich riesige Flächen Land im Herzen von Rom für sein *Goldenes Haus* unter den Nagel reißen zu können. Das waren die Hauptmotive. Und es gab noch andere: Priamus und Troja waren durch ihr feuriges, katastrophales Ende unsterblich geworden. Nero wollte ebenfalls in die Legende eingehen, und so schuf er seine eigene Katastrophe.

Und der Beweis? Schaut doch nur, in welchen Gebieten Häuser für die Feuerschneise zerstört wurden. Und die Szene, als Nero seine brennende Stadt von der Terrasse aus beobachtete, war beim Erzählen von Mund zu Mund immer mehr ausgeschmückt worden. Statt Tränen zeigte sich nun ein finsteres Lächeln auf seinem Gesicht. Anstatt sein Klagelied zu singen, zupfte er verzückt an den Saiten seiner Leier und ergötzte sich beinahe an den Flammen.

»Nero spielte, als Rom brannte!«

Dieser deutliche, wütende Schlachtruf war aufgekommen, kurz nachdem die Flammen gelöscht waren. Sabinus, der fair sein wollte, versuchte, das Gerücht aus der Welt zu schaffen.

»Unsinn!« entgegnete er öffentlich. »Die Leute geben in Krisenzeiten *immer* der Person die Schuld, die an der Macht ist.«

Aber dann begannen die gefärbten Berichte, die Mißverständnisse und Gerüchte die Stadt zu einer Zeit zu durchtränken, als die Römer dazu neigten, nach Schuldigen und Brandstiftern Ausschau zu halten. Ein Plebejer, der seine Frau und sein Baby auf dem Caelius verloren hatte, stand in der Zeltstadt auf und rief: »Meine Cousine arbeitet im Palast. Sie hat erzählt, daß jemand auf einer von Neros

Abendgesellschaften eine Zeile von Euripides zitiert hat: ›Wenn ich tot bin, möge Feuer die Erde vernichten.‹ Aber Nero antwortete: ›*Nein!* Eher, *während* ich *lebe!*‹«

Aber den größten Nährboden für die Gerüchte lieferten die Bekämpfer des Feuers mit ihren Bemühungen bei den Feuerschneisen. Die Leute sahen, wie sie Gebäude zerstörten oder zusätzlich in Brand steckten und die Polizei ihnen sogar noch dabei half. Also mußte alles auf Caesars Befehl hin geschehen sein.

Nero hatte von den ersten Gerüchten erfahren, als der Rauch noch von der Aschendecke im südlichen Zentrum Roms in Ringen hochstieg, doch er hatte sie als leeres Geschwätz abgetan. Aber mit dem Projekt des *Goldenen Hauses* verwandelte sich das wütende Murmeln in ein deutliches Schreien. Nun dröhnte die Stadt von wütenden Demonstrationen, als Hunderttausende von anklagenden Zeigefingern sich aus dem Schutt erhoben und auf Nero zeigten.

Die Wandschmierereien in Rom waren für gewöhnlich einfach und deutlich, so zum Beispiel, als sie Nero damals schlicht und einfach Muttermord vorwarfen. Aber nun gab es neue Themen und neue Töne:

Ein Haus aus Gold verschluckt Rom, oh Graus!
Flieht schnell nach Veii, baut euch dort ein Haus!
Doch der Palast wächst schneller, als die Hölle es je kann,
Und bald verschlingt er auch Veii, der Tyrann.

und

Wer legte Rom in Brand?
Der bewundernswerteste Mann im Land,
Der tötete Mutter, Vater und seine Frau sogar
Und noch eine viel größere Schar;
Uns allen ist er bekannt als krächzender Leier-Musikant.

Nero machte sich nicht die Mühe, die Autoren solcher Schmierereien ausfindig zu machen – das wäre sowieso ein hoffnungsloses Unterfangen gewesen –, aber er wurde zunehmend unruhig, als die Leute nicht länger von Caesar, sondern von dem »Brandstifter« oder dem »Brandstifter-Muttermörder« sprachen. Als er nahe daran war, in Panik zu verfallen, berief er eine Sitzung in seiner temporären Residenz ein, zu der alle führenden Köpfe der Regierung erscheinen sollten – einschließlich des Staatsrates.

Sabinus hatte die kaiserliche Sitzung vorausgeahnt. Nero fühlte sich wieder einmal bedroht. Das Problem war, daß dieses Gefühl der Bedrohung immer seine schlechtesten Seiten zum Vorschein brachte. Alle seine Verbrechen waren begangen worden, als er sich bedroht gefühlt hatte. Aber nun war noch eine neue Komplikation hinzugetreten – die Stimme des Volkes. Denn Nero war überaus sensibel, wenn es um seine Popularität ging. Wenn die Leute gegen ihn eingenommen waren, würde er zweifellos feige, mißtrauisch und unberechenbar sein – und bereit, nach jeder bequemen Lösung zu greifen.

Sabinus wurde nicht enttäuscht. Nero benahm sich genau so, wie er es befürchtet hatte – und noch schlimmer. Seine rötliche Gesichtsfarbe hatte sich in ein klammes Weiß verwandelt, und sein Gesicht schien in den letzten Monaten noch fetter geworden zu sein, denn sein Kinn zeigte deutliche Konturen eines Doppelkinns; sein Stiernacken war massiger als jemals zuvor. Seine wollüstigen Lippen schienen nun dick genug zu sein, um die Nase berühren zu können, dachte Sabinus. Oder ließ seine Nase sich schlaff herunterhängen, um seinen Mund vor dem Überfressen zu schützen?

Nero ließ sogleich den Tenor der Konferenz erkennen.

»Ich habe euch, meine Kollegen und sogar meine geliebte Poppaea, zusammengerufen, damit ihr mir bei der Entscheidung helft, wie man gegen die schrecklichen Verleumdungen vorgehen soll, die in der Stadt zirkulieren. Die Leute halten Versammlungen auf den Straßen ab. Sie verlangen, daß ich in der ›Büßertunika‹ verbrannt werde! Großer Vulkan, was für eine himmelschreiende Ungerechtigkeit! Ich, der ich am meisten unter dem Feuer gelitten habe, ich werde angeklagt, es angezündet zu haben! Alles, was für mich von großem Wert war, ist nun zu Asche geworden, und sie wollen behaupten, daß ich Rom zu einer Flammenhölle gemacht habe!«

Seine Wurstfinger, auf denen struppige, rotblonde Haare wuchsen, glätteten unermüdlich seine Lockenreihen am Hinterkopf oder zogen an dem purpurroten Seidentuch, das er um den Hals trug – Terpnus hatte es als Schutz für seine »himmlische Stimme« verordnet. Dann zählte Nero wieder seine Verluste durch das Feuer auf, eine Liste, die Sabinus schon so oft gehört hatte, daß er sie aus dem Gedächtnis rezitieren konnte.

»Hat irgend jemand die *wahre* Ursache für die Brandkatastrophe herausgefunden?« wollte Petronius wissen.

Nero schaute Sabinus an und sagte: »Vielleicht kann unser Stadtpräfekt uns darüber aufklären.«

In der Tat wußte Sabinus genau, was den Feuerausbruch ausgelöst hatte. Lange bevor die Glutasche niedergebrannt war, hatte ein schuldbewußter Hermes Sabinus sein Mißgeschick gestanden. Da Sabinus erkannte, daß Hermes' Leben auf dem Spiel stand, hatte er ihm geschworen, Stillschweigen zu bewahren. So antwortete er jetzt: »Soweit wir es ausmachen können, war es nur ein Hausbrand, der durch ein Unglück östlich vom Circus in dem Laden eines Ölhändlers ausbrach und das Feuer auslöste. Der Schirokko nahm das Ganze in die Hand – und das war's dann.«

»Aber *mir* wird die Schuld in die Schuhe geschoben«, beklagte sich Nero, »mir, der ich zu dieser Zeit sechsundfünfzig Kilometer von diesem Ort entfernt war. *Ich* schickte Brandgeschosse in die Stadt ... natürlich nur in Vollmondnächten! Feuriger Vulkan! Wenn das so ist, warum ließ ich keine Plakate malen, auf denen geschrieben stand: »Diese Flammen sind ein Geschenk von Nero Caesar.«

»Und wie du es verpfuscht hast, Caesar«, fuhr Tigellinus mit der gleichen Ironie fort, »du warst hinter den Besitztümern auf dem Esquilin her, aber bevor du die Flammen dazu bringen konntest, einen so weiten Weg zurückzulegen, mußtest du erst ein Drittel der Stadt zerstören!«

»Und meine eigenen Besitztümer. Also, meine Freunde, ich frage euch noch einmal: Was sollen wir tun?«

Stille erfüllte den Raum, bis Tigellinus fragte: »Warum finden wir nicht einfach die *wirklichen* Schuldigen?«

»Die wirklichen Schuldigen?« Nero blickte ihn verständnislos an. »Aber die gibt es doch gar nicht. Das Feuer war doch nicht geplant.«

»Ich weiß, ich weiß. Aber weißt du, das Volk *will* Schuldige ... sie *wollen* glauben, daß es von Brandstiftern ausgelöst wurde. Also bestärken wir sie einfach in dem Glauben.«

»Du meinst, wir sollen die Schuld auf Unschuldige abwälzen?« fragte Petronius.

»Ja, unschuldig, was das Feuer angeht, aber ... die sich sonst irgendwie schuldig gemacht haben. Wir könnten ein paar Verbrecher ausfindig machen – vielleicht sogar einige von den ausländischen Elementen, die wir nicht mögen – und sie öffentlich anklagen, um Caesar reinzuwaschen.«

»Hmmmm«, überlegte Nero, »der Plan ist nicht schlecht ... «

»Moralisch und auch sonst vollkommen falsch, Caesar«, widersprach Sabinus.

»Die Verbrecher würden gestehen, daß sie dazu gezwungen worden sind, und du würdest schlechter dastehen als jemals zuvor. Die einzige Lösung ist, die Wahrheit darüber zu erzählen, wie das Feuer entstanden ist.«

»Aber das haben wir doch schon *versucht*, Sabinus«, brummte Tigellinus, »und die Leute wollen es einfach nicht glauben.«

»Laß mich ausreden. Laßt uns eine vollständige Erklärung der Ursachen des Feuers verbreiten – vereidete Zeugenberichte von den Überlebenden aus der Straße, wo es ausbrach – und dann fügen wir eine Liste von Caesars eigenen großen Verlusten hinzu und noch weiteres Entlastungsmaterial, und die Leute *müssen* an deine Unschuld glauben.«

»Ich unterstütze diesen Vorschlag«, sagte Petronius. Mehrere andere Köpfe nickten, aber Nero schien weniger beeeindruckt.

»Widerlich!« schmollte er. »Es ist widerlich, daß ich meine Unschuld zu beweisen habe, als säße *ich* auf der Anklagebank. Wenn wir ein solches Schreiben veröffentlichen, hat es den Anschein, als wäre ich in diesem Fall der Angeklagte.«

»Bei allem Respekt, Caesar, das *bist* du auch«, sagte Sabinus, »wenn auch ungerechtfertigterweise, so haben dich die Leute von Rom jedoch auf die Anklagebank gesetzt, und du mußt ihnen antworten, dich reinwaschen und ihnen die wahre Geschichte erzählen. Mach die Tatsachen bekannt. Sie werden ihnen Glauben schenken.«

Wieder folgten ein paar Minuten der Stille. Schließlich sagte Tigellinus: »Du verstehst die Leute von Rom nicht, Präfekt. Der einfache Mann ist sensationsgierig. Deshalb ist es nicht genug, ihn zu füttern. Wir müssen seine Augen genauso zum Leuchten bringen, wie wir seinen Magen füllen müssen. Dem Brot müssen die Spiele folgen. Nun, was glaubt die Öffentlichkeit *lieber?* Daß das große

Feuer durch ein Unglück ausgebrochen ist, wie es bei Feuern meistens der Fall ist, oder daß es geplant war? Die Leute haben sich bereits für letztere Lösung entschieden. Sie ziehen immer das Sensationelle dem Gewöhnlichen vor. Wenn wir versuchen, ihnen zu beweisen, daß es ein Unglück war, werden sie es jetzt nicht mehr glauben. Sie werden sagen, daß wir nur die Wahrheit kaschieren wollen, und das Murmeln wird nicht aufhören, solange Nero auf dem Thron sitzt. Es wird vermehrt zu Verschwörungen kommen. Mordanschläge werden versucht werden.«

Nero kniff die Augen zusammen, und die Angst stand ihm im Gesicht geschrieben, während Tigellinus, der die Schwächen seines Kaisers nur allzu gut kannte, fortfuhr: »Deshalb müssen wir Caesar schützen, indem wir ihn vollkommen reinwaschen. Und der einzige Weg, dies zu tun, ist: den Leuten die Opfer zu geben, die sie haben wollen. Daher schlage ich vor, daß wir irgendeine Bande von ›Brandstiftern‹ suchen, sie öffentlich anklagen, ihre Schuld ›beweisen‹ und ihnen vor den Augen des Volkes eine ganz dramatische Hinrichtung in einem der großen Hippodrome verschaffen. Wir verbrennen sie... wir foltern sie... wir kreuzigen sie, während unsere Bürger dem Treiben zuschauen. Diejenigen, die ihre geliebten Angehörigen oder Freunde verloren haben, werden schließlich den süßen Nektar der Rache trinken, wenn sie den Todeskampf der ›Brandstifter‹ sehen. Und dann hören sie endlich auf, dem unschuldigen Kaiser die Schuld an dem Feuer zu geben.«

»Aber... es ist... *falsch*, Tigellinus!« setzte Sabinus dagegen. »Ungerecht! Unmoralisch! Eine Theatervorstellung, eine Farce. Es kann Komplikationen der schlimmsten Sorte auslösen. Rom hat niemals –«

»Wer sagt, was richtig oder falsch ist? Stellst du etwa das Leben von ein paar jämmerlichen Verbrechern über Caesars eigenes Leben?«

Unglücklicherweise schien Tigellinus' Plan unter einigen der Ratgeber Zustimmung zu finden, und bald pries Nero ihn in den höchsten Tönen.

»Die Leute *müssen* nach all der Misere eine Theatervorstellung haben«, sagte er, »stellt euch vor, wie glücklich sie das machen würde! Und das Argument, daß sie ihre Rache bekommen, wenn sie die Schuldigen leiden sehen, entspricht der Wahrheit, wißt ihr. Die

Menschen *sind* so. Ja. Ja, natürlich! Das ist die Lösung, meine Kollegen. Laßt es uns so machen.«

Sabinus erhob einen noch stärkeren Protest und rief diesmal die Erinnerung an Neros Vorfahren wach, die in Gerechtigkeit und Unparteilichkeit regiert hatten. Aber Nero knurrte: »Ach, halt den Mund, Sabinus. Du bist hier keine große Hilfe. Wenn du kein neues Lied singen kannst, dann verschwinde doch einfach hier.«

Zornentbrannt stand Sabinus auf und verließ den Raum.

»Nein, warte!« befahl Nero. »Bleib! Als Stadtpräfekt mußt du natürlich in diese Pläne eingeweiht werden. Nun, Tigellinus, wer sollen denn die Opfer sein?«

»Ich weiß nicht.« Der Prätorianerpräfekt zuckte die Achseln. »Die Idee mit den ›Schuldigen‹ ist mir gerade erst gekommen. Wir müssen darüber nachdenken.«

»Gut, wieviele sollen es sein?«

»Nicht nur eine Handvoll, Caesr. Das muß ein großes Spektakel werden. Wir müssen die Arena von einem der Hippodrome mit einer ganzen Menschenmenge von Brandstiftern füllen.«

»Ja, ja. Vielleicht mindestens mehrere Dutzend.«

»Eher mehrere hundert, denke ich.« Tigellinus grinste boshaft. »Je größer die Zahl der Opfer, desto größer das Rachegefühl unter den Leuten.«

»Götter, was für ein weiser Ratschlag, Tigellinus!« sagte Nero und lächelte. »Begreift ihr nun, meine Freunde, warum ich diesen Mann als Prätorianerpräfekten gewählt habe? Nun, wo können wir eine Verbrecherbande dieser Größenordnung auftreiben?«

»Oder Ausländer ... Anhänger eines Kultes ... irgendeine Gruppe in der Gesellschaft, die wir verachten!«

»Die Anhänger von Isis und Osiris?« wagte Gallio vorzuschlagen. »Schließlich wütete das Feuer in ihrer Region III.«

»Was bedeutet, daß sie unschuldig sind«, setzte Tigellinus dagegen. »Sie würden wohl kaum ihr eigenes Gebiet in der Stadt zerstören. Laß uns Stadtteile heraussuchen, die *nicht* von dem Feuer betroffen waren.«

Nero rief nach der Stadtkarte, auf der Sabinus die abgebrannten Bezirke schraffiert hatte. Sie breiteten sie auf dem Konferenztisch aus und studierten sie ein paar Augenblicke lang. Plötzlich rief Nero aus: »Seht ihr, was ich sehe, meine Herren? Es gibt nur vier Regionen, die überhaupt nicht von dem Feuer betroffen waren. Davon können wir die Gebiete V und VI ausklammern, denn nur die reichen Leute leben auf dem Esquilin und dem Quirinal, aber keine Ausländer und Kultanhänger. Bleiben also nur noch die Regionen I und XIV übrig.«

»Worauf willst du hinaus?« fragte Petronius.

»Ganz einfach: Welche ausländische Gruppe hat sich in beiden Regionen, Region I, der Porta Capena, und XIV, der Trans-Tiber-Region, niedergelassen?«

»Ach ja... natürlich die Juden.« Tigellinus strahlte.

»Die Juden. Genau.« Nero lächelte. »Wir müssen sie von Zeit zu Zeit aus Rom verjagen, aber sie schaffen es immer wieder, zurückzukommen. *Die Juden* haben Rom in Brand gesteckt!«

Sabinus schüttelte voller Verzweiflung den Kopf, und auch Poppaea runzelte die Stirn.

»Aber die Juden sind viel zu viele für deine Zwecke.« Sie ergriff zum ersten Mal in dieser Sitzung das Wort. »In Rom muß es allein dreißigtausend geben.«

»Wir verlangen einfach nur ein paar hundert«, antwortete Nero, »die meisten unserer Bürger können sie sowieso nicht leiden. Sie sind die perfekten Sündenböcke.«

»Nein«, sagte Poppaea ruhig, aber bestimmt, »wenn du ein paar hundert töten würdest, dann würde das Volk auch all die anderen auftreiben und viele Tausende töten. Es wäre ein schreckliches Blutbad. Die Juden sind unschuldig... sie sind ihrem Kaiser treu. Sie beten in den Synagogen für dich, Nero. Das kannst du ihnen nicht antun.«

»Nicht einmal, um deinen Gemahl zu retten, Kaiserin?«

»*Wage* ja nicht, es so zu drehen, Tigellinus!« zischte sie. »Was auch immer ihr entscheidet, meine Herren, es werden *nicht* die Juden sein!«

Wieder einmal erfüllte Schweigen den Raum.

Plötzlich begann Sabinus' Herz in einem wilden Rhythmus zu schlagen, doch er bemühte sich krampfhaft, sich nichts von seinen schlimmen Befürchtungen anmerken zu lassen. Im Schrecken des Augenblicks betete er zu dem großen Vater der Götter, daß Tigellinus nicht das dachte, was Sabinus befürchtete. Er warf Tigellinus einen kurzen Blick zu, und sein Schrecken wurde mehr als bestätigt:

Tigellinus hatte ihn schon eine ganze Weile angestarrt, und auf seinem Gesicht machte sich allmählich ein Grinsen breit. Er wartete noch ein paar Augenblicke länger, um Sabinus leiden zu lassen, bevor er sagte: »Nun, Caesar. Du brauchst nicht länger zu suchen. Wir haben unsere Brandstifter gefunden.«

»Wer soll es sein?«

»Wer?« Tigellinus grinste, als ihm klar wurde, was das bedeuten würde. »Warum nicht einfach diese besondere Sorte von Juden, die überhaupt keine Juden sind, was Sabinus mir vor drei Jahren in dem Prozeß gegen Paulus von Tarsus zu beweisen half. Wie ihr wißt, verlor ich diesen Fall. Aber ich denke, diesen hier werde ich gewinnen.«

»Oh... du meinst die Christen«, antwortete Nero.

Tigellinus nickte langsam und sagte: »Genau. Die Christen.«

Eine Weile schwiegen sie alle, um die Möglichkeit abzuwägen.

»Bei den unsterblichen Göttern, das ist *gut*, Tigellinus«, bemerkte Nero schließlich, »ausgezeichnet... wirklich ein *großartiger* Vorschlag. Unser Volk haßt die Christen genauso wie die Juden, und es gibt viel weniger Christen. Das Volk mißtraut ihnen noch mehr. Es ist sowieso eine unheimliche Gruppe. Sie könnten es durchaus getan haben.«

»Ihre Hauptgemeinde ist auf dem Aventin«, fügte Tigellinus hinzu, »und der Aventin war von dem Feuer beinahe unberührt.«

Sabinus war unwohl bei der schrecklichen Wende, welche die Unterredung genommen hatte. Hunderte von unschuldigen Menschenleben hingen nun von seiner Fähigkeit ab, diese schreckliche Entscheidung abzuwenden, welche die Konferenzteilnehmer in Erwägung zu ziehen schienen. Natürlich war er inzwischen zur *persona non grata** in dieser Diskussion gestempelt worden, aber er würde es sich niemals verzeihen können, wenn er nicht alles daran setzen würde, um dieses Unheil abzuwenden.

»Meine Kollegen«, begann Sabinus langsam, »ich möchte auf den sehr redegewandten Einwurf zurückkommen, den die Kaiserin Poppaea in die Diskussion gebracht hat. Sie hatte absolut recht mit ihrer Vermutung, daß unser Volk sich nicht mit der Bestrafung einiger weniger zufriedengeben wird. Sie werden in der Tat keine Ruhe

* persona non grata (lateinisch): Person, die nicht mehr erwünscht ist

geben, bis sie alle ermordet haben. Nun gibt es aber mehr als einige hundert Christen in Rom. Inzwischen sind es Tausende – «

»Oh, er denkt natürlich an seine liebe Schwiegermutter.« Tigellinus grinste hämisch. »Mach dir keine Sorgen, Sabinus. Wir werden Pomponia nicht antasten!«

»Ganz abgesehen von Pomponia«, fuhr Sabinus fort, »sind inzwischen Leute aus jeder Gesellschaftsschicht Christen geworden. Es ist eine harmlose Religion, Tigellinus. Einige von deinen eigenen Prätorianern sind Christen – und um so besser für sie. Einige von deinen eigenen Sklaven sind Christen, Caesar.«

»Wirklich?« Neros Miene verdüsterte sich.

In demselben Augenblick erkannte Sabinus, daß es der falsche Zeitpunkt für dieses spezielle Argument gewesen war, denn es könnte Neros Mißtrauen schüren. Er versuchte, seine Argumentation so gut wie möglich abzuschließen. »Sie beten für dich, Caesar. Sie sind gute Bürger. Und sie würden niemals die Lüge auf sich sitzenlassen, daß sie Rom angezündet hätten.«

»Das würden sie unter Folter«, fuhr Tigellinus dazwischen.

Sabinus ignorierte den Kommentar und argumentierte: »Wenn du den Christen die Schuld in die Schuhe schiebst, werden die hundert Unschuldigen, die du in der Arena versammelst, nicht die einzigen Opfer sein. Die Leute werden auch den Rest ausfindig machen und ein allgemeines Blutbad anrichten. Ich bitte euch, meine Freunde, bei allen Göttern und Göttinnen, die wir verehren, daß ihr eine andere Gruppe auswählt, wenn ihr eine auswählen müßt – vielleicht verurteilte Verbrecher.«

»Nein. Man kann Verbrechern nicht trauen«, sagte Tigellinus höhnisch, »sie könnten uns bloßstellen. War das nicht vorhin dein Argument, Sabinus? Und außerdem traue ich den Christen sowieso nicht über den Weg. Wenn die Zahl der Christen hier in Rom tatsächlich zunimmt, wie du sagst, dann sind sie ein gefährliches und staatsgefährdendes Element – ein Staat innerhalb eines Staates. Und vielleicht *tun* sie ja doch diese schrecklichen Dinge, die bei Paulus' Gerichtsprozeß erwähnt wurden: sie treffen sich in der Nacht wie ein Pack von Hexenmeistern und Magiern – «

»Und der Punkt ist doch, daß das Volk *denkt,* daß sie alle diese Dinge tun.« Nero lächelte. »Wenn sie Babies töten und unsere Götter verachten, könnten sie auch Rom hassen, um es zu verbrennen.«

»Bei den Göttern!« rief Tigellinus plötzlich aus. »Bis zu diesem Augenblick hatte ich ja noch gar nicht daran gedacht! Ich ließ zwei von meinen Prätorianern die Versammlungen der Christen auf dem Aventin besuchen, um mehr über ihre Lehren zu erfahren. Nun, ihr *anderer* Hauptführer ist vor kurzem in Rom eingetroffen – ein galiläischer Fischer namens Simon war es, glaube ich. Ja, Simon Petrus. Und was meint ihr, was er seinen Leuten kurz nach unserem… großartigen Fest bei Agrippas See erzählte?«

»Was?«

»Ich erinnere mich nicht mehr an den genauen Wortlaut, aber es ging um folgendes: Er erzählte von ein paar Städten in Palästina, die durch Feuer zerstört wurden, und dann sagte er: ›Vielleicht kann auch nur ein Feuer Rom reinwaschen‹ – oder so etwas Ähnliches.«

Nero riß erstaunt die Augen auf. Dann lächelte er: »Damit ist es also bewiesen. Die Christen haben Rom in Brand gesteckt.«

»Nein!« setzte Sabinus dagegen. »Das war doch nur symbolisch gemeint – ein bloßer Zufall. Es hat überhaupt keine Bedeutung. Petrus würde sicher niemals Brandstiftung vorschlagen. Die Christen halten sich an die Gesetze. Sie legen kein Feuer – eher würden sie –«

»Ach, halt den Mund!« schnauzte Nero ihn an. »Es ist mir doch zum jetzigen Zeitpunkt völlig egal, ob sie Feuer legen oder nicht. Du redest schon wieder am Kern der Sache vorbei: es geht jetzt darum, ob diese Regierung *überlebt* oder nicht. Bist du zu dämlich, um das zu kapieren?«

»Ich weiß nur das eine«, entgegnete Sabinus, wobei eine flüchtige Mischung aus Wut und auch Furcht in ihm hochstieg. »Brandstiftung ist ein Kapitalverbrechen. Und solche Verbrechen werden in Rom vor den *Stadtpräfekten* gebracht. Ich verspreche dir, daß ich vor Gericht ein individuelles Urteil über jeden einzelnen Christen fällen werde – und nicht über eine Gruppe –, und ich werde *keinen* von ihnen verurteilen, weil das Feuer ein *Unglück* war. Wir wissen, wo es ausgebrochen ist.«

Sabinus wußte, daß es eine verzweifelte Bemerkung war. Keiner durfte so mit Caesar reden, aber vielleicht würde sein Reden bewirken, daß Nero und seine Ratgeber ihre Entscheidung noch einmal überdachten.

Nero wandte sich Sabinus lediglich zu und runzelte mißbilligend die Stirn. Dann öffnete er seine dicken Lippen und sagte verächtlich: »Glaubst du *wirklich*, wir würden warten, bis du dein Urteil über jeden einzelnen Christen gesprochen hast, Sabinus? Und zusehen, wie du sie alle freisprichst? Und keinen verurteilst? Uns in Verlegenheit bringst – uns als Lügner und als Brandstifter hinstellst? *Vergiß es!* Hältst du uns für *Dummköpfe*, Sabinus? *Hä?* Du bewegst dich auf *sehr* gefährlichem Grund und Boden, Präfekt!« Er richtete seinen drohenden Blick noch ein paar Minuten auf Sabinus und bemerkte dann: »Nein, wir können bei diesem Unterfangen keinen so rückgratlosen Mann wie dich gebrauchen. Was für Möglichkeiten haben wir, Tigellinus?«

»Sehr einfach, Caesar.« Er lächelte und tippte die Fingerspitzen beider Hände gegeneinander. »Meine Prätorianer werden sich darum kümmern. Wir sind ohnehin die Regierungspolizei, und wir nutzen unsere geheimen Kanäle, um herauszufinden, wo sich Christen befinden, und dann verhaften wir sie. Ich richte natürlich selbst über sie.«

»Ausgezeichnet! Trommel sie zusammen und bring sie in den Circus. Nein, wir können den Circus Maximus nicht benutzen! Laß uns das Stadion nehmen, in dem ich meine Pferde immer rennen lasse ... drüben in den Vatikan-Gärten auf der anderen Seite des Tibers. Großer Jupiter! *Du* schon wieder, Sabinus? Was willst du?«

»Ich ... ich halte es nur für angemessen, daß ich um meine Entlassung als Stadtpräfekt bitte, Caesar. Ich halte diese Lösung für die schlimmste und menschenunwürdigste aller Lösungen, die man sich nur vorstellen kann. Unter diesen Umständen kannst du mich natürlich nicht mehr in deiner Regierung haben wollen.«

»Der Teufel soll dich holen und in die tiefsten Tiefen des Hades mitnehmen, Sabinus!« Neros Lippen zitterten, und die Adern an seinem Hals schwollen an. »Laß Caesar gefälligst seine eigenen Entscheidungen treffen, klar?« Seine trüben, blauen Augen, die vor Wut zusammengekniffen waren, starrten ihn eine Zeitlang an. Dann meinte Nero: »Ja, ich *sollte* dich dein Amt aufgeben lassen. Ich sollte dich deswegen *feuern!* Oder noch *schlimmer!* Aber im Moment habe ich keine Zeit, mich nach einem neuen Stadtpräfekten umzusehen. Deswegen wirst du dein Amt *nicht* aufgeben, Flavius Sabinus! Du wirst deinen Dienst solange tun, wie ich es wünsche. Hast du verstanden?«

24

Sabinus konnte immer noch nicht fassen, daß dieses grauenhafte Vorhaben nun tatsächlich durchgeführt werden sollte, als er hinüber zum Esquilin eilte, um Aulus und Pomponia darüber zu informieren. Er hatte das Unheil nicht abwenden können. Jetzt konnte er nur noch davor warnen.

Aulus schauderte bei Sabinus' Schreckensbotschaft, während Pomponia zusammenbrach und weinte.

»Was… was sollen wir denn nur tun?« fragte sie unter Schluchzen.

»Fertige eine Liste von allen Christen an, die du benachrichtigen willst. Es ist nicht mehr genug Zeit, um alle zu informieren. Schicke deine vertrauenswürdigsten Sklaven sofort zu ihnen, um sie zu warnen. Aquila, Priscilla und natürlich Petrus und die anderen Führer sollen sofort aufbrechen, um sich zu verstecken.«

»Aber wo?«

»Irgendwo. Auf jeden Fall nicht hier. Tigellinus wird wahrscheinlich zuerst euer Haus durchsuchen. O ja, er versprach, dich nicht anzutasten, Pomponia, aber ich verlasse mich niemals auf sein Wort. Ihr Christen solltet auf jeden Fall aus der Stadt verschwinden – *sofort* – bevor es zu spät ist. Es ist doch besser, wenn ich selbst hinüber zum Aventin gehe, um Aquila zu warnen. Inzwischen geh du zu Petrus – *jetzt* – da er ganz in der Nähe der Castra Praetoria wohnt. Wenn nötig, verstecke ihn in unserer Villa in Tibur!«

Im gleichen Moment rannte er hinaus und durch die Stadt Rom, in der immer noch viel Schutt und verbrannte Erde von dem großen Feuer herumlagen, und eilte den steilen Berg zum Aventin hinauf. Noch völlig außer Atem, pochte er wild an die Tür von Aquilas Gotteshaus. Keine Antwort.

Schließlich öffnete sich die Tür. Priscilla strahlte und sagte: »Was für eine Ehre, Präfekt! Friede sei mit dir!«

»Wo ist Aquila? Hol ihn her, wenn er hier ist, Priscilla! *Schnell!*«

Sie rief ihren Gatten. In dem Augenblick, in dem er kam, kündete Sabinus die Todesgefahr an.

»Das hab' ich befürchtet, das hab' ich befürchtet«, sagte Aquila. »Ich hatte das Gefühl, daß irgendwann so etwas passieren würde. Jesus sagte: ›Haben sie mich verfolgt, so werden sie auch euch verfolgen.‹* Was sollen wir tun, Präfekt? Gibt es irgendeine Hoffnung?«

»Nicht, wenn die Prätorianer euch zu fassen bekommen. Warnt die Christen, die euch am nächsten stehen, und sagte ihnen, daß sie aus Rom fliehen sollen, wenn sie können. Wenn nicht, sollen sie sich verstecken. Jeder soll die Schreckensbotschaft weitergeben!«

»Wann werden sie kommen, um uns zu verhaften?«

»*In jedem Augenblick.* Ihr müßt sofort hier verschwinden!«

»Aber ... aber wir können doch nicht – «

»Fast hätte ich es vergessen. Hast du eine Liste von den Gläubigen hier in Rom, Aquila? Irgendwelche Berichte darüber, wer zu den Christen zählt?«

»Ja, natürlich ... «

»Gute Götter! *Verbrenn'* sie. Jetzt! Sofort! Zeig mir, wo sie sind!

Als sie in Aquilas Amtszimmer gingen, hörten sie ein unheilverkündendes *klack, klack, KLACK, K L A C K* von sich nähernden Truppen.

»Kohorte ... halt!« rief ein Tribun, *»umzingelt dieses Haus!«*

Die Tür wurde eingeschlagen.

Priscilla stockte der Atem. Die Tür fiel krachend auf, und die Truppen marschierten hinein. Neben dem Tribun stand Tigellinus persönlich, der mit schnarrender Stimme sagte: »Wo ist dein Mann?«

Priscilla war starr vor Entsetzen und brachte keinen Ton heraus. Sie durchsuchten das Haus und fanden ohne Mühe das Amtszimmer, aber es war leer. Tigellinus schaute durch das offene Fenster, dann krabbelte er hindurch, um in den Garten hinter dem Haus zu gelangen.

»So, Sabinus«, sagte er mit einem bösen Lachen, »was macht ihr beide denn hier hinten?«

»Ich warne nur ein paar Unschuldige vor dem Schlachter.«

* Johannes 15,20

»Ich würde sagen, der Stadtpräfekt verkehrt mit den Feinden Caesars. Das ist Hochverrat, wie du weißt.«

»Nur laut deiner verzerrten Definitionen, Tigellinus.«

»So unverschämt, Sabinus? Zu einem Zeitpunkt, wo ich noch einige Rechnungen mit dir zu begleichen habe? Zu einem Zeitpunkt, wo dieses Haus mit meinen Männern voll ist? Warum verhafte ich dich nicht einfach hier und jetzt wegen Hochverrats?«

»Ich sage dir, warum nicht: weil Nero sich im Moment nicht auf einen Kampf mit der gesamten Senatorenklasse einlassen will! Die Plebejer machen ihn schon für das Feuer verantwortlich. Wenn die Patrizier sich ihnen auch noch anschließen – wegen deiner Stümperei...«

Er ließ Tigellinus die Schlußfolgerung ziehen. Er mußte Zeit gewinnen, und auf jeden Fall konnte er den schikanierten Christen als Präfekt eine größere Hilfe sein, als wenn er selber zum Opfer würde.

Tigellinus starrte ihn lange mit hochmütigem Blick an. Dann wandte er sich Aquila zu.

»Dein Name ist Aquila?«

»So ist es.«

»Bist du ein Christ, Aquila?«

»Ja, das bin ich.«

»Du und deine Frau, ihr seid verhaftet!«

»Aus welchem Grund?«

»Weißt du das nicht?« Tigellinus grinste boshaft: »Natürlich, weil ihr Rom verbrannt habt. Du bist ein Brandstifter, Aquila. Merk' dir diesen Ausdruck gut, denn du wirst ihn bekennen müssen.«

»Ich werde mich nicht zu etwas bekennen, das ich nicht getan habe.«

»O doch, das wirst du. Laß uns gehen!«

Sie gingen zurück ins Haus. Sabinus versuchte, irgend etwas Tröstendes zu Aquila und Priscilla zu sagen, dann verließ er das Haus. Er war noch nicht weit gegangen, als Tigellinus von dem Gotteshaus aus hinter ihm herrief: »Das ist *sehr* interessanter Lesestoff, den du neben den Rosen vergraben hast, Sabinus!«

Sabinus zuckte zusammen, als wäre er mit einem Speer aufgespießt worden. Sie hatten keine Zeit mehr gehabt, die Mitgliederliste zu verbrennen, und hatten sie stattdessen schnell vergraben! Nun würden Hunderte von Menschen sterben. Sein zweites, entsetzliches Versagen an diesem Tag ließ Sabinus in tiefer Verzweiflung versinken. Tigellinus hätte mit seinen Methoden wahrscheinlich sowieso die Informationen aus Aquila und Priscilla herausgezwungen. So blieben den beiden wenigstens Folter und Qualen erspart ... ein schwacher Trost. Bemitleidenswerte Leute, diese Christen – sie glaubten an einen Gott, der offensichtlich nicht in der Lage war, sie zu retten. Aber war er selbst soviel besser, überlegte Sabinus, wenn er an einen Staat glaubte, der nicht in der Lage war, unschuldige Bürger zu retten?

Er suchte nach einem Ausweg. Sollte er versuchen, Neros Pläne am Gipfel seiner Macht zu durchkreuzen? Er konnte die Konsuln bitten, eine Notstandssitzung des Senats einzuberufen, wo er Hermes vorstellen und so das Komplott gegen die Christen enthüllen und Nero und Tigellinus als die feigen Lügner entlarven konnte, die sie waren.

Neros Ruf bei den Senatoren würde einen neuen Tiefpunkt erreichen, und vielleicht würde er sogar abgesetzt, während die Unschuldigen verschont würden.

Träumerei. Das war alles nur Träumerei, das wußte Sabinus. Selbst wenn die Senatoren ihm glaubten, würden sie genug Courage haben, um sich gegen Nero zu stellen? Und selbst wenn sie sich in 500 Thraseas verwandeln und sich schließlich von ihren Marmorbänken erheben würden, um den Kaiser abzusetzen, würde Tigellinus einfach den 10 000 Männern seiner Prätorianergarde den Befehl erteilen, im Senat anzurücken. Gegen diese Streitmacht konnte Sabinus nur die 4 000 seiner Städtischen Kohorten aufs Feld schikken, und es war fraglich, ob sie einen Bürgerkrieg gegen eine solche Übermacht führen würden. Die 7 000 *vigiles* würden zweifellos auf Neros Seite stehen. Man klagte sie an, daß sie schlechte Arbeit beim Aufhalten der Flammen geleistet hatten, und daher suchten sie ebenfalls nach Sündenböcken. Wenn doch nur die Legionen bereit zur Revolte wären! Aber sie könnten niemals rechtzeitig erreicht werden.

Also gab es keine Hoffnung. Tigellinus' schrecklicher Plan würde Realität werden: Nero würde sich selbst durch das Blut anderer retten.

Tigellinus' Prätorianer waren mit unbarmherziger Tüchtigkeit im Einsatz. Sie begannen, ihre eigenen Kohorten von Christen zu reinigen, und sie waren schockiert, als sie sechsundzwanzig fanden, die zugaben, sich zu Christus bekehrt zu haben. Diese wurden so lange gefoltert, bis einer von ihnen schließlich nachgab und die anderen Gemeinden preisgab, die außer der von Aquila existierten. Es wurden sofort Prätorianergruppen zu diesen Orten geschickt, und die Häuser wurden beschlagnahmt. Wo Mitgliederlisten fehlten, gab es Mitglieder. Und diese wurden so lange gefoltert, bis sie die Namen von anderen Mitgliedern preisgaben. Viele verrieten überhaupt nichts, selbst wenn die Kerzenflammen ihre nackten Fußsohlen umspielten. Dann aber gab es verängstigte Mitglieder, die andere verrieten, um sich selbst zu retten.

In kurzer Zeit waren mehrere hundert Christen bei den Castra Praetoria eingekerkert – man hatte dort seit der Exekution der vierhundert Sklaven des Pedanius nicht mehr eine solche Menschenmenge gesehen –, und jeden Tag kamen Dutzende von anderen Christen. Neros eigenes Palastpersonal war auch nicht davon ausgenommen. Nichts schockte Nero mehr, als zu erfahren, daß irgendein Sklave, dem er ohne weiteres vertraute, sich als Christ entpuppte. Rom hatte etwas geheimgehalten, was offensichtlich eine größere Verschwörung war, als er und Tigellinus gedacht hatten, denn er begann allmählich, seine eigene Geschichte zu glauben. Aber Simon Petrus, der Rädelsführer, war immer noch auf freiem Fuße.

Mit Neros Erlaubnis veröffentlichte Tigellinus nun das folgende Edikt:

> Nero Caesar grüßt den Senat und das römische Volk! Dank der Gnade der Götter sind die Brandstifter, die unsere geliebte Stadt niedergebrannt haben, endlich identifiziert und inzwischen verhaftet worden. Es ist ein verbrecherischer Kult von ausländischen Menschenfeinden, die als Nazaraner oder Christiani bekannt sind. (Der Name kommt von Christus, einem Schwerverbrecher, der von einem unserer Statthalter in Judäa gekreuzigt wurde.)
> Jeder, der einen solchen Christen kennt, soll sofort irgendeinem Mitglied der *vigiles* oder der Prätorianergarde Bericht erstatten. Die Verbrecher werden jetzt bei den Castra Praetoria

vor Gericht gestellt, und sie werden bei besonderen Spielen in dem Vatikan-Circus, die am nächsten Montag beginnen, öffentlich exekutiert. Ihr seid alle eingeladen, ihrer Bestrafung beizuwohnen. Den Göttern sei Dank!

Die Nachricht wurde in der ganzen Stadt ausgehängt, und Tigellinus war von dem Erfolg seines Projektes überwältigt. Das römische Volk, das immer sehr wankelmütig war, übertrug ohne Zögern seinen Haß von Nero auf diesen Kult angeblicher Fanatiker, die versucht hatten, die Stadt mit ihrem dummen Glauben an einen toten Verbrecher, der eine Art Gott sein sollte, zu durchsetzen.

Die Prozesse bei den Castra Praetoria verdrehten die übliche Rechtsprechung. Die Christen wurden in Gruppen vor das Tribunal gebracht und von Tigellinus durch seine Macht der *coercitio** gerichtet, der den Auftrag der Öffentlichkeit nach eigenem Gutdünken ausführen konnte. Jeder Angeklagte stritt die Beschuldigung der Brandstiftung ab, aber es wurden ›Zeugen‹ gefunden, die bezeugten, daß sie die zweite und die vierte Person in jeder vorderen Reihe in der Nacht des Feuerausbruchs mit einem brennenden Holzscheit gesehen hatten. Tigellinus fragte dann, ob sie Christen seien, und das wurde in der Tat schon bald die fundamentale Anklage. Denn als Christen machten sie sich dessen schuldig, was er das *odium humani generis* nannte – den Haß auf das Menschengeschlecht –, denn sie würden nach dessen gewaltsamer Zerstörung trachten, wobei sie zu Mitteln wie Feuer, Verschwörung, Gewalt und Hochverrat griffen. Die *odium*-Anklage war auch die Standardanklage gegen Giftmörder und Magier von Rom – ein gelungener Vergleich, dachte Tigellinus.

Es bekannte sich solch ein großer Teil der Verhafteten zum christlichen Glauben, daß Tigellinus alle entlastete, die ihren Glauben verleugneten. Er würde mehr als genug Opfer für den Circus haben. Er wunderte sich, daß nicht viel mehr versuchten, ihr Leben zu retten, indem sie Unglauben vortäuschten. Hatte es etwas mit ihrem fanatischen Glauben zu tun? Vielleicht hatten sie auch einfach keine Ahnung davon, was für eine Art Strafe sie erwarten würde. Auf jeden Fall achtete er darauf, daß er jede Gruppe verurteilte, ohne

* coercitio (lateinisch): Zwangsrecht neben der strafrechtlichen Jurisdiktion

die Bestrafung näher zu beschreiben. Er wollte gehorsame, gefügige Schafe, die auf die Schlachtbank marschierten.

»Wir konnten die meisten unserer Gemeindeführer erreichen, bevor die Prätorianer kamen«, sagte Pomponia zu Sabinus, als er sie dort auf dem Esquilin aufsuchte.

»Sind sie geflohen? Oder halten sie sich versteckt?«

»Zuerst wollten sie sich überhaupt nicht verstecken. Markus und Lukas bestanden darauf, mit den anderen römischen Christen leiden zu wollen. Aber Petrus befahl ihnen, sich zu verstecken. ›Abgesehen von Gott selbst‹, sagte er, ›liegt die Zukunft des christlichen Glaubens in euren Händen, meine Brüder. Ihr müßt überleben, um eure Evangelien aufschreiben zu können.‹«

»Wo halten sie sich denn versteckt?«

Pomponia blickte zu Boden und sagte: »In deiner Villa in Tibur, Sabinus. Es tut mir leid. Ich wußte einfach nicht, wohin ich sie sonst schicken sollte.«

Also, dachte er, beherbergte er jetzt Flüchtlinge, die vom Staat gesucht wurden. Und obwohl er kein Christ war, könnte er zweifellos ihr Schicksal teilen, wenn es herauskäme.

»Es ist in Ordnung«, sagte er schließlich zu Pomponia, »ich reite zu ihnen und sehe, ob ich ihnen helfen kann.«

Sabinus erreichte Tibur nach einem kurzen, anstrengenden Ritt. Petrus und ungefähr zwanzig andere kauerten sich im Atrium seiner Villa zusammen und schauten ängstlich in Richtung Tür. Ihre angespannten, furchtsamen Gesichter lösten sich in einem Lächeln auf, als sie Sabinus sahen.

In der nächsten Stunde berichtete Sabinus ihnen von den Zuständen in Rom, und sie debattierten über die beste Vorgehensweise. Die Frage, auf die Petrus immer wieder zurückkam, war, ob die Verfolgung auf Rom beschränkt bleiben oder sich über das ganze Kaiserreich erstrecken würde. Sabinus glaubte, es würde eine lokale Angelegenheit bleiben, aber bei Nero sei alles möglich.

»Auf jeden Fall müssen wir die Christen überall davon in Kenntnis setzen, vor allem die im Osten.«

Petrus wandte sich an einen kürzlich eingetroffenen Freund, der Paulus auf einigen seiner Reisen begleitet hatte.

»Silvanus, ich diktiere dir einen Brief, und du mußt ihn mit nach Griechenland und Asien nehmen.«

Der silberhaarige Schreiber, der aussah wie ein gütiger Onkel, holte sich eine Schreibfeder und ein paar Papyrusblätter.

»Aber was ist, wenn Silvanus verhaftet wird?« fragte Sabinus. »Alle Straßen in Rom werden durchsucht.«

»Daran habe ich nicht gedacht.«

»Ich werde einen Paß für sicheres Geleit für ihn ausstellen«, beschloß Sabinus, »wer möchte sonst noch aus Rom weggehen? Gebt mir die Namen, und ich bereite Pässe vor. Zum Glück habe ich mein Siegel mitgebracht.«

Petrus und die Ältesten entschieden schnell, wer fliehen und wer bleiben sollte. Dann überreichte er Sabinus eine Liste mit Namen.

»Ich sehe deinen Namen nicht hier, Petrus. Sie wollen dich mehr als jeden anderen.«

»Ich muß bleiben... um unseren römischen Brüdern und Schwestern in dieser schrecklichen Stunde beizustehen.«

Sofort drängten sich die Ältesten um den großen Fischer und flehten ihn an, ›um der gesamten Kirche willen‹ zu fliehen.

»Nein, nein. Ich *muß* bleiben«, wiederholte er.

»Du mußt – und du wirst – gehen«, beharrte Linus, einer von den Ältesten.

Schließlich gab Petrus nach und fragte: »Wirst du dich um die Herde kümmern, während ich weg bin?«

Linus nickte feierlich.

»Also gut«, sagte Petrus. »Dann sei bitte so freundlich und bereite auch für mich einen Paß vor, guter Präfekt! Aber Silvanus muß als erster die Stadt verlassen – in der Tat so bald wie möglich.«

»Ich kann ihn über die hinteren Straßen um Rom herum zu einer Stelle auf der *Via Appia* unterhalb der Stadt bringen«, bot Sabinus an.

»Das ist gütig von dir, Präfekt.«

Während Sabinus sich hinsetzte, Dokumente ausstellte und jeden mit seinem Stadtpräfektensiegel beeindruckte, begann Petrus Silvanus einen Brief zu diktieren und kam schon bald an diese Stelle: »Darüber freuet euch, die ihr jetzt eine kleine Zeit, wenn es sein soll, traurig seid in mancherlei Anfechtungen...«*

* 1. Petrus 1,6

Von Zeit zu Zeit hörte Sabinus Bruchstücke aus dem diktierten Brief:

> Seid untertan aller menschlichen Ordnung um des Herrn willen, es sei dem König als dem Obersten oder den Statthaltern, als denen, die von ihm gesandt sind... Ehrt jedermann, habt die Brüder lieb, fürchtet Gott, ehrt den König!*

»*Warum?*« unterbrach Sabinus. »Entschuldige, Petrus, aber wie kannst du so etwas sagen, nach dem, was Nero deinen Christen antut?«

»Weil es das wäre, was Jesus sagen würde. Er sagte zu uns: ›Liebet eure Feinde... bittet für die, so euch beleidigen und *verfolgen.*‹** Und ist es nicht wichtig, daß die Christen für diese Qualitäten bekannt sind? Wird uns nicht vorgeworfen, daß wir Menschen verachten und Caesar nicht ehren?«

»Ich denke, du hast recht.« Sabinus zuckte die Achseln und wandte sich wieder seinen Dokumenten zu. Als er Pässe für alle Namen auf der Liste ausgestellt hatte, schauderte er ein wenig bei dem Gedanken daran, was passieren würde, wenn einer von den Führern verhaftet und sein Paß konfisziert würde – so beeindruckend er auch war, mit dem Stadtpräfektensiegel darauf. Nun schloß Petrus seinen Brief mit den Worten:

> Der Gott aber aller Gnade..., der wird euch, die ihr eine kleine Zeit leidet, aufrichten, stärken, kräftigen, gründen. Sein ist die Macht von Ewigkeit zu Ewigkeit! Amen... Es grüßt euch aus Babylon die Gemeinde, die mit euch auserwählt ist, und mein Sohn Markus.***

»Babylon?« fragte Sabinus.

»Ja«, Petrus lächelte, »das ist unser Name für Rom.«

»Ein guter Name!«

* 1. Petrus 2,13-14+17
** Matthäus 5,44
*** 1. Petrus 5, 10.11.13-14

Dann sagte Sabinus ihnen Lebewohl und führte Silvanus sicher zur *Via Appia*, wo ihre Wege sich trennten.

»Neapolis solltest du lieber meiden«, riet er ihm, »geh weiter bis Brundisium und nimm ein Schiff von dort.«

VIERTES BUCH

Die Katastrophe

25

Das Hippodrom in Neros Vatikan-Gärten – mit dem hochragenden Obelisken in der Mitte – war von Kaiser Caligula erbaut worden. Er war es, der die riesige Granitspitze von Ägypten nach Rom befördert und sie aufrecht auf dem *spina* des Stadions aufgestellt hatte: einer Plattform mitten auf der Rennbahn, die einem Rückgrat glich. Aber es war Nero, der dem Platz seine besondere Note verlieh, denn hier war er zum ersten Mal unter dem Beifall einer bewundernden Claque* mit Pferd und Wagen gefahren. Hier würden die Verdächtigungen, daß er die Fackel an Rom gehalten hatte, endlich ausgeräumt werden. Der Senat und alle führenden Köpfe des Staates hatten eine Einladung erhalten – die eher den Ton eines ›Befehls‹ hatte –, der Exekution beizuwohnen, während dem römischen Volk ein Spektakel versprochen wurde, das sie niemals vergessen würden.

Der letzte Montag im Oktober dämmerte strahlend und klar herauf. Ein Herbstregen hatte die Luft in der letzten Nacht reingewaschen, und der Tag versprach, angenehm warm, vielleicht sogar noch einmal sehr warm zu werden. Auf den Brücken, die über den Tiber führten, wimmelte es gleichermaßen von Plebejern und Patriziern, die in Richtung des Vatikan-Circus strömten. In kurzer Zeit waren alle 60 000 Sitze im Stadion besetzt, aber Tigellinus hatte weitere Galerien aufrichten lassen, um die Menschenmenge unterzubringen. Am Vormittag stellte sich jedoch schon bald heraus, daß alle Plätze, selbst die Stehplätze, besetzt waren. Doch immer noch schrien draußen Tausende von Leuten um Einlaß und hämmerten gegen die geschlossenen Tore.

Auf Anordnung von Tigellinus ließen die Prätorianer Gutscheine für die »Vorstellung« am nächsten Tag auf die unzufriedene Menge regnen und verkündeten: »Morgen werden genau die gleichen Spiele gezeigt wie heute! Nur die Hälfte der Christen werden heute exekutiert. Zeigt diese Gutscheine morgen vor, und ihr werdet zuerst einen Platz bekommen.«

* bestellte Gruppe Beifallklatschender

Nero stieg inzwischen aus seiner Sänfte. Er war mit einer kostbaren, neuen, amethystfarbenen Toga bekleidet, die großzügig mit goldenen Zierleisten akzentuiert war. Er nahm seinen Platz in der kaiserlichen Loge ein, die sich auf dem mittleren Sockel des Südranges befand, so daß er nicht von der Sonne geblendet wurde. Poppaea schloß sich ihm an, strahlend in einer Tunika aus gesponnenem Silber, die mit einer Brillanz glitzerte, welche dem Glanz der Diamantkette um ihren grazilen Hals nahekam. Tigellinus, Rufus und die anderen Freunde marschierten ebenfalls hintereinander in die kaiserliche Loge, während die Senatoren ihre Plätze in einem großen, reservierten Teil hinter ihnen einnahmen.

Direkt gegenüber von Nero, im Zentrum des Nordranges, befand sich die Loge des Stadtpräfekten, der zweitbeste Platz hier und in den anderen Stadien von Rom. Nero blickte argwöhnisch über das Hippodrom hinweg zu Sabinus' Loge und runzelte die Stirn. Sie war leer.

»Er wird doch kommen, Tigellinus?«

»Nach deiner Nachricht: ›Die Anwesenheit des Stadtpräfekten ist angesichts der großen Menschmenge erforderlich‹? Natürlich wird er kommen.«

»Sind deine... Gefangenen unter Kontrolle?«

»Sie sind in den Ställen am Westende des Stadions. Eine seltsame Gruppe... sie sind tatsächlich am Singen – irgendwelche Lobeslieder.«

»Habt ihr ihren Führer schon gefaßt? Den Fischer?«

»Simon Petrus? Nein. Noch nicht. Aber wir werden ihn bald haben.«

»Nun gut«, sagte Nero und kreierte ein Wortspiel: »Ein Fischhändler sollte in der Lage sein, einen Fischer zu finden, meinst du nicht, Tigellinus? Haha! Hahahaha!«

Tigellinus ignorierte die Bemerkung. Dann sagte er: »Sabinus ist gerade angekommen«, und zeigte mit dem Finger auf ihn.

Nero blinzelte über das Stadion hinweg durch einen großen, smaragdgrünen Hohlspiegel, den er benutzte, um seine Kurzsichtigkeit zu korrigieren.

»Ja, da ist ja auch seine hübsche Gattin. *Und* ihre Eltern. Aber das ist eine widerliche Unverschämtheit«, beklagte er sich, »ihre Mutter trägt *Trauer*kleidung!«

»Das ist nichts Neues. Sie trägt oft Schwarz, wie ich höre. Bist du bereit, Prinzeps?«

Nero stand auf, hielt für einen Augenblick lang ein weißes Tuch hoch, um den dramatischen Effekt zu verstärken, um es dann wie bei einem Pferderennen fallen zu lassen.

Eine Kohorte von prätorianischen Trompetern marschierte auf die Haupt*spina*, blies eine laute Fanfare und wiederholte den Trompetenstoß an jeder Ecke des Obelisken. Dann wölbte ein Tribun, der für seine dröhnende Baßstimme bekannt war, seine Hände vor dem Mund zu einem Trichter und verkündete: *»Willkommen, o Senat!... Willkommen, o Volk... von Rom!«* Das Zögern zwischen den Sätzen war notwendig, um den Echos Zeit zu lassen, sich in dem riesigen Hippodrom zu erschöpfen. *»Wir haben... das Schicksal befragt... und die Vorzeichen... sind günstig!«*

Ein kräftiger Jubel erhob sich von den Stehplätzen, der alle Vögel, welche sich inmitten des Hippodroms niedergelassen hatten, vor Furcht aufscheuchte. Dann stiegen Rufe aus den Menschenmassen auf: *»Pompa! Pompa!«**

»Sehr gut!« schrie der Herold. *»Ihr sollt eure pompa haben!«* Er schwang seine Arme Richtung Westen. *»Die Prozession... derjenigen... die Rom... anzündeten!«*

Wogen von ohrenbetäubendem Applaus stürzten hinunter in die Arena, als das prätorianische Trompetenkorps die Siegesfanfare blies. Am westlichen Ende des Stadions sprangen die Türen auf, und die christlichen Opfer marschierten zwischen Reihen von Prätorianern hinaus. Obwohl sie noch weit entfernt waren, identifizierte Sabinus ohne Mühe das Paar, das die Säule von Christen anführte. Es waren unverkennbar Aquila und Priscilla. Ihnen folgte ein bunter Zug von jeder Sorte von Menschen – alte Matronen, junge Männer in der Blüte ihrer Jahre, verängstigte Kinder, Sklaven und gelegentlich ein Prätorianer, der in dem, was von seiner Uniform noch übriggeblieben war, dahermarschierte und von seinen ehemaligen Kameraden verspottet wurde.

Die Galerien heulten vor Haß. Tausende von Fingern erhoben sich in obszönen Gesten, zehntausend Fäuste ballten sich bei der Prozession, als tropfe nun die letzte rächende Wut über den beim

* pompa (lateinisch): öffentlicher, feierlicher Aufzug, Umzug

Feuer entstandenen Verlust einer Frau, eines Babys, eines Freundes oder eines Hauses mit allen Besitztümern an ihnen herab.

»Brandstifter!« zischten viele.

»Anarchisten!« »Verrückte!« schrien andere.

»Dummköpfe!« »Atheisten!«

»Esel!« »Feuerleger!« »Dreckschweine!«

»Diese Rufe sind sogar noch süßer als die Laute, die ich meiner Leier entlocke.«

Nero lächelte, während er sich zufrieden auf seiner Couch zurücklehnte.

»Sie hätten *mir* diese Namen zugerufen, Tigellinus. Du hast deine Sache *gut* gemacht, mein Freund. Wirklich sehr gut!«

»Danke, Caesar. Nur deine Freude ... deine Sicherheit liegen mir am Herzen.«

Direkt gegenüber von ihnen marschierten Aquila und Priscilla nun an Sabinus' Loge vorüber. Genau hinter ihnen waren ihre Freunde Hermes und seine Frau. Unglaublicherweise war der Mann, der durch einen unglücklichen Zufall für das Feuer in Rom verantwortlich war, nicht als Brandstifter, sondern als Christ verhaftet worden. Sabinus schaute auf die vier hinunter, und sein Blick verschleierte sich. Pomponia begann zu schluchzen und machte das Zeichen des Kreuzes über ihren Freunden. Aber der rote Haarschopf und der rostbraune Bart von Aquila bewegten sich nicht, sondern Aquila stand groß und entschlossen dort, als er ebenfalls das Zeichen des Kreuzes machte, und Priscilla gelang es sogar, ein Abschiedslächeln zustandezubringen. Der arme Hermes jedoch schien wie in Trance zu sein.

Schließlich hatte sich der Menschenzug der Verurteilten seinen Weg um die Rennbahn gebahnt und kehrte zu den Ställen zurück. Wieder erschallte eine scharfe Trompetenfanfare. Als die letzten Töne widergehallt und verklungen waren, brüllte der Herold: *»Und jetzt ... die venatio!«**

Anstelle der großen »wilden Bestienjagd« wurden zehn von den kräftigsten Christen – Männer im strammen Mannesalter – in die Arena gestoßen. Am gegenüberliegenden Ende wurden Eisengitter hochgezogen, die krächzten und quietschten, während sechs

* venatio (lateinisch): das Jagen, Jagd, Tierhetze (im Zirkus)

libysche Löwen mißtrauisch aus ihren Käfigen heraustappten. Sie schnupperten in der Luft und knurrten mehrmals; ihr gelben Schlitzaugen blinzelten bei der ungewohnten Helligkeit der Arena. Sie schienen sich nicht an den Leuten zu stören, denn die Menschenmassen waren totenstill und hielten den Atem an, als die Löwen begannen, mißtrauisch durch die Arena zu schleichen.

Die zehn Opfer, die gerade mit Beten aufgehört hatten, standen – nackt bis auf einen Lendenschurz – in einem Kreis zusammen. Einige hielten nach irgend etwas Ausschau, das ihnen als Knüppel dienen könnte, aber sie fanden nichts. Ihnen blieb nichts anderes übrig, als die Bestien mit den bloßen Händen zu »jagen«.

Die Löwen, die unbarmherzig ausgehungert worden waren, näherten sich verstohlen der Zirkusarena, hielten an und schnupperten, aber dann tappten sie mit langsamen, federnden Schritten noch eine Runde um die Rennbahn. Nun waren sie unter Neros Loge. Er lehnte sich hinüber zu den Bestien, zeigte auf die Opfer und schrie: »Dort! Dort hinten, meine Freunde! Futter!«

Einer der Löwen hielt inne, ging majestätisch hinüber zu der kaiserlichen Loge, öffnete sein gewaltiges Maul und schickte ein lautes, kehliges Brüllen in Neros Gesicht. Von den Senatorenreihen hinter dem Kaiser war Gekicher zu hören, und Petronius flüsterte Quintus Lateranus zu: »Bravo, Löwe! Nur du kannst Caesar so offen deine Meinung sagen.«

Nero beugte sich zu Tigellinus hinüber und sagte: »Bring diese verdammten Biester zum Angreifen, verstanden?«

Tigellinus stand auf und führte seine ausgestreckte, rechte Hand in einem steilen Bogen auf seine linke, geöffnete Handfläche – das Signal zum Messerschnitt. Eine Gruppe von Prätorianern rannte hinaus zu dem Kreis von Christen und überzogen ihre Haut mit Messerschnitten, so daß die Löwen das Blut sehen und riechen konnten. Von den Galerien stieg ein Gezische auf, denn das war eine unübliche Maßnahme, die völlig verpönt war.

Nun hob der Anführer der Löwen seinen Kopf und schnupperte wieder in der Luft. Diesmal steuerte er mit einem bedächtigen, graziösen Gang auf die Christen zu. Die anderen folgten, und hielten im Rudel an, um sich an die zehn Menschen heranzupirschen. Mehrere begannen, voller Vorfreude zu knurren und scharrten mit ihren großen, gelbbraunen Pfoten über den Boden. Die anderen Löwen antworteten mit bedrohlichem Schnauben und Schnaufen, wobei sich ihre Mähne sträubte.

Einer der Männer unter den Christen, der eine kräftige Baritonstimme besaß, hielt sich die Hände als Trichter vor den Mund und schrie der Menge zu: »Wir sind *unschuldig!* Wir haben Rom *nicht* in Brand gesteckt! *Zu Unrecht verurteilt!*«

Tausende von den versammelten Menschen antworteten mit ungeheuer lauten Buhrufen. Die Sache war besiegelt. Sie waren natürlich schuldig, und es war für Verbrecher normal, ihre Unschuld hinauszuschreien. Außerdem, wenn sie tatsächlich unschuldig wären, würde es jetzt kein Spektakel geben.

Die Buhrufe verwirrten die Löwen, und es war das plötzliche Umdrehen dieses einen Christen, das die Löwen in Gang brachte. Sie gaben ein furchterregendes Knurren und Brüllen von sich, als sie den Kreis von Christen mit großen Sprüngen angriffen, aus ihren offenen Kiefern voller Vorfreude Speichel floß und ihre riesigen, gezackten Zähne sich in Menschenfleisch gruben. Die Todesschreie der Opfer drückten die Zuschauer an den Rand ihrer Sitze, die Frauen wimmerten vor Entsetzen, das vorgetäuscht oder echt war, und sie klammerten sich an ihre Ehemänner, die kerzengerade auf ihren Plätzen saßen, während sie auf das gräßliche Bild blickten, das sich ihnen darbot, und versuchten, eine Miene kühler Gleichgültigkeit zur Schau zu tragen.

Da die Löwen zwei der blutigsten Opfer für ihren ersten Angriff ausgewählt hatten, trommelten die anderen Männer auf das gelbbraune Fell der Bestien ein und wehrten sie ab. Der größte der zehn Männer ging auf einen der Löwen los und zertrümmerte ihm den Fuß. Ein anderer zerschmetterte das Maul einer Löwin so stark, daß das verblüffte Tier benommen zurückwich und für eine Weile außer Gefecht gesetzt war.

Aber immer wenn sich das Rudel zurückzog, kehrte es kurze Zeit später zurück, um wieder und wieder anzugreifen. Die Riß- und Bißwunden forderten Blut von den Männern, und bald lagen sechs von ihnen auf dem Boden – im Sterben oder schon tot –, während die übrigen vier immer noch ihren aussichtslosen Kampf weiterkämpften. Der größte der Männer, der als letzter fallen würde, nutzte eine Verschnaufpause, um das Zeichen des Kreuzes über seinen Kameraden zu machen, und er kniete im Gebet nieder, bevor er ebenfalls überwältigt wurde.

Der Wind kam von Westen, und er trug den widerwärtigen Blutgeruch zu den unteren Reihen in der Arena. Die Frauen verzogen das Gesicht, griffen nach ihren Parfümfläschchen und tupften sich ein paar Tropfen unter beide Nasenlöcher.

Nero langte nach seinem smaragdgrünen Hohlspiegel und starrte über das Stadion hinweg zu Sabinus' Loge. Er sah die beiden Männer bewegungslos auf ihren Plätzen sitzen, aber Plautia schien den Kopf ihrer Mutter in den Falten ihrer Stola zu wiegen.

Wieder ertönten die Trompeten, und der Herold kündigte an: *»Und jetzt... eine typische Versammlung... der Christen!«*

Männer, Frauen und sogar Kinder – insgesamt etwa vierzig Menschen – wurden in die Mitte des Hippodroms gebracht und angewiesen, sich auf der *spina* wie bei einer Versammlung in Reihen hinzusetzen. Vor ihnen stand einer der prominentesten Prediger der christlichen Gemeinschaft; die obere Hälfte seines Körpers war in ein Eselkostüm gezwängt worden. Auf ein Signal von Tigellinus zog eine Prätorianergruppe den versammelten Christen die Kleider aus, und man band sie in unanständigen Stellungen zusammen, um die bekannten Verleumdungen gegen die Christen anschaulich als Wahrheit hinzustellen. Die Galerien bebten vor schallendem Gelächter. Aber die Opfer schrien einander *»Pro Christo!«* zu. »Für Christus.«

Dann stürmten die Prätorianer zur Seite, denn jemand hatte zu früh das Signal für die Hunde gegeben.

Vom östlichen Ende des Stadions war ein wildes Jaulen und Knurren zu hören, als mehr als hundert wilde Hunde das Hippodrom heruntergestürzt kamen und auf die *spina* sprangen. Wie alle Tiere, die am heutigen Tage auftraten, waren auch diese völlig ausgehungert worden, um ihre Gier auf die Spitze zu treiben. Aber anders als die Löwen griffen die Jagdhunde sofort an, denn sie waren in ihren Käfigen aufgestachelt und zur Wut angetrieben worden, als sie den Geruch von großen, rohen Fleischhasen vor der Nase hatten, ohne sie verschlingen zu können. Die toll gemachten Hunde rannten wie wild durch die »Versammlung«, wobei sie ihre Beute rissen, zerfleischten und gierig verschlangen, bis sie schließlich genug davon hatten und beinahe lammfromm mit aufgeblähten Bäuchen aus dem Stadion watschelten.

Die vier, die in der Loge des Stadtpräfekten saßen, kauerten sich in Entsetzen zusammen. Aulus murmelte vor sich hin und betitelte Nero mit Ausdrücken, die er seit seinen Militärtagen nicht mehr gebraucht hatte, während Pomponia, die ihren Gott angefleht hatte, nun verzweifelt klagte. Sie litt so sehr mit den Opfern, daß sie einen Tränenschleier vor den Augen hatte, durch den sie alles verschwommen sah. Plautia behielt ihre Fassung, aber sie war blaß, und ihre Miene war erstarrt. Sabinus wußte nicht, warum er sie mit hierher gebracht hatte. Das war nur ein Anblick für diejenigen, die es genossen, in Brutalität zu schwelgen. Aber die Frauen hatten darauf bestanden, aus einem undefinierbarem Gefühl der Treue den verfolgten Opfern gegenüber zu erscheinen.

Sabinus war im Grunde nicht so überrascht von der Unmenschlichkeit des Ganzen: ein Regime, das vierhundert Menschen wegen eines Schuldigen tötete und mit toten Köpfen spielte, konnte ohne jeden Zweifel ein solches unbarmherziges Panorama in der Arena entfalten. Aber die Reaktionen seiner römischen Mitbürger erfüllten ihn mit Ekel: vermeintlich zivilisierte Männer und Frauen weideten sich an dem schauerlichen Grauen dort unten. Wenn sie von purer Rache gegen die Christen erfüllt wären, weil sie diese tatsächlich für die schuldigen Brandstifter hielten, dann könnte er ihr Benehmen noch halbwegs verstehen, und zweifellos erklärte es das Entzücken von einigen in dem riesigen Hippodrom. Aber was war mit den Gladiatorenspielen, bei denen die Römer sich gleichermaßen an dem Tod der Menschen ergötzten, die ihnen kein Unrecht zugefügt hatten?

War Brutalität ein Teil der römischen Persönlichkeit, fragte er sich, *und wenn dem so war, konnte man dann noch zu Recht von römischer »Zivilisation« im eigentlichen Sinn sprechen?*

Nun glitt eine als Merkur verkleidete Gestalt in die Arena und schwenkte einen glühendheißen Eisenstab. Anmutig tanzte sie zwischen den Körpern der ermordeten Christen umher und berührte jeden Leichnam mit ihrem Feuerhaken, um zu sehen, ob sie sich noch bewegten. Mehrere bewegten sich noch. Mit einem kreisförmigen Schwingen des Schürhakens gab Merkur einer Gruppe von Kollegen, die als Pluto verkleidet waren, ein Zeichen, woraufhin diese sich aufmachten, um mit kleinen Holzhammern diejenigen, die noch atmeten, zu Tode zu schlagen. Als nächstes schwärmte eine Gruppe von Arenasklaven, die als Dämone der Unterwelt verkleidet waren, auf die *spina*, zerrten die Toten an ihren Füßen hinaus und entfernten die Blutlachen. Inzwischen rannte eine Schar von als Amor verkleideten Jungen herum, die Rosenblätter und Blumen verstreuten und Parfüm versprühten.

Wieder eine Trompetenfanfare. Eine erneute Ankündigung: *»Eine weitere Versammlung... der Christen... eine noch zutreffendere Szene!«*

Eine neue Versammlung wurde zur Schau gestellt, und die Menge heulte vor Lachen über das, was sie sahen: die Opfer waren alle in Tierhäute eingenäht. Die Männer stellten afrikanische Leoparden dar. Die Frauen, die mit Schweinshaut bedeckt waren, versuchten, durch die Augenhöhlen der mit Löchern versehenen Schweinsköpfe zu schauen, während ihre Kinder mit Hundehäuten bekleidet waren.

Diesmal kam ein Rudel von kläffenden iberischen Hunden das Stadion heruntergesprungen. Sie hielten an, um an den seltsamen Lebewesen auf der *spina* zu schnuppern. Ein Kind schrie, und die Jagdhunde griffen in gieriger Wut an, als seien sie wütend über den Betrug, den man an ihnen begangen hatte. Die schrillen Schreie der Kinder ließen viele Frauen unter den Zuschauern sich auf ihren Bänken zusammenkauern, während die Männer mit einem Fünkchen Gewissen an Tigellinus' Geschmack zu zweifeln begannen.

In den Ställen am westlichen Ende des Hippodroms verbrachten inzwischen Hunderte von Christen ihre letzten Minuten mit Gebeten und Lobgesängen. Aber ein Mann, der sich gegen einen Futtertrog lehnte, klagte unbeherrscht vor sich hin.

»Meine Schuld! Meine *entsetzliche* Schuld!« stöhnte Hermes wieder und wieder und rieb die Hände gegeneinander. »Meine eigene idiotische, höllische, törichte Schuld!«

»Unsinn, Hermes. Es war ein Unfall«, tröstete ihn Aquila. »Wie konntest du wissen –«

»Meine Kohlen taten es!« schrie der kleine Syrer plötzlich und stand auf. *»Mein alberner Ofen wurde in der Hölle hergestellt! Er steckte Rom in Brand!«*

Er rief nach den Wächtern und brüllte in manischer Ekstase: *»Ich bin der Brandstifter! Ich bin der Mörder! Ich töte alle diese Menschen!«*

Er begann, irrezureden, und Aquila streckte die Hände nach

ihm aus und klopfte ihm mehrmals auf die Wangen, um ihn aus seinem Delirium zu holen.

»Setz dich, Hermes!« befahl er ihm. »Fasse dich! Komm zu dir!«

Hermes brach zusammen und begann, unbeherrscht zu weinen. Einige Minuten später schaute er auf und bemerkte kühl: »In Ordnung. Ich habe ... meine Selbstbeherrschung wieder, Aquila. Tut mir leid wegen der Szene.«

Dann fügte er mit ruhiger Entschlossenheit hinzu: »Aber ich werde es tun.«

»Was?«

»Ich werden mit dem obersten Zenturio reden und ihm erzählen, daß ich eine Nachricht für den Kaiser habe, wobei es um Leben oder Tod geht. Wenn er mich dann zu Nero bringt, werde ich ihm sagen, daß ich – und zwar ich allein – Rom in Brand gesteckt habe. Und ich werde es ihm jetzt sagen. Dann muß er euch alle freisprechen.«

Aquila lächelte über Hermes' Naivität.

»Das wäre vergebliche Mühe, mein lieber Freund. Nero muß dieses Schauspiel haben. Er würde dir in Wirklichkeit eher ins Gesicht lachen oder sich selbst mit einer großen Verkündigung an das Volk rechtfertigen. Kannst du es nicht schon hören? ›Damit keiner von euch mehr daran zweifelt, daß die Christen Rom tatsächlich angezündet haben, präsentiere ich euch den Hauptbrandstifter selbst, der alles gestehen wird!‹ Nein Hermes, gib ihm nicht diese Genugtuung.«

»Ich weiß nicht, Aquila. Ich denke, ich muß es tun.«

Draußen im Hippodrom begann ein Trupp der Prätorianer, hohe Pfähle in die Löcher zu stecken, die vorher auf der Kreislinie der Arena gegraben worden waren. Dann legten sie ein *patibulum*[*] oder einen Querbalken an den Fuß jedes Pfahles, um die Kreuzigung vorzubereiten.

»Der Gründer ... des Christentums ... starb auf diese Weise«, rief der Herold. *»Also sollen ... alle Führer der Christen ebenfalls so sterben.«*

[*] patibulum (lateinisch): Marterholz

Die gefesselten Geistlichen und Ältesten der römischen Versammlung wurden nun in der Arena zur Schau gestellt. Zur Verwunderung der Menschenmenge sangen die Gefangenen alle eine triumphierende Hymne: *»Christus regnat.«*[*]

Dann wurde jeder von ihnen zu einem separaten Kreuz geführt.

Tigellinus beugte sich zu Nero hinüber und sagte: »Siehst du den Rothaarigen genau unter uns, dessen Handgelenke gerade an den Querbalken genagelt werden?«

»Ja...«

»Sein Name ist Aquila, einer von den Hauptführern. Du erinnerst dich vielleicht noch von dem Prozeß des Paulus von Tarsus an ihn.«

Mit einem schmerzenden Ruck hievten zwei Männer den Querbalken mit dem jeweiligen festgenagelten Opfer hoch, stellten sich auf kleine Holzplattformen auf beiden Seiten des Pfahles, zogen den Querbalken immer weiter hoch und schoben ihn auf Nut ein. Sie nahmen einen weiteren Nagel, zogen ihn zuerst durch eine breite, hölzerne Unterlegscheibe und nagelten die beiden Füße des Opfers ans Kreuz. Dann gingen sie zu dem nächsten Verurteilten und wiederholten den Vorgang.

Mit verbissener rationeller Arbeitsweise gelang es den Prätorianern, die vierzig Führer in knapp fünfzehn Minuten zu kreuzigen.

»Ich würde sagen, das war ein Rekord, Caesar«, bemerkte Tigellinus stolz.

»Und jetzt haben sie den richtigen Aussichtspunkt, von dem aus sie den Rest der Spiele beobachten können. Du hast was von einem Genie, Tigellinus! In deinen Plänen liegt Kunst.«

Nero räkelte sich auf seiner Couch und starrte fasziniert auf das blutige Panorama vor ihm, während er ein Seidentaschentuch auf seinen Mund und seinen Nacken preßte, um seine Stimme vor Zugluft zu schützen. Er warf einen Blick auf Poppaea und fragte sich, warum sie so schweigsam war.

Auf der gegenüberliegenden Seite des Stadions konnte eine schwitzende und zitternde Plautia das entsetzliche Schauspiel nicht länger mitansehen. Sie hörte ein leises Stöhnen und wandte sich um,

[*] Christus regnat (lateinisch): Christus regiert

als sie sah, wie ihre Mutter erbleichte, das Bewußtsein verlor und auf Aulus' Schoß fiel: ein lebloser Haufen Trauerkleidung.

»Das reicht jetzt, Vater. Das reicht«, sagte Sabinus, »du nimmst die Frauen mit nach Hause. Sie haben schon zuviel gesehen. *Viel* zuviel. Ich werde bis zum Ende bleiben.«

Plautia brachte einen schwachen Einwand hervor, aber der alte Senator, dem beinahe so elend zumute war wie den Frauen, nickte resigniert. Mehrere von Sabinus' Gehilfen halfen ihnen aus dem Hippodrom hinaus und brachten sie zurück zum Esquilin.

Nunmehr allein in seiner Loge und starr vor Abscheu und Ekel, fühlte Sabinus ein beständiges Gefühl: einen wachsenden, pulsierenden Haß auf Nero und Tigellinus. Ja, Lateranus und sein Kreis hatten tatsächlich die einzige wirkliche Lösung: Mord – das Exzidieren* zweier von Fäulnis befallener Miglieder der römischen Rasse. Aber wenn es doch vor diesen unnötigen Morden geschehen wäre! Er fühlte auch die Stiche der Selbstvorwürfe: Warum hatte er das alles an dem Tag der kaiserlichen Sitzung nicht abwenden können? Er, der oberste Magistrat der Stadt Rom... so hilflos vor dem Tyrann wie der niedrigste Bettler.

Seine Gedanken wurden von einem weiteren Trompetenstoß unterbrochen.

»Nun laßt uns... diese Christen... unsere nationale Religion lehren!« schrie der Herold.

Applaus und Beifallsrufe brachen während der Ankündigung los, als seltsam aussehende Geräte in die Arena gerollt wurden. Jeder wußte, daß jetzt die Zeit für Szenen aus der griechisch-römischen Mythologie gekommen war: immer eine beliebte Attraktion.

»Ixion!« rief der Herold. *»Ixion, Vater der Kentauren... versuchte, Juno zu verführen... woraufhin Jupiter... ihn an ein Rad band... das sich für immer im Hades dreht!«*

Nun wurden junge Männer, jeweils zwei, von den übriggebliebenen Opfern ausgewählt und an beiden Seiten eines Eisenrades festgebunden. Während Sklaven die Zahnräder betätigten, welche die Drehscheiben langsam in Bewegung setzten, zündeten die Prätorianer das Brennmaterial zwischen den Rädern an. Als diese aufflammten, gab es gerade genug Atempausen auf den oberen Abschnitten

* medizinischer Fachbegriff: aus dem Körper herausschneiden

jeder Drehung, um die Opfer davon abzuhalten, in Ohnmacht zu fallen, so daß sie mit all ihren Sinnen wahrnehmen konnten, wie sie über den Flammen zu Tode geröstet wurden.

*»Daedalus und Icarus!«** schrie der Herold. *»Ihre Wachsflügel... schmolzen in der Sonne!«*

Pfiffe wurden laut, denn dieser Akt versprach sensationell zu werden. Diesmal wurden die Opfer, immer ein Mann und ein Junge mit zarten Pappflügeln, die an ihre Tunikas geheftet waren, mit Haken an einer Seilrolle befestigt, die bis zur Spitze von Caligulas Obelisken reichte. Jedes Mal wurden sie beinahe bis zur Spitze des Obelisken hochgezogen, wo die Haken sich öffneten und die Opfer auf den Boden geschmettert wurden. Einige Opfer klammerten sich an das Seil, wenn die Haken sich öffneten, aber das machte der Menge noch mehr Vergnügen, denn die Prätorianer warteten dann, bis das Opfer sich am Seil herunterzuhangeln versuchte, bevor sie das Seil wieder hochzogen, bis das Opfer vor Erschöpfung herunterfiel.

Nero stupste nun Tigellinus an.

»Es sieht aus, als wenn dein Freund dort sterben wollte.«

Tigellinus blickte auf das Kreuz direkt vor ihnen. Dann rief er: »Du darfst noch nicht sterben, Aquila! Wir haben noch eine letzte Überraschung für dich!« Dann gab er dem Herold ein Zeichen.

»Ein ganz besonderer Leckerbissen!« kündigte er an. *»Priscilla... die Frau von dem Führer der Christen... als Dirce!«*

Den Zuschauern stockte der Atem. Sie wußten, daß Dirce, die Königin von Theben, auf die Hörner eines wilden Bullen geschnallt worden war, weil sie die Mutter von Castor und Pollux drangsaliert hatte. Als weitere Krönung der Grausamkeit fügte der Herold hinzu, daß Priscillas Ehemann Aquila von dem Kreuz vor der kaiserlichen Loge aus zuschaue.

Sabinus klammerte sich an der Brüstung vor ihm fest. Ihm war übel. Er hatte nicht gewußt, daß Aquila auf der gegenüberliegenden Seite des Stadions bereits gekreuzigt worden war.

* Als Ikaros mit seinem Vater, dem mythischen Daidalos, einem Künstler und Baumeister aus Attika, auf der Flucht von Kreta der Sonne zu nahe kam, schmolz das Wachs der von Daidalos künstlich verfertigten Flügel, und Ikaros stürzte ins Meer, das nach Ikaros den Namen Ikarisches Meer erhielt.

Einige Minuten später stürmte ein großer, weißer Bulle in die Arena und schüttelte verzweifelt seinen Kopf, um zu versuchen, sich der nackten Frau, die fest über seinen Hals und seine Hörner gebunden war, zu entledigen. Der Bulle stürmte wild das Hippodrom hinunter, bis er zu Neros Loge kam, wo die Prätorianer mit einigen leuchtenden Decken winkten, um das Tier zu verwirren und zum Halten zu bringen. Priscilla und Aquila tauschten einen letzten, bedeutungsvollen Blick. Dann senkte der Bulle, der wegen der schweren Last auf seinen Hörnern, vollkommen toll war, seinen gewaltigen Kopf und preschte direkt in die Wand unter Nero. Sein Opfer war sofort tot. Die Gestalt an dem Kreuz, das am nächsten stand, stöhnte tief auf, zitterte und hing dann leblos herunter.

Sabinus' Diener erzählten ihm, was passiert war – die *spina* hatte ihm die Sicht versperrt –, und er konnte nur vor Wut, Kummer und völliger Hilflosigkeit den Kopf senken.

Inzwischen war die Zeit schon vorgeschritten, der Abend rückte näher und die Dämmerung warf ihre Schatten. Tigellinus beriet sich mit Nero, dann übermittelten sie dem Herold neue Instruktionen.

»Mittlerweile«, rief er, *»seid ihr sicher alle ... ziemlich hungrig!«*

Es gab Kopfnicken, aber auch Gelächter, da vielen verständlicherweise der Hunger vergangen war.

»Caesar hat für euch alle ... in den Gärten draußen ... ein Abendessen vorbereitet ... Das Essen und die Getränke ... sind kostenlos ... wenn ... wenn ihr ... nach dem Abendessen ... wiederkommt, ... um den Höhepunkt ... dieser Spiele ... zu erleben!«

Ein begeisterter Beifallssturm der vielen tausend Leute tobte. Rufe wie »HEIL CAESAR!« und »GRATIAS, IMPERATOR!«* hallten durch das riesige Stadion.

Tigellinus wandte sich Nero zu und sagte: »Ich glaube, deine alte Popularität ist zurückgekehrt, Prinzeps!«

»Dank dir, mein liebster Freund«, schmeichelte Nero und fügte dann mit einem Augenzwinkern hinzu, »und dank der Christen! Komm, mein Liebling Poppaea. Ein wahres Festmahl wartet auf uns, wie ich höre.«

* Gratias, Imperator (lateinisch): Danke, Kaiser!

Sabinus ging in den Vatikan-Gärten spazieren und beobachtete, wie die Plebejer Unmengen von Essen und Wein verschlangen. Er fragte sich, wie die Leute, die gerade Zeugen des grausamen, qualvollen Sterbens von beinahe 250 Menschen geworden waren, es fertigbrachten, solch einen Appetit zu entwickeln. Er mied mit Bedacht den kaiserlichen Tisch in den Gärten, denn er konnte nicht dafür garantieren, daß er dem brennenden Impuls widerstehen würde, seinen Präfektendolch herauszuziehen und ihn in Nero hineinzustoßen – und ebenfalls in Tigellinus. Er begann allmählich alle Hoffnung für diese Spezies, bekannt als *homo Romanus*[*], zu verlieren, bis er in der Menschentraube von Senatoren, die mit Essen fertig waren, einige überraschende Bemerkungen aufschnappte – selbst von Neros Freunden und Anhängern.

»Er treibt es zu weit«, sagte einer.

»Noch ein bißchen mehr davon, und er macht diese Christen zu Helden ... «

»Diese Frau, die an den Hörnern des Bullen festgebunden war ... wirklich viel zu grausam.«

An einer Ecke weiter hinten im Garten traf Sabinus auf eine kleine Gruppe von republikanischen Senatoren, die sich um Quintus Lateranus versammelt hatten. Als Sabinus erschien, hörten sie plötzlich auf zu reden und blickten ihn ein wenig ängstlich an.

»Kein Grund zur Sorge«, sagte Sabinus, »ich bin einer von euch!«

Quintus lächelte: »Ich wußte, daß es so kommen würde. Aber im Moment solltest du nur im Geiste und nicht bei unseren Plänen einer von uns sein.«

»Warum?«

»Weil du als Stadtpräfekt zu wichtig bist. Wir brauchen vielleicht jemanden, der absolut ohne jede Verbindung zu unseresgleichen ist.«

Er lächelte.

»In Ordnung. Aber ihr müßt es mich wissen lassen, wenn die Zeit gekommen ist.«

»Das werden wir. Und noch etwas, Sabinus: So sehr du dich auch danach sehnen magst, du darfst nicht einmal daran *denken*, dein

* homo romanus (lateinisch): römischer Mensch; Römer/Römerin

Amt als Stadtpräfekt aufzugeben. Unter *gar keinen* Umständen. Verstehst du mich?«

»Ja, ich denke schon.«

Dann fügte Sabinus mit einem sarkastischen Schmunzeln hinzu: »Im übrigen wird Nero nicht seine Zustimmung zu meiner Entlassung geben.«

Während Sabinus davonging, prägte er sich die Gesichter ein, die sich um Quintus scharten. Er erkannte Senator Piso ebenso wie Senator Scaevinus und den Poeten Lucan, Senecas Neffen. Und ja, das mußte er sein – am anderen Ende – sah er das braungebrannte Gesicht und den sich lichtenden Haarschopf des Faenius Rufus, des *anderen* Präfekten der Prätorianergarde! Das würde keine unbedeutende Verschwörung werden.

Eine Trompetenfanfare vom oberen Rand des Stadions rief alle wieder hinein. Es gab ein Murren und Drängen, als die Leute versuchten, ihre Plätze wiederzufinden. Viele stolperten in der Dunkelheit. Einige waren wütend, weil andere ihre unteren Plätze belegt hatten, und sie jetzt höher hinauf steigen mußten.

Wieder erschallte ein Trompetenstoß, der für Ruhe sorgen sollte, und die bekannte Stimme des Herolds polterte los: *»Ihr fragt euch sicher... warum ihr zurückgekommen seid... wenn ihr in der Dunkelheit... sowieso nichts sehen könnt?«*

Ein bestätigendes Murmeln zeigte, daß die Leute tatsächlich solche Gedanken hegten.

»Leute von Rom!... Gibt es... eine angemessenere Strafe... für Brandstiftung... als selbst bei lebendigem Leibe verbrannt zu werden?«

Ein zittriger Trompetenstoß ertönte, als winzige Flammenpunkte in dem dunkel gewordenen Hippodrom entfacht wurden. Es waren die Prätorianer, über hundert von ihnen, die mit Fackeln in der Hand in die Arena rannten, bis sie ein riesiges, längliches flammendes Hufeisen bildeten.

Dann, als Nero persönlich *»Jetzt!«* brüllte, hielten die Prätorianer ihre Fackeln an die Pfähle vor ihnen, und Hunderte von Flammensäulen erwachten zum Leben und flackerten und tauchten bald das ganze Stadion in eine helle, orangefarbene Glut. Die Leute erhoben sich, um für dieses Schauspiel stehend eine Ovation zu bereiten.

Aber die Pfähle wurden lebendig und begannen, in durchdringenden menschlichen Schreien des Todeskampfes ihre Qualen hinauszuschreien. Es waren Christen, die alle an die Spitze der Pfähle gekettet waren und die *tunica molesta,* die allbekannte »Büßertunika«, trugen – ein Hemd, das stark mit Nitraten, Schwefel und Pech getränkt worden war. Die Pfähle waren ebenfalls in eine Harz- und Ölmischung getaucht worden, und dienten nun als riesige Dochte, um die Dunkelheit zu erhellen. Die meisten Opfer erstickten allmählich an dem Rauch und verfielen glücklicherweise in die Bewußtlosigkeit oder den Tod. Einige wenige kämpften mit ihren Ketten, bevor sie sich in ihr Schicksal fügten und Gebete sprachen, bis die Flammen sie erreichten.

Nero war so beeindruckt, daß sich Freudentränen in seinen Augenwinkeln sammelten und über diesen roten, knolligen Wulst, der seine Nase war, kullerten.

»Was für eine Kunst, Tigellinus!« seufzte er. »Was für wunder-wunder-schöne Kerzen!«

Wieder Trompeten. Wieder Stille. Wieder eine Ankündigung.

»Und nun ... Herkules in Flammen! ... Aber diesmal ... haben wir die Danaiden ... die seinen Scheiterhaufen löschen!«

Die Galerien lachten schallend, denn die fünfzig Töchter des Königs Danaos von Argos waren dazu verurteilt worden, unten im Hades Wasser in ein Faß zu füllen, das voller Löcher war.

Fünfzig Männer wurden nun vor den Augen ihrer Ehefrauen an verschieden Scheiterhaufen gekettet, und die Scheiterhaufen wurden angezündet.

»Schnell!« trieben die Prätorianer die Frauen an. »Rettet eure Ehemänner! Nehmt diese Eimer und holt Wasser von dem Brunnen dort.«

Die Frauen griffen nach den Kübeln und füllten sie. Aber jeder Eimer war duchlöchert worden, so daß das ganze Wasser bis auf eine unbedeutende Wasserpfütze wieder herausfloß.

Hoch oben über der Flammenszene, erhaben und ungerührt, standen die Statuen der Götter von Rom. Sie blieben alle auf ihren Säulen, die auf beiden Seiten des Obelisken zur *spina* hin steil abfielen. Von Zeit zu Zeit wandte Sabinus die Augen von dem grauenhaften Schauspiel ab und blickte hinauf zu diesem mit Säulen gestützten Pantheon. Er glaubte beinahe, den großen Kopf von Jupiter zu sehen, wie er lächelte und Vulkan in dem schimmernden Scharlachrot zuwinkte, während die Statuen der Nymphen, die über ihnen schwebten, ein schadenfrohes Grinsen auf den Lippen hatten.

Das Flammenpanorama war zuviel für Nero. Die flackernde Schönheit der Flammen und die sensationellen Szenen, deren Zeuge er an diesem Tag gewesen war, machten ihn auf eine scheußlich pervertierte Art und Weise beinahe eifersüchtig auf die Christen. Sie, nicht er, hatten heute »auf den Brettern gestanden«. Sie hatten heute die hervorragenden, wenn auch schmerzhaften Schauspiele dargeboten. Der Schauspieler in ihm war gekränkt. Er wollte, daß die Augen der Leute auf ihn gerichtet waren und ihm applaudierten.

Er beugte sich hinüber und flüsterte Tigellinus etwas zu. Im nächsten Augenblick war der Präfekt über die Balustrade gesprungen und hinunter zu den Ställen gerannt. Inzwischen schälte sich Nero – unter dem Mantel der Dunkelheit, aber vor den erstaunten Augen von Poppaea – aus seiner Pupurtoga und legte die Tunika frei, die er an diesem Tage trug. Es war das Gewand eines Wagenlenkers in den Farben der grünen Faktion!

Tigellinus und mehrere Helfer erschienen bald wieder auf der Rennbahn und führten ein Gespann von vier Pferden, die vor Neros goldenen Wagen gespannt waren. Beinahe ekstatisch glücklich stieg der Kaiser von seiner Loge hinunter, kletterte hinauf auf seine Quadriga und nahm die Zügel in die Hand.

Der Herold verkündete nun: *»Als letzte ... Präsentation heute abend ... wird Caesar selbst ...seinen Heldenmut ... als Wagenlenker ... unter Beweis stellen! ... Heil, Caesar!«* Er salutierte.

»HEIL, CAESAR!« antwortete die Menge, wobei alle die Arme genauso ausstreckten.

Nero versetzte seinen schnaubenden Rössern einen knallenden Peitschenhieb, jagte sie in einem wilden Rennen um das Hippodrom und fegte mit gefährlicher Geschwindigkeit in die Wenden, die ihm so vertraut waren, und schnitt die Kurven voller Leidenschaft und Hingabe. Natürlich brachte er sich vorteilhaft zur Geltung, dachte er, während er leise vor sich hin lachte. Aber schließlich hatte er soviel zu zeigen ... eine so vielseitige Begabung. Er schlug mit der Peitsche auf seine Pferde ein, bis der Schweiß schäumte und sie wie wild rasten, während er sich in einem verrückten Rennen mit seinem eigenen Schatten auf die Seite legte. Er beugte sich nach hinten, als er in dem schlingernden Wagen stand und die Zügel in einer Hand hielt, denn das war die eleganteste Haltung des Wagenlenkers. Der Wind fuhr ihm durch das Gesicht, die Leute von Rom waren voller Bewunderung, und die flackernden menschlichen Lampen wiesen ihm den Weg. Einige Drehungen vollführte er auf einem Rad. Mehrere Male kam er ins Schleudern und fiel beinahe aus der Droschke heraus. Aber jedes Mal schaffte er es gerade noch, das Gleichgewicht zu halten. Das Glück schien ihm hold zu sein.

Langsam schlängelten sich die Leute aus dem Stadion hinaus. Einige diskutierten darüber, wann sie begonnen hatten, des Spektakels überdrüssig zu werden. War es, als die arme Frau auf die Hörner des Bullen gebunden worden war? War es, als der Wind sich drehte, und der ekelerregende Gestank der menschlichen Fackeln die Galerien einhüllte? Oder war es der Kaiser selbst mit seiner wahnwitzigen Zurschaustellung, als er wie ein verwöhntes Kind mit seinem fahrbaren Spielzeug protzte und damit einen völlig unpassenden Schlußbeitrag zu einer Vorstellung lieferte, die schließlich ein ungeheuer grausames Spektakel gewesen war?

Andere begannen sich allmählich zu fragen, ob die Christen wirklich die Schuldigen waren. Sie hatten allein Neros Wort, daß die Christen Rom in Brand gesteckt hätten. Waren sie wirklich zum Wohle des Volkes zerrissen und gemartert worden? Oder um die Grausamkeit eines Mannes zu befriedigen? Oder um seine Feigheit zu bemänteln? Oder um seine Schuld zu verbergen?

In dieser Nacht kam Sabinus mit einer seiner Städtischen Kohorten zum Stadion zurück. Sie suchten die übelriechenden Haufen von Körpern draußen am westlichen Ende des Hippodroms nach irgendwelchen Überlebenden ab, aber ihre Mühe war vergeblich. Merkur, Pluto und die Dämonen hatten ihre Arbeit mit der den Römern eigenen unbarmherzigen Tüchtigkeit erledigt. Sabinus und seine Männer bereiteten den Opfern ein Massenbegräbnis. Und Sabinus würde eine angemessene Entschuldigung parat haben, falls Nero einen Einwand gegen diese Tat hätte: der Stadtpräfekt war verantwortlich für die Gesundheit der römischen Bevölkerung.

26

Tief in der Nacht war ein eindringliches Klopfen an Sabinus' Tür zu hören. Eine Stunde vorher war er erschöpft vom Vatikan-Circus nach Hause gekommen, und seine Augen waren noch halb geschlossen, als sein Hausdiener ihm mitteilte: »Ich bedaure, dich stören zu müssen, Clarissimus, aber im Atrium warten eine Frau und ein Mann, die dich in einer dringenden Angelegenheit sprechen wollen.«

Sabinus warf sich einen Morgenrock über seine Nachttunika und tappte verschlafen in die Halle. Dann blieb er abrupt stehen, und seine Haare sträubten sich vor blankem Entsetzen. Da standen Aquila und Priscilla!

»Vergib uns, Präfekt«, entschuldigte sich Aquila. »Aber – «

»Götter!« rief Sabinus aus, »aber ihr ... ihr wart doch an der Spitze der Prozession ... am Kreuz ... auf den Hörnern des Bullen!«

»Laß mich erklären ... «

»Warte einen Augenblick.«

Er rannte aus dem Atrium und kam mit einer noch halb schlafenden Plautia zurück, die er hereinschleppte. Aber ein Blick auf das Paar – und ihre Augen und ihr Mund öffneten sich gleichzeitig.

»Ihr ... beide ... wie ... eine Auferstehung?« stammelte sie.

»Nein, liebe Plautia.« Aquila lächelte. »Aber ich muß mich mit dem Erzählen beeilen.«

»Auf keinen Fall!« Sabinus konnte kaum seinen Augen trauen.

»Nachdem ich einen letzten Gottesdienst für unser Volk in den Ställen des Hippodroms abgehalten hatte, rief ein Zenturio nach Priscilla und mir, und wir wußten, daß unsere Stunde gekommen war. Der Zenturio war ein heimliches Mitglied unserer Gemeinde, der glaubte, mehr für uns tun zu können, wenn er seinen christlichen Glauben *nicht* bekannte. Stellt euch nur unser Erstaunen vor, als wir zu den Haupttoren des Stalles kamen, und der diensthabende Wächter lediglich salutierte und uns alle drei nach draußen ließ! Unser Zenturio erklärte, daß der Wächter ihm einen persönlichen Gefallen schulde und daß ein Paar im Gefängnis, das Priscilla und mir sehr ähnlich sehe, unsere Namen annehmen würde, für den Fall, daß Tigellinus spezielle Befehle erteilen würde, die uns gelten würden. Priscilla und ich dankten ihm, aber wir wollten unbedingt zurückkehren, um mit unseren Leuten zu sterben, als der Zenturio sagte: ›Eure Ältesten wußten, daß ihr niemals euch selbst retten würdet, aber sie haben beschlossen, daß ihr fliehen *müßt,* um die Geschichte des großen römischen Martyriums zu erzählen.‹ Er sagte, die Christen seien von der Aussicht, uns retten zu können, entzückt gewesen. Es würde ihre letzten Stunden glücklicher machen. Schließlich willigten wir ein... Seitdem hielten wir uns versteckt. Aber jetzt müssen wir wissen: Was passierte im Stadion, nachdem wir weg waren?«

Während Plautia einen kleinen Imbiß vorbereitete, erzählte Sabinus die brutalen Ereignisse vom Nachmittag und vom Abend. Es war ein quälendes Erlebnis für ihn, zu sehen, wie sich das Grauen einen Weg in ihr Leben bahnte, aber als er schließlich von dem Kreuz und den Hörnern des Bullen berichten mußte, brach Priscilla in Weinkrämpfe aus, während Aquila am Rande der völligen Verzweiflung zu sein schien.

Als Plautia Essen und Wein brachte, glänzten Tränen in Aquilas Augen.

»Wir... wir gehen zurück«, sagte er. »Wir können nicht leer ausgehen... nicht nach dem, was sie durchgemacht haben.«

»Ja, wir müssen unseren Schwestern und Brüdern im Gefängnis Trost spenden«, fügte Priscilla hinzu, »und dann fröhlich ihr Martyrium teilen.«

Sabinus widersprach: »Nichts würde eure Freunde mehr entmutigen, als zu sehen, daß ihr nach all ihrem Planen wieder festgenommen worden seid. Enttäuscht sie *nicht!*«

Aquila schüttelte langsam den Kopf.

»Petrus selbst sagte, die Führer müßten überleben«, wandte Sabinus erneut ein, »und es ist keine Zeit mehr für eine weitere Verzögerung. Ich hoffe, du verstehst, Aquila, ich werde euch persönlich daran hindern zurückzugehen.«

Das Paar schaute verwirrt, aber es sah nur Entschlossenheit in Sabinus' Augen, als er fortfuhr: »Jetzt schlaft ihr erst einmal hier. Morgen früh gebe ich euch Geld und alles, was ihr sonst noch braucht, und meine Männer werden euch aus Rom herausbringen.

Ich werde einen Paß ausstellen, der euch in den Osten bringt. Wohin wollt ihr gehen?«

Eine Weile sagten sie kein Wort. Schließlich nickte Aquila und sagte: »Korinth. Ja, wir werden wieder nach Korinth gehen und versuchen, Paulus wiederzutreffen.«

»Richtet ihm unsere innigen Grüße aus, wenn ihr ihn das nächste Mal seht«, sagte Plautia.

»Präfekt«, sagte Aquila »ich danke dir dafür, daß du mit all deiner Kraft versucht hast, das Unheil abzuwenden; und danke für deine Hilfe jetzt. Sag besonders unserer lieben Pomponia und ihrem Mann Lebewohl von uns!«

Ungefähr zu der Zeit, als Aquila und Priscilla sicher die *Via Appia* hinunterreisten, begannen Neros Spiele von neuem. Eine weitere riesige Menschenmenge war in das Stadion gepfercht worden. Während Tausende der Zuschauer von gestern übersättigt waren und keinen Appetit mehr auf eine weitere Vorstellung hatten, war der Abschaum von Rom durch ihre Berichte nicht abgeschreckt worden, sondern hatte vielmehr Feuer gefangen und belagerte seit den frühen Morgenstunden die Eingänge des Stadions.

Die senatorische Sektion hinter Nero jedoch war mit leeren Plätzen übersät, und Nero wollte eigentlich Tigellinus vorschlagen, eine Namensverlesung der Senatoren vorzunehmen. Aber er wurde zu sehr von den Eröffnungsspielen in Anspruch genommen, in denen eine Gruppe von deutschen Bären auf die Prozession der Verurteilten losgelassen wurde, bevor sie zu den Ställen zurückgekehrt waren. Es gab Geschrei und eine panische Flucht zum Ausgang.

»Ah!« Nero lächelte. »Das war ein neuer Überraschungseffekt, Tigellinus!«

Dann hob Nero seinen smaragdgrünen Hohlspiegel an sein besseres Auge und bemerkte zufrieden, daß die Loge des Stadtpräfekten wieder besetzt war.

Trotz der Proteste der ganzen Familie hatte Pomponia darauf bestanden, auch an diesem Tag wiederzukommen.

»Wenn meine Christenbrüder und -schwestern sterben«, beharrte sie, »sollte ich an ihrer Seite sein – zumindest, um ihren Triumph über den Tod mitzuerleben.«

Aulus und Sabinus fanden ihren letzten Satz unverständlich, aber sie wußten, Pomponia würde es wahrscheinlich noch schlechter gehen, wenn sie zu Hause bliebe.

Früh an diesem gräßlichen Nachmittag kam einer von Sabinus' Dienern zu seiner Loge gerannt.

»Schnell, Präfekt. Komm mit mir. Es ist dringend.«

Sabinus folgte ihm durch einen der Ausgänge und hinunter in die ausladenden Ställe, wo die übriggebliebenen Gefangenen bewacht wurden. Dort wurde Sabinus von einem boshaft grinsenden Tigellinus empfangen.

»Aha, Sabinus! Ich wollte, daß du der Erste bist, der es erfährt.« Er grinste: »Rate mal, wen wir hier haben? ... Nun, wir haben endlich deinen Fischer doch noch gefunden. Ich nehme an, du kennst Simon Petrus?«

»Ja, ich kenne ihn«, antwortete Sabinus so ruhig wie er konnte, obwohl sein Herz hämmerte. Je nachdem, wie und wo es zu der Verhaftung von Petrus gekommen war, würde Sabinus selbst das Stadion nicht mehr lebend verlassen. Dennoch mußte er auch die Möglichkeit in Betracht ziehen, daß Tigellinus nichts von dem Paß wußte, den er für Petrus ausgestellt hatte. So sagte er: »Warum gehst du nicht zurück zu deiner Schlachterei dort draußen, Tigellinus, Aasgeier, der du bist?«

»Gewiß, gewiß«, sagte Tigellinus und grinste hämisch, »guten Freunden ist es immer erlaubt, einen Abschiedsbesuch zu machen.« Dann ließ er sie allein.

»Wo haben sie dich gefunden, Petrus?«

»Sie haben mich nicht gefunden. Ich kam aus eigenem Antrieb nach Rom zurück.«

Sabinus' Unterkiefer klappte nach unten: »Bist du verrückt?«

»Jesus floh nicht, als er die Wächter in den Garten Gethsemane kommen sah. Ein Diener steht nicht über seinem Herrn und Meister. Hätte ich versuchen sollen, dem zu entfliehen, was mich in Neros Gärten erwartete?«

»Ja, das hättest du. Für die Zukunft deiner Sache!«

»Der Glaube ist bereits über den gesamten Mittelmeerraum ausgesät, guter Präfekt. Und ich *weiß*, daß der Meister will, daß ich hier in Rom bleibe.«

»Wie kannst du das wissen?«

»Damals nach seiner Auferstehung sagte ER zu mir: ›Wenn du aber alt wirst, Petrus, wirst du deine Hände ausstrecken, und ein anderer wird dich gürten und führen, wo du nicht hin willst.‹* Ich bin jetzt alt. Meine Mission ist erfüllt.«

»Das Kreuz? Meinte er Kreuzigung?«

Petrus nickte.

»Und als ich daran zweifelte, daß meine Zeit jetzt gekommen sei, erlebte ich folgendes: Ich war schon auf dem Weg, den du vorgeschlagen hattest –, um Rom zu umgehen –, als ich Jesus vor meinem inneren Auge sah. Er hatte den gleichen Blick wie bei seiner eigenen Kreuzigung, also fragte ich ihn: *›Maran, la'an att azel?‹*«

»Was bedeutet das?«

»›*Quo vadis, Domine?* Wohin gehst du, Herr?‹ Es ist Aramäisch, die Sprache, die wir in Palästina immer sprachen. Und dann schien er zu antworten: ›Ich gehe nach Rom, um noch einmal gekreuzigt zu werden.‹«

»Und solch eine *Vision* hat dich zu diesem Inferno zurückgebracht?«

»Nein, weitaus mehr als das, Sabinus«, Petrus lächelte, »ich *muß* die Leiden meines Volkes teilen, auch als ein Zeuge Christi für die Nachwelt. Obwohl Caesar es nicht weiß, leistet er heute viel für die Kirche.«

Noch mehr von diesem christlichen logischen Unsinn, dachte Sabinus. Dieser Glaube bewegte sich offenbar gern in Paradoxen: Feinde werden geliebt, der Erste ist der Letzte – der Letzte ist der Erste, Tod bringt Leben, Niederlage ist Sieg.

»Ich habe noch eine gute Nachricht für dich, Petrus«, erinnerte er sich plötzlich, »Aquila und Priscilla konnten fliehen. Sie schließen sich in Griechenland Paulus an.«

»Dem Herrn sei Lob und Dank!« Der Apostel strahlte.

»Aber gibt es ... irgend etwas, das ich noch für dich tun kann, Petrus?«

»Ja. Ich habe in der großen, blauen Vase auf deinem Schreibtisch in Tibur Dokumente und Instruktionen für die Kirche zurückgelassen. Bitte kümmere dich darum, daß die überlebenden Ältesten sie bekommen. Und sage deiner wundervollen Familie Auf

* Johannes 21,18

Wiedersehen von mir, besonders der lieben Pomponia, und nimm den Dank aller Christen an für das, was du für uns getan hast, Präfekt!«

»So wenig«, Sabinus schüttelte den Kopf, »so erbärmlich schrecklich wenig.«

Er schaute ein letztes Mal in das löwenhafte, aber freundliche Gesicht des Apostels und sagte: »Auf Wiedersehen, Simon Petrus!«

»Gott segne dich, Sabinus. Sag allen, daß sie *nicht* um mich weinen sollen, denn mein Tod ist nur die Pforte einer siegreichen Ewigkeit mit Christus.«

Bei diesen Worten kamen mehrere Prätorianer, um Petrus hinunter in die Halle zu bringen und ihn in den Kerker zu stoßen. Sabinus konnte die frohen Rufe der Wiedersehensfreude hören, denen jedoch auch Klagen beigemischt waren, weil der Apostel verhaftet worden war. Aber ein paar Minuten später herrschte absolute Stille, als Petrus sich tröstend an sie wandte und *immer noch* – dachte Sabinus – Siegesworte und stärkenden Zuspruch an seine Mitgefangenen richtete.

Gerade als Sabinus zu seinem Platz zurückkehrte, wurde die große Ankündigung gemacht: *»Der galiläische Fischer ... der Führer dieser Verbrecher ... ist jetzt in Ketten gelegt ... und zwar in diesem Stadion!«*

Ein großes Ooooooh und Aaaaaah stieg aus der Menge auf.

»Sein Name ... ist Simon Petrus«, fuhr der Herold fort, *»er steht ... vor dem Kaiser.«*

Unter donnernden Beifallsstürmen stützte Nero sich auf seiner Couch auf, griff nach seinem smaragdgrünen Hohlspiegel und betrachtete Petrus eingehend.

»Groß ist der Kerl ja«, bemerkte er, »ansonsten eindruckslos. Was für eine Art von Tod hast du für ihn geplant, Tigellinus?«

»Kreuzigung natürlich«, der Prätorianerpräfekt lächelte, »es erscheint mir so ... passend.«

»Hast du ihn ein bißchen gefoltert, um noch mehr Informationen über die Christen herauszubekommen?«

»Ja. Ein bißchen. Aber er sagte nicht mehr als Gebete an seinen Gott. Im übrigen brauchen wir wirklich nicht noch mehr Opfer, oder, Prinzeps?«

Nero grinste und brach dann in Gelächter aus.

»Nein, ich denke nicht. Wieviele werden wir bis zum Ende des Tages in den Hades geschickt haben, ha, ha?«

»Insgesamt? In den letzten beiden Tagen? Zwischen sechs- und siebenhundert.«

»Nun, damit sollten wir doch von der Pest befreit sein.«

»Ja. Wir werden nie wieder von den ›Christen‹ hören!«

Unter der kaiserlichen Loge sollte Petrus, der nur mit einem Lendenschurz bekleidet war, sich auf den sandigen Boden der Arena legen, so daß seine Hände an den Querbalken des Kreuzes genagelt werden konnten.

»Würdest du mir einen Gefallen tun, Tribun?« fragte er den Offizier, der für die Details der Exekution zuständig war.

»Kreuzige mich mit dem Kopf nach unten statt auf die übliche Weise.«

»Warum?«

»Ich bin es nicht wert, auf die gleiche Art zu leiden und zu sterben wie Jesus Christus.«

Der Tribun schaute ihn an und lächelte: »Tut mir leid, alter Mann. Es ist einfach nicht möglich, es auf diese Art und Weise zu machen. Oh, es ist *möglich*, nehme ich an, aber es ist nicht sehr praktisch. Siehst du, der Querbalken ist auf die *Spitze* des Pfahles hier genutet.«

Petrus nickte resigniert. Sie nagelten seine Handgelenke an die Enden des Querbalkens und hievten ihn hoch, so daß er den Süden, die Sonne und die kaiserliche Loge im Blick hatte. Neros Höflinge wetteiferten miteinander, wer Petrus die gröbsten Spöttereien an den Kopf werfen konnte, aber er ignorierte sie. Offenbar schien er – sogar während er am Kreuz hing – noch eine Bethaltung einzunehmen.

Die grotesken Ereignisse zogen sich über den ganzen Nachmittag hin. Ixions Rad drehte sich wieder, Hunde fielen erneut über Gruppen von Christen her, die sich am Fuße des Kreuzes von Petrus gesammelt hatten, und andere Opfer fielen von der Spitze des Obelisken auf den Boden rings um ihn herum. Jede neue Gruppe von Verurteilten blickte zuerst den Apostel an, bevor sie die Qualen auf sich nahmen, und er machte mit seinem Kopf das Zeichen des Kreuzes über ihnen, als wolle er ihnen einen letzten Segen zukommen lassen.

Wieder war es zuviel für Pomponia. Aber diesmal fiel sie nicht in Ohnmacht. Statt dessen stand sie in der Loge des Stadtpräfekten auf, wandte sich um und hob ihre Hände, um Ruhe zu erbitten.

»Was für eine Art von Römern seid ihr eigentlich?« schrie sie. »Ihr jubelt, während unschuldige Leute vor euren Augen sterben? Während Kinder erdrosselt und Frauen geröstet werden? Was für eine Art von... *Monstern* seid ihr nur geworden?«

Aulus war bestürzt und peinlich berührt wegen der Szene, die seine Frau heraufbeschwor. Er erhob sich, um sie schnellstens aus dem Stadion und nach Hause zu bringen, bis die Macht ihrer Worte ihn plötzlich beeindruckte und zurück auf seinen Sitz drückte.

»Könnt ihr *wirklich* glauben, daß diese unschuldigen Opfer Rom angezündet haben?« fuhr sie fort. »Schaut mich an! Sehe *ich* wie eine Brandstifterin aus? Ich bin nämlich auch eine Christin! Na los, macht schon. Tötet *mich auch!* Und jubelt wie blutrünstige *Bestien,* die ihr alle geworden seid!«

Eine Schneise der Menschlichkeit in dem Nordrang des Stadions, das in Hörweite war, wurde plötzlich still: es war beinahe eine schuldbewußte Stille. Pomponia setzte sich, vergrub ihr Gesicht in ihren Händen und wurde von Weinkrämpfen geschüttelt. Sabinus rief Wächter von den Städtischen Kohorten und gab Aulus und Pomponia Geleitschutz aus dem Stadion.

»Ich bin nie stolzer auf deine Mutter gewesen«, sagte Sabinus zu Plautia.

»Ich auch nicht«, antwortete sie. Dann brach sie zusammen und weinte: »Aber warum, Sabinus? Warum? *Warum?*«

Hermes war gerade auf der gegenüberliegenden Seite von ihnen gekreuzigt worden. Sabinus fürchtete, daß er noch versuchen könnte, seine Rolle in dem großen Feuer zu gestehen, aber der kleine Unternehmer war deutlich ein anderer Mensch geworden. Petrus hatte vor seiner eigenen Kreuzigung noch eine Unterhaltung mit Hermes gehabt. Und nun erfreute der Syrer, der weit davon entfernt war, seine Selbstbeherrschung zu verlieren, die Menge mit einer Aufzählung von Neros Greueltaten, einschließlich der Einzelheiten über die einstürzbare Decke, die er für das Schlafzimmer seiner Mutter verlangt hatte.

Mit den sensationellen Enthüllungen gewann er mühelos die Sympathie der Menge, und auch unter den Leuten im Südflügel baute sich eine sichtbare Stimmung des Mitgefühls auf. Nero und Tigellinus hatten es an diesem Tag wieder zu weit getrieben. Selbst ein hartgesottenes, brutales Gemüt kann soviel Grauen nur bis zu einem gewissen Punkt ertragen. Die Leute begannen, das Hippodrom in Scharen zu verlassen, und einige von den Schauspielen der abscheulichsten Sorte lösten allmählich nur noch Zischen und Buhrufe aus.

Mittlerweile waren auch viele Zuschauer von der ruhigen Gelassenheit, mit der Petrus seine letzten qualvollen Stunden erduldete, tief bewegt. Später an diesem Tag, als Petrus seine Kräfte allmählich verließen und seine Arme mit dem Tode rangen, blickte er Nero, die Senatoren und Magistraten während einer Pause zwischen den Exekutionen an und rief mit einer überraschend lauten Stimme für einen, den man schon beinahe tot glaubte: *»Wir vergeben dir, Caesar!* Wir sind *unschuldige* Opfer. Aber wir beten immer noch für dich. Und vergeben dir.«

Viele in den Rängen verstummten plötzlich, um die außergewöhnlichen Worte zu hören.

Nero wurde kreidebleich, und seine Lippen zuckten vor Zorn.

»Ich *brauche* eure Vergebung nicht, Fischer«, sagte er höhnisch.

»O doch, das *tust* du, Caesar! Der eine souveräne und lebendige Gott, der über allem steht, wird dich wegen all deiner Verbrechen richten, wenn du nicht bereust und Buße tust.«

»Welche Verbrechen, du armer Wicht?« Neros natürliche rötliche Gesichtsfarbe verwandelte sich nun in ein sattes Karminrot.

»Es sind zu viele, um sie alle auflisten zu können, Caesar. Du kennst sie. Das ganze Kaiserreich kennt sie. Es gibt keine Form von Mord, die du nicht begangen hast, keine Verdorbenheit, kein Laster, in dem du dich nicht... gesuhlt hast. Du hast die Römer aus jeder Gesellschaftsschicht bestohlen. Dein Senat sitzt jetzt dort hinter dir und windet sich vor Entsetzen über deine Tyrannei. Du bist ein *Gestank* in den Nasenlöchern der Welt, Caesar!«

Ein Muskel in Neros linker Wange zuckte unwillkürlich, und er schnappte nach Luft. Schließlich stammelte er: »Soll ich dir deine Zunge 'rausschneiden lassen, du schwafelnder Kultverbrecher?«

»Die Wahrheit wird den Sieg davontragen, ganz egal, was du tust, Caesar! Deine Regierung ist temporär... vorübergehend... ein bloßer Schatten. Aber das Königreich Gottes ist ewig.«

Petronius, der genau hinter Nero saß, war tief beeindruckt von Petrus, aber er schüttelte den Kopf über Neros peinliche Versuche, mit Petrus' geistiger Größe mithalten zu wollen. Tigellinus flüsterte inzwischen, daß es unter der Würde des Kaisers sei, noch irgendeine Unterhaltung mit einem verurteilten Verbrecher weiterzuführen, während Poppaea ihren Gemahl anstieß.

Aber Nero ignorierte die beiden und schrie: »Oho! *Du* kannst solche stolzen Reden führen, Fischer? Was hast *du* denn schon in deinem elenden Leben erreicht, außer daß du einen abergläubischen Pöbelhaufen zu Brandstiftung und Verrat verleitet hast? Und nun auch noch zum Tod?«

»Was diese unschuldigen Opfer angeht, hast du sie nur ins Paradies geschickt, wo sie mit unserem Herrn zusammensein werden. Dafür... sind wir dir sogar dankbar.«

»Oh, *halt die Klappe,* du... du verrückter Menschenfeind!«

»Ein Menschenfeind haßt Menschen, Caesar. Wir Christen *lieben* die Menschheit. Sogar dich!«

»Götter!« winselte Nero gereizt. »Die Trompeten, Tigellinus. Laß sie ein paar Fanfaren spielen, so daß wir dieses Gequatsche nicht länger hören müssen!«

Aber in der letzten Stunde des Nachmittags fühlte sich Nero zunehmend unwohl. Von Zeit zu Zeit huschten seine Augen zurück zum Kreuz, an dem Petrus hing, und jedes Mal schienen die Augen des Apostels sich auf ihn zu heften. Petrus jedoch dachte zurück an die Tage in Galiläa, als jemand zu ihm hinaufkam, während er die Fischernetze auswarf, und sagte: »Folge mir«, und wie er genau das bis auf den heutigen Tag gemacht hatte – bis zu diesem Augenblick.

Aber bald fühlte sich der abergläubische Nero so unwohl in seiner Haut, daß er zu Tigellinus sagte: »Töte ihn!«

Als Petrus sah, wie ein Tribun mit einem Wurfspeer auf ihn zukam, schloß er die Augen und sagte: »Heiliger Gott, zu sein wie du – selbst dabei! Nimm meinen Geist auf!«

Einige Minuten später schaute Nero wieder auf Petrus' Körper und sah in die unerschrockenen Augen, die selbst im Tode noch auf ihn gerichtet zu sein schienen.

»Bei den Furien!« schrie Nero. »Nimm ihn vom Kreuz 'runter, Tigellinus. Nimm ihn mir aus den Augen!«

»Was ist denn los, Nero?« wollte Poppaea wissen.

»Ich weiß nicht«, sagte er. Auf seiner Stirn bildeten sich kalte Schweißperlen. »Hast du … nicht genug davon, mein Schatz?«

»Ja. Schon seit vielen Stunden.«

»Ich auch. Wieviele Gefangene sind noch für den Abend übriggeblieben, Tigellinus?«

»Ungefähr hundert oder so.«

»Nun, du kannst sie auch ohne mich verbrennen. Wir werden gehen.«

»Natürlich, Caesar.«

Als Nero gerade in die kaiserliche Sänfte stieg, beugte er sich noch einmal hinaus und fragte: »Was für Opfer sind denn für heute abend übriggeblieben?«

»Hauptsächlich Männer.«

»Sind sie kräftig? Gut gewachsen?«

»Die meisten von ihnen.«

»Warum beenden wir dann nicht einfach schon jetzt das Ganze? Wir können sie als Sklaven gebrauchen, die dabei helfen, mein *Goldenes Haus* zu bauen.«

»Ein ausgezeichneter Plan, Prinzeps.«

Tigellinus verbeugte sich. Er war der perfekte Wetterhahn, der sich immer nach Neros Wünschen drehte.

An diesem Abend beerdigten Sabinus und seine Städtischen Kohorten unter der rotgoldenen Glut ihrer Fackeln den zweiten Haufen von Menschenkörpern in einem Massengrab mitten auf einem Friedhof in der Nähe, der entlang der *Via Cornelia* auf beiden Seiten des Vatikan- Hügels lag. Sabinus suchte persönlich nach der großen, stämmigen Gestalt von Simon Petrus und fand sie recht schnell. Bildete er sich das nur ein, oder spielte der Schrecken, der ihm noch in den Gliedern saß, seinem Verstand einen Streich? Aber es sah so aus, als hätten sich die zerfurchten Gesichtszüge des Apostels zu einem heiteren und schlummernden Gesicht des Friedens geglättet. Sabinus wusch Petrus' Körper und beerdigte ihn ehrfurchtsvoll in einem gesonderten Grab auf dem Friedhof.

»Mögest du dich an jener ›siegreichen Ewigkeit‹ mit deinem Christus erfreuen, Simon Petrus«, sagte Sabinus und versuchte, die Worte des Apostels als eine Art mündliche Grabschrift wiederzugeben. Er selbst wurde nicht recht schlau aus dem Glauben der Christen. Jesus hatte seinen Nachfolgern gesagt, daß sie den Feinden auch die andere Wange hinhalten sollten. Und Petrus hatte seine selbstmörderische Rückkehr nach Rom beschlossen, um genau das zu tun. Aber er selbst schwor sich an Petrus' Grab, daß er statt dessen Neros Wangen drehen würde – wieder und wieder, bis dieser aufgedunsene Stiernacken verdreht und zu Tode erdrosselt sein würde!

27

Es war eine kühle, regnerische Nacht im März 65, als Quintus Lateranus und Faenius Rufus den Quirinal hinaufstiegen, um sich mit Sabinus zu einer geheimen Unterredung zu treffen. Plautia wurde aus der Bibliothek geschickt, und ihr wurde gesagt, daß sie alle Diener außer Hörweite halten sollte.

»Die Zeit ist gekommen, um dir die Namen und Pläne zu verraten, Sabinus«, vertraute Quintus ihm an, »seit Rufus einer von uns ist, haben wir *große* Hoffnungen auf Erfolg.«

»Das denke ich auch!« Sabinus lächelte.

»Tigellinus hat natürlich auch die Befehlsgewalt über die Prätorianer, aber er verbringt soviel Zeit im Palast, daß er den Kontakt zu den Truppen verloren hat. Rufus sieht sie hier jeden Tag. Außerdem kommen zwei der Anführer unserer Verschwörung aus den Offiziersrängen...«

Sabinus riß die Augen weit auf: »Wer?«

»Subrius Flavus und Sulpicius Asper.«

»Aha! Nicht weniger als ein prätorianischer Tribun und Zenturio.«

»Der arme Flavus kann es kaum noch erwarten«, kicherte Rufus, während er sich an seinem sich lichtenden Haarschopf kratzte. »Zweimal schon hätte er Nero beinahe erledigt. Einmal trat er während des Feuers mit einer Hand am Schwert an ihn heran, und ein anderes Mal wollte er ihn mit einer Leiersaite erdrosseln, während Nero einen musikalischen Beitrag gab.«

»Warum hat er es nicht getan?«

»Aus demselben Grund, aus dem Nero heute immer noch atmet«, antwortete Quintus. »Jeder will Nero tot sehen. Aber jeder will nach der großen Tat selbst weiterleben!«

Sabinus lächelte. »Das ist die ›Hürde‹, die es bei jeder Verschwörung zu überwinden gilt. Aber fahre fort!«

»Nun, unter den Senatoren sind die Anführer Piso, Scaevinus und Quintianus.«

»Ja, ich habe sie mit euch in den Vatikan-Gärten gesehen.«

»Wir sind jetzt alle der Meinung, daß Nero gehen muß. Darüber hinaus gibt es bei uns geteilte Meinungen darüber, ob er durch einen neuen Kaiser ersetzt werden soll oder ob die Republik wiederhergestellt werden soll. Einige wollen Piso als Kaiser *pro tempore**. Einige reden von Seneca. Aber wie es jetzt aussieht, wird Piso alles zusammenhalten, und die Übernahme wird in seinem Namen verkündet werden.«

»Warum Piso?« wunderte sich Sabinus. »Oh, er ist ein großer und gut aussehender Mann –«

»Er ist redegewandt ... kommt aus dem Hochadel. Warum fragst du?«

»Ach, nur so,« Sabinus zögerte. »Es ist nur so, daß ... glaubt ihr wirklich, daß er den *Charakter* hat, um durchzuhalten? Piso scheint mir mehr der vergnügungsliebende, passive Typ zu sein. Ihm fehlt es an Charakterstärke ...«

»Gut. Das Gefühl habe ich auch«, Rufus nickte, »aber genau diese Qualitäten sind dann vielleicht eine Wohltat, wenn wir Piso durch den Mann ersetzen, für den wir uns am Ende alle entscheiden werden. Vielleicht für Seneca. Vielleicht auch für dich, Sabinus.«

»Oh, bitte!« Sabinus hob abwehrend die Hände.

»Nicht unwahrscheinlich«, sagte Quintus und schaute ihn ernst an, »deine Name ist mehrere Male gefallen. Aber um fortzufahren: Seneca weiß, was wir tun, und er billigt es ... stillschweigend natürlich. Er ist eng mit Piso befreundet, wie du weißt, aber er will nicht an der tatsächlichen Ermordung beteiligt sein.«

»Das kann man ihm nicht verübeln«, sagte Sabinus, »Nero verdächtigt ihn sowieso schon.«

»Aber sein Neffe Lucan, der Poet, engagiert sich stark bei uns. Nero ist eifersüchtig auf seine Gedichte und will sie ihn nicht veröffentlichen lassen.«

Rufus grinste.

»Nun, Lucan behandelt in seinen Gedichten auch sehr republikanische Themen«, bemerkte Sabinus.

»Wie auch immer, das sind einige Namen der führenden Köpfe«, erklärte Lateranus, »aber das sind noch lange nicht alle.«

Er fuhr fort, ein Dutzend prominenter Reiter zu nennen, wäh-

* pro tempore (lateinisch): vorübergehend, auf Zeit

rend Rufus noch sechs weitere Namen seiner Offiziere preisgab, die auch am Komplott beteiligt waren.

Sabinus war entsetzt: »Aber ihr habt jetzt *mehr* als genug. Jedes weitere Mitglied ist nur ein zusätzliches Risiko, daß alles auffliegt.«

»Das glaube ich nicht«, entgegenete Quintus, »bei der Verschwörung gegen Julius Caesar waren es *sechzig*.«

»Aber ihre Verschwörung dauerte nicht so lange wie eure. Es ist in der Tat erstaunlich, daß eure Verschwörung noch nicht schon längst aufgeflogen ist.«

»Nun, wir sind jetzt bereit zum Angriff«, sagte Rufus, »deswegen sind wir hier!«

»Oh, laß uns ihm die ganze Wahrheit sagen, Rufus. Tatsache ist, daß wir jetzt zuschlagen *müssen*, Sabinus, weil das Komplott letzte Woche beinahe aufgeflogen *wäre*.«

»Ja, diese verfluchte Frau konnte einfach nicht mehr warten!« brauste Rufus auf. »Sie liegt uns ständig damit in den Ohren, daß wir handeln sollen.«

»Eine *Frau* ist bei dem Komplott dabei?« fragte Sabinus.

»Ihr Name ist Epicharis«, gab Lateranus zu, »sie ist... eine ganz reizende freigelassene Sklavin – die Geliebte von Senecas Bruder Mela. Sie hat versucht, die Kriegsmarine für unsere Verschwörung zu gewinnen und ist hinunter nach Baiae gereist, um Proculus zu bitten –«

»Unseren Flottenkapitän?«

»Ja, er ist wütend auf Nero. Also sprach sie seine verletzten Gefühle und seine Eitelkeit an – er würde in die Geschichte eingehen und so weiter und so fort –, wenn er und seine Matrosen Nero während einer seiner Erholungsaufenthalte dort unten töten würden.«

»Doch Proculus drehte dem dummen Ding gegenüber den Spieß um«, schnaubte Rufus wütend, »er ging direkt zu Nero und erzählte ihm brühwarm die ganze Geschichte.«

»Süßer Jupiter!« schrie Sabinus. »Dann ist jetzt alles aus und vorbei!«

»Warte«, fuhr Rufus fort, »der idiotische Kapitän vergaß, Epicharis nach den Namen der anderen Verschwörer zu fragen.«

»Und als Nero sie dann holen ließ, gab sie eine richtige Vorstellung«, warf Quintus ein, »sie verscheuchte jeden Gedanken an eine

Verschwörung. Es sei nur eine Kabbelei unter Liebenden gewesen, erklärte sie. Sie hätte beschlossen, ihre Affäre mit Proculus zu beenden, und das sei nun seine Art, ihr alles heimzuzahlen.«

»Was sagte Proculus dazu?«

»Tja, er ist nicht besonders helle, weißt du. Er stand nur mit herunterhängenden Armen da und bestand darauf, daß er nur die Wahrheit gesagt habe, aber der Dummkopf hatte nicht den geringsten Beweis für seine Behauptung, und es gab keine Zeugen ihrer Unterhaltung.«

»Also *glaubte* Nero ihr?«

»Wir denken schon. Zumindest entließ er sie in freie Obhut. Was gibt es Neues von Baiae, Rufus?«

»Meine Agenten sagen, daß Nero einige Nachforschungen anstellt, aber er hat bisher noch überhaupt nichts herausgefunden. Er hat nicht einen Namen.«

»Gut, dann müßt ihr wirklich jetzt sofort zuschlagen«, seufzte Sabinus. Er faltete die Hände in Gedanken, dann löste er sie wieder. »Piso unterhält Nero oft in seiner Villa in Baiae, nicht wahr? Warum lädt er nicht einfach Nero dort zum Essen ein und erledigt die Aufgabe?«

»Das sind genau unsere Gedanken, Sabinus. Aber wir hatten gerade bei Piso zu Hause eine Versammlung aller Verschwörer, und er war gegen diesen Plan. Es wäre ein Sakrileg gegen die Hausgötter, wenn man einen Gast in seinem eigenen Hause ermorden würde, behauptete er. Also haben wir vor, es hier in Rom zu tun … beim Fest der Ceres* am 12. April. Nero besucht immer die Eröffnungsspiele im Circus, also wird er sich außerhalb seiner Villa aufhalten, und wir können seiner habhaft werden. Nun, ich soll den ersten Schritt tun. Du kennst doch den Korridor, der im Nordflügel des Circus Maximus zu der kaiserlichen Loge führt?«

»Ja … «

»Na ja, und am Ende des Flures werde ich Nero zu Füßen fallen, als wolle ich ihn um einen besonderen Gefallen bitten. Tja, und da ich ein ziemlich kräftiger Kerl bin, werde ich nach ihm greifen, seine Knie umklammern und zum Angriff übergehen, indem ich ihn zu Boden presse, während die anderen ihn erdolchen. Scaevinus hat

* Ceres: römische Göttin des Getreides und des Ackerbaus

sich das Privileg auf den ersten Stoß reserviert. Den Rest werden Rufus und die anderen erledigen.«

»Weißt du, an diesem Tag wird es einen interessanten Zufall geben.« Rufus lächelte: »Die meisten meiner Männer, die in die Verschwörung verwickelt sind, werden an diesem Tag Neros Leibgarde sein.«

Sabinus legte das Kinn in die hohle Hand und durchschritt die Bibliothek. Schließlich lächelte er.

»Der Plan hat so etwas Einfaches an sich, das wirklich großartig ist. Es sollte klappen. Sehr gut sogar. Der Schlüssel dazu ist natürlich Rufus und der Leibwächter, der am nächsten bei Nero steht. Scaevinus und die anderen werden ihre Hiebe gut plazieren müssen, damit nicht ein paar Wächter, die nicht an der Verschwörung beteiligt sind, versuchen, Nero zu retten.«

»Wir werden die anderen unter Kontrolle halten«, sagte Rufus.

»Ach so«, grinste Sabinus, »ihr zieht das also wirklich bis zum Ende durch, was? Und du bist ein designierter Konsul, Quintus. Du meine Güte!« scherzte er. Dann wurde er wieder ernst: »Also gut. Wo passe ich in euren Plan?«

»Zuerst wollten wir, daß du eine deiner Städtischen Kohorten in das ›Kampfgebiet‹ schickst, um uns zu unterstützen«, antwortete Quintus, »aber dann könnte Nero mißtrauisch werden. Außerdem denke ich, daß wir sie nicht brauchen werden. Dein Part kommt *nach* der Ermordung, Sabinus. Laß an diesem Tag nur einen kleinen Teil deiner Kohorten in der Stadt patrouillieren. Halte die meisten in den Castra Urbana bereit. In dem Augenblick, in dem Caesar tot ist, geben wir dir vom Palatin aus ein Signal mit Fackeln – vom Dach des Tiberianischen Palastes aus. Du läßt deine Männer sofort zum Appell antreten. Du hältst eine vorsichtige Rede, führst die Verbrechen Neros auf, verkündest seinen Tod, läßt deine Männer ihre Treue Pisos provisorischer Regierung gegenüber schwören, und dann schickst du *alle* Kohorten in die Stadt! –«

»Um in einer sehr kritischen Zeit für Ordnung zu sorgen.« Sabinus nickte. »Ja. Gut. Kein Problem. Und ich bin froh, daß ihr euch Gedanken darüber gemacht habt, was *nach* der Ermordung passieren soll. Die meisten Verschwörungen hoffen törichterweise, daß sich alle Probleme von selbst lösen werden, wenn der Tyrann erst einmal tot ist.«

»Das wird niemals passieren.« Quintus lächelte bitter. »Du kannst Brutus und Cassius danach fragen!«

»Es gibt in der Tat nur eine Sache, die mir Sorgen macht, meine lieben Verschwörerfreunde: ich wünschte, das Fest der Ceres wäre schon *morgen* und nicht erst heute in zwei Wochen. Alle Verschwörungen haben einen großen Feind.«

»Welchen?«

»Die Zeit!«

Am Abend des 11. Aprils kehrte Senator Flavius Scaevinus zu seiner Villa auf dem Esquilin zurück. Er hatte den Nachmittag mit einem Reiterfreund namens Natalis verbracht; und die beiden hatten noch einmal über die letzten Einzelheiten der Ermordung gesprochen. Sie hatten sogar geübt, mit Dolchen durch verschiedene, dicke Kleiderstoffe in einen stämmigen Bullen zu stechen, um zu sehen, wieviel Kraft es erforderte, um ihm den Todesstoß zu versetzen. Scaevinus schaute besorgt nach oben zum Himmel, aber dann lächelte er, als er dessen klares, immer kräftiger werdendes Pupurrot sah. Kaum eine Wolke zeigte sich am Horizont. Bald würden Sterne dort erscheinen. Sicher würde es morgen früh nicht regnen, und die Spiele für Ceres würden wie geplant stattfinden. Und wenn irgendwelche gerechten Götter das Schicksal von Rom in ihren Händen hielten, dann würde diese Nacht heute Neros letzte sein.

Sein schwammiger Körper strahlte an diesem Abend eine gewisse Vitalität aus, dachte Scaevinus. Sollten seine Frau und seine Freunde ihn nur wegen seiner Korpulenz und verschiedener Exzesse necken. Ab morgen würden sie nicht mehr länger darüber lachen können. Sie würden erfahren, daß sein Geist als erster den großen Kampf für die Freiheit ersonnen hatte. Er hatte die ersten Flammen unter Piso entzündet und Lateranus in dem Komplott willkommen geheißen, und bald würde ganz Rom wissen, daß seine Degenklinge die erste gewesen war, die Neros Blut gekostet hatte. Doch jetzt mußte er sich beherrschen. Obwohl er zappelig und bis ins Innerste nervös war, mußte er Gelassenheit und Gemütsruhe zeigen. Aber wenn doch nur sein Herz aufhören würde, so rücksichtslos zu hämmern!

Kaum war er zu Hause angekommen, als seine Frau auch schon fragte, warum er für diesen Abend zu Hause ein solch üppiges Essen bestellt habe.

»Alles wird später klar werden«, antwortete er mit einem Augenzwinkern, »jetzt komm mit in unsere Gemächer, mein Schatz. Ich muß dir etwas zeigen!«

Er öffnete eine Schublade und nahm mehrere Dokumente heraus. »Das ist mein Testament. Ich vermache alles dir, mein Liebling.« Dann rief er: »Milichus!«

Sein oberster Diener, ein freigelassener Sklave, erschien kurz darauf.

»Hier... bezeuge, daß ich das hier unterschrieben habe.« Scaevinus setzte sich und schrieb seinen Namen mit einem Schnörkel unter das Testament. Milichus fügte seinen hinzu, und der Senator versiegelte die Dokumente.

»Warum tust du das?« fragte seine Frau mit wachsender Besorgnis.

»Ich will nur, daß du weißt, daß du immer an erster Stelle in meinen Gedanken stehst.«

Scaevinus rechnete eigentlich damit, daß er die Gewalttat am morgigen Tag überleben würde, aber diese Geste würde dem Ganzen etwas Heroisches und eine gewisse Dramatik verleihen. Nun stand er auf, ging hinüber zu einer Truhe und nahm einen Dolch, der in der Scheide steckte, heraus. Er strich liebevoll über die Waffe, befreite die Klinge von der Degenscheide und untersuchte sie.

»Das ist ein Familienerbstück, Milichus.« Er lächelte. »Ich habe ihn in dem *Tempel der Sicherheit* unten in Ferentium geweiht. Aber er ist alt... und sehr stumpf. Nimm ihn mit hinunter und schleife ihn am Wetzstein, bis seine Klinge funkelt.«

Das Abendessen an diesem Abend war mit all dem prächtigen Essen und den erlesenen Getränken eher ein Bankett. Aber während des ganzen Essens schien Scaevinus Stimmung sehr zu schwanken. In dem einen Augenblick war er offensichtlich tief in Gedanken versunken, im nächsten Moment sprühte er nur so vor Heiterkeit, die allzu gekünstelt wirkte. Seine Kommentare waren willkürlich und ohne Zusammenhang, und er trank mehr Wein als gewöhnlich. Am Ende des Essens verwirrte er das ganze Haus, indem er seinen Lieblingssklaven die Freiheit schenkte.

Milichus fand dieses ganze Benehmen ziemlich seltsam, aber nicht so sonderbar wie die Befehle, die er als letzte an diesem Abend von Scaevinus erhielt: »Bereite einen Haufen Verbände vor, Milichus.

Und Klemmen. Und blutstillende Mittel.« Der Senator wollte eigentlich hinzufügen: »Und frag' mich nicht, warum«, aber er fand es unnötig. Er hatte Milichus seine Freiheit geschenkt. Dafür durfte er seinem ehemaligen Herrn niemals Fragen stellen.

Aber es schwirrten dem freigelassenen Sklaven in der Tat viele Fragen durch den Kopf, als er die Erste-Hilfe-Utensilien zusammenpackte. Scaevinus' Verhalten deutete klar auf irgendeine tödliche Krisis am nächsten Tag hin, und er hatte in den letzten Monaten genug Bemerkungen von dem Senator aufgeschnappt, um ahnen zu können, wer das vorgesehene Opfer des Komplotts war. Er stellte den geschärften Dolch und den Haufen Verbandszeug vor Scaevinus' Schlafzimmertür und zog sich in sein Schlafzimmer zurück.

Aber Milichus konnte nicht schlafen. Er wandte sich an seine Frau, die nun auch wach war, und teilte ihr seine Gedanken über Scaevinus' mysteriöses Verhalten an diesem Tag mit.

»Worauf läuft das Ganze hinaus?« fragte er schließlich.

Es verging keine Sekunde, bis sie antwortete: »Er wird versuchen, Caesar morgen irgendwann zu ermorden.«

»Das stimmt natürlich. Jetzt hilf mir, das zweite Rätsel zu lösen ... Ich darf Scaevinus *nicht* verraten: Er gab mir meine Freiheit, und ich muß meinen Herrn aus Dankbarkeit beschützen. Gleichzeitig *muß* ich ihn jedoch verraten: denn wenn die Verschwörung mißlingt – und das Verbandszeug zeigt, daß er nicht allzu optimistisch zu sein scheint –, bin ich ein toter Mann! Ich war es, der den Degen geschärft hat, der bei einem Mordattentat auf Caesar benutzt wurde. Ich war es, der es dann unterlassen hat, ihn zu warnen. Jetzt löse das Rätsel für mich, mein Schatz!«

Sie dachte eine Zeitlang nach und antwortete dann: »Du vergißt, hinzuzufügen, daß Caesar dir eine ganz hübsche Belohnung zukommen lassen wird, wenn du ihn warnst. Er könnte dich sogar in die Regierung nehmen, weil du sein Leben gerettet hast.«

»Oh ... letzteres bezweifle ich.«

»Auf jeden Fall mußt du dein Leben retten. Wenn Scaevinus so ein Narr war, sich heute abend so aufzuführen, wie kannst du dann wissen, ob nicht die anderen Sklaven hier genau das gleiche denken wie wir? Und wenn irgendeiner von ihnen zuerst bei Nero ankommt, dann *bist* du ein toter Mann, Milichus. Du hast die Verbände vorbereitet, und du hast ihn nicht gewarnt.«

Milichus wälzte sich im Bett herum und schwieg eine ganze Weile. Dann flüsterte er: »Wir schleichen uns nach draußen und gehen bei Tagesanbruch los.«

Plötzlich sprang er aus dem Bett und ging auf Zehenspitzen hinunter zur Türe des Schlafgemachs seines Herrn. Den Göttern sei Dank! Der Dolch war immer noch dort. Vorsichtig ergriff er ihn und schlich sich zurück in seine Gemächer. »Den brauchen wir als Beweismittel«, sagte er.

28

Da das *Goldene Haus* noch nicht fertiggestellt war, residierte Nero immer noch in seinen provisorischen Gemächern in den Servilischen Gärten im Süden von Rom. Hierher kamen der hochaufgeschossene Milichus und seine winzige Gattin mit dem ersten rötlichen Schimmer der Morgendämmerung. Die Tore der palästlichen Villa waren verschlossen, und die beiden Gestalten schlugen mit den Fäusten gegen das Gitter. Schließlich stolperte ein verschlafener Pförtner aus seiner Hütte, starrte auf das unmögliche Paar und fragte: »Was – bei der Schmiede des Vulkan – wollt *ihr* denn hier?«

»Laß uns herein. Wir haben eine *dringende* Nachricht für den Kaiser!«

»Haben wir das nicht alle? Geht nach Hause. Ihr müßt verrückt sein.«

»Aber es betrifft seine persönliche Sicherheit!« beharrte Milichus.

»Es betrifft eure *eigene* Sicherheit, wenn ihr nicht augenblicklich abhaut. Ihr müßt nicht ganz bei Sinnen sein, wenn ihr einfach um diese Uhrzeit hier auftaucht!«

»*Laß ... uns ... 'rein,* hab' ich gesagt!« zischte Milichus. »Caesar ist in Gefahr! Er muß gewarnt werden! Wenn ihm irgend etwas passiert, werden wir *dich* anklagen, weil du uns davon abgehalten hast, ihn zu warnen.«

Der Pförtner hob herausfordernd den Kopf und lächelte. »Habt ihr irgendeine Vorstellung davon, wie oft wir solche Warnungen bekommen? Und was hast du mit diesem Dolch vor? Vielleicht seid *ihr* diejenigen, die Caesar in Gefahr bringen.«

»Willst du, daß wir nach den Wachen schreien?« mischte sich Milichus' Frau in das Gespräch ein. »Das werden wir nämlich tun – damit du es weißt.« Milichus zwickte sie rasch in den Rücken, denn plötzlich kam ihm der Gedanke, daß er vielleicht bereits zuviel gesagt hatte. Was wäre, wenn die Wachen auch an der Verschwörung beteiligt wären?

»Bring sie doch zu Epaphroditus«, rief eine Stimme aus dem Inneren des Pförtnerhauses.

Bald darauf kam ein anderer Pförtner heraus, das Tor sprang quietschend auf, und das Paar wurde in ein Vestibül der weitläufigen Villa geführt, wo sie auf Neros Minister, einen freigelassenen Sklaven, warteten.

Epaphroditus ließ sich Zeit, um herauszukommen und sich mit ihnen zu treffen. Zuerst nahm er gemütlich sein Frühstück ein. Dann steckte der stämmige, dunkelhäutige, kleine Grieche schließlich einen pomadisierten Kopf in den Vorraum des Vestibüls, wo sie warteten, und fragte: »Seid ihr die beiden Überbringer der ›dringenden Nachricht‹?«

»Ja ... das sind wir«, sagte Milichus.

»Dann schießt mal los!« Epaphroditus gähnte.

Als Milichus begann, die Anzeichen der Verschwörung, von denen er wußte, und die Gerüchte, die er in den letzten Wochen aufgeschnappt hatte, aufzuführen, machte das höhnische Lächeln in Epaphroditus' Gesicht einem beunruhigten Blick Platz.

»Das reicht«, sagte er, »folgt mir. Aber ich werde den Dolch nehmen, wenn ihr erlaubt.«

Sie wurden in Neros Suite geführt. Mehrere Wächter durchsuchten sie am Türeingang, bevor sie schließlich hineingehen durften. Nero räkelte sich in seinem Nachtgewand und nahm gerade ein herzhaftes Frühstück ein.

»Ich bedaure, dich stören zu müssen, Caesar«, sagte Epaphroditus, »aber das, was die beiden da zu sagen haben, hört sich ziemlich ernst an. Sehr ernst sogar ... eine Verschwörung gegen dein Leben.«

Neros Blick verfinsterte sich, er spuckte das Stück Honigbrot, das er gerade kaute, aus und wischte sich den Mund ab.

»Wer sind sie?« fragte er. »Und wer ist in das Komplott verwickelt?«

»Mein Name ist Milichus, Caesar. Ich bin ein freigelassener Sklave des Senators Flavius Scaevinus. Und das ist meine Frau.«

»Scaevinus' freigelassener Sklave, sagst du? Wer will mich denn töten? Sag' mir alles, was du weißt!«

Milichus berichtete ausführlich von jeder merkwürdigen Geste des Scaevinus am gestrigen Abend, bis Nero ihn unterbrach.

»Wenn das, was du sagst, stimmt, sieht es in der Tat so aus, als würde er nichts Gutes im Schilde führen. Aber woher weißt du, daß *ich* das Opfer sein soll? Hat er gesagt, daß ich es bin?«

»Natürlich nicht. Und er sagte selbstverständlich nichts von einem Mordattentat. Aber mein Herr ist dir gegenüber kritisch, *sehr* kritisch. Er gehört auch zu einem Kreis von Senatoren, die erbittert gegen dich arbeiten. Und er hat keine anderen Feinde. Was würdest du für einen Schluß daraus gezogen haben? Und warum bittet er mich, den Degen hier zu schärfen, den er mit einer religiösen Bedeutung geweiht hat, wenn er lediglich vorhätte, ihn für einen gewöhnlichen Zweck zu benutzen?«

»Laß mich ihn sehen«, sagte Nero zu Epaphroditus. Dann fuhr er mit dem Finger über den scharfen Rand der Klinge und zuckte zusammen.

»Und damit du nicht glaubst, daß es irgendein leeres Geschwätz ist«, fuhr Milichus fort, »schlage ich vor, daß du den Senator persönlich kommen läßt. Ich wäre mit Freuden bereit, meine Anschuldigungen in seiner Gegenwart wiederholen zu dürfen.«

Solch eine Gegenüberstellung war natürlich unumgänglich, aber Milichus' Vorschlag trug dazu bei, seinen Fall zu bekräftigen – so glaubte er.

»*Wache!*« rief Nero. Mehrere Prätorianer marschierten in das Gemach und salutierten.

»Wieviele von euch sind im Moment im Dienst?«

»Die übliche Kohorte, Caesar.«

»Verdoppelt die Anzahl. Und nehmt euch fünfzig Männer und geht sofort mit ihnen zu Senator Flavius Scaevinus, um ihn zu verhaften, und bringt ihn zu mir. Beeilt euch! Und schickt Tigellinus zu mir.«

Die Wachen salutierten und verließen die Suite. In der Zwischenzeit saß Nero in Gedanken versunken da und starrte auf den sich gelb färbenden Morgen draußen, während er mit der stumpfen Oberseite der Degenklinge gegen seine offene linke Handfläche trommelte.

Als Tigellinus hereinkam, zeigte Nero mit dem Dolch auf Milichus und sagte: »Wiederhole deine Geschichte für den Prätorianerpräfekten hier.«

Tigellinus hörte sich den Bericht mit einem düsteren Stirnrunzeln an, bis sich ein funkelnder Schimmer seiner Augen bemächtigte.

Er wußte, daß er bald wieder seine Lieblingsrolle als Großinquisitor würde spielen dürfen.

Milichus hatte kaum seine Erzählung beendet, als Scaevinus persönlich hereinkam, mit Säulen von Wachen auf beiden Seiten. Als der Senator Milichus sah, zogen sich seine Augen einen Moment lang vor Schreck und Wut zusammen.

»Komm herein, Senator, komm herein«, sagte Nero, der immer noch mit der Degenklinge spielte. Dann hörte er damit auf und hielt den Dolch hoch: »Hast du den jemals zuvor gesehen?«

Scaevinus zögerte eine Zeitlang, während er feuerrot anlief. Dann gewann er seine Fassung zurück und sagte einfach: »Ja, warum, Caesar? Er sieht aus wie mein Dolch.«

»Warum hast du Milichus gebeten, ihn zu schärfen?«

»Die Klinge wurde allmählich stumpf und rostig. Es ist ein altes Erbstück von meinen Vorfahren, und ich bewahre es in meinem Schlafzimmer auf. Mein *Ex-Sklave* muß es wohl gestohlen haben.«

Er warf Milichus einen Blick tödlichen Hasses zu.

»Warum fragst du, Caesar? Warum wurde ich hierher gebracht?«

»Ich schlage vor, das lassen wir uns von deinem freigelassenen Sklaven, Milichus, erzählen.«

Zum vierten Mal an diesem Morgen begann Milichus seine Geschichte zu erzählen. Dieses Mal lieferte er die ausführlichste Version, die er bisher gegeben hatte, und seine Frau fügte von Zeit zu Zeit Einzelheiten hinzu. Die ganze Zeit über hatte Nero seine trüben, blauen Augen fest auf Scaevinus geheftet, um zu sehen, wie er die Enthüllung aufnehmen würde. Als Milichus seinen Bericht beendet hatte, fragte Nero Scaevinus: »Was ist los, Senator? Du siehst nicht sehr gut aus. Absolut nicht.«

»Aus Gründen, die wohl auf der Hand liegen.«

Scaevinus verzog das Gesicht zu einer grimmigen Grimasse: »Würdest du dich nicht krank fühlen, Caesar, wenn du plötzlich hören würdest, wie Tigellinus einen Haufen Lügen über dich erzählt? Das ist der Versuch eines Idioten, in einem Theaterstück den Denunzianten zu spielen, aber was für ein dummer und fadenscheiniger Fall, den du da präsentiert hast, Milichus! Du hast meinen Degen gestohlen, ihn geschärft und ihn dann ›Beweisstück‹ genannt. Du machst eine große Sache daraus, daß ich mein Testament aufsetze. *Große Götter!* Müssen schlechte Motive vorliegen, wenn eine Person lediglich die Rolle des *paterfamilias* übernimmt? Ich ändere mein Testament von Zeit zu Zeit, Caesar. Das bedeutet nicht viel mehr, als daß wir in unsicheren Zeiten leben. Im vergangenen Jahr erst wäre mein Anwesen beinahe bei dem großen Brand vernichtet worden.«

»In Ordnung«, Nero nickte, »aber was ist mit deiner ... seltsamen Wahl des Zeitpunktes, um deinen Sklaven die Freiheit zu schenken?«

»Eine seltsame Wahl des Zeitpunktes? Darf ich euch alle höflichst daran erinnern, was heute für ein Tag ist? Der Beginn der großen Festlichkeiten der Ceres! Was gibt es für einen passenderen Zeitpunkt, um die Göttin des Getreides zu ehren, die uns alle ernährt? Nun gut, ich möchte auch noch ein zweites Motiv zugeben, Caesar: Mein Vermögen ist nicht mehr das, was es einmal war. Meine Gläubiger setzen mich unter Druck. Ich weiß nicht, ob mein letzter Wille befolgt wird. Es ist besser, meinen Lieblingssklaven die Freiheit zu schenken, die sie verdienen, als daß meine Gläubiger die Zwangsvollstreckung betreiben und sie als Sklaven übernehmen. Ja«, lachte er, »vielleicht war diese Handlungsweise sogar ein wenig gerissen. Aber wirklich, Caesar, das verstehst du doch, oder?«

Nero lächelte: »Ich hätte genauso gehandelt, Scaevinus. Aber warum das üppige Festessen?«

»Das ist die dümmste Anklage von allen«, sagte der fettleibige Senator mit einem Kichern, »für diesen undankbaren Neidhammel sah es wohl ziemlich üppig aus. Er bevorzugt immer noch seine Sklavenbohnen und Knoblauch. Aber ich diniere *immer so*«, antwortete er, wobei er seinen Wanst tätschelte, »genau wie du, Caesar. Wir sind Feinschmecker. Wir lieben gutes Essen. Es zergeht uns auf der Zunge, selbst wenn unsere Ohren die hungrigen Nörgeleien unserer Kritiker hören.«

»Das ist wohl wahr«, kicherte Nero und schaute hinab auf seinen wachsenden Bauchumfang, »aber wofür waren diese Verbände und Klemmen, Senator?«

»Du wirst dich daran erinnern, daß mein Gesicht während Milichus Sklavenverleumdungen unterschiedliche Farben annahm. Verstehst du: die Verbände sind eine glatte, starke und völlige *Lüge!* Ich gab Milichus niemals solche Befehle. Sein Sklavenverstand sagte ihm: ›Wenn ich jetzt ein paar Kleider zerschneide, behaupte ich, es seien Verbände und benutze sie als Beweismittel.‹ Er hält uns alle zum Narren, Caesar. Was würde es beweisen, wenn er dir eine ganze Wagenladung medizinischer Versorgung überreichen würde? Nicht mehr als mein Dolch dort.«

»Das stimmt natürlich. In Ordnung, der letzte Anklagepunkt ist, daß Milichus mitbekam, wie du und ein paar andere Senatoren kritische Bemerkungen über mich gemacht habt.«

»Was für Bemerkungen?«

»›Der Schauspieler wird bald die Bühne verlassen‹ ... ›Der Leierspieler muß seine Konzerte auch für Vater Hades geben‹ ... und dergleichen mehr.«

»Lügen. Und zwar auch noch von der schlechtesten Sorte. Man kann wohl sagen, daß nur ein Sklave solche Kommentare von sich geben kann, das liegt wohl auf der Hand. Oh, ich gebe zu, daß ich gelegentlich Kritik äußerte, Prinzeps. Einmal nannte ich deine Verse ... nun ja ... zweitklassig. Und zwar auch vor einer Gruppe von Senatoren.«

»Das *tatest* du?« Nero runzelte die Stirn.

»Ja«, Scaevinus nickte, »ich sagte, sie seien wohl eines Vergil ... oder eines Horaz ... oder sogar eines Homers würdig, aber nicht deiner, Caesar. Du könntest sie alle übertreffen.«

»Oh!« Nero lächelte, und seine Gesichtszüge entspannten sich wieder. »Dann hast du nicht gesagt, daß mein Singen ›nur mit dem Heulen von Zerberus'* drei Köpfen harmonieren‹ könnte?«

»Hat er *das* etwa behauptet?« Scaevinus grinste und wußte natürlich, daß er genau diese Worte benutzt hatte. »Was für ein krankhafter Geist in diesem Schurken! Nein, Caesar, wenn du die Lügen eines freigelassenen Sklaven über das Wort eines Senators stellst, dann haben sich die Dinge sehr bedauerlich zugespitzt. Milichus ist ein höchst ehrgeiziger Schuft. Er meinte, ich hätte ihm mit seiner Freilassung ein kleines Vermögen schenken sollen. Ich gab ihm seine Freiheit, und das ist nun der Dank dafür: mit einer Lügengeschichte glaubt er bei dir eine große Belohnung ernten zu können.«

* Zerberus (lateinisch): Name des Hundes, der nach der griechischen Mythologie den Eingang der Unterwelt bewacht; blutgierig, mit eherner Stimme, oft mit mehreren Köpfen dargestellt, von Schlangen umwunden; er ließ die ankommenden Toten ein, gestattete aber keinem die Rückkehr.

Nero wandte sich langsam an den freigelassenen Sklaven: »Alles, was Senator Scaevinus gesagt hat, paßt zu den Fakten, Milichus. Hast du irgendein anderes Beweisstück, irgendeinen *wirklichen Beweis* deiner Anklagen? Irgend jemanden, der das bestätigen kann, was du sagst? Oder aus den Fakten ableiten?«

»Die anderen Sklaven sahen, was ich gestern sah.«

»Das ist kein Beweis, Milichus«, Nero schüttelte den Kopf, »viele Gerüchte erreichen uns hier. Wenn wir ihnen allen Glauben schenken würden, dann würden wir verrückt werden. Wir müssen Beweise haben.«

Milichus war aufgewühlt und begann nun zu schwitzen. Er senkte den Blick und schüttelte langsam den Kopf: »Ich habe sonst nichts vorzuweisen. Ich... ich habe nur versucht, das Richtige zu tun und dich zu schützen, Caesar.«

»Du meinst, du hast nur versucht, auf schnellem Wege ein Vermögen zu ernten, Milichus«, sagte Scaevinus, »ich denke, er verdient eine Strafe, Caesar. Sonst spricht sich die Geschichte noch herum, und jeder Sklave in Rom wird seinen Herrn anklagen. Solche Taktiken haben sie doch früher schon ausprobiert.«

»Hast du eine Ahnung davon, wie die Strafen für falsche Anschuldigung aussehen, Milichus?« Nero zog die Stirn in Falten.

Aber Milichus hörte nicht zu. Seine Frau flüsterte ihm etwas ins Ohr. Plötzlich strahlte er und sagte: »Ja... ja tatsächlich, Caesar. Wir *haben* etwas, das noch ein zusätzlicher Beweis sein könnte. Bevor der Senator gestern nach Hause kam, hatte er eine lange Unterredung mit Antonius Natalis. Nun stehen die beiden, Natalis und mein Herr, auf sehr gutem freundschaftlichem Fuße mit Senator Piso; und Piso ist der Name, den wir sie ständig flüstern hörten. Man könnte Natalis doch auch befragen.«

Nero wandte sich an Scaevinus und fragte: »*Hast* du Natalis gestern gesehen, Senator?«

»Nun... ja... aber wir haben uns nur über belanglose Dinge unterhalten –«

»*Wachen!* Schickt fünfzig Männer zu dem Haus von Antonius Natalis und bringt ihn sofort hierher!«

Tigellinus lehnte sich hinüber und flüsterte Nero zu: »Das mag der schwache Punkt in der Sache sein. Du hast die einmalige Gelegenheit, die beiden getrennt zu befragen.«

»Ich weiß, ich weiß«, sagte Nero naserümpfend, »Scaevinus, bitte fahre fort. Erzähl mir *genau*, worüber ihr beide, du und Natalis, gestern nachmittag diskutiert habt.«

»Äh... es war nichts Geheimes oder Außergewöhnliches«, grinste Scaevinus, »wir sprachen über das Fest der Ceres... die Spiele... und so etwas.«

»Wie lange war er bei dir, Milichus?«

»Fast den ganzen Nachmittag.«

»Na komm schon, Senator. Du wirst doch Besseres zu tun haben, als nur belangloses Zeug zu bereden.« Er starrte ihn mit zusammengekniffenen Augen voller Mißtrauen an.

»Nein, das war alles, Caesar. Wir planten eine... eine Feier mit einigen Freunden... anläßlich des Festes der Ceres. Das... und Reisepläne für den Sommer. Das war aber auch schon alles.«

»An welchem Tag soll eure Feier stattfinden?« warf Tigellinus dazwischen.

»Äh... am letzten Tag des Festes.«

»Und wer gibt die Feier?«

»Äh... sie findet bei mir statt.«

»Gut, gut«, fuhr Tigellinus fort, »und wohin wollt ihr im Sommer reisen?«

»Tja, ich dachte an... äh... Griechenland.«

»Und Natalis?«

»Er sprach von Ägypten.«

»Sehr schön. Wir werden sehen.«

Natalis traf eine Stunde später ein. Als er seinen Freund Scaevinus dort ebenfalls stehen sah, weiteten sich seine Augen vor Schreck und Besorgnis.

»Natalis«, begann Nero wieder in freundlichem Ton, »worüber habt ihr beide, du und Senator Scaevinus, gestern nachmittag gesprochen?«

»Ich... ich verstehe nicht.«

»Ich glaube, ich habe mich deutlich genug ausgedrückt, Natalis.« Nero blickte finster.

»Na los, alter Junge, erzähl es ihm schon«, sagte Scaevinus betont munter, »erzähl ihm von der Feier, die wir für das Fest der Ceres geplant haben, Natalis!«

»*Halt den Mund*, Scaevinus!« Nero blickte ihn wütend an: »Noch ein Wort oder Zeichen von dir, und ich bringe dich wegen Hochverrats vor den Kadi*! Ist das klar?«

Scaevinus nickte mit seinem schwitzenden Kopf.

»Fahre fort, Natalis. Und schau nur mich an.«

»Äh ... «, stammelte er, »es ist genau so, wie der Senator sagte. Wir haben über eine Feier geredet. Eine Feier ... ja ... anläßlich des Festes der Ceres.«

»Für wann habt ihr diese Feier geplant?« fragte Tigellinus.

Natalis zögerte. »Och ... für bald. Sie soll an den Iden des Monats stattfinden. In der Mitte der Festtage.«

»Gut«, sagte Nero, ohne irgendeine Emotion zu verraten, »und wer richtet dieses Fest aus? Wo soll es stattfinden?«

»Bei mir«, sagte Natalis.

»Und worüber habt ihr, du und der Senator, noch geredet?«

»Äh ... wir sprachen noch über ... äh ... Besitztümer ... Investitionen ... und solche Sachen.«

»Eine letzte Frage, Natalis. Habt ihr beide, du und der Senator, irgendwelche Reisen für den Sommer geplant?«

»Uhh ... nein. Wir haben beide vor, in der Stadt zu bleiben.«

»*Wachen!*« rief Nero. Mehrere Prätorianer rückten an.

»Lege diese Männer auf der Stelle in Ketten! Ihr beide seid wegen Hochverrats und krimineller Verschwörung verhaftet!«

Tigellinus brüllte seinen Tribunen noch ein paar weitere Befehle zu: »Sagt Rufus, er soll sofort fünf Prätorianerkohorten hierher marschieren und das gesamte Anwesen umzingeln lassen! Und bring Foltergerätschaften her. Alle Wachen, die heute vom Dienst befreit sind, sollen in den Dienst zurückgerufen werden. Nehmt eine Sicherheitsüberprüfung im ganzen Haus vor!«

Dann flüsterte er einem der Wachen etwas zu und fügte schließlich laut hinzu: »Laß den Henker seine Plattform hinten im Garten aufstellen.«

»Und einer soll zu den Spielen gehen und ausrufen lassen, daß Caesar sie heute nicht besuchen wird«, fügte Nero mit einer Spur Bedauern in der Stimme hinzu.

»Was sollen wir mit diesen Männern machen?« fragte ein Tribun.

* Kadi (arabisch): Richter (im Vorderen Orient)

»Nichts. Wir sind noch nicht mit ihnen fertig«, sagte Tigellinus. »Darf ich die Ermittlung übernehmen, Caesar?«

»Natürlich, Tigellinus.«

»Nun, meine Herren. Ihr lügt, was eure Unterhaltung gestern angeht. Wir haben das bewiesen. Seid ihr beide bereit – jetzt sofort – die ganze Verschwörung zu enthüllen?«

Natalis blickte zu Boden, aber Scaevinus machte einen letzten Versuch. Er hob eine gefesselte Hand und sagte: »Was für eine Verschwörung, Präfekt? Es war doch nur – «

»Keine Lügen mehr!« rief Tigellinus. »Die Zeit der Lügen ist vorbei, Scaevinus. Jetzt kommt die Zeit der Wahrheit. Von jetzt an nur noch die Wahrheit. Wir werde eure Ehrlichkeit mit Milde belohnen.«

Kein Wort kam den beiden über die Lippen.

»In Ordnung, die Alternative ist diese: Caesars Leben steht auf dem Spiel, also schrecken wir vor nichts zurück, um die Tatsachen herauszufinden.«

Er legte eine Kunstpause ein, und sein Gesicht verzog sich zu einem boshaften Grinsen.

»Erinnert ihr euch noch, wie die Christen zu Tode gequält wurden, meine Herren? Ich kann euch versichern, daß ihre Strafe im Vergleich zu dem, was euch erwartet, euch wie ein fröhliches Herumtollen im Garten vorkommen wird – es sei denn, ihr verratet uns sofort alle Pläne und alle Namen.«

Wieder schwiegen beide und senkten den Blick. Ein Wachposten gab Tigellinus ein Zeichen. Er nickte.

»Wirf sie auf den Boden und zieh ihnen die Sandalen aus«, befahl er. Plötzlich fanden sich Natalis und Scaevinus gefesselt wieder, während ein Wachmann Tigellinus ein Schwert brachte, das über dem Kohlenfeuer solange erhitzt worden war, bis es glühte.

»Das hier«, sagte Tigellinus und hielt die rot-orangefarbene Klinge hoch, »ist nur ein kleiner Appetitanreger bei dem Festmahl, das euch erwartet, meine Herren. Die Hauptgänge sind von den Castra Praetoria auf dem Weg hierher ... ein wirklich ausgesprochen köstliches Menü«, sagte er voller Wonne, »Geißel und Zangen, um euer Fleisch zu krallen, rotglühende Platten, die – ach, das werdet ihr ja dann sehen. Immer hübsch der Reihe nach – je nach Senatorenrang. Wir werden es zuerst bei dem Reiter versuchen.«

Langsam näherte Tigellinus sich Natalis' nacktem Fuß mit der glühenden Klinge. Natalis versuchte, den brennenden Schmerz stoisch auszuhalten, bis das zarte Fußgewölbe zu schmoren begann. Ein unglaublicher Schmerz, den er niemals für möglich gehalten hätte, durchzuckte ihn, und unter Höllenqualen schrie er auf.

»Oh, unsterbliche Götter!« kreischte er. »Hör auf! Ich werde aussagen.«

»Alles?« fragte Tigellinus, ohne die Klinge zu bewegen.

»Ja. *Alles!*«

»In Ordnung.«

Er zog das Schwert weg.

»Bring Scaevinus in den Raum nebenan. Wir werden sie getrennt aussagen lassen.«

Als der Senator hinausgeschleppt worden war, ging Natalis tatsächlich zum Angriff über.

»Was du willst, ist eine schnelle, verläßliche Information, so daß du Caesar retten kannst, stimmt's?«

»Genau.«

»Und wenn ich es hinauszögere oder halbe Wahrheiten erzähle und nicht die gesamte Verschwörerschaft verrate, wärst du vielleicht sogar auch jetzt nicht in der Lage, Caesar zu retten. Also biete ich dir einen Handel an: Ich erzähle dir alles, was ich weiß – schnell und ehrlich –, und du wirst mir Straffreiheit garantieren.«

»Das kann ich nicht versprechen«, sagte Tigellinus.

»Aber ich«, sagte Nero, der jetzt seine eigene Sicherheit verzweifelt nötig hatte, »ich flehe dich an, Natalis. Erzähl uns alles, was du weißt!«

Natalis spielte ein gefährliches Spiel: Gleichwohl er sich zum einen natürlich egoistischerweise selbst retten wollte, versuchte er zugleich auch, das Ausmaß der Bestrafungen von Mitverschwörern so gering wie möglich zu halten. Er behauptete, alle Namen der Mitverschwörer verraten zu haben, aber in Wirklichkeit verschwieg er die meisten. Er berichtete über die geplante Verschwörung am Eingang des Circus, aber ohne Rufus und die Prätorianer zu erwähnen. Ja, Piso sollte der neue Kaiser sein. Quintus Lateranus war auch an dem Komplott beteiligt. Und Seneca.

Nero blieb der Mund offenstehen, aber dann verzog sich sein Gesicht zu einem Lächeln. Endlich hatte er den Beweis, den er brauchte, um seinen lästigen Tutoren aus dem Weg räumen zu können.

Nach den Enthüllungen wurde Natalis aus dem Saal geführt und Scaevinus hereingebracht. Tigellinus eröffnete Scaevinus einfach alles, was Natalis ihm erzählt hatte und legte ihm nahe, daß er lediglich seine Bestätigung brauche. Da nun alles ans Tageslicht gekommen war, sah Scaevinus keinen Grund mehr zum Schweigen, und er gestand weitere Namen der Leute, die in der Verschwörung waren.

Innerhalb weniger Stunden wurden diese der Reihe nach zu den Servilischen Gärten bestellt, mit den Beweisen konfrontiert und mit der falschen Versprechung der Straffreiheit geködert, wenn sie weitere Namen verrieten. In erstaunlich kurzer Zeit hatte Tigellinus beim Einbruch der Dunkelheit beinahe alle Namen, obwohl keiner bisher Rufus, Sabinus oder die Verschwörer unter den Prätorianern verraten hatte.

»Diese Frau!« erinnerte sich Nero plötzlich. »Nimm sie aus der Obhut und bring sie hierher, Tigellinus!«

»Epicharis! Natürlich! Sie ist also doch daran beteiligt. Und eine Frau wird niemals in der Lage sein, Folterqualen zu ertragen.«

Die Wachen brachten das Mädchen vor Tigellinus, aber sie wollte nichts gestehen. Sie zeigten ihr die Folterbank im Kellergeschoß der Villa, wo die Foltergeräte aufgestellt worden waren. Sie verhöhnte sie.

Mit einem Grinsen auf dem Gesicht befahl Tigellinus, sie zu entkleiden und dann auf dem Instrument festzuschnallen. Er ließ sie mit der Geißel züchtigen, während er sich vor der darniederliegenden Gestalt, die nun vor lauter Quetschungen anschwoll, mit den bekannten Namen brüstete.

»Wir wissen, daß diese Leute in euer Komplott verwickelt sind. Aber wer noch? Sprich, Frau!«

Epicharis sagte nur: »Es ist alles gelogen. Sie sind unschuldig.«

»Ihr unfähigen Schwachköpfe«, warf Tigellinus den Folterknechten höhnisch vor, »ihr laßt euch von einer *Frau* zum besten halten!«

Daraufhin setzten sie die Streckfolter in Betrieb. Epicharis' Arme streckten sich langsam, bis ihr linker Arm ausgerenkt war.

Epicharis kreischte und verlor das Bewußtsein. Als sie wieder zu sich kam, sagte Tigellinus: »Das war nur ein Gelenk, das ausgerenkt wurde. Es werden noch drei weitere folgen. Wer sind die anderen Verschwörer?«

»Keiner«, murmelte sie, woraufhin sie wieder gefoltert wurde, bis ihre beiden Beine ausgerenkt waren. Dann warfen sie die glücklicherweise erneut bewußtlos gewordene Gestalt die Nacht über ins Gefängnis. Am nächsten Morgen, während sie auf einem Stuhl zurück in die Folterkammer getragen wurde, gelang es ihr, die Brustfessel abzustreifen, sie als Schlinge über die Rückenlehne des Stuhles zu streifen und sich selbst zu erhängen.

Epicharis würde schnell in die römische Legende eingehen – als Frau und ehemalige Sklavin, welche die Mitverschwörer selbst unter den schlimmsten Höllenqualen nicht verraten hatte, während freigeborene Männer, die nicht gefoltert worden waren, bei dem wahnwitzigen Versuch, ihr eigenes Leben zu retten, ihre Freunde und Verwandten nicht schnell genug verraten konnten. Senecas Neffe Lucan, der Dichter, hatte sogar seine eigene Mutter als Verschwörerin denunziert, obwohl das niemand ernstnahm.

Nero befand sich inzwischen angesichts der immer länger werdenden Verschwörerliste in Angst und Schrecken. Was er lediglich für einen privaten Groll von einigen Leuten aus dem Adel gehalten hatte, entpuppte sich als großes, und vernichtend gefährliches Komplott gegen sein Leben. Tigellinus umgab ihn mit der verdreifachten Wache, die nur aus seinen vertrauenswürdigsten Günstlingen bestand, während er die Stadtmauern von Rom mit Prätorianerkohorten besetzte und sogar die Küstengebiete und Flußbänke bewachen ließ. Bis die Verschwörung vollkommen aufgedeckt war, hatten sie keine Ahnung, ob ein Angriff außerhalb von Rom drohte. Nero setzte besonderes Vertrauen in seine germanische Kavallerie, Fremde, die von ihm allein bezahlt wurden und deren vollstes Vertrauen er genoß.

Zu früherer Stunde an diesem Tag, an dem Neros Ermordung stattfinden sollte, wartete Sabinus auf das Zeichen vom Palatin. Er konnte nicht wissen, daß die Verschwörung gescheitert war.

Zur gleichen Zeit eilte Quintus Lateranus hinunter zum Forum, um Piso die Nachricht von Scaevinus' Verhaftung zu überbringen.

»Uns bleibt jetzt nur noch eine Möglichkeit«, sagte Quintus zu Piso, »wir müssen schnellstens zu den Castra Praetoria gehen und Rufus und seine Männer ihre Treue dir gegenüber erklären lassen. Dann marschieren wir mit der gesamten Prätorianergarde hierher zurück. Du steigst auf das Podium und gewinnst das Vertrauen des Volkes. Sabinus wird mit seinen Städtischen Kohorten antreten. Dann steht ganz Rom gegen die diensthabenden Prätorianer, die Nero beschützen. Wir werden den Sieg davontragen!«

»Ich ... das möchte ich nicht, Quintus. Zu riskant.«

»*Riskant?* Was gibt es denn für einen anderen Ausweg für dich, wenn Scaevinus und Natalis die ganze Verschwörung platzen lassen und dich als Neros Nachfolger bezeichnen?«

»Ich ... ich weiß nicht. Wie kannst du wissen, daß sie reden werden?«

»Folter. Keiner von ihnen ist Manns genug, um das auszuhalten.«

Piso schwieg.

»Hör mal, Senator, wir sind alle dran, wenn wir nicht handeln. Es ist unsere einzige Hoffnung«, argumentierte Quintus, »du wirst sehen: Nero *muß* fallen. Bei allen Göttern, wenn ihn Leierspielerrivalen in Angst und Schrecken versetzen, wie wird es dann erst bei rebellischen Prätorianern sein!«

Aber Lateranus konnte an dem Schweiß auf Pisos bleichem Gesicht erkennen, daß dieser allmählich die Nerven verlor. Zögerlich hielt Piso einen vorbeilaufenden Plebejer an und fragte ihn: »Was ... was würdest du davon halten, wenn Piso dein nächster Kaiser würde?«

Der Nichtadlige schaute an ihm hoch und runzelte die Stirn. »Piso? Wer ist Piso?«

Mit einem hoffnungslosen Gesichtsausdruck meinte Piso: »Siehst du, Quintus...«

»Das beweist *überhaupt nichts!* Wir müssen handeln!«

»Ich ... ich gehe jetzt nach Hause, Quintus. Es ... es tut mir leid. Sehr leid. Du tust besser genau das gleiche.«

Während Lateranus mit offenem Mund zurückblieb, ging Piso zu seinem Haus in der Stadt und schrieb seinen letzten Willen auf. Das Testament war mit ekelhaften, aber notwendigen Schmeicheleien für Nero durchsetzt – notwendig, weil Piso seine Frau verschonen wollte. Dann hörte er, wie die Truppen anrückten und sein Haus umstellten. Als Piso hinausblickte, sah er, daß es alles junge Prätorianerrekruten waren. So! Nero traute seinen Veteranen nicht mehr – dazu hatte er auch allen Grund!

Piso eilte in sein Schlafgemach, legte seine Beine hoch, polsterte das Bett mit Kissen und ließ Kopf und Arme an der Seite hinunterbaumeln. Dann nickte er einem Diener zu, der ihm behutsam die Arterien in beiden Armen vom Handgelenk aufwärts aufschlitzte.

Quintus hatte gerade seine Villa auf dem Caelius betreten und seine Frau geküßt, als sein Grundstück plötzlich von Prätorianern umzingelt wurde. Der Tribun Statius ging hinein und verkündete mit ernster Miene: »Quintus Plautius Lateranus, ich habe hier den Befehl für deine sofortige Exekution, unterzeichnet vom Kaiser.«

Es kam Quintus alles entsetzlich unwirklich vor, daß das süße Abenteuer namens Leben schon enden sollte, weil das Schicksal für den wahren Weg der römischen Staatskunst blind zu sein schien.

»Darf ich die Todesart selbst wählen? fragte er den Tribun. »Weißt du, das *ist* eine Tradition.«

»Tut mir leid, Senator. Mein Befehl lautet: sofortige Exekution durch das Schwert. Außerdem habe ich den Befehl, dieses Haus im Namen von Caesar zu beschlagnahmen!«

»Ich verstehe. Aber meine Frau und meine Kinder müssen natürlich verschont bleiben. Sie haben keine Ahnung davon, was sich hier abspielt.«

»Ich habe keine Befehle, die sie betreffen. Ich nehme an, sie bleiben unangetastet.«

»Sehr gut. Darf ich von meinen Kindern Abschied nehmen?«

Statius, der mit seinen Gefühlen zu kämpfen hatte und beinahe in Tränen ausbrach, sagte: »Es… es tut mir leid, Senator. Caesar sagte: ›Schlepp ihn augenblicklich zum Sessorium, sobald du sein Haus betreten hast!‹ Ich habe dir schon zuviel Zeit gegeben. Meine Männer könnten es melden…«

Quintus gab seiner schluchzenden, beinahe hysterischen Gattin einen zärtlichen Kuß und sagte: »Sag den Kindern, wie sehr ich sie geliebt habe – und dich, *carissima.* Eines Tages erzählst du ihnen… was ich für den Staat zu tun versucht habe.«

In all ihrer Pein gelang es ihr noch, mit ihrem bebenden Kopf zu nicken.

»Und sag dem Zwillingsbruder von mir, daß er sich um euch kümmern soll. *Und* um die Sache! Er wird es verstehen.«

Dann ließ Quintus Lateranus sich von Statius und seinen Wachen zum Sessorium schleppen, einem Platz genau vor dem Esquilin-Tor, der für die Exekution von Sklaven reserviert war. Der Tribun, der selbst zitterte und erneut seinen Tränen freien Lauf zu lassen drohte, flüsterte Quintus zu, als dieser sich über den Block beugte: »Danke, edler Freund. Ich werde mir vorstellen, daß Nero unter mir ist, wenn ich das Schwert schwinge.«

Ohne ein Wort zu sagen, streckte Quintus sein Genick über den Block.

In dieser Nacht vergoß Statius die bitteren Tränen, die er heute den ganzen Tag zurückgehalten hatte. Er selbst war einer der ersten Verschwörer gewesen, aber Lateranus hatte absolutes Stillschweigen darüber bewahrt. Der edelste der Verschwörer war tot.

Sabinus hatte inzwischen seine Kohorten in den Castra Urbana antreten lassen, während er unruhig auf das Feuersignal vom Dach des Tiberius-Palastes wartete. Eine flackernde Fackel sollte dreimal nach hinten und nach vorne geschwenkt werden, sobald Nero ermordet worden war, aber zehnmal, wenn er nur verwundet oder die Verschwörung mißlungen war – das Signal sollte der Sicherheit halber wiederholt werden.

Sabinus' Augen waren angespannt, als er den Palatin Minute um Minute beobachtete, aber er sah nur den klaren, tiefblauen Aprilhimmel über dem Palast. Nero sollte den Circus Maximus am Vormittag betreten, aber seit der geplanten Uhrzeit war schon eine Stunde vergangen, und immer noch war kein Signal zu sehen.

Eine weitere Stunde verstrich. Sabinus' Nerven waren zum Zerreißen gespannt. Seine Achselhöhlen wurden feucht. Um wieviel besser wäre es gewesen, beim Circus auf Nero zu warten, als sicher, aber hilflos in der Qual der Erwartung herumzuhängen. Wieder huschten seine Augen hinüber zum Palast, aber außer einer Schäfchenwolke, die oben am südlichen Horizont erblühte, war nichts zu sehen.

Plötzlich erfüllte das klirrende, rhythmische Donnern von marschierenden Männern das östliche Ende des Forums. Er schaute hinaus und sah, wie Prätorianerkohorten südlich um den Palatin marschierten. Das war *kein* Teil des Plans! Eins... zwei... drei Kohorten. Wohin gingen sie? Zum Circus Maximus? Jetzt waren dort *vier* Kohorten.

Immer noch kein Signal. Irgend etwas mußte völlig schiefgelaufen sein, wenn sie sogar vergaßen, das Scheitern der Verschwörung zu signalisieren. Sabinus kletterte von der Zinne hinunter, zog den Befehl der Alarmbereitschaft bei den Castra Urbana zurück und setzte die normale Anzahl von Polizeikohorten in den Straßen von Rom ein.

Als er zu den Stadtverwaltungsgebäuden zurückkehrte, wartete Rufus' engster Gehilfe, der Tribun Flavus, mit aschfahlem Gesicht und zitternd auf ihn; sein aufgebauschtes blondes Haar war von der Hetze zerzaust. Er berichtete die ganze Geschichte von dem Auffliegen der Verschwörung – bis zu dem Höhepunkt der schlimmen Ereignisse: Pisos Selbstmord, Lateranus' Exekution.

Vor Entsetzen gelähmt, taumelte Sabinus zurück und plumpste in einen Sessel. Sein Gesicht war voller Schweißperlen und Flekken der Wut, Furcht und Verzweiflung. Ihm war übel, während sein Herz rücksichtslos davongaloppierte.

»Dieser theatralische Idiot!« murmelte er schließlich.

»Wer?« fragte Flavus.

»Scaevinus.«

Er spuckte den Namen aus, als wäre es ein Stück wurmstichiger Apfel. Er hätte am liebsten auf den schlaffen Körper des großtuerischen und theatralischen Scaevinus eingetrommelt, bis er nur noch ein zerschmetterter Haufen gewesen wäre, denn es war seine protzige Dummheit, die nun noch mehr Tode über Rom regnen lassen würde. Aber der Strudel der Gefühle, der durch ihn wirbelte, schien sich von einer Minute zur anderen zu verändern. Nun vertrieb der Kummer die Rachsucht: sein Cousin Quintus Lateranus war nicht mehr. Dieser liebenswerte Gauner mit dem auffälligen Sinn für Humor, der ihn zudem reich gemacht hatte, war *tot!* Die *Zwillingsbrüder* waren getrennt worden. Es würde keine finanziellen Triumphe mehr für die *Gemini* geben. Castor... oder Pollux – sie hatten niemals entschieden, wer wer war – war zu den Göttern gegangen. Wie sollte er das nur Plautia beibringen?

»Sag mal, Tribun«, fragte er Flavus, »hat dein Befehlshaber... noch weitere Pläne... die Neros Gesundheit betreffen?«

Flavus verstand die eigentliche Bedeutung des Satzes: »Nein Präfekt, ganz im Gegenteil. Rufus hat jetzt noch nicht einmal etwas von dem Komplott *gehört.* Beim Schwerenöter Jupiter, *wenn ich doch nur* Verstand genug gehabt hätte, um dieses Schwein von Kaiser zu erdolchen, als ich die Gelegenheit dazu hatte! Aber ich muß jetzt gehen, Präfekt. Sie erwarten mich bei den Servilischen Gärten.«

»*Vale*, Präfekt. Ich werde mit aller Kraft und Mühe versuchen, sein schwarzes Herz unter seinem Schweinefett zu finden! *Vale.*«

Sabinus verließ kurz nach ihm die Stadtverwaltung, um zum Quirinal zu gehen. Seine aufgewühlten Gedanken fanden nur schwer irgendeinen Anker. Nun begann er sogar, die Götter Roms zu hassen. Er hatte natürlich seit seiner Kindheit nicht mehr an sie geglaubt, und jetzt ließ er sie nur gerade lange genug wiederaufleben, um sie von ganzem Herzen hassen zu können. Jupiter und seine Bande hatten Rom selbst zu Schutt und Asche verbrennen lassen, und später waren sie nicht dazwischengefahren, als Hunderte von Unschuldigen abgeschlachtet wurden. Und nun hatten sie einen mörderischen Tyrannen verschont, was katastrophale Folgen hatte. Nein, die Götter existierten nicht. Götter wie diese verdienten es nicht, zu existieren. Was das betraf, war der Gott der Christen – obwohl er milder und logischer zu sein schien – offensichtlich ebenso machtlos vor irgendeiner höheren, unpersönlichen Macht gewesen. Vielleicht vor dem Schicksal?

Kaum hatte Sabinus sein Haus betreten, als Plautia auch schon zu ihm hinaufstürmte und ihn schluchzend begrüßte, während sie ihre Arme um ihn schlang und ihr Gesicht in den Falten seiner Toga vergrub. Sie hatte auf grausame Art und Weise von der tragischen Nachricht über ihren Lieblingscousin erfahren: Quintus' Witwe und Kinder waren – außer sich vor Kummer – bereits zum Quirinal gekommen, um dort Zuflucht zu suchen.

Es trafen ständig Boten mit Berichten ein, daß weitere Verschwörer aufgetrieben worden waren. Sabinus, der seine eigene Zukunft in ein tiefschwarzes Leichentuch gehüllt vor sich sah, schrieb schnell seinen letzten Willen und sein Testament auf und bereitete sich, so gut wie er konnte, auf sein Ende vor. Er spielte mit einer weinenden Plautia alle Alternativen durch. Flucht aus Italien? Dafür war es zu spät. Kronzeuge werden, um sich zu retten?

Undenkbar. Revolution? Vielleicht zu einem früheren Zeitpunkt, aber nun war es nicht länger möglich.

Tatsächlich gab es nur eine einzige schwache Hoffnung, der Katastrophe unversehrt zu entfliehen: Wenn er wie jeden Tag »ganz normal« seiner Arbeit nachging. Als Sabinus zu Hause alles geregelt hatte, gab er Plautia einen langen, zärtlichen und bedeutungsvollen Kuß. Dann eilte er zurück in die Stadtverwaltung.

Kolonnen von gefesselten Gefangenen trafen bei den Toren von Neros Villa ein, und die Prozesse hatten begonnen – kurze, dringliche Verfahren, bei denen alle Angeklagten für schuldig befunden wurden, wenn ihre Unschuld nicht bewiesen werden konnte. Nero saß hinter einem Richtertisch, auf beiden Seiten von ihm saßen seine Ratgeber: Tigellinus, ein Senator namens Nerva und Rufus, der von widersprüchlichen Gefühlswallungen durchströmt wurde. Er versuchte verzweifelt, seine eigene Rolle als Führer der Verschwörung hinter einer Maske zu verstecken, indem er seine Mitverschwörer durch sein grimmiges Gesicht einzuschüchtern versuchte und die ganze Zeit betete, daß sie so sehr Ehrenmänner waren, daß sie ihn nicht auslieferten.

Schließlich konnte der flachsblonde Flavius, der an Rufus' Seite stand, es nicht mehr länger ertragen.

»Vertrau mir, mein Mann, vertrau mir!« hatte Sabinus geraten. Er stieß Rufus an und blickte ihn mit weit aufgerissenen Augen an, während seine Hand sich bis zu dem Griff seines Schwertes vortastete. Rufus verstand seine Botschaft: »Soll ich den Tyrannen hier und jetzt töten? Kannst du die Prätorianer an diesem Ort unter Kontrolle halten?«

Rufus dachte einen Moment lang nach und zerbrach beinahe unter der Last der Geschichte, die auf seine Entscheidung wartete. Roms Schicksal würde durch ein Kopfnicken oder Kopfschütteln von ihm bestimmt werden. Sein Herz pochte, und sein Körper war in Schweiß gebadet. In einer Krise den sichersten Weg wählen – die alte Regel. Er sah Flavius an und schüttelte den Kopf. Die Hand des Tribuns ließ das Schwert los. Nero würde weiterleben.

Der Ruhestand bekam Annaeus Seneca ausgesprochen gut. Er war mit seiner geliebten Frau Paulina durch Süditalien gereist und hatte seine großartigsten stoischen Abhandlungen verfaßt, die *Moralischen Briefe*[*]. Aber an dem nämlichen Tag, an dem Neros Ermordung stattfinden sollte, war Seneca zu seiner Villa genau vier Meilen südlich von Rom zurückgekehrt.

Nun saß er mit seiner Frau und zwei Freunden beim Abendessen und versuchte, die schlechte Nachricht vom Scheitern der Verschwörung Schritt für Schritt in sich aufzunehmen. Er selbst hätte die Führung in dem Komplott übernehmen sollen, erkannte Seneca traurig. Dann wäre es vielleicht nicht zu diesem Leid gekommen.

Als sie ihr einfaches Abendessen bis zur Hälfte verspeist hatten, hörten sie das Poltern von anrückenden Truppen, welche die Villa umzingelten. Ein Tribun platzte herein und verkündete die Anklagen gegen den alten Philosophen. *Eine letzte Vorstellung im Spiel des Lebens,* dachte Seneca. Er erhob sich ruhig und gelassen und antwortete auf alle Anklagen, die gegen ihn vorgebracht worden waren, mit einer vor Wortwitz nur so sprühenden Verteidigung.

Der Tribun verließ seine Postenkette und kehrte mit der Botschaft zu Nero zurück. Der Kaiser fragte ihn: »Sah es so aus, als würde Seneca... sich darauf vorbereiten, sich das Leben zu nehmen?«

»Das nun wirklich nicht. Zumindest sah ich keine... Traurigkeit in seinen Worten oder Blicken.«

»Dann geh zurück und verkünde ihm das Todesurteil, Tribun. Nur ihm. Keinem anderen.«

Als der Tribun mit der verhängnisvollen Botschaft zurückkehrte, brach Senecas Frau Paulina in Tränen aus – und die beiden Freunde mit ihr.

»Warum sollte euch das überraschen, liebste Freunde?« Der Philosoph runzelte die Stirn. »Jeder weiß doch um Neros Grausamkeit. Nachdem er einen Bruder, eine Mutter und eine Ehefrau ermordet hat, was bleibt da noch anderes übrig als die Vernichtung eines Vormunds und eines Tutors? Aber genug der Tränen«, schnaubte er verärgert, »wo sind die Maximen eurer Philosophie? Wenn der Stoizismus eines lehrt, dann ist es doch, wie man dem Unglück zu begegnen hat.«

Dann wandte er sich an seine Frau und umarmte sie zärtlich.

[*] »Epistulae morales« (Grundsätze echter Lebenshaltung)

»Trauere nicht, reizende Paulina. Nun ... nur eine kurze Zeit lang – wegen der Leute. Tröste dich mit Tugend.«

»Ich ... ich habe beschlossen, mit dir zu sterben, Liebster.«

»Das möchte ich nicht, Paulina.« Er strich ihr übers Haar.

»Ich muß.«

»Edelmütig, aber unnötig.«

»Mein Entschluß *steht fest,* Annaeus. Wir werden im Tod nicht getrennt sein.«

Seneca schaute ihr in die Augen. Sie blickten ihn beherrscht und fest entschlossen an.

»So?« flüsterte er. »Bist du sicher, daß du den Ruhm des Todes vorziehst?«

Der winzige Mund der hübschen Frau lächelte ruhig, und sie nickte.

»Ich gönne es dir von Herzen, daß du mit einem so guten Beispiel vorangehen und in die Geschichte eingehen wirst, geschätzte Paulina. Möge dein Mut im Tod den meinigen überstrahlen«, sagte er mit einem Lächeln, »und ewiges Lob ernten.«

Zusammen schnitten sie sich mit einem Messer in die Handgelenke. Dann küßte Seneca Paulina zum Abschied und bat sie, ins Schlafzimmer zu gehen, damit sie nicht schwach würden, wenn sie einander leiden sahen.

Seneca sollte nicht mehr erfahren, daß die Prätorianer später – gegen den Willen seiner Frau – ihre Blutung zum Stillstand brachten und ihre Arme verbanden. Sie sollte weiterleben.

Als das Leben allmählich aus Seneca wich, rief er einen Sekretär herein und diktierte ihm seine letzten Gedanken für die Nachwelt.

»Sorge dafür, daß der Stadtpräfekt, Flavius Sabinus, dies hier und all meine anderen Manuskripte erhält«, sagte er zu ihm. Dann fügte er wehmütig hinzu: »Nero und Sabinus waren meine großen Hoffnungen im Leben. *Einer* hatte Erfolg, den Parzen* sei Dank!«

Nun bat er seinen Arzt um den Giftbecher, aber selbst dieser zeigte bei ihm kaum noch eine Wirkung, denn sein magerer, alter Körper schaffte es nicht mehr, das Gift in sich aufzunehmen. Schließlich befahl er, daß man ihn in ein kochendheißes Bad werfen solle.

* römische Schicksalsgöttinnen

»Mein Opfer für Jupiter, den Befreier!« waren seine letzten Worte. Im Wasserdampf erstickend, kollabierte der neunundsechzigjährige Seneca und starb.

Neros Tribunal arbeitete sich unbarmherzig voran. Es passierte während einer zweiten, intensiven Befragung von Scaevinus, daß Rufus seine Rolle als Inquisitor zu weit trieb, indem er Scaevinus gnadenlos anblitzte. Schließlich hatte der schwitzende Senator genug von Rufus' Doppelrolle als Komplize und zugleich Richter.

»Oh, das ist genug der Theaterspielerei, Rufus!« bemerkte er höhnisch. »Niemand weiß mehr über die Verschwörung als *du* selbst! Zeige deine Dankbarkeit gegenüber einem so ›guten‹ Prinzen! Na los, erzähl es ihm, Rufus. Erzähl ihm *alles!*«

Rufus erbleichte vor Schreck und versuchte, eine Leugnung zu stammeln, aber er war ein Mann des Militärs und kein Schauspieler.

Neros Herz blieb vor Schreck beinahe stehen. Er sprang von seinem Stuhl auf, rannte hinüber zu Tigellinus und klammerte sich an ihn wie ein verängstigtes Kind.

»Süße Göttin Roma!« brüllte er heraus. »Nicht der Mann, der beim Tribunal neben mir sitzt! Mein eigener Leibwächter! *Götter!*«

Er schreckte zurück.

»*Wachen!*« schrie Tigellinus. »Ergreift den Präfekten Rufus und fesselt ihn schnell. Dreifacher Satz von Fesseln!«

Dann wandte er sich an Nero und sagte: »Vielleicht erkennst du jetzt, Caesar, daß meine Verdächtigungen gegen diesen... Kriecher nicht unbegründet waren.«

»Ich dachte einfach, daß du nur eifersüchtig auf jemanden warst, der deinen Rang mit dir teilt, Tigellinus«, wimmerte Nero, »wer ist *sonst noch* von den Prätorianern in das Komplott verwikkelt?«

In kurzer Zeit hatten sie diese Mitverschwörer ausgemacht. Flavus und Asper gaben eine weitaus bessere Vorstellung als der feige Rufus. Als sie vor Nero geschleppt wurden, wehrte sich Flavus mit den ockergelben Haaren: »Ich? Glaubt ihr wirklich, daß ein rauhbeiniger Soldatentyp wie ich sich mit diesem... weibischen Scaevinus und seinen feenhaften Freunden verbünden würde?«

Aber als er unter Druck gesetzt wurde, gab der Tribun ein ehrenhaftes Geständnis über seine entscheidende Rolle in der Verschwörung ab: »Ja, Caesar, dreimal schon wollte ich dich töten: einmal, als du beim Singen auf der Bühne einen langen und sehr schiefen Ton angehalten hast ... das zweite Mal während des großen Feuers ... und dann hier bei deinem Tribunal.«

»Warum, Flavus?« fragte Nero, wobei sein Mund zitterte.

»Weil du lieber Schlachter oder Possenreißer gespielt hast oder eine Perversion von Kaiser.«

Nero klammerte sich an die Lehnen seines Sessels und biß die Zähne zusammen.

»Und du, Asper?« gelang es ihm schließlich zu sagen. »Warum hast *du* versucht, mich zu ermorden?«

Der Zenturio antwortete kühl: »Es war der einzige Weg, um dir wirklich *helfen* zu können, Caesar.«

Eine dicke Ader auf Neros Stirn schwoll an, und sein Gesicht verdüsterte sich zu einem unheilvollen Purpurrot. Er öffnete seinen Mund ein paarmal, um etwas zu sagen, aber er brachte nur ein schäumendes Grunzen hervor. Schließlich gab er den Wachen ein Zeichen, indem er eine flache, zitternde Hand über seinem Genick schwenkte und die ›Kopf-ab‹-Geste demonstrierte. Beide Männer wurden hinaus in den Garten geschleppt und enthauptet.

Dann kam Rufus an die Reihe, später Lucan, dann Scaevinus. Das Endergebnis belief sich schließlich auf neunzehn Tote, zwölf verbannte Senatoren und vier im Rang heruntergestufte Prätorianer.

Soviel zu den Bestrafungen. Was die Belohnungen anbetraf, wurde der freigelassene Sklave Milichus mit Geschenken überhäuft, und ihm wurde der Beiname *Soter* (»Retter«) verliehen. Nero belohnte Tigellinus und andere Offiziere, die geholfen hatten, das Komplott aufzudecken, mit triumphalen Ehrungen und Auszeichnungen. Dem Stadtpräfekten hätten eigentlich auch Ehren zugestanden, weil er in Rom zu einer kritischen Zeit für Sicherheit und Ordnung gesorgt hatte, aber Nero ließ Sabinus keine besondere Belohnung zukommen. Tigellinus hatte sogar insgeheim gehofft, daß Sabinus' Namen in Verbindung mit der Verschwörung fallen würde. Aber Sabinus' einzige Brücken zu der Verschwörung waren Lateranus, Rufus und Flavus gewesen. Sie hatten seinen Namen nicht preisgegeben, und alle drei waren nun tot. Inmitten der Blutfontänen, die über Roms Regierungskreise gesprudelt waren, hatte er überlebt.

Aber Sabinus war dem Schicksal nicht besonders dankbar für sein eigenes Überleben. Die innere Logik des Daseins schwand allmählich in Rom, dachte er. Der Mann, der sterben sollte, tat es nicht. Stattdessen wurden Hunderte von Sklaven und Hunderte von Christen gefoltert und getötet. Und jetzt waren auch noch Patrioten wie Quintus, Philosophen wie Seneca und ein Kreis von römischen Staatsmännern abgeschlachtet worden. *Was für ein Wahnsinn!*

Es war Zeit, höchste Zeit, etwas gegen diesen Wahnsinn zu unternehmen. Sabinus schlich sich aus den Stadtverwaltungsgebäuden und überquerte das Forum. Die Dämmerung war schon hereingebrochen, und der Platz war größtenteils wie ausgestorben. Als Sabinus zwischen den Denkmälern und Säulen umherwanderte, die das eigentliche Herz der Stadt und des Kaiserreiches bildeten, fühlte er beinahe hautnah das Strafgericht, das Roms glorreiche Vergangenheit über Roms düstere Gegenwart verhängt hatte. Jede Säule schien seinen eigenen Protest anzumelden. Er und seine zuschauenden Freunde hatten verzweifelt die Hände gerungen, während sie zu viele Monate, nein, inzwischen Jahre, nur besorgt zugesehen hatten; sogar diejenigen, die gerade gehandelt hatten, hätten schon viel früher zur Tat schreiten müssen – und zwar erfolgreich. Ein wahrer Tyrann kann niemals zu früh niedergeschlagen werden. Aber Vergangenheit blieb Vergangenheit.

Nun stand er vor den großen Marmorsäulen des Tempels von Castor und Pollux, die in den südlichen Sockel des Palatins verkeilt waren. Unwillkürlich mußte Sabinus an Quintus und seine letzte Botschaft durch seine Frau denken: »Sag dem *Zwillingsbruder* von mir... daß er sich um die Sache kümmern soll. Er wird es verstehen.« Ja, er verstand es nur zu gut.

Er kletterte die Stufen zu dem verlassenen Tempel hoch. Vor den prächtigen Bronzestatuen der *Gemini* hielt er inne, und seine Augen füllten sich mit Tränen, als er sich an verschiedene Abenteuer mit Quintus erinnerte. Dann kam ihm plötzlich ein Gedanke: Seit Jahrhunderten hatte Rom Castor und Pollux als Wächter der Freiheit betrachtet. Die Rachsucht begrub nun den Kummer.

»In Ordnung«, beschloß er schließlich laut, »genug von Flavius Sabinus, dem passiven Protagonisten. Alle anderen sind gescheitert, aber ich werde erfolgreich sein. Ich *werde* Nero vernichten. Ich werde es auf legale oder illegale Art und Weise erledigen... auf friedliche oder gewaltsame. Aber der Tyrann muß gestürzt werden. Und wenn er nur den geringsten Widerstand leistet – « Sabinus hielt inne und zog beinahe ehrfurchtsvoll seinen Präfektendolch heraus.

»Dann muß dieser hier mir beistehen. Ich schwöre bei meinen Vorfahren und für meine Kinder, daß ich ihn töten muß. Für den Senat, für das Volk, für Rom *muß ich Nero töten!*«

29

Es war an einem späten Nachmittag im Mai, als Pomponia aus ihrer Sänfte sprang und an die Tür des Hauses ihrer Tochter auf dem Quirinal pochte.

»Paulus ist wieder in Rom«, sagte sie zu Sabinus, »Paulus von Tarsus.«

»Was? Er hätte keinen schlechteren Zeitpunkt für seine Rückkehr wählen können. Wo ist er jetzt?«

»Bei den Castra Praetoria. Er ist verhaftet worden.«

»Das... das tut mir leid, Mutter.« Sabinus schüttelte den Kopf. »Ich bezweifle, daß wir ihn diesmal retten können. Du weißt, warum.«

»Ich weiß, Sabinus. Tu einfach... was du kannst.«

Sabinus ging hinüber zu den Castra, starrte in die Dunkelheit des Kerkers und versuchte, den Apostel ausfindig zu machen, als er ein Rasseln von Ketten hörte.

»Präfekt«, rief eine vertraute Stimme aus den Schatten der Finsternis, »wie *überaus* nett von dir zu kommen.«

Paulus ging von einer Ecke des Gefängnisses auf ihn zu, wobei er einen Teil seiner Kette trug, damit sie nicht solch einen Lärm machte. Sabinus sah dieses unverkennbare, drahtige Gesicht schemenhaft aus der Dunkelheit auftauchen – und den spitzen, neugierigen, grauen Bart.

»Hallo, Paulus. Trotz all der Umstände hier siehst du gut aus. Geben sie dir genug zu essen?«

»Das Essen ist zwar nicht immer so schmackhaft, aber immer reichlich.« Paulus lächelte.

»Was ist passiert? Warum bist du wieder verhaftet worden?«

»Es war in Ephesus. Es gab eine Zeit, in der ich glaubte, niemals nach Rom zurückzukehren – und wie die Dinge sich entwikkelt haben, hätte ich das auch nicht tun sollen! Aber die Gemeinde in Ephesus ist so wichtig für ganz Asien, daß wir das, was dort geschah, einfach nicht tolerieren konnten.«

»Verfolgung?«

»Nein, die Christen dort wurden von einem falschen Lehrer namens Alexander zu einer Irrlehre verführt. Alexander, dem Kupferschmied. Wir dachten, er wäre ein Christ, aber er war der gnostischen Philosophie verfallen. Dann versuchte er, die anderen Christen dort aufzustacheln, so daß Timotheus, Lukas und ich eingreifen mußten. Die Gemeinde in Ephesus schloß ihn schließlich von der Mitgliedschaft aus. Es ist eine traurige Geschichte, Präfekt. Alexander war so voller Groll, daß er mich offiziell vor dem römischen Statthalter von Asien anklagte.«

»Und du hast wieder deine römische Staatsbürgerschaft angeführt, um dich an Caesar wenden zu können?«

»Ich bin nicht sicher, ob das so weise gewesen wäre.« Paulus lächelte. »Nein. Der Statthalter selbst hat uns beide nach Rom geschickt. Alexander soll hier seine Anklagen wiederholen. Verstehst du, der Statthalter wußte, daß Caesar die Christen in Rom verfolgt hatte, und er war sich nicht sicher, ob sie zum jetzigen Zeitpunkt einen legalen Status im Kaiserreich haben. Also wollte er keine Entscheidung dafür oder dagegen treffen.«

»Wann findet deine Anhörung statt?«

»Sie hat schon stattgefunden.«

»Was! Wann?«

»Kurz nach meiner Ankunft vor sechs Wochen.«

»Warum hast du uns das nicht wissen lassen, Paulus? Ich bin nicht sicher, ob wir viel hätten ausrichten können ... aber wir hätten es versuchen können.«

»Zu der Zeit durfte ich keine Kontakte mit Personen außerhalb des Gefängnisses haben. Aber selbst wenn, hätte ich euch nicht belästigt.«

»Warum nicht?«

»Weil meine Zeit gekommen ist, Sabinus. Und ihr wart alle ... bekümmert wegen der Krise vor kurzem hier in Rom.«

»Und was passierte bei deiner Anhörung? Wer war der Richter?«

»Nymphidius Sabinus.«

»Der neue Prätorianer-Kopräfekt? Rufus' Nachfolger?«

»Ja. Caesar und Tigellinus wollten nicht schon wieder mit meinem Fall belästigt werden, so übergaben sie ihn Nymphidius und mehreren Beisitzern. Sie wollten ihn ›juristische Erfahrungen sammeln lassen‹, sagte man mir.« Paulus lächelte.

»Was passierte dann? Wie haben sie entschieden?«

»Nun, Alexander, der Kupferschmied, tat sein Bestes, um mich als Volksverhetzer, Aufrührer, aber vor allem als Brandstifter darzustellen. Er glaubte, diese letzte Anklage sei besonders schlau, weil Nero selbst uns Christen dessen beschuldigt und deswegen gequält hat. Daher sagte er: »Dieser Mann hat sich der Komplizenschaft mit denjenigen, welche eure Stadt abgebrannt haben, schuldig gemacht.«

»Wer hat deine Verteidigung übernommen?«

»Keiner. Mehrere Zeugen, auf deren Erscheinen ich gehofft hatte, ließen mich alle im Stich. Es sei ihnen nicht zugerechnet. Aber der Herr stand mir bei, und ich machte den Richtern deutlich, wie lächerlich es sei, zu glauben, daß ich vom weit entfernten Ephesus aus die Flammen entfacht haben sollte, die Rom verschlangen. Eine beinahe eintausendfünfhundert Kilometer lange Zündschnur?«

Sabinus schmunzelte.

»Dann hat er dich nicht freigesprochen?«

»Nein«, sagte Paulus wehmütig, »diesmal gab's nicht genug *A*-Tafeln! Die Mehrheit war *NL* ... ›Enthaltung‹*. Also wurde mein Prozeß verschoben, bis weitere Beweise gesammelt sind.«

»Hast du eine Ahnung, wann die nächste Anhörung sein wird?«

»Nein.«

Sabinus nickte: »Sie bringen wahrscheinlich Alexander dazu, daß er die Brandstiftungsanklage fallen läßt und sich statt dessen auf die Anklage konzentriert, daß du der Führer einer illegalen Sekte seist. Und seit der Christenverfolgung ist es unmöglich, diese Anklage zu widerlegen, Paulus. Ich sage es dir ganz offen: Dein Schicksal liegt jenseits irgendeiner Gerichtsbarkeit. Es liegt jetzt in Neros Händen. Oh, ›und in Gottes Händen‹ würdest du sicher hinzufügen wollen.«

»Du lernst, mein Freund.« Paulus lächelte.

»Das bezweifle ich.« Sabinus schüttelte den Kopf. »Ich bin weit davon entfernt, ein Christ zu sein oder zu werden, Paulus.« Dann drückte er sich näher an die Gitterstäbe heran, so daß niemand anderes seine Worte hören konnte, und fragte: »Wie kann man nur an einen allmächtigen Gott glauben, der Nero leben läßt, während

* A-Tafel, auf der A für Absolvo geschrieben steht (lateinisch: ich spreche frei)

Petrus und Hunderte eurer Christen eines grauenhaften Todes sterben?«

Paulus blickte vorsichtig um sich, dann flüsterte er: »Du kannst dir nicht vorstellen, wieviele unserer Mitglieder *nicht* gefangen worden sind! Wir finden auch bei vielen Römern eine neue Haltung den Christen in Rom gegenüber. ›Mitleid‹ oder ›Mitgefühl‹ wäre vielleicht ein zu starkes Wort – aber wir fühlen es bei vielen, Sabinus. Die Römer sind peinlich berührt wegen der Greueltaten, die Nero uns Christen angetan hat. Es war alles *zu* brutal, *zu* grauenhaft. Lukas ist wieder in Rom, und er berichtet, daß die Leute nach dem christlichen Glauben fragen – gerade *wegen* der Christenverfolgung –, gute Heiden unter den Römern wundern sich darüber, wie die Christen mit einem solchen Mut und einer solchen inneren Überzeugung sterben konnten.«

»Dennoch rate ich euch allen, sehr vorsichtig zu sein, Paulus. Übrigens, wie geht es unseren Freunden Aquila und Priscilla?«

»Ausgezeichnet. Sie leiten jetzt die Gemeinde in Ephesus. Wir werden ihre Stärke brauchen, wenn Alexander zurückkehrt. Sie lassen dich natürlich herzlich grüßen. Sie verdanken dir ihr Leben.«

»Ich bewundere deine Überzeugung, Paulus. Du denkst nicht an dich selbst, nur an die ›Zukunft der Gemeinde‹. Nun ja, ich werde so viele geheime Nachforschungen über deinen Fall anstellen, wie ich kann, aber ich fürchte, ich kann dir... sehr wenig versprechen. Schicke Lukas von Zeit zu Zeit zu mir. Er kann unser Kontaktmann sein.«

Paulus faßte Sabinus durch die Gitterstäbe an der Schulter und lächelte vor Dankbarkeit.

Die Neronia-Festspiele rückten wieder einmal näher. Der Gedanke, daß Caesar wieder auf die Bühne steigen würde – immer eine Schande für den Staat –, verdroß die Senatoren besonders angesichts der politischen Massenbeisetzungen in diesem Jahr. Aber Thrasea Paetus fand eine geschickte Lösung. Er stand im Senat auf und sagte: »Ich schlage vor, daß wir Caesar den Sieg schon vor den Spielen zuerkennen. Er wird natürlich sowieso gewinnen, und dann braucht er noch nicht einmal an einem Wettkampf teilzunehmen.«

»Euge! Euge!« stimmten die Senatoren zu, und dann wählten sie es zum Gesetz.

Nero war alles andere als erfreut über die Neuigkeit.

»Ich *brauche keine* besonderen Begünstigungen – am allerwenigsten vom Senat«, sagte er und zog einen Schmollmund, »ich werde meine Ehrungen allein durch meinen Verdienst gewinnen.«

Mit Eifer kehrte er zur Bühne zurück, dieses Mal mit Halbstiefeln beschuht, die hohe Sohlen hatten, um seinen kleinen Wuchs ein wenig zu korrigieren. Als Nero sich vor dem Eröffungsapplaus verneigte, war er entzückt, als er bemerkte, daß nicht nur Sabinus in der Stadtpräfektenloge neben der von Poppaea saß, sondern daß er auch noch seinen Bruder Vespasian mitgebracht hatte. Nun begann Nero, der mit Lumpen und Fesseln kostümiert war, mit einem lebhaften Vortrag von *Die Verzückung des Herkules.*

Sabinus brodelte vor Abneigung gegen Neros Schauspielerei, aber er versteckte seine Gefühle hinter einer kühlen Maske, denn er beobachtete ihn – nicht als Zuschauer, sondern als Jäger, der sich an seine Beute heranpirscht. Er wollte jetzt noch ein letztes Mal jeden Zug, jede Manieriertheit seiner Jagdbeute beobachten, so daß er genau wußte, an welcher Stelle Nero verwundbar war, um ihn erfolgreich angreifen zu können, wo andere versagt hatten.

Nero flehte nun so wehleidig um Hilfe in der *Verzückung,* daß ein junger Prätorianer, der in den Seitenkulissen Wache hielt, tatsächlich auf die Bühne rannte, um Nero zu Hilfe zu kommen.

»Nein, nein, du Idiot!« herrschte Nero ihn an. »Es ist doch nur eine Theaterszene.«

Sabinus versuchte, sich das Lachen zu verbeißen, als er neben sich eine Frauenstimme hörte, die laut vor sich hin murmelte: »Bei allen Göttern, wann wird er *jemals* die Klappe halten und sich hinsetzen?« Die Stimme gehörte Poppaea, die versuchte, ihr Gähnen hinter ihrer vorgehaltenen Hand zu verbergen. Die Kaiserin, die zugenommen zu haben schien, sah schrecklich gelangweilt aus.

Während des restlichen, warmen Nachmittags kehrte Nero zu seiner Leier zurück und stimmte ein weiteres Gedicht seiner nicht enden wollenden Epen an.

Die Prätorianer überwachten alle Ausgänge, so daß niemand den Saal verlassen konnte, obwohl mehrere Plebejer lieber von ihren Plätzen aufsprangen und zu den Ausgängen eilten, als noch länger zuzuhören. Vespasian, der nicht länger als eine Viertelstunde sitzen konnte, ohne einzunicken, hatte sichtlich Mühe, wach zu bleiben.

Ein gelegentlicher Stoß von Sabinus' Ellbogen genügte jedoch, um ihn wieder in das Land des Bewußten zurückzuholen, aber später wurde Sabinus ebenfalls schläfrig und konnte selbst kaum noch die Augen offenhalten. Doch schließlich klappten Vespasians Augen zu, und sein Kopf sank nach unten. Einer von Neros Gehilfen, der jetzt über dem dösenden Vespasian schwebte, gab ihm schallende Ohrfeigen.

»Vespasian war am *Schlafen!*« schnauzte er Sabinus an. »Eine schwere Beleidigung Caesars!«

»Nichts dergleichen«, beeilte sich Sabinus zu entgegnen, »mein Bruder kann sich mit geschlossenen Augen immer besser konzentrieren. Meinst *du* etwa nicht, daß Caesars Gesang die hingebungsvollste Form des Zuhörens verdient?«

Der Gehilfe blickte finster, zog sich aber dann gemächlich zurück. Vespasian beugte sich zu Sabinus hinüber und flüsterte: »Danke, Bruder. Du schaffst es immer, mich wieder aus dem Schlamassel herauszuholen, was?«

Nach seinem Konzert sah Nero sich auch noch ein paar Pferderennen an und kehrte erst spät in der Nacht zu seiner Palast-Villa zurück. Er empfing die erwartete Schelte von Poppaea, die ihn völlig kalt ließ, denn er hatte seinen kaiserlichsten Schmollmund aufgesetzt und gefiel sich in der Rolle eines ungerecht behandelten Prinzchens.

Schließlich wagte Poppaea, ihm eine deutliche Frage zu stellen: »In Ordnung, Nero. 'Raus damit. Was ist los? *Ich bin* doch diejenige, die dir böse sein sollte ... weil du erst zu so später Stunde nach Hause kommst.«

Nach einigen weiteren Minuten des bewußten Schmollens antwortete er: »Jedes Mal, wenn ich von einem meiner Konzerte zurückgekehrt bin, hast du mir gesagt, wie *gut* ich war. Diesmal hast du nichts gesagt. Du bist sogar gegangen, bevor ich meinem Vortrag beendet hatte. Du hast dich sogar so benommen ... na ja, als würdest du dich während meines Gesanges *langweilen.* Ich habe dich doch gesehen! Ich beobachte dich immer aus dem Augenwinkel.«

»Ich fühlte mich nicht gut. Hast du vergessen, daß ich wieder schwanger bin?« seufzte sie. »Und ... ich gebe es zu: Ich *habe* mich gelangweilt, Nero.«

»Du hast dich ... *was?*«

Er schaute sie an, als hätte sie ihm die Seele aus dem Leib gerissen.

»Gelangweilt, Nero. Ja, zu Tode gelangweilt... und meine Augen und Ohren waren von deinem Singen und Spielen mehr als nur ein bißchen beleidigt.«

»Warum, Poppaea?« fragte er mit hoher, gepreßter Stimme.

»Weil es zum einen *zu lang* war. Du hast *den ganzen Morgen lang* Theater gespielt. Du hast *den ganzen Nachmittag* gesungen...«

»Aber... aber die Epen *sind* doch so lang.«

»Dann sollten sie vielleicht überhaupt nicht mehr vorgetragen werden. Besonders nicht von dir.«

»Warte, du... du unkultivierte, kleine Wildsau!«

»Hör mal, du wichtigtuerischer, aufgeblasener Windsack, ich tue das doch nur um deinetwillen! *Einer* muß es dir ja mal sagen, Nero! Einige deiner Vorstellungen sind kaum akzeptabel. Einige wenige sind sogar annehmbar. Aber alle anderen – wie die Vorstellung heute – sind einfach *fürchterlich!*«

Nero war tief verletzt. Er suchte nach Worten und fand sie schließlich: »Na hör mal, du undankbare kleine Schlampe: Du bist von Mann zu Mann gelaufen, bis ich dich fand und etwas aus dir gemacht habe. Aber deinen Ohren und deinem Verstand ist offenbar nicht mehr zu helfen!«

»Du kannst so mit mir reden? Zu einer Zeit, in der ich dein Kind unter dem Herzen trage?«

»Wessen Kind ist das wirklich, Poppaea? Sag mir die Wahrheit!«

»Monster!« kreischte sie und gab ihm eine schallende Ohrfeige. »Wertloser Möchtegern-Künstler, der besser *mordet* als Leben hervorbringt! Du bist eine *Schande,* Nero! Eine Schande für das ganze Kaiserreich!«

Vor Zorn bebend holte Nero mit seinem rechten Fuß aus und gab Poppaea einen heftigen, schmerzhaften Tritt in den Unterleib. Sie verlor das Gleichgewicht, fiel auf den Boden und schlug mit dem Kopf auf das Marmorpflaster. Ihre Augen fielen zu. Sie lag bewegungslos dort, zusammengekauert unter einem Hauskleid aus grüner Seide.

Nero beugte sich schnell über sie.

»Oh, meine teure Poppaea!« schrie er. »Sag doch was! Bist du verletzt, *carissima?* Es tut mir leid… leid… *so leid,* mein Liebling! Sprich mit mir! Poppaea?«

Sie rührte sich nicht. In heller Aufregung holte Nero die Palastärzte. Sie untersuchten die am Boden liegende Kaiserin und trugen sie dann hinauf ins Bett. Nero saß an ihrem Bett und winselte vor Qual.

In den frühen Morgenstunden erlangte Poppaea halb das Bewußtsein wieder, aber dann erlitt sie eine Fehlgeburt. Die behandelnden Ärzte versuchten verzweifelt, die Blutung zu stoppen, die darauf folgte. Aber ihre Mühen waren nicht von Erfolg gekrönt.

Gegen Mittag war Neros geliebte Poppaea Sabina, Kaiserin von Rom, tot.

Sabinus hatte Poppaea nie besonders bewundert, aber jetzt bedauerte er ihren Tod, weil er Rom in Aufruhr brachte und für die Verschwörung, die er gegen Nero plante, eine erhebliche Komplikation bedeutete. Der Kaiser sagte die wöchentlichen Konferenzen ab und verbrachte die folgenden Wochen damit, im Palast zu klagen und zu trauern und nach Poppaea zu rufen, um sie zu bitten, von den Toten wiederzukommen und ihm zu verzeihen. Er saß stundenlang in ihrem Schlafzimmer, starrte mit leerem Blick auf die Wände und spielte mit Gegenständen, die sie immer entzückt hatten. Tigellinus, der um die Gesundheit des Kaisers fürchtete, versuchte alles, um ihn aus seinem Kummer herauszuholen. Schließlich griff er auf einen bewährten Trick zurück, der auch früher schon seine Wirkung nicht verfehlt hatte: Er versetzte Nero in Panik.

Und wieder funktionierte es. Neros überspannter Kummer verwandelte sich in paranoide Rachsucht gegen die »Verschwörungen«, die um ihn herumwirbelten. Die meisten davon waren reine Produkte von Tigellinus' verdorbener Phantasie. Sabinus fühlte eine zweite Welle des Terrors über Rom zusammenschlagen, die in vielerlei Hinsicht noch schrecklicher sein würde als die erste. In dem rot gefärbten Kielwasser der Pisonischen Verschwörung waren die Blutliste schnell erstellt und die Exekutionen mit unbarmherziger Effizienz durchgeführt worden. Aber diesmal war es anders: Keiner konnte im voraus sagen, wen Nero und Tigellinus in ihrem Wahn treffen würden – oder wann oder wie – oder warum eigentlich. Leute wie Sabinus selbst waren Zielscheiben der gegenwärtigen

Säuberungsaktion, wie er schnell erkannte; und wenn er Tigellinus recht verstand, würde der Mann keine Ruhe geben, bis er von dem Nektar der Rache über Sabinus darniederliegendem Körper genippt hatte. Tigellinus war als guter Menschenhasser nichts anderes als erbarmungslos; und es war erstaunlich, daß er Sabinus noch nicht mit dem ursprünglichen Komplott gegen Nero in Zusammenhang hatte bringen können.

Verdächtige Republikaner, Rivalen, Kritiker – Typen, die sich in der Zukunft gegen Nero verschwören könnten – wurden zusammengetrommelt und gnadenlos ins Jenseits befördert. Mela wurde angeklagt, die Rolle seines Sohnes Lucan in dem Komplott geteilt zu haben. In Wirklichkeit war er unschuldig, aber er sah keinen anderen Ausweg als Selbstmord. Dasselbe ›Schuldig durch Verwandtschaft‹ fällte den redegewandten Gallio. Die Nachricht vom Tod seines ehemaligen Richters in Korinth schmetterte Paulus im Gefängnis nieder und erfüllte ihn mit Trauer.

Thrasea Paetus veranstaltete ein Gartenfest für ein paar Freunde und hatte den alternden Aulus und Pomponia dazu eingeladen. Sie hörten dem Vortrag eines Philosophen zu, der auch zu Besuch gekommen war, als ein Bote mit schlechten Nachrichten in das Wäldchen eilte: unter gewaltigem Druck von Nero hatte der Senat seine einzige mutige Stimme, den moralisch gefestigsten aller Senatoren, Thrasea Paetus, zum Tode verurteilt.

Aulus stand vom Tisch auf. Mit zitternder Stimme rief er: »Mögen alle Geister der *Hölle* sich an Neros aufgedunsenem Körper mästen... zuerst an seiner Stimme, um seinem gespenstischen Grunzen ein Ende zu setzen. Mögen die Furien –«

»Aulus, mein Freund«, unterbrach Thrasea vergnügt, »jeder weiß, daß der Todespfad sich irgendwann bis zu dieser Pforte schlängeln würde. Schließlich habe ich die Ehre, Neros frühester und unnachgiebigster Gegner zu sein. Und zwar schon seit Jahren ohne Unterbrechung. Es ist ein Wunder, daß ich so lange überlebt habe.«

Dann schickte Thrasea seine Gäste mit einem heiteren Lächeln aus dem Wäldchen hinaus, damit sie nicht eines Vergehens beschuldigt würden, weil sie mit ihm in Verbindung standen. Aber Aulus weigerte sich zu gehen und schickte nur Pomponia zurück auf den Esquilin. Als die Prätorianeroffiziere kamen, um das Todesurteil zu verkünden, zog Thrasea ein Messer heraus und schlitzte sich geschickt die Pulsadern an beiden Handgelenken auf.

»Ein Trankopfer für Jupiter, den Befreier!« schrie er und wandte sich an den Soldaten: »Merke dir eines gut, junger Mann: Du bist in eine Zeit hineingeboren, in der es ratsam ist, den Geist mit Beispielen des Mutes zu stählen.«

Aulus und die Prätorianer standen Thrasea auf seinem Sterbebett bei. Als Tränen über seine Lederwangen kullerten, bat Aulus die Prätorianer, draußen zu warten. Dann flüsterte er seinem sterbenden Freund ins Ohr: »Sabinus *wird* Nero vernichten, Thrasea. Das wird er. Glaube mir. Ich kenne seinen Plan.«

»Dann kann ich als fröhlicher Mann sterben«, antwortete Thrasea und lächelte noch, »Nero kann mich töten ... aber er kann mich nicht verderben.«

Wäre Sabinus ein Junggeselle ohne Familie gewesen, dann hätte er schon vor langer Zeit während einer ihrer wöchentlichen Konferenzen seinen Präfektendolch tief in Nero hineingerammt. Er und Tigellinus waren die einzigen Männer, die in Neros Gegenwart bewaffnet sein durften, und er hätte sein Leben frohen Herzens für den Staat geopfert. Aber er konnte nicht verlangen, daß seine Frau, seine Kinder, seine Mutter und seine Schwiegereltern das gleiche Opfer brachten, denn sie würden sicher von Tigellinus' Rache heimgesucht werden. Und so versuchte er, einen Plan auszuarbeiten, der seine Familie verschonen würde.

Es war schwer genug, Plautia durch die Qual der Unsicherheit hindurchzuhelfen. Sie war von der Nachricht, daß ihr »Onkel« Thrasea Selbstmord begangen hatte, niedergeschmettert; und sie machte sich ständig Sorgen um ihren Ehemann, als der Todeskreis sich immer enger um ihn zu schließen schien. Ihr einziger Trost war die Zärtlichkeit, die Sabinus ihr entgegenbrachte, wenn sie wie gewöhnlich jeden Abend nach dem Essen zusammen auf der Dachterrasse standen, um zu beobachten, wie die Sonne über den Vatikan-Gärten und dem Tiber versank. Er stand dann neben ihr, seine kräftigen Arme umschlossen ihre Taille, und er flüsterte ihr einfach ins Ohr: »Ein weiterer Tag, mein Schatz.«

Ihnen waren weitere vierundzwanzig Stunden zusammen geschenkt worden. Sie nickte dann und schüttelte dabei dankbar ihre schwarzen Locken. Dann versuchte sie, seine Arme noch enger um ihre geschmeidige Taille zu schlingen. Sie hatte niemals zuvor die Zeit als ein Geschenk betrachtet. Aber mit zunehmder Reife der Liebe – wurde sie nicht durch all die Gefahren noch stärker? – hatte jeder neue Tag oder jede neue Woche seinen eigenen Trost.

Petronius, der kaiserliche Schiedsmann in Sachen Geschmack, hatte Sabinus und Plautia zu einem Bankett in seiner Landvilla eingeladen, wobei er versprochen hatte, daß weder Nero noch Tigellinus oder irgendwelche Schmeichler von ihnen dort anwesend sein würden. Er wollte nur dazu beitragen, die düstere Stimmung, die über Rom schwebte, aufzuheitern, er beharrte auf seiner Einladung.

Sabinus und Plautia brauchten beide eine Abwechslung und amüsierten sich königlich bei dem üppigen Festmahl. Es war das erste Mal seit Wochen, daß sie wieder gelacht oder gelächelt hatten. Als die edlen Weine serviert wurden, beugte sich Petronius hinüber zu ihnen und sagte: »Ich hätte es beinahe geschafft, Caesar ein wenig Kultur beizubringen, Sabinus. Er las tatsächlich – und verstand sogar zur Hälfte – meinen *Satyrikon.*«

»Warum sagst du, daß du es ›beinahe geschafft‹ hättest? Nero nennt nichts geistreich oder elegant, wenn ihm vorher keiner gesagt hat, daß es so ist.«

Petronius zog plötzlich die Stirn in Falten: »Dieser brutale Klotz Tigellinus kam mir in die Quere. Er fürchtete, ich könne Neros Gunst gewinnen – und das tat ich! –, also bestach er einen Sklaven, der schwören sollte, daß ich ein Rädelsführer in Pisos Verschwörung gewesen sei.«

Dann zuckte er die Achseln und lächelte.

»Tja, Sabinus, ich werde euch heute nacht verlassen. Das alles hier ist eine Abschiedsfeier für meine Freunde.«

Bevor Sabinus auch nur ein Wort entgegnen konnte, war Petronius schon auf die Füße gesprungen und hatte die Hände erhoben, um Ruhe zu erbitten.

»Ihr wißt alle, meine Freunde, wie sehr Caesar mich um meine Kollektion von murrhinischen Vasen beneidet«, sagte er, »ich möchte bescheidenerweise hinzufügen, daß es die herrlichste Sammlung im ganzen Kaiserreich ist und soviel wert wie ein gesamter Flügel von Caesars... protzigem, neuem Palast.«

Er klatschte zweimal in die Hände. Diener marschierten in

einer Reihe hintereinander aus der Küche, und jeder von ihnen hob eine der unbezahlbaren Vasen aus Petronius' Museumsschrank hoch. Ein leichtes Nicken des Gastgebers, und alle Vasen wurden auf den mit Mosaiksteinchen ausgelegten Boden des Speisesaals geworfen und zerbrachen in tausend Scherben. Den Gästen stockte vor Erstaunen der Atem. Petronius fuhr fort: »Nun werden die Schweißhände von Caesar niemals über das kalte Porzellan meiner Vasen streichen. Laßt dies ein Symbol für das größere Ziel unseres *letzten* gemeinsamen Abendessens sein, meine teuren Freunde.«

Im nächsten Augenblick teilte Petronius ihnen die groteske Nachricht mit, daß der weitere Teil des Banketts keine gräßliche Totenwache, sondern die glücklichste aller Totenwachen werden sollte.

»Und *bitte* keine Proteste oder Mitleidsbekundungen oder Tränen. Seneca verließ die Bühne philosophierend«, sagte er grinsend, »aber für mich bitte keine ernsthaften Diskussionen über die Unsterblichkeit der Seele. Und natürlich keine Philosophie.«

Stille erfüllte den Saal, bis Sabinus zu sagen wagte: »Was dann, Petronius?«

»Na, unanständige Geschichten natürlich«, kicherte er, »leichte Poesie.«

Er hob ein silbernes Rasiermesser hoch und machte kleine Einschnitte in seine Handgelenke »für einen köstlich sanften Abgang«. Dann lehnte er sich wieder zurück, um seine blutroten Arme unter dem Tisch zu verbergen.

»Und jetzt ein paar frivole Gedichte«, forderte er die Gäste auf. Sie erzählten ein paar Geschichten, er selbst weitere. Von Zeit zu Zeit band er seine Handgelenke ab, um die Blutung zu stoppen und so Zeit für noch mehr Geschichten zu haben. Wie ungewöhnlich dieses Verfahren auch erscheinen mochte, Petronius vollzog es mit Temperament und Stil, dachte Sabinus traurig.

Schließlich rief der Gastgeber zwei Sekretäre herein, die sein Testament abschreiben sollten.

»Eine Kopie geht zu den Vestalischen Jungfrauen«, ordnete er an, »die andere ist für Nero.« Dann las er den Testamentsnachtrag vor, den er seinem Testament beigefügt hatte.

Ich weiß, Caesar, daß viele Deiner Opfer hoffen, ein wenig Besitz für ihre Familie retten zu können, indem sie Dir und Deinem geschmacklosen Blutegel Tigellinus einen Teil des Erbes hinterlassen. Aber in diesem Dokument wirst Du nur finden, was Du auch verdienst, nämlich:

I. Eine Kritik Deiner künstlerischen Leistung

Danach hast Du schon seit Monaten gelechzt, und ich bin froh, Dir nun das Langersehnte liefern zu können. Laß die Geschichte über Deine anderen Verbrechen richten, Caesar, Dein endloses Schlachten von Verwandten, Freunden und Staatsmännern. Ich werde nicht einmal Deine neueste Erfindung erwähnen, eine noch nie dagewesene und unerhörte Freveltat: *doppelter* Gattinnenmord. Nein, um Dir zum Abschied einen Gefallen zu erweisen, werde ich nur Deine Meistergreueltat offenbaren, welche folgende ist: daß Du die unverfrorene Unverschämtheit besitzt, Dir einzubilden, daß Dein kehliges Trällern Singen genannt werden sollte und daß Dein Katzengejammer auf der Leier und Deine Versündigungen auf der Kithara in irgendeinem Sinne als Kunst gelten könnten. Eine Beleidigung für die Ohren? Ganz gewiß! Eine Zerreißprobe für die Nerven? Auch das. Aber Kunst? Niemals! Im Namen der Musen erflehen wir Dein Schweigen, wie wir Dich auch inständig bitten, daß dieser hoffnungslose Hanswurst von einem Schauspieler in Dir seine *letzte* Verbeugung macht.

II. Ein privates Bestandsverzeichnis

Da Deine Sammlung von Freundschaften so ungeheuer kurz ist, magst du auch einige von Deinen schlimmen Taten vergessen haben, und was wäre Nero ohne seine Laster? Die folgende Tabelle jedoch sollte Deine Erinnerung auffrischen. Vielleicht bist du schockiert, daß ich über diese ungewöhnlichen gymnastischen Übungen von Dir Bescheid weiß, aber das macht mich umso glücklicher…

Es folgte eine lange Auflistung von drei Spalten, die der Reihe nach überschrieben waren: *»Namen … Daten … Besonderheiten, Präferenzen, Neuheiten.«*

Unter Lachsalven signierte Petronius die Dokumente und versiegelte jedes mit seinem Siegelring, den er dann zerbrach, um jeglicher zukünftiger Urkundenfälschung vorzubeugen. Jetzt öffnete er seine Bandagen wieder und nahm Abschied von Sabinus, einer sehr blassen Plautia und seinen anderen Gästen.

Nero las Petronius' Testament am nächsten Nachmittag. Gekränkt, daß seine privaten Vergnügungen nun öffentlich bekannt waren, geriet er in einen solchen Zorn, daß er die Kontrolle über seine Körperfunktionen verlor. Vergeblich flehte Terpnus ihn an, »seine himmlische Stimme zu schonen«.

Gegen Abend jedoch beruhigte sich Nero.

»Tja, Tigellinus«, seufzte er, »nach dem Tod von Thrasea und Petronius fühle ich mich zum ersten Mal wirklich *frei.* Alle meine Feinde sind nun tot oder verbannt. Ich kann wieder atmen. Ich muß mir keine Sorgen mehr machen – dank dir, lieber Kumpane.«

Für Tigellinus war das alles andere als ein Grund zur Freude, denn seine Macht basierte auf der Manipulation Neros durch seine Furcht. »Ich … ich hoffe, du hast recht, Prinzeps«, sagte er.

»Was meinst du mit: ›Ich hoffe‹?«

»Oh … nichts, wirklich.«

»Sag es mir, Tigellinus. Gibt es *sonst noch* jemanden?«

Es gab jemanden. Tigellinus haßte eine Person mehr, als er es je für möglich gehalten hätte. Jemanden, den er anklagen würde, wenn ein richtiger Fall gegen ihn aufgebaut werden könnte. Aber jetzt antwortete er nur: »Einige Leute sind sehr auf der Hut, Caesar. Unser Stadtpräfekt zum Beispiel.«

»Sabinus? Er *scheint* in Ordnung zu sein. Ich sehe, daß er endlich seinen Repräsentationspflichten nachkommt. Er war auch bei meinen Konzerten.«

»Wenn du das ›Repräsentation‹ nennst, wenn er schläfrig dasitzt und sich dort einquartiert. Bei deiner letzten Vorstellung ist sein Bruder sogar eingeschlafen.«

»Ohhh«, zuckte Nero zusammen, »meinst du, wir sollten sie anklagen?«

»Noch nicht. Vespasian ist auf jeden Fall unschuldig. Er ist nur ein unkünstlerischer Hornochse, der uns in der Armee von Nutzen sein kann. Sabinus ist derjenige, den wir überwachen müssen. Ich denke *immer noch*, daß er mit in der Verschwörung der Piso-Gruppe drinsteckte. Er empfahl uns Rufus, vergiß das nicht, und er war so sehr mit den Christen befreundet. *Und*«, sagte er boshaft lächelnd, »ich habe soeben erfahren, daß er und seine Frau dieses verräterische Bankett bei Petronius besuchten.«

Neros Augenbrauen wölbten sich.

»So? Sollen wir sie dann verhaften, Tigellinus?«

»Bald, würde ich meinen. Laß mich erst noch mehr Beweise sammeln. Nun, Caesar, bevor ich es vergesse: Hier ist eine Liste der Fälle, die auf deine Beurteilung warten.«

Nero überflog die Aufstellung der Prozesse, die noch anstanden. Er kniff die Augen zusammen, als er bei der Notiz ›Alexander, der Kupferschmied, *gegen* Paulus von Tarsus‹ angelangt war.

»Paulus von Tarsus... Paulus von Tarsus? Oh, ist das dieser kleine Kerl, der Christ – mit den durchdringenden Augen und der Hakennase? Hahaha! Der Fall, den du gegen Sabinus verloren hast?«

»Genau der«, grinste Tigellinus verächtlich. Dann erinnerte er Nero an die erste Anhörung von Paulus' zweitem Prozeß.

»Warum ist er noch am Leben?«

»Er wurde dummerweise wegen Brandstiftung verklagt, und Nymphidius bekam ein *non liquet*-Ergebnis.«

»Nun, ich will *ihn* nicht mehr hier sehen. Ich habe ihn doch gewarnt, nicht mehr zurückzukommen, oder? Und wir können ihn nicht laufenlassen, wenn alle seine Anhänger gestorben sind. Beruf wieder dein Sondertribunal bei den Castra ein, Tigellinus, und verurteile ihn, weil er einer dieser verräterischen Hasser der Menschheit ist. Ja, kreuzige ihn, genau wie diesen... äh... wie war noch sein Name? Von diesem Fischer?«

»Petrus? Simon Petrus?«

»Ja, Petrus.«

»Das ist in diesem Fall nicht möglich, Prinzeps.«

»Und warum nicht?«

»Paulus ist ein römischer Bürger. Petrus war keiner.«

»Nun gut, dann eben das Schwert.«

Lukas konnte Paulus engste Freunde erst nach dem Todesurteil benachrichtigen, so schnell und unerwartet hatte Tigellinus zugeschlagen. Sie setzten alle Hebel in Bewegung, um rechtzeitig bei den Castra Praetoria anzukommen, damit sie den Apostel auf seiner letzten Reise begleiten konnten. Pomponia war dort, mit roten Augen und trauervoller Miene, ebenso Sabinus und Plautia, nur Aulus mußte mit einer Erkrankung der Atemwege auf dem Esquilin zurückbleiben.

Tigellinus hatte Paulus die Wahl der Exekutionsstätte überlassen, »solange sie außerhalb der Stadtmauern liegt«.

Paulus wollte neben dem Massengrab der Christen an der *Via Ostiensis* sterben und begraben werden, daher antwortete er: »Jenseits des Ostia-Tores.«

»Am anderen Ende von Rom?« Tigellinus blickte finster. »Was dir noch mehr Zeit für deine Freunde lassen würde, nicht wahr, Paulus? Nun gut, dann beim Ostia-Tor. Tribun«, rief er, »du bist für die Exekution zuständig. Nimm nur eine kleine Truppe mit. Ich glaube nicht, daß diese Schäfchen dir irgendwelchen Ärger machen werden.«

Mit einem arroganten Grinsen verabschiedete sich Tigellinus und verließ die Castra. Sabinus war nur dankbar, daß Paulus' letzte Stunde nicht von der Gegenwart des Ofonius Tigellinus besudelt wurde.

Der junge Timotheus, Markus, Lukas und die anderen Ältesten hatten vor den Castra gewartet und schlossen sich nun dem kleinen, trauervollen Zug an, der sich südwestwärts durch Rom hindurchschlängelte. Wie Tigellinus vermutet hatte, nutzte Paulus die Zeit wirkungsvoll, um den Ältesten der römischen Kirche letzte Instruktionen zu geben. Nun gingen sie unter den roten Ziegelsteinbögen des Ostia-Tores hindurch und noch fast zwei Kilometer weiter die *Via Ostiensis* hinunter, um neugierige Schaulustige zu vermeiden, die bei der Exekution eines römischen Bürgers beunruhigt sein könnten. Schließlich erreichten sie eine grüne und ebene Stelle, umgeben von sanften, brausenden Hügeln, den sogenannten Aquae Salviae: »Salbeiheilquellen.«

Während der Tribun und seine Männer vorsichtig einen Hackblock unter einem Pinienbaum aufstellten, verabschiedete sich Paulus von seinen Freunden. Er erbat den Segen Gottes für sie und die

Gemeinde und versprach: »Das ist nur der Anfang einer Sache, die eines Tages weitaus größer als das Kaiserreich sein wird. Wir sind *keine* tote Asche, wir sind Glutasche. Glühend im Heiligen Geist, werden wir den Glauben wieder entzünden, so daß die Christen triumphieren *werden!*«

Dann gab er Pomponia und Plautia einen Abschiedskuß. Plautia flüsterte ihm etwas ins Ohr, und ein strahlendes Lächeln erhellte sein Gesicht. Schließlich streckte er Sabinus eine feste Hand der Dankbarkeit entgegen.

Zum letzten Mal schaute Sabinus in die heitere Gelassenheit der Augen des Apostels, und dann schaute er zerknirscht zu Boden. Wieder hatte der oberste Magistrat von Rom die Exekution eines Unschuldigen nicht verhindern können.

Der Tribun gab zu verstehen, daß alles zur Hinrichtung bereit war.

»Die Zeit meiner Abreise ist gekommen, meine geliebten Freunde.«

Ein friedliches Lächeln lag auf Paulus' Gesicht. »Wie ich dir einst schrieb, Timotheus: ›Ich habe den guten Kampf gekämpft, ich habe den Lauf vollendet, ich habe Glauben gehalten.‹ Und nun wartet der Lohn auf mich ... ›die Krone der Gerechtigkeit, welche mir der Herr, der gerechte Richter, an jenem Tag geben wird.‹ Aber nicht nur mir allein, sondern auch euch ... und ›allen, die seine Erscheinung lieb haben.‹ Friede sei mit euch allen.«*

Dann beugte er sich über den Block und betete: »In deine Hände, o Herr, befehle ich meinen Geist.«

Der Tribun erhob sein geschärftes Schwert mit beiden Händen und ließ es mit einem tadellos ausgeführten Schlag niederfallen.

Pomponia, Plautia und viele andere brachen in Tränen aus. Aber Lukas tröstete sie alle mit der Versicherung der Auferstehung, an welche die Christen vertrauensvoll glaubten.

Sabinus begrub Paulus mit der Hilfe der Exekutionstruppe unter einer Eiche in einer kleinen Parzelle bewaldeten Besitzes in der Nähe, den die *Zwillingsbrüder* erworben hatten. Der vielgereiste Paulus von Tarsus war schließlich zur Ruhe gekommen und hatte in der Nähe einer Hauptverkehrsstraße eine angemessene Beerdigung erhalten.

* 2. Timotheus 4,7-8

Auf dem schweigsamen Rückweg nach Rom fragte Sabinus Plautia: »Was hast du ihm zugeflüstert? Was hat ihn so glücklich gemacht?«

»Ich habe ihm gesagt, daß ich zum Glauben gekommen bin. Daß ich nun auch Christ geworden bin.«

FÜNFTES BUCH

Die Glutasche

30

Plautias Bekehrung hätte ihn nicht überraschen sollen, sagte sich Sabinus, aber trotzdem tat sie es. Plautia hatte die Sensibilität ihrer Mutter geerbt, und römische Frauen waren schon immer religiöser gewesen als ihre Männer. Und dennoch sollte in einer glücklichen Ehe wie der ihren doch alles geteilt werden. Aber würde er jemals wirklich Plautias christlichen Glauben teilen können? Er bezweifelte es.

Zum einen war das alles so ... un-römisch – etwas, das gleich dem Judaismus aus dem Osten importiert worden war. Daß es nur einen Gott geben sollte, war leicht zu glauben, dachte er. In der Tat war es verstandesmäßig befriedigend, seine Gebete an eine einzige höchste Gottheit zu richten, die noch dazu eine bessere war als Jupiter und letztlich die Herrschaft über die ganze Welt haben sollte. Ja, die Juden taten gut daran, monotheistisch zu sein, und es war nicht erstaunlich, daß einige Mitglieder des römischen Adels zum Judentum übergetreten waren. Selbst der gelehrte Varro bekannte seinen Glauben an eine große Seele des Universums, die auch als Gott der Juden identifiziert werden könnte, wie er schrieb. Und Seneca schien den Glauben geteilt zu haben. Und Virgil. Und Cicero.

Aber darüber hinaus behaupteten die Christen, daß der eine Gott in der Person des Jesus von Nazareth menschliche Gestalt angenommen hatte. Das war schwer zu akzeptieren. Sicher, es war vernünftiger, daß die Gottheit als ein *Mensch* erschien, als daß er wie Jupiter verschiedene Tiergestalten annahm, wenn er beschloß, die Welt zu besuchen – zum Beispiel kam er angeblich als schneeweißer Bulle oder starker, brunstender Adler. Aber wenn man einmal für einen Augenblick lang annahm, daß ein Gott existierte, welcher klug genug war, um die Menschheit in Menschengestalt innig zu umarmen, würde er dann nicht alles ganz anders in die Wege geleitet haben?

In diesem Fall wäre die Jesus-Gestalt nicht unter finsteren Umständen in einem winzigen Winkel des Kaiserreiches, weit auf der anderen Seite des Mittelmeers geboren, sondern im Zentrum der

Welt – in Athen oder Rom. Und er würde sicherlich nicht zwölf unkultivierte, ungebildete Kerle als Jünger erwählt haben. Einen Paulus von Tarsus vielleicht – und einen Petrus, aber die anderen wären sicherlich große Geister mit Rang und Namen wie zu Aristoteles' Zeiten gewesen oder Führer wie Alexander, *falls* die Botschaft im griechischen Osten Wurzeln schlagen sollte. Dann wäre die Bewegung wie alle griechischen Dinge westwärts nach Rom eingeschleust worden. Hier, im Mittelpunkt des Kaiserreiches, hätten das Phänomen Jesus und seine Jünger ihre Lehre etabliert und den Senat, die Philosophen und die Massen überzeugt. Von Rom aus hätte die christliche Botschaft dann die ganze Welt erreicht. Und wenn der Gott immer noch einen Selbstmord im Sinn hätte – wenn er darauf bestände, die Jesus-Figur bei einer Kreuzigung zu opfern –, dann könnte Rom auch dafür als Plattform und Bühnenkulisse dienen. Und würde das Kreuz nicht auf dem Gipfel des Kapitols (»Kopfstätte«) viel mehr in die Augen springen als auf dem schmalen Gebirgskamm außerhalb von Jerusalem, der Golgatha (»Schädelstätte«) genannt wurde?

Ein Streit zwischen seinen beiden Jungen riß Sabinus jäh aus seiner Tagträumerei heraus. Aber bevor alle Puzzleteile seines geistigen Puzzles wieder durcheinandergewirbelt wurden und sich in Nebel auflösten, durchfuhr ihn ein einziger Gedanke: Auch wenn es sich nicht auf die kunstvolle und deutliche Art und Weise zugetragen hatte, welche er skizziert hatte, war *das Ergebnis das gleiche.* Die christliche Botschaft war tatsächlich aus dem griechischen Osten nach Rom gekommen, und sie begann, sich von der Hauptstadt aus über die Welt zu verbreiten.

Plautia war froh über die Art, wie Sabinus ihre neue Glaubensüberzeugung aufgenommen hatte. Wenn er auf dem Nachhauseweg von Paulus' Begräbnis ein kritisches Wort geäußert hätte, würde sie zusammengebrochen sein, das fühlte sie. Aber er hatte ein weises, wohldurchdachtes Schweigen bewahrt. Und an den darauffolgenden Tagen hatte er ihrem Entschluß zwar keinen Beifall gespendet – sie wußte, daß das auch Heuchelei gewesen wäre –, aber er schien Verständnis dafür zu haben. Mutter Pomponia war natürlich von der Neuigkeit entzückt. Für sie war es ein wirksames Gegenmittel gegen den Kummer in den Tagen, die auf Paulus' Exekution folgten.

Sie hatte keine andere Wahl gehabt, als sich so zu entscheiden, wie sie es getan hatte, dachte Plautia. Die Götter von Rom waren am Schlafen oder tot oder hatten niemals existiert – da sie die Stadt solches hatten erleiden lassen. Außerdem stellte sich bei der Vielzahl von Göttern das Problem, auf welchen Gott man sich konzentrieren sollte: *Wen* sollte man anbeten? Der fromme Römer mußte mit seiner Treue zwischen mehreren Dutzend Göttern, Göttinnen, Geistern, Gespenstern, Halbgöttern und Helden jonglieren. Und auch toten Kaisern! Gegen eine solch verwirrende Mischung empfand sie die Geschichte von einem wahren Gott beinahe als eine übergroße Erleichterung, und die Berichte, die Paulus und Petrus über Christus erzählt hatten, trugen ihre eigene, unbeschreibliche Autorität und Überzeugungskraft.

Ob ihr Glaube wohl irgend etwas in ihrer Ehe ändern würde? fragte Plautia sich. Das hätte sie niemals ertragen können, denn ihre Freude mit Sabinus war etwas Heiliges in sich, eine Art eigene Religion. Aber ihr Gatte schien sich den veränderten Umständen recht gut anzupassen. Als sie ihn einmal fragte, ob es ihm unangenehm sei, eine Christin als Frau zu haben, lachte er sogar und sagte: »Mach dir keine Sorgen, mein Liebling. Ich denke, es ist viel würdevoller, zu sehen, daß du deinen Kopf von Zeit zu Zeit beim Beten beugst, als daß du eine Schafsleber nach Hinweisen auf den Verlauf des nächsten Tages durchstöberst.«

Sein schwaches Lächeln wurde noch strahlender, als er ihr recht bombastisch eröffnete: »Weißt du, ich habe gerade den Schlüssel für das moralische Problem des Römischen Reiches gefunden.«

»Und das ist?«

»Die Römer haben inzwischen so lange ihre Omen bei den Tieren gesucht, daß sie jetzt allmählich beginnen, sich auch so zu verhalten wie sie. Habe ich dir schon das Neuste vom Palast erzählt?«

Nero vermißte seine geliebte Poppaea immer noch bitterlich. Reumütig erinnerte er sich daran, daß sie ihm trotz seiner zahlreichen außerehelichen Affären immer treu geblieben war. Eines Nachmittags offenbarte Tigellinus ihm bei Anbruch der Dämmerung eine Überraschung. Eine Gestalt betrat seine Suite. Sie trug eines von

Poppaeas Lieblingsgewändern – ihre hauchdünne, türkisfarbene Gazetunika – und duftete nach ihrem Lieblingsparfüm. Nero starrte das Mädchen an, als es näherkam, und er preßte ein Taschentuch an seinen Hals. Dort, unter dem transparenten Schleier, den Poppaea oft getragen hatte, war – *unglaublicherweise* – seine Geliebte selbst!

»Poppaea?« fragte Nero mit heiserer Stimme. »Meine Göttin? Poppaea?«

Seine Knie schlotterten, und er verlor beinahe das Bewußtsein.

»Mein ... mein Liebling Poppaea?«

Tigellinus beugte sich hinüber und entfernte den Schleier. Nero fiel taumelnd auf die Knie und packte sich ans Herz.

»Große olympische Götter!« rief er aus. »Es *ist* Poppaea! *S-s-sag* doch 'was, Liebste! *H-hast* du mir vergeben, was ich dir antat?«

»Entspann dich, Caesar. Nein, es ist nicht Poppaea.«

Tigellinus langte hinüber und entfernte die blonde Perücke, welche die Gestalt trug.

»Es ist der kleine Sporus. Er ist ganz schön gewachsen, was?«

»Du ... du meinst ...«

»Erinnerst du dich noch an den hübschen freigelassenen Sklavenjungen, von dem du einst sagtest, daß er Poppaea so ähnlich sähe? Nun, das tut er wirklich ... in der Tat wird er ihr jeden Tag ein bißchen ähnlicher.«

»Bei den Göttern, Sporus! Du ... du *bist* genauso wie sie.«

Der junge Mann errötete bezaubernd und schenkte Nero ein schüchternes Lächeln.

Obwohl es niemand außerhalb von Rom wirklich glauben konnte, begann Nero tatsächlich, Sporus den Hof zu machen, und bald verliebte er sich in ihn. Ein paar Wochen später machte er dem Jungen einen Heiratsantrag.

Sporus hatte jedoch einen Einwand, wenn auch nicht den, der auf der Hand lag: »Du bist doch schon die *Gemahlin* von Pythagoras, Caesar«, sagte er mit einem Schmollmund.

»Aber ich werde dein *Gemahl* sein, Sporus«, säuselte Nero schmachtend, während er seine Wange liebkoste.

Glücklich ließ Nero Sporus eine reguläre Mitgift zukommen und setzte einen Hochzeitsvertrag auf. Später feierte er in aller

Öffentlichkeit seine Hochzeit mit dem Lustknaben, wobei Tigellinus dem Gemahl die verschleierte Braut übergab. Die Gäste beteten sogar dafür, daß Kinder aus solch einer Verbindung entstehen sollten.

Als Sabinus davon erfuhr, sagte er zu Plautia: »Tja, unser Palast-Perverser hat schließlich *alle* seine Talente zur Schau gestellt. Ich denke, es sind keine anderen Kombinationen mehr möglich.«

Plautia, die wenig Verständnis für solche Sachen aufbrachte, antwortete: »Wenn Neros Vater doch nur eine *Gemahlin* wie Sporus gehabt hätte!«

»Köstlich, mein Schatz!« Sabinus lachte.

Eines Morgens, als Sabinus gerade die Stadtverwaltungsgebäude betreten wollte, fand er eine riesige Wandschmiererei, die in häßlichen roten Lettern auf die Wand neben dem Eingang gemalt war:

SIND ALLE FEINDE VON CAESAR TOT?
IST SABINUS DENN NICHT IN HÖCHSTER NOT
ALS PISO-VERSCHWÖRER? SEIN BLUT SOLL
FLIESSEN ROT!

Der Schock sträubte sogar die kleinsten Härchen auf Sabinus' Nakken. Aber er hörte seine Stimme ruhig zu einem Aufseher sagen: »Übertünche diesen Unsinn an der Wand!«

Er versuchte, den Vorfall zu vergessen. Aber später an diesem Tag wurde er zum Palast gerufen: seine erste Konferenz mit Caesar nach langer Zeit. Sabinus fand den Kaiser merkwürdig aufgewühlt vor: dieser hatte viel von einem mißtrauischen, verängstigten Hündchen, das bereit war, ihm an die Kehle zu springen. Sabinus achtete peinlich genau darauf, daß er nichts anrührte, was Nero als »Knochen« aufgreifen könnte, ebenso vermied er eine Verteidigungshaltung, denn eine solche könnte Nero als Beweis oder Schuldgeständnis deuten. Statt dessen setzte Sabinus wieder einmal die kühle Maske der Normalität auf.

Nach ein paar banalen Platitüden spielte Nero sich plötzlich als Richter auf.

»Was ist, wenn es doch wahr *wäre*, Sabinus?« fragte er.

»Was, Caesar?«

»Daß du einer von Pisos Männern *warst?* Daß … daß du mir tatsächlich mein Leben genommen *hättest?* Du warst mit den Verschwörern befreundet – Petronius, Seneca, Gallio. Quintus Lateranus *war* dein Verwandter und Geschäftspartner. Du hast uns den Verräter Rufus empfohlen. Und *warum* nur waren deine Städtischen Kohorten an dem Tag, an dem das Attentat verübt werden sollte, in Alarmbereitschaft? Nein, schau nicht weg, Sabinus, schau mir in die Augen!« Und die kaiserlichen Augen funkelten mit neuer Wildheit.

Sabinus kämpfte, um die eisige Flut in sich zu unterdrücken, so daß das Klima oberflächlich unverändert bleiben würde.

»Die Kohorten?« antwortete er. »Sie waren aus einem sehr offenkundigem Grund in Alarmbereitschaft, Caesar: um eventuelle Unruhen beim Fest der Ceres unter Kontrolle zu bringen. Und ich empfahl Rufus lediglich wegen seines guten Rufes als Verantwortlicher der Kornversorgung Roms.«

Dann versuchte er ein verzweifeltes, riskantes Hasardspiel, indem er die Offensive ergriff: »Wenn du versuchst, humorvoll zu sein, Prinzeps, dann halte ich das für einen *sehr* schlechten Scherz. Du hast mich zweimal in das höchste Amt in Rom berufen, so daß meine Treue wohl offensichtlich sein sollte. Hast du irgend etwas an meinen Leistungen auszusetzen? Oder überhaupt irgend etwas?«

»Ich … ich dachte immer, auf dich könnte man sich verlassen, Sabinus. Aber es scheint sonst keiner so zu denken.«

»Mit ›sonst keiner‹ meinst du wohl … Tigellinus?«

Nero wandte sich ab.

»Tigellinus und ich werden Anfang September nach Griechenland aufbrechen – die Termine für die Spiele und die Konzerttour sind endlich festgelegt worden. Mein freigelassener Sklave Helius wird hier die Regierungsgeschäfte in die Hand nehmen, während wir fort sind. Du wirst dich um Rom kümmern, während er für das Kaiserreich zuständig ist!«

Dann schaute er Sabinus wieder direkt in die Augen und senkte die Stimme: »Helius wird dich beobachten, Sabinus, dich *beobachten.* Er fragt sich zum Beispiel – und das tue ich auch – warum du es so … übertrieben eilig hattest, deine Präfektur mit einem neuen Kalkanstrich zu überziehen.«

Sabinus' Kehle wurde trocken, aber nach einem schnellen, unhörbaren Schlucken stammelte er seine Antwort nicht.

»Vielleicht sollte Helius sich mehr um die Lügner kümmern, die Stadteigentum verunstalten, als um die Instandhaltung dieser Eigentümer.«

»Das ist alles, Sabinus.«

Nero runzelte die Stirn und winkte ihn hinaus.

Sabinus war schon aus den kaiserlichen Amtsgemächern hinaus, als er Nero hinter sich herrufen hörte: »Oh, Präfekt, ich dachte, das könnte dich noch interessieren. Dein Bruder Vespasian wird uns als Militärunterstützung nach Griechenland begleiten. Ebenso sein Sohn Titus.«

»Ich bin erfreut, das zu hören, Caesar.«

Während Sabinus in die Stadtverwaltungsgebäude zurückkehrte, grübelte er sowohl über die Neuigkeiten als auch den dafür gewählten Zeitpunkt nach. Um es unverblümt, wenn nicht sogar unbillig auszudrücken: *Warum* hatte Caesar einen Mauleselhändler als militärische Unterstützung gewählt? Zufall? Mehr als das, so fiel es ihm plötzlich wie Schuppen von den Augen. Nero und Tigellinus gaben ihm deutlich zu verstehen: »Versuche nichts auszuhecken, während wir weg sind, Sabinus. Wir haben deinen Bruder und Neffen als Geisel.«

Der Teufel sollte die Götter holen, die den wahnsinnigen Lauf des römischen Schicksals in den Händen hielten!

Er hatte in der Tat vorgehabt, etwas zu unternehmen, während Nero in Griechenland war. Es würde der perfekte Zeitpunkt dafür sein. Aber jetzt kam sein vom Pech verfolgter Bruder als Geisel mit. Außer... Er mußte sofort eine Unterredung mit Vespasian führen.

Schon seit Nero sich selbst davon überzeugt hatte, daß er ein Künstler war, hatte er eine Konzerttour durch Griechenland geplant, denn nur die ästhetischen Hellenen wußten wirklich einen Genius zu schätzen, ob es nun ein bürgerlicher oder kaiserlicher war – das machte für sie keinen Unterschied. Nun lief Nero im Herbst 66 mit einem großen Chor von Augustiani und einem ganzen Heer von Unterhaltern aus, beladen mit Leiern, Kitharas, Masken, Kostümen und Kothurnen*.

* Kothurn: (im antiken Trauerspiel) Bühnenschuh der Schauspieler mit hoher Sohle

Neugierige Griechen streckten ihre Hälse, um den Herrn der Welt zu sehen, als er von Bord ging und das Land betrat, das er so bewunderte. Mittlerweile war sein Wanst noch gewachsen, seine Pusteln waren nie wirklich verschwunden, und seine dünnen Beine schienen spindeldürrer als jemals zuvor zu sein. Aber als eine Art Trost hatte er seine dunkelblonden Locken wachsen lassen, und sie hingen nun in gestuften Locken über seinen Rücken.

Nero hatte angeordnet, daß alle griechischen Feste während seines Besuches gefeiert werden sollten – etwas Sakrilegisches und Unerhörtes –, und er ließ sich gewissenhaft bei jedem Wettkampf einschreiben und trug sein Repertoire als tragischer Schauspieler, Rezitator seiner eigenen Gedichte, Leierspieler und Wagenlenker vor. Die Richter waren sehr urteilsfähig, dachte Nero: Bei jedem Wettbewerb erklärten sie ihn zum Sieger! Er gewann alles, was es in Olympia, Korinth, Delphi und anderswo zu gewinnen gab – ein bedeutender Gesamtgewinn von 1 808 Trophäen und Preisen.

Einmal jedoch beging Nero beinahe einen fatalen Fehler, wie Vespasian Sabinus schrieb. Während eines Pferdewagenrennens in Olympia versuchte Nero, ein Zehn-Pferde-Gespann unter seine Gewalt zu bringen, aber er flog aus seiner Droschke und wurde beinahe getötet. Mehrere Augenblicke lang hatten alle Zuschauer das beispiellose Schauspiel vor sich, den römischen Kaiser über den Sand des Hippodroms rollen zu sehen. Die Richter hielten das Rennen an, bis Nero, voller Schürfwunden und Prellungen, wieder auf seinen Wagen geladen werden konnte. Als er die Runden nachgeholt hatte, die er verpaßt hatte, und noch ein paar mehr dazu, erklärten die Richter das Rennen für beendet, aber Nero war nicht in der Lage, sich damit abzufinden und vor dem Ende aufzugeben. Der Sieger? Nero natürlich! Woraufhin er die griechischen Bürger verschwenderisch bedachte und die Richter mit einer Million Sesterze überschüttete.

Die Griechen waren keine Narren. Wenn der Kaiser spielen wollte, würden sie auch spielen – und immense Konzessionen dabei gewinnen. Zu Beginn des nächsten Jahres proklamierte Nero zumindest eine lokale Selbstverwaltung für die Griechen.

In der Zwischenzeit brachte ein Bote in Rom einen weiteren Brief aus Griechenland zum Quirinal.

»Er ist von Vespasian!« rief Sabinus Plautia zu.

Dann brach er das schwere Wachssiegel auf und begann, Plautia den Brief laut vorzulesen:

T. Flavius Vespasian grüßt T. Flavius Sabinus! Du wirst die unglaublichen Veränderungen in meinem Leben nicht glauben, lieber Bruder! Zuerst sahen meine Aussichten – wie es ja typisch für mich ist – schrecklich aus. Ich begann meine Arbeit damit, daß ich Caesar in Eleusis beleidigte. Er war im Begriff, an den Mysterienspielen dort teilzunehmen, als der Herold wie gewöhnlich »alle Verruchten und Gottlosen« warnte, zu fliehen, bevor die Zeremonien begannen. Nero bekam solche Angst, daß er sich weigerte, an den Spielen teilzunehmen! Und zu dem Zeitpunkt sah er, wie ich mich vor Lachen schüttelte. Während eines weiteren Konzerts von Caesar hier – du wirst sicherlich über mich empört sein – schlief ich wieder ein. Dieses Mal tobte Nero vor Wut.

»Ich will dein garstiges Gesicht nie wieder sehen!« schrie er und stieß mich aus der kaiserlichen Gesellschaft aus.

»Aber wohin soll ich gehen?« fragte ich Phoebus, seinen freigelassenen Sklaven.

»Geh zum Hades!« rief er.

Also ging ich – nicht wirklich zum Hades – aber ins Exil: in ein kleines Landhaus in der Nähe von Korinth. Ich würde heute noch dort sein, wenn nicht eine jüdische Revolte in Palästina ausgebrochen wäre.

Die Rebellion dort nahm immer drastischere Ausmaße an: Unsere Streitkräfte sind aus Jerusalem und dem größten Teil von Judäa vertrieben worden. Da es dort keinen anderen General weit und breit gibt, war Nero gezwungen, von meinen Diensten Gebrauch zu machen, und ich bin nun zum Oberbefehlshaber über 60 000-Mann-Truppen ernannt worden, um die Revolte niederzuschlagen. Nero überschüttet mich mit Lob – jetzt, wo er mich nötig hat!

Ich bin gerade dabei, Korinth zu verlassen, und mein Titus wird sich mir mit einer Legion aus Ägypten anschließen. Abschiedsgrüße von »den befreiten Geiseln«. Weidmannsheil! Geschrieben an den Iden des Februar A.U.C. 820.

Sabinus legte den Brief nieder und brach in heiteres Gelächter aus.

»Die Schicksalsschläge von Fortuna!«

Er strahlte: »Vom Befehlshaber zum Mauleselhändler und wieder zum Befehlshaber. *Gratulation,* Vespasian!«

»Er sollte in der Lage sein, von nun an für sich selbst aufzukommen.« Plautia lächelte. »Hat er dir eigentlich das Geld zurückgezahlt, das du ihm geliehen hast?«

»Einen Teil davon. Aber bei ihm ist das Risiko jetzt gering.« Sabinus grinste. »Was man von Nero nicht behaupten kann.«

Sein Kiefer war vor Entschlossenheit fest zusammengepreßt, und seine Augen starrten eine Zeitlang über Plautias Kopf hinweg.

»Weidmannsheil – *das kann man wohl sagen!* Endlich«, flüsterte er, dann lauter: »Ja, *endlich!* Vespasian ist nicht nur keine Geisel mehr – er ist jetzt auch einer der mächtigsten Männer im Kaiserreich! *Endlich, carissima!* Unsere große Stunde ist *schließlich und endlich* gekommen.«

Minuten später durchschritt Sabinus sein Amtszimmer in einem Rhythmus, der sich für ihn anhörte wie der Trommelwirbel des Schicksals. Ein letztes Mal sondierte und sezierte er die Alternativen, über die er in den vergangenen Monaten nachgegrübelt hatte. Es gab eigentlich nur drei – genau drei Wege, um einen Römischen Kaiser zu stürzen. *Erstens:* Ermordung. Aber seit der Pisonischen Verschwörung wurde Nero strenger bewacht als jemals zuvor. *Zweitens:* Revolte der Prätorianergarde. Aber mit Tigellinus und Nymphidius als Ko-Befehlshaber war das zweifellos unmöglich. *Drittens:* Revolution von den Legionen der Provinzen. Wenn genügend Befehlshaber überzeugt werden konnten, war das auch die eindrucksvollste Art, einen Caesar zu entthronen.

Es *mußten* die Legionen sein, überlegte Sabinus. Befehlshaber außerhalb des Kaiserreiches waren aufgebracht wegen des Schicksals des Feldherrn Corbulo, der an der östlichen Front wahre Wunder bewirkt hatte. Nero, der eine Verschwörung witterte, hatte Corbulo und zwei Truppenführer aus Germanien zu einer Konferenz in Griechenland bestellt, wo sie alle drei auf Neros Befehl Selbstmord begehen mußten.

Das war in der Tat auch der Grund, warum nur Vespasian zur Verfügung stand, um die jüdische Revolte niederzuschlagen, erkannte Sabinus nun.

Die Befehlshaber *waren* wegen Corbulos Schicksal tatsächlich unzufrieden und murrten. Sie waren auch der Prätorianergarde überdrüssig, die darüber entschied, wann ein Kaiser ernannt oder abgesetzt werden sollte. Sie waren es auch leid, stets zu versuchen, die Disziplin in den Truppen zu einer Zeit zu wahren, in der ihr oberster Heerführer und Herrscher ein Schauspieler, Rezitator, Massenmörder und Päderast* war. *Die Legionen!* Sein Bruder hatte nun plötzlich die Kontrolle über den Osten. Daher mußte er über die Befehlshaber des Westens Herr werden.

»Vindex«, flüsterte er vor sich hin. Was hatte sein Protégé in Gallien zur Zeit des Zensus in seinem letzten Brief geschrieben: »Wenn ich dir jemals von Nutzen sein kann, Sabinus, verfüge über mich: Ich verdanke dir meine gesamte Karriere!« Und Vindex, einer von Neros sarkastischsten geheimen Kritikern, war nun Statthalter von Gallien! Höchste Zeit, um Vindex zu kontaktieren!

Sabinus durchschritt sein Amtszimmer noch ein paar weitere Minuten, um alle Argumente in Gedanken zu formulieren. Dann setzte er sich an seinen Schreibtisch, um den wichtigsten Brief seines Lebens zu schreiben, einen feierlichen Aufruf zur Revolution um der Rettung Roms willen. Er wies auch darauf hin, daß der Statthalter Galba von Spanien und Otho von Lusitanien – Poppaeas ehemaliger Ehemann – zweifellos gemeinsame Sache mit Vindex machen würden und den gesamten Westen aus Neros Fängen reißen könnten.

Er schloß die Botschaft in eine Schutzhülle aus Segeltuch und Siegelwachs ein, rief seinen Diener, dem er am meisten vertraute, hängte die Botschaft um seinen Hals und gab ihm geheime Instruktionen. Zum Schluß sagte er: »Geh sofort los. Und denk daran: Keiner außer *Vindex selbst* soll das zu Gesicht bekommen. Wenn er einverstanden ist, besuchst du Galba und Otho, um alles zu koordinieren!«

Nero inszenierte seine triumphale Rückkehr nach Rom im Januar 68. In einen Teil der Stadtmauer wurde eine Bresche geschlagen, so daß Nero mit seinem Wagen hindurchreiten konnte; das war der traditionelle Empfang eines olympischen Siegers. Rom war mit

* Mann mit homosexuellen Neigungen, Beziehungen zu männlichen Jugendlichen

Girlanden geschmückt, mit Lichtern überstrahlt, von Weihrauch und Parfüm geschwängert. Nero selbst war in Purpur und Gold gekleidet und mit dem olympischen Siegerkranz aus wilden Oliven gekrönt. Alle Trophäen, die er gewonnen hatte, wurden mit Zeichen, die sie näher bezeichneten, durch die Stadt getragen und dann zur dauerhaften Ansicht in seinen weitläufigen – und nun vollgestopften – privaten Gemächern abgestellt.

»Wie ich höre, habe ich Helius diesen ausgezeichneten Empfang zu verdanken – und nicht dir, Sabinus«, sagte Nero bei ihrer ersten Begegnung nach seiner Rückkehr. Sie wanderten durch das beinahe fertiggestellte *Goldene Haus,* ein verschwenderisches Labyrinth von vergoldeten, mit Perlen besetzten Korridoren und Decken voller Elfenbeinverzierungen. Diese Umgebung legte Sabinus das Stichwort in den Mund, und er log: »Ich würde sagen, das war eher geteilte Arbeit, Prinzeps. Helius kümmerte sich um deinen Empfang. Ich hielt es für das Beste, unsere Stadttruppen hier bei der Arbeit anzutreiben.«

Er wies mit beiden Armen auf den beinahe fertigen Palast.

Nero schien für diesen Moment beruhigt zu sein. Er ging in eine Ecke des Speisesaals und zog an einem Hebel. Deckenverkleidungen öffneten sich, um Blumenblätter hinunterflattern zu lassen, während versteckte Düsen Parfüm versprühten. Dann blickte er aus einem Fenster hinaus. Der neue Palast war von einer Landschaft mit Seen, Wäldern und Weingärten – alles im Herzen Roms – umgeben.

»Gut«, bemerkte Nero schließlich, »jetzt kann ich anfangen, wie ein menschliches Wesen zu leben.«

Die kehlige Stimme von Ofonius Tigellinus mischte sich ein.

»Caesar und ich haben über deine Leistungen diskutiert, Präfekt. Und dein Wohlwollen. Wir haben uns darauf geeinigt... daß du die Stadt Rom bis auf weiteres nicht verlassen darfst.«

»Ich nehme die Befehle von Caesar an, Tigellinus. Nicht von dir«, Sabinus rang mit sich, um ruhig zu bleiben, »stehe ich unter Anklage, Prinzeps?«

Nero schaute nervös zur Seite. »Nein, Sabinus«, sagte er leise. »Aber... bleib in Rom!«

In den nächsten Wochen befand sich Sabinus in einem Zustand innerer Spannung. Sein Bote war von Gallien und Iberia mit einer gewichtigen, aber geheimen, positiven Antwort von den Statthaltern zurückgekommen, und Vindex war besonders begeistert gewesen. Aber kein weiteres Wort war aus dem Westen eingetroffen. Währenddessen wurde seine eigene Villa auf dem Quirinal Tag und Nacht von einer Reihe schlecht verkleideter Prätorianerspione überwacht, die in der Nähe des Anwesens herumschlichen und Tigellinus zweifellos alles berichteten, was sie sahen. Nachdem Sabinus mehrmals auf sie gestoßen war, beorderte er seinerseits eine solche Dauergarde von den Städtischen Kohorten zu seinem Anwesen, um Tigellinus zu zeigen, daß er sich unter gar keinen Umständen einschüchtern ließe.

Schön und gut als Fassade. Aber wie sollte man die nagende Furcht dahinter verbergen, welche die Freude eines jeden Tages auffraß und die Lebenserfahrung in einen schleichenden Alptraum für ihn selbst, Plautia und ihre Eltern auf dem Esquilin verwandelte?

Anfang März brachte Plautia einen Lichtschimmer in sein Leben, indem sie ihm ihre erste Tochter schenkte: ein winziges Baby mit bemerkenswert langem, kohlrabenschwarzem Haar, das sie Plautilla nannten: »Kleine Plautia«, ein froher Lichtblick in all der Anspannung. Aber selbst wenn er seinen kleinen Liebling in den Armen wiegte, konnte Sabinus nicht umhin, sich zu fragen, in was für eine Art von Welt sie ein weiteres menschliches Leben gesetzt hatten.

Genau eine Woche nach Plautillas Namenstag eilte ihr Großvater Aulus mit Tränen in den Augen in die Stadtverwaltungsgebäude.

»Schaff sie hier 'raus!« befahl er, woraufhin Sabinus einige städtische Sekretäre verabschiedete. Erst dann bemerkte Sabinus, daß es Tränen der Aufregung und Freude in den Augen seines Schwiegervaters waren.

»Es ist *passiert,* Sabinus!« jubelte er. »Wir haben *gerade* im Senat die Nachricht erhalten! Vindex hat eine offizielle Proklamation erlassen, in der er die kaiserlichen Legionen überall aufruft, sich zu einer Revolte gegen Nero zu erheben! Er hat in Gallien hunderttausend Truppen für die Revolution versammelt!«

Sabinus stieß einen Freudenschrei aus.

»Was ist mit Galba und Otho? Irgendeine Nachricht?«

»Das ist es ja gerade.« Aulus bekam vor Aufregung kaum Luft. »Sie haben sich der Revolution *angeschlossen!* Galbas Spanien,

Othos Lusitanien und Vindex' Gallien – der *gesamte Westen* verlangt, daß Nero abdankt!«

Sabinus schlug mit der flachen Hand auf seinen Schreibtisch. »Endlich!« rief er aus. »*Endlich!* Wie hat der Senat darauf reagiert?«

»Ich habe niemals solch ... eine geheime Freude in den Senatorengesichtern gesehen. Wegen der Prätorianer können sie im Moment natürlich nichts tun.«

»Ich werde sofort Vespasian schreiben«, beschloß Sabinus, »auch wenn er wohl kaum den Jüdischen Krieg abbrechen kann, um nach Rom zu kommen!«

Zur gleichen Zeit war Nero unten in Neapel, um sich Ringwettkämpfe anzuschauen. Es war kurz nach dem Mittagessen, als Tigellinus beinahe außer sich mit den unheilvollen Nachrichten aus Gallien in die Arena rannte. Nero sprang nur von seinem Sitz auf, um sich den Ringern anzuschließen und mitzukämpfen. Weitere acht Tage verbrachte er in Neapel mit Nichtstun, und erst als Vindex eine weitere höhnische Bemerkung gegen »Bronzebart, den schlechten Leierspieler« losließ, fühlte Nero sich getroffen und schrieb dem Senat, daß er »sich um die gallische Angelegenheit kümmern« solle.

Noch unheilvollere Nachrichten ließen ihn schließlich verärgert nach Rom zurückkehren. Er setzte einen Preis von zehn Millionen Sesterzen für den Kopf von Vindex aus, aber Vindex bot noch einen höheren Preis für Neros: »Jeder, der mir den Kopf von diesem Hanswurst bringt, kann meinen als Gegenleistung haben«, versprach er hoch und heilig. Sabinus, der sich nun in einem Delirium der Freude bewegte, wußte, daß Vindex es ernst meinte. Vindex war ein Patriot.

Ein paar Tage später, als Galbas Revolte auch bestätigt worden war, trat Nero seinen Frühstückstisch um. Dort zerriß er sein Gewand, schlug sich gegen die Stirn und ließ sich – einer Ohnmacht nahe – vorsichtig auf sein Bett fallen, wo er eine Stunde lang ausgestreckt dalag. Dann erhob er sich, erklärte Galba offiziell zum Staatsfeind und konfiszierte sein Eigentum in Rom. Daraufhin erklärte Galba Nero zum Staatsfeind und riß sein ganzes Eigentum in Spanien an sich. An beiden Orten wurden Auktionen abgehalten, und Galba erzielte dabei einen weitaus höheren Erlös als Nero.

Immer noch weigerte sich Nero, im Senat zu erscheinen. Statt dessen rief er eines Nachts die führenden Senatoren, Sabinus und alle seine Präfekten zu einer Konferenz in seine Villa. Sabinus war darauf bedacht, seine Hochstimmung wegen der Revolte zu maskieren, und er hatte beschlossen, Nero genau den falschen Rat zu geben. Er war erstaunt, wie schlecht Neros physische Verfassung war. Immer noch kennzeichneten ein rotes Gesicht und blonde Haare den Mann, aber jetzt blickten seine hinterhältigen, mißtrauischen Augen ihn zwischen Wülsten von fettigem Fleisch in seinem aufgedunsenen Gesicht an. Er war ein Haufen aufgeblähtes Fett, das sich nur schwerlich unter den teuersten Gewändern verbergen ließ. Mit dreißig schon ein alter Mann, führte Nero die Konferenz, als hätte er die Ereignisse außerhalb von Rom vergessen.

Mit einem Schwenken seines Taschentuches brach er die Zusammenkunft dann plötzlich ab: »Kommt mit mir, meine Herren«, er lächelte, »ich muß euch etwas zeigen.«

Er führte sie in einen Saal, in dem ein paar hochragende und seltsam aussehende Geräte standen – Rohre, vertikal und horizontal, und eine Art von Tastaturen.

»Sie sind soeben aus Alexandria angekommen«, sagte er strahlend.

»Was... ist das, Prinzeps?« wollte Sabinus wissen.

»Hydraulische Wasserorgeln, du Dummerchen! Der Winddruck für die Rohre wird von diesen Wassersäulen konstant gehalten.« Er zeigte darauf. »Hier, ich werde euch vorführen, wie sie klingen.«

Er klatschte mit den Händen.

»Das ist das Zeichen für die Sklaven, daß sie mit dem Pumpen anfangen sollen.«

Wie ein Kind, das einem verlockenden Spielzeug nicht widerstehen kann, begann Nero nun, die größte Orgel zu blasen und brachte ein paar Töne aus dem dröhnenden Baß heraus.

»Wie ist *das*, meine Freunde?« frohlockte er.

»Superb, Caesar«, sagte Tigellinus und wurde vor Verlegenheit immer roter, »nun zurück zu Vindex und den –«

»Ich habe entdeckt, wie man dem Instrument sogar noch tiefere Töne entlocken kann.«

Er strahlte und fuhr fort, einen Vortrag über die Theorie von

Wasserorgeln zu halten, wobei er verschiedene Kombinationen von Tönen auf den Instrumenten zur Demonstration vorspielte.

»Ich habe vor, die Instrumente hier im Theater aufzustellen und bald ein Konzert zu geben – alles natürlich mit der freundlichen Erlaubnis von Vindex.« Er zwinkerte ihnen zu.

Sabinus verließ die Stegreifvorstellung mit einem leichteren Herzen, als er die Vorstellungen in den letzten Monaten verlassen hatte. Offenbar würde alles leichter vonstatten gehen, als er es befürchtet hatte, und er machte sich große Vorwürfe, weil er die Revolution nicht früher angezettelt hatte. Nero hatte zweifellos den Bezug zur Realität verloren. Er schwankte und mußte bald fallen. Wenn Rom doch nur bei diesem Zusammenbruch Neros weiteres Blutvergießen erspart werden könnte!

Er mußte nun dafür sorgen, daß Nero weiterhin aus dem Gleichgewicht geriet, beschloß Sabinus, schon allein um Tigellinus aus der Fassung zu bringen. Er konnte immer noch den perplexen und verletzten Blick in Tigellinus' Augen während Neros Orgelrezitation vor sich sehen. Sabinus eilte hinüber zu seinem Agenten auf dem Caelius, der jetzt die Aufsicht über die *Zwillingsbrüder*-Unternehmen führte, und fragte ihn: »Sind wir immer noch Neros Weinlieferanten?«

»Das sind wir, Präfekt.« Er lächelte. »Caesar trinkt soviel Wein von der Marke *Gemini* aus verschiedenen Jahrgängen wie alle anderen Abnehmer zusammen.«

»Ausgezeichnet! Nun sag mir das eine: Gibt es einen Weg, den Alkoholgehalt in den Flaschen, die du ihm lieferst, zu verdoppeln? Oder irgendwie zu vergrößern?«

»Wir haben versucht, Branntwein aus stärkeren Weinen zu brennen, aber unseren einzigen Erfolg hatten wir mit den Trauben aus dem Berg Ätna. Der Wein von dort ist beinahe doppelt so stark. Aber warum möchtest –«

»Stell keine Fragen. Bereite eine weitere Lieferung für Neros Villa vor und ersetze die *Gemini*-Flaschen, die bereits in seinem Weinkeller stehen, mit dem stärkeren Zeug. So schnell wie möglich, alles klar?«

»Gewiß, Präfekt.«

Sabinus eilte mit einem schwachen Lächeln von dannen. Neros Lethargie nach den Mahlzeiten würde jetzt sogar noch länger anhalten, sein Geist würde verwirrter sein als jemals zuvor. Sein Weinkonsum war beständig größer geworden.

Nero erkannte schließlich, daß nur die Militärmacht die Rebellionen noch niederschlagen konnte, und so bereitete er eine Legion vor, die in Gallien einmarschieren sollte. Die Schwärmer Vindex, Galba und Otho würden ihn um Frieden anflehen müssen. Tigellinus arbeitete gerade mit seinem Mitarbeiterstab von Prätorianeroffizieren die Strategie aus, als einer der Tribune sich beschwerte, daß gewaltige Geldbeträge aus der Kriegskasse auf Neros Befehl hin entwendet worden waren.

Als Tigellinus hinüber zu der kaiserlichen Villa stürmte, fand er Nero betrunken vor. Er saß immer noch träge am Mittagstisch, obwohl es bereits später Nachmittag war. Doch er war noch in der Lage, über die vermißten Fonds Auskunft zu geben. Sie waren für einen Zug mit Waggons verwendet worden, der seine Konkubinen und Theaterrequisiten nach Gallien bringen sollte.

»Es braucht wirklich nicht zum Blutvergießen kommen«, sagte er zu Tigellinus, »nein, absolut nicht. Ich werde mich einfach vor Vindex' Streitkräfte stellen und ... und nichts weiter tun als weinen. Die Truppen werden bei dem Anblick ihres in Tränen aufgelösten Kaisers so bewegt sein, daß sie ihre Rebellion stoppen werden. Und dann werde ich ihnen dem glorreichen Sieg zu Ehren ein Konzert geben.«

Nero lächelte. Das war sein voller Ernst.

Tigellinus starrte ihn fassungslos an.

Sabinus versuchte inzwischen, die Revolution durch eine Masse von geheimen Korrespondenzen mit Vindex und den anderen Befehlshabern der Legionen zu koordinieren. Er bat dringend um eine allgemeine Invasion Italiens von den westlichen Legionen. Sein Bruder sollte vom Osten dazustoßen, sobald die Jüdische Rebellion bezwungen worden war. Alles hing nun von der Haltung von Roms sieben Legionen entlang des Rheins ab, die sich der Revolte noch nicht angeschlossen hatten, obwohl Sabinus sie inständig darum gebeten hatte.

Anfang Mai traf sein persönlicher Bote mit der neuesten Nachricht von Gallien ein.

»Ich habe… *äußerst* schlechte Nachrichten, Clarissimus. Du… du setzt dich besser, um sie entgegenzunehmen.«

»Was ist denn passiert?« Sabinus wurde starr vor Nervosität.

»Verginius Rufus, Befehlshaber unserer rheinischen Legionen, hat schließlich seine Entscheidung getroffen. Er… hielt Nero die Treue und griff Vindex' Streitkräfte im Osten Galliens an. Und schlug sie. Schwer. Er tötete etwa zwanzigtausend.«

»Und Vindex selbst?«

»Beging kurz nach dem Kampf Selbstmord.«

Sabinus sank langsam in seinen Sessel und umklammerte nachdenklich ein Stück Wangenfleisch, bis seine gebräunte Haut weiß wurde.

»Vindex… Vindex«, murmelte er benommen, »oh, *mutiger* und *gewissenhafter* Verginius! Solch ein treuer Soldat!«

Tränen traten ihm in die Augen.

»Dämlicher, widerlicher *Dummkopf*, Verginius! Der *Tölpel!* Hilft diesem mörderischen Lüstling aus dem Grab heraus, in das er hineingehört.«

Einige Augenblicke später bedeckten seine Hände sein Gesicht. Schließlich fragte er: »Und Galba… Otho… was werden sie nur jetzt tun?«

»Sie sind natürlich in einer sehr üblen Lage. Aber was *können* sie tun, Präfekt? Die unverschämten Dinge, die sie über Nero gesagt haben, widerrufen? Sich für Hochverrat entschuldigen?«

»Sie *könnten*, glaub es oder glaub es nicht. Weil Nero unter Druck steht, er ist in letzter Zeit in einer Stimmung, in der er sehr zum Vergeben bereit ist. Ich *muß* ihnen Mut machen. Es ist unsere einzige Chance.«

Er setzte sich an seinen Schreibtisch und hing ein paar Minuten lang seinen Gedanken nach, bevor er mit Sorgfalt diese Nachricht aufsetzte:

> Sabinus an Galba, *salve!** Vergeßt den Code. Diese Nachricht kommt durch oder die Sache bricht zusammen. Trotz des armen Vindex *müßt ihr beide, du und Otho die Revolution fortführen!* Nero bleibt weiterhin völlig aus dem Gleichgewicht.

* salve! (lateinisch): sei gegrüßt!

Im Moment macht er sich mehr Sorgen um Schauspielerrivalen, die das Interesse der Öffentlichkeit wecken könnten – »sie ziehen Nutzen aus den erfolgreichen Tagen Caesars«, wie er es ausdrückt – als um die Rettung des Kaiserreiches. In genau vier Wochen von heute an werde ich die Städtischen Kohorten und die Prätorianergarde zugunsten von euch mobil machen! Mein Bote wird alle Details liefern. *Marschier los,* Galba!
Geschrieben an den Nonen* des Mais, A.U.C. 821.

Der Bote war von ehrfurchtsvollem Staunen ergriffen.

»Die Prätorianer? Aber... aber mit Tigellinus würden sie niemals –«

»Überlaß das mir. Hier ist mein Plan...«

An den folgenden Tagen hielt Sabinus die Ohren offen. Eine richtige Revolution konnte niemals ohne das Volk gelingen, das wußte er, und er fragte sich, wie die Plebejer die momentane Krise aufnahmen. Das gemeine Volk hatte sich immer mehr über Nero amüsiert, als daß es schockiert gewesen wäre. Er hatte keinen aus ihren Reihen liquidiert, sondern ihnen statt dessen eine Serie von sensationellen Schauspielen spendiert. Doch selbst die Plebejer begannen nun allmählich zu murren, entdeckte Sabinus, und zwar nicht in sehr gedämpften Tönen. Sie waren hungrig. Nero hatte die Weizenversorgung der Stadt falsch angepackt. Eines Tages jedoch erreichte Rom die Nachricht, daß eine Kornflotte in den Hafen von Ostia segelte, und Tausende von Plebejern eilten hinüber zum Hafen, um beim Abladen der Fracht zu helfen. Doch es stellte sich heraus, daß alles *Sand* für das Vatikan-Hippodrom war! Die Stimmung des Volkes, die bereits verdrießlich war, sank nun auf den Nullpunkt.

Gut, schloß Sabinus. Jetzt war die Zeit gekommen. Bereits vor Monaten hatte er von dem beträchtlichen Luxus, in dem lasterhaften Strudel der römischen Staatsführung lediglich Wasser zu treten, Abschied genommen, um nun einen direkten Schritt gegen Nero zu planen. Aber andere, nicht er selbst, hatten das größte Risiko auf sich genommen. Damit war es nun vorbei. Die Zeit für direkte Bloßstellung war schließlich gekommen, was für Gefahren das auch immer

* 9. Tag vor den Iden im altrömischen Kalender

mit sich bringen mochte. Nero mußte besiegt werden – sofort. Die westlichen Legionen ließen sich viel zuviel Zeit. Wenn die rheinischen Legionen südwärts marschierten, oder wenn Nero seinen Verstand in der Zwischenzeit wiedererlangen würde, dann könnte er doch noch überleben.

Sabinus handelte. In der Nacht des 1. Juni, lange nachdem Plautia und alle Bewohner des Hauses ins Bett gegangen waren, traf er sich in seinem Haus heimlich mit einem einzigen Mann, der ohne Eskorte gekommen war: einem breitschultrigen Koloß mit beinahe elfenbeinfarbenem Haar. Der Mann war Nymphidius Sabinus, Ko-Kommandant der Prätorianergarde, der Richter, der bei der ersten Anhörung von Paulus' zweitem Prozeß den Vorsitz hatte.

»So«, sagte Sabinus, als er ihn in die Bibliothek führte und vorsichtig die Tür schloß, »die führenden Köpfe der Zivilbevölkerung und des Militärs von Rom treffen sich endlich einmal privat.«

»Und wir heißen beide Sabinus.« Nymphidius lächelte und zeigte eine Reihe von milchfarbenen Zähnen. Aber damit war schon der Heiterkeit Genüge getan, denn sein graues Gesicht verkrampfte sich wieder, und seine Augen waren mißtrauisch zusammengekniffen.

»Als erstes, Präfekt«, begann Sabinus, »wo ist dein Kollege Tigellinus zur Zeit?«

»Warum fragst du?« wollte Nymphidius mit einem Stirnrunzeln wissen.

Sabinus biß sich auf die Lippe. Nymphidius wich nicht einen Zentimeter, zumindest nicht am Anfang. Es könnte viel schwieriger werden, als er es sich vorgestellt hatte. Wie um alles in der Welt kamen Verschwörer – oder ein Verschwörer und ein Kandidat – jemals ernsthaft ins Gespräch, ohne sich gegenseitig auf die Füße zu treten? Was waren Cassius' Eröffnungworte an Brutus gewesen?

»Nun gut, ich werde direkter fragen: Wer hat jetzt *wirklich* die Kontrolle über die Prätorianergarde, Nymphidius? Du oder Tigellinus?«

»Wir befehligen sie beide. Was meinst du?«

»Eine einfache Frage. Warum antwortest du so ausweichend?«

»Ich frage mich nur, wohin das führen soll... warum du mich hierher bestellt hast... warum du auf all dieser Geheimnistuerei bestanden hast.«

»Wenn du mich besser kennen würdest, mein Freund, müßtest du nicht solche Fragen stellen. Und wenn du deine Eindrücke von mir durch Tigellinus gewonnen hast, dann mußt du denken, daß ich ein intriganter Verräter bin, der eliminiert werden sollte.«

Er hielt kurz inne, dann fuhr er fort: »Aber ich bin nur ein Römer, Nymphidius, ein Römer, der gerne immer noch stolz auf seine Ernennung zum Stadtpräfekten wäre wie vor Jahren. Und daher werde ich offen mit dir reden, was auch immer das für Risiken haben mag.« Er hielt inne und wägte seine Worte gut ab, die für immer sein Leben verändern würden, und dann sprach er sie aus: »Die Zeit ist gekommen, um ... Nero zu entthronen!«

Sabinus sah den Prätorianerpräfekten prüfend an, um eine Reaktion in seinem Gesicht zu entdecken. Ein plötzlicher schockierter oder entsetzter Blick im Gesicht dieses Mannes könnte sein eigenes Schicksal besiegeln. Aber Nymphidius kniff nur die Augen zusammen.

»Sprich weiter«, sagte er.

»Ich werde dir sagen, wie ich Nero *am liebsten* entthront sehen würde: schlicht und einfach durch ein Edikt vom Senat, dem sich deine Prätorianer anschließen. Aber ich bin nicht sicher, ob die Senatoren eine solche Entscheidung treffen würden, ohne ihre Ohren in Richtung Castra Praetoria zu spitzen. Die Prätorianergarde hat beide zum Kaiser gemacht: Claudius und Nero.

»Marschieren einige der Legionen gegen Nero?« fragte Nymphidius grinsend.

»Sie brauchen verflixt lange, um hier anzukommen. Aber sie *werden* schließlich nach Rom kommen. Und was werden deine Prätorianer dann machen? Für diesen mörderischen Schauspieler und Muttermörder, Giftmörder und Perversen kämpfen? Willst du wirklich Rom mit noch mehr Blut tränken? Oder eine vernünftige Entscheidung treffen und den Thron für Galba freimachen?«

Eine Zeitlang starrte Nymphidius auf seine Sandalen. Dann sagte er: »Galba ist kein Preis.«

»Natürlich ist er das nicht! Aber neben Nero wird er wie Romulus selbst aussehen. Und er hat auch den Vorteil, dreiundsiebzig Jahre alt zu sein: Er kann nicht so viele Fehler machen, bevor er stirbt. Aber Nero muß auf jeden Fall gehen. Und zwar *jetzt.* Sonst ist der Staat verloren.«

Nymphidius kratzte sich einen Augenblick lang an seiner ungepflegten Wange.

Schließlich fragte er: »Also – willst du, daß ich die Prätorianergarde dazu bringe, daß sie sich für Galba ausspricht?«

»In dem Augenblick, in dem das geschieht«, fuhr Sabinus fort, »werde ich im Senat einen Antrag vorlegen, um Nero abzusetzen. Er wird angenommen werden, das kann ich dir versichern, weil meine Städtischen Kohorten sich auch zu Galba bekennen werden. Deine Prätorianer werden es einstimmig tun.«

Plötzlich warf Nymphidius ihm einen boshaften, finsteren Blick zu und ließ die Worte aus seinem Mund tröpfeln wie sauren Wein: »Du begehst Hochverrat, Präfekt... totalen, hinterhältigen *Hochverrat!* Tigellinus hat nach einem Grund gesucht, um deinen Kopf abzutrennen, und es ist offensichtlich, warum.«

Er ging zu ihm hinüber und hielt sein Gesicht nur ein paar Zentimeter von Sabinus entfernt.

»Ich könnte dich in zwanzig Minuten ausliefern, und du würdest niemals den nächsten Morgen erleben. Warum tue ich das eigentlich nicht einfach?«

»Ich könnte dich mit Gewalt davon abhalten, dieses Haus zu verlassen, Nymphidius«, antwortete Sabinus kühl und blickte den Präfekten fest an, ohne mit der Wimper zu zucken.

»Deine Diener? Du denkst, ich habe Angst vor ihnen?«

»Ich meinte *mich selbst,* Präfekt! Ich schlug Tigellinus einst das Gesicht blutig. Ich scheine gut zu sein im Kampf gegen Prätorianerpräfekten.«

Er starrte ihn ein paar Minuten lang an, und wenn ein Brett im Boden geknarrt hätte, dann wäre es wohl zu einer Schlägerei gekommen. Schließlich sagte Sabinus: »Aber ich will diesmal nichts so Naheliegendes tun, weil ich dich töten müßte, um dich zum Schweigen zu bringen. Und ich bin kein Mörder.«

»So weit würdest du nicht kommen, Sabinus«, grinste er höhnisch, »was passiert denn, wenn ich Nero davon erzähle?«

Sabinus zögerte, aber dann strömten die Worte nur so aus seinem Mund.

»Bürgerkrieg, Nymphidius. Ich werde meinen Städtischen Kohorten den Befehl erteilen, sich den Legionen anzuschließen, um gegen dich und die Prätorianer zu kämpfen.«

»Ha! Wir werden gewinnen. Wir werden die Polizei niederschmettern.«

»Ich würde euch keine Gelegenheit geben, hier in Rom noch mehr Blut zu vergießen, Präfekt. Meine Kohorten sind in Alarmbereitschaft, um in dem Moment aus der Stadt zu marschieren, wenn ich ihnen den Befehl dazu erteile. Wir werden mit Galbas Streitkräften in Norditalien Verbindung aufnehmen.«

»Oh, ich bin beeindruckt«, sagte Nymphidius sarkastisch, »aber die rheinischen Legionen sind kaisertreu. Mit ihnen können wir deine Freunde Galba und Otho schlagen.«

Sabinus schüttelte den Kopf: »Wie ich höre, liegt auch in den rheinischen Legionen Unzufriedenheit in der Luft. Aber wenn nicht, lieber Nymphidius, *denk doch mal nach:* Wo hat Rom sonst noch Legionen?«

Tiefe Falten auf der Stirn überschatteten plötzlich das Gesicht des Prätorianerpräfekten.

»Im Osten«, murmelte er, »dein Bruder Vespasian ... würde er wirklich in Rom einmarschieren?«

»Ich glaube, er könnte die ... erforderliche Ehrengarde bereitstellen«, räumte Sabinus mit einem schwachen Lächeln ein, »natürlich würde das die Dinge ein wenig verzögern. Aber inzwischen würde es keine Polizei geben, die für Sicherheit und Ordnung in der Stadt sorgt, und deine Prätorianer hätten alle Hände voll damit zu tun, zu versuchen, die rebellischen Bürgermassen, die Nero beinahe so sehr hassen wie ich, unter Kontrolle zu bringen.«

»Du ... du würdest das tatsächlich tun, nicht wahr, Sabinus?«

»Meine Truppen sind bewaffnet und bereit.«

Im selben Augenblick entfaltete sich Nymphidius' Gesicht zu einem breiten Lächeln, während er hinüberlangte, um Sabinus auf die Schulter zu klopfen.

»Ich bin auf deiner Seite, Präfekt! Ich bin *auf deiner Seite!* In den letzten Wochen habe ich nach einer Entschuldigung gesucht, um meine Treue gegenüber diesem ... stümperhaften Possenreißer von Kaiser zu brechen. Aber ich *mußte* mir über deine Staatspolitik *Gewißheit verschaffen. Und* über deine Entschlossenheit. Neros Agenten sind in letzter Zeit *überall.*«

Langsam sank Sabinus auf eine Couch und wischte sich über die Stirn.

»*Du* solltest Schauspieler sein, Nymphidius, nicht Nero. Was für eine Fassade! Entschuldige mich einen Augenblick …«

Im nächsten Moment erschien Sabinus mit einer Weinflasche und schenkte für sie beide zwei großzügige Becher aus.

»Nun, wie ich schon fragte«, fuhr Sabinus fort, wobei er tief erleichtert lächelte, »wer hat den Befehl über die Prätorianergarde? Du oder der schwammige Tigellinus?«

»Wir wissen nicht einmal genau, wo Tigellinus *ist*«, Nymphidius grinste, »er hat Nero einfach verlassen: Konnte die Art, wie Nero den Krisen begegnete, nicht ertragen …«

»Wann?« Sabinus konnte die guten Nachrichten kaum glauben.

»Vor zwei Tagen wurde er zum letzten Mal gesehen. Und Tigellinus *ist* ein Meisterfeigling, weißt du. Genau wie die sprichwörtliche Ratte, die von einem sinkenden Schiff herunterspringt, hat er Rom verlassen.«

»Wie ist die Stimmung der Prätorianer? *Werden* sie Nero den Laufpaß geben und sich für Galba aussprechen?«

»Ja, *wenn* ich ihnen genug Lohn von Galba verspreche. Aber es ist Neros germanische Leibgarde, die mir Sorgen bereitet. Sie sind so verdammt treu.«

»Die Germanen?«

Sabinus durchschritt das Zimmer, während er nachdachte. Dann blieb er stehen und lächelte.

»Wir werden sie einfach loswerden.«

»Wie?«

»Hat Nero nicht eine Reise nach Ägypten geplant?«

»Ja, er wollte dort Konzerte geben, aber jetzt segelt er um seiner eigenen Sicherheit willen dorthin.«

»In Ordnung. Warum schickt er die Germanen nicht einfach voraus? Um die Sicherheit in Alexandrien zu überprüfen und ihn bei seiner Ankunft zu empfangen.«

Nymphidius nickte zustimmend: »Ja. Ja, natürlich. Er wird sicher darauf eingehen, wenn ich es ihm vorschlage.«

»Wann will er fortsegeln?«

»Am 9. oder 10. Juni.«

»Also gut. Mein Plan ist folgender: Der germanische Leibwächter reist sofort ab. Dann, am 8. Juni, werde ich in den Senat kommen und ihn bitten, Nero zu entthronen. Aulus Plautius, mein Schwiegervater, wird meinen Antrag mit Nachrichten unterstützen, so daß deine Prätorianer sich ebenso dafür entscheiden werden. Inzwischen werden meine Städtischen Kohorten sich zu Galba bekennen, und wir werden alle hinüber zu den Castra Praetoria marschieren und helfen, die Prätorianergarde zu überzeugen, falls es nötig sein sollte.«

Sabinus' Augen leuchteten. »Nun, was hältst du davon, Nymphidius?«

Er lächelte und streckte die Hand aus, um in Sabinus' Hand einzuschlagen. »Es muß gelingen – *wenn* wir in engem Kontakt bleiben.«

»Ab heute treffen wir uns zweimal am Tag. Laß es mich wissen, wenn die Germanen fortgesegelt sind.«

»In Ordnung.«

Nun ergriff Sabinus seinen Becher und erhob ihn: *«Roma resurgens!«* brachte er als Trinkspruch aus.

Nymphidius nickte: »Auf Rom – möge es wieder zu neuem Leben erwachen!«

31

Schließlich dämmerte es Nero, daß seine Lage ernst war, und er sah sich nach Hilfe um. Aber Tigellinus hatte ihn im Stich gelassen – es kursierten Gerüchte, daß dieser Schurke sich irgendwo in Süditalien aufhielt –, so daß nur Neros Palastpersonal noch übrigblieb. Aber wenn er jetzt einen klaren Kopf behielte, würde seine Glücksgöttin ihm sicher wieder einmal über die Schwierigkeiten hinweghelfen, überlegte Nero, während er nervös mit seinen Händen über die bernsteinfarbenen Perlen einer Perlenschnur glitt. Seine Gehilfen waren bereits dabei, in Ostia Fluchtschiffe für ihn vorzubereiten, denn wenn er nach Ägypten fliehen mußte, würde er sich – falls nötig – dort seinen Lebensunterhalt als Leierspieler verdienen.

»Dieses kleine Talent von uns wird es uns erlauben, die Mittel für das tägliche Brot zu verdienen«, behauptete er. Dennoch beschaffte er sich ein Glasfläschchen mit grünlichem Gift von der Hexe Locusta – für den Fall, daß sein Fluchtplan mißlingen würde – und versteckte es in einem goldenen Kästchen im Schlafzimmer der Villa, in der er immer noch residierte.

Vielleicht war eine Flucht schließlich doch nicht erforderlich. Er rannte in sein Arbeitsgemach, um noch einmal einen Plan mit seinem Privatsekretär durchzusprechen.

»Ich werde mich schwarz kleiden, Epaphroditus, in das Forum gehen und auf das Podium steigen. Dort werde ich das Volk anflehen, mir meine Vergehen der Vergangenheit zu verzeihen. Ich werde sogar auf die Knie fallen – falls nötig ...«

Der rundliche, kleine Sekretär schaute zu ihm auf und antwortete: »Glaubst du *wirklich*, du könntest ihre Herzen durch so etwas erweichen, Caesar?«

»Ja, das glaube ich. Warum denn nicht? Aber wenn sie mich nicht mehr als Kaiser haben wollen, werde ich um etwas weniger bitten ... sagen wir ... um die Präfektur von Ägypten. Oder vielleicht das Königtum von Jerusalem?«

Epaphroditus schüttelte bestürzt seine dicken Pausbacken.

»Das Volk ist hungrig, Caesar. Sie sind wütend. Sie könnten dich sogar in Stücke zerreißen, bevor du das Podium erreicht hättest.«

»Götter!« wimmerte Nero. »Was ... was kann ich nur tun, Epaphroditus?«

»Ich weiß es nicht, Caesar. Es war dumm von dir, deine germanische Leibgarde schon nach Ägypten vorauszuschicken, denke ich.«

»Aber Nymphidius hat mir dazu geraten ...«

»Ja, und ich frage mich, warum. Hast du schon irgendeine Nachricht von Ostia über die Fluchtschiffe erhalten?«

»Nein.«

Neros Schmollmund löste sich in Lächeln auf.

»Aber ich weiß, daß ich durch all das hindurchkommen werde: Als ich in Griechenland war, sagte das Orakel bei Delphi zu mir: ›Nimm dich in acht vor dem dreiundsiebzigsten Jahr!‹ Bah! Ich bin doch erst dreißig. Ich habe noch ein langes Leben vor mir.«

Der freigelassene Sklave blickte zu ihm auf. »Prinzeps, ist dir jemals in den Sinn gekommen, daß Galba ... *dreiundsiebzig* Jahre alt ist?«

Entsetzen ergriff Nero, als er mit schweren Schritten hinaus in die Servilischen Gärten ging, die bewaldeten Wege entlangspazierte und verzweifelt über Intrigenpläne nachdachte. Als er gegen Mitternacht zu seiner Villa zurückkehrte, rief er die Palastwache. Keiner antwortete. Alle Prätorianer, die noch dageblieben waren, hatten ihn nun auch noch im Stich gelassen. Er rief nach irgend jemandem, der sich ihm zeigen sollte. Epaphroditus und mehrere freigelassene Sklaven erschienen.

»Aber wo sind meine Freunde?« wehklagte er pathetisch und ging in der palästlichen Villa von Tür zu Tür, um sie zu suchen. Die Zimmer waren leer.

In Panik floh Nero in sein Schlafgemach, das er in schockierender Unordnung vorfand. Während er draußen in den Gärten umhergewandert war, hatten ihn auch seine Hausdiener verlassen und alle wertvollen Dinge, einschließlich des goldenen Kästchens mit dem Gift, mitgenommen. Nero brach auf seinem Bett zusammen und preßte seinen Kopf zwischen beide Hände.

»Sie hätten das Kästchen *haben* können«, schrie er, und Tränen strömten seine Wangen hinunter, »aber ich brauchte das Gift.«

Nun sprang er vom Bett auf und stürmte aus der Villa.

»Wo gehst du hin?« rief Epaphroditus.

»Ich stürze mich in den Tiber!« antwortete er. »-iber« »-iber« echote es durch die höhlenartigen Säle.

Doch kurze Zeit später kam er wieder zurück.

»Ich brauche einen Ort, wo ich mich verstecken kann, um meine Flucht zu planen«, sagte Nero mit neuer Entschlossenheit, »wohin kann ich gehen?«

Phaon, ein anderer von den freigelassenen Sklaven, antwortete: »Ich habe eine Villa in den nordöstlichen Randbezirken. Es ist zwischen der *Via Nomentana* und der *Via Salaria* ... in der Nähe des vierten Meilensteins.«

»Gut, Phaon, ausgezeichnet. Wir werden dorthin gehen ... «

Barfuß und nur mit einer Tunika bekleidet, legte Nero sich einen ausgebleichten Mantel um, verbarg den unteren Teil seines Gesichtes mit einem Tuch, stieg dann auf ein Pferd und ritt in die Nacht hinaus. Epaphroditus, Phaon und der Lustknabe Sporus begleiteten ihn auf weiteren Pferden.

Ihre Route führte sie gefährlich nahe an den Castra Praetoria vorbei, nahe genug für Nero, um Rufe wie »Sieg für Galba!« und »Nero hat seinen letzten Ton geträllert!« zu hören. Alles verlief genau so, wie Sabinus es geplant hatte.

Die dunklen, frühen Stunden des 9. Juni waren furchteinflößend für die Reiter. Blitze in der Ferne und Donnergeräusche kündeten einen nahenden Sturm an, aber nichts erschreckte Nero so sehr wie die Bemerkungen von betrunkenen Krakeelern, die auf ihrem Nachhauseweg waren.

»Wer is'n das?« fragte einer.

»Die sin' b'stimmt hinter Nero her.«

Am Stadtrand von Rom ritten sie über ein paar niedrige Hügel, bis sie auf eine Seitenstraße stießen, die zu Phaons Villa führte. Hier ließen sie ihre Pferde los und bahnten sich zu Fuß einen Weg durch Büsche, Dornensträucher und Schilfrohr. Genau hinter der Villa befand sich eine Sandgrube. An dieser Stelle flüsterte Phaon Nero zu: »Versteck dich hier, bis ich morgen früh meine Hausdienerschaft entlassen kann.«

»O nein«, wehrte sich Nero, »ich werde nicht unter die Erde gehen, solange ich noch am Leben bin.«

»*Schhhh*, Caesar!« warnte Phaon. »Also gut. Wir werden einen geheimen Eingang zum Kellergeschoß graben. Helft mir, Brüder.«

Alle halfen – außer Nero, der hinüber zu einem Wasserloch in der Nähe lief, wo er Wasser schöpfte und es aus seinen Händen trank.

»Also *das* ist Neros eisgekühltes, destilliertes Wasser«, bemerkte er bitter. Dann setzte er sich auf den Boden und zog die Dornen aus seinem Mantel, die auf dem Weg durch die Dornensträucher an ihm hängengeblieben waren.

Als der Durchgangstunnel fertiggestellt war, krabbelte Nero auf allen vieren in die Villa und legte sich auf eine alte Couch in einem kleinen, leeren Sklavenzimmer. Seine Begleiter brachten ihm Schrotbrot und Wasser.

Flüsternd planten sie nun Neros Flucht.

»Es ist ja schön und gut, ihn zum Staatsfeind zu erklären«, sagte Sabinus bei einer Versammlung seiner Offiziere vor Tagesanbruch, »aber *wo* ist der *Mann?* Es ist nicht das erste Mal, daß er entkommen konnte.«

Er ließ schnell zwei Kompanien von berittenen Polizisten antreten und ritt mit ihnen zu der Villa in den Servilischen Gärten, wo Nero Berichten zufolge zuletzt gesehen worden war. Sie brachen den Haupteingang auf und trabten mit klappernden Hufen herein.

»Im Namen des Senats und des römischen Volkes«, rief Sabinus aus, »ich habe den Befehl, Lucius Domitius Ahenobarbus, ehemals Nero Caesar, zu verhaften!«

Nur Echos antworteten.

»Durchsucht das Anwesen«, befahl Sabinus, »bringt mir jeden, den ihr finden könnt!«

Die Polizisten schwärmten fächerförmig aus, um die Villa zu durchkämmen. Ein paar Minuten später kamen sie mit einem Gärtner und zwei Küchendienern zurück.

»Ist das *alles*, was ihr finden konntet? Von einem Dienstpersonal, das aus Hunderten von Dienern besteht?«

Dann wandte Sabinus sich an die drei und fragte: »Wo ist Nero?«

Die Frauen zuckten die Achseln.

»Weißt du es?« fragte er den Gärtner.

Der Mann schüttelte langsam den Kopf, wobei er Sabinus Blick mied.

Sabinus ergriff ihn bei den Schultern und hielt ihn fest.

»Wo ist Caesar?«

Der Gärtner räusperte sich und sagte: »Er war immer nett zu mir...«

»Aber er war ein Monster für Hunderte von anderen. Deine letzte Gelegenheit, den Mund aufzumachen, sonst verhafte ich dich wegen Hochverrats.«

Traurig nickte der Mann.

»Spät in der Nacht... auf Pferden. Epaphroditus, Phaon... den vierten konnte ich nicht erkennen.«

»Hast du gesehen, wohin sie ritten?«

»Nein. Doch... einer von ihnen sagte etwas von der *Via Salaria*...«

Sabinus starrte ein paar Sekunden auf den Boden. Plötzlich hellte sich seine Miene auf.

»Phaons Villa.«

»Eine Möglichkeit müssen wir mitberücksichtigen, Caesar«, flüsterte Phaon im Keller seiner Villa, »mögen die Götter es verhindern, aber du *kannst* hier gefunden werden...«

»In diesem Fall muß ich... zuerst sterben. Ja, laßt uns... das alles vorbereiten. Warum nicht hier... auf dem Boden?«

»Was, Caesar?«

»Mein Grab«, sagte Nero zitternd, »grabt es meinen Körperproportionen entsprechend aus. Und Phaon, hast du irgendwelche Teile aus Marmor hier? Such welche. Die Erde allein... scheint so gewöhnlich. Und Sporus, Liebling, hol etwas Wasser und ein bißchen Holz.«

»Warum? Oh... um...« Dann brach er in Tränen aus.

»Ja, Wasser, um den Körper zu salben«, sagte Nero mit dumpfer Stimme, die vor Furcht zitterte, »und Feuer, um ihn zu verbrennen, nachdem ihr ihn... dort niedergelegt habt.«

Er brach zusammen und weinte.

»Der Kopf darf nicht vom Rumpf abgetrennt werden.« Er brachte es nicht fertig, »mein Kopf« zu sagen.

Nero versuchte, in den frühen Morgenstunden ein wenig Schlaf zu bekommen, aber er schreckte bei jedem Geräusch auf – wenn ein Hund bellte, wenn ein Zweig im Wind brach, wenn ein Busch raschelte.

Beim ersten Lichtschein der Dämmerung übereichte ein Bote Phaon eine Nachricht. Als Phaon damit nach unten eilte, riß Nero sie ihm aus der Hand, um sie zu lesen. Es war eine öffentliche Nachricht vom Senat:

WEGEN VERHAFTUNG GESUCHT

LUCIUS DOMITIUS AHENOBARBUS
ehemals *Nero Caesar* ist vom Senat zum öffentlichen Staatsfeind erklärt worden. Er soll auf traditionelle Art und Weise bestraft werden. Jeder, der im Besitz von Informationen bezüglich seines Aufenthaltsortes ist, hat unverzüglich dem nächsten Polizeirichter Bericht zu erstatten.

»Was ist das? Bestrafung ›auf traditionelle Art und Weise‹?« stöhnte Nero.

Keiner schien bereit zu sein, es ihm zu sagen, und Nero wurde wütend.

»Also gut«, sagte Epaphroditus, »der Verbrecher – oder vielmehr das Opfer«, verbesserte er sich, »wird nackt ausgezogen, sein Hals wird in ein V-förmiges Joch gespannt, und dann muß er durch die Stadt marschieren …«

»Und? Und dann?«

»Dann wird er mit Ruten zu Tode gepeitscht, und die Leiche wird hinunter in den Tiber geworfen.«

»Großer Jupiter, nein!« schrie Nero und vergoß nun echte Tränen. Er griff nach seinem Gürtel, holte zwei Dolche heraus, die er von der Villa bis hierher mitgeführt hatte und überprüfte die Spitze und die Schneide von beiden. »Den hier«, sagte er, »aber nur, wenn es nötig ist.«

Dann testete er vorsichtig die Größe des Kellergrabes, indem er hineinkrabbelte. Als er wieder herauskletterte, wimmerte er ein bißchen und winselte: »Warum sagt denn keiner einen Ton? Sporus? Kleiner Sporus, sing ein Klagelied für mich, mein Liebling. Oder weine ein bißchen, ja?«

Sporus senkte seinen hübschen Kopf und versuchte es.

»Ich hab's!« Nero lächelte. »Vielleicht könnte einer von euch mit gutem Beispiel vorangehen, indem er sich vor mir das Leben nimmt.« Er streckte die Hand aus und bot eifrig einen von seinen Dolchen an. Aber keiner schien willens zu sein, seinen Vorschlag anzunehmen.

»Schäm dich, Nero!« Er runzelte die Stirn und tadelte sich selbst scharf. »Das ziemt sich nicht für dich ... das ziemt sich überhaupt nicht für dich. *Mut,* Mann!«

Er ging in eine Ecke des Kellers und starrte eine Zeitlang auf Steine und Mörtel. Dann drehte er sich blitzartig um und sagte: »Ich frage mich, ob wir nicht zu schnell aufgeben, meine Freunde.«

Es lag ein Glanz in seinen Augen, die vor Aufregung zu zucken begannen. Neue Energie schien ihn zu durchfluten, als er den Keller in Gedanken versunken durchschritt, seine dunkelblonden Locken wippten bei jedem Schritt, während er den Kopf kaum hob und die Muskeln in seinem Stiernacken anspannte, um zu versuchen, die einengende Hürde des Schicksals zu stürmen.

»Ja,« er lächelte, »ja, das *ist die* Lösung. Wir werden uns bei Tageslicht versteckt halten. Dann schleichen wir uns heute nacht hinaus, laufen ostwärts über die Apenninen und gehen hinunter zur Küste nach Brundusium. Dort nehmen wir ein Schiff und – *Was ist das?«* schrie er plötzlich und wurde kreidebleich vor Schreck.

Das Donnern der Pferdehufe draußen schwoll zu einem bedrohlichen Crescendo an. Phaon stürzte nach oben, um zu sehen, was das zu bedeuten hatte. Nero zitterte wie Espenlaub und flüsterte einen Vers aus der *Ilias:* »Horch! Die Hufe von galoppierenden Pferden schlagen an mein Ohr!«

Phaon kehrte zurück und rief: »Städtische Kohorten, Caesar! Sie sind gekommen, um dich zu verhaften.«

Sein Gesicht wurde blaß, seine Stirn schweißnaß, als Nero sich an seinen Sekretär wandte und flehte: »H-hilf mir, Epaphroditus ... wenn es nötig ist.« Er umklammerte einen Dolch, setzte ihn an die Kehle und sagte: *»Qualis artifex pereo!* Was für ein Künstler stirbt mit mir!«

Dann stieß er die Spitze in seine Kehle, wobei er seinen Kehlkopf verschonte. Aber die Klinge war nur einen Zentimeter tief eingedrungen. Neros wilde, mit dem Tode ringenden Augen sagten Epaphroditus, was er zu tun hatte. Er gab dem Dolch einen Stoß, so daß er ein paar Zentimeter tiefer in Neros dicken Hals eindrang. Bald brach Nero zusammen, und der Boden des Kellers wurde von einer warmen Flut kaiserlichen Blutes überspült.

Oben an der Tür war ein lautes Hämmern zu hören. Sabinus und seine Zenturios schoben die Diener, die auf das Klopfen antworteten, zur Seite und stürmten ins Haus, wobei sie die Nachricht von der Verhaftung hinausriefen. Ein Stöhnen aus dem Keller brach die Stille, und sie rannten blitzschnell hinunter. Ein pathetischer Anblick erwartete sie. Nero umklammerte mit roten Augen, die mit Tränen gefüllt waren und vor Schmerz brannten, das Ende eines Dolches, der in einem strömenden, roten Gürtel vergraben war, welcher sein Genick umgürtete.

Sabinus war erschüttert. Er war mit Rachsucht durchtränkt in die Villa gekommen, die Geister von toten Freunden und Hunderten von Opfern hatten ihn dabei angetrieben. Sein einziger großer Traum in den vergangenen Monaten – nein, Jahren – war gewesen, Nero mit Ketten zu beladen und ihn triumphierend dem Senat zu präsentieren oder mit Vergnügen ein Schwert durch sein vierschrötiges, häßliches Genick zu rammen, wenn er auch nur den leisesten Widerstand leistete.

Aber das keuchende, strampelnde Opfer vor ihm entlockte ihm eine Portion Mitleid. Er eilte an Neros Seite und befahl einem Zenturio, zu versuchen, die Blutung zu stillen, indem er einen Mantel nahe an die Wunde legte. Nero blickte zu ihm hoch. »Zu spät, Sabinus«, gurgelte er hervor, »das... *ist* Treue.«

Ein letztes Keuchen und Strampeln, und er hörte auf zu atmen, seine Augen lagen tief in den Augenhöhlen und waren weit aufgerissen. Sabinus und die anderen schauderten bei dem Anblick. Der dreißig Jahre alte Herrscher der Welt – der letzte der julio-claudianischen Caesaren – war wirklich und wahrhaftig tot.

Sabinus schüttelte in beharrlicher Ungläubigkeit den Kopf und gab die sterblichen Überreste in die Obhut von Epaphroditus und seinen Freunden. Dann ging er fort.

Neros Leiche wurde zurück nach Rom transportiert, in weißen Gewändern mit Goldstickereien aufgebahrt und schnell eingeäschert, damit sie nicht vom Volk verstümmelt würde. Neros beide Ammen aus seiner Kindheit trugen eine Urne voller Asche zu dem Familienmausoleum der Domitii auf dem Gipfel des Pincius-Hügels im Norden von Rom und deponierten sie in einem Sarkophag aus Porphyr.* Es gab nur einen Trauergast bei der einfachen Bestattung: die Frau, die Nero trotz seiner vielen Ehen und verwickelten Perversionen die Treue gehalten hatte – seine erste große Liebe: die schöne, griechische freigelassene Sklavin Acte.

* Sarkophag: prunkvoller, großer, in einer Grabkammer oder Krypta einer Kirche o. ä. aufgestellter Sarg, in dem hochgestellte Persönlichkeiten beigesetzt werden. Prophyr: magmatisches Gestein, in dessen dichter, feinkörniger oder glasiger Grundmasse größere Kristalle eingesprengt sind.

32

Sabinus kehrte in wildem Galopp nach Rom zurück und rief den Senat zu einer außerordentlichen Sitzung innerhalb der nächsten Stunde zusammen. Er ließ auch Plautia und ihren Eltern eine besondere Nachricht zukommen, daß sie sofort in den Senatssaal kommen sollte, um die große Szene mitzuerleben.

Gegen Vormittag waren nahezu alle Senatoren auf ihren Plätzen und füllten den Saal mit einem Brummen und Murmeln von aufgeregten Dialogen. Der präsidierende Konsul stand auf und verkündete: »Unser hervorragender Stadtpräfekt, Titus Flavius Sabinus, hat dringliche Neuigkeiten für uns. Ich möchte nur hinzufügen, daß du, Clarissimus, jetzt seit Jahren der eine standhafte Fels in dem ... Erdbeben um uns herum gewesen bist. Der Senat und das römische Volk sind dir dafür ... zutiefst dankbar.«

Die Senatoren begannen enthusiastisch zu applaudieren und erhoben sich sogar in einmütiger Bekräftigung der Meinung des Konsuls.

Von diesem Anblick tief bewegt, eilte Sabinus mit einem breiten Lächeln auf das Rednerpult und forderte die Senatoren durch ein Zeichen auf, Platz zu nehmen.

»Danke, meine Kollegen!« rief er in die plötzliche Stille hinein. »Meine Dankbarkeit drücke ich in einer so kurzen Formel aus, weil die außergewöhnlichen Neuigkeiten euch nicht länger vorenthalten werden können. Ihr fragt euch natürlich, was mit dem ehemaligen Kaiser geschehen ist. Letzte Nacht floh er mit drei Gehilfen aus Rom. Heute im Morgengrauen fanden wir ihn im Hause des freigelassenen Sklaven Phaon nordöstlich der Stadt, wo er sich versteckt hielt. Ehrenhafterweise richtete Nero sich selbst: Er setzte einen Dolch an seine Kehle und starb – vor nicht ganz drei Stunden.«

Ein paar Augenblicke lang hing eine Totenstille in dem Saal. Dann wurde sie von einem allgemeinen Tumult gebrochen – einem Rufen, Applaudieren, beinahe hysterischem Jubel – endlich Erleichterung und Aufatmen nach Jahren der ausdörrenden Frustration der Senatoren, der erzwungenen Heuchelei und beklemmenden Angst.

Oben in der Galerie drückte Pomponia Plautia voller Freude und Heiterkeit an sich und blickte unter Freudentränen hinunter zu Aulus, der von unten zu ihnen hinaufschaute und strahlte.

Es dauerte ganze zehn Minuten, bis Sabinus fortfahren konnte. Selbst dann gab es noch vereinzelt Applaus und Rufe wie »Sabinus als Kaiser!« »Sabinus Caesar!« »Unser neuer Prinzeps!«.

Mit erhobenen Händen um Ruhe bittend schenkte Sabinus der Menge ein strahlendes Lächeln, aber er schüttelte den Kopf. Dann fuhr er fort, Einzelheiten von Neros letzten Stunden zu berichten und beantwortete so viele Fragen wie er konnte, bevor er alle Senatoren fortschickte. »Das Volk von Rom hat ein Recht, die frohen Nachrichten auch zu hören. Jeder von euch möge ein Verkünder der Freude sein.«

Minuten später brach die Stadt Rom in eine Symphonie der Freude aus, jede Schicht arbeitete seine eigene fröhliche Orchestrierung aus. Der bedrückende Mantel der Furcht, der die Leute unter sich begraben hatte, war nun endlich zerrissen. Die Reichen unterhielten sich mit den Armen, die Bürgerlichen umarmten die Sklaven, und sogar die Verbrechensrate ging zurück. Ein Gefühl der Freude war überall in der Stadt zu finden.

Sabinus und Plautia feierten schließlich den Frühling in dieser zweiten Juniwoche und luden ihre Freunde auf den Quirinal zu einer üppigen Festlichkeit zu Ehren der Freiheit ein. Der alternde Aulus präsentierte seine Pomponia glücklich in dem hellsten Kostüm, das sie seit Jahren getragen hatte. Eines der ersten Dinge, die er tat, war, einen Toast in Gedenken an seinen Freund Thrasea Paetus, seinen Neffen Quintus Lateranus »und all die vielen anderen Opfer« auszubringen. Die gesamte Gesellschaft erhob sich in feierlicher Erinnerung.

Sabinus, der in den letzten Monaten sichtlich gealtert war, beugte seinen graumelierten Kopf, erleichtert darüber, daß er immer noch an seinem Rumpf befestigt war. Er dachte daran, wie der unerschütterlich optimistische Quintus diesen Augenblick genossen hätte, und seine Augen trübten sich bei der Erinnerung an den *Zwillingsbruder*. Er fragte sich auch, ob irgendein anderes Jahrhundert solch einen außergewöhnlichen Zusammenprall von Gut und Böse, solche eine groteske Kollision von Gewalt und Lasterhaftigkeit mit Idealismus und Liebe erlebt hatte.

Plautia spielte auf der Feier die Rolle der heiteren und fröhlichen Gastgeberin. Sie war immer noch reizend und mit der Blüte der Jugend überzogen. Als Sabinus' Freunde ihn neckten, daß er einer Kindbraut die Ehe versprochen habe, erbrachte Plautia den lebenden Beweis für ihr wahres Alter, indem sie ihren Ältesten hereinrief und den Gästen vorstellte. Der junge Flavius war nun fast acht Jahre alt, und mit seinen braunen Wuschellocken schien er das genaue Ebenbild seines Vaters in jungen Jahren zu sein.

Um auch im Mittelpunkt des Interesses zu stehen, hüpfte der kleine Clemens ebenfalls in das Atrium. Sein Haar war noch kindlich flachsblond, gebleicht von der heißen Frühlingssonne von Rom. Er äffte alle Bewegungen seines älteren Bruders nach und spielte sich nach Herzenslust auf, bis Plautia sie beide aus dem Saal scheuchte. In der Nähe des Hauptbrunnens saß Aulus, und seine Augen leuchteten vor lauter großväterlicher Wonne, die der alte Soldaten-Senator empfinden konnte. Wenn Plautia ihr Baby Plautilla noch geholt hätte, wäre sein Glück vollkommen gewesen.

Pomponia schaute Aulus an und flüsterte ein Dankgebet an ihren Gott. Niemals war sie glücklicher über ihren Mann gewesen. Nachdem er beinahe zwanzig Jahre lang über ihren Glauben gespottet hatte, war er nun immer mehr fasziniert von den Hoffnungen, die ihren Glauben belebten. Es war ihm an einem Tag bei Frühlingsanfang in den Sinn gekommen, als er in seinem Gartenarbeitszimmer saß: keine andere Philosophie, kein anderes religiöses System hatte solch präzise Pläne für die Leute, nachdem sie gestorben waren. Die Vorstellung von einer höheren Existenz war schon sehr reizvoll für einen wie ihn, der bald herausfinden würde, ob irgend etwas hinter diesem Leben lag – und jenseits dieses Lebens. Inzwischen war er davon überzeugt, daß die Christen nicht – wie er es früher angenommen hatte – lediglich als Moralstützen *benutzt* werden konnten, denn ihr Glaube mußte seine eigene Gültigkeit haben, sonst war er nichts wert.

Bald hatten sich die Männer in das Peristyl zurückgezogen, wo die Unterhaltung nun auf den neuen Kaiser, Servius Galba, gelenkt wurde. Mehrere jüngere Senatoren in der Runde äußerten ihre Bedenken bezüglich Galba.

»Ja, er stammt aus einer alten Senatorenfamilie«, sagte einer von ihnen, »aber die Macht hat schon mehr als einen guten Bürger in dieser Position korrumpiert. Ich schlage vor, daß wir dieser einseitigen Machtverteilung überhaupt ein Ende setzen.«

»Ja, Schluß mit dem Kaiserreich!« stimmte ein Kollege zu. »Laßt uns die Republik wiederherstellen!«

»Immer eins nach dem anderen, meine Herren«, sagte Sabinus lächelnd, »Nero ist aus dem Weg, und damit ist der Kampf schon fast gewonnen!«

»Jetzt mal ernsthaft, Sabinus«, bemerkte einer von den älteren Senatoren, »eine beträchtliche Anzahl von Senatoren denkt, daß *du* zweifellos der bestqualifizierte Mann in ganz Rom bist, um Purpur zu tragen.«

»Ja, wirklich«, pflichtete ihm ein anderer bei, »Augustus würde –«

»Nein, nein, gute Freunde«, lachte Sabinus, »habe ich nicht bereits genug Zeit investiert? Außerdem ist mein Bruder Vespasian derjenige, der jetzt die Befehlsgewalt über beinahe die Hälfte der römischen Legionen innehat.«

Die große Gestalt mit griechisch-schwarzem Haar traf spät ein und entschuldigte sich dafür. Pomponia und Plautia rannten zum Vestibül und hießen die Person mit ausgestreckten Armen willkommen. Sabinus schüttelte ebenfalls begeistert die Hand von Lukas.

»Das Biest ist tot, Gott sei Dank!« sagte Lukas mit einem warmen Lächeln. »Und dank deiner Bemühungen, Präfekt! Nero versuchte, uns auszurotten ... aber ohne Erfolg. Und jetzt ist die Glutasche des Glaubens, von der Paulus sprach, tatsächlich im Begriff, sich wieder zu einer Flamme zu entzünden. Eines Tages werden alle Nationen von ihrer Glut hell erleuchtet werden!«

Lukas' Augen glänzten und blickten in die Ferne, als würde er über ihre Köpfe hinweg die zukünftigen Jahrhunderte vor sich sehen.

»Was trägst du unter deinem Arm, Lukas?« fragte Sabinus.

»Hahaha!« Lukas lachte. »Nun, es wird in deinen Händen sicher sein.«

Er überreichte Sabinus zwei große braune Lederzylinder mit Schriftrollen darin.

»Eine ist das sogenannte *Evangelium*, meine ›Frohe Botschaft‹. Die andere ist meine *Acta*, der Bericht unseres Glaubens.« Er hielt inne und schaute die Frauen mit einem strahlenden Lächeln an. »Ich habe beide Abhandlungen *dir* gewidmet, Präfekt, weil du uns allen so sehr geholfen hast.«

»Mir?« Sabinus riß die Augen weit auf.

»Aber um dir jede Verlegenheit oder sogar Gefahr zu ersparen, habe ich nicht deinen persönlichen Namen, Titus Flavius Sabinus, benutzt, sondern vielmehr einen Codenamen – Theophilus – eine Kombination der Anfangslaute deiner drei Namen. Und da Theophilus ›Freund Gottes‹ bedeutet, fand ich ihn überaus passend.«

Sabinus konnte nicht wissen, daß irgendwann die ganze Welt ihn kennen würde, nicht als Flavius Sabinus, sondern als Theophilus, weil man die erste Schriftrolle bald das *Evangelium nach Lukas* und die zweite Rolle *Apostelgeschichte* nennen würde und beide biblischen Bücher an einen gewissen »Theophilus« adressiert waren. Er konnte auch nicht wissen, daß die Schriftrollen seine Kinder und ihn selbst eines Tages so beeindrucken würden, daß sie sich ebenfalls für den christlichen Glauben entscheiden würden.

EPILOG

Sabinus und Plautia mochten sich wohl gefragt haben, ob die Zukunft im Vergleich zu der turbulenten Vergangenheit glanzlos und fade werden würde. Aber die seltsamsten Wirbelstürme warteten auf Rom und ihre eigene Familie.

Tigellinus wurde – umgeben von Mätressen – bei den Schwefelbädern von Sinuessa gefunden, woraufhin er ein Rasiermesser nahm und sich die Kehle aufschlitzte. Locusta, die Hexe, und Helius, die Marionette, wurden in Ketten hinüber nach Rom geführt und exekutiert. Sporus beging Selbstmord.

Der Kaiser Galba, alt und unfähig, regierte nur sieben Monate, bevor die Prätorianer ihn um Othos willen töteten. Otho wiederum war gezwungen, sich nach nur zwölf Wochen Regierungszeit als Caesar das Leben zu nehmen. Die Rhein-Legionen ersetzten ihn durch Aulus Vitellius, den Sohn von Claudius' kriecherischem Ratgeber, der sich als unwürdiger Vielfraß herausstellte.

Die östlichen Legionen verloren allmählich jegliche Geduld mit den Prätorianern und den westlichen Legionen, die drei unwürdige Nachfolger eines unerträglichen Tyrannen entthront hatten. Im Sommer Anno Domini 69 stimmten sie für den Befehlshaber, der im Begriff war, unten in Palästina die Revolte niederzuschlagen, dessen Sohn Titus Jerusalem erobern würde, während er selbst die Kaiserwürden annahm. Unglaublicherweise war es der ehemalige bankrotte Mauleseltreiber, der in Rom mit Dreck und in Afrika mit Kohlrüben beworfen worden war, ein Mann, der unter gewissen Umständen buchstäblich nicht die Augen offenhalten konnte, gleichwohl sein Leben dadurch in Gefahr war – Sabinus' Schuldner-Bruder, T. Flavius Vespasian. Mit der richtigen Herausforderung machte er schließlich »etwas aus seinem Leben« – als einer von Roms fähigsten Kaisern.

Vespasian schenkte Rom ein Jahrzehnt des Friedens, des Wohlstands und der Freiheit. Er errichtete das größte Kolosseum über den Ruinen von Neros *Goldenem Haus* und gründete die flavische Dynastie von Kaisern.

Und Sabinus? Er gab sein Leben für die flavische Sache, indem er heroisch auf dem Kapitolshügel kämpfte, um Rom seinem Bruder zu übergeben. Der Senat ließ Sabinus das größte Begräbnis zukommen, welches das Kaiserreich ihm zuteil werden lassen konnte, und errichtete seine Statue im Forum.

Zwei Bauwerke haben ihren eigenen faszinierenden Epilog. Quintus Lateranus' Villa, die von Nero konfisziert und von den kaiserlichen Nachfolgern behalten wurde, kam schließlich als ein Geschenk von Konstantin in die Hände des christlichen Bischofs von Rom. Es wurde zum Hauptquartier der westlichen Kirche, der *Lateran*palast der Päpste und Schauplatz der berühmtesten Laterankonzile – eine deutliche Verewigung von Quintus' Namen. Heute ist das Fundament in die Sankt- Johannes-Basilika im Lateran eingegliedert, die Mutterkirche von Rom.

Und der ägyptische Obelisk, der Zeuge von Neros Drangsalierung der Christen war, steht heute in der Mitte der großen, kreisförmigen Kolonnade vor der Alt-Sankt-Peter-Basilika im Vatikan. Die Peterskirche selbst ist auf der Stelle errichtet worden, wo man Petrus' Grab vermutet, während die Basilika San Paolo *fuori le Mura* (»Außerhalb der Stadtmauer«) das Grab des anderen großen Apostels markiert.

HISTORISCHER HINTERGRUND

Alle Charaktere und alle bedeutenden und viele unbedeutende Episoden in diesem Buch sind historisch und werden in den Anmerkungen belegt. Die Schilderung der kaiserlichen Staatsführung unter Claudius ist vollkommen authentisch. Die Verbindungsstücke und viele Dialoge wurden zwar erfunden, aber auf der Basis von Wahrscheinlichkeit, wobei keine historischen Fakten verfälscht wurden. Wegen des mangelnden Beweismaterials wurden einige Verwandtschaftsverhältnisse notwendigerweise vermutet. Der wahre Name von Sabinus' Ehefrau, die Flavius und Clemens gebar, ist unbekannt, aber sie könnte in der Tat als eine ansonsten geschichtlich nicht namentlich registrierte Tochter von Aulus Plautius Plautia geheißen haben – ein Annahme, die auf Fakten basiert, die in den Anmerkungen erklärt werden. Plautia ist der einzige Eigenname in diesem Buch, der nicht von originalen Primärquellen belegt werden kann.

Die Anforderungen, die an den Roman gestellt wurden, verlangten das Herausschneiden von mehreren unbedeutenderen historischen Charakteren, um das Buch nicht unhandlich werden zu lassen. Solche Charaktere sind zum Beispiel Hosidius Geta, der bei Aulus' Ovation auf dem Kapitol ebenfalls geehrt wurde, und Antonia, die Tochter von Claudius und Paetina.

Die Rolle von Aquila und Priscilla in dieser Geschichte ist teilweise vermutet worden, aber sie waren auf jeden Fall Führer der frühen Christengemeinde in Rom und eng mit Paulus verbunden, sowohl im Osten als auch im Westen. Da die Personen und Umstände, die mit Paulus' Gerichtsprozess(en) in Rom und seinem Tod in Verbindung standen, beinahe unbekannt sind, wurden sie von allen Teilstücken des zugänglichen Beweismaterials rekonstruiert. Wegen des Quellenproblems war die Rolle von Petrus in Rom noch schwieriger wiederherzustellen, aber unter Vermeidung der reichen Ausschmückung der Legenden – wie im Falle von Paulus auch – wurde ein Porträt gemalt, das versuchte, aus den schwachen Anhaltspunkten, die wir haben, einen Menschen aus Fleisch und Blut erstehen zu lassen.

Schließlich werden Sabinus' Bemühungen um die Christen nur angenommen, aber sie stehen wieder mit den Quellen in Einklang, die ihn als einen edelmütigen Friedensstifter und Vater des vermutlich christlichen Clemens darstellen. Seine genaue Rolle bei der Überwältigung Neros ist unbekannt. Weitere Einzelheiten werden in den Anmerkungen erörtert.

ANMERKUNGEN

Personen, Orte und Ereignisse, die in diesem Buch dargestellt werden, können durch folgende Quellen des Altertums belegt werden: Tacitus, *Annales,* XI-XVI; *Historiae,* I-III, Suetonius, *De Vita Caesarum,* V-XII; Dio Cassius, *Historische Romane* (im folgenden durch Dio Cassius abgekürzt), LXI-LXIV. Weiteres Material für die Zeit 47-69 n. Chr., welche den Zeitrahmen in diesem Roman bildet – wurde den Werken von Arian, Aurelius Victor, Eutropius, Josephus, Juvenal, Lucan, Lucian, Martial, Pliny, Plutarch, Seneca, Strabo und unter den christlichen Autoren Clemens von Rom, Lukas, Paulus, Petrus, Tertullian und anderen entnommen. Werke der Altertumskunde und Epigraphik werden an späterer Stelle aufgeführt.

Obwohl es möglich gewesen wäre, noch detailliertere Anmerkungen zu liefern, sind in diesem Anmerkungsverzeichnis lediglich Angaben zu den sehr bedeutenden und umstrittenen Punkten gemacht worden, besonders an den Stellen, wo Rekonstruktionen infolge mangelnder Belege notwendig wurden.

KAPITEL 1

T. FLAVIUS SABINUS:
Tacitus, *Historiae,* I-IV an verschiedenen Stellen; Suetonius, *Vitellius,* XV; *Divus Vespasianus,* I, *Domitianus,* I; Dio Cassius, LX, 20; LXV, 17; Plutarch, *Otho,* V; Josephus, *De beco Judaico,* IV, 11, 4; Sextus Aurelius Victor, *De Caesaribus,* VII; und eine mehrseitige Widmung in *Corpus Inscriptionem Latinarum* (im folgenden *CIL*), VI, 31293. Was eine Widmung betrifft, in der zwei Briefe von Sabinus an das Volk von Histria (in Rumänien) aufgezeichnet sind, die ihre Rechte zu einer Zeit bestätigen, in der er Statthalter von Mösien war, siehe *Supplementum Epigraphicum Graecum,* I, 329.

FLAVIUS VESPASIAN:
In den oben aufgeführten Quellen und Tacitus, *Annales*, III, 55; XVI, 5.

DIE PLAUTII:
Ein Verzeichnis der berühmten Mitglieder dieses römischen Geschlechts findet sich in dem Artikel »Plautius« in Georg Wissowa, (Hg.), *Paulys Real-Enzyklopädie der klassischen Altertumswissenschaft*, Stuttgart; im folgenden wird die Abkürzung Pauly-Wissowa verwendet. Was die Authentizität von Plautia, der Tochter von Aulus Plautia anbetrifft, siehe »Historischer Hintergrund« und Stichwort »Plautilla« zu Kapitel 30. Plautius Lateranus' erster Name ist an keiner Stelle verzeichnet, aber da er zweifellos der Sohn von Quintus Plautius, dem Konsul von Anno Domini 36, gewesen ist, hieß er wahrscheinlich Quintus mit Vornamen.

KAPITEL 2

MESSALINAS LIST:
So unglaublich es auch erscheinen mag, ist Messalinas Methode, ihre Geliebten mit offensichtlicher kaiserlicher Zustimmung zu erobern, durchaus historisch. Wie Dio Cassius es ausdrückte: »Claudius befahl Mnester, alle Befehle Messalinas auszuführen – was auch immer sie ihm befehlen mochte... Messalina wandte diese List bei vielen anderen Männern an und beging Ehebruch, indem sie vorgab, daß Claudius darum wisse und ihre Unkeuschheit billige« (LX, 22). Da Lateranus nach Mnester verführt wurde, ist es wahrscheinlich, daß er dem gleichen Trick zum Opfer fiel.

KAPITEL 3

DIE GAIUS-SILIUS-AFFÄRE:
Was die gesamte außergewöhnliche Episode angeht, siehe Tacitus, *Annales*, XI, 12, 26-38; Suetonius, *Divus Claudius*, XXXVI; Dio Cassius, LX, 31; und Juvenal, *Satires*, X, 328 ff.

KAPITEL 4

DAS BACCHANAL BEI SILIUS:
Tacitus, *Annales,* XI, 31-32.

KAPITEL 5

WAR MESSALINAS WIEDERVERHEIRATUNG EINE SCHEINEHE?
Suetonius, *Divus Claudius,* XXIX, behauptet im Gegensatz zu Tacitus, daß Claudius wissentlich den Vertrag für die Mitgift in der angeblichen Scheinehe mit Silius unterzeichnete, aber ich bin geneigt, mit Suetonius' eigenen Einleitungsworten seiner Darstellung zu sprechen: »Es ist völlig unglaublich...«
DIE BESTRAFUNGEN:
Tacitus, *Annales,* XI, 35-38.

KAPITEL 6

AQUILA UND PRISCILLA:
Vgl. Apostelgeschichte 18,1 ff; 1. Korinther 16,19; Römer 16,3-4. Ihre Beziehung zu den Plautii wird nur vermutet. Historisch ist jedoch, daß Aquila Zeltmacher war und er und seine Frau Priscilla zu der Zeit in Rom wohnten.

KAPITEL 7

DER »CHRESTUS«-AUFRUHR:
Dieser Aufruhr war zweifellos die erste öffentliche Zurkenntnisnahme des Christentums von seiten des römischen Staates, und die früheste chronologische Bezugnahme auf Christus von einem säkularen Autor. In *Divus Claudius,* XXV, schreibt Suetonius: »Da die Juden ständig auf Betreiben von Chrestus *(impulsore Chresto)* Unruhen verursachten, verbannte er (Claudius) sie aus Rom.« Einige Geschichtsforscher behaupteten, daß Chrestus der Name eines

römischen Juden gewesen sei, der den Aufruhr verursacht hätte, und nicht Christus, doch in diesem Falle würde Suetonius wahrscheinlich den Ausdruck *quodam* verwendet haben: »ein gewisser Chrestus.« Daß der Name Chrestus unter den Römern jener Zeit eine andere Form von Christus war, ist nachgewiesen bei Tertullian, *Apologeticus,* III, und Lactantius, *Institutiones Divinae,* IV, 17. Das französische Wort für Christ, *chrétien,* geht auf diese Art der Schreibung zurück.

VERBANNUNG DER JUDEN AUS ROM:
Suetonius, *Divus Claudius,* und Apostelgeschichte 18,2, wo auch auf diese spezifische Verbannung von Aquila und Priscilla und ihre Ankunft in Korinth Bezug genommen wird. Auf der anderen Seite schreibt Dio Cassius, LX, 6: »Was die Juden anbetrifft, deren Mitgliederzahl so stark angewachsen war, daß es aufgrund der großen Anzahl schwer gewesen wäre, sie aus der Stadt zu verbannen, ohne einen Aufruhr zu verursachen, vertrieb er (Claudius) sie nicht, sondern befahl ihnen, daß sie keine Versammlungen mehr abhalten sollten, gleichwohl sie ihre traditionelle Lebensweise fortsetzen durften.« Dio erwähnt dies in Verbindung mit Ereignissen von Anno Domini 41, während Suetonius ein späteres Datum anzunehmen scheint; und der Hinweis in der Apostelgeschichte wird in Zusammenhang mit Paulus' Besuch in Korinth Anno Domini 51 angeführt, wo er Aquila trifft, der »kürzlich« aus Rom gekommen war. Folglich würde das Datum Anno Domini 49, welches Orosius für die Verbannung angibt (*Historiarum adversus paganos libri VII,* VII, 6), vorzuziehen sein, da Dio einige von Claudius' zukünftigen Handlungen in seiner langatmigen Erörterung des ersten Regierungsjahres des Kaisers zusammenzufassen scheint. Er hat jedoch recht, wenn er nahelegt, daß Claudius wohl kaum *alle* Juden aus Rom verbannen konnte.

PILATUS ACTA:
Der Wortlaut ist erdichtet worden, aber es steht außer Frage, daß Pilatus in seiner offiziellen *acta* auf Jesus Bezug genommen hat. Was seine Rolle im Jesus-Prozeß und das Datum Anno Domini 33 der Kreuzigung anbetrifft, siehe mein Buch *Pontius Pilate* (erschienen 1968) und meinen Artikel »Sejanus, Pilate, and the Date of the Crucifixion«, *Church History,* XXXVII (March 1968), 3-13.

DIE GRABRAUB-VERFÜGUNG:
Diese Inschrift, die im Jahre 1873 entdeckt wurde, blieb ohne Beachtung, bis F. Cumont sie 1930 veröffentlichte. Der Caesar, der in der Verfügung erwähnt wird, ist nicht identifiziert worden, und einige Geschichtsforscher behaupten, daß sie bis zu Augustus zurückreichen könnte, während andere sie auf die Zeit unter Hadrian datieren. Doch zum einen ist es unwahrscheinlich, daß irgendein Kaiser solch ein hartes Edikt in irgendeinem Gebiet aufgestellt hätte, das nicht direkt der kaiserlicher Herrschaft untersteht, und Galiläa (wo die Inschrift gefunden wurde) kehrte bis zum Tode von König Herodes Agrippa Anno Domini 44 nicht zum Kaiserreich zurück, so daß die Regenten vor Claudius nicht in Frage kommen.
Zum anderen weist die Epigraphik die griechische Schreibweise der ersten Hälfte des ersten Jahrhunderts Anno Domini nach, so daß Claudius in der Tat der Autor der Inschrift zu sein scheint. Näheres siehe F. Cumont, »Un Rescrit Impérial sur la Violation de Sépulture«, *Revue historique,* CLXIII (1930), 241- 66; F. de Zulueta, »Violation of Sepulture in Palestine at the Beginning of the Christian Era«, *Journal of Roman Studies,* XXII (1932), 184-97; M. P. Charlesworth, ed., *Documents Ilustrating the Reigns of Claudius and Nero* (Cambridge, 1939), 17; und Arnaldo Momigliano, *Claudius* (Cambridge, 1961), 35 ff.; 100 f., obwohl der Autor später seine Meinung änderte (siehe S. IX).

KAPITEL 8

AGRIPPINAS AMBITIONEN:
Tacitus, *Annales,* XII, 8-42. Pallas' Erfolge werden ebd., XII, 53-54 berichtet.

KAPITEL 9

DER TOD VON CLAUDIUS:
Tacitus, *Annales,* XII, 66-69. Zusätzlich zu dem Standardbericht von Claudius' Tod führt Suetonius, *Divus Claudius,* XLIV-XLVI, eine abweichende Version an, wonach der Eunuch Halotus Claudius

das Gift verabreichte, während er mit den Priestern auf dem Kapitol tafelte, aber Dio Cassius, LXI, 34, bestätigt den Bericht von Tacitus. Siehe auch Pliny, *Natural History,* XXII, 92, wo berichtet wird, daß Agrippina Claudius einen Giftpilz servierte. Einige wenige Historiker haben sich die Frage gestellt, ob Claudius tatsächlich vergiftet wurde oder nicht, aber das erscheint mir übertriebener Revisionismus zu sein. Später treibt Nero seine Späße damit, daß Pilze »die Speise der Götter« seien, »da sein Vater ein Gott wurde, als er sie aß« (Dio Cassius, LX, 35), Senecas *Apokolokynthosis* ist eine Satire über den Kolokynth oder den giftigen wilden Kürbis. Vgl. auch Juvenal, *Satires,* V, 147 ff.; VI, 620 ff.

KAPITEL 10

SABINUS IN GALLIEN:
Seine Ernennung zum *curator census Gallici* nach seiner Zeit als Statthalter von Mösia wird bestätigt durch die Eintragung im *CIL,* VI, 31293, aber Agrippinas Interesse an ihm ist – wenngleich durchaus möglich – erdichtet.

KAPITEL 11

SENECA:
Ob der Philosoph etwas mit dem Mord an Claudius zu tun hatte oder nicht, ist niemals bewiesen worden. Noch konnten die Umstände, die zu seiner Verbannung nach Korsika führten, geklärt werden – außer Messalinas Anklage, die ihn des Ehebruchs mit Julia bezichtigte. Quellen über Seneca sind an verschiedenen Stellen in Tacitus, Suetonius und Dio zu finden, ebenso in den Schriften des Philosophen.

PLATON ÜBER DIE IDEALE REGIERUNG:
Plato, *Res publica,* V, 473.

RÜCKKEHR VON AQUILA UND PRISCILLA:
Abgeleitet von Apostelgeschichte 18, 18 ff. und Römer 16, 3 – wahr-

scheinlich Anno Domini 56-57 geschrieben – wo Paulus die beiden in seinem Brief an Rom grüßt.

GALLIO:
Seine Bemerkung über den »Angelhaken« wird von Dio Cassius, LX, 35 bezeugt. Siehe auch Pliny, *Natural History,* XXXI, 62; Seneca, *Epistulae Morales,* CIV, 1; Tacitus, *Annales,* XV, 73. Paulus' Erscheinen vor Gallio in Korinth wird in Apostelgeschichte 18, 12-17 beschrieben. Eine wichtige Inschrift, die in Delphi gefunden wurde, berichtet von einem Reskript von Claudius, in dem »Junius Gallio, mein Freund und Prokonsul von Archaea« erwähnt wird (Dittenberger, ed., *Sylloge Inscriptionum Graecorum, Ed., 3, 801 D*). Die Inschrift ist nicht nur als Bestätigung des Berichtes in der Apostelgeschichte entscheidend, sondern auch für die Datierung des Lebens von Paulus, denn die Quelle bezeichnet Claudius als den »zum sechsundzwanzigsten Mal« ausgerufenen Kaiser, ein Hinweis auf Anno Domini 51-52. Näheres siehe F. J. Foakes-Jackson und Kirsopp Lake, *The Beginning of Christianity,* London, Macmillian, 1920-33, V, 460-64.

KAPITEL 12

DER TOD VON BRITANNICUS:
Tacitus, *Annales,* XIII, 14-17; Suetonius, *Nero,* XXXIII; Dio Cassius, LXI, 7. Bei Suetonius, *Divus Titus,* II, sitzt Titus in Liegehaltung an der Seite von Britannicus, aber Tacitus' Version von einem separaten Tisch für die Jugend, an dem sie aufrecht sitzen, ist vorzuziehen.

KAPITEL 13

SABINUS ZUM STADTPRÄFEKTEN ERNANNT:
Pliny, *Natural History,* VII, 62, sagt, daß Sabinus Anno Domini 56 der Nachfolger von Saturnius wurde. Siehe auch *CIL,* VI, 31293.

KAPITEL 14

PRAEFECTUS URBI:
Die vollständigste Erörterung über die Privilegien dieses Amtes ist der mit o.g. Titel überschriebene Artikel in Pauly-Wissowa.

NEROS NÄCHTLICHE RAUBZÜGE UND JULIUS MONTANUS:
Tacitus, *Annales,* XIII, 25; Suetonius, *Nero,* XXVI; Dio Cassius, LXI, 8-9.

KAPITEL 15

DER PROZESS VON POMPONIA GRAECINA:
Der Text von Tacitus, unsere einzige Quelle diesbezüglich, lautet folgendermaßen: »Pomponia Graecina, eine Frau aus adliger Familie, verheiratet mit Aulus Plautius – von dessen Ovation nach dem Britanniafeldzug ich an früherer Stelle berichtete – und nun wegen fremden Aberglaubens angeklagt, wurde der Gerichtshoheit ihres Gatten unterstellt. Entsprechend des alten Brauchs führte er die Untersuchung – welche über Schicksal und Ruf seiner Gattin entscheiden würde – vor einem Familiengericht durch und erklärte seine Frau schließlich für unschuldig.« (*Annales,* XIII, 32; rückübersetzt nach John Jacksons Übersetzung, Loeb Classical Library)

Die Identität des fremden Aberglaubens *(superstitionis externae rea)* ist eine strittige Sache. Lipsius, der große klassische Gelehrte des sechzehnten Jahrhunderts, vermutete als erster das Christentum dahinter, und diese Schlußfolgerung wurde von dem Loeb-Text und vielen Geschichtsforschern seit dieser Zeit übernommen. Dennoch wurden auch Judaismus, Isis und Osiris und sogar Druidentum vermutet, allerdings ohne jegliche überzeugende Grundlage. Einige haben versucht, in Pomponias zurückgezogenem Leben eine frühe Form der christlichen Askese zu sehen; und es existiert archäologisches Beweismaterial, daß die Pomponii später in der Tat Christen waren, denn die Christen-Katakomben von Callistus sind mit Inschriften von Pomponius Graecinus und den Pomponii Bassi versehen, datiert aus dem zweiten Jahrhundert. Siehe G. B. De Rossi, *Roma Sotterranea Cristiana,* II, 364. Der Einwand, der von einigen

Kommentatoren gegen Pomponias Christsein erhoben wird, daß sie in beiden Fällen, Anno Domini 57 und 64, der Todesstrafe entging, ist leicht zu entkräften: Im ersten Fall war das Christentum noch nicht illegal; und im zweiten Fall wurden bei Neros Christenverfolgung keineswegs alle Christen in Rom eliminiert.

Der Inhalt der Anklage und der Verteidigung bei Pomponias Prozeß wird bei Tacitus nicht geschildert, aber ich habe die Standardverleumdungen, welche die Römer gegen das Christentum zu dieser Zeit und nachher hervorbrachten, in die Anklagen eingeflochten. Dabei rekurrierte ich auf Justin, Tertullian, Minucius Felix und andere christliche Apologeten. Cossutianus Capito wurde wegen fehlenden Materials lediglich als Ankläger angenommen, da er der berühmt-berüchtigste Denunziant jener Zeit war (siehe Tacitus, *Annales,* XI, 6; XIII, 33). Bei der Verteidigung –, ist ebenso Lateranus' Rolle nur angenommen. Die Verse, die aus Paulus' Brief zitiert werden, stammen aus Römer 13,1.7-9.13.

KAPITEL 16

OTHO UND POPPAEA:
Die Quellen variieren sehr darüber, wie Neros Romanze mit Poppaea begann. Die glaubwürdigste Version, welche in dem Roman dargeboten wird, basiert auf Tacitus, *Annales,* XIII, 45 f. Tacitus vertritt jedoch einen abweichenden Gedanken: daß Otho wollte, daß seine Frau Nero gefiel, um seine eigene Macht über den Kaiser aufzubauen, aber dies scheint unwahrscheinlich und hätte sich – wenn es wahr wäre – sicher als ein törichter Plan erwiesen.

AGRIPPINA ALS INZESTUÖSE:
Es gibt noch skandalösere Berichte in bezug auf Nero und seine Mutter. Tacitus zitiert seine eigenen Quellen: Cluvius, dessen Version er bevorzugt und die ich verarbeitet habe; und Fabius Rusticus, der sagte, daß es Nero gewesen sei, der die Initiative zu einem Tête-à-tête mit seiner Mutter ergriffen habe. Suetonius, *Nero,* XXVIII, berichtet, daß Nero inzestuöse Beziehungen zu Agrippina hatte, als sie gemeinsam in einer Sänfte reisten – die Flecken an seinen Kleidern verrieten es. Vgl. auch Dio Cassius, LXI, 11.

DAS KOMPLOTT IN BAIAE:
Suetonius, *Nero;* Tacitus, *Annales,* XIV, 3-5; Dio Cassius, LXI, 12-13. Strabo, *Geographica,* V, 245, liefert das Detail, daß es ein Austernboot war, welches Agrippina zu Hilfe kam.

PAULUS' ANKUNFT IN PUTEOLI:
Apostelgeschichte 28,11-13. Daß Paulus sich genau in der Nacht der Schiffbruchsepisode Puteoli näherte, kann natürlich nicht belegt werden, aber dieses Zusammentreffen hat eine beträchtliche historische Basis, *wenn* der Apostel Italien Anno Domini 59 erreichte – ein Datum, das von vielen Geschichtsforschern befürwortet wird. Paulus und seine Gefährten verbrachten im Winter »drei Monate« in Malta (Apostelgeschichte 28,11). Da das Mittelmeer bis zum 10. März technisch für den Schiffsverkehr geschlossen war, ist es zumindest logisch, anzunehmen, daß die Reise am oder um den 11. März fortgesetzt wurde, da eine frühere Reise während des *mare clausum* durch die Unberechenbarkeit und unsichere Lage der See hätte beeinträchtigt werden können. Die weitere Reise von Malta nach Puteoli dauerte dann mit Aufenthalten in verschiedenen Häfen, die in Apostelgeschichte 28,12-13 erwähnt werden, mindestens neun Tage, so daß das geschätze Datum der Ankunft etwa der 20. März wäre. Da das Fest der Minerva vom 19. bis 23. März gefeiert wurde, hätte das Bankett in Baiae gut und gerne am zweiten Abend des Festivals, am 20. März, stattfinden können – und damit an demselben Abend, an dem Paulus in Italien ankam, so daß er das oben genannte Szenario hätte beobachten können. Obwohl kaum zu beweisen, ist das Zusammentreffen dieser beiden Ereignisse also nicht so weit hergeholt, wie man annehmen könnte.

KAPITEL 17

DIE ERMORDUNG VON AGRIPPINA:
Tacitus, *Annales,* XIV, 6-12; Suetonius, *Nero,* XXXIV; Dio Cassius, LXI, 13-16. Ob Seneca und Burrus im voraus von dem Komplott gegen Agrippina wußten oder nicht, ist ungewiß. Dio meint, daß Seneca in der Tat involviert war, aber seine Voreingenommenheit dem Philosophen gegenüber ist allgemein bekannt. Tacitus, der sich –

wie es typisch für ihn ist – eher vorsichtig ausdrückt, sagt, daß Seneca und Burrus nur »möglicherweise« an dem Komplott beteiligt waren. Die gräßliche Erwähnung in einigen Quellen, daß Nero den Körper seiner Mutter sorgfältig untersuchte und dessen Schönheit pries, braucht uns nicht weiter aufzuhalten.

PAULUS' ANKUNFT IN ROM:
Apostelgeschichte 28,14-16. Die westliche Version von dem griechischen Text in Apostelgeschichte 28,16 weist diese interessante Variante auf: »Als wir aber nach Rom hineinkamen, überantwortete der Unterhauptmann die Gefangenen dem obersten Hauptmann *(to stratopedarcho)*. Aber es ward Paulus erlaubt zu wohnen, wo er wollte, mit einem Kriegsknechte, der ihn bewachte«. Theodor Mommsen, der diese Variation kommentiert, definiert *stratopedarchos* als »princeps *peregrinorum*« (»Zu Apostelgeschichte 28,16,« *Sitzungsberichte der Königlich Preussischen Akademie der Wissenschaften zu Berlin* 1895, S. 491-503). Aber A. N. Sherwin-White schlägt treffender »princeps *castrorum*« als die beste Identifikation dieses Offiziers vor, denn dieser war der »oberste Hauptmann« der *Castra* der Prätorianer, wohin Paulus sehr wahrscheinlich gebracht wurde. Siehe A. N. Sherwin-White, *Roman Society and Roman Law in the New Testament* Oxford: Clarendon, 1963, 108-110.

PAULUS UND DIE JUDEN VON ROM:
Apostelgeschichte 28, 17-28. Wo Paulus in diesen zwei Jahren lebte, ist unbekannt, aber es muß in der Nähe der Castra Praetoria gewesen sein, in einem Haus, das groß genug war, um die Menge unterzubringen, von der in Apostelgeschichte 28, 23 die Rede ist.

KAPITEL 18

AUSBREITUNG DES CHRISTENTUMS IN ROM:
Paulus' Verbindung zu prätorianischen Bekehrten ist durch Philipper 1,12-14 bewiesen. Er schloß diesen Brief auch mit diesem Gruß: »Es grüßen euch alle Heiligen, besonders aber die aus dem Haus des Kaisers« (Philipper 4,22; Luther [1984]). Man ist sich nicht einig darüber, ob die »Gefängnisbriefe« in Ephesus, Caesarea oder Rom

geschrieben wurden, aber die überwiegende Mehrheit der Wissenschaftler tendiert stark zu letzterem, besonders wegen der oben zitierten Verse. Zu einem früheren Zeitpunkt hatte Paulus der römischen Gemeinde geschrieben und seine (Glaubens-)Brüder gegrüßt, »aus dem Haus des Narzissus, die in dem Herrn sind« (Römer 16,11; Luther (1984), obwohl nicht bekannt ist, ob damit Claudius' Minister Narzissus gemeint ist.

Paulus' Behauptungen von der Ausbreitung des Christentums sind nicht übertrieben, weil nur vier Jahre später laut Tacitus eine »gewaltige Menge« von Christen bei Neros Verfolgungsjagd stirbt: Tacitus, *Annales,* XV, 44. Jesu Bemerkung über das Erscheinen der Christen vor Statthaltern und Königen ist in Matthäus 10,18 zu finden.

L. PEDANIUS SECUNDUS, nicht Flavius Sabinus war Anno Domini 61 *praefectus urbi* (Tacitus, *Annales,* XIV, 42). Sabinus war mit Sicherheit sein Amtsnachfolger; und weil Sabinus Rom zwölf Jahre lang als Stadtpräfekt diente (Tacitus, *Historiae,* III, 75), schließen die meisten Wissenschaftler daraus, daß Sabinus *zwei* Amtsperioden als Präfekt diente: Anno Domini 56-60, und Anno Domini 61/2-69. Siehe die Erörterung in Pauly Wissowa unter »166) Flavius Sabinus, der Bruder Vespasians.«

SABINUS BABY:
T. Flavius Sabinus war der Älteste von Sabinus' Kindern. Obwohl das genaue Jahr seiner Geburt unbekannt ist, schätzt man es etwa auf das Jahr 60. Siehe Suetonius, *Domitianus,* X; Dio Cassius, LXV, 17. Vgl. Tacitus, *Historiae,* III; 69 und *CIL,* VI, 20, 3828.

KAPITEL 19

ABWESENHEIT VON PAULUS' ANKLÄGERN:
Ein weiterer Grund mag in der Tempelmauerkontroverse liegen. Verärgert, daß Agrippa II einen Speisesaal oben auf seinem Palast errichtet hatte, von dem aus er in den Tempel schauen konnte, zogen die Obersten Priester in Jerusalem die westliche Tempelwand höher, so daß sie Agrippa die Sicht nahm. Agrippa und Festus befahlen

ihnen, sie niederzureißen, aber die Priester sandten zehn von ihren Führern nach Rom, um sich an Nero zu wenden. Durch Poppaeas Intervention erlaubte Nero, daß die Wand stehenblieb. (Siehe Josephus, *Antiquitates judaicae,* XX, 8, 11.) Folglich mochten die jüdischen Priester beschlossen haben, »ihr Glück nicht überzustrapazieren«, denn als solches mußte ihnen der vergleichsweise unbedeutende Fall von Paulus vorgekommen sein.

PALLAS SCHÜTZT FELIX:
Josephus, *Antiquitates judaicae,* XX, 8, 9. Warum Pallas nach seinem eigenen Machtsturz immer noch in einer Position sein sollte, die ihm erlaubte, zugunsten seines Bruders zu intervenieren, ist rätselhaft. Doch immerhin gestand Nero Pallas außergewöhnliche Konzessionen zu, als er ihn seines Amtes enthob.

TIGELLINUS:
Seine Rolle in Paulus' Prozeß ist nur erfunden. Es ist bekannt, daß er in dieser Zeit Berühmtheit erlangte, und die tatsächlichen Ankläger bei Paulus' Prozeß – falls überhaupt erschienen – sind unbekannt. Aber es war nach Römischem Recht erlaubt, bei Abwesenheit der wahren Ankläger einer anderen Partei zu gestatten, eine Anklage zu erneuern (*Digestae,* XLVIII, 16; X, 2).

PAULUS' RÖMISCHER PROZESS ist äußerst schwer zu rekonstruieren, da die Primärquelle mit Apostelgeschichte 28 aufhört; in den Briefen sind nur einige wenige Hinweise zu finden. Einige Wissenschaftler bezweifeln, daß Paulus jemals vor Nero erschien; andere behaupten, daß er auf jeden Fall vor ihn trat. Es besteht nur Gewißheit darüber, daß er »zwei volle Jahre« in Rom wartete, bevor irgendeine Anhörung stattfand (Apostelgeschichte 28,30).

Ich war bemüht, den Gerichtsprozeß auf der Basis von allen bruchstückhaften Beweisen in den »Gefängnisepisteln« (die oben angeführten Passagen, in denen Paulus erwartungsvoll einem positiven Ausgang seines Falles entgegensieht), der politischen Situation sowohl in Palästina wie auch in Rom und dem bekannten Gerichtsverfahren bei einer Berufung auf den Kaiser zu rekonstruieren, und so habe ich ihn dann auch im Roman geschildert. Der allgemeine

Umriß wäre in der Tat mit dem originalen identisch, in dem die Grundlage der Anklage dieselben drei Anklagepunkte bilden würden, welche von Tertullus bei Paulus' erster Anhörung vor Felix genannt werden (Apostelgeschichte 24, 1-9). Der Originalcharakter des Falles blieb also erhalten.

Daß Nero sowohl die Anklage als auch die Verteidigung zu jedem einzelnen Anklagepunkt hören wollte, bevor er zum nächsten Punkt überging, war nach Suetonius, *Nero,* XV, ein richterlicher Brauch von ihm. Ob Paulus sich selbst verteidigte oder einen Anwalt hatte, ist nicht bekannt. Sabinus' Rolle ist hier nur erfunden, aber Paulus würde eine solche Hilfe nicht verachtet haben, denn während seines zweiten Prozesses klagte er: »Bei meinem ersten Verhör (in dem zweiten Prozeß) stand mir niemand bei, sondern sie verließen mich alle.« (2. Timotheus 4, 16; Luther [1984]).

Paulus' Wirken in Kleinasien, Griechenland und Palästina wird in Apostelgeschichte 13-23 beschrieben. Das Ereignis, welches Trophimus und die vier Juden betrifft, steht in Apostelgeschichte 21, 17 ff. Die Tempelnotiz, die ein Verbot für Nichtjuden darstellte (zitiert von Josephus, *Antiquitates judaicae,* XV, 11, 5; *De beko judaicae,* VI, 2, 4) wurde auch von Archäologen entdeckt. Agrippas Bemerkung, mit der er Paulus für unschuldig erklärte (Apostelgeschichte 26, 31 f.), wäre eine beweiskräftige Aussage für die Verteidigung gewesen, aber ob die eidlichen Aussagen und gesammelten Dokumente von Festus diese Bemerkung von Agrippa beinhalteten, ist unbekannt.

Die ausführlichste Erörterung von Paulus' Prozeß in Rom liefert Henry J. Cadbury, »Roman Law and the Trial of St. Paul«, in Jackson and Lake, *Beginnings,* V, 297-338. Cadbury stellt die interessante Beobachtung an, daß jeder jüdische Ankläger, dem eine beschwerliche Reise und Gerichtskosten drohten, für den Gerichtsfall eher die Hilfe von römischen Juden in Anspruch genommen hätte, als die Reise selbst anzutreten. Nach Cadbury ist das Ziel von Apostelgeschichte 28, 21, darauf hinzuweisen, daß nicht einmal zu diesem Mittel Zuflucht genommen wurde. Vergleiche auch Sherwin-White, *Roman Society,* 108-119.

NERO VERACHTET KULTE:

Suetonius, *Nero,* LVI. Die Göttin, um die es ging, war Atargatis.

WURDE PAULUS FREIGESPROCHEN?

Es besteht große, wenn auch keine endgültige Klarheit darüber, daß Paulus in der Tat nach seinem ersten Prozeß in Rom freigelassen wurde. Die Pastoralbriefe an Timotheus und Titus können nicht befriedigend in die drei Missionarsreisen eingebaut werden, und sie kündigen Paulus' spätere Aktivitäten an, obwohl die Authentizität der Pastoralbriefe sehr umstritten ist.

Es gibt keine Überlieferung, die besagt, daß Paulus vor Anno Domini 64 den Märtyrertod starb, und keine Datierung vom Leben des Apostels könnte seine zweijährige Freiheitsstrafe Anno Domini 64 enden lassen. In der Zwischenzeit muß er freigesprochen worden sein. In seinem Brief an die Korinther von Anno Domini 96 bemerkt Clemens von Rom, daß Paulus »die Grenze des Westens erreichte« *(to terma tes duseos)*, bevor er starb (I Clement V, 1-7), was für einen römischen Autor Spanien oder Portugal implizieren würde (Vgl. Strabo, *Geographica*, ii, 1). Römer 15,24 und 28 zeigt, daß Paulus eine Reise nach Spanien über Rom geplant hatte, und ein Dokument aus dem zweiten Jahrhundert, das Muratorianische Fragment, stellt fest: »Dann wurde die ›Apostelgeschichte‹ als ein Buch geschrieben. Lukas sagt..., daß die verschiedenen Ereignisse in seinem Beisein stattfanden, und das macht er in der Tat deutlich, indem er das temperamentvolle Wesen von Petrus ebenso ausspart wie Paulus' Reise, als er von Rom nach Spanien aufbrach« (*Canon Muratorii*, XXXVIII). Dieses erst sehr spät entstandene Dokument läßt jedoch die Tatsache außer acht, daß der Beweis gegen eine Reise nach Spanien die Abwesenheit von irgendeiner lokalen christlichen Tradition ist, welche sich an den Besuch des Apostels erinnert. Aber das wäre auf jeden Fall nur eine kurze Tradition gewesen, denn die lange maurische Okkupation hätte sie wohl ausgelöscht.

Obgleich Gewißheit in dieser Sache unmöglich ist, deuten die Beweise auf die *Wahrscheinlichkeit* von Paulus' Freisprechung nach seinem ersten Prozeß hin; ebenso auf seine Wiederverhaftung, seinen zweiten Prozeß und die Exekution später (siehe Anmerkungen zu Kapitel 29). Näheres zu Paulus' Schicksal in Rom siehe L. P. Pherigo, »Paul's Life after the Close of Acts, »*Journal of Biblical Literature*, LXX (1951), 277 ff.; Sherwin-White, *Roman Society*, 108 ff.; und F.F. Bruce, »St. Paul in Rome – Concluding Observations, »*Bulletin of the John Rylands Library*, L, Manchester, 1967-68, 266-79.

SENECA UND PAULUS:
Obwohl es keinen Beweis dafür gibt, daß die beiden sich jemals begegnet sind, wäre eine Verbindung zwischen Paulus und Seneca durchaus denkbar gewesen. Seneca übernahm in der Tat häufig die Aufgabe des Ratgebers von Nero; und es war sein Bruder Gallio, der bei Paulus' Prozeß in Korinth als Richter fungierte. Senecas »goldene Regel« stammt aus seinen *Epistulae Morales,* XLVII, aber die berühmte Korrespondenz zwischen Paulus und Seneca ist eine christliche Fälschung aus dem vierten Jahrhundert, die in der Tat keine Basis hat.

LUKAS' BERICHT:
Die zitierte Passage steht in Apostelgeschichte 28, 30-31. Es sind die letzten Zeilen der Apostelgeschichte und vielleicht das unbefriedigenste Ende aller Bücher der Bibel. Während solch eine »ungelöste Ausblendung« für den modernen literarischen Geschmack sehr angenehm sein mag, stellt es für den Autor des Altertums etwas Außergewöhnliches dar, besonders für einen, der seinen Bericht auf die Lösung hin ausgerichtet hat. Warum die Apostelgeschichte so abrupt endet, ist von Gelehrten lebhaft debattiert worden, siehe dazu besonders Jackson and Lake, *Beginnings,* IV, 349 f.. Ich habe im Roman einen davon abweichenden Grund für dieses offene Ende vorgeschlagen.

KAPITEL 20

DIE ERMORDUNG VON PEDANIUS SECUNDUS:
Tacitus, *Annales,* XIV, 42-45.

DER TOD VON BURRUS:
Suetonius schreibt, daß Nero »Burrus Gift zukommen ließ... statt einer Halsmedizin, welche er ihm versprochen hatte« *(Nero,* XXXV), und Dio bietet eine ähnliche Version an (LXII, 13). Tacitus hingegen läßt die Frage offen, ob Burrus durch Krankheit oder Vergiftung starb (*Annales,* XIV, 51). Angesichts dieser Einschränkung bei einer Nero feindlich gesinnten Quelle und angesichts der Tatsache, daß Burrus' Symptome denen von Krebs ähneln, möge Nero in diesem Fall nicht für den Tod zur Verantwortung gezogen werden.

KAPITEL 21

FLAVIUS CLEMENS:
Sabinus' zweiter Sohn hieß wahrscheinlich mit erstem Namen »Titus«, obwohl das nicht bekannt ist. Suetonius, *Domitianus,* XV; Dio Cassius, LXVII, 14. Siehe die Erörterung über Flavius Clemens in der Anmerkung unter Kapitel 32.

NEROS DEBÜT IN NEAPEL UND ROM:
Vgl. Tacitus, *Annales,* XV, 33-34; Suetonius, *Nero,* XX-XXI. Petronius' Kritik über Neros Vorstellung reflektiert eine Meinung in dem Dialog *Nero,* die Lucian von Somosata zugeschrieben wird; obwohl sie wahrscheinlich von dem älteren Philostratus geschrieben wurde.

DIE ANKUNFT VON PETRUS:
Ob Simon Petrus Rom jemals besucht hat, wurde jahrhundertelang debattiert. Römische katholische Gelehrte beharrten praktisch einmütig darauf, daß Petrus als erster Bischof von Rom natürlich bis zur Hauptstadt gelangt sein mußte. Protestanten waren in dieser Frage etwas geteilter Meinung, obwohl ein allgemeiner Konsens darüber besteht, daß Petrus nach Rom kam.
Der Beweis *gegen* Petrus' Erscheinen in Rom ist das Schweigen des Neuen Testaments, besonders der Apostelgeschichte, ebenso das Schweigen des christlichen Apologeten aus dem zweiten Jahrhundert, der in Rom lebte: Justin, der Märtyrer.

Der Beweis, der Petrus' Anwesenheit in Rom *stützt,* ist breiter gefächert. Wenn – wie es wahrscheinlich der Fall ist – »Babylon« ein geheimer Name für Rom ist, dann wurde der 1. Petrusbrief von Rom aus geschrieben (1. Petrus 5,13), obwohl seine Autorschaft umstritten ist. Der entscheidende, frühe (A.D. 96) Brief von Clemens von Rom an die Korinther verbindet das Martyrium von Petrus und Paulus eng mit dem der römischen Christen, die unter der Neronianischen Christenverfolgung zu leiden hatten (I Clement, V, VI). In einer etwas späteren Quelle (A.D. 107), Ignatius von Antiochiens *Epistolae,* findet sich der enthüllende Satz: »Nicht wie Petrus und Paulus gebe ich euch (den römischen Christen) Anweisungen« (IV, 3). Ein weiterer, früher indirekter Zeuge ist das Apokryphon aus dem ersten Jahrhundert, *Himmelfahrt von Jesaja,* welches impliziert, daß einer von den Jüngern – zweifellos Petrus – in die Hände des muttermörderischen Neros geliefert worden war (IV, 2 f.).

Im zweiten Jahrhundert Anno Domini gab es viele christliche Autoren, die auf das Martyrium von Petrus und Paulus in Rom Bezug nahmen, und eine von diesen Quellen ist besonders interessant: Eusebius bezieht sich auf einen Presbyter aus dem zweiten Jahrhundert namens Gaius, der bemerkte: »Ich kann auf die Denkmäler (oder Trophäen) der Apostel aufmerksam machen; denn wenn man zum Vatikan-Hügel oder die Via Ostiensis entlanggeht, findet man die Denkmäler von denjenigen, welche diese Kirche gründeten (Petrus und Paulus)« (*Historia ecclesiastica* II, 25). Die Denkmäler markierten die überlieferten Stätten ihres Martyriums und wahrscheinlich ebenfalls ihrer Grabstätten, da Gaius einen Anspruch von Asien auf die apostolischen *Gräber* in jener Provinz geltend machte. Auf jeden Fall errichtete der Kaiser Konstantin später die Basiliken von Sankt Petrus (Peterskirche) und Sankt Paulus (San Paolo *fuori le Mura*) an den jeweiligen Stellen, wo man die Gräber der beiden vermutete.

Wenn man die Beweise für und wider abwägt, ist der Historiker berechtigt, die Schlußfolgerung zu ziehen, daß Petrus in der Tat bis nach Rom gelangt ist. Zu viele Argumente sprechen dafür. Auf der anderen Seite sind die Vorstellungen, daß Petrus eine sehr lange Zeit – fünfunzwanzig Jahre – ein geistliches Amt in der Hauptstadt innehatte und bereits zu Beginn von Claudius' Regierungszeit gegen Simon Magus opponierte, äußerst unwahrscheinlich, trotz Eusebius' Erörterung dieser Überlieferung (*Historia ecclesiastica*, II, 13). Solch ein langer und früher Aufenthalt in Rom kollidiert zu stark mit dem Fehlen jeglicher Erwähnung von Petrus' Anwesenheit oder Arbeit in Rom in Paulus' Briefen an die Römer oder in der narrativen Apostelgeschichte. Das Datum von Petrus' Ankunft in Rom kann nicht bestimmt werden, obgleich es offenbar kurz vor seinem Martyrium gewesen ist. Näheres siehe Oscar Cullmann, *Peter – Disciple, Apostle, Martyr,* Westminster, 1962; und Daniel W. O'Connor, *Peter in Rome,* Columbia, 1969.

DAS BACCHANAL AM SEEUFER:
Diese unglaubliche Episode wird bei Tacitus, *Annales,* XV, 37, und Dio Cassius, LXII, 15, in allen Einzelheiten erzählt. Vgl. auch Sueto-

nius, *Nero,* XXVII. Dios Version ist erheblich sensationeller – und weniger glaubwürdig – als die vergleichsweise verhaltene Wiedergabe im Roman.

NERO »HEIRATET« PYTHAGORAS:
Tacitus gibt zu verstehen, daß es eine offizielle Heirat war (*Annales,* XV, 37), obwohl Dio, LXII, sehr deutlich zu verstehen gibt, daß es auf jeden Fall anormal war. Während man geneigt ist, solche Berichte der Degeneration als die Erfindung von Nero feindselig gesinnten Quellen zu ignorieren, steht dieses Muster jedoch in Einklang mit Neros späterer Affäre mit dem Jungen Sporus (siehe weiter unten), und es erklärt auch Paulus' Bemerkungen in Römer 1, 26 ff.

KAPITEL 22

DAS GROßE FEUER VON ROM:
Es werden verschiedene Versionen geliefert: Tacitus, *Annales,* XV, 38 ff.; Suetonius, *Nero,* XXXVIII; Dio Cassius, LXII, 16-18; Pliny, *Natural History,* XVII, 5; und Seneca, *Octavia,* 831 ff.

DIE URSACHE:
Alle Quellen des Altertums proklamieren Nero selbst als den Brandstifter – außer der vorsichtigen Gelehrsamkeit von Tacitus, der seinen berühmten Bericht mit folgenden Worten beginnt: »Eine Katastrophe folgte, ob infolge eines Unglücks oder der Niedertracht des Kaisers ist ungewiß ... « Die Geschichtsforscher spalten sich in dieser Streitfrage in fünf Lager: Die erste Gruppe kommt zu dem Schluß, daß Nero in der Tat seine Agenten ausgesandt hatte, um Rom in Brand zu stecken, die zweite Gruppe meint, daß das erste Feuer durch ein Unglück ausbrach, das zweite aber auf Befehl Neros von Tigellinus und seinen Männern entflammt wurde; die dritte Gruppe plädiert dafür, daß beide Feuer einzig und allein infolge eines Unglücks ausbrachen; die vierte Gruppe vertritt die Ansicht, daß die Christen oder einige christliche Fanatiker die Stadt anzündeten, und die fünfte Gruppe ist der Meinung, daß die Pisonischen Verschwörer (siehe unten) Rom in Brand steckten, um Nero dieses Verbrechens zu beschuldigen.

Die meisten neuzeitlichen Geschichtsforscher tendieren zu der dritten Alternative. Während einige Zeilen in den Quellen der Antike alle der oben genannten Möglichkeiten bis auf die vierte und fünfte vertreten, deutet die Last der Indizienbeweise darauf hin, daß Nero von jeder Verantwortlichkeit für das lodernde Feuer freigesprochen werden kann. Feuer durch ein Unglück waren allzu häufig in Rom, und Nero war zu der Zeit meilenweit entfernt – was natürlich kein ausreichendes Alibi ist –, aber ein wirklicher Brandstifter würde gewünscht haben, sein Werk kurz nach der Inszenierung zu beobachten. Es war eine Vollmondnacht, wie C. Hülsen als erster in dem *American Journal of Archaeology*, XIII (1909), 45, notierte. Es konnte auch kein gewaltsames »Elendsviertelsäuberungsprojekt« von Nero sein, da die schlimmsten Elendsviertel in den Suburbia vom Feuer unberührt blieben. Neros edle Versuche, nach dem Brand für Hilfe und Erleichterungen zu sorgen, scheinen kaum zu dem Bild eines Brandstifters zu passen. Und vor allem hätte Nero wohl kaum das Feuer in der Nähe des südöstlichen Flügels seines Palastes auf dem Palatin ausbrechen lassen, um alle seine Kunstwerke und Schätze von unschätzbarem Wert niederzubrennen. Wieder muß diese Feststellung das Ganze stützen: Bezüglich des zerstörten Eigentums war Nero bei weitem der größte Verlierer in diesem Feuer. Daß alles mit einer lodernden Flamme bei einem Ölgeschäft eines Kaufmanns begann, ist nur erfunden, aber die benannte Stelle, an der das Feuer seinen Anfang nahm, ist nach allgemeinem Konsens zutreffend.

DAS AUSMASS DER KATASTROPHE:
Die meisten Quellen übertreiben die Verwüstung durch das große Feuer. Nach Dio »war der gesamte Palatin-Hügel… und nahezu zwei Drittel von dem Rest der Stadt abgebrannt« (LXII, 8), während Tacitus schreibt, daß von den vierzehn Regionen nur vier unversehrt blieben, »drei wurden dem Erdboden gleichgemacht, während in den anderen sieben lediglich einige wenige zerstörte, halb niedergebrannte Überbleibsel von Häusern übrigblieben« (*Annales*, XV, 40). Aber literarische und archäologische Funde beweisen, daß das letztere besonders übertrieben ist. Näheres siehe Gerard Walter, *Nero* London, Allen & Unwin, 1955); und Jean Beaujeu, »L'incendie de Rome en 64 et les Chrétiens«, *Collection Latomus*, XLIX (1960), 5 ff.

SPIELTE NERO, WÄHREND ROM BRANNTE?
Die populärste Fehlinterpretation in der Geschichte ist wahrscheinlich, daß »Nero Geige spielte, während Rom brannte.« Die Violine wurde natürlich erst vierzehn Jahrhunderte nach dem Feuer erfunden. Tacitus läßt Nero auf einer privaten Bühne erscheinen, um die Zerstörung Trojas rhapsodienartig vorzutragen; Suetonius läßt ihn verkleidet von der Maecenas-Terrasse singen, während Dio ihn sich auf dem Dach des Palastes in langen Reden ergehen läßt – eine Unmöglichkeit, da der Palast in Flammen stand. Eine unsensationelle Version von Suetonius' Bericht wurde im Roman verwendet, da Maecenas' Terrasse tatsächlich vom Feuer unberührt blieb und einen guten Aussichtspunkt geboten hätte.

DIE VERLUSTSTATISTIKEN basieren auf einer maßvollen Interpretation von Tacitus, *Annales*, XV, 40, während die spezifische Zahl der verlorenen Villen und Häuser der apokryphischen Korrespondenz zwischen Seneca und Paulus, Letter XII (Barlow ed.) entnommen wurde. Während kein Beweis vorliegt, daß diese Korrespondenz authentisch ist – sie ist es nicht –, so ist diese Schätzung von einem Autor des vierten Jahrhunderts doch die *einzige* überlebende Statistik, die wir über das Feuer besitzen. Sie wurde von mir im Roman verarbeitet, weil die Zahlen in sich recht wahrscheinlich sind – der Autor mag wohl eine Quelle des Altertums benutzt haben, die uns verlorengegangen ist.

KAPITEL 23

DAS GOLDENE HAUS:
Tacitus, *Annales*, XV, 42; Suetonius, *Nero*, XXI. Zum Teil sind noch heute in Rom Ruinen von dem großen *Domus Aurea* sichtbar – und zwar genau nordöstlich vom Kolosseum auf den Abhängen des Esquilins. Die Wandschmiererei, die sich auf die riesigen Ausmaße des Goldenen Hauses bezieht, ist authentisch; siehe Suetonius, *Nero*, XXIX.

DEN CHRISTEN WURDE DIE SCHULD AN DEM GROSSEN FEUER ZUGESCHOBEN:
Tacitus, Annales, XV, 44. Diese Passage, vielleicht die berühmteste in den *Annales,* beginnt wie folgt:

> Deshalb, um das Gerücht aus der Welt zu schaffen (daß er Rom in Brand gesteckt habe), setzte Nero an seine Stelle eine Gruppe von Menschen, die wegen ihrer Untugenden verabscheut wurden und welche das Volk Christen nannte. Christus, der Begründer des Namens, hatte unter der Regierung von Tiberius durch das Urteil des Prokurators Pontius Pilatus die Todesstrafe erlitten, und der perniziöse Aberglaube wurde für eine Zeitlang eingedämmt, nur um wieder auszubrechen, und zwar nicht nur in Judäa, der Heimat der Krankheit, sondern in der Hauptstadt selbst, wo alle schrecklichen oder schändlichen Dinge der Welt sich sammeln und in Mode kommen (rückübersetzt nach John Jacksons Übersetzung in *Loeb Classical Library*).

Daß Petrus jemals eine Bemerkung machte, die den Ausdruck *Feuer* enthielt, welche weit davon entfernt war, eine Bestätigung von Tigellinus' Argumenten zu sein, die dieser als Begründung anführte, um die Christen martern zu können, ist nur erfunden! Aber für die frühen Christen war es nicht untypisch, die Laster Roms in solch einer Sprache scharf zu kritisieren. Tigellinus mag Nero wohl vorgeschlagen haben, die Christen zu bestrafen, denn dies läßt Melito von Sardis in seiner *Apologia* (aus: Eusebius, *Historia ecclesiastica,* IV, 28), durchblicken: »Von allen Kaisern sind die einzigen, die jemals von bösartigen Ratgebern beeinflußt wurden, um unsere Lehre falsch darzustellen, Nero und Domitian.« Zu dieser Zeit war Tigellinus sicherlich Neros Hauptratgeber, und Juvenal, *Satirae,* I, 155 ff., scheint eine Verbindung zwischen Tigellinus und den »menschlichen Fackeln« herzustellen.

KAPITEL 24

DIE PROZESSE DER CHRISTEN:
Ob Nero die Christen bei einer bloßen Säuberungsaktion auf der Basis einer autoritativen *coercitio* (richterliche Autorität) bestrafte oder mittels eines kaiserlichen oder senatorischen Ediktes gegen die Christen, wurde lange Zeit debattiert. Französische und belgische Geschichtswissenschaftler neigten dazu, der letzteren Interpretation anzuhängen, während andere mit Mommsen konkludierten, daß die Christen einer nach bestehendem Römischen Recht legalen Säuberungsaktion »zum Wohle der öffentlichen Ordnung« zum Opfer fielen. Siehe Theodor Mommsen, »Die Religionsfrevel nach römischem Recht«, *Historische Zeitschrift*, LXIV (1890), 389 ff.; und A. N. Sherwin-White, »The Early Persecutions and Roman Law Again«, *Journal of Theological Studies,* III (1952), 199-213.

PETRUS' BRIEF:
Die Sätze sind direkt 1. Petrus 1-5 entnommen. Die Datierung und die Entstehung des Briefes ist natürlich etwas umstritten.

KAPITEL 25

NEROS STRAFVERFOLGUNG DER CHRISTEN:
Suetonius, *Nero,* XVI; und die berühmte Quellenpassage bei Tacitus, eine Erweiterung der *Annales,* XV, 44 (rückübersetzt nach Jacksons Übersetzung):

> Zuerst wurden dann die Mitglieder der Sekte, die sich dazu bekannt hatten, verhaftet; als nächstes wurden sie auf ihr Bekenntnis zum Christentum hin verurteilt, nicht so sehr wegen des Anklagepunktes Brandstiftung, als vielmehr wegen Haß der Menschenrasse. Hohn und Spott begleitete ihr Ende: Sie wurden mit dem Fell von wilden Tieren bedeckt und von Hunden zu Tode zerfleischt; oder sie wurden an Kreuzen festgemacht, und als das Tageslicht schwächer wurde, zündete man sie an, so daß sie als Lampen in der Nacht dienten. Nero bot seine Gärten für das Spektakel an und gab eine Vorstellung

in seinem Circus, indem er sich in der Kleidung eines Wagenlenkers unters Volk mischte oder auf seinen Wagen stieg...

Es gibt Unmengen von Literatur über diese Passage. Ein paar Historiker des letzten Jahrhunderts versuchten zu leugnen, daß solch eine Christenverfolgung jemals stattgefunden hat – und zwar auf der Grundlage der folgenden Argumente: wegen Ausdrücken in der Passage, die für Tacitus unüblich seien, wegen des Schweigens anderer Quellen zu dieser Zeit und wegen des Schweigens der christlichen Überlieferung. Aber die große Mehrheit der Geschichtsforscher heute akzeptiert die Authentizität dieser Passage und der Strafverfolgung, da nichts in den *Annales*, XV, 44 von jemand anderem geschrieben werden hätte können als von Tacitus selbst, und neueste Studien haben die Richtigkeit dieser Passage wieder bestätigt, wie z. B. H. Fuchs, »Tacitus über die Christen«, *Vigiliae Christianae*, IV (1950), 65 ff. Überdies schweigen die säkularen und christlichen Quellen *nicht*. Suetonius schreibt, daß »Strafen auch über die Christen verhängt wurden, eine Gruppe von Menschen, die einem neuen und verderblichen Aberglauben verfallen waren« (*Nero*, XVI). Vgl. auch Sulpicius Severus, *Chronica*, II, 29. Die frühe christliche Überlieferung über diese Marterstrafe ist vernehmbar genug in I Clement VI und in anderen Dokumenten, die eng mit den Aposteln verbunden sind, welche bereits zitiert wurden oder im folgenden noch genannt werden.

DIE SPEZIFISCHEN BESTRAFUNGEN:
Abgesehen von den Strafen, die in den *Annales*, XV, 44, angedeutet wurden, kann wie folgt dokumentiert werden, daß die Christen und verurteilten Verbrecher noch auf andere Art und Weise gequält wurden, welche auch im Roman beschrieben wurde: Ixion (Tertullian, *De pudicitia*, XXII); Daedalus und Icarus (Martial, *Epigrammata*, VIII, Suetonius). Die Bestrafungen von Dirce und Danaides werden in I Clement Vi, 1 ff. erwähnt: »Außer diesen Männern des heiligen Lebens (Petrus und Paulus) gab es eine große Menge von Erwählten, die durch ihre Standhaftigkeit während vieler Demütigungen und Quälereien... uns ein edles Beispiel gaben... Frauen wurden als Danaides und Dircae zur Schau gestellt und zu Tode gequält, nachdem sie schreckliche und grausame Demütigungen über sich hatten ergehen lassen.«

Daß die Opfer in Kleidern, die mit leichtentzündlichen Stoffen imprägniert waren, an Pfählen festgebunden und dann angezündet wurden, wird nicht nur in den *Annales*, XV, 44, berichtet, sondern auch in Juvenal, *Satirae*, I, 155-57 und VIII, LXXXVII. Die *tunica molesta* und daß die Opfer den Tieren zum Fraß vorgesetzt wurden, waren nach *Digestae*, XLVII, 9, 9, und 12 Standardstrafen für Brandstiftung. Mehrere Geschichtsforscher haben zu Unrecht die *Annales*, XV, 44 attackiert, indem sie behaupteten, daß die leuchtende Verbrennung des menschlichen Körpers physisch unmöglich sei, denn solche menschlichen Fackeln gab es tatsächlich: das Holz der Pfähle und die *tunica molesta*, welche die Körper bekleidete, würden in der Tat leuchten, während die Körper selbst verkohlten.

Schließlich wird »Herkules in Flammen« von Tertullian geschildert: Tertullian, *Apologeticus*, XV. Andere Torturen, die im Roman nicht erwähnt werden, aber wahrscheinlich stattgefunden haben, inkludieren Pasiphaë und den Bullen (Martial, *De Spectaculis*, V; Suetonius, *Nero*, XII) und Attis (Tertullian).

DIE ZEIT DER CHRISTENVERFOLGUNG:
Paul Allard, *Histoire des Persécutions* (Paris, 1903) nennt den Monat August A.D. 64 (I, 48) als Datum, aber da das große Feuer nicht vor dem 27. Juli gelöscht war und es ein paar Wochen Zeit brauchte, um das Goldene Haus zu planen, welches schließlich den Verdacht der Brandstiftung auf Nero lenkte, erschiene der August als ein zu früher Zeitpunkt für die Christenverfolgung, Oktober wäre wahrscheinlicher. Auf der anderen Seite scheitern Vorschläge, die Bestrafungen auf den Frühling Anno Domini 65 datieren wollen, daran, daß der öffentliche Haß auf die vermeintlichen Brandstifter, den Nero auf die Christen lenkte, *gerade erst aufgekommen war*, und an der Tatsache, daß im Frühling des Jahres 65 Neros ganze Aufmerksamkeit der Pisonischen Verschwörung galt (siehe Anmerkungen zu Kapitel 27).

KAPITEL 26

PETRUS' MARTYRIUM:
Jesu Vorankündigung seines Todes findet sich in Johannes 21, 18 f. Die berühmte *Quo Vadis*-Legende erschien zuerst in einem Manu-

skript des zweiten Jahrhunderts, der *Acta Petri* (vgl. später Ambrose, *Epist.*, XXI). Eine sehr reduzierte Version der Legende ist in den Roman eingebaut worden, weil sie sowohl berühmt als auch ergreifend ist. Aber es scheint sicher zu sein, daß Petrus, wenn er tatsächlich mit dem Geiste Jesu gesprochen hat, dies zweifellos eher auf Aramäisch, ihrer gemeinsamen Sprache, getan haben würde als auf Latein: *»Quo vadis, Domine?«*, was für beide eine fremde Sprache gewesen wäre.

Die Legende, daß Petrus mit dem Kopf nach unten gekreuzigt wurde, ist seit Origenes Allgemeingut und wird von Eusebius angeführt: Eusebius, *Historia ecclesiastica*, III, 1. Aber das wäre eine unnötige, leicht großtuerisch wirkende und – angesichts der Art, wie die Kreuze konstruiert waren – eine eher unwahrscheinliche Ausschmückung, selbst wenn solche Kreuzigungen nicht unbekannt waren (siehe Seneca, *Ad Marciam*, XX). Doch es gibt keine frühe römische Überlieferung, daß Petrus auf diese Art und Weise gekreuzigt wurde, und die Behauptung trägt apokryphe Züge.

Bezüglich der historischen Quellen zu Petrus' Tod siehe Anmerkungen zu Kapitel 21. Die meisten Geschichtsforscher stimmen heute darin überein, daß Petrus wahrscheinlich in Zusammenhang mit den Christenverfolgungen durch Nero den Märtyrertod starb, aber das genaue Datum seines Todes ist unmöglich festzulegen. Ebenso gibt es keinen zuverlässigen Beweis, der besagen würde, in welchem Gefängnis der Apostel war; und die Überlieferung, die auf das Mamertin-Gefängnis hinweist, ist unwahrscheinlich, weil sie aus sehr viel späterer Zeit stammt und das Mamertin für gewöhnlich nur für hohe Staatsgefangene benutzt wurde.

Was Petrus' Grabstätte betrifft, stimmen die römisch-katholischen Historiker allgemein darin überein, daß sein Grab unter dem großen Altar der heutigen Peterskirche, der Alt-Sankt-Peter-Basilika im Vatikan liegt; siehe Margherita Guarducci, *La Tomba di Pietro*, Rom, 1959. Einige protestantische Geschichtsforscher stimmen dem zu, während andere die Schlußfolgerung ziehen, daß es nur historisch bewiesen werden kann, daß die christliche Kirche des zweiten Jahrhunderts Anno Domini *glaubte*, daß Petrus an dieser Stelle begraben worden sei; siehe Cullmann, *Peter*, und O'Connor, *Peter in Rome*.

DIE ZAHL DER OPFER bei dieser Christenverfolgung wird in dem *Martyrologium Hieronymianum* (ed. Duchesne-De Rossi in *Acta Sanctorum* Brüssel, (1894), II, 84 mit 977 angegeben. Aber diese Zahl braucht nicht als exakt betrachtet zu werden und kann wohl angesichts der üblichen Übertreibung solcher Dokumente auch geringer sein. Tacitus' Angabe: »eine ungeheure Menge« *(multitudo ingens)* in den *Annales,* XV, 44 ist natürlich sehr vage, und die beiden anderen Stellen, an denen er diesen Ausdruck in den *Annales* (II, 40; XIV, 8) gebraucht, können auch nicht mit konkreten Zahlen verbunden werden. Clemens benutzt einen ähnlichen Ausdruck in I Clement VI, 1: »eine sehr große Zahl.«

KAPITEL 27

DIE PISONISCHE VERSCHWÖRUNG:
Tacitus, *Annales,* XV, 48 ff.; Dio Cassius, LXII, 24 ff. Es ist umstritten, ob Seneca an der Verschwörung beteiligt war, aber alle Umstände sprechen für seine Verwicklung in das Komplott, und die meisten Kommentatoren kommen wie Momigliano in *CAH,* X, 728 zu dem Schluß: »Es kann keinen Zweifel daran geben, daß Seneca in die Verschwörung verwickelt war.«

KAPITEL 28

SABINUS' VERWICKLUNG IN DIE VERSCHWÖRUNG ist nur erfunden, aber die Tatsache, daß ein so hoher Magistrat zu einer Zeit, als seine Kollegen alle belohnt wurden, *keine* Belohnung erhielt, würde nahelegen, daß er in Neros Augen nicht über jeglichen Verdacht erhaben war. Ähnlich bei Walter, *Nero,* 196. Die Tatsache, daß Sabinus *nach* dem Sturz von Nero sowohl bei dem Senat als auch in der Öffentlichkeit beliebt war, als für alle Günstlinge Neros der Tod verlangt wurde, demonstriert mehr als deutlich Sabinus' wahre Loyalität.

KAPITEL 29

PAULUS' ZWEITE VERHAFTUNG:
Wenn der Philipperbrief Quellenmaterial für Paulus' erste Gefängnisstrafe bietet, dann liefert der 2. Timotheusbrief Beweismaterial für die zweite. Obgleich einige sich davor hüten, den 2. Timotheusbrief und die anderen Pastoralbriefe als Beweis anzuführen, geben selbst kritische Wissenschaftler zu, daß der Brief wahrscheinlich authentische paulinische Reminiszenzen in Versen wie 1, 8 ff., 1, 15 ff., 2, 9 und 4, 6 ff. enthält – welche genau die Beweise für eine zweite Gefängnisstrafe in Rom darstellen. Offensichtlich gelang es Paulus, den Anklagen gegen ihn bei einer *prima actio* oder ersten Anhörung die Schärfe zu nehmen (2. Timotheus 4, 16-17), obwohl er wußte, daß das Resultat der zweiten sein Todesurteil sein würde (4, 6). Neueste Versuche, die Pastoralbriefe mit einer früheren, nicht-römischen Gefängnisstrafe in Verbindung zu bringen, scheitern an 2. Timotheus 1, 17, einem paulinischen Fragment, das authentischer ist als alle anderen.

ALEXANDER, DER KUPFERSCHMIED:
Obgleich es nicht sicher ist, daß Alexander nach Rom kam, um Paulus anzuklagen, mag dies von 2. Timotheus 4, 14 ff. abgeleitet werden. Alexander, der falsche Lehrer (1. Timotheus 1, 19), scheint hier eher gemeint zu sein als der Jude von Ephesus (Apostelgeschichte 19, 33), und daß ein ehemaliger Christ sich gegen Paulus wandte, wird in I Clement V, 2 sehr gut bezeugt: Der Kirchenvater sagt, daß Paulus definitiv »durch Eifersucht« zum Tode verurteilt wurde.

DIE TERRORREGIERUNG:
Es war nicht möglich, alle berühmten Männer, die umkamen, im Roman zu nennen. Eine Liste von weiteren Opfern findet sich bei Tacitus, *Annales,* XVI, 7 ff. und Dio Cassius, LXII, 25 ff. Ein junger Aulus Plautius wird als eines der Opfer bei Suetonius genannt (Suetonius, *Nero,* XXXI), aber es handelt sich hier wahrscheinlich um ein Mitglied der jüngeren Linie der Plautii und nicht um einen Sohn von Aulus.

DER TOD VON PAULUS:
Über den letzten Prozeß und den Tod von Paulus ist nur bekannt, daß er wahrscheinlich unter Nero in Rom exekutiert wurde (I Clement V, 5 ff.). Später bemerkt Eusebius, daß Origenes das gleiche Faktum in seinem Kommentar über Genesis berichtete (*Historia ecclesiastica,* III, 1). Wie in einer frühen Kirchenüberlieferung geschrieben steht, fand die Exekution wahrscheinlich außerhalb des Ostia-Tores von Rom bei oder in der Nähe der heutigen Basilika San Paolo *fuori le Mura (außerhalb der Stadtmauern)* statt; siehe die Bemerkung des Presbyters Gaius über die »Denkmäler der Apostel« unter Kapitel 21. Paulus' Grab kann durch die Inschrift: »PAVLO APOSTOLO MART« unter dem hohen Altar der Basilika nachgewiesen werden, die aus dem vierten Jahrhundert stammt. Wie F. F. Bruce in »St. Paul in Rome«, 274 hervorhebt, kann der Ort mangels jeglicher konkurrierender Überlieferung »provisorisch akzeptiert werden« – nicht zuletzt deshalb, weil er seit dem Ereignis bis heute die gemeinsame Gedächtnisstätte in Rom für alle Christen darstellt. Das Faktum, daß Paulus' Denkmal – ebenso wie das von Petrus – in einer heidnischen Nekropolis liegt und nicht in dem Gebiet, welches die spätere christliche Frömmigkeit erwählt haben würde, fügt diesen Orten einen weiteren Hauch von Authentizität bei.

Was das Datum von Paulus' Tod betrifft, haben einige die Meinung vertreten, daß die Bezugnahme in I Clement V, 7, welche besagt, daß Paulus »vor den Regierenden« Zeugnis ablegte, bevor er starb, impliziere, daß er von Neros Stellvertretern Helius und Nymphidius gerichtet wurde, während Nero selbst Anno Domini 66-67 in Griechenland war. Obgleich diese Überlegung einiges für sich hat, nimmt sie den Satz zu wörtlich, der unter den ersten Christenzeugen so gebräuchlich war: daß die Apostel Christus »vor Statthaltern und Königen« (Matthäus 10,18; Markus 13,9; vgl. Apostelgeschichte 9,15) bezeugen würden. Paulus hatte dies natürlich bereits vor Sergius Paulus, Gallio, Felix, Festus, Publius, Nero und vielen anderen getan. Die Überlieferung, daß Petrus und Paulus am selben Tage, dem 29. Juni Anno Domini 67 starben, welche auf der apokryphen »Apostelgeschichte« von zwei Aposteln basiert, ist ohne historischen Wert.

Die Namen derjenigen, die Paulus bei seinem letzten Gefängnisaufenthalt besuchten, werden in 2. Timotheus 4 angeführt, aber ob einer von ihnen Zeuge von dem Tod des Apostels wurde, ist unbekannt. Die Anwesenheit von Sabinus, Plautia und Pomponia ist lediglich erfunden.

KAPITEL 30

NEROS »VERMÄHLUNG« MIT SPORUS:
Suetonius, *Nero*, XXVIII, XXXV; Dio Cassius, LXII, 12-13. In diesen Quellen werden sogar noch mehr Verdorbenheiten von Nero geschildert, z. B. wie er sich gleich einem Tier über die Genitalien von nackten Männern und Frauen hermacht, die an Pfähle gebunden sind (Suetonius, *Nero*, XXIX; Dio Cassius, LXIII, 13), obwohl man der Feindseligkeit der Quellen Nero gegenüber Beachtung zollen muß. Etwa zu dieser Zeit heiratete der Kaiser auch Statilia, eine von seinen Mätressen.

CORBULO:
Sein Schicksal war mit der Vinicianischen Verschwörung gegen Nero verknüpft – benannt nach Annius Vinicianus, dem Schwiegersohn von Corbulo – welche in Beneventum Anno Domini 66 ausbrach. Die Details zu der Art und dem Ausmaß dieser Verschwörung sind sehr unzureichend, da Tacitus hier keine Informationen bietet. Siehe Suetonius, *Nero*, XXXVI; Dio Cassius; LXIII, 26.

PLAUTILLA:
Wenngleich der junge Flavius und Clemens die einzigen beiden Kinder von Sabinus sind, die definitiv wegen ihrer späteren politischen Karrieren – Clemens als Konsul Anno Domini 95 – in den Quellen erwähnt werden, schließt das trotzdem nicht die Möglichkeit aus, daß Plautilla, welche als die »Schwester von Clemens, dem Konsul« in den *Acts of Nereus and Achilles* erwähnt wird, tatsächlich das dritte Kind und die Tochter von Sabinus war. Nereus und Achilles – treue Diener von Plautilla – waren frühe christliche Märtyrer, und seit De Rossis Entdeckung ihrer Denkmäler auf dem Friedhof von Domitilla besteht kein Zweifel daran, daß sie wirklich gelebt haben – eine Authentizität, die auch auf ihre Herrin Plautilla übertragen werden sollte. Da das verniedlichende »-illa«-Suffix in dem Namen einer Tochter für gewöhnlich die »-ia«-Endung im Namen der Mutter reflektiert, würde zweifellos Plautia der Name der Mutter von Plau-

tilla sein, wie De Rossi als erster feststellte, und der namenlosen Frau von Sabinus kann nun endlich provisorisch ein Name gegeben werden. Näheres siehe R. Lanciani, *Pagan and Christian Rome,* New York, 1967, Neuauflage, 336 ff.; A. S. Barnes, *Christianity at Rome in the Apostolic Age,* London, 1938, 138 ff. und G. Edmundson, *The Church in Rome in the First Century,* London: Longmans, 1913, der eine leicht abweichende Familienstruktur vorschlägt.

KAPITEL 31

NEROS LETZTER TAG, TOD UND BEGRÄBNIS:
Suetonius, *Nero,* XLVIII (sic); Dio Cassius; LXIII, 27-29. Bedauerlicherweise enden die *Annales* von Tacitus mit dem erzwungenen Selbstmord von Thrasea Paetus Anno Domini 66.

THEOPHILUS:
Daß Sabinus so von dem Autor von Lukas und der Apostelgeschichte namentlich aufgeführt wurde, ist nur Mutmaßung. Aber da der Mann, der in Lukas 1,3 und Apostelgeschichte 1,1 der griechischen Urschrift als »*kratiste* Theophilus« bezeichnet wird, was soviel bedeutet wie »hochansehnlicher« oder »hochverehrter« Theophilus, eine Form der Anrede, die an anderen Stellen von demselben Autor nur für einen römischen Magistraten benutzt wurde (Apostelgeschichte 23,26; 24,2) – in der Luther-Übersetzung wird mit »edler« übersetzt – und als Titel, der lediglich den Römern der senatorischen Klasse zukam, kann daraus die Schlußfolgerung gezogen werden, daß die Werke einem Römer von hoher Position gewidmet wurden. In den beigefügten Anmerkungen einiger früher Manuskripte der Evangelien wird gesagt, daß Theophilus ein Mann senatorischen Ranges war. Näheres zur Datierung von Lukas und Apostelgeschichte siehe P. Carrington, *The Early Christian Church,* Cambridge, 1957, I, 182 ff.; 278 ff.

DIE RELIGION VON SABINUS' KINDERN ist lange ein Thema wissenschaftlicher Debatte gewesen. Sowohl Christentum als auch Judaismus wurden auf der Grundlage der *Epitome* von Dio Cassius (LXII, 14) vermutet, welche sich wie folgt liest:

> Und in demselben Jahr (A.D. 95) tötete Domitian zusammen mit vielen anderen Flavius Clemens, den Konsul, obwohl er ein Cousin war und Flavia Domitilla zur Gemahlin hatte, welche eine Verwandte des Kaisers war (die Tochter seiner Schwester). Die Anklage, welche gegen beide erhoben wurde, lautete Atheismus, eine Anklage, die viele andere, welche sich auf jüdischen Wegen bewegten, verurteilt hatte. Einige von ihnen waren zum Tode veurteilt worden, und die übrigen waren ihres Eigentums beraubt worden. Domitilla wurde lediglich nach Pandateria verbannt. (Rückübersetzt nach E. Carys Übersetzung in Loeb Classical Library.)

Daß Sabinus' Kinder oder zumindest Clemens und seine Frau zum Judentum konvertiert waren, ist eine offensichtliche Interpretation dieser Quelle, eine Ansicht, welche von einigen Kommentatoren vertreten wird – einschließlich E. Mary Smallwood, Domitian's Attitude toward the Jews and Judaism«, *Classical Philology*, LI (January 1956), 7 ff., welche besagt, daß Clemens und seine Frau nicht voll und ganz zum Judentum Konvertierte, sondern nur »Gottesfürchtige« einer Randgruppe waren.

Andere Geschichtswissenschaftler glauben jedoch, daß in der Quelle vom Christentum die Rede ist, denn Dio nennt dieses niemals beim Namen – eine offenbar intendierte Beleidigung – und »Atheismus« war ein Ausdruck, der kaum für das Judentum benutzt wurde, da es in Rom als legale Religion galt, sondern häufig für die Christen gebraucht wurde, die auch angeklagt wurden, »jüdische Bräuche« zu praktizieren, wobei sie der nationalen Religion von Rom entsagen würden. Eusebius berichtet von Domitians Christenverfolgung, der zweiten in der Geschichte, und behauptet, daß die heidnischen Historiker nur wegen Domitillas Christlichkeit von ihrer Verbannung berichten würden, wenngleich er sie als Nichte, nicht als Gattin von Clemens betrachtet: ein viel diskutiertes Problem. Da klassische Quellen nicht von solch einer Nichte berichten, erscheint Eusebius' Überlieferung als in diesem Punkte falsch, denn Flavia Domitilla wird von den meisten Ermittlern als Gattin von Clemens interpretiert. Sykellos fügt hinzu, daß Flavius Clemens wegen seines christlichen Glaubens exekutiert wurde (*Chronographia*, ed. Dindorf, I, 650, 17 f.). Suetonius' Beschreibung von Clemens als einem Mann von »äußerst verachtenswerter Trägheit« scheint auf seine Christlichkeit hinzudeuten (*Domitianus,* XV), da heidnische Autoren den Christen in der Regel Indolenz und Gleichgültigkeit gegenüber öffentlichen Angelegenheiten vorwarfen. M. Goguel, *The Birth of Christianity,* New York, 1954, 532, meint: »Flavius Clemens mag heimlich den Glauben seiner Frau geteilt haben, aber da er seinen Ruf und seine Karriere nicht gefährden und der Zukunft seiner Söhne, welche der Kaiser (Domitian) adoptiert hatte, nicht im Weg stehen wollte... beschloß er, der Kirche nicht offiziell beizutreten. Dies erklärt, warum er nicht als Märtyrer in die Geschichte eingegangen ist.«

Aber seine Frau Domitilla, die nicht solchen Zwängen unterworfen war, konvertierte wahrscheinlich. Im Jahre 1852 entdeckte De Rossi eine christliche Katakombe der Antike, die sich als »Friedhof der Domitilla« herausstellte – mit der Inschrift »*ex indulgentia Flaviae Domitill(ae)*«, und sie wird als »Enkelin von Vespasian« bezeichnet (*CIL,* VI, 948, 8942, 16246). Der Friedhof wurde auf dem Land ausgegraben, das Domitilla gehört hatte, welches sie ihren Angehörigen als Boden für Grabstätten vermachte.

Schließlich scheint in einem zeitgenössischen Dokument von höchster Authentizität der Beweis dafür erbracht zu werden, daß Domitian in der Tat die Christen verfolgte. Zu Beginn von I Clement (I, 1) spricht der Autor von den »plötzlichen Unglücken und Katastrophen, die eine nach der anderen über uns hereingebrochen sind«, und diese Worte wurden wahrscheinlich in dem Zeitraum Anno Domini 95-96 geschrieben, zur Zeit des tyrannischen Endes von Domitianus' Regierung. Siehe auch *CAH,* XI, 254 f.

EPILOG

GALBA, OTHO, VITELLIUS, VESPASIAN:
Suetonius' *Lives* unter dem Eintrag o.g. Namen, und Tacitus, *Historial,* I-V; Dio Cassius, LXIV-LXV.

SABINUS' DENKMAL:
CIL, VI, 31293.

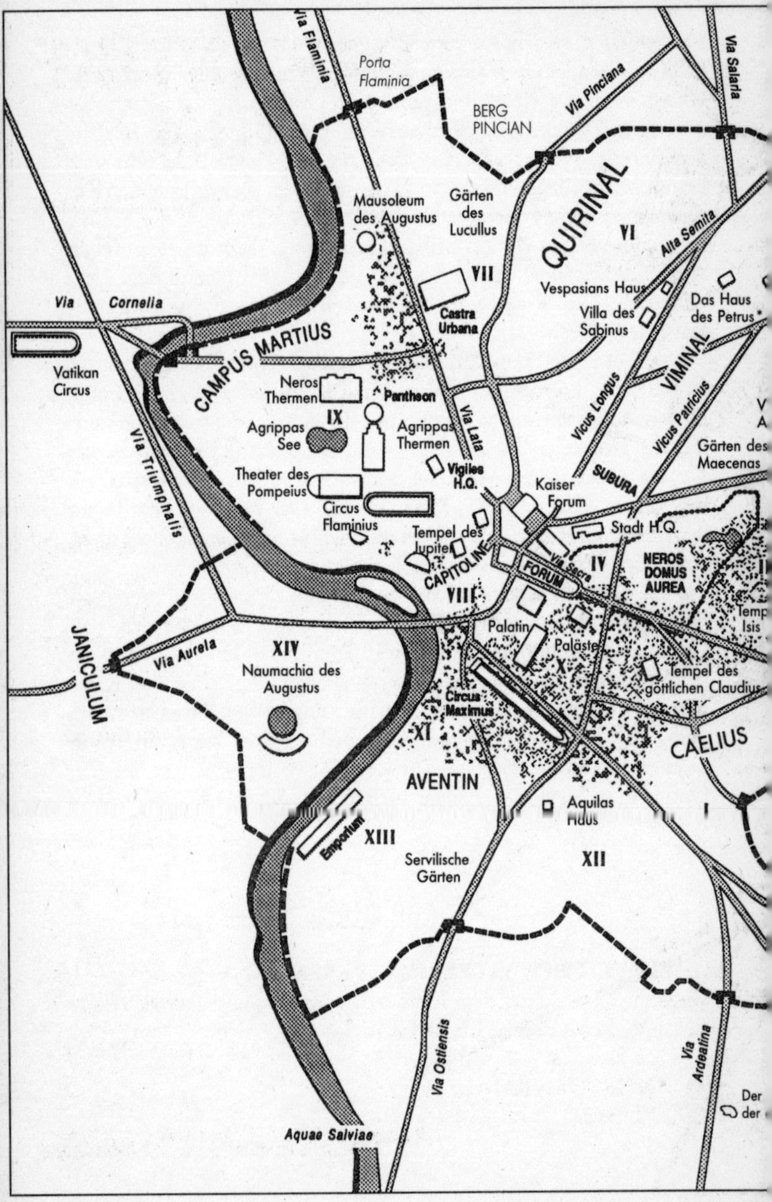
Via Flaminia
Porta Flaminia
BERG PINCIAN
Via Pinciana
Via Salaria
QUIRINAL
Mausoleum des Augustus
Gärten des Lucullus
VI
Alta Semita
VII
Vespasians Haus
Villa des Sabinus
Das Haus des Petrus*
Via
Cornelia
Castra Urbana
CAMPUS MARTIUS
VIMINAL
Vatikan Circus
Neros Thermen
Pantheon
Vicus Longus
Vicus Patricius
IX
Agrippas See
Agrippas Thermen
Via Lata
Gärten des Maecenas
Via Triumphalis
Theater des Pompeius
Vigiles H.Q.
SUBURA
Kaiser Forum
Circus Flaminius
Stadt H.Q.
Tempel des Jupiter
Via Sacra
IV
NEROS DOMUS AUREA
CAPITOLINE
FORUM
VIII
JANICULUM
Via Aurela
XIV
Naumachia des Augustus
Palatin
Paläste
X
Tempel des göttlichen Claudius
Circus Maximus
XI
CAELIUS
AVENTIN
Aquilas Haus
XIII
Emporium
Servilische Gärten
XII
Via Ostiensis
Via Ardeatina
Aquae Salviae

DAS ANTIKE ROM

In der Zeit von Claudius und Nero

N

Die Plätze, die mit einem Sternchen markiert sind, sind reine Vermutungen. Es bestehen auch noch Fragen über die genaue Stelle von Agrippas See und die Servilischen Gärten. Die römischen Zahlen zeigen die vierzehn Teile, in die Augustus die Stadt unterteilt hat.*

Stadtgrenze

Die schraffierten Gebiete zeigen das Ausmaß der Zerstörung durch den großen Brand während Neros Herrschaft.

0 0,5 1,0 1,5 2,0

Maßstab in km